WIJSGERIGE TEKSTEN EN STUDIES
PHILOSOPHICAL TEXTS AND STUDIES

onder redactie van
edited by

PROF. DR. C. J. DE VOGEL EN PROF. DR. K. KUYPERS

Uitgaven van de Filosofische Instituten der Rijksuniversiteit te Utrecht

1. L. M. DE RIJK, Ph.D., *Petrus Abaelardus, Dialectica*. First complete edition of the Parisian manuscript (2nd, revised edition).
2. B. L. HIJMANS Jr., Ph.D., 'ΑΣΚΗΣΙΣ. Notes on Epictetus' educational system.
3. L. M. DE RIJK, Ph.D., *Garlandus Compotista, Dialectica*. First edition of the manuscripts.
4. PROF. R. H. POPKIN, *The History of Scepticism from Erasmus to Descartes*. Part I.
5. LEO ELDERS S. V. D., Ph.D., *Aristotle's Theory of the One*. A commentary on book X of the Metaphysics.
6. L. M. DE RIJK, Ph.D., *Logica Modernorum, vol. I*. A contribution to the history of early terminist logic.
7. W. N. A. KLEVER, Ph.D., ΑΝΑΜΝΗΣΙΣ en ΑΝΑΓΩΓΗ. Gesprek met Plato en Aristoteles over het menselijk kennen.
8. A. C. VAN GEYTENBEEK, Ph.D., *Musonius Rufus and Greek Diatribe*.
9. J. MANSFELD, Ph.D., *Die Offenbarung des Parmenides und die menschliche Welt*.
10. W. VAN DOOREN, Ph.D., *Het totaliteitsbegrip bij Hegel en zijn voorgangers*.
11. DR. J. LOUET-FEISSER, *De wijsbegeerte en het wetenschappelijk beroep op de feiten*.
12. C. J. DE VOGEL, Ph.D., *Pythagoras and early Pythagoreanism*. An interpretation of neglected evidence on the philosopher Pythagoras.
13. LEO ELDERS S. V. D., Ph.D., *Aristotle's Cosmology*. A commentary on the *De caelo*.
14. DR. TH. DE BOER, *De ontwikkelingsgang in het denken van Husserl*.
15. C. DE DEUGD M. A., Ph.D., D. Litt., *The significance of Spinoza's first kind of knowledge*.
16. L. M. DE RIJK, Ph.D., *A contribution to the history of early terminist logic*. Vol. II – part. I. The origin and early development of the theory of supposition.
    Vol. II – part II. The origin and early development of the theory of supposition. Texts and indices.
17. THEO GERARD SINNIGE, Ph.D., *Matter and Infinity in the Presocratic Schools and Plato*.

PETRUS ABAELARDUS

DIALECTICA

FIRST COMPLETE EDITION
OF THE PARISIAN MANUSCRIPT
WITH AN INTRODUCTION

BY

L. M. DE RIJK, PH. D.

Professor in the Universities of Nijmegen and Utrecht

2ND, REVISED EDITION

The King's Library

ASSEN - MCMLXX

VAN GORCUM & COMP. N.V. - DR. H. J. PRAKKE & H. M. G. PRAKKE

The publication of the first edition of this book was made possible through a grant from the
Netherlands Organization for Pure Research (Z.W.O.)

ISBN 90 232 04360

Printed in the Netherlands by Royal VanGorcum Ltd., Assen

PREFACE TO THE FIRST EDITION

The main object of this preface is to thank sincerely all those who have enabled me to prepare this edition of Abailard's *Dialectica*. First I should like to express my heartiest thanks to my teacher Miss C. J. de Vogel, Professor of Ancient and Mediaeval Philosophy at the University of Utrecht, who has afforded me every help by her interest and valuable hints; to Professor Mgr F. R. L. Sassen of the University of Leyden, and Professor E. W. Beth of the University of Amsterdam, for reading the *Introduction* and sending me their useful remarks. In establishing and emending part of the text (*viz.* pp. 113-142, with the exception of pp. 135^{23}-138^{20}) I have had the advantage of exchanging views with Dr L. Minio-Paluello, Lecturer of Mediaeval Philosophy at the University of Oxford: in particular I owe to him the readings of 118^{15}, 124^{25}, and 132^{15}. Next I wish to express my gratitude to the Director of the *Département des Manuscrits* of the *Bibliothèque Nationale* at Paris for having sent me a microfilm of MS. Lat. 14.614.

The present edition is not a diplomatic one. Though I must admit that the classical spelling, which I give instead of the mediaeval one, is somewath "anachronistic", I prefer the former as it is more readable for most students of this matter. For the convenience of the adherents of the mediaeval spelling I give the most interesting mediaeval readings in the *apparatus criticus*.

Finally I should like to thank the Netherlands Organization for Pure Research (Z.W.O.), whose generous financial help has made possible the publication of this work, and also the Publisher and his assistants for the great care they expended on the edition.

L. M. DE RIJK

PREFACE TO THE REVISED EDITION

Unlike the first edition, this edition follows the Mediaeval spelling of our manuscript wherever it seems to represent most closely that of Abailard's time and region. However, our scribe being not always consistent in this respect, (thus we find not only *ipotetica*, but also *ypotetica* and *hipotetica*) the editor was sometimes compelled to make a choice in order to avoid a farrago of readings.

The *Index verborum et rerum* has been recompiled. I am much indebted to my assistant, Mr. C. H. J. M. Kneepkens, for doing this troublesome work and for correcting the proofs. I could not have presented the re-edition of this work without his continuous help. Finally I thank the Publisher for his courage to bring out this revised edition and his assistants for the great care and accuracy expended on the publication.

Nijmegen, February 1969   L. M. DE RIJK

INTRODUCTION

§ 1 - *Peter Abailard - Life - Works on logic*

The present work is the first complete[1] edition of the main work on Life logic of Peter Abailard (1079-1142).[2]

Abailard was born at Le Pallet, which lies a few miles to the east of Nantes. He seems to have first studied with the distinguished logician Roscelin at Loches near Vannes (*c.* 1094).[3] He tells us in his autobiography[4] that he journeyed along by all the towns where logic flourished[5], finally attending the lectures of William of Champeaux, then archdeacon of Paris and undoubtedly the most famous logician in France. His success in criticizing the master's views led Abailard to set up a school of his own, first (*c.* 1104) at Melun, (then a royal residence), next at Corbeil. After a biennial stay in his native country, he returned (*c.* 1108) to Paris, where he attended William of Champeaux' lectures on rhetoric. In this time he compelled his master, as he proudly asserts himself[6], to discard his ultra-realistic view on the nature of the universals.[7] After some complications Abailard opened a school on Mont Ste Geneviève. Having stayed for a short time in Brittany (1113) he went to study theology under Anselm of Laon and his brother Ralph, where he soon became a rival of the famous masters.[8] His departure from Laon being unavoidable Abailard returned once more to Paris, where he was offered a chair at the cathedral school of Notre Dame (*c.* 1116). At this time he was already a fêted teacher, as appears from a letter of Fulco.[9] The love affair with Héloise[10] caused a temporary decline of his career; after the catastrophe he entered the cloister of St Denys.[11]

---

[1] In the last century the work has been edited incompletely by Victor Cousin in *Ouvrages inédits d'Abélard*, Paris 1836, pp. 173-497.

[2] For a gripping and well-documented story of Abailard's life, see J. G. Sikes, *Peter Abailard*, pp. 1-26.

[3] See Abailard, *Epist.* 15; Otto of Freising, *Gesta Friderici*, p. 69; cfr. *Dial.* V, 554³⁷.

[4] *Hist. calam.*, p. 64²⁸⁻³⁴ ed. Monfrin: ..... diversas disputando perambulans provincias, ubicunque hujus artis vigere studium audieram, peripateticorum emulator factus sum. Perveni tandem Parisius, ubi jam maxime disciplina hec florere consueverat, ad Guillhelmum scilicet Campellensem preceptorem meum in hoc tunc magisterio re et fama precipuum.....

[5] His journey appears to have led through Angers, see *below*, pp. XIXf.

[6] *Hist. calam.*, p. 65⁸⁰⁻⁸⁵ ed. Monfrin.

[7] See J. Sikes, *Peter Abailard*, pp. 90-94.

[8] See *Hist. calam.*, pp. 68¹⁶⁴-70²⁴⁰ ed. Monfrin.

[9] Abailard, *Epist.* 16, 371 C-372 B.

[10] For this story see E. Gilson, *Héloise et Abélard, études sur le moyen-âge et l'humanisme*, Paris ²1953.

[11] *Hist. calam.*, p. 81⁶²⁸ ed. Monfrin.

In 1121 his first theological work, *De Unitate et Trinitate Divina*, directed against the theology of Roscelin, was condemned at the Council of Soissons, which was summoned, as he reports himself[1], at the instigation of Alberic of Reims and Lotulf of Lombardy, two pupils of Anselm of Laon. After a forced stay in the abbey of St Médard and in the priory of St Ayoul de Provins he settled down at Quincey (the 'Paraclete'), which lies to the south-east of Nogent-sur-Seine (*c.* 1123). When in 1125 the abbacy of St Hildas de Ruys, in the diocese of Vannes, fell vacant, the monks there elected Abailard as their abbot. Later, however, the hostility of the monks, compelled him to fly.

As a matter of fact Abailard probably was, again at Melun, about 1132, the approximate date of his departure from the abbey of St Gildas de Ruys (in the Breton diocese of Vannes), caused by the hostility of the monks against him. Sikes seems to be right in supposing[2] the *Historia calamitatum*, which, as is known, ends at his departure from St Gildas, to have been written by Abailard as a pamphlet to prepare for his eventual return to Paris; he thinks it therefore natural to conclude that Abailard was waiting for its circulation to provide him with a suitable opportunity to go back there. In fact, we do not hear of Abailard again until 1136, when John of Salisbury, who went to study at Paris in the year after the death of Henry I (December 1st, 1135), became his pupil at Mont Ste Geneviève:

cum primum adolescens admodum studiorum causa migrassem in Gallias, anno altero postquam illustris rex Anglorum Henricus, Leo iustitie, rebus excessit humanis, contuli me ad Peripateticum Palatinum[3], qui tunc in monte sancte Genovefe clarus doctor et admirabilis omnibus presidebat. (John of Salisbury, *Metalogicon* II 10, p. 77[31]-78[4] ed. Webb).

Sikes assumes that Abailard spent the interim either with his relations in Brittany or, more likely, somewhere within easy reach of the sisters at the Paraclete. However, I would myself be inclined to locate Abailard's intermediary stay at Melun. No doubt, Melun gave him the best opportunities to prepare his return to Paris. There, in the immediate surroundings of Paris and probably supported by the King's favour Abailard had the best chance to obtain once again a chair in one of the Parisian schools. If my surmise is right, Abailard is likely to have founded there a school of logicians, which afterwards came under the

---

[1] *Hist. calam.*, p. 83[708-713] ed. Monfrin.

[2] *Peter Abailard*, p. 25.

[3] Abailard has the same title in the inscriptions of our manuscript.

presidence of Robert of Melun. Lesne's surmise should not be rejected, indeed, that there were also lectures given by Alberic, who later on was a teacher of John of Salisbury's at the Mont Ste Geneviève after Abailard's departure from there (c. 1137)[1].

However, his stay in Paris was not for long. John expressly says (ibid., 78[6-7]) that Abailard soon left Paris; he must have been, however, in Paris again between 1139 and 1140, where he seems to have taught right up to 1140.[2] Then he was condemned again, at the Council of Sens, which acted under strong pressure of his personal enemy Bernard of Clairvaux; the 21st of July he was excommunicated by Pope Innocent II.

Abailard went to Rome to lay his case before the Pope, but, when on his way he came to Cluny, Peter the Venerable, Abbot of Cluny, invited him to rest in his abbey and advised him to make his peace with Bernard of Clairvaux.[3] Abailard did so and asked for and received a mansio perpetua[4] in the abbey of Cluny. On account of the weak state of his health Peter the Venerable thought it more suitable to send him to Châlons-sur-Saône. Here he spent his last days in reading and prayer[5]: he wrote here his Apology, the Monitum to his son Astralabe, and the Dialogue between a Philosopher, a Christian and a Jew. Abailard died on April 21st, 1142.

The following logical works of Abailard are known:

Works on logic

A Introductiones parvulorum[6]

(1) Short glosses on Porphyry's Isagoge, extant in the Bibliothèque Nationale at Paris, MS. Latin 13.368[7], fol. 156[r]-162[v]; the end is missing in this MS.

(2) Short glosses on Aristotle's Categories, extant in the same MS., fol. 164[r]-167[v]; the beginning and the end are missing in this MS.

---

[1] For Robert's and Alberic's stay at Melun, see E. Lesne, Les Ecoles, p. 212.

[2] See J. Sikes, Peter Abailard, p. 26.

[3] See Peter the Venerable, Epist., IV 4.

[4] See Peter the Venerable, Epist., IV 4, 316 A[14].

[5] See the letter of Peter the Venerable to Héloise, Epist. IV 21, 351 C[3]-352 A[2]: ibi (sc. Cabilone) iuxta quod incommoditas permittebat antiqua sua renovans studia libris semper incumbebat nec, sicut de magno Gregorio legitur, momentum aliquod praeterire sinebat quin semper aut oraret aut legeret aut scriberet aut dictaret.

[6] That this work, designated by Geyer (Untersuchungen, pp. 592-597) as Literalglossen, is in fact the Introductiones parvulorum appears from the references made by Abailard to it in his Dialectica (174[1], 232[10-12], 269[1] and 329[4]).

[7] For a description of this codex, see Cousin, Ouvrages inédits, Introd. pp. XII-XVIIff., Geyer, Untersuchungen, pp. 592-594, and Dal Pra, Introduzione, pp. XIV ff.

(3) Short glosses on Aristotle's *De Interpretatione*, preserved in the same MS., fol. 128ʳ-144ᵛ; the end is missing in this MS.

(4) Short glosses on Boethius' *De Diff. top.*, preserved in MS. 7493[1], fol. 168ʳ-184ʳ of the same library; the end is missing in this MS.

(5) Short glosses on Boethius' *De Divisionibus*, preserved in the same library, MS. Lat. 13.368, fol. 146ʳ-156ʳ.

In 1954 Prof. Mario Dal Pra at Milan published the *Introductiones parvulorum*, from the Parisian MSS. (see *List of Books*, below, p. XCIX ff.).[2] The work dates from about 1120.

B *Logica Ingredientibus*

containing elaborated glosses on Porphyry's *Isagoge*, and Aristotle's *Categories* and *De Interpretatione*, all in a Latin translation. The work is preserved complete in Berlin, *Lat. Fol.* 624, ff. 97ʳ-146ʳ dating from the late twelfth century. An incomplete copy is found in Milan, *Ambros. M. 63 Sup.*, ff. 44ʳᵃ-72ʳᵇ also dating from the late twelfth century. Our text is written by one and the same hand as far as f. 71ʳᵇ, line 11 (*secundum inferentiam sese habeant*, ed. Geyer, p. 497¹⁹). After four blank lines a different hand filled in the rest of that folio and most of the following leaf with some interesting passages collected from another commentary on *De interpretatione*[3]. Prof. Bernard Geyer published[4] the work from the Milan codex including the spurious last portion of the text as given by that manuscript. Dr. Minio-Paluello edited the genuine text of the last section of the Abelardian commentary from the Berlin manuscript[5].
Geyer dated the *Logica Ingredientibus* before 1120[6].

C *Logica Nostrorum petitioni*

containing elaborated glosses on Porphyry's *Isagoge*. It has been also edited by Dr Bernhard Geyer[4], who dated it as *c.* 1124.

D *Dialectica*

which, as to the literary form, is an independent work on logic.

---

[1] For a description of this codex, see Cousin, *Ouvrages inédits*, Introd. pp. VIII.
[2] See also the same author in *Medioevo e Rinascimento* (*Studi in onore di Bruno Nardi*), Florence 1955, I, pp. 144-173.
[3] See L. Minio-Paluello, *Abaelardiana inedita*, Introd., pp. XI-XXII.
[4] See *List of books*, below, p. XCIX ff.
[5] *Abaelardiana inedita*, pp. 1-108.
[6] *Untersuchungen*, p. 600.

E *Sententie secundum Magistrum Petrum*

a short and fragmentary text found in Orleans, MS 266, pp. 278-281. It can be tentatively ascribed to Abailard[1]. The *Sententie* were possibly compiled from Abailard's lost *Libri Fantasiarum*[2]. The *Sententie* have been edited by Dr Minio-Paluello in his *Abaelardiana inedita*, pp. 111-121.

F *Libri Fantasiarum*

In Dial. III, 448[3-4] Abailard mentions the first book of a work entitled *Fantasie* or Libri *Fantasiarum*:

Dial. III, 448 [3-4]. Huius autem supraposite argumentationis sophistice solutionem Primus Fantasiarum nostrarum Liber plene continet.

Because the term 'fantasia' (φαντασία, see Aristot., *Soph. El.* 165 b 25 and 168 b 19) is synonymous with '*fallacia*'[3], we may assume that our author wrote a work on sophistical argumentations. It has not been found so far[4].

§ 2 - *Abailard's Dialectica. The manuscript - Sources*
Masters mentioned in the Dialectica - Date of the Dialectica

Up to the present there was but one single copy of the *Dialectica* in MS. Lat. 14.614 in the Bibliothèque Nationale at Paris. It belonged to the Priory of St Victor at Paris, as appears from the arms of St Victor which it bears. On the inverse of the fly-leaf the number MMMC has been written, under which number it formed part of the library of St Victor up to the French Revolution. In the beginning of the nineteenth century it was transferred to the former Bibliothèque Impériale, where it received the number 844. Later, at the reorganisation of the Parisian manuscripts, under the reign of Napoleon III, by the then librarian Léopold Délisle, it was catalogued under the number 14.614.

It is a small folio volume on vellum, of one column, measuring 270 mm × 190 mm (written surface 220 mm × 135 mm). The first part contains (fol. 1-114[r]) letters of Pope Clement IV (1265-1268) and (fol. 114[v]-116[v]) epistolary models of Transmundus[5]; this part has been written by a fourteenth century hand.

[1] See L. Minio-Paluello, op. cit., pp. XXXIX-XLI.
[2] See L. M. de Rijk, *Logica Modernorum* I, p. 112.
[3] See my *Log. Mod.* I, p. 110.
[4] For this work, see *ibid.*, pp. 109-112.
[5] Transmundus, Romanae Ecclesiae Protonotarius, living in the second half of the twelfth century, was an author of a *Summa dictaminis*. See Noël Valois, *Bibliothèque de l'Ecole des Chartes* 42 (1881), pp. 168-172.

The latter part (fol. 117ʳ-202ʳ) contains an incomplete text of Abailard's *Dialectica*, the beginning (and the end?) of which is missing. It has been written in a fine gothic minuscule, dating from the middle of the twelfth century. Each folio side has 47 or 48 lines; fol. 128ᵛ has been written on for the smaller part only (18 lines), but there is no lacuna here. The last page (fol. 202ʳ) has been written on for two thirds (35 lines) and ends with the usual EXPLICIT FELICITER. Through the whole manuscript corrections have been made by a hand of almost the same time (indicated in the *apparatus criticus* as *Vᶜ*), who also added a gloss here and there.

Abailard's authorship is beyond all question: the author names himself many times.[1] Moreover we possess the testimony of John of Salisbury, who in his *Policraticus* mentions a passage of the *Topics*[2] (being Tractatus III of the *Dialectica*) and names Abailard as the author:

solebat nostri temporis Peripateticus Palatinus omnibus his conditionibus obviare, ubi non sequentis intellectum antecedentis conceptio claudit, aut non antecedentis contrarium consequentis destructoria ponit, eo quod omnes necessariam tenere consequentiam velint, etsi nonnullae sola, dum tamen magna, sint probabilitate contentae. (*Policraticus*, II 22, 129¹³⁻¹⁹).

The work has been dedicated by Abailard to his brother Dagobert. From a passage of Tractatus II it may appear that Dagobert had asked for it[3], presumably for the instruction of his sons.

The manuscript contains rather many mistakes, some of which are of a nature which precludes the possibility of an autograph.

To search for the missing part at the beginning of our manuscript appears to me to be next to useless.[4] It seems plausible that in the Priory of St Victor, which was founded in 1108 by William of Champeaux, the sharp attacks on the founder, which doubtless were contained in this part, have been suppressed.

The direct sources of the *Dialectica* are the commentaries and monographs on logic of Boethius, forming together with the Latin translations of the *Isagoge*, the *Categoriae*, and the *De Interpretatione* the works of the *logica vetus*[5].

---

[1] See *Index*, s.v. Abaelardus and Petrus.

[2] Dial. III, 271²⁵ e.q.s.

[3] Dial, II, 146²³⁻²⁴.

[4] Nevertheless I commence the text on p. 51, in case someone should be fortunate enough to find it.

[5] For the distinction of *logica vetus*, *logica nova*, see my *Logica Modernorum* I, pp. 14-15, and II, 1, p. 277.

(1) *In Isagogen Porphyrii Commenta* (two editions)[1]
(2) *In Categorias Aristotelis Libri IV* (two editions?)
(3) *In Librum Aristotelis De Interpretatione* (two editions)
(4) *Introductio ad categoricos syllogismos*
(5) *De syllogismis categoricis*[2]
(6) *De syllogismis hypotheticis*[2]
(7) *De topicis differentiis*[2]
(8) *In Ciceronis Topica commentaria*
(9) *De divisionibus et definitionibus*.

As to the Latin translation of Porphyry's *Isagoge*, Abailard always used that which Boethius made for his longer comment (*secunda editio*) not the older translation made by Marius Victorinus which Boethius used in composing his first commentary on the *Isagoge* (editio prima).[3]

The translation of Aristotle's *Categoriae* Abailard was using must have been of the same type as the *editio composita*[4] edited by Minio-Paluello.[5] He probably found it in a codex given the same redaction as *Chartres 497*, (ff. 284^v-291^v). The text as given by this codex has one remarkable variant, at least occurring also in Abailard's *Dialectica*. It concerns *Categ.* 3, 1 b 16-17.[6]

Both the *translatio Boethii* and the *editio composita* have: diversorum generum et non subalternatim positorum diverse secundum speciem et differentiae sunt. However, Abailard paraphrases in *Dial* I, 85$^{33-36}$ our passage as follows: ..... cum videlicet ipse Aristotiles docuisset in eodem Predicamentorum Libro *generum diversorum et non subalternatim positorum non easdem posse esse vel species vel differentias*. As a matter of fact *Ms Chartres 497*, being a copy of the *editio composita*, reads *species* instead of *secundum speciem*. A similar paraphrasis is found in *Dial* III, 383$^{29-30}$ and V, 557$^{22-23}$. On the contrary in *Dial V*, 568$^{8-10}$ the correct

---

[1] For some comments on Boethius' logical works, see my paper: *On the Chronology of Boethius' Works on Logic*, in VIVARIUM, a Journal for Mediaeval Philosophy and the Intellectual life of the Middle Ages 2(1964), pp. 1-49; 125-162.

[2] For the correctness of this title, see S. Brandt in: Philologus 62 (1903), p. 238.

[3] For these edition see my paper: *On the Chronology of Boethius' Works on Logic II*, in VIVARIUM (pp. 125-162), pp. 125-140.

[4] See *Aristoteles Latinus I*, Praefatio, pp. XIX ff.

[5] *Ibid.*, pp. 47-79.

[6] τῶν ἑτερογενῶν (varia lectio: ἑτέρων γένων) ..... etc.

translation is found: ..... illud quod in sequentibus ab Aristotile positum est: diversorum generum et non subalternatim positorum diverse sunt secundum species differentie. However, it must be noticed that in the passage of the *Logica Ingredientibus* which goes parallel to the expositions given in *Dial.* I, 85 the correct translation (*differentiae secundum speciem*) is found but the phrase 'secundum speciem' is explained in a rather striking way: 'secundum speciem' i.e. 'ad similitudinem specierum ('just like the species'):

> quod ait 'differentiae secundum speciem', diversis modis accipi potest, vel ita scilicet, quod secundum speciem determinet differentias, ac si diceret: differentiae, quae sunt secundum speciem, idest constitutivae specierum, et tunc non necessarium, ut suppleatur 'divisibiles', quia quae constitutivae sunt proprie specierum, eaedem sunt divisivae generum. potest aliter accipi 'secundum speciem', hocest ad similitudinem specierum, ut videlicet quemadmodum species non sunt eaedem, ita nec differentiae, scilicet constitutivae. (143¹⁶⁻²³).¹

It seems obvious that the latter explanation of 'secundum speciem' may be seen in connection with the view worded in the paraphrasis given in the first and the third books of the *Dialectica*.

Dr. Minio-Paluello has given convincing evidence for the supposition that Abailard was using Boethius' translation of *De interpretatione* in a redaction quite similar to that found in Thierry of Chartres' *Heptateuchon* (*MS Chartres* 297, ff. 291ᵛ-296ʳ).²

Generally speaking Dr. Minio-Paluello's suggestion that Abailard and Thierry of Chartres derived their texts of the Aristotelian works from one and the same branch of tradition³ seems to be quite acceptable.

We may now discuss the important question whether Abailard knew (parts of) the New Logic. We start from the following *data*⁴:

(1) both in the *Logica Ingredientibus* and in the *Logica Nostrorum petitioni* Abailard seems to imply that he is to some extent acquainted with the contents of the works of the New Logic.⁵ I give some examples:

> ..... sicut et princeps noster Aristoteles fecit, qui ad sermonum doctrinam Praedicamenta perscripsit, ad propositionum Peri ermeneias, ad argumentationum Topica

---

¹ The excellent edition of Professor Bernhard Geyer always has been used; sometimes the interpunction has been altered; the same holds for the other editions used.

² *Abaelardiana inedita*, Introd., pp. XXXII-XXXIV.

³ *Ibid.*, pp. XXXIV-XXXV.

⁴ For this problem, see J. Sikes, *Peter Abailard*, pp. 272-274 and the literature given there, especially, Geyer, *Übersetzungen*, pp. 25-43.

⁵ See Geyer, *Übersetzungen*, pp. 34-35.

et Analytica. (*Log. Ingred.*, 2¹⁴⁻¹⁵) ..... in secunda ..... parte (sc. Periermenias) naturas propositionum contrariarum et contradictoriarum ostendit, quarum notitiam omnium ad argumentorum discretionem est necessaria, quod in Topicis exsequitur..... in Prioribus vero Analyticis tractat conversiones propositionum, quae valeant ad confirmationem earum per conversionem. omnia autem haec, Topica, Categorica, Analytica Priora, gratia Secundorum Analyticorum, in quibus omnium argumentorum naturas diligenter investigavit, scripta sunt. (*Log. nostr. petit.*, 508³⁷-509⁸)

These passages, however, are not fully conclusive, as Abailard might have borrowed his (imperfect) knowledge of these works from some indirect source.[1]

In the *Dialectica* Abailard appears to say that only the two first works of the *Organon* are known:

sunt tres quorum septem codicibus omnis in hac arte eloquentia latina armatur: Aristotilis enim duos tantum, Predicamentorum scilicet et Periermenias libro⟨s⟩ usus adhuc Latinorum cognovit. (*Dial.* II, 146¹⁰⁻¹²).

The term 'usus', however, does not preclude the possibility that some logicians of that time were acquainted with other Aristotelian works.[2] This view may be supported by a passage of the *Logica Ingredientibus*, where Abailard suggests that not all his readers might know the *Sophistici Elenchi* and that he himself did not always have access to the work[3]:

memini tamen quendam libellum vidisse et diligenter[4] relegisse, qui sub nomine Aristotelis *De Sophisticis Elenchis* intitulatus erat. (400³³⁻³⁴).

(2) Dr Bernhard Geyer has shown[5] that there are two quotations from the *Prior Analytics* in the *Dialectica*, which cannot be derived from the indirect sources (Gellius, Boethius, Cassiodor etc.), *viz. Dial.*, II, 232⁵⁻⁸, 233³⁶-234³, to be supplemented by a third passage (*Dial.*, II, 245²³⁻²⁴).[6]

It could be concluded from this that Abailard was acquainted with a translation, then little known, of the *Prior Analytics* and the *Sophistici Elenchi*. On the ground of the dates of the *Logica Ingredientibus* and the

---

[1] E.g. Boethius, *In Isag.*, 12²⁴ff. For others examples, see L. Minio-Paluello in *Aristoteles Latinus* III, pp. 433-435.

[2] See Geyer, *Übersetzungen*, p. 33; *usus Latinorum* = 'the classical basis of teaching'.

[3] See Geyer, *Übersetzungen*, p. 32.

[4] Compare, however, Alberic's criticism found in an anonymous *Perihermeneias*-commentary (*Berol. Lat. Fol.* 624, f. 92ʳᵃ): Dicit Magister Petrus: 'legi et relegi Elencos; sophisma univocationis non inveni.' Respondet Magister Albericus: 'bene dixisti quod non invenisti, quia non intellexisti.' See my *Logica Modernorum*, vol. I, p. 620.

[5] See Geyer, *Übersetzungen*, p. 35, n. 1.

[6] See Minio-Paluello, *loc. cit.* pp. 435-436.

Logica Nostrorum petitioni it seems to be out of the question that he knew the translation of James the Venetian and Greek ('James of Venice'), who made his translations not before 1128,[1] as we know from the chronicler Robert de Monte:

Iacobus clericus de Venicia transtulit de Greco in Latinum quosdam libros Aristotilis et commentatus est, scilicet Topica, Analyticos Priores et Posteriores et Elenchos, quamvis antiquior translatio super eosdem libros haberetur.[2]

It is noteworthy that Robert speaks of a *translatio antiquior*. Abailard apparently knew of such an old translation.

Since we have an excellent edition of the Boethian translation of the *Analytica Priora* at our disposal, it has become evident that Abailard used the *recensio Carnutensis*[3] of it found among other manuscripts in *MS Chartres* 497 (ff. 296ʳ-318ᵛ).

The *Analytica Posteriora* are not used by Abailard in his *Dialectica* (nor in his other extant works, indeed). As a matter of fact we have a translation of the *Posterior Analytics* by an anonymous author of the twelfth century. This author expressly says that there was in his time a Boethian translation of the *Posterior Analytics*, though incomplete and corrupt:

translatio Boetii apud nos integra non invenitur, et idipsum quod de ea reperitur vitio corruptionis obfuscatur..... (*Anal. Post.*, transl. anon., prologus 7-8).[4]

This information possibly holds also for Abailard's time. However, it should be noticed that the Chartres Manuscript 497 presumably used by Abailard does not contain a translation of the *Posterior Analytics*.

As to the *Topics*, they are not used by Abailard either. From the *Sophistici Elenchi* two quotations are found in the *Log. Ingred.* (400³ ff. and 489³ ff.), as has been pointed out by Prof. Geyer.[5] As is known, both of the *Topics* and of the *Sophistici Elenchi* a Latin translation is found in *MS Chartres* 497 and 498.[6]

---

[1] For the interpretation of this date, see L. Minio-Paluello, *Iacobus Veneticus Grecus, canonist and translator of Aristotle*, in *Traditio* 8 (1952), p. 271, n. 16.

[2] *Monumenta Germaniae Historica, Scriptores* VI, p. 489.

[3] edited by Minio-Paluello in *Aristoteles Latinus* III, Bruges-Paris 1962, pp. 143-170; 39-69; 170-173; 72-79; 83-123; 176-191.

[4] ed. Minio-Paluello in *Aristoteles Latinus* IV 2, Bruges-Paris 1953.

[5] Uebersetzungen, p. 32.

[6] *Topica* in Chartres 497, ff. 319ʳ-349ᵛ and *Sophistici Elenchi* in Chartres 498, ff. 2ʳ-12ʳ. These manuscripts were destroyed by fire in the second World War, but there are some photostat-copies extant.

We know from a letter of Roscelin of Compiègne to Abailard[1] that the latter had first gone to study logic with the famous Nominalist logician at Loches (near Vannes). The author reproaches Abailard in this letter that he appears to have forgotten the master of his youth:

si Christianae religionis dulcedinem quam habitu ipso praeferebas, vel tenuiter degustasses, nequaquam tui ordinis tuaeque professionis immemor et beneficiorum quae tibi tot et tanta a puero usque ad iuvenem sub magistri nomine et actu exhibui oblitus, in verba malitiae meam adversus innocentiam adeo prorupisses ut fraternam pacem linguae gladio vulneraris..... (357 C¹-358 C³).

In the *Dialectica* he once mentions this master, speaking of his doctrine on *divisio*:

fuit autem, memini, magistri nostri Ros. tam insana sententia ut nullam rem partibus constare vellet, sed sicut solis vocibus species, ita et partes ascribebat. si quis autem rem illam que domus est, rebus aliis, pariete scilicet et fundamento, constare diceret, tali ipsum argumentatione impugnabat: ..... etc.

(*Dial.* V, 554³⁷-555⁴).

Abailard tells us in his autobiography that, in search of scientific training, he passed through far-off districts before he came to Paris.[2] It is not possible to rediscover all the schools where Abailard attended lectures. I think, however, it is possible to construct a plausible supposition, *viz.* that Abailard visited one of the schools at Angers, presumably the school of the cathedral chapter of St Maurice. In 1096 the famous Master Marbod[3] was succeeded by Geoffry Babio.[4] In 1107 the latter was succeeded by Master Ulger, whose renown is acknowledged by Bernard of Clairvaux.[5] It is, however, beyond all question that Ulger already taught at this school before 1107, being an assistant of the schoolman.[6] The school of St Maurice being the most famous scholarly centre in Abailard's native country, it seems to be obvious that Abailard had attended lectures there, before he came to Paris for the first time,

---

[1] Abailard, *Epist.*, 15, 357 C-372 A.
[2] See *above*, p. IX, n. 4.
[3] „magister famosus et nominatissimus", see L. Délisle, *Rouleaux des morts* 39, quoted by Lesne, *Les Ecoles*, p. 125.
[4] See Lesne, *Les Ecoles*, p. 128.
[5] *Epist.* 200, 368 A⁶: „nomen grande magistri Ulgerii".
[6] To compare the position of Master Vasletus and Master Hilary at the same school at the time of Ulger's headmastership. (see Lesne, *Les Ecoles*, p. 129).

probably with Master Ulger.[1] I think that we may read in the *Dialectica* for the abbreviation mag. V.: 'magister Ulgerius'; certainly it is wrong to take it, with Cousin, for magister Willelmus (Campellensis), the name of this logician being abbreviated in our MS. as mag. W.[2]; moreover, the theory of signification attributed (*Dial.* I, 112[25-29]) to mag. V. does not fit in with William's ultra-realistic views.[3] If my surmise is right, we find Ulger's name five times in the *Dialectica* (see *Index*). One of these passages might be quoted in support of my hypothesis:

alii enim omnia quibus vox imposita est, ab ipsa voce significari volunt, alii vero ea sola que in voce denotantur atque in sententia ipsius tenentur. illis quidem magister noster V. favet, his vero Garmundus consensisse videtur; illi quidem auctoritate, hi vero fulti sunt ratione. (*Dial.* I, 112[25-29]).

The mag. V. named here appears to hold the view that a *vox* is capable of signifying whatever we wish it to signify, and not only that which it signifies by its proper sense. Now in the *Theologia christiana* (IV, 1285) Abailard reproaches Ulger that he goes so far as to transfer all names of the creatures to God and to think, then, that they are due to God:

..... unus qui in Andegavensi pago magni nominis magister viget[4], in tantam proripere ausus est insaniam ut omnia creaturarum nomina ad Deum translata ipsi quo Deo convenire velit, ex quibusdam formis diversis essentialiter ab ipso Deo sicut in creaturis, veluti cum dicitur Deus iustus, sicut et homo iustus, ita iustitiam ab ipso Deo essentialiter diversam intelligit sicut ab homine; et similiter cum dicitur Deus sapiens, Deus fortis. Necnon et propria ipsius Dei nomina vult in ipso Deo ita qualitates aut formas ponere, sicut et in creaturis, ut est hoc nomen 'aeternum', sive etiam 'Deus' vel 'Creator'; quod maxime ex eo astruere nititur quod ait Priscianus proprium esse nominis substantiam et qualitatem significare[5] et ex ipsa nominis definitione qua asserit unumquodque nomen subiectis corporibus vel rebus proprias vel communes distribuere qualitates. (*Theol. christ.* IV, 1285 B[5]-C[7]).

It seems to be possible that we here have to do with an extreme conse-

---

[1] Abailard possibly visited the school also *c.* 1108, during his stay in Brittany; he turns out to have been acquainted (*Log. Nostr. petit.*, 544[22-26]) with a theory of the young Master Vasletus, Ulger's successor, who taught there from the beginning of the twelfth century (see Lesne, *Les Ecoles*, pp. 129-132).
[2] See *Dial.* V, 541[32].
[3] Cfr. C. Prantl, *Geschichte der Logik im Abendlande* II, Leipzig 1861, p. 124, n. 83.
[4] sc. Ulgerius; cfr. Abailard *Introd. ad Theol.* II, p. 1056 BC, and J. Sikes, *Peter Abailard*, p. 265.
[5] *Inst. gramm.* I, 55[6].

quence, in the theological field, of the theory of signification mentioned in the *Dialectica*[1].

William of Champeaux was preeminently Abailard's master. It seems to be right, therefore, to suppose that Abailard means with '*Magister noster*' (without any added name) William of Champeaux. The phrase '*Magister noster*' occurs thirteen times in the *Dialectica* (see *Index*); we find once (*Dial.* 541[32]) '*magister noster W.*'.

In the passage of the *Dialectica* quoted above (*Dial.* I, 112[25-29]) magister V. is set in opposition to Garmundus. I suppose that this is the schoolman who succeeded the famous master Odo (= Odardus) of Tournai in 1101. It is worth noting that Abailard does not mention him as one of his teachers. He is named, however, *magister* in a short gloss headed: *opiniones diversorum de 'sum' verbo substantivo*[2]:

Magister Garmundus dixit actionem illius verbi esse substantias et accidentia. cum dicimus: '*homo est animal*', ibi '*animal*' est actio verbi illius quod copulat; cum vero dicimus: '*hic color est albedo*', hic '*albedo*' est actus illius verbi, et sic in similibus. (ed. Hunt, *loc. cit.*, p. 224[22-25]).

There are four theories on the date of the *Dialectica*:

Date of the
Dialectica

(1) V. Cousin,[3] followed, without great divergence, by B. Geyer,[4] puts the probable date of writing in the last years of Abailard's life.

(2) G. Robert[5] states that it was written at St Denys, towards 1121.

(3) J. Cottiaux,[6] trying to reconcile the views of Cousin and Robert, arrives, after a penetrating inquiry, at the conclusion that the parts of

---

[1] Mrs Beonio (*La Logica di Abelardo*, p. 32, n. 23) does not accept my surmise. She refers to *Log. Nostr. petit*, p. 544[22-26] where some Vasletus is mentioned, and proposes to consider him as the master meant here. However, the passage referred to seems to be irrelevant, since it does not deal at all with the relation of *significatio* and *impositio*. Besides, the question may be raised how to combine the view of Vasletus mentioned in *Log. Nostr. petit*. with what is said about *magister noster V.* in our passage? Vasletus' view can be compared better with that of Garmundus, it would seem. Therefore, I still think that the master meant here by Abailard is Ulgerius of Angers.

[2] It has been discovered by Mlle M. Dulong in MS. Chartres 209, fol. 86[v], and has been printed by R. Hunt in an Appendix of his *Studies on Priscian* I, pp. 224-225.

[3] *Ouvrages inédits*, Introd. pp. XXXI-XXXVI.

[4] *Untersuchungen*, pp. 603-610.

[5] *La chronologie des oeuvres d'Abélard*, being an appendix to his book: *Les Ecoles et l'enseignement de la théologie pendant la première moitié du XIIe siécle*, Paris 1909.

[6] *La conception de la théologie chez Abélard* in Revue d'histoire ecclésiastique 28 (1932), pp. 263-269.

the *Dialectica* were not published at the same time. He gives[1] the following chronology:

tractatus I before the Council of Soissons (1121)

tractatus II-IV in 1122-1123

tractatus V, taken by Cottiaux as an independent treatise, is put not before 1134.

(4) L. Nicolau d'Olwer[2] convincingly refutes the main part of the theory of Cottiaux.[3] He assumes for the *Dialectica* the same method of working as is known of Abailard's theological treatises: the author turns out to be in the habit of revising his former treatise(s). Thus we possess two redactions of the *Tractatus de Unitate et Trinitate divina*, a revision of them in the *Theologia christiana* and the *Introductio ad Theologiam*. Starting from this method of Abailard Mr Nicolau d'Olwer arrives at the following statements[4]:

.....-1118: the five parts of the *Dialectica* have been gradually published

1121-1123: a revised edition

1135-1137: third edition at Paris; a copy of the third edition is still extant.

Some of the arguments of Mr Nicolau d'Olwer seem to me convincing[5]:

(1) the prologue of Tractatus II is posterior to the Council of Soissons (1121) and anterior to Abailard's teaching at Quincey (1124), as we must put the phrase: etsi enim invidia nostre tempore vite scriptis nostris doctrine viam obstruat studiique exercitium apud nos non permittat, tum saltem eis habenas remitti non despero, cum invidiam cum vita nostra supremus dies terminaverit....."[6] in the first years after his condemnation at that council.

(2) the examples of desiderative proposition, given by Abailard[7], could not be chosen by Abailard after the fatal night in 1118.

(3) the anti-Platonic passage in Tractatus V (*Dial.* V, 558[22] sqq.), where Abailard renounces his own view of the relation between the

---

[1] *La conception*, p. 268.

[2] *Sur la date de la Dialectica d'Abélard* in Revue du Moyen Age Latin 1 (1945), pp. 375-390.

[3] *Sur la date*, pp. 377-383.

[4] *Sur la date*, pp. 384-389.

[5] *Sur la date*, p. 382. The greater part of them, however, seems to be inconclusive; especially the argument sub *f* is based on a wrong interpretation of the phrase: „sicut in loco ab oppositis demonstrandum proposuimus": both last words are wrongly taken for 'demonstravimus'.

[6] *Dial.* II, 145[18-21].

[7] „osculetur me amica". *Dial.* II, 151[15] and „festinet amica" *Ibid.*, 152[21]. Cfr. *ibid.* III, 277[33-37] and 319[1-6] (Petrum diligit sua puella).

Platonic World Soul and the Third Person of the Holy Trinity, expounded in the third Book of the *Introductio ad Theologiam* (III, 1023),[1] must have been written after 1135, the approximate date of *Introductio III*.[2]

(4) the words by which Abailard addresses his brother Dagobert in the prologue of Tractatus V (*Dial.* V, 535⁴ sqq.) do not contain any excuse for a long absence of this part of the *Dialectica*. It seems to be right to assume that the *Dialectica* was sent to Dagobert at not too great intervals.

However, d'Olwer's last argument must be supplied by another passage, which gives a correction to it, *viz. Dial.* IV, 498¹⁹⁻²¹:

..... de sillogismis autem coniunctarum in presenti disserendum est; in sillogismis vero disiunctarum operis nostri laborem finiemus.

It seems to be highly probable that both first redactions of the *Dialectica* ended with *Tractatus* IV and that Abailard added the fifth treatise in the edition he made for his brother Dagobert.

All these facts well considered, I think it highly probable that our manuscript is a copy of the third redaction of the *Dialectica*, dating from Abailard's last years. The author possibly still worked at it during his stay at Cluny, as is supposed by Cousin.[3] Supposing this we are able to explain that the work (*i.e.* the third edition) is unfinished.

§ 3 - *The task of logic according to Abailard*[4]

Abailard understands '*logica*' or '*dialectica*'[5] as the art which aims at distinguishing valid arguments from invalid ones. We find a clear exposition of this opinion on this matter in the prologue to the treatise *Logica Nostrorum petitioni*. Abailard here points to the fact that logic is not a theory of thought, which teaches us how we *ought* to think and dispute: its only function is to distinguish valid arguments from invalid ones and to state *why* (*quare*) they are valid or not:

---

[1] See B. Geyer, *Untersuchungen*, pp. 608-609.

[2] See J. Cottiaux, *La conception*, p. 268.

[3] *Ouvrages inédits*. Introd. p. XXXV; see the letter of Peter the Venerable, quoted *above*, p. XI, n. 4.

[4] The following paragraphs only intend to give a general survey of Abailard's doctrine of logic such as is indispensable to the understanding of the text of the *Dialectica*; they do not pretend, however, to any completeness. An excellent introduction to Abailard's logic may be found in Maria-Teresa Beonio-Brocchieri Fumagalli, *La logica di Abelardo*, Florence 1964.

[5] For the usual equivalence of the terms in Abailard, see Beonio, *op.cit.* p. 15. For a distinction, see *ibid.*, p. 15 n. 6.

est autem logica Tullii auctoritate diligens ratio disserendi, idest discretio argumentorum per quae disseritur, idest disputatur. non enim est logica scientia utendi argumentis sive componendi ea, sed discernendi et diiudicandi veraciter de eis, quare scilicet haec valeant, illa infirma sint. (*Log. Nostr. petit.*, 50624–28).[1]

This distinction is made, as a matter of course, on rational grounds. The 'quare haec valeant, illa infirma sint' finds its answer in the presence (*c.q.* absence) of conclusive force (*vis inferentiae, vis argumenti, vis sermonis*). It sometimes rests on the pure form of reasoning (*ipsa complexio terminorum*): in this case we speak of *complexional arguments*; the other case occurs, if the matter of the argument contributes to its conclusive force: we speak, then, of *topical arguments*:

argumentationes quaedam sunt locales, quaedam vero complexionales. ⟨complexionales⟩ quidem sunt ⟨quae⟩ ex ipsa complexione, idest ex ipsorum terminorum dispositione, firmitudinem contrahunt; locales vero sunt quibus convenienter potest assignari locus, idest evidentia conferri ex aliquo eventu rerum vel proprietate sermonis. (*Log. Nostr. petit.*, 5089–15).

Since complexional and topical arguments borrow their conclusive force from respectively the arrangment of the terms (*dispositio terminorum*), and the state of affairs (*eventus rerum*) or the properties of speech (*proprietas sermonis*), their valuation requires some insight into the structure of proposition and into the properties of speech, the state of affairs being only secondarily the object of logic. The author elsewhere (*Dial.* III, 28631–34) states that the scope of logic is to inquire into the use of speech, in the full sense of the word; inquiring into the nature of *things (res)* belongs to the domain of physics:

in scribenda Logica hic ordo est necessarius: cum logica sit discretio argumentorum, argumentationes vero ex propositionibus coniungantur, propositiones ex dictionibus, eum qui perfecte Logicam scribit, primum naturas simplicium sermonum, deinde compositorum necesse est investigare et tandem in argumentationibus finem Logicae consummare. (*Log. Nostr. petit.*, 5084–9). ..... hoc autem logice discipline proprium relinquitur, ut scilicet vocum impositiones pensando, quantum unaquaque proponatur oratione sive dictione, discutiat; phisice vero proprium est inquirere utrum rei natura consentiat enuntiationi (*Dial.* III, 28631–34).[2]

---

[1] Cfr. *Log. Ingred.*, 39–417; *Dial.* IV, 4704–5; *Epist.* XIII, 354 A. Another unmistakable passage is found in the *Introductiones Parvulorum*, (30514–24) where Abailard gives a criterion for the recognition of what is a logical inquiry in contradistinction to a search for truth in itself: it is the *altercatio* of some people who seek after the probability (or provability) of certain propositions, not after some real truth. See Beonio, *op.cit.*, p. 19 and my *Logica Modernorum*, vol. II, 1, pp. 186-187.

[2] Cfr. also *Dial.* I, 733–5 and III, 38811–20.

However, for Abailard logic was also part of philosophy[1]. As a matter of fact Boethius' unfortunate attempt to settle the famous Ancient controversy about the place of logic („is it part, or instrument of philosophy?")[2], has influenced Abailard, no less than the other Mediaeval logicians, in his view of the proper place and task of logic. See for instance the opening words of his *Logica Ingredientibus:*

Log. Ingred., p. 13–17 ed. Geyer: Ingredientibus nobis logicam pauca de proprietate eius praelibantes a genere ipsius quod est philosophia ducamus exordium —..... Huius autem tres species Boethius distinguit, speculativam scilicet de speculanda rerum natura, moralem de honestate vitae consideranda, rationalem de ratione argumentorum componenda, quam logicen Graeci nominant. Quam tamen a philosophia quidam dividentes non philosophiae partem, sed instrumentum teste Boethio dicebant ..... Contra quos ipse Boethius nihil impedire dicit idem eiusdem et instrumentum esse et partem, sicut est manus humani corporis.

This traditional lack of a clear-cut distinction between logic and philosophy must be considered, indeed, as a heavy mortgage on Abailard's view of logic[3]. Thus we see Abailard continuing the passage quoted above from the dialectica in this way:

Dial. III, 2863⁵-28⁷⁴: Est autem alterius consideratio alteri necessaria. Ut enim logice discipulis appareat quid in singulis intelligendum sit vocabulis, prius rerum proprietas est investiganda. Sed cum ab his rerum natura non pro se sed pro vocum impositione requiritur, tota eorum intentio referenda est ad logicam. Cum autem rerum natura percon⟨ta⟩ta fuerit, vocum significatio secundum rerum proprietas distinguenda est, prius quidem in singulis dictionibus, deinde in orationibus, que ex dictionibus iunguntur et ex ipsis suos sensus sortiuntur.

For Abailard as well as for all other twelfth century logicians, logic was not an autonomous *ars*. On the one hand they fully acknowledged

---

[1] See Beonio, *op.cit.*, pp. 15 ff.

[2] For Boethius' view, see my *Logica Modernorum*, vol. II, 1, pp. 177-182. The following lines have been borrowed from *Log.Mod.* II, 1, pp. 187-189.

[3] The fact that following the tradition, Abailard mostly uses the words logica and dialetica as equivalents (for the text, see Beonio, *op.cit.*, p. 15. n. 6) and sometimes contrasts them, has something to do with this lack of clearness, but cannot entirely be explained by it. That Abailard followed a traditional view can be illustrated by many quotations from his predecessors. E.g. Adelard of Bath *De eodem et diverso*, pp. 212³-23³⁴: ..... haec eadem subdita sibi habet inventionem et iudicium, quibus universos lites in negotio suo ortos dissolvit. Quaestione enim proposita, quae pars eius tenenda sit, quae reprobanda, prima contemplatione diiudicat. Quo autem iudicium illud confirmet, locos cum argumentis suis invenire non fatiscit ..... Haec ipsa universitatem omnium quae videntur in decem naturas subtili indagatione partita est ..... Haec quippe universales rerum naturas mira luminis subtilitate perstringens eo modo quo in artificis mente ante tempus conceptae sunt, intueri nititur ..... etc.

some differences between logic and the other *artes*; on the other, their view of the unity of all human knowledge (which was supposed to centre in philosophy) precluded them from seeing the importance of a clear-cut distinction between the several autonomous branches of knowledge.

When studying Abailard's logical theories one is frequently confronted with a certain ambivalence. As far as the theory of argumentation is concerned, Abailard remains strictly faithful to his view that the proper scope of logic is to inquire into the conclusiveness of argument, while the state of affairs denoted by the terms used is not taken into consideration.[1] The same may be said of his theory of proposition. This, too, shows our author's clear insight into the specific character of logic. Note especially the author's view of the dictum propositionis[2], and his choice of the identity theory instead of the inherence theory.[3]

But as far as Abailard's theory of the terms is concerned, the picture appears to be quite different indeed. When Geyer says[4] that Abailard's logic was essentially a *Sprachlogik*, he is only right in a certain sense: true, it was built upon a critical analysis of the meaning of words. But Sikes certainly goes too far in saying[5] that Abailard was the founder of a school of logicians, active throughout the Middle Ages, who based their logic upon a careful investigation into the meaning of grammar and language. In fact, unlike his theory of argument and proposition, Abailard's theory of term was strongly influenced by non-logical viewpoints, in spite of his regarding the scope of grammar as closest to that of logic. In fact, it is somewhat surprising to see that it is too sharp a contrast between logic, on the one side, and grammar and rhetoric, on the other, that made Abailard associate logic to some extent with metaphysics and psychology.[6]

Thus we see that Abailard's whole logic of terms is overshadowed by the problem of the universalia.[7]

---

[1] Cfr. Beonio, *op.cit.*, pp. 71-79.

[2] See the Introduction to my edition of the Dialectica, p. XCVIff., and Beonio, *op.cit.* pp. 64ff.

[3] For this development, see *Dialectica*, Introd. p. XLIf. and Beonio, *op.cit.*, pp. 74-75 and also *Log. Mod.* II, 1, pp. 203-206.

[4] *Die patristische und scholastische Philosophie* II 1928 (reimpression 1960), p. 216.

[5] *Peter Abailard*, Cambridge 1932, p. 97.

[6] Cfr. Beonio, *op.cit.*, pp. 21-25.

[7] That in his chapter on Abailard's logical theories (*op.cit.*, pp. 89-112) Sikes does not discuss anything except the problem of the universalia may be considered as typical of the overwhelming rôle of this problem with Abailard, even when Sikes' treatment of

As a matter of fact, the question of the nature of the *universalia* (genus, species, etc.) was a problem which at some time or another had to be faced by every Mediaeval logician-philosopher.[1] Now, it strikes the attentive reader of Abailard's expositions on the point at issue that they consist, for the main part, of metaphysical and psychological views[2] which have as such nothing to do with the proper scope of logic as it is recognized by Abailard himself when he speaks of it as the theory of argument.[3]

Abailard's way of thinking in this respect may be clarified by quite a number of passage from his logical works, where he deals with *significatio* and *impositio*, *nomina sumpta* and *nomina substantiva* (or *substantialia*), and the concepts *res*, *intellectus*, and *vox*.

For a detailed discussion of these views, see my *Log. Mod.* II, 1, pp. 190-203, and especially the fine exposition given by Mrs Beonio, *op.cit.*, pp. 28-63.[4]

Accordingly, Abailard's statement (*Log. nostr. petit.*, pp. 508[32]ff.) that Aristotle deals in his *Categories*, *De interpretatione* and *Topics* with the use of speech, is open to some confusion: in fact, the consideration of the use of speech as made by logic is, unlike that made by grammar and rhetoric, involved, to a high extent, in matters of metaphysics and psychology.

However, the latter passage gives a clear insight into the requirements to which Abailard wants a good exposition of logic to submit: Aristotle

---

the matter may be argued to be onesided. It is remarkable that also in Beonio's excellent study on Abailard's logic the chapter on il significato dei nomi universali is by far the most extensive one (*op.cit.*, pp. 39-63). — It should be noted that Abailard in his autobiography (*Hist. calam.* 2, p. 66[99-100], ed. Monfrin) says that in the eyes of his contemporaries the doctrine on the universalia was the focus of logic: quasi in hac scilicet de universalibus sententia tota huius artis (sc. dialetice) consisteret summa.

[1] „The question at issue was whether genera and species subsist, that is, whether they signify some truly existent thing; or are they merely located in the intellect, as being simply the empty creations of the understanding, lacking all real existence? It is the old problem which divided the philosophy of Aristotle from that of his master, Plato, and it had been bequeathed to the mediaeval logicians by Porphyry, who had refused to decide between the rival interpretations of the Platonist and the Aristotelian. In the eleventh and twelfth centuries especially... the problem bulked large in the everincreasing philosophical and theological literature". Sikes, *op.cit.*, p. 89.

[2] See Sikes, *op.cit.*, pp. 96ff., esp. 108ff., and Beonio, *op.cit.*, pp. 39ff. and p. 30, n. 14, where she rightly points to the gnoseological impact of Abailard's views.

[3] See *Log. Mod.* II 1, p. 186ff.

[4] An interesting specimen is presented by Abailard's theory of predication. See *Log. Mod.* II, 1, pp. 203-206, and *below*, nr. 6.3, pp. XLI-XLVII.

dealt with the use of speech in his *Categories*, *De interpretatione*, and *Topics*, and with argumentations in his *Prior* and *Posterior Analytics*[1] : Porphyry wrote an introduction to the first mentioned treatise. Thus, the scheme of his own *Dialectica* is obvious: he first treats of the parts of speech (partes orationis): tractatus I; next the categorical propositions and syllogisms are dealt with: tractatus II; the treatment of the hypothetical propositions and syllogisms (tractatus IV) is preceded by that of the topics (tractatus III); the author ends his work with a treatise on division and definition: tractatus V.

§ 4 - The Content of the *Dialectica*

A - Tractatus primus

The first treatise, the beginning of which is lost[2], is entitled *Liber partium*. Its content is given by Abailard in the epilogue:

hactenus quidem, Dagoberte frater, de partibus orationis, quas dictiones appellamus, sermonem texuimus; quarum tractatum tribus voluminibus comprehendimus: primam namque partem Antepredicamenta posuimus, dehinc autem Predicamenta submisimus, denique vero Postpredicamenta novissime adiecimus, in quibus Partium textum complevimus. (*Dial.* I, 142[15-20]).

The first volume of this treatise is not extant. We can only guess at its division. In fact, however, in this part the so-called *antepraedicamenta* of Aristotle[3] are not discussed — they are dealt with elsewhere[4] —, but the *quinque voces* of Porphyry are. A clue is to be found in *Dial*. I, 51[23], where it appears that Abailard has spoken of '*differentia*' in the second Book of the *Antepredicamenta*.[5] This fact seems to justify the supposition that the first Book dealt with genus and species, the second with *differentia*, *proprium*, and *accidens*, while the author may have spoken of the proprietates and communitates in a third Book.

Of the second volume the initial part is not extant, in which, in all probability, the distinction of primary and secondary substance is expounded; the end of this chapter is the beginning of our text of the *Dialectica*. The second chapter deals with the common properties of substance. Abailard announces the discussion of the category of quantity

---

[1] Abailard's description of the Aristotelian treatises is not wholly correct.
[2] See *above*, p. XIV.
[3] Arist., *Categ.*, chs 1-4.
[4] *Dial.*, Tractatus V.
[5] See also *Dial.*, V, 560[15].

as forming a separate section; for this reason I suppose it to be a separate book. The epilogue of the second book and the prologue to the third give some support to this hypothesis and at the same time suggest that the other categories are discussed as belonging together:

hactenus de quantitate disputationem habuimus. nunc ad tractatum predicamentorum reliquorum operam transferamus eaque post quantitatem exequamur que ei natura-liter adiuncta videntur ac quodammodo ex eis originem ducere ac nasci. (*Dial*. I, 76³¹-77⁵).

This volume gives an exposition of the Aristotelian *Categories*, founded on Boethius' translation and commentary.

The third volume is named by Abailard himself[1] *Postpredicamenta*. This term does not have the same sense here as with the Stagirite: the concepts discussed by Aristotle[2] under this heading ('*oppositio*', '*prius*', '*simul*', '*motus*', '*habere*') are partly expounded by Abailard elsewhere.[3] Abailard speaks in his *Postpredicamenta* of the *dictiones*, which are a group of the significative terms. The prologue of this part runs as follows:

nunc autem ad voces significativas recurrentes, que sole doctrine deserviunt, quot sint modi significandi studiose perquiramus. (*Dial*. I, 111⁹⁻¹¹).

The first Book of this volume is mentioned five times[4] by Abailard, while referring always to the exposition of *dictiones composite* such as '*homo mortuus*', '*homo albus*' and '*citharedus bonus*'; the chapter in question (*Dial*. I, 115-117), therefore, undoubtedly belongs to the first Book. The author mentions the third Book once[5], referring to the chapter which deals with the verb (*Dial*. I, 129-142). This chapter seems to form together with that discussing the noun one tract, *viz*. *De definitis*. It seems obvious that it covers the whole of the third Book. If so, the discussion of the *indefinita* is left for the second Book.

The *Postpredicamenta* are a commentary on the three first chapters of Aristotle's *De interpretatione*, the so-called *Prima pars Perihermeneias*[6]; it is based on the first book of Boethius' work on it.

I come to the following conclusions as to *Tractatus I*:

[1] *Dial*. I, 142¹⁹.
[2] Arist., *Categ*., chs 10-15.
[3] *Dial*., *Tractatus III*.
[4] *Dial*. II, 167⁵⁻⁶; 171³; 224⁴; 226¹⁴; 249¹⁶.
[5] *Dial*. I, 165⁴⁻⁵.
[6] Cfr. *Log. nostr. petit.*, 508³⁵.

Volumen Primum: ANTEPREDICAMENTA

    LIBER PRIMUS: DE GENERE ET SPECIE

    LIBER SECUNDUS: DE DIFFERENTIA, PROPRIO ET
                                      ACCIDENTE

    LIBER TERTIUS: DE PROPRIETATIBUS ET COMMUNI-
                                        TATIBUS

Volumen Secundum: PREDICAMENTA

    LIBER PRIMUS: DE SUBSTANTIA

    LIBER SECUNDUS: DE QUANTITATE

    LIBER TERTIUS: DE RELIQUIS PREDICAMENTIS

Volumen Tertium: POSTPREDICAMENTA

    LIBER PRIMUS: DE SIGNIFICATIONE

    LIBER SECUNDUS: DE DICTIONIBUS INDEFINITIS

    LIBER TERTIUS: DE DICTIONIBUS DEFINITIS.

B - *Tractatus secundus*

Geyer rightly points[1] to the incorrectness of the MS. title: *Petri Abaelardi Palatini Perypatetici Analecticorum Priorum Primus*: it lacks sense and does not in any way cover the contents of this treatise; it was made about 1150 at a time when the *logica nova* first came to be known by the scholars of the Latin West. From Abailard's own indications[2] I take this treatise to be entitled: *De Cathegoricis* (sc. *propositionibus et syllogismis*).

The MS. itself here gives a tripartition. It is noteworthy that we read at the end of fol. 143^r: *explicit secundus incipit quartus*(!). Geyer supposes[3] that the chapter on modal propositions and syllogisms might form the third Book. That this is not the case may appear from the fact that Abailard himself mentions[4] the chapter *De syllogismis* as belonging to the third Book. Abailard, too, seems to have made a tripartition, but our MS. makes the third Book begin at the end of fol. 142^v, i.e. at the beginning of the chapter on the *propositiones de preterito et de futuro*. The transition to this chapter, however, is very slight. I prefer, therefore, to allot the aforesaid chapter to the second Book and to take the third as beginning with the exposition of the syllogisms; in this way the exposition

---

[1] *Untersuchungen*, p. 605.

[2] E.g. *Dial*. IV, 502$^{26-27}$: sicut in Primo Topicorum ostendimus, vel in Tertio Cathegoricorum in expositione diffinitionis sillogismorum.

[3] *Untersuchungen*, p. 604.

[4] *Dial*. IV, 502$^{26-27}$.

De sillogismis might form a separate tract and then the transition, moreover, can be shown more easily in the text:

> hec autem de proprietatibus cathegoricarum enuntiationum dicta sufficiant. nunc autem in figuris et modis sillogismorum qui ex ipsis fiunt, propositum nostrum perficiamus. (*Dial.* II, 231³³⁻³⁵).

The **first Book**, which I have entitled *De partibus cathegoricarum*, on the ground of a passage in it[1], deals with the terms 'oratio', 'propositio', 'verbum', 'predicatum' and 'subiectum' (pp. 145-172). It continues the comments on the second treatise of the *Organon*.

In the **second Book** Abailard is concerned with the *differentie specierum cathegoricarum*: here the following points arise for discussion: affirmation, negation, the quantifying prefixes (*signa quantitatis*), modalities and the propositions de *preterito* and de *futuro*, in connection with which Abailard also mentions Fate and Providence. This Book gives a further continuation of the extensive commentary on Aristotle's *De interpretatione*.

The **third Book** deals with categorical syllogism. Here come up for discussion: the kinds of categorical syllogism, its forms, figures and moods. The book contains paraphrasing comments on Boethius' *De syllogismis categoricis*.[2]

The contents of Tractatus II may be stated as follows:

> LIBER PRIMUS: ⟨DE PARTIBUS CATHEGORICARUM⟩[3]
> LIBER SECUNDUS: DE SPECIERUM DIFFERENTIIS CATHEGORICARUM
> LIBER TERTIUS: DE SILLOGISMIS CATHEGORICIS.

C - *Tractatus tertius*

The MS. here gives the title: *Petri Abaelardi Palatini Perhipatetici Topicorum Primus*. Cousin[4] and Geyer[5] reject it, since nowhere is the second Book mentioned. The author speaks, however, twice[6] of his *Primus Topicorum*, referring both times to his exposition on the *locus ab antecedenti vel*

---

[1] *Dial.*II, 173⁴⁻⁵: cathegoricarum igitur propositionum partibus seu membris quibus ipse componantur, diligenter pertractatis.....

[2] For the correctness of this title, see *above*, p. XV, n. 2; for its authenticity and date, see L. M. de Rijk, *On The Chronology of Boethius' Works on Logic* I, pp. 6-44.

[3] We can supply the titles here without any scruple, since the MS. titles are not of Abailard himself.

[4] *Ouvrages inédits*, p. 324.

[5] *Untersuchungen*, p. 605.

[6] *Dial.* IV, 500³⁰, 502²⁶; see *above*, p. XXX, n. 2.

consequenti. It seems to me a plausible explanation to begin the second Book there where Abailard goes on to speak of the *divisiones locorum* of Themistius and Cicero. The text here gives a clear transition to a new subject:

sunt autem alii (sc. loci) quibus dialetici raro ac numquam fere utantur, quos tamen Boetius Greci Themistii atque Romani Tullii divisiones de locis plene executus non pretermisit. hos quoque ⟨tractemus⟩, ne quid doctrine subtrahere videamur eaque etiam pigrum non sit que de divisionibus eorumdem auctorum restare atque nostro deesse tractatui videntur. (*Dial*. III, 413^{29-34}).

In the first Book Abailard deals with the topics (*loci*) according to his own (c.q. Boethius') division; in the second he sums up those of Themistius and Cicero and shows the mutual correspondence of these divisions. From the above quoted announcement it appears that the author considers the explanation of the *loci* of Themistius and Cicero as a suitable occasion to supply his own expositions on topics.

The treatise gives a paraphrase of Boethius' work *De topicis differentiis*.[1] We may give the following division:

     LIBER PRIMUS: DE LOCIS
     LIBER SECUNDUS: ⟨DE DIVISIONIBUS THEMISTII ET TULLII⟩.

D - *Tractatus quartus*

This treatise bears in the MS. the title: *Petri Abaelardi Palatini Perypatetici Analecticorum Posteriorum Primus*, which is as meaningless as that of the second treatise.[2] On the analogy of the title of the second treatise I should like to suggest here: *De Ypoteticis* (sc. *propositionibus et sillogismis*). Abailard says at the end of his prologue:

nunc ad propositum accedamus congruoque ordine post cathegoricorum sillogismorum traditionem ipoteticorum quoque tradamus constitutionem. sed sicut ante ipsorum cathegoricorum complexiones cathegoricas propositiones oportuit tractari, ex quibus ipsi materiam pariter et nomen ceperunt, sic et ipoteticorum tractatus prius est in ipoteticis propositionibus eadem causa consumendus; de quarum quidem locis ac veritate inferentie, quia in *Topicis* nostris satis, ut arbitror, disseruimus, non est hic in eisdem immorandum, sed satis est earum divisiones exequi aut si qua alia doctrine videantur necessaria. (*Dial*. IV, 471^{12-20}).

From these words it appears that Abailard proposes to speak about the division of hypothetical propositions and about whatever is useful to a

---

[1] For the probable correctness of this title, see Brandt *op.cit.* p. 263, n. 16.
[2] See *above*, p. XXX.

good understanding of the subject in question. In the first chapter these *alia doctrine necessaria* turn out to be, among other things, an exposition on the properties of hypothetical proposition. Thus I take as a title for the first Book: *De divisione ipoteticarum earumque proprietatibus*. The properties of hypothetical syllogism only come up for discussion in the second Book, where hypothetical syllogism is the main object.

The first Book opens with the well-known prologue in which Abailard defends himself against the reproaches of his adversaries.[1] The following chapters deal with *ipotesis, connexa naturalia, negationes ipotetice, ipotetice multiplices composite, ipotetice medie, ipotetice temporales ipotetice disiuncte*; the hypothetical conversions are the object of the important final chapter.

The second Book speaks about the syllogisms of the *ipotetice simplices*, about those of the *ipotetice composite*, about the figures of hypothetical syllogism, and finally, very briefly, about the disjunctive syllogisms.

The treatise gives a paraphrase of Boethius' work *De syllogismis hypotheticis*.[2] The division is as follows:

LIBER PRIMUS: DE DIVISIONE YPOTETICARUM
                 EARUMQUE PROPRIETATIBUS

LIBER SECUNDUS: DE SILLOGISMIS YPOTETICIS

E - *Tractatus quintus*

The MS. title here is: *Petri Abaelardi Perypathetici Palatini Divisionum*. From the beginning of the treatise it appears that Abailard takes the *ars dividendi et diffiniendi* as a unity:

dividendi seu diffiniendi peritiam non solum ipsa doctrine necessitas commendat, verum diligenter multorum auctoritas tractat. (*Dial.* V, 535$^{4-5}$).

At the same time, however, the author turns out to attribute to *diffinitio* an equivalent place to that of *divisio*. It seems, therefore, to be correct to admit, with Cousin[3], the term '*diffinitio*' to the title: *De Divisionibus et Diffinitionibus*. Abailard himself shows clearly that he intends to discuss both separately:

[1] See *below*, p. XCIII.
[2] For the correctness of this title, see *above*, p. XV, n. 2. For an analysis and its date, see my *On The Chronology* II, pp. 145-150.
[3] *Ouvrages inédits*, p. 450.

quoniam vero divisiones diffinitionibus naturaliter priores sunt, quippe ex ipsis constitutionis sue originem ducunt, ...in ipso quoque tractatu divisiones merito priorem
locum obtinebunt, diffinitiones vero posteriorem. (*Dial.* V, 535[11-14]).

The MS. does not distinguish books in this treatise. The exposition of
the *divisiones* concludes as follows:

hactenus[3] quidem de divisionibus tractatum habuimus, de quibus satis est disputasse,
nunc vero consequens est ut ad diffinitiones nos convertamus, que, sicut dictum est,
ex divisionibus nascuntur. (*Dial.* V, 581[3-5]).

I think it justified, therefore, to begin a new book with the discussion of
definition.[1]

The work is a paraphrase of that of Boethius of the same name.[2] We
may give the following division:

> LIBER PRIMUS: DE DIVISIONIBUS
>
> LIBER SECUNDUS: DE DIFFINITIONIBUS.

Abailard did not write his *Dialectica* as a mere commentary on Porphyry, Aristotle and Boethius, but as an independent treatise on logic.
Mr L. Nicolau d'Olwer rightly points[3] to the fact that Abailard apparently had in view with this work to be admitted to the *Auctores*. He
has dismissed the form of glosses. It must be noticed, however, that
the great *Glosse*, especially the *Logica Ingredientibus*, show a similar in-
dependence of thought; the only difference lies in the literary genre.

§ 5 - Inference - Consequence - Syllogism

5.1   Inference

The conclusive force (*vis inferentie*) of an argument rests *per definitionem*[4] on the inference of that argument. Abailard understands
'*inferentia*' as the necessity of being consequent (*necessitas consecutionis*):

inferentia..... in necessitate consecutionis consistit, in eo scilicet quod ex sensu
antecedentis sententia exigitur consequentis (*Dial.* III, 253[28-29]).

5.11   Perfect inference

The perfect inference is the necessity of being consequent consisting

---

[1] It is noteworthy that '*hactenus*' always concludes a book.
[2] For an analysis and its date, see my *On The Chronology*, I, pp. 44-49.
[3] *Sur la date*, p. 384.
[4] See *above*, p. XXIV.

merely in the order of terms (*complexio terminorum*), i.e. the matter of the argument does not play any part in the argumentation: the terms are variables.

5.12 Imperfect inference
The imperfect inference is the necessity of being consequent consisting also in the matter of the argument (*rerum natura, habitudo rerum, habitudo coherentie*)[1] :

iste ergo consequentie (*viz.* those with imperfect inference) recte ex natura rerum vere dicuntur quarum veritas una cum rerum natura variatur; ille vero (*viz.* those with perfect inference) veritatem ex complexione, non ex rerum natura, tenent, quarum complexio necessitatem in quibuslibet rebus, cuiuscumque sint habitudinis, eque custodit, sicut in sillogismo vel in consequentiis que formas eorum tenent, ostenditur (*Dial.* III, 2 5 6$^{20-24}$).

5.2 Consequence - Syllogism
Conclusive argumentations are to be divided into consequences and syllogisms.

5.21 Syllogism
Abailard defines syllogism, with Aristotle[2], as follows:

sillogismus, inquit (sc. Aristotiles), oratio est in qua positis aliquibus aliud quid a positis ex necessitate consequitur ex ipsis esse. (*Dial.* II, 2 3 2 5^{-6}).

5.211 The form in which the syllogism appears in Aristotle suggests an implication:

$$εἰ \ γὰρ \ τὸ \ A \ κατὰ \ παντὸς \ τοῦ \ B$$
$$καὶ \ τὸ \ B \ κατὰ \ παντὸς \ τοῦ \ Γ,$$
$$ἀνάγκη \ τὸ \ A \ κατὰ \ παντὸς \ τοῦ \ Γ \ κατηγορεῖσθαι.$$

(*Anal. Pr.* I 4, 2 5 b 37-39).

5.212 whereas in Abailard it rather takes the shape of an inference scheme (*c.q.* of an inference), e.g.

'*omne iustum bonum est*
omnis virtus iusta est
omnis igitur virtus bona est'

(*Dial.* II, 2 3 6$^{20-22}$).

5.213 Although in Abailard, no more than in Aristotle, we do not find

---

[1] For topical inference and its absorption into the later theory of consequence, see Otto Bird, *The Formalizing of the Topics in Mediaeval Logic*, Notre Dame Journal of Formal Logic, I (1960), pp. 138-149.
[2] *Anal. Pr.* I 4, 2 5 b 37-39.

any distinction between logical and metalogical formulas[1], nothing prevents us from rendering his syllogisms in the form of logical formulas (rather than metalogical formulas or inference schemes).[2] Moreover, this presentation is strongly supported by Abailard's own expositions on syllogism:

(a) when speaking about the possibility of *assignatio loci* in syllogisms, Abailard states[3] that each syllogism can be considered as an hypothetical proposition, *in casu* an implicative one, as appears from the example given:

omnis sillogismus ipotetica propositio dicitur consecutionem conclusionis ad argumentum quod in propositione (*viz.* the major) et assumptione (*viz.* the minor) antecedentibus continetur. cum itaque talem proferimus sillogismum: 'omnis homo est animal, sed omne animal est animatum, ergo omnis homo est animatus' atque ex 'omnis homo est animal' et 'omne animal est animatum' 'omnis homo est animatus' inferimus, duas propositiones ad tertiam antecedere ostendimus, que vim inferentie ex hoc quod antecedentes sunt ad tertiam habent. (*Dial*. III, 262$^{3-13}$).[4]

(b) all regulae[5] of several syllogisms Abailard sums up, have the form of an implication; so he gives of the mood 'Barbara' the following regula:

si aliquid predicatur de alio universaliter et aliud subiciatur subiecto universaliter, idem quoque subicitur predicato eodem modo, idest universaliter. (*Dial*. II, 237$^{6-8}$).

(c) Abailard calls the premisses of the syllogisms not only *maior* and *minor*, but also *propositio* and *assumptio*.[6]

5.22 Kinds of syllogism

Abailard recognizes the following kinds of syllogism:

5.221 *sillogismus cathegoricus* being always of this type:

$$\frac{\text{'omne iustum bonum est}}{\text{omnis igitur virtus bona est'}} \quad (Dial. \text{ II, } 236^{20-22})$$

omnis virtus iusta est

---

[1] For this distinction, see E. W. Beth, *Les fondements logiques des mathématiques*, Paris-Louvain 1950, pp. 79-81.

[2] See I. M. Bochenski, *Ancient Formal Logic*, pp. 3-4.

[3] *Dial*. III, 311$^{3-4}$.

[4] Cfr. *Dial*. III, 311$^{3-4}$.

[5] A regula is defined by Abailard (Cfr. *Dial*. III, 265$^{34-35}$) as *a proposition containing in its sense many propositions*.

[6] E.g. *Dial*. II, 241^{20}, 242^{35}, 243^3, 299$^{30-33}$; III, 459^{34}; 463$^{31-32}$.

5.222 *sillogismus ipoteticus simplex*:

'si est homo, est animal

sed est homo

_____

ergo est animal' *(Dial.* IV, 50^{21-3})

5.223 *sillogismus ipoteticus compositus* of the type:

'si est homo, cum est animatum est animal

sed est homo

_____

ergo cum est animatum est animal'   *(Ibid.,* 506^{32-34})

5.224 *sillogismus ipoteticus compositus* of the type:

'si cum est animatum est homo, est animal

sed cum est animatum est homo

_____

ergo est animal'   *(Ibid.,* 509^{21-23})

5.225 *sillogismus ipoteticus compositus* of the type:

'si cum est homo est medicus, cum est animal est artifix

sed cum est homo est medicus

_____

ergo cum est animal est artifex'

(Ibid., 512^{20-22})

5.226 *sillogismus ipoteticus purus*:

'si est homo est animal

si est animal est animatum

_____

quare si est homo est animatum'   *(Ibid.,* 519^{5-7})

5.227 *sillogismus ipoteticus medius*:

'si est homo est animal, si est animal est animatum

sed est homo

_____

quare est animatum'

(Ibid., 519^{5-11})

5.228 *sillogismus disiunctus*:

'aut est *a*, aut est *b*

sed non est *a*

_____

igitur est *b*'   *(Ibid.,* 531^{34-36}).

5.23 In the syllogisms 5.221-5.227 all terms ('*homo*', '*animal*', '*animatum*'..... etc.) stand for predicates; so do the term-variables '*a*' and '*b*' in 5.228.

5.3 Consequence

The term '*consequentia*' is nowhere defined by Abailard, as far as I know. We might define it as *a molecular proposition having the form either of modern implication* ('if p, then q'), *or of modern disjunction, in the large sense of this term* ('either p, or q').

5.31 Consequence in form of implication

An implicative proposition (or: implication), called *coniuncta naturalis* by Abailard, is a molecular proposition the parts of which (called 'antecedens' and 'consequens') are connected by the conjunction (called nowadays *functor* or *operator*): '*si*' ('*if*'). In Antiquity already there was a controversy about the meaning of the functor 'if'.[1] Several kinds of implication can be distinguished according to the meaning of the functor; we shall discuss them in § 7.

5.32 Consequence in form of a disjunction

A disjunctive proposition (or: disjunction) (called *disiuncta* by Abailard) is *a molecular proposition the parts of which are connected by the functor* '*aut*' ('either.....or'). Several kinds of disjunction are to be distinguished according to the meaning of the functor; we shall discuss them in § 7.

5.33 Also in the consequences the terms (c.q. the term-variables) stand for predicates.

5.34 Kinds of consequence

5.341 *propositio coniuncta naturalis* of the type:
'si est homo, est animal' (*Dial.* IV, 472^{20})

5.342 *propositio coniuncta naturalis* of the type:
'si omnis homo est albus, omnis homo est coloratus' (*Ibid.*, 477^{29})

5.343 *propositio coniuncta naturalis* of the type:
'si omnis homo est animal et omne animal est animatum, omnis homo
est animatus' (*Ibid.*, 479^{18-19})

5.344 *propositio coniuncta naturalis multiplex* of the type:
'si est homo, est rationale atque mortale' (*Ibid.*, 478^{32})

5.345 *propositio coniuncta naturalis multiplex* of the type:
'si est rationale sive irrationale, est animal' (*Ibid.*, 478^{33})

5.346 *propositio coniuncta naturalis multiplex* of the type:
'si neque est animal neque lapis,
neque est homo neque margarita' (*Ibid.*, 478^{34})

5.347 *propositio coniuncta naturalis composita* of the type:
'si omnis homo est animal, tunc si est homo est animal' (*Ibid.*, 480^{1})

---

[1] See Benson Mates, *Stoic Logic*, pp. 42-51.

5.348 *propositio coniuncta naturalis composita* of the type:
'si quia est homo non est lapis, nullus lapis est homo'   (*Ibid*, 480²)

5.349 *propositio coniuncta naturalis composita* of the type:
'si quia est homo est animal,
              et quia non est animal non est homo'   (*Ibid.*, 479³⁴)

5.351 *propositio ipotetica media*[1]:
'si est *a* est *b*, si est *b* est *c*'   (*Ibid.*, 516¹⁹)

5.352 *consequentia ipotetica temporalis*[2]:
'si cum est homo est medicus, cum est animal est artifex'
                                                       (*Ibid.*, 482²³)

5.361 *propositio disiuncta*:
'aut est sanum, aut est egrum'   (*Ibid.*, 489²).

§ 6 - *Categorical proposition*
Terms - Copula - Identity theory - Inherence theory

6.1 With Boethius, Abailard defines the term '*propositio*'[3] as *oratio verum falsumve significans* (*Dial.* II, 153³³). He divides it into categorical and hypothetical propositions, the former of which are analysed into subject term, predicate term and copula:

> harum (sc. propositionum) itaque alie sunt cathegorice, idest predicative, ut '*homo est animal*', alie ipotetice, idest conditionales, ut '*si est homo, est animal*'. .....sunt autem membra ex quibus coniuncte sunt (sc. propositiones cathegorice) predicatum ac subiectum atque ipsorum copula, secundum hoc scilicet quod verbum a predicato seorsum per se accipimus, veluti in ea propositione qua dicitur: '*homo est animal*', '*animal*' predicatur, '*homo*' vero subicitur, verbum vero interpositum predicatum subiecto copulat; et in his quidem tribus cathegorice propositionis sensus perficitur. (*Dial.* II, 161⁵⁻¹⁶).

6.01 Terms. Imposition. Signification[4]. In *Dial.* I, pp. 111-142 Abailard deals with significatio in an extensive way. '*Significatio*' taken in a

---

[1] i.e. *propositio coniuncta naturalis media*.

[2] To be carefully distinguished from the *propositio ipotetica* (or *coniuncta*) *temporalis*, e.g. 'cum est homo, est medicus'; see *below*, p. L, 7.2.

[3] In Abailard's time the Latin term '*propositio*' mostly was used *at the same time* for 'statement', 'sentence' or 'expression', and for that which is referred to by the latter terms (which is designated nowadays by the term 'proposition'). When Abailard intends to speak *only* of the *propositio* as a statement, he uses the term '*dictum*' or '*dictus*'. Except in the latter case, the present *Introduction* always renders '*propositio*' by 'proposition'.

[4] For this section, see Beonio, *op. cit.*, pp. 28-38 and my *Logica Modernorum* II, 1, pp. 186-203.

larger sense is an equivalent for 'impositio' (Dial. I, 114$^{6-15}$).
Every impositio is founded on the res. At the same time this relation
of res and impositio is the basis of the secondary function of the term,
viz. its denoting this or that individual thing. This function is called
nominatio or appellatio (Log. Ingred., 21^{27}-22^6; Log. Nostrorum, p.
527$^{23-29}$).[1]

In fact, Abailard did not push the useful distinction between
significatio and nominatio far enough. Accordingly he failed to free
logic from ontological elements, in this respect.[2]

For the significatio of nomina sumpta and nomina substantiva, see below
nr. 15.9 (p. XCI).

6.11 The following provisional division can be given of the categorical
propositions occurring in the Dialectica:

6.111 proposition of the type: 'Socrates est'

6.112 proposition of the type: 'homo est animal'[3]

6.113 proposition of the type: 'ego nuncupor Petrus'

6.114 proposition of the type: 'homo currit'.[3]

6.12 In all these cases (6.111-6.114) the verb has a copulative function.
Abailard expresses this by saying (Dial., I, 129$^{25-26}$) that each verb is
primarily (secundum inventionem suam) copulative. In the Logica
Ingredientibus he gives a further exposition: each verb connects a
predicate with a subject, be this predicate the verb itself or something else:

> et sciendum quod personalia verba quae praedicari possunt, cuiuscumque significa-
> tionis sint, omnia sese copulare possunt, ut si dicatur: 'Socrates est', 'Socrates legit',
> 'esse' en 'legere' per se ipsa praedicantur et geminatim funguntur, quia vim
> praedicati habent et copulantis, ut simul et praedicentur et se ipsa copulent.
> sic enim dicitur 'currit' quasi diceretur: 'est currens'. (Log. Ingred., 359$^{23-28}$).[4]

6.2 Division of the verb

6.21 There are only two verbs which can copulate anything other than
itself, viz. the substantive verb (= esse) and the nuncupative verb

---

[1] Abailard's theory of signification contains two different aspects. See Beonio, op. cit.,
pp. 34 ff. and my Logica Modernorum II, 1, pp. 193 ff.
[2] See Beonio, op. cit., pp. 36-38 and my Logica Modernorum II, 1, pp. 196 ff.
[3] Abailard takes the indefinite proposition to be equivalent to the particular one;
see Dial. II, 199$^{29-30}$ and cfr. below, p. LX, n. 5.
[4] Cfr. Dial. I, 123$^{22-25}$.

(= *nuncupari, nominari, vocari, appellari*), the difference between which being only that the latter solely connects nouns, the former also pronouns, participles and phrases.[1]

6.22 Beside them Abailard puts the verbs expressing *actiones* or *passiones* or another *forma*.[2]

6.23 We may give the following (inadequate) division of the *verba propositionis*: it runs parallel to that of the propositions (see 6.11):

6.231 *verbum substantivum* (= *esse*)

6.232 *verbum nuncupativum* (= *nuncupari, nominari, ... etc.)*

6.233 *verba que ponunt actiones vel passiones vel aliam formam.*

6.3 Substantive verb. Copula. Theory of predication.

6.31 Analysis of the proposition
Propositions of the type '*homo ambulat*' are analysed, since Aristotle[3], into '*homo est ambulans*'. The substantive verb (= *esse*) therefore has the central position in Ancient and Mediaeval Logic.

6.32 The verb '*esse*' is called *verbum substantivum*[4] because of its being predicated *ex ipsa rei essentia*:

substantivum (sc. verbum) vero, quod non convenit ex appellatione, sed ex ipsa rei essentia, omnibus praedicatis coniungi potest, tam scilicet nominibus quam pronominibus vel participiis sive etiam orationibus, et cum in essentia quaelibet significet, numquam ei copulatio essentiae deest, quia ubique per ipsum proponitur aliquid aliud esse, etiam quando adiectivis adiungitur, veluti cum dicitur: 'iste est albus'. (*Log. Ingred.*, 360¹³⁻¹⁸).

6.4 Meaning of the copula in an affirmative proposition
One of the main problems in Mediaeval Logic is the meaning of the copula in an affirmative proposition. We know two theories.

6.41 Identity theory
According to this theory the copula of an affirmative proposition states that the subject term and the predicate term of that proposition refer to the same thing; it is supposed to serve as a sign of identity of what both terms stand for.

---

[1] See *Log. Ingred.*, 359²⁸-360⁹.
[2] See *Dial.* I, 131²⁰⁻²²; II, 162⁷⁻⁸ and *Log. Ingred.*, 347³⁹-348¹.
[3] *De interpr.*, 21 b 9-10.
[4] For the term, cfr. Priscianus, *Inst. gramm.*, VIII 51, 414¹⁴⁻¹⁵: ..... 'sum' verbo, quod ὑπαρκτικόν Graeci vocant, quod nos possumus substantivum nominare.

6.42 Inherence theory

According to this theory the copula of an affirmative proposition states the inherence of a „universal nature" signified by the predicate term, in the individuum denoted by the subject term; the copula is taken as a sign of the inherence of such a universal nature (e.g. *albedo*) in the individual (e.g. *Socrates*).[1]

6.43 We find in Abailard both theories. He says in the *Logica Ingredientibus*, speaking about the proposition '*Socrates est albus*', that only '*albedo*' is predicated, while there is, at the same time, a *coniunctio* of '*album*':

> licet quantum ad intentionem facientis propositionem sola albedo copulatur — unde ipsa sola praedicari potest — ex vi tamen substantivi verbi ipsum substantivum 'album' essentialiter 'Socrati' coniungitur, qui ipse Socrates esse ponitur vi substantivi verbi, quia significationem essentiae tenet. duo itaque coniunguntur 'Socrati' per 'album' praedicatum, 'albedo' scilicet in adiacentia et 'album', idest ipsum affectum albedine, in essentia; sola tamen 'albedo' praedicatur, quia sola coniungi intenditur. (*Log. Ingred.*, 360[18-25])[2]

As it is impossible to copulate '*album*' without anything more (*simpliciter*) with '*Socrates*', the verb '*est*' is to be used. This verb always represents a *coniunctio essentiae*, but, then, the difficulty arises that the proposition '*Socrates est albedo*' is false. Abailard thinks to find the solution in this distinction, that the expression '*est albus*' predicates of '*Socrates*' the *forma albedinis* a c c i d e n t a l l y (*in adiacentia*) and the *fundamentum albedinis* e s s e n t i a l l y:

> ..... qui enim propositionem facit: '*Socrates est albus*', solam albedinem inesse Socrati ostendit, et si haberet verbum per quod posset simpliciter '*album*' copulare '*Socrati*' ita quod nil substantivi attingeret, profecto sic faceret; sed quia non est verbum per quod id fiat, venit ad substantivum; quod quia essentiae tantum significationem habet, non potest ipsum proferri sine coniunctione essentiae; in essentia vero non potest vere '*album*' '*Socrati*' copulari, ut scilicet dicatur: '*Socrates est albedo*'; unde ut et '*album*' copuletur in adiacentia et secundum substantivum '*album*' coniunctio essentiae vere ponatur, adiectivum quod est '*album*', coniungitur verbo quod et formam quam significat a d i a c e n t e m praedicet et fundamentum quod nominat, e s s e n t i a l i t e r secundum albedinem tantum praedicet. (*Log. Ingred.*, 360[27]-361[2])[3]

We see here Abailard in trouble, because he tries to reconcile the

---

[1] For the more elaborated form of this theory in the fourteenth century, see E. Moody, *Truth and Consequence*, pp. 36-37.

[2] Cfr. *Introd. parvul.*, pp. 271 ff.

[3] Cfr. *Introd. parvul.*, pp. 274[32] ff.

substantival function the verb '*est*' has as verb substantive with the implications of the inherence theory.

6.44 In the *Dialectica*, however, the pith of the matter has been transferred to the identity theory, because Abailard there makes it predominate: in every proposition there is p r i m a r i l y a *copulatio essentie*, while the *attributio adiacentie* is only a weak connotation (*quodammodo innuitur*):

> sed profecto magis ad sensum propositionis atque ad officium substantivi verbi illam predicationem pertinere iudico que est de subiecto albedinis quod ab '*albo*' nominatur, quam eam que est de adiacentia ipsius que per '*album*' determinatur. cum enim aliquem dicimus esse album, hocest proponimus ipsum esse aliquem ex his que albedine informantur secundum copulationem essentie, illud quod esse dicitur, proprie per '*est*' verbum predicatur, hocest res albedine informata. sed quoniam per '*albi nomen ipsum attribuitur*' designatur quod ei ex adiacente albedine impositum est, ex ipsa quoque propositione inherentia adiacentis albedinis innuitur. Illa itaque predicatio essentie que in eo est quod hoc illud esse dicitur, proprie ex verbis propositionis exprimitur; illa vero que est adiacentie attributio q u o d a m m o d o i n n u i t u r. sic quoque et in ceteris verbis que etiam substantivi verbi copulationem continent..... (*Dial*. I, 131^{33}-13^{27}).

In the chapter on the significance of the proposition (*Dial*. II, 157-160: *utrum sint alique res ea que a propositionibus dicuntur*) the author still more strongly rejects the inherence theory. He there shows with five arguments *ex absurdo* that '*homo Socrati inheret*' is equivalent to '*Socrates est homo*'. This part of the argumentation is concluded as follows:

> non itaque per verbum interpositum inherentia copulatur, cum etiam illa sit proprietas, sed sola hominis substantia[1] attribuitur cum dicitur: '*Socrates est homo*' illisque duobus casibus '*Socrates*' et '*homo*' verbum intransitive coniungitur, cum eorum ad se substantias copulat interpositum, nec aliud quidem intelligendum '*hominem Socrati inherere*' quam '*Socratem hominem esse*' nec aliquam per '*esse*' designari substantiam quam Socratem. (*Dial*. II, 159$^{31-37}$).

6.45 *Copulatio essentie*

From several passages it appears that Abailard understood *copulatio essentie* as an intransitive copulation, i.e. a copulation in which there is no transition from one thing to another[2]:

---

[1] For *substantia* = concrete individual thing, see my *Log. Mod*. II, 1, pp. 223 ff.; 230 ff.; 521 ff.

[2] For the term '*copulatio intransitiva*', cfr. Priscianus, *Inst. gramm*. XI 8, 55$^{226-27}$: ..... nam μεταβατικά dicuntur (sc. verba), idest t r a n s i t i v a, quae ab alia ad aliam transeunt personam, and *ibid*. 11, 555$^{1-3}$: ..... ut '*legens doceo*' pro '*lego et doceo*', quae c o m p o s i t i o i n t r a n s i t i v a est, hocest ipsam in se manere ostendit personam. See also Hugo of St. Victor, *De Grammatica* ed. J. Leclercq, p. 290^{16} ff. and *below*, p. LIV, nr. 8. 3.

oportet autem predicatum subiecto intransitive copulari, ut videlicet in eadem
re ipsius impositio in subiecto inveniatur, veluti cum dicitur: '*homo est animal*'
(vel '*albus*'), et '*homo*' et '*animal*' (vel '*album*') eiusdem nomina esse oportet.
                                    (*Dial.* II, 166¹⁶⁻¹⁹).¹

The identity theory, therefore, takes the function of the copula to
be the identification of the extensions of the subject term and the
predicate term, while the inherence theory construes it as that of
copulating the intension of the predicate term with the extension of
the subject term.²

6.46 The author returns to this subject in the *Topica*, where he accepts
of the three meanings of the term '*predicari*' only the *predicatio secundum
enuntiationem*: '*predicari*' = '*esse*', and '*removeri*' = '*non esse*':

tribus autem modis '*predicari*' sumitur, uno quidem secundum enuntiationem
vocabulorum ad se invicem in constructione, duobus vero secundum rerum
ad se inherentiam..... ac secundum quidem enuntiationem omnis enuntiatio
cathegorica, tam vera quam falsa, tam affirmativa quam negativa, predicatum et
subiectum habere dicitur .... sed non de his (sc. subiecto et predicato) in propositione
agitur, sed de predicatione tantum rerum, illa scilicet solum que in essentia que
verbo substantivo exprimitur, consistat, sicut in *Libro Cathegoricorum sillogismorum*
ostendimus, tantum itaque '*predicari illud*' accipimus quantum si '*hoc illud esse*'
diceremus, tantum per '*removeri*' quantum per '*non esse*'. (*Dial.* III, 329¹⁹⁻³⁵).

6.5 Use of the verb substantive
The function of the copula has not yet been stated exactly. In order to
do this, we must discuss the use of the verb substantive (*esse*). It
can be used in two ways³:

6.51 *esse* appositum subiecto, e.g. '*Socrates est*'; in this case it is
on a level with verbs such as '*currere*', '*sedere*': it is at the same time
copula and predicate

6.52 *esse* tertium adiacens, e.g.'*homo est animal*'; in this case it
only has the function of copulating:

nam et quando verbum simpliciter predicatur, veluti cum dicitur: '*Socrates est*'
(vel '*currit*'), et quando ipsum terta vox interiacet, ut cum ita proponitur: '*Socrates
est homo*' (vel '*currens*'), predicari ipsum dicitur. sed tunc quidem cum simpliciter

---

¹ Cfr. *Log. Ingred.*, 361¹⁵⁻¹⁷: „praeterea intransitive coniunguntur verbo substantivo ea
quae (eaque *Geyer*) copulat; unde oportet, si vera sit propositio, '*est*' et '*chimaeram*'
idem significare"; see also *ibid.*, 362³⁹-363³.
² See E. Moody, *Truth and Consequence*, p. 38.
³ See *Log. Ingred.*, 361³⁷ff.

predicatur, officio duplici fungitur, et predicati scilicet et copule; cum autem tertium tenet locum et interponitur, tantum copulat predicatum subiecto. (*Dial.* II, 16 1²⁹⁻³⁴).¹

6.53 In propositions of the first type (6.51), where the copula '*est*' is used *propter se* (*per se*, *primo loco*), e.g. '*Socrates est*', the copula designates the existence of the object the subject term refers to. In this case we always have to do with individuals, e.g. '*ego sum*', '*Socrates est*':

at vero '*est*' verbum, quod omnia in essentia continet, primo loco praedicatum ens coniungit, cum dicitur: '*ego sum*', ac si dicerem: '*ego sum aliquid de existentibus*'. (*Log. Ingred.*, 362²⁰⁻²³).

The verb '*est*' here is a predicate signifying e x i s t e n c e .²

6.54 In propositions of the second type (6.52) '*est*' is not a predicate signifying existence; for, if this were so, Abailard says³, we should have to do with a composed proposition:

unde et quotiens ipsa (sc. verba) in propositionibus ponuntur, duplici..... officio funguntur. sed non ita substantivum verbum. cum enim medium interiacet, tantum copulat quod subiungitur, non etiam rem in se aliquam continet quam predicet. si enim per '*est*' aliquid ac per '*animal*' aliud predicatur, cum dicitur: '*homo est animal*', profecto multiplex est propositio cuius multa sunt predicata: per '*est*' aliquid existentium indeterminate predicatur, per '*animal*' vero certa animalis essentia datur. atque si hoc ubique '*est*' verbo deputetur ut aliquid existentium predicet, falsa est propositio que proponit: '*chimera est opinabilis*' (vel '*non-homo*', vel '*non-existens*'). id quoque et ex hac propositione: '*Socrates est ens*' convincitur. si enim in '*est*' participii quoque sui significatio includatur, superfluit certe ipsius suppositio; tale enim est ac si dicatur: '*Socrates est ens ⟨ens⟩. (Dial.* II, 162⁹⁻²¹).

Several passages, however, might be quoted where it appears that Abailard also makes '*est*' s e c u n d o   l o c o   p r a e d i c a t u m ⁴ refer to a certain form of existence. In the *Logica Ingredientibus* he says that '*est*' designates the *res* of the predicate:

¹ Cfr. *Log. Ingred.*, 362⁵⁻¹⁰.

² It has not here the force of an existential quantifier, as Moody (*Truth and Consequence,* p. 33) suggests. — It seems very attractive to render the gist of Abailard's logical doctrines with the help of modern logistical formulas. So far, I am unable to trace the modal system intended by Abailard.

³ *Dial.* II, 162⁹⁻²¹; elsewhere (*Log. Ingred.*, 362²⁵⁻²⁹) he points to the senselessness of propositions such as '*Socrates currit homo*'.

⁴ It is noteworthy that with Abailard '*est*' s e c u n d o   l o c o   p r e d i c a t u m = '*est*' t e r t i u m   a d i a c e n s ; afterwards (e.g. Albert of Saxony, *Logica* I, 6; see Moody, *Truth and Consequence,* p. 33) there is mention of *tertio adiacens*, as distinct from the existential predicate '*est*' (6.53), being called, then, s e c u n d o   a d i a c e n s .

unde interpositum tertium nil significationis in se tenet quod intellectus copulet, sed tantum rem praedicati suppositi. (*Log. Ingred.*, 362³²⁻³⁴).

Here numerous passages might be added where Abailard states that the feature of the verb, as opposed to the noun, is the *consignificatio temporis*, i.e. the con-signifying that something exists (existed, will exist) at a given point of time.[1] Here follow the clearest passages:

nobis autem placet omnia verba dici ab Aristotele quaecumque cum aliquo tempus habent significare, et sicut nomina quaedam res in essentia significant, quaedam ex adiacenti proprietate, ita etiam verba. in nullo enim Aristoteles differentiam verbi a nomine accipit nisi in significatione temporis (*Log. Ingred.*, 346²⁵⁻²⁹) ..... vere '*currit*' significat tempus, quia praesens tempus; ..... consignificat enim nunc esse, idest rem suam ut existentem, in cursu scilicet, praesentialiter. (*Log. Ingred.*, 354¹⁻³).

Elsewhere, dealing with the difficulty raised by the proposition '*chimaera est non-homo*', the author expressly says that '*est*' only refers to existing things: „at vero '*est*' tantum existentia continet."[2]

The verb '*est*' tertium adiacens seems to have the force of an existential quantifier, indicating that the class the subject term belongs to is not void, i.e. that the subject term has personal supposition.

That Abailard really attributes the force of an existential quantifier to '*est*' secundo loco predicatum might appear also from the following passages:

(α) *Log. Ingred.*, 361¹²⁻²⁵. The author deals here with the proposition '*chimaera est chimaera*'; since '*est*' here cannot refer to any form of existence (we say: the class of the *chimaerae* being void), it only has the sense of '*vocatur*':

at vero si coniunctio essentiae numquam desit substantivo verbo, quomodo vere coniungitur nominibus non-existentium, ut dicatur '*chimaera est chimaera*'? ..... oportet, si vera sit propositio, '*est*' et '*chimaeram*' idem significare. at vero '*est*' tantum existentia continet. dicimus itaque, si veritatem propositionis volumus servare, '*est*' verbum hoc loco in sensu nuncupativo transferri, ac si dicamus: '*chimaera vocatur chimaera*'. (*Log. Ingred.*, 361¹²⁻²²).

(β) *Dial.* II, 176²⁰⁻²¹. Abailard here says, speaking about the opposition of propositions, that the proposition '*omnis homo est homo*' is false, if no man exists, i.e. if the class of the *homines* is void[3]:

---

[1] For the correlation of *ostensio temporis* and designation of existence, see also *Dial.* II, 207¹⁻³, quoted *below*, p. LXVI.

[2] *Log. Ingred.*, 361¹⁷⁻¹⁸.

[3] Propositions of the reduplicative type, used afterwards as metaphysical statements by Scholastic authors, such as '*omnis homo qua homo est animal*', where the copula is said

re enim hominis prorsus non existente neque ea vera est que ait: '*omnis homo est homo*' (*Dial*. II, 176²⁰⁻²¹).

The passage quoted may be compared with *Dial*. III, 279¹⁸⁻²⁰:

cathegoricarum..... propositionum veritas, que rerum actum circa earum existentiam proponit, simul cum illis incipit et desinit.

This holds good only for affirmative (categorical[1]) propositions:

in negativis propositionibus....., quae verae sunt omnino rebus destructis, quia tunc quoque vere dici potest quod verum est..... '*hoc non est illud*', sed non ita in affirmativis videtur, qualis est '*Socrates est homo*', quae nullo modo nisi re permanente vera esse potest. (*Log. Ingred.*, 366²⁸⁻³²).

6.55 In propositions of the type: '*chimera est non-homo*' or '*chimera est opinabilis*', where the subject term refers to a *non-ens* (a void class), the copula only has the sense of '*vocatur*', as we have already seen (6.54, sub α). In this light we must interpret Abailard's statement that '*est*' secundo loco predicatum copulates both existing and non-existent things; *whether* the verb '*est*' copulates a non-existent thing and *whether* it must be taken for '*vocatur*', only appears, Abailard says, from the term used as the subject term in the proposition (*tantum ex supposita voce*):

secundo (sc. loco) praedicatum id ex propria inventione tenet ut tam existentia quam non-existentia copulet, quod intelligitur tantum ex supposita voce. (*Log. Ingred.*, 362²⁴⁻²⁵).

6.56 We may summarize the significations of '*est*':
'*est*' is a predicate signifying existence: type 6.51 '*Socrates est*'
'*est*' has the force of an existential quantifier: type 6.52
'*homo est animal*'
'*est*' has only the sense of '*vocatur*': type 6.55 '*chimera est opinabilis*'.

§ 7 - Hypothetical proposition
Implication - Conjunction - Disjunction

7.01 Definition of hypothetical proposition
Abailard appears to understand the term '*propositio ipotetica*' as a *molecular proposition*.

to stand for the so-called '*esse possibile*' (see J. Gredt, *Elementa Philosophiae Aristotelico-thomisticae*, Friburgi Brisgoviae, ⁷1937, I nr. 44) have with Abailard the form of an implication: '*si est homo, est animal*'. See *Dial*. II, 160¹⁷⁻¹⁹: omnibus enim rebus destructis incommutabilem consecutionem tenet huiusmodi consequentia: '*si est homo, est animal*'.
[1] It does not hold for hypothetical propositions nor for their atomic parts.

7.02 Analysis

It consists of three parts: two atomic parts (called antecedent and consequent) and a connective or functor (*coniunctio*).[1]

7.03 Kinds

Abailard recognizes the following kinds of hypothetical proposition[2]:

(1) *propositio coniuncta naturalis*, e.g.:

'*si est homo, est animal*'

(2) *propositio coniuncta temporalis*, e.g.

'*cum Socrates est animal, est homo*'

(3) *propositio disiuncta*, e.g.

'*aut nox est, aut dies*'.

7.1 *Propositio coniuncta naturalis*, being equivalent to modern implication.[3] The following kinds of implication may be distinguished[4]:

7.11 Philonian implication, being defined: *the implication is true, if and only if, it does not have a true antecedent and a false consequent*; this is modern material implication.

7.12 Diodorean implication, being defined: *the implication is true, if and only if, it neither is nor ever was capable of having a true antecedent and a false consequent*.

7.13 strict implication, being defined: *the implication is true, if and only if, the antecedent requires, by itself and necessarily, the consequent*. This implication is mostly[5] used by Abailard. He expounds the concept 'following necessarily' (*necessitas consecutionis*) in this passage:

> videntur autem due consecutionis necessitates: una quidem largior, cum videlicet id quod dicit antecedens non potest esse absque eo quod dicit consequens, altera vero strictior, cum scilicet non solum antecedens absque consequenti non potest esse verum, ⟨sed etiam⟩ ex se ipso exigit....., que..... michi in sensu ipotetice enuntiationis sola contineri videtur, ut nichil aliud '*hoc illud antecedere*' credatur quam '*hoc ex se illud exigere*'. (*Dial.* III, 283³⁷–284¹³).[6]

I give an example: the proposition '*si est corpus, est coloratum*' is, according to Abailard, a false implication, because, although '*corpus*'

---

[1] See *Dial.* IV, 472¹⁻⁶.

[2] See *Dial.* IV, 472⁶ sqq.

[3] See *above*, p. XXXVIII, nr. 5.31.

[4] See Benson Mates, *Stoic Logic*, pp. 42-51 and I. Bochenski, *Ancient Formal Logic*, pp. 89-90.

[5] The Philonian implication is used *Dial.* III, 293¹³⁻¹⁵; 330²⁸⁻³⁰.

[6] Cfr. *Dial.* III, 271²⁵⁻²⁹. This *necessitas consecutionis* is not a *necessitas consequentis*, see *Dial.* III, 272³⁶-273⁴.

has, in fact, the same extension as 'coloratum', there is, nevertheless, not any necessary coherence of 'corpus' and 'coloratum' :

..... non est vera consequentia, sicut nec ista: 'si est corpus, est coloratum'. licet enim essentia illa que per 'coloratum' attribuitur, eadem cum illa sit que per 'corpus' ponitur, tamen quia aliunde a 'colorato' quam a 'corpore' nominatur ..... omni profecto necessitate consequentia illa destituta est.

(Dial. III, 334^{32}-335^2).[1]

The atomic parts of a proposition of the type: 'si est homo, est animal' are not undifferentiated expressions, as the terms 'homo', 'animal' ..... etc. are predicates. This may appear from the following example: 'si omnis homo est animal, tunc si est homo est animal' (= 5.347). Nevertheless Abailard recognizes the proper nature of the hypothetical proposition as consisting not of simple terms, but of other propositions, as appears from this passage, where the author says that the negation sign must be prefixed to the *whole* proposition it negates:

et bene quidem tota sequens et antecedens propositio est destruenda, cum inter totas propositiones inferentia consistat, licet vis inferentie ex terminis pendeat..... unde bene ipotetica propositio non ex simplicibus terminis componi, sed ex aliis propositionibus coniungi dicitur, secundum id scilicet quod id quod sequens propositio monstrat sequi ex eo quod precedens proponit. (Dial. IV, 486^{8-17}).

7.14 Another division
Abailard further recognizes these distinctions of *propositiones coniuncte naturales*:

7.141 *propositiones une* besides *multiplices*

7.142 *propositiones simplices* besides *composite*

7.143 *propositiones ipotetice medie.*
He uses eleven types; for the examples, see the enumeration of consequences, *above*, p. XXXVIII-XXXIX, nrs. 5.341-5.352.

7.15 Negation of the implication
There are two forms of negation[2] :

7.151 *negatio destructiva*, being the negation which denies the whole expression, e.g. 'non: si est homo, est animal',

7.152 *negatio separativa*, being the negation which denies only the consequent, e.g. 'si est homo, non est animal'.

[1] We should place the distinction made by Abailard between *inferentia* and *comitatio* in this connection; see *below*, p. L, n. 7.17.
[2] See *Dial.* IV, 473^{20}-478^{25}.

7.16 Opposition of the implication
Abailard states the following types of opposition[1]:

7.161 'si est homo, est animal' is contradictory to

'non: si est homo est animal'

7.162 'si est homo, est animal' is contrary to

'si est homo, non est animal'

7.163 'non: si est homo, est animal' is subaltern to

'si est homo, non est animal'.

7.17 Equivalence of implicative propositions and categorical ones
Equivalence (equipollentia) is discussed by Abailard in connection
with the opposition of propositions. He recognizes two kinds:
s t r i c t e q u i v a l e n c e (equipollentia vere inferentie or mutua inferentia)
and m a t e r i a l e q u i v a l e n c e (equipollentia comitationis or equipollentia maxime probabilis). They may be thus defined:

7.171 'p' is strictly equivalent to 'q', if and only if, 'p' strictly implies
'q', and 'q' strictly implies 'p'.

7.172 'p' is materially equivalent to 'q', if and only if, 'p' materially
implies 'q', and 'q' materially implies 'p'.
The equivalences accepted by almost all logicians of Abailard's time[2]:
'omnis homo est animal' is equivalent to 'si est homo, est animal'
'nullus homo est animal' is equivalent to 'si est homo, non est animal', are
taken by Abailard not to be strict equivalences, but only material
ones.

7.2 Propositio coniuncta temporalis
This is modern conjunction, i.e. a molecular proposition the parts of
which are connected by the connective or functor (coniunctio) 'cum':

temporales vero illas Boetius vocavit que temporaliter, non conditionaliter,
aliquid alicui coniungunt, ut ista: 'cum pluit, tonat'. non enim hoc loco proponitur
quod si pluit, tonat, sed magis id dicitur quod quando pluit, et tonat: in quo tempore
unum contingit, et alterum, ac si videlicet utrumque simul fieri diceretur.
in his nulla natura consecutionis attenditur, sed sola comitatio secundum idem
tempus proponitur, id scilicet tantum quod utrumque simul fiat, sive absque se
omnino esse valeant, sive alterum exigat alterum. (Dial. IV, 472$^{21-29}$).

---

[1] Dial., 474^{29} sqq.
[2] See Dial. IV, 475$^{32-33}$: „fere ab omnibus".

7.21 *Definition*
The conjunction is true, if and only if, both parts are true[1] (matrix '*1000*').

7.22 It is of the following type:
'*cum Socrates est animal, est homo*'.

7.23 Though Abailard points to the fact that such expressions are more exactly considered as *one categorical* proposition, he still takes, with Boethius, the connective '*cum*' to be a propositional functor; he is entitled to do this the more so as such expressions are taken as undifferentiated in syllogistic.[2]

7.24 Abailard uses the *ipotetice temporales* only as elements of the *ipotetice naturales coniuncte composite*, e.g.
'*si cum est homo est medicus, cum est animal est artifex*' (= 5.352).

7.25 For the construction of such consequences the following regulae are given[3]:

7.251 quicquid comitatur antecedens, et consequens

7.252 quorumcumque antecedentia sese comitantur,
                                        et consequentia

7.253 existente antecedente existunt simul quelibet eius
                                        consequentia

7.254 existente antecedente cum quolibet, existit
                        quodlibet ipsius consequens.

7.3 *Propositio disiuncta*
This is modern disjunction, in the large sense of the word. The following kinds may be distinguished[4]:

7.31 alternative (or inclusive disjunction), being defined: *the disjunctive proposition is true if, and only if, not both parts*, (called sometimes antecedent and consequent), *are false*.

7.32 strict alternative (or strict inclusive disjunction): *the disjunctive proposition is true, if and only if, it is impossible that both parts are false*.

---

[1] See *Dial.* IV, 483[1-2]: non aliter vera potest esse temporalis (sc. ipotetica), nisi eius utraque pars vera fuerit.
[2] See *below*, p. LXXIII-LXXV, nrs. 13.2-13.3.
[3] *Dial.* IV, 482-483.
[4] Cfr. Benson Mates, *Stoic Logic*, pp. 51-54.

7.33 Sheffer disjunction (i.e. an exclusive disjunction of which the following definition is given): *the disjunctive proposition is true if, and only if, not both parts are true.*

7.34 strict Sheffer disjunction: *the disjunctive proposition is true if, and only if, it is impossible that both parts are true.*

7.35 material disjunction[1], being an exclusive disjunction of which the following definition holds good: *the disjunctive proposition is true if, and only if, one part is true and the other false.*

7.36 strict disjunction being an exclusive disjunction of which the following definition holds good: *the disjunctive proposition is true if, and only if, it is impossible that the parts are either both true or both false.*

7.37 Abailard uses the propositional[2] connective 'aut' as the functor of the strict alternative (7.32). For he says of the disjunction that (1) it states that it is necessary that one part is true, and that (2) it is possible that both parts are true:

> qui vero ipoteticam (sc. disiunctam) ..... componit hoc modo: 'aut Socrates est sanus, aut Socrates est eger', non solum innuit esse alterum eorum que propositiones dicunt, verum etiam altero non existente alterum necessario existere (*Dial.* IV, 494[7-12]). possunt namque tales proponi disiuncte quarum utraque membra simul sunt (*Ibid.*, 491[13-14]).

7.38 Equivalences of disjunctive propositions and implicative ones

7.381 "'aut est sanum, aut est egrum' is equivalent to
'si non est sanum, est egrum'"

7.382 "'aut est animal, aut non est homo' is equivalent to
'si non est animal, non est homo'"

7.383 "'aut non est homo, aut est animal' is equivalent to
'si est homo, est animal'"

7.384 "'aut non est lapis, aut non est homo' is equivalent to
'si est homo, non est lapis'"

7.39 A disjunctive proposition with more than two parts is reduced to a twofold one of which either the antecedent or the consequent (c.q. both parts) have a disjuncted predicate:

7.391 'aut est calidum, aut frigidum aut tepidum'

---

[1] This is here named *material* disjunction in analogy to the *material* (Philonian) implication, with the help of which it may be defined: '$p \vee q = df\ (p \rightarrow \bar{q}).(\bar{p} \rightarrow q)$'.

[2] Abailard recognizes also the connective 'aut' = 'vel', which is a connective of predicates; in this case *consecutio necessaria* is lacking. See *Dial.* IV, 494[1]-495[8].

7.391′ '*aut est calidum aut frigidum, aut tepidum*'.

7.4 *Conversio ipoteticarum*

The *ipotetice temporales* and the *ipotetice disiuncte* have simple conversion[1]:

7.41 "'*cum pluit, tonat*' is equivalent to '*cum tonat, pluit*'"

7.42 "'*aut nox est, aut dies est*' is equivalent to '*aut dies est, aut nox est*'"

The *ipotetice naturales coniuncte* only have *conversio per contrapositionem*:

7.43 "'*si est homo, est animal*' is equivalent to

'*si non est animal, non est homo*'".

§ 8 - *Supposition*

Though Abailard only, when speaking of '*est*' copulating *non-existentia*, says[2] that it appears from the terms used in the proposition, whether it should be interpreted as '*vocatur*', it is evident that this holds good also for other cases: the use of a term *in* a proposition determines its interpretation. Afterwards logicians speak of the *supposition* of a term.

8.1 Supposition

Supposition is *the interpretation of a term, in a proposition, for some thing or things specified by another term in that proposition.*[3]

We do not find an elaborated theory of supposition in the works of Abailard nor even any use of the term '*suppositio*' in this technical sense; but the distinctions made by Abailard between the meanings of the copula, may be well considered in connection with the latter[4] theory of supposition.

8.2 Kinds of supposition

We distinguish *suppositio formalis* (or *personalis*) from *suppositio materialis*.

8.21 Formal (or personal) supposition

Formal (or personal) supposition of a term is *the significative use of that in a proposition*, e.g. '*homo*' has formal supposition in '*homo est animal*'.

---

[1] Abailard here takes *conversio* as *equipollentia* (equivalence), not only as *implication*, cfr. *below*, p. LVII.

[2] *Log. Ingred.*, 36224–25, quoted *above*, p. XLVII, nr. 6.55.

[3] See E. A. Moody, *Truth and Consequence*, p. 23; Ph. Boehner, *Collected Articles*, pp. 234-236.

[4] For the origin and early development of the theory of supposition, see L. M. de Rijk, *Logica Modernorum. A Contribution to the History of Early Terminist Logic*. Vol. II, Part One. The Origin and Early Development of the Theory of Supposition, Assen 1967.

8.22 Material supposition

Material supposition of a term is *the autonomous use of that term in a proposition*, e.g. 'homo' has material supposition in '"*homo*" est nomen'.

8.3 *Copulatio intransitiva*

Without using the term '*suppositio*', Abailard gives the regula that it is not permissible in predicating to pass over from one thing to another[1]; to put it otherwise: the terms in a proposition must be consignificant. Therefore 'homo' has in '"*homo*" est nomen' the signification: 'the word "*homo*"', i.e. it here has *material supposition*:

> oportet autem predicatum subiecto intransitive copulari, ut videlicet in eadem re ipsius impositio in subiecto inveniatur, veluti cum dicitur: '*homo est animal*' ....., et '*homo*' et '*animal*' ..... eiusdem nomina esse oportet. quidam[2] tamen transitivam gramaticam in quibusdam propositionibus esse volunt; qui quidem propositionum alias de consignificantibus vocibus, alias vero de significante et significato fieri dicunt, ut sunt ille que de ipsis vocibus nomina sua enuntiant hoc modo: '"*homo*" est nomen' .....; sed hos profecto talis ratio confundit: cum dicitur '"*homo*" est nomen', quero de quo per subiectum nomen agitur, ac dicitur quia de seipso; at si de seipso per ipsum agitur, tunc in ipso ipsum intelligitur atque ab ipso ipsum etiam significatur; quodsi vox subiecta seipsam nominat ac rursus predicata ipsa nominetur, profecto predicata vox et subiecta in eadem re conveniunt atque hoc modo consignificant. (*Dial.* II, 166[16-29]).

8.4 Consignification. Designation

Supposition having been defined as the interpretation of a term, in a proposition, for some thing or things specified by another term in that proposition, it may be now asked how 'interpretation' should be understood. 'Having sense' is *not* meant as 'referring to an extra-linguistic object' (*designatio*), but as 'determining the meaning which a term has by the predicative relation it has to another term in the same proposition' (*consignificatio*).

8.41 Consignification

Consignification is *the predicative relation*, (being a *logical* or *syntactical* one), *between two terms in the same proposition*.

8.42 Designation

Designation is *the semantic relation*, (being a *metalogical* one) *between a term and its extra-linguistic object*. Accordingly, the logical

---

[1] For the *copulatio intransitiva* see *above*, p. XLIII, nr 6.45.
[2] E.g. Garland the Computist. See L. M. de Rijk, *Garlandus Compotista Dialectica*, Introd., pp. LVI-LVIII.

import of the copula '*est*' (in categorical affirmative propositions) is considered.[1]

8.43   That Abailard is aware of the difference between *consignification* and *designation*, may appear from a passage in the *Dialectica*, where he devotes a chapter to the question as to whether that which is expressed by the proposition is a *thing* or not (*Dial.* II, 157-160: *utrum sint alique res ea que a propositionibus dicuntur*). This question is closely bound up with the conception of the copula (inherence theory or identity theory, see *above*, p. XLI, nr. 6.4). After an extensive discussion the question is answered in the negative: the author compares the structure of the categorical proposition with that of the hypothetical:

> clarum itaque ex suprapositis arbitror esse res aliquas non esse ea que a propositio-
> nibus dicuntur; quod quidem et ex sensu ipoteticarum propositionum .....
> apparet. omnibus enim rebus destructis incommutabilem consecutionem tenet
> huiusmodi consequentia: '*si est homo, est animal*'. (*Dial.* II, 160¹⁴⁻¹⁹).

If my surmise is correct, Abailard intends to point out that the copula '*est*', being a logical functor, has not any significative (= designative) function in the proposition, but only a consignificative (= syntactical) one.[2] This also appears from a parallel passage in the *Logica Ingredientibus*:

> sicut autem '*est*' vel '*non est*' coniunctiva[3] vel disiunctiva[4] sunt, non significativa,
> ita '*si*' vel '*non si*' significativas voces copulant vel separant, ut ipsa tamen non
> significant, cum nullius rei in se conceptionem teneant sive fictae sive verae, sed
> animum inclinant ad quemdam concipiendi modum. (*Log. Ingred.*, 340²⁻⁶).

§ 9 - *Truth and falsity*

9.1   'True' and 'false' as predicates of a proposition

The term 'true' being a predicate of a proposition is discussed both in the *Dialectica* and in the *Logica Ingredientibus*, when the author,

---

[1] See L. M. de Rijk, *Log. Mod.* II, 1, pp. 569 ff.

[2] For the term '*consignificativum*' = 'syntactical' as opposed to '*significans per se*' = 'semantical', see *Log. Ingred.*, 336²⁸⁻³⁴: apud dialecticos solae illae ipsae voces significare dicuntur quae id per se habent, sicut interpretationes omnes; praepositiones vero vel interiectiones vel coniunctiones *consignificare* magis dicimus quam *significare*, quia videlicet ita fuerunt inventae ut, si quam significationem habent, tantum cum aliis positae eam exerceant et non dum per se sine aliis proferuntur, ut videlicet si dicam '*de*' vel '*pro*' vel '*quia*' vel '*ergo*' sine aliis vocibus, nil penitus in eis intelligam.

[3] = *praedicativa* (= affirmative).

[4] = *remotiva* (= negative).

commenting upon the twelfth chapter of the Aristotelian *Categories*, deals with the moods of '*prius*'. The fifth mood is that *secundum causam*. Aristotle here gives as an example the priority of the state of affairs to the truth of the proposition referring to it. Between the proposition and its state of affairs there is, according to Aristotle[1], a coherence, which is signified by Abailard with the term '*comitatio alterne permanentie*', i.e. material equivalence (see *above*, p. L, nr. 7.172):

vere quaedam convertuntur invicem tamquam causae et effectus, ut[2] essentia hominis et veritas propositionis quae hominem esse enuntiat, hocest '*esse hominem*' convertitur ad orationem veram de se secundum consequentiam essentiae, idest comitationem alternae permanentiae, eo videlicet quod oratione hac '*homo est*' proponente hominem esse non potest ipsa in eo esse vera quin homo sit. comitationem itaque Aristoteles accepit inter veritatem propositionis et eventum rei. (*Log. Ingred.*, 290³⁵-291¹).

We may render the regulae of *comitatio alterne permanentie* in the following way:

9.12 (*a*) 'if[3] a proposition is true, then the state of affairs (*eventus rei*) referred to by it exists, and (*b*) if the state of affairs referred to by a proposition exists, then the proposition is true'.
This conjunction of material implications is equivalent to a material equivalence:

9.12' 'the proposition "*p*" is true' is equivalent to 'the state of affairs referred to by "*p*" exists.
According to Abailard, some people accept the first implication (9.12 (*a*)) without hesitation, the second (9.12 (*b*)), however, only with the additional condition, (called *constantia*), that the proposition must be pronounced:

sunt autem quidam qui non solum consequentiam comitationis mutuam hic accipiunt, verum etiam mutuam conditionalis inferentiam[4], ... et alteram quidem consequentiam simpliciter quoque recipiunt, quae scilicet ex veritate propositionis infert eventum re, alteram vero cum constantia[5] tantum, quae scilicet ex eventu infert veritatem, hoc modo: 'si vera est haec propositio: "*homo est*", tunc homo est'; 'si homo est, vera est haec propositio, cum fiat'. (*Log. Ingred.*, 291⁵⁻¹³).

---

[1] Arist., *Categ.*, 14 b 14-18.

[2] ut *scripsi*, quia *Geyer*.

[3] It is noteworthy that 'if' here is the functor of the *material* (Philonian) implication, see *above*, p. XLVIII, nr. 7.11.

[4] inferentiam *scripsi*, differentiam *Geyer*.

[5] Geyer seems to be wrong in altering the MS. reading *constantia* into *circumstantia*.

Abailard assents[1] to their criticism. He combats in the present work[2] the view of those who — in order to save the equivalence 9.12', designated here by Abailard by the term *'simplex conversio'* — state the *constantia* to be superfluous, if only the following formulation is chosen: *'si ita est in re ut dicit propositio, tunc vera est ipsa propositio,* because *'propositio dicit'* implies *'propositio fit'*. But their argument, according to him, is not valid, as Aristotle takes the state of affairs to be the cause of the truth of the proposition; if, however, with them, the *essentia rei ut designata a propositione* is considered as the state of affairs, priority and causality are out of question;

sunt autem qui constantiam non apponendam esse iudicant, ut simplicem servent conversionem, vim quidem facientes in eo quod propositio illud dicere dicitur, veluti cum ita proponitur: *'si est ita in re ut dicit propositio, tunc vera est ipsa propositio'*. dicunt enim in eo quod propositio dicit, existentiam propositionis contineri; aliter enim non diceret, nisi fieret. sed si in eo quod propositio dicit, vim faciant, profecto non inferentiam cause attendunt: non enim essentia rei ut a propositione designata prior est veritate propositionis, immo simul cum ea, cum sine ea nullatenus possi[n]t consistere. (*Dial.* III, 372¹⁻⁹).

Abailard also criticizes the first implication (9.12 (*a*)). In the *Logica Ingredientibus* this implication is held to be false:

nos autem non solum hanc consequentiam simpliciter factam reprobamus: *'si homo est, vera est haec propositio: "homo est"'*, — eo videlicet quod saepe contingit rem esse non facta propositione —, verum etiam conversam calumniamur, hanc scilicet: *'si "homo est" est vera, idest dicit tale quid quod in re est, tunc homo est'*. videtur enim ea falsum sic extrahi: si quia *'homo est'* dicit illud quod in re est, homo est, et quia *'homo est'* dicit *'asinus est'*, homo est, quamquam sequens consequentia ex nulla adiunctione naturae procedit. (*Log. Ingred.*, 291²⁶⁻³³).

In the *Dialectica* he proposes to add a *constantia* also to this implication (9.12 (*a*), called by him *consequentia secunda*). This additional condition turns out to be only an explanation of its grammatical expression, running, in the twelfth century, as follows: *'si "homo est" est vera, tunc homo est'*, or *'si "homo est" dicit tale quid quod in re est, tunc homo est.*[3] According to Abailard stress must be laid on the condition that the words *'tale quid quod in re est'* are used not *particulariter* and *indeterminate*, — being equivalent to *'quiddam quod in re est'* —, but *singulariter* and *demonstrative*, referring to the state of affairs signified by the proposition.[4]

---

[1] *Log. Ingred.*, 291²⁶⁻²⁸.

[2] *Dial.* III, 372¹ sqq.

[3] Cfr. *Log. Ingred.*, 291²⁹⁻³⁰, quoted *above*.

[4] The same objection is made *Log. Ingred.*, 291²⁹ ff., quoted *above*.

We come to this, provisional, result: Abailard criticizes both implications composing the Aristotelian definition of truth (9.12'). His criticism of the first is merely grammatical, the second is to be completed, with an additional condition: '*facta propositione*'[1], according to him and some other logicians of those days.

In the *Logica Ingredientibus* the same problem is touched upon in a somewhat different manner. The author points out that Aristotle here, as always, started from usage, seeming to suppose that the truth of a proposition always coincides with the state of affairs and conversely, and that '*homo est*' is equivalent to '"*homo est*" *est vera*'. Abailard is willing to accept this equivalence only on this condition that the state of affairs referred to by the proposition exists:

> sed si nos hominum visum atque acceptionem attendamus, quam Aristoteles maxime sequitur, videntur sese semper comitari veritas propositionis et eventus nec ad tempus hoc dici, quippe homines transitum vocum non attendentes, cum de propositionibus agunt gratia sensus, semper eas quasi existentes accipiunt, et tantundem valet secundum eorum acceptionem '*esse in re*' quantum '*veram esse propositionem quae illud dicit*', ubi vocum inconstantiae non adhaerent. nec tamen idem dicit '*homo est*' quod dicit '"*homo est*" *est vera*', scilicet illa simpliciter eventum rei denuntiat, haec veritatem propositioni copulat.....; aliter namque voces secundum significationes, aliter secundum essentiam suam pensantur.....; nam si homo est, vere '*homo est*' convertitur mutuo ad '"*homo est*" *est vera*', quia scilicet ita est in re quod, dum homo est, vera est oratio qua dicitur quod homo est, et convertitur quia homo est, idest hoc quod homo est convertitur, subaudi[s] ad veritatem propositionis. (*Log. Ingred.*, 292²⁶-293⁴).

Abailard's definition of the term 'true' as a predicate of a proposition, may be rendered as follows:

9.13 '*p*' is equivalent to 'the proposition "*p*" is true', if, and only if, the state of affairs referred to by '*p*' exists.

9.2 'True' and 'false' as predicates *tout court*
The Latin word '*verus*' is also used in another way, *viz.* as a predicate of *things*. This is the so-called *verum modale*, which Abailard distinguishes from *verum* being a predicate of propositions. While propositional truth is defined as *dicens illud quod est in re*, the *verum modale* seems to be equivalent to *existens in re*:

> restat ergo tertiam significationem congruere modalibus, que scilicet est de existentia rei, ut cum dicimus: '*Socratem esse hominem verum est*', id intelligimus quod hoc quod dicit hec propositio: '⟨*Socrates*⟩ *est homo*' verum est de his que in re sunt, idest una est de numero existentium rerum. (*Dial.* II, 205²⁰⁻²⁴).

---

[1] See *Log. Ingred.*, 291²⁸.

Abailard's theory of truth turns out to be not much elaborated. Nevertheless it already contains many elements of the later speculations on truth and falsity of the thirteenth and fourteenth centuries.[1]

§ 10 - *Affirmation - Negation - Signum quantitatis*

10.1 Categorical propositions are divided, according to their qua l i ty, into affirmative and negative, according to their quant i ty, into universal, particular, indefinite, and singular.[2] The following examples are given[3]:

of the *enuntiatio affirmativa*: (1) '*omnis homo est animal*', and (2) '*quidam homo est animal*'; of the *enuntiatio negativa*: (3) '*nullus homo est animal*', and (4) '*quidam homo non est animal*'. (1) and (2) differ from (3) and (4) by their quality; (1) and (3) differ from (2) and (4) by their quantity.

10.2 The quantity of a proposition is indicated by a quantifying prefix (*signum quantitatis*), defined by Abailard as a word (*particula*) added to the terms, in order to indicate their extension (called by Abailard *comprehensio*):

si verissime inspiciamus, non sunt ita inventa (sc. signa quantitatis) ut per se dicta significationem aliquam impleant, sed his dictionibus vel orationibus adiuncta ex quibus sua certificatur comprehensio, et extenditur vel remittitur iuxta numerum rerum contentarum in voce cui apponuntur. (*Log. Ingred.*, 460³⁹-461³).

Abailard recognizes the following *signa quantitatis*: '*omnis*', '*omnes*', '*nullus*', '*nemo*', '*nichil*', '*quidam*', '*aliquis*', '*totus*', '*uterque*', '*neuter*', '*alter*'. They may be arranged in the following way:

10.3 *signa universalitatis*

10.31 *affirmativa*

10.311 '*omnis*', being distributive[4], e.g. in '*omnis homo est animal*'

10.312 '*omnes*' being collective[5], e.g. in '*omnia generalissima sunt decem*'[6]

10.313 '*omnes*' being distributive-collective[7], e.g. in '*omnes homines sunt albi*', to be read as: 'all groups of more than one man are white'

---

[1] See Ph. Boehner, *Ockham's Theory of Truth* in: Collected Articles, pp. 174-200. For that of John Buridan († after 1358), see Moody, *Truth and Consequence*, pp. 101-110.

[2] See *Dial.* II, 173⁹⁻¹⁴ and *Log. Ingred.*, 463¹⁹ff.

[3] *Dial.* II, 173²¹⁻²³.

[4] *Dial.* II, 185¹⁹⁻²¹.

[5] See *Dial.* II, 189²⁰⁻²⁶ and *Log. Ingred.*, 464²⁴⁻³⁶.

[6] Such propositions as this, where the predicate is a number, are not representative of this type. The examples given in the *Topics* (see *below*, p. LXXXIV, nr. 14.32) are better.

[7] See *Dial.* II, 189⁸⁻¹⁹ and *Log. Ingred.*, 464²⁴⁻³⁶.

10.314 'totus', being *distributivum partium*[1], e.g. in '*tota domus est alba*'.

10.32 *negativa*

10.321 '*nullus*', being distributive[2], e.g. in '*nullus homo est animal*'

10.322 '*nemo*' (= '*nullus homo*'[3]) e.g. in '*nemo est animal*'

10.323 '*nichil*' (= '*nulla res*') e.g. in '*nichil est animal*'.

10.4 *Signa particularitatis*

10.41 *affirmativa*

10.411 '*quidam*' (= '*aliquis*'[4]), e.g. in '*quidam homo est animal*'
This sign seems to be identical with an existential quantifier.[5]

10.412 '*uterque*', being distributive of two things[6], e.g. in '*uterque currit*'

10.413 '*alter*', referring to one of two things[7], e.g. in '*alter currit*'.

10.42 *negativa*

10.421 '*quidam ⟨non⟩*', e.g. in '*quidam homo non est animal*'

10.422 '*neuter*', e.g. in '*neuter currit*'

10.423 '*alter ⟨non⟩*', e.g. in '*alter non currit*'.

10.5 Use of the quantifying prefixes
We may distinguish:

10.51 propositions the subject term of which only is quantified (see *above*, 10.311-10.323 and 10.411-10.423).

10.52 propositions the predicate term of which only is quantified. The author gives[8] the following examples of this group:

10.521 '*Socrates est omnis homo*'

10.522 '*Socrates non est omnis homo*'

10.523 '*Socrates est aliquis homo*'

10.524 '*Socrates non est aliquis homo*'.

10.53 propositions of which both terms are quantified.[9] The following examples are given:

10.531 '*omnis homo est omne animal*'

1 See *Dial.* II, 185[19-21] and *Log. Ingred.*, 464[36-39].
2 See *Dial.* II, 189[28-29].
3 See *Log. Ingred.*, 464[24].
4 See *Dial.* II, 186[8-9].
5 See Moody, *Truth and Consequence*, pp. 46-47: it seems that the sign of particularity ('some') merely makes explicit the existential quantification exercised by the copula. Thus the particular affirmative is represented by the same formula as the indefinite affirmative.
6 *Dial.* II, 186[20-22].
7 *Ibid.*, 186[26-28].
8 *Ibid.*, II, 189[33]-190[2].
9 *Ibid.*, 190[17-28].

10.532 'nullus homo est omne animal'
10.533 'quidam homo est omne animal'
10.534 'quidam homo non est omne animal'
10.535 'non: omnis homo est omne animal'
10.536 'quidam homo est aliquod animal'
10.537 'nullus homo est aliquod animal'.

10.6 Definition of the quantifying prefixes

They are defined in the so-called *opposition of propositions*. The prefixes enumerated *sub* 10.312-10.314 and 10.322-10.323 are not taken into account by Abailard.

A preliminary question about the *propositio contradictoria*. Two contradictory propositions of the universal affirmative (10.311), Abailard says[1], seem to be possible, *viz.* that of the type:

(p) 'non: omnis homo est iustus'   and

(q) 'quidam homo iustus non est'.

Boethius is wrong in calling[2] (p) and (q) equivalent, for, according to our author[3], contradiction is only obtained by putting the adverb of negation *before the whole expression*, so that we get: 'non: omnis homo est iustus' (p). The proposition (q) may be false together with the universal affirmative proposition, *viz.* if, the class of men being void, the following propositions are stated: 'omnis homo est homo', and 'quidam homo non est homo'.[4] Abailard therefore prefers (p) to (q).[5] There is, however, some evidence that Abailard practically takes (p) and (q) to be equivalent. This deserves closer inspection. Abailard frequently argues that only that proposition is a proper contradiction of another, which removes the sense of an expression and denies not more and not less than the original one stated:

proprie ergo ille sunt negationes que affirmationis sententiam simpliciter auferunt, ut scilicet non plus aut minus in eis denegetur quam affirmatio proponebat.

(*Dial.* II, 179[34-36]).

The proper contradiction of 'omnis homo est iustus', therefore, is: 'non: omnis homo est iustus' (p). Though Abailard is not wholly consistent in his formulations[6], he has still thought out the problem, which may appear from the following passage:

[1] *Dial.* II, 174[24] sqq.
[2] *De syll. cat.*, 800B[6-8].
[3] *Dial.* II, 175[36]-176[3]; 179[27-28].
[4] *Dial.* II, 176[20-25].
[5] See *Dial.* II, 179[27-37]; 180[12-15]; 190[27]: vel potius.
[6] See e.g. *Dial.* II, 190[27], where he contents himself with the words: *vel potius*.

querent autem fortasse de huiusmodi negatione: '*non omnis homo iustus est*', cum particularis sententiam non teneat, — eius scilicet que ait: '*quidam homo non est iustus*' — que sit propositio dicenda. nos vero nec particularem eam proprie nec universalem dicimus negativam, sed propriam universalis negationem.

(*Dial.* II, 18^{33}-184^{1}).

He calls the proposition ('*p*') not particular, nor universal nor universal negative, but 'proper negation of the universal'.

Let us return now to the opposition of propositions.

10.60 Definition of the *oppositio propositionum*

'*Oppositio propositionum*' here is meant as the opposition of propositions differing only in quality and/or quantity. Their relations can be contradictory, contrary, subaltern, or subcontrary, and might be defined as follows:

10.601 '*p*' is contradictory to '*q*', if, and only if, '*p*' is in exclusive disjunction with '*q*' (matrix '*1110*').[1]

10.602 '*p*' is contrary to '*q*', if, and only if, '*p*' is in Sheffer disjunction with '*q*' (matrix '*0111*').[2]

10.603 '*p*' is subaltern to '*q*', if, and only if, '*q*' implies '*p*' (matrix '*1011*').[3]

10.604 '*p*' is subcontrary to '*q*', if, and only if, '*p*' is in alternative with '*q*' (matrix '*1110*').[4]

10.61 Opposition of the propositions enumerated *sub* 10.51

Of these cases only the relation of contradiction is discussed:

10.611 '*omnis homo est albus*' is contradictory to '*non: omnis homo est albus*'

10.612 '*nullus homo est albus*' is contradictory to '*quidam homo est albus*'

10.613 '*homo est albus*' is contradictory to '*non: homo est albus*'

10.614 '*Socrates est albus*' is contradictory to '*non: Socrates est albus*'

10.615 '*Socrates est*' is contradictory to '*Socrates non est*'

10.616 '*uterque currit*' is contradictory to '*alter non currit*'

10.617 '*neuter currit*' is contradictory to '*alter currit*'.

10.62 Opposition of the propositions enumerated *sub* 10.52

Abailard here gives[5] the following oppositions:

10.621 '*Socrates est omnis homo*' is contradictory to '*Socrates non est omnis homo*'

---

[1] of the type 7.35-7.36.

[2] of the type 7.33-7.34.

[3] of the type 7.11-7.13.

[4] of the type 7.31-7.32.

[5] *Dial.* II, 189^{33}-190^{7}.

10.622 'Socrates non est aliquis homo' is contradictory to

'Socrates est aliquis homo'

10.623 'Socrates est omnis homo' is contrary to 'Socrates non est aliquis homo'

10.624 'Socrates est aliquis homo' is subcontrary to

'Socrates non est omnis homo'

10.625 'Socrates est aliquis homo' is subaltern to 'Socrates est omnis homo'

10.626 'Socrates non est omnis homo' is subaltern to

'Socrates non est aliquis homo'.

10.63 Opposition of the propositions enumerated *sub* 10.53

Abailard gives[1] the following oppositions:

10.631 'omnis homo est omne animal' is contradictory to

'quidam homo non est omne animal'

or better (*vel potius*, *Dial.* II, 190²⁷):

10.631′ 'omnis homo est omne animal' is contradictory to

'non: omnis homo est omne animal'

10.632 'nullus homo est aliquod animal' is contradictory to

'quidam homo est aliquod animal'

10.633 'omnis homo est omne animal' is contrary to

'nullus homo est omne animal'

10.634 'quidam homo est aliquod animal' is subcontrary to

'quidam homo non est omne animal'

10.635 'quidam homo est aliquod animal' is subaltern to

'omnis homo est omne animal'

10.636 'quidam homo est aliquod animal' is contradictory to

'nullus homo est aliquod animal'.

§ 11 - *Modal propositions*

Abailard here only discusses those *modi propositionum* which have a mutual relation, *viz.* 'possibile', 'contingens', 'impossibile', 'necessarium' and 'verum' and 'falsum'; 'contingens' is equivalent to 'possibile', and 'non-possibile' to 'impossibile'.[2]

11.1 All modalities concern the existence of things (*existentia rei*):

restat ergo tertiam significationem congruere modalibus, que scilicet est de existentia rei, ut cum dicimus: 'Socratem esse hominem verum est', id intelligimus quod hoc quod dicit hec propositio: '⟨Socrates⟩ est homo', verum est de his que in re sunt, idest una est de numero existentium rerum .....; similiter et quando dicimus: 'possibile est Socratem esse hominem', non aliquam alicui attribuimus proprietatem,

---

[1] *Dial.* II, 190¹⁷⁻²⁸.

[2] *Dial.* II, 193³¹-194⁶.

sed id dicimus quod id quod dicit hec propositio: *'Socrates est homo'*, est unam de his que natura patitur esse. (*Dial.* II, 205²⁰⁻³⁰).¹

11.2 Kinds

Abailard distinguishes² *modi in sensu* (or *modi secundum sensum*), e.g. *'celeriter'*, *'necessario'*, from *modi secundum constructionem*, e.g. *'falso'*, *'possibiliter'*. The former modify the inherence presupposed already, the latter not, no inherence being presupposed in this case:

> *'possibiliter'* vel *'falso'*, cum dicimus Socrate sedente: *'Socrates currit possibiliter'* (vel *'falso'*), modi in sensu non sunt. si enim modi in sensu essent, oporteret ut inhaerentiam verbi quam prius propositam et constitutam modificarent..... ut si quis ostendat aliquem currere celeriter vel aliquo modo, profecto oportet ut eum currere proponat..... cum..... dicimus: *'Socrates currit possibiliter'*, idest *'Socrates potest currere'*, non in eo cursum ullo modo constituimus, ut quo modo insit ostendamus, sed id solum monstrare intendimus quod *possit* currere, sicut³ et cum dicimus: *'Socrates currit falso'*, *'falso'* pro *'non'* accipimus, ac si dicamus: *'non currit'*. (*Log. Ingred.*, 484⁷⁻²⁵).⁴

11.3 In the next passage⁵ it appears that *'necesse'* is a *modus secundum sensum*, while *'possibile'* and *'impossibile'* are *modi secundum constructionem*. The author's conception of *'necesse'* finds its clearest expression in a passage of the *Dialectica*, where he argues that the proposition *'necesse est Socratem esse corpus'* is false, because Socrates does not necessarily exist:

> videtur..... michi sic exponendum *'necessarium'* quod illud ex necessitate est quod ita est illud quod non potest aliter esse, idest non potest non esse, ut Deus necessario immortalis est; sic enim est immortalis quod non potest aliter esse, idest non potest contingere ut non sit immortalis. at vero de Socrate potest contingere quod non sit corpus, quia adhuc continget quod non erit corpus; mortuo enim Socrate verum erit dicere quia non est Socrates corpus, sicut et antequam crearetur, verum erat. in his itaque solis necessitas contingit quorum existentiam vel actum potestas non precessit, ut in Deo. (*Dial.* II, 201⁵⁻¹³).

The proposition *'necesse est Socratem esse corpus'*, therefore, also expresses the necessary existence of Socrates.

11.4 Abailard recognizes modal propositions of the following types:

11.41 *'Socratem esse hominem verum est'*⁶

---

¹ Cfr. *Log. Ingred.*, 485¹⁷⁻²⁵.

² *Log. Ingred.*, 484-485.

³ sicut *scripsi*, sed *Geyer*.

⁴ Cfr. *Dial.* II, 194¹²-195³.

⁵ *Log. Ingred.*, 485¹⁶⁻²⁵.

⁶ To be carefully distinguished from *'"Socrates est homo" est vera'*, where *'vera'* is a predicate of the proposition *'Socrates est homo'*; see *above*, p. LV, nr. 9.1.

11.42 'Socratem esse hominem falsum est'
11.43 'Socratem esse hominem possibile est'
11.44 'Socratem esse hominem necesse est'
11.45 'Socratem esse hominem impossibile est'.

The mutual relations of 'possibile', 'impossibile', and 'necesse' are defined by Abailard by stating a series of equivalences and a series of oppositions.

11.5 Equivalence of these moods

11.51 propositiones de singulari agentes, e.g.
'poss. est Socr. esse album = 'non imposs. est Socr. esse album' =
'non necesse Socr. non esse album'.[1]

11.6 From the equivalences stated Dial. II, 198$^{36-39}$ follow the general equivalences:

11.61 'possibile' is equivalent to 'non impossibile' is equivalent to
'non necesse non'

11.62 'non possibile' is equivalent to 'necesse non'

11.63 'possibile non' is equivalent to 'non impossibile non' is equivalent to
'non necesse'

11.64 'non possibile non' is equivalent to 'necesse'.

11.7 Oppositions of these moods

Abailard states[2] the following oppositions:

11.71   11.512 is contradictory to 11.511
11.72   11.514 is contradictory to 11.513
11.73   11.514 strictly implies   11.511
11.74   11.512 strictly implies   11.513.

11.8 Propositiones modales determinate

Next Abailard discusses[3] the propositiones modales determinate of the type: 'necesse est Socratem currere, dum currit'. They can be interpreted in two ways:

11.81 in sensu ipoteticarum temporalium; in this case both the categorical proposition and the determination must be true:

si..... illud 'dum' coniungat totos propositionum sensus hoc modo: 'dum ita est in re quod Socrates currit, ita est in re quod necesse est eum currere' vel 'dum ita est in re quod Socrates sedet, ita est in re quod possibile est eum currere', temporales sunt ipotetice; et prima quidem falsa est, que alteram habet partem falsam, secunda quidem vera, que utramque habet veram in eo tempore quo sedet Socrates. (Dial. II, 206$^{27-33}$).

[1] For further examples, see Dial. II, 198$^{37-39}$.
[2] Dial. II, 199^{1}sqq.
[3] Dial. II, 206^{14}-210^{18}.

We may here give the following interpretation:

11.811 *'necesse est Socratem currere, dum currit'* is equivalent to
'Socrates currit et necesse est eum currere'

11.812 *'possibile est Socratem currere, dum sedet'* is equivalent to
'Socrates sedet et possibile est eum currere'.

The interpretation of the *propositio modalis determinata* as an *ipotetica temporalis* is not further taken into account by Abailard.

11.82 *in sensu cathegoricarum modalium;* in this case the determination is an addition to the subject term or the predicate term:

> si vero illud *'dum'* modo ⟨subiecto tantum modo⟩ predicato tantum apponatur, tunc proprie modales erunt cum determinationibus et vere, quando scilicet modus determinatur sic: *'Socratem currere est necesse, dum currit'* vel *'Socratem currere est possibile, dum sedet'*. sic enim expositis vera est prima et falsa secunda.
>
> (*Dial.* II, 206³³⁻³⁸).[1]

From the fact that Abailard calls the latter proposition (*'Socratem currere est possibile, dum sedet'*) false, it appears that the connective *'dum'* should be interpreted as 'so long as'. Moreover, the determining proposition gives a *fact*, as appears from the following passages:

> in his autem omnibus determinatis modalibus ut veritas consistat, oportet ita esse ut apposita dicit determinatio; alioquin nulla temporis esse⟨t⟩ ostensio. (*Dial.* II, 207¹⁻³). cum ergo *'Socrates sedet'* non antecedat, sed sequitur ad *'Socrates necesse est sedere, dum sedet'* ..... (*Ibid.*, 207³⁶⁻³⁷).

The connective *'dum'* seems to be equivalent to the functor of the Diodorean implication.[2] We may give the following interpretation of the propositions of this type:

11.821 *'necesse est Socratem currere dum currit'* is equivalent to
'Socrates currit et, quamdiu currit, necesse est eum currere'

11.822 *'possibile est Socratem currere dum sedet'* is equivalent to
'Socrates sedet et, quamdiu sedet, possibile est eum currere'.

11.83 Next Abailard raises the question whether in these modal propositions the principal sentence is equivalent to the determination. For the propositions, the determination of which contains another term than the *dictum* of the principal sentence (Abailard says: for propositions with a *determinatio extrasumpta*, e.g. 11.822), this certainly does not hold good. In the *Logica Ingredientibus* he thinks it to be true in the case of the propositions the determination of which

---

[1] Cfr. *Log. Ingred.*, 500³¹⁻⁴⁰.
[2] See *above*, p. XLVIII, nrs. 7.12-7.13.

contains the same term as the *dictum* of the principal sentence (*propositiones cum determinationibus intrasumptis*, e.g. 11.821). He says:

> nota etiam quod et in modali propositione affirmativa, sive sit de possibili sive de necessario, si fuerit determinatio intrasumpta, inferentia est de modali ad determinationem sicut posita est determinatio, et de determinatione ad modalem, ut in his exemplis: '*si possibile legere dum legit, tunc legit aliquando*' et '*si legit, possibile est legere dum legit*'; similiter de necessario. (*Log. Ingred.*, 501⁹⁻¹⁴).

11.84 We get the following equivalences:

[11.841] '*necesse est Socratem legere dum legit*' is equivalent to

'*Socrates legit*'

[11.842] '*possibile est Socratem legere dum legit*' is equivalent to

'*Socrates legit*'.

In the *Dialectica*, however, Abailard denies[1] the truth of these equivalences, because hence the equivalence follows of '*possibile est Socratem legere, dum legit*' and '*necesse est Socratem legere, dum legit*', or shorter:

[11.843] '*possibile*' is equivalent to '*necesse*'.

11.85 There is, according to Abailard, only material equivalence[2], for on the ground of the identity of the terms it is always permissible to use the mood '*necesse*', so that the subaltern mood '*possibile*' in fact (not *quantum ad complexionem et naturam modorum*) may be substituted by the mood '*necesse*':

> quamvis ergo una numquam sine alia ita reperiatur, gratia scilicet identitatis terminorum, quantum tamen ad complexionem et naturam modorum cassa est et in his (sc. modalibus cum determinationibus intrasumptis) consecutio '*possibilis*' ad '*necessarium*'. equipollentiam ergo secundum Boetium comitationis concedimus in istis, non inferentie. (*Dial.* II, 207³¹⁻³⁶).

§ 12 - *Categorical syllogism*

We find with Abailard[3] the traditional doctrine of forms, figures, and moods of the syllogism and also the distinction of perfect syllogisms (i.e. *evidentes per se*), viz. the four Aristotelian moods of the first figure, and imperfect syllogisms (all other syllogisms).

12.1 The syllogisms of the first figure and their regulae

---

[1] *Dial.* II, 207¹⁹ sqq.
[2] See *above*, p. L, nr. 7.172.
[3] *Dial.* II, 234⁹ sqq.

We render the inferences with the well-known names[1] 'Barbara', 'Celarent' etc.; the regulae, with Abailard, as implications:

12.11 'Barbara':

si aliquid predicatur de alio universaliter et aliud subiciatur subiecto universaliter, id quoque subiciatur predicato eodem modo

12.12 'Celarent':

si aliquid removetur ab alio universaliter et aliud subiciatur subiecto universaliter, primum predicatum removetur a secundo subiecto universaliter

12.13 'Darii':

si aliquid predicatur de alio universaliter et aliud subiciatur subiecto particulariter, idem subicitur predicato quoque particulariter

12.14 'Ferio':

si aliquid removetur ab alio universaliter et aliud subiciatur subiecto particulariter, primum predicatum removetur a secundo subiecto particulariter.

Abailard adds[2] to these moods the five moods *per refractionem* (κατ' ἀνάκλασιν), attributed by him to Theophrast and Eudemus.[3] Abailard does not give the corresponding regulae:

12.15 'Baralipton'
12.16 'Celantes'
12.17 'Dabitis'
12.18 'Fapesmo'
12.19 'Frisesomorum'.

He reduces 12.15-12.19 to one of the perfect moods (12.11-12.14): 12.15 to 12.11 with the help of the conversion regula[4]:

C 1 omnis universalis affirmativa particularem conversam infert

---

[1] They do not occur with Abailard. For the development of the mnemonic verses used in Mediaeval logic, see L. M. de Rijk, *Log. Mod.* II, 1, pp. 401-403.

[2] *Dial.* II, 238¹sqq.

[3] It is an established fact that they do not come from Galenus. See J. Lukasiewicz, *Aristotle's Syllogistic*, pp. 40-42. This scholar, however, seems to be wrong in dating them as not before the sixth century.

[4] The conversion regulae occurring here are all implications, not equivalences, like those enumerated *above*, p. LIII, nr. 7.4.

12.16 to 12.12 with the help of the conversion regula:

C 2 omnis universalis negativa sibi ipsa convertitur

12.17 to 12.13 with the help of the conversion regula:

C 3 omnis particularis affirmativa sibi ipsi convertitur

12.18 to 12.14 with the help of the conversion regulae C 1 and C 2.

12.19 to 12.14 with the help of the conversion regulae C 2 and C 3.

The author adds[1] that for the reduction of 12.15, 12.16, and 12.17 to, respectively, 12.11, 12.12, and 12.13 the general regula of deduction is required:

L 1 quicquid infert antecedens, et consequens;

for the reduction of 12.18 and 12.19 to 12.14, according to the author[2], the application is required of:

L 2 quicquid ex consequenti provenit, et ex antecedenti.

12.2 The syllogisms of the second figure and their regulae

12.21 'Cesare':

si aliquid removetur ab aliquo universaliter et aliud subiciatur predicato universaliter, primum subiectum removetur a secundo subiecto unversaliter

12.22 'Campestres':

si aliquid predicatur de aliquo universaliter et predicatum removetur ab aliquo universaliter, subiectum removetur ab eodem universaliter

12.23 'Festino':

⟨si aliquid removetur ab aliquo universaliter et aliud subiciatur predicato particulariter, primum subiectum removetur a secundo subiecto particulariter⟩[3]

12.24 'Baroco':

⟨si aliquid predicatur de aliquo universaliter et predicatum removetur ab aliquo particulariter, subiectum removetur ab eodem particulariter⟩.[3]

Also these syllogisms are reduced to the perfect moods of the first figure[4]:

---

[1] *Dial.* II, 239[11–13].

[2] *Ibid.*, 239[6–8].

[3] This regula is only given implicitly (*Dial.* II, 240[20–23]); it is placed, therefore, in brackets.

[4] *Dial.* II, 240[24]-241[23].

12.21 to 12.12 by the application of *C* 2
12.22 to 12.12 by the application of *C* 2
12.23 to 12.14 by the application of *C* 2
12.24 to 12.11 by an indirect proof (*per solam impossibilitatem*):

..... non aliam de hoc modo ostensionem facere possumus quam per impossibile. que quidem impossibilitas per primum modum prime figure demonstratur hoc modo: si quis duas propositiones quarti concesserit, particularem quoque negationem que ex his infertur, concedere cogitur, ex eo scilicet quod ex premissis propositionibus necessario infertur; aut enim premisse propositiones necessario consequentem exigunt, aut ipse dividentem ipsius secum patiuntur; at vero sumit adversarius quod dividentem patiantur, que est huiusmodi: '*omne malum iustum est*', que, cum prime propositioni eiusdem quarti modi aggregatur hoc modo: '*omne iustum bonum est, omne malum iustum est*', evenit per primum modum prime figure ut hec quoque vera sit: '*omne malum bonum est*'; at vero, cum iam prius concessa fuerit assumptio quarti '*quoddam malum bonum non est*', et modo comprobata sit eius contradictoria '*omne malum bonum est*', duas simul habemus contradictorias veras; quod est impossibile. (*Dial.* II, 241⁶⁻²³).

12.3 The syllogisms of the third figure and their *regulae*
12.31 'Darapti':
si aliqua duo predicantur de eodem universaliter, primum predicatum secundo convenit particulariter

12.32 'Felapton':
si aliquid removetur ab aliquo universaliter et aliud predicatur de eodem subiecto universaliter, primum predicatum removetur a secundo particulariter

12.33 'Disamis':
si aliquid predicatur de aliquo particulariter et idem alio predicato supponatur universaliter, primum predicatum de secundo dicitur particulariter

12.34 'Datisi':
⟨si aliquid predicatur de aliquo universaliter et idem alio predicato supponatur particulariter, primum predicatum de secundo dicitur particulariter⟩[1]

12.35 'Bocardo':
⟨si aliquid removetur ab aliquo particulariter et aliud predicatur de eodem subiecto universaliter, primum predicatum removetur a secundo particulariter⟩[1]

---

[1] This *regula* does not occur explicitly with Abailard; cfr. *above*, p. LXIX, n. 3.

12.36 'Ferison':
⟨si aliquid removetur ab aliquo universaliter et aliud predicatur de eodem subiecto particulariter, primum predicatum removetur a secundo particulariter⟩.[1]

Also these moods are reduced:
12.31 to 12.13 by the application of *C 1* and *L 2*
12.32 to 12.14 by the application of *C 1*
12.33 to 12.13 by a twofold application of *C3*
12.34 to 12.13 by the application of *C 3*
12.36 to 12.11 by the application of *C 1*
12.35 to 12.13 by an indirect proof analogous to that used in the reduction of 12.24 to 12.11.

At the end of the chapter Abailard points out[2] that the weak spot in the indirect proofs used in reducing 12.24 and 12.35, lies in the first implication, for the consequent might be an arbitrary disjunction:

in eo etiam ipsa (sc. huiusmodi resolutio) ex necessitate non cogit quod non est necesse ex premissis propositionibus aut hanc sequi contradictoriam aut illam; multa enim sunt ex quibus neutra duarum contradictoriarum sequitur.....; ex his namque duobus: '*omne iustum bonum est, omnis virtus iusta est*' neque ista provenit: '*omnis corvus est niger*' neque ipsius contradictoria. illud quoque disiunctionis propositum quod apponimus, satisfacere non videtur, cum scilicet dicimus: aut premisse propositiones necessario inferunt conclusionem, aut ipsius patiuntur dividentem. multe enim videntur propositiones que duarum contradictoriarum hanc quidem non inferunt nec illam patiuntur: neque ⟨enim⟩ hoc recipimus: '*si Socrates est hic lapis, non est homo*' nec antecedens dividentem sequentis patitur.....; sicut tamen hec consequentia maximam tenet probabilitatem, ita et supraposita resolutio impossibilitatis maxima probabilitate obnixa est. (*Dial.* II, 244³⁶-245²⁰).

12.4 The modal categorical syllogisms
(α) with only two modal propositions.[3] The same moods here are used as in the categorical syllogisms *de inesse*. Abailard gives an example of each figure:
12.41 'Barbara':
'*omne iustum possibile est esse bonum*
omnis virtus iusta est
omnem igitur virtutem possibile est bonam esse'

---

[1] This regula does not occur explicitly with Abailard; cfr. *above*, p. LXIX, n. 3.
[2] *Dial.* II, 244³⁰-245²⁰.
[3] *viz.* either two premisses or one premiss and the conclusion.

12.42 'Cesare':

> 'nullum malum possibile est esse bonum
> omne iustum possibile est bonum esse
> nullum iustum est malum'

12.43 'Darapti':

> 'omne bonum possibile est iustum esse
> omne bonum virtus est
> quamdam igitur virtutem possibile est iustam esse'.

(β) with three modal propositions. They are of the type:

[12.44]
> 'omne quod possibile est mori, possibile est vivere
> 'omnem autem hominem possibile est mori
> omnem igitur hominem possibile est vivere'.

This type, however, is rejected[1] by Abailard, as the middle term is not identical, being in the major:

> 'illud quod possibile est mori'

and in the minor:

> 'possibile mori'.

Only this form is valid:

12.44'
> 'omne quod possibile est mori, possibile est vivere
> sed omnis homo est illud quod possibile est mori
> ergo omnem hominem possibile est vivere'.

In this case, however, the minor is a categorical proposition, so that we have to do with 12.4 (α)

§ 13 - *Hypothetical syllogism*

The second Book of *Tractatus IV* discusses the doctrine of the hypothetical syllogism:

13.1 The *ipotetice simplices* and their syllogisms[2]:

13.11 There are four elementary expressions in this group:

13.111 'si est a, est b'

13.112 'si est a, non est b'

13.113 'si non est a, est b'

13.114 'si non est a, non est b'.

13.12 Eight syllogisms may be construed:

(α) *per positionem antecedentis*:

---

[1] *Dial.* II, 246²³⁻²⁵.

[2] *Dial.* IV, 498²³-505⁷. — For this section the papers of K. Dürr (*Aussagenlogik im Mittelalter*, Erkenntnis 7 (1937-38), pp. 160-168) and J. Łukasiewicz (*Zur Geschichte der Aussagenlogik*, ibid. 5 (1935), pp. 111-131) are most enlightening.

13.121   '*si est a, est b*
                                       sed est a
                                      ergo est b'

13.122   '*si est a, non est b*
                                       sed est a
                                     ergo non est b'

13.123   '*si non est a, est b*
                                      sed non est a
                                       ergo est b'

13.124   '*si non est a, non est b*
                                      sed non est a
                                    ergo non est b'.

(β) *per destructionem consequentis:*
13.121'   '*si est a, est b*
                                       sed non est b
                                     ergo non est a'

13.122'   '*si est a, non est b*
                                        sed est b
                                     ergo non est a'

13.123'   '*si non est a, est b*
                                      sed non est b
                                       ergo est a'

13.124'   '*si non est a, non est b*
                                        sed est b
                                      ergo est a'.

13.121-13.124 are perfect syllogisms; 13.121'-13.124' are imperfect syllogisms. The former can be reduced to the general law of deduction:

L 3 posito antecedenti necesse est poni consequens
                                               (*modus ponens*).

The latter can be reduced to the general law:

L 4 destructo consequenti destruitur antecedens
                                                (*modus tollens*).

13.2 The hypotheticals consisting of a categorical and a hypothetical part, and their syllogisms[1]

[1] *Dial.* IV, 50⁵⁸-51¹³.

13.21 There are eight elementary expressions having a composed consequent:

13.211 'si est homo, cum est animatum est animal'

13.212 'si est homo, cum est animatum non est equus'

13.213 'si est homo, cum non est inanimatum est sensibile'

13.214 'si est homo, cum non est inanimatum non est sensibile'.

13.215 'si non est animal, cum est non-homo est non-animal'

13.216 'si non est animal, cum est non-homo non est equus'

13.217 'si non est animal, cum non est homo est non-animal'

13.218 'si non est animal, cum non est homo non est equus'.

Sixteen syllogisms may be construed, eight *per positionem antecedentis*, and eight *per destructionem consequentis*. They may be reduced, respectively, to the two general laws:

L 5 posito antecedenti erunt simul quelibet eius
consequentia
(*modus ponens*)

L 6 ⟨destructis consequentibus simul destruitur eorum
antecedens⟩
(*modus tollens*).

13.22 There are eight elementary expressions having a composed antecedent:

13.221 'si cum sit a est b, est c'

13.222 'si cum sit a non est b, est c'

13.223 'si cum non sit a est b, est c'

13.224 'si cum non sit a non est b, est c'

13.225 'si cum sit a est b, non est c'

13.226 'si cum sit a non est b, non est c'

13.227 'si cum non sit a est b, non est c'

13.228 'si cum non sit a non est b, non est c'.

Sixteen syllogisms may be construed, eight *per positionem antecedentis*, and eight *per destructionem consequentis*. They may be reduced, respectively, to the two general laws:

L 7 existente antecedenti cum quolibet ponitur
quodlibet ipsius consequens
(*modus ponens*)

L 8 ⟨destructo consequenti destruitur totum

antecedens⟩

(*modus tollens*).

13.3 The hypotheticals having two hypothetical parts, and their syllogisms[1]

There are sixteen elementary expressions in this group:

13.31 elementary expressions where the former part of the first conjunction is affirmative:

13.311 '*si cum sit a est b, cum sit c est d*'

13.312 '*si cum sit a est b, cum sit c non est d*'

13.313 '*si cum sit a est b, cum non sit c est d*'

13.314 '*si cum sit a est b, cum non sit c non est d*'.

13.315 '*si cum sit a non est b, cum sit c est d*'

13.316 '*si cum sit a non est b, cum sit c non est d*'

13.317 '*si cum sit a non est b, cum non sit c est d*'

13.318 '*si cum sit a non est b, cum non sit c non est d*'.

13.32 elementary expressions where the former part of the first conjunction is negative:

13.321 '*si cum non sit a est b, cum sit c est d*'

13.322 '*si cum non sit a est b, cum sit c non est d*'

13.323 '*si cum non sit a est b, cum non sit c est d*'

13.324 '*si cum non sit a est b, cum non sit c non est d*'.

13.325 '*si cum non sit a non est b, cum sit c est d*'

13.326 '*si cum non sit a non est b, cum sit c non est d*'

13.327 '*si cum non sit a non est b, cum non sit c est d*'

13.328 '*si cum non sit a non est b, cum non sit c non est d*'.

Thirty-two syllogisms may be construed in this group, sixteen *per positionem antecedentis*, and sixteen *per destructionem consequentis*, according to the two general laws:

L 9 quorumcumque antecedentia simul sunt,

et consequentia

L 10 ⟨quorumcumque consequentia simul desunt,

et antecedentia⟩.

13.4 The *ipotetice medie* and their syllogisms[2]

[1] *Dial.* IV, 51¹⁴-516¹¹.

[2] *Dial.* IV, 516¹⁵-530²⁶.

There are three figures, each having eight elementary expressions:

13.41 First figure:

13.411 'si est a est b, si est b est c'

13.412 'si est a est b, si est b non est c'

13.413 'si est a non est b, si non est b est c'

13.414 'si est a non est b, si non est b non est c'.

13.415 'si non est a est b, si est b est c'

13.416 'si non est a est b, si est b non est c'

13.417 'si non est a non est b, si non est b est c'

13.418 'si non est a non est b, si non est b non est c'.

The first figure has sixteen syllogisms[1], eight *per positionem antecedentis*, and eight *per destructionem consequentis*, according to these two general laws:

L *11* ⟨posito alicuius antecedenti ponitur et illius

consequens⟩.

L *12* ⟨destructo alicuius consequenti destruitur et

illius antecedens⟩.

13.42 Second figure

The valid[2] elementary expressions of the second figure are:

13.421 'si est a est b, si non est a est c'

13.422 'si est a est b, si non est a non est c'

13.423 'si est a non est b, si non est a est c'

13.424 'si est a non est b, si non est a non est c'.

13.425 'si non est a est b, si est a est c'

13.426 'si non est a est b, si est a non est c'

13.427 'si non est a non est b, si est a est c'

13.428 'si non est a non est b, si est a non est c'.

In all these elementary expressions (13.421-13.428) the middle term 'a' is once affirmed and once denied; Abailard calls them *propositiones inequimode*. In the other eight elementary expressions, the middle term either is twice affirmed, or twice denied (*propositiones equimode*). Only the former are capable of furnishing syllogisms.

The second figure also has sixteen syllogisms[3], eight *per positionem*

---

[1] *Dial.* IV, 519¹-522²⁹.

[2] Only the *propositiones inequimode* are capable of furnishing syllogisms, see *below*, after 13.428.

[3] *Dial.* IV, 525¹⁰-528¹⁷.

antecedentis, and eight *per destructionem consequentis*, according to *L 11* and *L 12*.

13.43 Reduction of the moods of the second figure to those of the first figure.[1]

The *modus ponens* construed from 13.421 is reduced to the *modus ponens* of 13.417 by converting the former consequence of the major according to the conversion regula[2]:

C 4 destructo consequenti destruitur antecedens

> (*conversio consequentie per contrapositionem*),

and by maintaining the latter. The *modus tollens* of 13.421 may be reduced either to the *modus ponens* of 13.421 by a twofold application of C 4, or to the modus ponens of 13.415 by converting the latter consequence according to C 4, maintaining the former and changing their order.

The other syllogisms of the second figure are reduced to the first figure in an analogous way.[3]

13.44 Third figure

The valid elementary expressions of the third figure are:

13.441 'si est b est a, si est c non est a'
13.442 'si est b est a, si non est c non est a'
13.443 'si non est b est a, si est c non est a'
13.444 'si non est b non est a, si non est c non est a'.

13.445 'si est b non est a, si est c est a
13.446 'si est b non est a, si non est c est a'
13.447 'si non est b non est a, si est c est a'
13.448 'si non est b non est a, si non est c est a'.

These *propositiones inequimode* also furnish sixteen syllogisms, eight *per positionem antecedentis*, and eight *per destructionem consequentis*[4], according to *L 11* and *L 12*.

13.45 Reduction of the moods of the third figure to those of the first figure

The *modus ponens* construed from 13.441 is reduced to the *modus ponens* of 13.411 by converting the latter consequence of the major, according to C 4, and combining the product with the former. The

---

[1] *Dial.* IV, 522³⁰ *sqq.*
[2] Abailard formulates it explicitly, *Dial.* III, 365³⁵; cfr. *Ibid.*, 288²⁴.
[3] *Dial.* IV, 526¹⁻³.
[4] *Dial.* IV, 530¹⁴⁻¹⁶.

modus tollens of 13.441 is reduced either to its modus ponens or to the modus ponens of 13.414 by converting the former consequence of the major, according to C 4, maintaining the latter and changing their order.

The other syllogisms of the third figure are reduced to the first figure in an analogous way.[1]

13.5 The disjunctive propositions and their syllogisms[2]

13.51 There are four elementary expressions:

13.511 'aut est a, aut est b'

13.512 'aut est a, aut non est b'

13.513 'aut non est a, aut est b'

13.514 'aut non est a, aut non est b'.

13.52 A disjunctive proposition is equivalent to an implicative one e.g.

13.521 'aut est a, aut est b' is equivalent to 'si non est a, est b'[3]

according to this equivalence regula:

> E 1 si quis ex coniuncta in disiunctam vel ex disiuncta in coniunctam velit incidere, destructo antecedenti et consequenti manente eodem id faciet.

Hence it follows that there are, just as in the case of implication, eight moods, viz. four per assumptionem antecedentis, and four per assumptionem consequentis.

13.6 Result

Abailard recognizes 128 hypothetical syllogisms in all:

13.1   8 syllogisms
13.2   32 syllogisms
13.3   32 syllogisms
13.4   48 syllogisms
13.5   8 syllogisms

13.6 128 syllogisms.

---

[1] Dial. IV, 528³³sqq.
[2] Ibid., 530-532.
[3] See also, p. LII, nr 7.38.

§ 14 - *Argumentation*[1] - *Kinds - Locus differentia*
Maxima propositio

We have already seen[2] that Abailard distinguishes c o m p l e x i o n a l arguments and t o p i c a l arguments. The first group consists of the syllogisms and the consequences having the syllogistical form:

> quantum autem ad inferentiam sillogismi que fit de duabus precedentibus propositionibus ad tertiam, nulla est coherentie habitudo necessario, sicut ⟨nec⟩ in illis consequentiis que formas tenent sillogismorum. unde quia ita in se perfecte sunt huiusmodi inferentie ut nulla habitudinis natura indigeant, nullam ex loco firmitatem habent. (*Dial.* III, 256 30−35).

The author frequently discusses the question whether the syllogisms and the consequences having the syllogistical form are in need of loci.[3] In the passage quoted above Abailard answers it in the negative. The problem, now, arises that Boethius, with Porphyry, takes the knowledge of the topics (*loci*) to be very important to syllogistic. Abailard grants the importance of the topics to syllogistic, but he emphasizes that they are of no importance as to syllogistical inference *qua talis*: to put it otherwise: they are, according to him, not necessary to state the inference of the conclusion from the set of premisses. They *might* be of some importance, Abailard goes on[4], to the inference of the conclusion from *one* of both premisses (*ad inferentiam unius antecedentium ad tertiam*). According to the choice of the premiss, one may speak, then, of *locus a genere* or *locus a specie*. If not the terms, but the propositions are regarded, one might speak of *locus a subiecto*, *locus a predicato*, or *locus a remoto* in the case of categorical syllogisms, and of *locus ab antecedenti* or *locus a consequenti* in the case of hypothetical syllogisms.[5]

14.01   The *loci* are not essential for syllogisms

Even the aforesaid *loci*, however, are not essential for syllogistical

---

[1] See also Beonio, *op.cit.*, pp. 71-79. — For Abailard's criticism and revision of the Boethian conception of a Topic, see Otto Bird, *The Formalizing of the Topics in Mediaeval Logic*, Notre Dame Journal of Formal Logic 1 (1960), pp. 141-148. For the Topic in general, see the same author's interesting studies: *The Tradition of the Logical Topics*: Aristotle to Ockham, Journal of the History of Ideas 23 (1962), pp. 307-323 and for Ockham's views on the matter, the same's paper: *Topic and Consequence in Ockham's Logic*, Notre Dame Journal of Formal Logic 2 (1961), pp. 65-78.

[2] *Above*, p. XXIV.

[3] E.g. *Dial.* III, 256 25-263 3.

[4] *Ibid.*, 258 14−17.

[5] *Ibid.* 259 1-260 12.

inference *qua talis*, according to Abailard. He supplies two arguments in support of his thesis:

(*a*) there are syllogisms for which we should have to adduce false *loci*

(*b*) there are syllogisms neither of whose premisses, taken by itself, has an inference as to the conclusion, e.g.

> 'omne corpus est coloratum
> sed omne sedens est corpus
> ergo omne sedens est coloratum'.

Hence it follows that the *loci* cannot be essential for the syllogistical inference *qua talis*. Porphyry and Boethius, therefore, only intend, according to Abailard, that perfect inference (*inferentia perfecta* or *composita*) is adstructed — *without any need*, according to Abailard — by the imperfect inference (*inferentia imperfecta*, or *simplex*) of one premiss as to the conclusion.[1]

14.02 Laws for perfect inference

There *are*, however, regulae for perfect inference[2]:

for the categorical syllogism the main law:

L 13 si aliquid predicatur de alio universaliter et aliud
    predicatur de predicato universaliter, illud idem
        predicatur et de subiecto universaliter,[3]

for the hypothetical syllogism the main laws:

L 3' si aliquid infert aliud et id quod inferat existat,
        id quoque quod infertur necesse est existere[4]

(*modus ponens*),

or if the consequent be denied:

(*L 4*) si aliquid infert aliud et ipsum auferatur illatum,
            ipsum quoque perimitur inferens[5]

(*modus tollens*).

These three regulae, however, are not *maxime propositiones*, (i.e. propositions in which a *locus* is worked up)[6]:

que quidem regule non sunt maxime propositiones existimande, quippe locum differentiam ipsarum non habent, cum in sillogismo locum non esse monstravimus;

---

[1] Here the *maxime propositiones probabiles* are concerned; see *below*, p. LXXXIII.

[2] *Dial.* III, 260²⁸ sqq.

[3] *Ibid.*, 261¹⁴⁻¹⁵.

[4] *Ibid.*, 261²⁵⁻²⁶. *L 3'* seems to differ from *L 3* (*above*, p. LXXIII) only by containing the *nota existentie*.

[5] *Ibid.*, 261³²⁻³³.

[6] For the term '*maxima propositio*', see *below*, p. LXXXII., nr. 14.05-14.07.

cuius complexio ita est perfecta ut ex seipsa firmitatem, non aliunde, habent. (*Dial*. III, 261 34–37).

Even if the syllogism is considered as an implicative, the *locus ab antecedenti* (c.q. *a consequenti*) is superfluous:

quod etsi in sillogismo hic locus esse annuatur secundum antecessionem duarum propositionum ad tertiam, quam perfecta complexio terminorum facit, nullo tamen modo videtur assignandus propter certitudinem consecutionis faciendam, vel quia..... non facit, vel quia perfecta est ex seipsa inferentie complexio et ex propria dispositione constructionis manifesta. (*Dial*. III, 26 23–28).

14.03 The *locus* as a supply of imperfect inference

The (imperfect) inference of the consequences not having the syllogistical form is supplied by a *locus*:

earum itaque tantum inferentiarum vis proprie dicitur locus que imperfecte sunt, ut quod ad perfectionem inferentie defuerit, loci assignatio suppleat.

(*Dial*. III, 26 229–31).

14.04 Résumé

To sum up Abailard's theses:

14.041 For perfect (or compound) inference, being the inference of syllogisms and of consequences having the syllogistical form, the *complexio terminorum* is sufficient.[1]

14.042 There *are* regulae for perfect inference, but they are not *maxime propositiones*.

14.043 Imperfect (or simple) inference, being the inference of all consequences not having the syllogistical form, must be supplied with a *locus*[2], even though that *perfectio constructionis* is lacking; in this case the construction is supplied with a *locus*.[3]

14.044 The *assignatio loci* is made in these consequences by the addition of a *maxima propositio*:

cuius quidem loci proprietas hec est: vim inferentie ex habitudine quam habet ad terminum illatum conferre consequentie, ut ibi tantum ubi imperfecta est inferentia, locum valere confiteamur, veluti cum de quolibet dicimus: 'si est homo, est animal', ex '*hominis*' habitudine ad '*animal*' ..... valere constat inferentiam. hoc ergo quod ad perfectionem inferentie deest, loci supplet assignatio, cum '*hominem*', qui '*animal*' probat, '*animalis*' speciem consideramus, et speciei quidem naturam

---

[1] In the term 'imperfect syllogism' the term 'imperfect' does not refer to 'inference', but to the evidence of this syllogism. See *Dial*. III, 257 26–27.

[2] Though '*inferentia*' is defined (see *above*, nr. 5.1) as *necessitas consecutionis*, the imperfect inference still has *perfecta necessitas*; only the *construction* is imperfect and it is supplied by the *assignatio loci*.

[3] See *Dial*. III, 257 5–6; 26 229–31.

talem cognoscimus ut suum genus necessario ponat; quod maxima dicit propositio. (*Dial*. III, 2 5635-2 579).[1]

14.05 Definition of *locus*, *locus differentia*, and *maxima propositio*.

14.051 *Locus differentia*

Locus is understood sometimes as *locus differentia*, i.e. the thing the relation of which to another thing is taken as an argument,

14.052 *maxima propositio*

sometimes as the maxim (*maxima propositio*) fixing that relation[2]:

> est autem locus differentia ea res in cuius habitudine ad aliam firmitas conse-cutionis consistit, ut, cum dicitur: '*si est homo, est animal*', '*homo*' qui in antecedenti ponitur ad '*animal*' inferendum quod sequitur, affertur secundum id quidem quod ipsius est species. maxima vero propositio dicitur ea propositio que multarum consequentiarum continens sensus communem sensum probationis quam in eis sue differentie tenent secundum vim eiusdem habitudinis ostendit, veluti cum istis omnibus consequentiis: '*si est homo, est animal*', '*si est margarita, est lapis*', '*si est rosa, est flos*' ..... aliisque huiusmodi, in quibus scilicet species antecedunt ad genera, talis inducitur maxima propositio: de quocumque predicatur species, et genus. (*Dial*. III, 2 637⁻¹⁸).[3]

14.06 The *loci differentie* furnish arguments *not* in the sense that the thing itself adduces the inferential force; it is always the proposition which does so:

> dicendum est ergo hoc quod homo animalis est species non esse causam vere conse-cutionis, sed propositionem, neque locum assignari per causam, sed propter probationem. non enim *quia* species est homo, sed *si* species est homo, vera est inferentia. (*Dial*. III, 2 65¹⁰⁻¹³).

14.07 The maxim gives a general *regula*, of which a consequence is the particularization. E.g. the consequence '*si est homo, est animal*' is supported by the maxim: of which the species is predicated, the genus is predicated:

> cum de '*homine*' ad '*animal*' consequentiam constituere volumus, prius eius habi-tudinem ad '*animal*' consideramus et cum speciem esse viderimus, speciei ad genus communem inferentie modum excogitamus, quem maxima propositione sic exprimimus: '*de quocumque predicatur species, et genus*'; ad deinde talem de propositis rebus consequentiam disponimus: '*si est homo, est animal*'; de qua si quis dubitaverit, eam per habitudinis assignationem et maximam propositio-nem, quam iam concesserit, probamus sic assumentes: '*sed homo est species animalis: quare vera est consequentia illa: "si est homo, est animal"*'. (*Dial*. III, 3 13¹⁸⁻²⁹).

---

[1] Cfr. *Dial*. III, 2 6²⁹-2 63³; 3 04¹⁶-3 05⁷.
[2] Cfr. Boethius, *De top. diff.* II, 1 18 5 A-1 1 86 B.
[3] Cfr. *Dial*. III, 3 09²⁶-3 1 0¹⁹.

Abailard gives in his *Topics* the folllowing regulae (being for the greater part maxims); they have been classified according to their *loci*.

14.1   *Locus a substantia*

This is called also *locus a diffinitione*. There are four regulae[1] :

14.11   de quocumque predicatur diffinitio, et diffinitum

14.12   a quo removetur, similiter

14.13   quicquid predicatur de diffinitione, et de diffinito

14.14   quicquid removetur, similiter.

In fact, Abailard takes the equivalence of *diffinitio* and *diffinitum* to be only probable, not necessary, i.e. the *diffinitum* always implies the *diffinitio*, but the reverse is not always true.[2] In this case the following regulae hold good, two of which are only *probable* (or *merely topical*)[3] ; the character of probability is rendered by the sign

$$\text{'}\ \boxed{\text{top}}\ \text{'}$$

to be put before the expression:

14.11'   de quocumque predicatur diffinitum, et diffinitio

14.12' $\boxed{\text{top}}$ a quocumque diffinitum, et diffinitio

14.13'   quicquid de diffinito, et de diffinitione

14.14' $\boxed{\text{top}}$ quicquid removetur a diffinito, et a diffinitione.

14.2   *Locus a descriptione*

Here all regulae are only probable. We may formulate them[4] :

14.21 $\boxed{\text{top}}$ de quocumque predicatur descriptio, et
                                                   descriptum

14.22 $\boxed{\text{top}}$ a quocumque removetur, similiter

14.23 $\boxed{\text{top}}$ quicquid predicatur de descriptione,
                                                   et de descripto

14.24 $\boxed{\text{top}}$ quicquid removetur, similiter.

Nota bene. *Locus ab interpretatione*[5]

---

[1] They turn out to hold good only in the case of definition *sensu stricto* (stating *genus proximum* and *differentia specifica*); see *Dial.*, V, 596[36-38].

[2] Cfr. *Dial.* III, 332[2]sqq.; 338[1-3].

[3] *maxime propositiones probabiles.*

[4] Abailard himself does not formulate them explicitly.

[5] *Dial.* III, 338[35]-339[17].

Abailard distinguishes (1) *interpretatio per diffinitionem* (or *intepretatio substantialis*), e.g.

'ἄνθρωπος *est animal rationale mortale*'

from (2) *interpretatio per descriptionem*, i.e. the interpretation stating only accidental properties of the *interpretandum*, and (3) *interpretatio ethimologica*[1], e.g.

'"*Bartolomeus*" *est* "*Filius Regis*"'.

(3) is irrelevant to logic.

For the *interpretatio per diffinitionem* the regulae 14.11-14.14 (c.q. 14.11'-14.14') hold good; for the *interpretatio per descriptionem* the regulae 14.21-14.24.

14.3 *Locus a consequenti substantiam*

These *loci* are subdivided as follows:

14.31 a genere[2]:

14.311 quicquid predicatur de genere ut de contento[3], et de specie

14.312 quicquid prorsus removetur a genere, et a specie

14.313 de quocumque predicatur genus universaliter acceptum, de eodem predicatur quelibet ipsius species

14.314 a quocumque removetur genus, et species.

14.32 ab integro[4]:

14.321 toto existente necesse est quamlibet eius partem existere

14.322 quicquid convenit toti totaliter, idest secundum singulas eius partes, convenit cuilibet partium eius

14.323 si totaliter aliquid a toto separatur, idem cuilibet partium aufertur

14.324 si aliquid predicatur de toto, et de omnibus partibus eius simul acceptis

14.325 si aliquid a toto removetur, et ab omnibus partibus simul

14.326 si totum de aliquo, et omnes simul partes

---

[1] Abailard himself does not give this name; he says: si vero interpretatio ethimologiam fecerit. (*Ibid.*, 339^{10}).

[2] *Dial.* III, 340^3-343^{30}.

[3] i.e. the genus itself taken as a part of another class.

[4] *Dial.* III, 343^{31}-346^{28}.

14.327 si totum ab aliquo, et omnes simul partes.

14.33 a partibus divisivis (= a specie)[1] :

14.331 de quocumque predicatur species, et genus

14.332 a quocumque removetur species, et genus eidem
                    non convenit universaliter

14.333 quicquid predicatur de specie, et de genere
                                particulariter.

14.334 quicquid removetur de specie, et de genere
                                particulariter.

Elsewhere[2] Abailard gives the regula equivalent to 14.331 :

14.331' aut species removetur ab aliquo, aut genus ipsius
                                convenit eidem.

The equivalence 7.38 enables us to make from all regulae having
the implication connective as a main functor, doubles having the
disjunction connective.[3]

14.34 a partibus constitutivis[4] :

14.341 qualibet parte destructa totum non potest existere

14.342 si quodlibet predicatur de omnibus partibus
                            coniunctis, ac de toto

14.343 si quid removetur, similiter

14.344 si partes coniuncte predicantur de quolibet,
                                et totum de eodem

14.345 si removentur, similiter.

14.35 a pari in predicatione[5] :

14.351 de quocumque predicatur unum par, et reliquum

14.352 a quocumque removetur, similiter

14.353 quicquid predicatur de uno pari, et de reliquo

14.354 quicquid removetur, similiter.

[1] *Dial.* III, 347[1]-348[22].
[2] *Ibid.*, 326[3-4].
[3] *Ibid.*, 326[6-9].
[4] *Ibid.*, 348[23]-349[25].
[5] *Ibid.*, 349[26]-351[28].

14.36 a paribus in inferentia[1] :

14.361 posito uno pari ponitur reliquum

14.362 destructo uno pari destruitur reliquum.

14.37 a predicato vel subiecto[2] :

> *loci* a subiecto = *loci* a parte divisibili[3] (14.331-14.334)
> *loci* a predicato = *loci* a toto universali[4] (14.311-14.314)
> Moreover Abailard here gives[5] a regula he denies to be a *locus*, the consequence having the syllogistic form:

[14.371] si aliquid predicatur de aliquo universaliter, tunc si aliud predicatur de predicato universaliter, et de subiecto. (= *L 13*[1])

14.38-14.39 ab antecedenti vel consequenti[6]

14.381 posito antecedenti ponitur consequens
(= *L 3*)   (*modus ponens*)

14.382 destructo consequenti destruitur antecedens
(= *L 4*)   (*modus tollens*).

> 14.381 and 14.382 are equivalent on the ground of the *conversio per contrapositionem* (= conversion regula C 4).[7]

> Six negative regulae are added[8] by Abailard, four of which are sometimes false, *viz.* when the terms have a certain relation one to the other (*gratia terminorum*):

14.383 neque: posito antecedenti consequens perimitur

14.384 |top neque: perempto antecedenti consequens necesse est perimi

14.385 |top vel poni

14.386 neque: destructo consequenti ponitur antecedens

14.387 |top neque: eodem posito ipsum vel ponitur

---

[1] *Dial.* III, 351²⁹-352¹¹.
[2] *Ibid.*, 352¹²-364³⁰.
[3] For *divisibilis* = *divisivus* (= διαιρετικός), see Boethius, *In Isag.*, 261¹⁴.
[4] *a toto universali* = *a genere*.
[5] *Dial.* III, 352²⁹sqq.; this regula is equivalent to *L 13*.
[6] *Ibid.*, 364³¹-369¹¹.
[7] See *above*, p. LXXVII.
[8] *Dial.* III, 288²⁸⁻³⁴.

14.388 |top vel aufertur.

14.39 Finally, he states[1] that the following equivalences hold good, *viz.*

14.391 14.383 is equivalent to 14.386

14.392 14.384 is equivalent to 14.387

14.393 14.385 is equivalent to 14.388.

Elsewhere[2] three other regulae are added:

14.394 quocumque posito ponitur species in aliquo,
      eodem posito ponitur genus in eodem

14.395 quicquid ponitur posito genere in aliquo, idem
      ponitur posita specie in eodem

14.396 si aliquid exigit speciem predicari de aliquo,
      idem exigit genus predicari de eodem.

14.4 *Locus* ab oppositis[3]
Two classes (or individuals) are *opposita*, if they stand in whatever mutual relation of opposition.[4]

14.41 si aliquod oppositorum predicatur de aliquo,
      oppositum ipsius removetur ab eodem

14.42 si aliquid est aliquod oppositorum, non est alterum

14.43 si aliquod oppositorum in adiacentia adiacet alicui,
      oppositum ipsius non adiacet eidem

14.44 existente aliquo oppositorum, in existentia
      alterum deficit

14.45 quo respectu alterum relativorum inerit,
      alterum non conveniet

14.46 si vera est affirmatio, falsa est negatio

14.47 si vera est negatio, falsa est affirmatio.

14.5 *Locus* ab immediatis[5]
Two classes are *immediata*, if they are the complement of each other;

[1] *Dial.* III, 288³⁵ sqq.
[2] *Ibid.*, 369³⁻¹¹.
[3] *Ibid.*, 369²⁵ sqq.
[4] See *Log. Ingred.*, 262⁹⁻¹¹: opposita sunt ea quae dicuntur invicem vel contraria vel relativa vel privatio et habitus vel affirmatio et negatio propria.
[5] *Dial.* III, 397¹⁴ sqq.

two individuals are *immediata*, if they are parts of immediate classes.
Here the following regulae hold good[1] :

14.51 |<u>top</u> altero (sc. immediatorum) ablato alterum ponatur.
Two regulae concerning propositional truth[2] are added, only, however, in the form of an example[3] :

14.511 |<u>top</u> 'si non est vera "Socrates est homo", vera est 'Socrates

non est homo"'

14.512 |<u>top</u> 'si non est vera "Socrates est sanus",

vera est "Socrates est eger"'.

Finally the author gives[4] the following regula:

14.54 si aliquod immediatum removetur ab aliquo et illud
sub eo maneat circa quod sunt immediata....., alterum de eodem predicatur.

14.6 *Locus* a constantiis[5] :

14.61 quicquid ad consequens consequitur, et ad ipsam
constantiam cum propositione cui adiungitur

14.62 quicquid ipsam propositionem cui adiungitur (sc.
constantia) inferet, inferet quoque earum consequens.

14.7 *Locus* a relativis[6]:

14.71 |<u>top</u> si quid uno relativorum formatum extiterit,
et aliquod altero relativorum formatum

14.72 |<u>top</u> si unum relativorum fuerit, et alterum.

14.8 *Locus* a contingentibus[7]:
Contingentia are defined by Abailard as *ea que in parte se contingant*; in
modern terminology: two classes are *contingentia*, if, and only if, they
intersect; two individuals are *contingentia*, if, and only if, they are
parts of intersecting classes; e.g. 'white 'and 'man'. Abailard gives
the following regulae:

---

[1] If stated without *constantie*, they are only probable (See *Dial.* III, 400²⁸-401⁴).
[2] For propositional truth, see *above*, p. LVff. nr. 9.1.
[3] *Dial.* III, 400²⁵⁻²⁷; Abailard apparently classifies them *sub* 14.41.
[4] *Ibid.*, 404¹⁷⁻²⁰.
[5] *Ibid.*, 404²⁶-406²³.
[6] *Ibid.*, 406³⁰-411¹⁵.
[7] *Ibid.*, 411⁶⁻¹⁶.

14.81 |top quicquid predicatur de uno contingentium
                    universaliter, et de altero particulariter

14.82 |top quicquid removetur, similiter.

14.9 *Locus medius mixtus*[1] :

14.91 si aliquod oppositorum predicatur de genere ali-
          cuius universaliter, alterum oppositorum removetur
                    a qualibet specie illius generis.

14.92 si aliquod immediatorum removetur a genere ali-
          cuius universaliter, alterum immediatorum convenit
                    cuilibet specierum eiusdem generis.

§ 15 - Division - Kinds - Definition - Kinds

Abailard discusses in *Tractatus V* division and definition. In his
introduction on the *Logica Ingredientibus* he points out the importance
of the *scientia dividendi ac diffiniendi* to the construction of argumen-
tentions:

> quidam tamen..... scientiam..... divisionum seu definitionum..... omnino ab
> inventione et iudicio separant nec ullo modo in partibus logicae recipiunt, cum
> tamen eas ad totam logicam necessarias iudicent. quibus quidem tam auctoritas
> quam ⟨ratio⟩ contraria videtur. Boethius namque *Super Topica Ciceronis* duplicem
> divisionem dialecticae ponit.....; prima quidem est per scientiam inveniendi et
> iudicandi, secunda per scientiam dividendi, definiendi, colligendi, quas etiam ad
> se invicem ita reducit ut in scientia inveniendi..... scientiam quoque dividendi vel
> definiendi includat, pro eo scilicet quod tam ex divisionibus quam ex definitionibus
> argumenta ducantur. (*Log. Ingred.*, 3²⁹-4⁵).

15.1 Definition of *divisio*

The author defines[2] *divisio* as *oratio in qua aliquid per aliqua dividi
monstratur*. This *oratio* is a multiple proposition, e.g.:

15.11 'animal aliud est rationale, aliud irrationale'.[3]

15.2 Kinds of *divisio*

Abailard distinguishes the following kinds of *divisio*:
    (α) d i v i s i o s e c u n d u m s e

15.21 *divisio generis in species*
15.22 *divisio vocis in significationes*

---

[1] *Dial.* III, 411¹⁷-413²⁵.
[2] *Dial.* V, 535²¹⁻²².
[3] See *ibid.*, 536¹⁶⁻¹⁷.

15.23 *divisio totius in partes*

   (β) divisio secundum accidens:

15.24 *divisio subiecti in accidentia*

15.25 *divisio accidentis in subiecta*

15.26 *divisio accidentis in coaccidentia.*

15.3 The division is, as a proposition, an exclusive disjunction, being either complete (the material or the strict disjunction: matrix '*0110*'[1]), or incomplete (Sheffer disjunction, matrix '*0111*'[2]). An example of an incomplete division is:

'*corpus aliud album, aliud nigrum*'.[3]

Nota bene. The terms of the opposition here being classes, not propositions, the functors are not sentential connectives; the above presentation, therefore, has only an approximative value, *i.e.* the functors can only be introduced, if the grammatical expression is somewhat modified, e.g.

(*a*) '*corpus aliud album, aliud nigrum*'

into:

(*b*) '*aut corpus est album, aut est nigrum*'.

It must be noticed, however, that Abailard would reject this modification, because he stressed the difference between the types (*a*) and (*b*). (See *Dial.* 494[1]-495[8]). Cfr. his rejection of disjunctions of the types 7.33-7.36 (*above*, p. LII).

15.4 Each division, however, must be complete, e.g.

   (15.11) '*animal aliud rationale, aliud irrationale*'.

in general formulation:

15.41 the *dividentia* (*c.q.* their classes) must be the complement of each other.[3]

15.5 Division of *equivoca*

The *divisio vocis in significationes* is of particular importance to dialectic. It is made only of words such as '*canis*', having three quite different meanings, *viz.*, '*animal latrabile*', '*marina belua*' and '*celeste sidus*'.[4] In connection with this division the author discusses the *res equivoce*,

---

[1] See *above* nrs. 7.55-7.56; only the *divisio generis in species* is formulated as a *strict* disjunction (7.56).

[2] See *above*, nrs. 7.53-7.54; only the *divisio generis in partes* is formulated as a *strict* Sheffer disjunction (7.54).

[3] See *Dial.* V, 540[14]; cfr. 578[4-7].

[4] See *ibid.*, 563[20-22].

univoce, *diversivoce*, and *multivoce*, commenting upon the well-known prologue of Aristotle's *Categories* (1 a 1-15).

15.6 Definition of *diffinitio*

Abailard defines, with Cicero[1], *diffinitio* as follows: *est diffinitio oratio que id quod diffinitur explicat quid sit.*

15.7 Kinds of *diffinitio*

He gives the following division of *diffinitio*:

15.71 diffinitio nominis (= *interpretatio*)

15.72 diffinitio rei

15.721 *diffinitio secundum substantiam* (= *diffinitio s.s.*)[2]

15.722 *diffinitio secundum accidens* (= *descriptio*)

  (α) *descriptio per divisionem*

  (β) *descriptio per negationem*

  (γ) *descriptio per quandam cause expressionem*

  (δ) *descriptio secundum effectum.*

15.8 Next he gives[3] a method of stating a definition s.s. with the help of a division: one must look for the supreme genre and divide it according to its species; then, the species predicable of the thing under discussion is subdivided, and so on.

The *diffinitio secundum accidens* is called also *diffinitio secundum adiacentiam*. Doing so we apply to definition the same distinction as to noun (viz. *nomina substantiva* and *nomina sumpta*):

sicut autem nomina quedam substantiva dicuntur, que rebus ipsis secundum hoc quod sunt, data sunt, quedam vero sumpta, que scilicet secundum forme alicuius susceptionem imposita sunt, sic et diffinitiones quedam ⟨secundum⟩ rei substantiam, quedam vero secundum forme adherentiam assignantur; secundum substantiam quidem diffinitiones specierum ac generum dantur, secundum adiacentiam vero diffinitiones sumptorum nominum, velut 'homo', 'rationale', 'album'. (*Dial.* V, 595[32-39]).

15.9 Definition of *sumpta*

Here the problem arises[4] whether the nouns (and the definition itself) refer to the subjects (substrates) or the *forme*. E.g. if 'album' is defined as *formatum albedine*, is, then, '*formatum albedine*' the definition of *album* or of *albedo*? It cannot be the definition of *albedo*,

---

[1] Cicero, *Topica* IV, 26; cfr. Boethius, *In Cic. Top.* III, 1090 D[11-12].

[2] A definition *sensu stricto* is a definition consisting of *genus proximum* and *differentia specifica*.

[3] *Dial.* V, 5917sqq.

[4] See *ibid.*, 596-598.

for it is impossible to say: 'albedo est formata albedine'. If the definition holds good of album, we may ask whether it holds good also for all alba distributive or collective. Both cases are impossible; for if it is the definition of each album taken separately, then it is the definition of margarita; if so, then 'margarita' is predicable of every other album (according to 14.11); the second case falls away on the same ground.

The solution is obvious[1] :

(1) the definition holds good also for the forma, that is to say, only for the forma secundum adiacentiam accepta: 'omne album est formatum albedine'.

(2) the above mentioned regula (14.11) is wrongly applied; it can be used only in the case of definition s.s.

(3) if the definition 'formatum albedine' is used for 'album', it happens secundum significationem, i.e. it is taken to be commonly applicable to more individuals because of the common status of those individuals[2] : 'res que alba nominatur est formata albedine'.

Finally Abailard says that in each definition the diffinitum is nothing else but a noun being explained by the definition in better known terms: each definition is a diffinitio vocis[3] :

> sed profecto nichil est diffinitum nisi declaratum secundum significationem vocabu-lum dicimus nec rem ullam de pluribus dici, sed nomen tantum concedimus, cum autem omnis diffinitio illud cuius esse dicitur vocabulum declarare debeat, oportet ex talibus semper nominibus iungi quarum cognita sit accepta significatio. non enim ignotum per ignota possumus declarare; diffinitio vero est que maximam rei demonstrationem facit quam nomen diffinitum continet. (Dial. V, 597[17–23]).

The diffinitum is always a simple term (vox simplex), or a phrase (dictio), never a sentencē (oratio):

> sicut autem diffinitio unius vocis est, ita et simplicis. non enim oratio diffiniri dicitur, sed dictio tantum; etsi enim diffinitiones quandoque ad declarationem aliarum diffinitionum inducantur, non tamen earum diffinitiones dicuntur, sed diffiniti nominis. (Dial. V, 597[35]-598[2]).

---

[1] See Dial. V, 596[27] sqq.

[2] Cfr. below, p. XCVII.

[3] The diffinitio vocis should be clearly distinguished from the aforesaid diffinitio nominis or interpretatio, defined by Abailard (Cfr. Dial. III, 339[6] sqq.) thus: diffinitio per quam ignotum alterius lingue vocabulum exponitur. See Locus ab interpretatione, above, p. LXXXIIIf.

§ 16 - *Abailard's position in twelfth century logic.*
Dialecticians and Antidialecticians.
Nominalism and Realism. The question of the universals

The position of Abailard as a twelfth century logician cannot be exactly
determined before the writings of his contemporaries are available.[1]
We are capable, however, of placing a scholar of that time in a more
accurate way be answering to these two questions:

(1) what was his appreciation of dialectic, especially in its relation to
    Faith?
(2) what was the choice he made in the controversy: 'nominalism *or*
    realism?'?

ad 1 - Abailard as a Dialectician

It is superfluous to say that Abailard, as a clever logician, was an en-
thusiastic partisan of the Dialecticians. His sharp requisitory against the
Antidialecticians, in the Prologue to *Tractatus IV*[2], is eloquent of his
view: „why *he* should not be allowed to speak about profane things (i.c.
logic) which *they* appear to read so assiduously? In fact, dialectic offers to
Faith valid weapons to defend itself against the sophisms of the heretics.[3]
— St Augustine indeed set an example by himself using dialectic. —
After all, his adversaries are compelled to their repugnance to dialectic
from sheer ignorance or disability; dialectic is, in fact, not capable of
being acquired without specific inborn talent; however lamentable this
may be, industrious exercises do not furnish any results with ungifted
people.[4]

Abailard's view on the problem 'Faith and Reason' was already a source
of misunderstanding during his lifetime: while Bernard of Clairvaux

---

[1] For some materials, see my paper: *Some New Evidence on Twelfth Century Logic*, Alberic
and the School of Mont Ste Geneviève (*Montani*) in: VIVARIUM 4 (1966), pp. 1-57 and
my *Log. Mod.* II 1, pp. 130-162. For Abailard's view of predication as opposed to that
of William of Champeaux, see *ibid.*, pp. 183-186 and 203-206. For Abailard's theory of
fallacy, see my *Log. Mod.* I, pp. 49-61 and 109-112.

[2] *Dial.* IV, 469-471.

[3] *Ibid.*, 470[6]sqq.

[4] *Ibid.*, 470[27]-471[10]; cfr. *Epist.* 13, 351-356, especially this amusing passage: Mystica
quaedam de vulpe fabula in proverbium a vulgo est assumpta. Vulpes, inquiunt, con-
spectis in arbore cerasis repere in eam coepit, ut se inde reficeret. Quo cum pervenire
non posset, irata dixit: „non curo cerasa; pessimus est eorum gustus." Sic et quidam
huius temporis doctores, cum dialecticarum rationum virtutem attingere non possint,
ita eam exsecrantur ut cuncta eius dogmata putent sophismata et deceptiones potius
quam rationes arbitrentur (*Ibid.*, 351D[12]-353A[8]).

calls him the „herald of the Antichrist"[1], Peter the Venerable considers him as the true Christian philosopher.[2]

The controversy continued after his death: many scholars[3] saw in Abailard a true rationalist, defending the device: 'intelligo, ut credam', others[4] do not attribute to him any intention of rationalism. One of the latter group, E. Kaiser, tries[5] to solve the difficulty by distinguishing between Abailard's (orthodox) *method* and his (sometimes heretical) *doctrines*. J. Cottiaux, in his excellent study on Abailard's conception of theology[6] showed that there is no contradiction between Abailard's method and his doctrine. Cottiaux, who followed Abailard's development in his writings, pointed out the harmony of his views on Faith, Authority and Reason; only by isolating the several elements of Abailard's thought, one might make him, at will, a rationalist or a fideist, an Arian or a Sabellian.[7]

The task of logic with regard to Faith is defined in a remarkable way by Abailard in his letter to an unknown Antidialectician.[8] Starting from the etymology of the term '*logica*' and connecting it with Λόγος (*Verbum Patris*), he points to the specific task of logic concerning Christian truth:

> cum ergo Verbum Patris Dominus Jesus Christus Λόγος Graece dicatur, sicut et Σοφία Patris appellatur, plurimum ad eum pertinere videtur ea scientia quae nomine quoque illi sit coniuncta et per derivationem quamdam a λόγος *logica* sit appellata, et sicut a Christo Christiani, ita a λόγος logica proprie dici videatur. cuius etiam amatores tanto verius appellantur philosophi, quanto veriores sint illius Sophiae superioris amatores. quae profecto Summi Patris Summa Sophia, cum nostram indueret naturam, ut nos Verae Sapientiae illustraret lumine et nos ab amore mundi in amorem Sui, profecto nos pariter Christianos et veros efficit philosophos. (*Epist.* 13, 355 BC).

Logic, however, always remains *ancilla theologiae*.[9] In the case of a *real* conflict between Faith and Reason, the former prevails. J. Sikes,

---

[1] „praecedit enim Petrus Abaelardus ante faciem Antichristi" (*Epist.* 336, 539 D).

[2] „saepe ac semper cum honore nominando servo ac vere Christi philosopho Magistro Petro" (*Epist.* IV 21, 350 C9-11).

[3] See M. Grabmann, *Gesch. der schol. Methode* II, p. 177.

[4] See *ibid.*, p. 178.

[5] *Pierre Abélard critiqué*, especially pp. 115-116.

[6] *La Conception de la Théologie chez Abélard* (see *List of Books* p. XCIX ff.).

[7] Cottiaux, though granting that not all Abailard's opinions were successful, rightly points to the fact that Abailard often gave his solutions as hypothetical. (*La Conception*, p. 822, n. 1).

[8] *Epist.* 13; see *above*, p. XCIII, n. 4.

[9] See Abailard, *Introd. ad Theol.*, 1035 D and *Dialogus*, 1637 B.

in his excellent chapter on this question[1], rightly makes the wellknown utterance of Abailard on this point:

> nolo sic esse philosophus ut recalcitrem Paulo; non sic esse Aristoteles ut secludar a Christo. (*Epist.* 17, 375 C).

representative of Abailard's position all through his life, though it was written after the Council of Sens.[2]

After all, Abailard cannot be called a rationalist in the Voltarian sense. He was, to use Sikes' words[3], 'an intellectualist in his attitude toward the assent to Faith'.

ad. 2 - The Nominalism and Realism of Abailard

Firstly a preliminary matter. The term 'logical realists' (or 'logical Platonists') is here used to indicate that school of logic which takes the concepts, propositions, and logical operations as referring directly to Reality; logical nominalists are those who deny this *direct* relation and, *qua* logicians, only consider them as logical entities.

Abailard undoubtedly belongs to the latter. We owe the right valuation of Abailard in this respect to Dr Bernhard Geyer.[4] For Abailard logic is *ars sermocinalis*[5], i.e. the art of the use of language, in the large sense of the word.[6] In logic the *term* is the object, not as a sound, but according to its meaning. In the *Logica Nostrorum petitioni* Abailard calls the *vox*, taken as a logical entity, *sermo*[7], i.e. *the word in regard to the meaning*

---

[1] *Faith and Reason* in *Peter Abailard*, pp. 31-60.

[2] *Peter Abailard*, p. 32, n. 1.

[3] *Peter Abailard*, p. 60.

[4] *Die Stellung Abälards*, pp. 101-127, and *Untersuchungen*, pp. 623-630; cfr. Ueberweg-Geyer, *Die patr. und schol. Philosophie*, 1948, pp. 216-219.

[5] The term is missing from Abailard's writings; it occurs with his contemporary Theodoric of Chartres († before 1155) who calls the arts of the trivium *artes sermocinales* (MS. Carnot. 497 f1ʳ). I found the term '*scientia sermocinabilis*' in the *Dialectica* of Garland, dating from the second half of the 11th century), *lib.* IV, *init.*: cum omnis logica, idest sermocinabilis vel disputabilis scientia, in iudicium et in inventionem distribuatur.....

[6] For an extensive explanation of his view, see *Log. Ingred.*, 7²⁵ff. In the part extant of the *Dialectica* the systematic exposition of this question is lacking; it occurred without any doubt in the first Book of the *Liber Partium*.

[7] See John of Salisbury, *Metalogicon* II 17, 92¹⁻⁷, who attributes the *sermo* theory to Abailard and the *vox* theory to Roscelin. The latter, according to Anselm of Canterbury (*Epist. de incarnatione Verbi prior recensio* I, 28 5⁴⁻⁷ ed. Schmitt) took the universals to be merely *flatus vocis*. We find an application of this doctrine in his theory of the *partes* (see *Dial.* V, 554³⁷sqq.). It is an established fact that Abailard, in his known writings, never

imposed upon it by human choice. The *significatum* mostly is an extra-mental thing (a *res*), but sometimes the term itself.[1]

In this connection Abailard discusses in an extensive way the question whether what is said by a proposition, is a thing (*res*). In the *Logica Ingredientibus*[2] he combats the view that propositions of the type '*homo est animal*' and those of the type '*si est homo, est animal*' refer to (1) the things *man* and *animal*, and to (2) a certain *habitus* of these things, *viz.* an *habitus* of identity and implicative relation. Abailard himself is of the opinion that a proposition has a twofold sense: (1) it refers to a concept about things (*intellectus de rebus*), and (2) it has the sense of a statement (*dictum* or *dictus*); this statement is not a *thing* (*res, aliquid, essentia*):

perfectae vero orationes a quibusdam intellectum tantum compositum significare di-cuntur, a quibus etiam res ipsas omnes simul (sc. significare dicuntur) quae significantur singillatim a partibus ipsarum, veluti cum dicitur: '*homo est animal*' ..... vel: '*si est homo, est animal*', haec propositio: '*homo est animal*' non solum intellectum compositum generat, verum etiam ipsa totaliter hominem et animal simul significat in hoc habitu quod hoc est illud....., et '*si est homo, est animal*' in eo quod ⟨si⟩ hoc est, illud est.

nos vero nolumus propositiones..... significare..... res ipsas, sed cum significatione intellectuum quandam aliam significationem habere, quae nil est omnino, veluti *Socratem esse hominem*.....; duo itaque volumus significari a propositione, intellectum scilicet quem generat de rebus, et id insuper quod proponit et dicit, scilicet *hominem esse animal*....., quae..... nullae omnino sunt essentiae, neque una neque plures. (*Log. Ingred.*, 365²¹⁻³⁸).

The *habitus consecutionis* of a consequence, such as '*si est rosa, est flos*', consists, according to Abailard[3], in the latter meaning of the proposition (*viz.* the *dictum propositionis*). The *dictum propositionis* cannot be said to be a *nothing*[4]: it is only not any *thing* (*aliquid, res, essentia*):

praeterea nihil affirmative dici potest de dicto propositionis, ut videlicet dicam affir-mative: *ipsum esse nihil*, sed negative: *non esse aliquid*. (*Log. Ingred.*, 369³⁷⁻³⁹).

In the *Dialectica* a separate chapter[5] is devoted to this question. Abailard's answer amounts to the same thing:

iam enim profecto nomina oportet esse, si res designarent ipsas ac ponerent propositio-nes, que quidem ab omnibus in hoc a dictionibus differunt quod aliquid esse vel non esse

---

calls the universals *flatus vocis*. His *sermo* theory only seems to be an improvement of the terminology. Otto of Freising (*Gesta Friderici* I 48, p. 69) says that Abailard called the universals „*voces seu nomina*"; he does not mention the term '*sermo*' in this connection.

[1] See *above*, p. LIII, nr. 8.2, the significative and autonomous use of terms.

[2] 365¹³-370²².

[3] *Log. Ingred.*, 366.

[4] Here Abailard explains his own words 365³³: '..... quae nil est omnino'.

[5] *Dial.* II, 157¹²-160³; cfr. *above*, pp. XLIII and LV.

aliud proponunt, esse autem rem aliquam vel non esse, nulla est omnino rerum essentia. non itaque propositiones res aliquas designant simpliciter, quemadmodum nomina, immo qualiter sese ad invicem habent, utrum scilicet sibi conveniant an non, proponunt.....; unde quasi quidam rerum modus habendi se per propositiones exprimitur, non res alique designantur. (*Dial.* II, 160²⁶⁻³⁶).

Abailard's conception of the nature of the universals is only a particularisation of this general view.[1] In the *Logica Ingredientibus* Abailard starts from Aristotle's definition of the *universale* (τὸ καθόλου): '*quod de pluribus natum est aptum praedicari*'.[2] From this definition it follows that the universal cannot be a *thing*, but is only a *vox* or *sermo*. The *vox universalis* is capable of being applied to (predicated of) a group of individuals on account of their common *status*, i.e. the likeness as abstracted by human mind from a set of similar individuals.[3] E.g. the likeness of Socrates and Plato is neither a *thing* (*homo*), nor a *nothing*, but their being man (*esse hominem* or *status hominis*):

singuli homines discreti ab invicem ..... in eo ..... conveniunt quod homines sunt; non dico: *in homine*, cum res nulla sit homo nisi discreta, sed: *in esse hominem*; *esse* autem *hominem* non est homo nec res aliqua. (*Log. Ingred.*, 19²¹⁻²⁶).

abhorrendum autem videtur quod convenientiam rerum secundum id accipiamus quod non est res aliqua, tamquam in nihilo ea quae [non] sunt, uniamus, cum scilicet hunc et illum in statu hominis, idest in eo quod sunt homines, convenire dicimus. sed nihil aliud sentimus nisi eos homines esse et secundum hoc nullatenus differre, secundum hoc, inquam, quod homines sunt, licet ad nullam vocemus essentiam. status autem hominis ipsum esse hominem, quod non est res, vocamus, quod etiam diximus communem causam impositionis nominis ad singulos, secundum quod ipsi ad invicem conveniunt .....; statum quoque hominis res ipsas in natura hominis statutas possumus appellare, quarum communem similitudinem ille concepit qui vocabulum imposuit.
(*Log. Ingred.*, 20¹⁻¹⁴).

It cannot be sufficiently stressed that this *logical Nominalism*[4] is not such as to exclude Abailard from the way to a *philosophical Realism*. By the latter term the school is meant that starts from the view that (1) there are extra-mental things, the existence of which is independent of the human mind, and that (2) man is capable, to a certain extent, of

[1] Nineteenth century scholars, especially Cousin, have separated this problem from the methodical coherence it has with the general question.

[2] *Log. Ingred.*, 9¹⁸; cfr. Boethius, *In Periherm.* I, 135²³, and Aristotle, *De interpr.*, 17 a 39: λέγω δὲ καθόλου μὲν ὃ ἐπὶ πλειόνων πέφυκε κατηγορεῖσθαι.

[3] '*Sermo*' is the word employed to express the common *status*, that term rather than '*vox*' being chosen so as to emphasize the purely human application and the unreal character of the universal noun. (J. Sikes, *Peter Abailard*, p. 112).

[4] To be well distinguished from the fourteenth century Nominalism.

knowing them. Abailard undoubtedly is a realist in this sense, his whole work being imbued with the realistic view. Here are two passages in support of this:

neque enim vox aliqua naturaliter rei significate inest, sed secundum hominum impositionem; vocum enim impositionem Summus Artifex nobis commisit, rerum autem naturam proprie Sue dispositioni reservavit. (*Dial.* V, 576[34-37]).

iam enim profecto nomina oporteret esse, si res designarent ipsas ac ponerent propositiones.....; non itaque propositiones res aliquas designant simpliciter, quemadmodum nomina..... (*Dial.* II, 160[26-30]).

.....cum enim dicimus: '*homo currit*', de homine ac cursu rebus ipsis agimus cursumque homini coniungimus, non intellectus eorum ad invicem copulamus; nec quicquam de intellectibus dicimus, sed de rebus solis agentes eos in animo audientis constituimus (*Dial.* II, 154[25-29]).

By not distinguishing Abailard's logical nominalism from his philosophical realism Cousin and other French historians seem to have arrived at their theory of Abailard's 'conceptualism'.[1]

To sum up our results: Abailard is, as a logician, of the opinion that logic, being an *ars sermocinalis*, is only concerned with *voces* or *sermones*: logical Nominalism. If it had as object *things*, it would not be logic, but physics.[2] — Nevertheless he adheres to philosophical Realism.

---

[1] Even Sikes, in his excellent exposition of Abailard logical theories (*Peter Abailard*, pp. 88-112), fails to point out that Abailard's logical nominalism is linked up by a philosophical realism.
[2] See *Dial.* III, 388[11-14] and *Log. Ingred.*, 515 [7-9]; cfr. *above*, p. XXIV.

BOOKS AND ARTICLES REFERRED TO

ABAILARD: *Abaelardiana inedita* in L. Minio-Paluello, *Twelfth Century Logic*, Texts and Studies II, Roma 1958.
— *Dial.* = *Dialectica* (the present edition).
— *Dialogus* = *Dialogus inter Philosophum, Iudaeum et Christianum*, ed. Migne, *P. L.* 178, 1611 A-1682 A.
— *Epist.* = *Epistulae*, ed. Migne, *P. L.* 178, 113 A-380.
— *Hist. calam* = *Historia calamitatum* = Epist. I, ed. J. Monfrin. Troisième édition, Paris 1967.
— *Introductiones parvulorum* = *Pietro Abelardo Scritti Filosofici, Editio super Porphyrium, Glossae in Categorias, Editio super Aristotelem De Interpretatione, De Divisionibus, Super Topica Glossae*, editi per la prima volta da Mario Dal Pra, Roma - Milano 1954.
— *Introd. ad Theol.* = *Introductio ad Theologiam*, ed. Migne, *P. L.* 178, 979A-1114 B.
— *Log. Ingred.* = *Logica Ingredientibus*, ed. Geyer, in *Peter Abaelards Philosophische Schriften. Beiträge zur Geschichte der Philosophie und Theologie des Mittelalters* XXI 1-3, Münster i.W. 1919-1927.
— *Logica Nostr. petit.* = *Logica Nostrorum petitioni sociorum*, ed. Geyer in *Peter Abaelards Philosophische Schriften. Beiträge zur Geschichte der Philosophie und Theologie des Mittelalters* XXI 4, Münster i.W. 1933.
— *Theol. christ.* = *Theologica christiana*, ed. Migne, *P. L.* 178, 1123-1330.
ADELARD OF BATH: *De eodem et diverso*, zum ersten Male herausgegeben und historisch-kritisch untersucht von Hans Willner, Münster 1903.
ALBERT OF SAXONY: *Logica* = *Perutilis Logica Magistri Alberti de Saxonia*, ed. Petrus Aurelius Sanutus, Venitiis 1522.
ANSELM OF CANTERBURY: *De Fide Trinitatis* = *De Fide Trinitatis et de Incarnatione Verbi, contra blasphemias Ruzelini sive Roscelini*, ed. Schmitt, I pp. 281-290.
ARISTOTLE: *Categ.* = *Categories*, ed. Minio-Paluello, *Aristotelis Categoriae et Liber de Interpretatione*, Oxford 1949.
— *De Interpr.* = *De interpretatione*, ed. Minio-Paluello, *Aristotelis Categoriae et Liber de Interpretatione*, Oxford 1949.
— *Anal. Pr.* = *Prior Analytics*, ed. Ross, *Aristotle's Prior and Posterior Analytics*, Oxford 1949 (Reprint 1957).
— *Aristoteles Latinus III 1-4* = *Aristoteles Latinus III 1-4*, Analytica priora, translatio Boethii (recensiones duae), translatio anonyma, Pseudo-Philoponi aliorumque scholia, specimina translationum recentiorum. Edidit Laurentius Minio-Paluello, (*Union Académique Internationale, Corpus Philosophorum Medii Aevi Academiarum Consociatarum auspiciis et consilio editum, Aristoteles Latinus III 1-4*) Bruges-Paris 1962.
— *Aristoteles Latinus IV 2* = *Aristoteles Latinus IV 2* Analytica posteriora, translatio anonyma. Edidit Laurentius Minio-Paluello, Bruges-Paris 1953.
BEONIO-BROCCHIERI FUMAGALLI, MARIA TERESA: *La Logica di Abelardo* (Publicazioni della Università degli Studi di Milano 6), Firenze 1964.
BERNARD OF CLAIRVAUX: *Epist.* = *Epistulae*, ed. Migne, *P. L.* 182, 68A-716 C.
BETH, E. W.: *Les Fondements Logiques des Mathématiques*, Paris-Louvain 1950.
BIRD, OTTO: *The Formalizing of the Topics in Mediaeval Logic*, in: Notre Dame Journal of Formal Logic 1 (1960), pp. 138-149.
— *Topic and Consequence in Ockham's Logic*, in: Notre Dame Journal of Formal Logic 2 (1961), pp. 65-78.

— *The Tradition of the Logical Topics: Aristotle to Ockham*, in: Journal of the History of Ideas 23 (1962), pp. 307-323.

BOCHEŃSKI, I. M.: *Ancient Formal Logic*, Studies in Logic and the Foundations of Mathematics, Amsterdam 1951.

BOEHNER, PHILOTHEUS O.F.M.: *Collected Articles on Ockham*. Edited by Eligius M. Buytaert O.F.M. Published by the Franciscan Institute. St Bonaventure, New York, Louvain, Paderborn 1958.

BOETHIUS: *In Isag.* = *Anicii Manlii Severini Boethii In Isagogen Porphyrii Commenta*, rec. Schepps-Brandt in *Corpus Scriptorum Ecclesiasticorum Latinorum* vol. XLVIII, Vindobonae-Lipsiae 1906.

— *In Categ.* = *An. Manl. Sev. Boetii In Categorias Aristotelis Libri quattuor*, ed. Migne, P. L. 64, 159 A-294 C.

— *In Periherm.* = *Anicii Manlii Severini Boetii commentarii in librum Aristotelis* ΠΕΡΙ ΕΡΜΗΝΕΙΑΣ, rec. Carolus Meiser, I-II, Lipsiae 1877-1880.

— *Introd. ad syll. cat.* = *An. Manl. Sev. Boetii Introductio ad syllogismos categoricos*, ed. Migne, P. L. 64, 761 B-794 B.

— *De Syll. cat.* = *An. Manl. Sev. Boetii De Syllogismo categorico libri duo*, ed. Migne, P. L. 64, 793 C-832 A.

— *De Syll. hyp.* = *An. Manl. Sev. Boetii De Syllogismo hypothetico libri duo*, ed. Migne, P. L. 64, 831 A-876 C.

— *In Top. Cic.* = *An. Manl. Sev. Boetii In Topica Ciceronis commentariorum libri sex*, ed. Migne, P. L. 64, 1039 D-1174 B.

— *De Diff. top.* = *An. Manl. Sev. Boetii De Differentiis topicis libri quatuor*, ed. Migne, P. L. 1173 B-1216 D.

— *De Divis.* = *An. Manl. Sev. Boetii Liber De Divisione*, ed. Migne, P. L. 64, 875 D-892A.

— *Inst. Arithm.* = *Anicii Manlii Severini Boetii De Institutione arithmetica libri duo*, ed. Friedlein, Lipsiae 1867, (pag. 3-173).

— *Inst. Mus.* = *Anicii Manlii Severini Boetii De Institutione musica libri quinque*, ed. Friedlein, Lipsiae 1867, (pag. 178-371).

BRANDT, S.: *Philologus* = *Entstehungszeit und zeitliche Folge der Werke des Boethius*, in: Philologus LXII (1903), pp. 141-154 and 234-275.

CICERO: *Topica* = Cicero De Inventione, De optimo genere oratorum, Topica, with an English Translation by H. M. Hubbell, London-Cambridge, Massachusetts 1949.

COTTIAUX, J.: *La Conception* = *La Conception de la Théologie chez Abélard*, in: Revue d'histoire ecclésiastique XXVIII (1932), pp. 247-295, pp. 533-551 and pp. 788-828.

COUSIN, V.: *Ouvrages inédits* = *Ouvrages inédits d'Abélard, pour servir à l'histoire de la philosophie scolastique en France*, Paris 1836.

DAL PRA, M.: *Introduzione* = the introduction to his edition of Abailard's *Introductiones*.

— *Medioevo e Rinascimento* (Studi in onore di Bruno Nardi), Firenze 1955, pp. 144-173.

DÜRR, K.: *Aussagenlogik im Mittelalter*, Erkenntnis 7 (1937-38), pp. 160-168.

GARLANDUS COMPOTISTA: *Dialectica* = Garlandus Compotista, Dialectica. First Edition of The Manuscripts, with an Introduction on The Life and Works of The Author and The Contents of The Present Work by L. M. de Rijk Ph. D., Assen 1959.

GEYER, BERNHARD: *Die Patristische und Scholastische Philosophie*. FRIEDRICH UEBERWEGS Grundriss der Geschichte der Philosophie, Zweiter Teil, Unveränderter Nachdruck der völlig neubearbeiteten 11. Aufl. Darmstadt 1960.

— *Die Stellung Abälards* = *Die Stellung Abälards in der Universalienfrage nach neuen handschriftlichen Texten*, in: *Studien zur Geschichte der Philosophie, Festgabe für Cl.*

Bäumker, Beiträge zur Geschichte der Philosophie des Mittelalters, Supplementband I, Münster 1913, pp. 101-127.

—— *Übersetzungen = Die ältesten lateinischen Übersetzungen der Analytik, Topik und Elenchik*, in: Philosophisches Jahrbuch der Görresgesellschaft 30 (1917), pp. 25-43.

—— *Untersuchungen*, added to his edition: *Peter Abaelards philosophische Schriften, Beiträge zur Geschichte der Philosophie und Theologie des Mittelalters* XII, 1933, pp. 589-633.

GILSON, E.: *Héloise et Abélard = Héloise et Abélard, études sur le moyen âge et l'humanisme*, Paris² 1953.

GRABMANN, M.: *Gesch. der schol. Methode = Die Geschichte der scholastischen Methode*, nach der gedruckten und ungedruckten Quellen dargestellt, 2 Bnde, Freiburg i.B. 1909-1911. Photomechanischer Nachdruck Graz 1955.

—— *Kommentare = Kommentare zur aristotelischen Logik aus dem 12. und 13. Jahrhundert im MS. lat. fol. 624 der Preusischen Staatsbibliothek in Berlin, ein Beitrag zur Abaelardforschung*, in: Sitzungsberichte der Preusischen Akademie der Wissenschaften, 1938 Phil. Hist. Klasse, pp. 185-210.

GREDT, J.: *Elementa Philosophiae Aristotelico-thomisticae*. Editio septima, Friburgi Brisgoviae⁷ 1937.

HUGO OF ST VICTOR: *De Grammatica*, ed. J. Leclercq, Archives d'Histoire Doctrinale et Littéraire du Moyen Age 14 (1943), pp. 263-322.

HUNT, R.: *Studies on Priscian = Studies on Priscian in The Eleventh and Twelfth Centuries I*, in: Mediaeval and Renaissance Studies I (1941-1943), pp. 194-231.

ISAAC, I.: *Le Peri Hermeneias = Le Peri Hermeneias en Occident de Boëce à Saint Thomas, histoire littéraire d'un traité d'Aristote*, Paris 1953.

JOHN OF SALISBURY: *Metalogicon = Ioannis Saresberiensis Episcopi Carnotensis Metalogicon Libri IIII*, recogn. Clemens C. I. Webb, Oxonii 1929.

KAISER, E.: *Pierre Abélard critiqué, Inaugural Dissertation*, Freiburg i. Schweiz 1901.

LESNE, E.: *Les Ecoles = Les Ecoles de la fin du VIIIe siècle à la fin du XIIe siècle*. Histoire de la propriété ecclésiastique en France, Tome V (Mémoires et travaux publiés par des professeurs des Facultés Catholiques de Lille, fasc. L) Lille 1940.

ŁUKASIEWICZ, J.: *Zur Geschichte der Aussagenlogik, Erkenntnis* 5 (1935), pp. 111-131.

—— *Aristotle's Syllogistic = Aristotle's Syllogistic from the standpoint of Modern Formal Logic*, Oxford 1951.

MACROBIUS: *In Somn. Scip. = Ambrosii Theodosii Macrobii Commentarii in Somnium Scipionis*. Edidit Iacobus Willis, Lipsiae 1963.

MARIUS VICTORINUS: *De Definitionibus = Liber de definitionibus*, printed as a work of Boethius by Migne, *P. L.* 64, 891 B-910 B.

MATES, BENSON: *Stoic Logic*, University of California Publications in Philosophy, vol. 26, University of California Press, Berkeley and Los Angeles 1953.

MINIO-PALUELLO, L.: *Boethius' Translation = The genuine text of Boethius' translation of Aristotle's Categories*, in: Mediaeval and Renaissance Studies, vol. I (1941-1943), pp. 151-177.

—— *Iacobus Veneticus Grecus = Iacobus Veneticus Grecus, Canonist and Translator of Aristotle*, in: *Traditio* VIII (1952), pp. 265-304.

—— *Introd. Aristoteles Latinus*. See *Aristoteles Latinus*.

MOODY, E.: *Truth and Consequence = Truth and Consequence in Mediaeval Logic*. Studies in Logic and The Foundations of Mathematics, Amsterdam 1953.

NICOLAU D'OLWER, L.: *Sur la date = Sur la date de la Dialectica d'Abélard*, in: Revue du moyen âge latin I (1945), pp. 375-390.

OTTO OF FREISING: *Gesta Friderici*, ed. De Simson, Hannover 1912.

PETER OF SPAIN: *Summulae Logicales* = *Petri Hispani Summulae logicales* quas e codice manu scripto Reg. Lat. 1205 edidit I. M. Bocheński O.P., Marietti 1947.

PETER THE VENERABLE: *Epist.* = *Petri Venerabilis Epistolarum libri sex*, ed. Migne, *P. L.* 189, 61 D-658 B.

PRANTL, C.: *Geschichte der Logik im Abendlande II*, Leipzig 1861.

PRISCIANUS: *Inst. gramm.* = *Prisciani Grammatici Caesariensis Institutionum grammaticarum libri XVIII* ex recensione Martini Hertzii (*Grammatici Latini* ex rec. H. Keilii II, III), Lipsiae 1855.

ROBERT, G.: *Les Ecoles et l'enseignement de la théologie pendant la première moitié du XIIe siècle*, Paris 1909.

ROBERT DE TORIGNY (*seu* DE MONTE): Roberti de Monte Cronica. Edidit D. Ludowicus Bethmann in: Monumenta Germaniae Historica, Scriptorum Tomus VI, pp. 475-535, Hannoverae 1854.

RIJK, L. M. DE: *Introd. Garl.* = *Introduction* to the edition of the *Dialectica* of Garlandus Compotista, Assen 1959.

— *Logica Modernorum*. A Contribution to The History of Early Terminist Logic. Vol I: *On the Twelfth Century Theories of Fallacy*, Assen 1962.
Vol. II,1: *The Origin and Early Development of The Theory of Supposition*, Assen 1967.
Vol. II,2: *Texts and Indices*, Assen 1967.

— *On The Cronology of Boethius' Works on Logic*, in: *Vivarium*. A Journal for Mediaeval Philosophy and The Intellectual Life of The Middle Ages 2 (1964), pp. 1-49 and pp. 125-162.

— *Some New Evidence on Twelfth Century Logic. Alberic and The School of Mont Ste Geneviève* (*Montani*), in: *Vivarium* 4 (1966), pp. 1-57.

SIKES, J. G.: *Peter Abailard* = *Peter Abailard* by J. G. Sikes M.A., with a Preface by the Reverend A. Nairne D. D., Cambridge 1932.

UEBERWEG-GEYER: *Die Patrist. und Schol. Philosophie* = *Grundrisz der Geschichte der Philosophie der patristischen und scholastischen Zeiten*, Berlin[11] 1928, (anastatischer Nachdruck 1948).

VALOIS, NOEL: *Etude sur le Rythme des Bulles Pontificales*, Bibliothèque de l'Ecole des Chartes 42 (1881), pp. 161-198.

WILLIAM OF SHYRESWOOD: *Introductiones* = *Die Introductiones in logicam des Wilhelm von Shyreswood* († nach 1267), literair-historische Einleitung und Textausgabe von Martin Grabmann. Sitzungsberichte der Bayerischen Akademie der Wissenschaften, Phil. Hist. Abt. 1937, H. 10.

CONTENTS OF THE INTRODUCTION

TEXT

ARGUMENTUM

TRACTATUS SECUNDUS - DE CATHEGORICIS

TRACTATUS QUARTUS - DE YPOTETICIS

LIBER I - DE DIVISIONE YPOTETICARUM EARUMQUE
PROPRIETATIBUS 469-498

LIBER II - DE SILLOGISMIS IPOTETICIS 498-532

TRACTATUS QUINTUS - DE DIVISIONIBUS ET DIFFINITIONIBUS

LIBER I - DE DIVISIONIBUS 535-581

SIGLA

V	=	codex Victorinus (*Paris, B.N. Lat.* 14.614, olim Victorinus 844), saec. XII
Vc	=	manus quae correxit *V*
Vm	=	manus in margine codicis *V*
A	=	codex Ambrosianus M 63 Sup., continens tractatum *Logica Ingredientibus* qui vocatur
L	=	codex Lunellensis 6, continens tractatum *Logica Nostrorum Petitioni* qui vocatur
]	=	scripsi
[ ]	=	expunxi (expunxit, expunxerunt)
⟨ ⟩	=	supplevi (supplevit, suppleverunt)
b	=	Boethius in editione J. P. Migne (S. Brandt, C. Meiser)
c	=	Cousin in editione sua
(?)	=	(fortasse)
.....	=	usque ad
+	=	addit (addunt)
( )	=	omittit (omittunt)
(!)	=	(sic!)

[1] volumen totum in *V* deest, vide *Introd.*, p. XXVIII.

PREDICAMENTA[1]
DE PREDICAMENTIS ARISTOTILIS

LIBER PRIMUS
DE SUBSTANTIA

⟨ *De divisione substantiarum*

. . . .

. . . .

. . . . . ⟩ Unde non universaliter in generibus substantiarum acci-   f. 117ʳ
10 piendum est, quod ait[2] generalissima substantiarum nomina qualitatem
circa substantiam determinare. Quod autem ait[3] primas substantias hoc
aliquid significare, idest rem suam ut discretam ab omnibus aliis
demonstrare, de omnibus est intelligendum. Cum itaque specialia substantiarum nomina maxime propter qualitates quibus species efficiuntur
15 determinandas inventa sint, propria maxime propter discretionem sunt
reperta.

De communitatibus substantie

Commune est autem omni substantie in subiecto non esse. Nulla
enim substantia, sive sit prima sive secunda, fundamento sustentatur.
20 Non est autem hoc substantie proprium, sed etiam convenit differentiis;
neque enim differentia subiecte speciei tamquam in fundamento per
accidens inest, sed in substantiam ipsius venit eique substantialiter
convenit, sicut *Secundus Antepredicamentorum* de differentia continet[4].
Quod etiam ex eo ostenditur quod, quemadmodum secunde substantie
25 de primis univoce predicantur, idest nomine et diffinitione substantie,
ita et differentie. Sicut enim Socrates et homo est et animal rationale
mortale, ita idem et animal rationale et potens uti ratione dicitur.
Accidentia vero, que in substantiam rei nichil efficiunt, sed extrinsecus

8 scripta super predicamenta Aristotilis *V*   10 su[a]bstantiarum *Vᶜ*   17 DE COMMUNITATI-
BUS SUSTANCIE *V*   25 univoce] in voce *V*

1 huius voluminis magna pars in *V* deest.
2 Arist., *Categ.* 5, 3 b 15 e.q.s.   3 *Ibid.*, 3 b 10.
4 hic liber deest in *V*, vide *Introd.*, p. XXVIII.

adherent, in diffinitione substantie predicari nequeunt, quippe nullum substantiale esse accidentis nomen demonstrat.

Inest quoque substantiis nichil esse contrarium. Sive enim prime sint sive secunde, a contrarietate [cum] omnino sunt aliene, nisi forte per accidens ⟨secundum⟩ susceptionem rerum contrariarum contrarie 5 et ipse dicantur, ut *homo albus* et *homo niger* secundum albedinem et nigredinem, quas contrarias recipiunt. Unde et in quantitate contraria quoque quodammodo dicuntur. Nam si est '*magnum*' '*parvo*' contrarium, ipsum autem idem simul est magnum et parvum, ipsum sibi erit contrarium, in susceptione scilicet eorum que contraria dicuntur, magni scilicet 10 et parvi. Nulla itaque substantia in se contraria dicitur alteri, sed, si forte, per alteram. Sed nec istud proprium est substantie, sed etiam quantitatibus seu relationibus multisque aliis convenit. Que autem sint contraria aperiemus, ubi oppositionis species tractabimus[1].

Sed nec etiam comparari possunt substantie, quippe comparatio 15 secundum adiacentiam, non secundum substantiam, accipitur, quod etiam ex nominibus substantivis eorum quoque accidentium que ad comparationem veniunt, ostenditur. Neque *magis albedo* sicut *magis album* dicimus. Unde et multo magis substantie, que nullam habent adiacentiam, a comparatione sunt immunes, nec earum nomina substantiva, 20 que substantias vocamus, cum '*magis*' et '*minus*' predicantur. Non enim *magis* vel *minus homo* dicitur, sicut *magis* vel *minus album*. Sed nec istud substantie proprium esse potest, cum etiam quantitatibus multisque aliis conveniat. De comparatione autem que secundum augmentum ac detrimentum consistit, uberius tractabimus[2], cum motus species 25 exsequemur.

Maxime autem proprium substantie videtur esse quod cum sit unum et idem numero, contrariorum susceptibile est; hoc enim inde *proprie proprium* Aristotiles dixit quod non solum omnibus, verum etiam solis substantiis competit. Que quidem sententia in eo pendet 30 quod quelibet substantia accidentium est susceptibilis, ut videlicet eorum sustentamentum: '*suscipere*' enim in sustentatione tantum accepit, non in ⟨in⟩formatione; alioquin et multis aliis conveniret: albedo enim claritate et obscuritate, que contraria videntur, informatur. Quod autem contraria pro qui⟨bus⟩libet accidentibus posuit, ideo factum 35 arbitror quod in susceptione istorum omnium quoque aliorum susceptio

---

1 in] cum *V*   5 ⟨secundum⟩] ⟨propter⟩ *c*   7 contraria] contrarii *V*   12 alterum *V*   17 earum *V*   23 etiam] in *V*   25 cum] con *V*   34 claritatem *V*

---

[1] *infra*, p. 369^{25} *e.q.s.*   [2] *infra*, pp. 424^{27}-43^{25}.

intelligatur; que enim contraria sunt, maxime sunt adversa. Quodsi
ea quoque accidentia que maxime sunt adversa, suscipere possit substantia, multo magis et aliorum susceptio ipsi est adiuncta. Ideo quoque
contraria apponi ostendere curavit quod substantias ipsas contrarias
5 esse negaverat. Unde fortasse alicui videretur quod contraria non
possent suscipere, et ita non omnium accidentium susceptibiles essent
nec omnia accidentia in subiecto essent; quod quidem removit, cum
ait contrariorum quoque ipsas esse susceptibiles, cum ipsa in ⟨se⟩
contraria secundum diversa tempora suscipere queant et sustentare.
10 Qui enim albus est, nigrum suscipere potest, et qui frigidus, calescere.
Ac superflue 'secundum sui mutationem' ad determinandum adiecit[1],
ut scilicet a premissa proprietate orationem et intellectum excluderet,
que secundum verum et falsum contraria videbantur suscipere. Neque
enim, cum substantie non esse⟨n⟩t, accidentia aliqua sustentare poterant,
15 licet eadem propositio vel idem intellectus diversis temporibus verus
inveniatur vel falsus; ut si Socrate sedente quislibet intelligat eum
sedere vel dicat, verus erit intellectus atque oratio prolata, falsa autem
eadem, postquam surrexerit. Quod itaque Aristotiles 'secundum se'
vel 'secundum sui mutationem' apposuit, non fuit necessitatis, sed magis
20 sati⟨s⟩factionis. Adeo enim importunus erat adversarius qui de istis
oppositionem movebat, ut hec a substantiis in sustentatione non
divideret nisi in modo suscipiendi, cum videlicet substantie per se et
per propriam mutationem contraria possint suscipere, ista vero secundum
statum alt⟨er⟩ius. De eo enim quod Socrates in sessione moratur vel ab
25 ipsa movetur, veri fiunt vel falsi intellectus seu propositiones. Cui
quidem importunitati coactus satisfacere curavit, cum ait[2]: „sed et si
quis hoc recipiat, sed tamen modo differt" etc, licet tamen nec ra-
tionabilem videret obiectionem nec multum valere iudicaret solutionem. Ut enim de intellectu taceamus, de oratione prorsus irrationabiliter
30 opponi videtur, si rei veritatem subtilius intueamur.

Sed prius de qua agendum sit oratione perquiramus; pro eo scilicet quod sicut 'vocis' nomen ad aerem et ad mensuram tenoris eius
equivoca[n]t, ita etiam 'orationis' vocabulum, sicut in tractatu quantitatis
apparebit, cum de oratione disputabitur[3]; at vero si de substantiali,
35 non de quantitativa, oratione agatur, male de ipsa opponitur vel male
ipsa, cum substantia sit, excluditur. Si autem de quantitativa dicatur,
opponunt verum et falsum male ipsi attribui, qui mensuras ipsas nec

4 apponi ostendere] apponi V^c ostendere V 8 ⟨se⟩ c 12 a] aristotiles V 27 *primum
tamen*] *coll. b* tantum V

[1] *Categ.* 5, 4 b 3.   [2] *Ibid.* 5, 4 a 28.   [3] *infra*, p. 65^{22} *e.q.s.*

audiri nec significare dicunt, sed solum aerem strepentem; qui tamen
ab Aristotile longe discedunt, de quo alias disputabitur. Sive autem
quantitativam sive substantialem accipimus orationem, veri et falsi
significatio que ipsi convenit, contraria non videtur, cum simul eidem
inesse contingat. Si quis enim dixerit: '*Petrus currit*', in eadem prolatione 5
secundum vocis equivocationem in diversis veros et falsos intellectus
generabit. Amplius: si de quantitativa oratione agatur, cuius partes
simul nullo modo consistunt, frustra de ipsa opponitur, quippe per
'*unum et idem numero*' iam est exclusa; neque ea que profertur Socrate
sedente eadem est cum ea que dicitur postquam Socrates surrexerit; 10
„sed dictum est, inquit[1] Aristotiles, et non potest amplius sumi." Sed
nec ea que simul dicitur tota, simul res una dici recte poterit, quippe
id quod non est cum eo quod est unam non facit essentiam. Que vero
partes prolate sunt, omnino iam perierunt. Sic itaque quod de oratione
opponitur, non satis convenienter adducitur nisi forte secundum homi- 15
num consuetam acceptionem, qui secundum similem formam prolationis diversas prolationes eamdem in essentia quoque vocant;
quorum et iste unus erat adversarius. Cum itaque Aristotiles adeo
obstinatum adversarium haberet cuius importunitas nec admitteretur,
magis eum aliqua satisfac⟨t⟩ione mitigare voluit atque aliqua diversitate 20
suscipiendi aliquo quoque modo determinationis placare quam ratione
inhiantem contundere. Unde et ipse ⟨'*secundum se*'⟩ sive '*secundum sui
mutationem*' apposuit, non tam pro necessitate quam pro satisfactione, ut
hac saltem determinatione differentiam substantiarum ad alia adversarius
intelligeret, ⟨quam⟩ minus certam capiebat, cum tamen nec huiusmodi 25
differentia multum vigeat, nisi fortasse ad apposita contraria. Nam et
fortasse multa preter substantias contraria per se, sicut et substantie,
recipere possunt, ut calor et frigus *calefacere* et *frigidum facere*, que
sunt Aristotile teste[2] actiones contrarie, et albedo *clarum* et *obscurum*.
Ipse quoque substantie quedam fortasse contraria non ex se sed ex 30
aliis recipiunt, ut, secundum eos qui aerem significare dicunt, ipse
aer verus et falsus, sicut oratio, dici potest et contraria suscipere
secundum motum de quo agitur. Unde nec rationabilis solutio sicut nec
oppositio videtur.

Sunt tamen qui substantias per se mutari circa contraria dicant, 35
et nulla alia ⟨ratione quam⟩ quod ex subiectionis sue natura, eo scilicet

---

4 videntur *V* 10 socrates *c* aristotiles *V* 16 qui] que *V* 22 contundere *c* contendere *V*
⟨secundum se⟩] *coll.* p. 53¹⁹ [sive] *c* 25 ⟨quam⟩ *c* 36 subiectione *V* nature *V*

[1] *Categ.* 6, 5 a 34-35.   [2] *Ibid.* 9, 11 b 1-7.

quod omnibus possint esse subiectum, | mobiles sunt et circa formas suas
instabiles. Forme autem earum, quas, ut per substantias subsistant, ipsis
adherere desiderant, numquam circa substantias ex se, sed ex mobilitate
substantiarum moventur, quarum scilicet natura diversis formis eque
5 est subiecta nec perit propter susceptionem vel mutationem formarum.
Si qua vero contraria forme quandoque recipiant, hoc totum ex mobilitate substantie subiecte contingit. Ut cum hec albedo modo claritatem
modo etiam obscuritatem suscipit, ex natura subiecte substantie contingit, que eque omnibus est subiecta.
10   Potest et aliud in mutatione per se intelligi. Ipse enim substantie
ita per se circa contraria possunt permutari, ut nichil aliud necesse sit
permutari; forme vero non possunt. Nam et cum forme contraria
aliqua recipiunt, subiecta quoque substantia que et ipsa sustentat, per
ipsa quoque variatur.
15   Hec quidem de substantia Aristotilem plurimum sequentes
conscripsimus.

---

2 formas *V* quas] que *V*   7 subiecte substantie *Vᶜ*

LIBER SECUNDUS
DE QUANTITATE

⟨*Introductio*⟩

Quantitatis autem ⟨tractatus⟩ tractatum substantie continuavit; cuius quidem ordinis causas, etsi non multum utilitatis afferant, aucto- 5 ritas[1] consideravit. Ita enim quantitas substantie inserta est, ut dum substantiam quamlibet intelligimus, quantitatem quoque ipsius concipiamus, dum vel unum vel multa ipsam fi⟨n⟩gamus. Ipsam autem materiam sepe preter qualitates suas attendimus, ex qua quidem ratione quantitas preposita est qualitati. De [qua quidem] qualitate maxime 10 dubitari poterat, eoquod multe qualitatum ipsis substantiis ita adiuncte sint ut omni⟨no ei⟩s substantialiter insint atque ab ipsis nec ratione valeant separari, quas nos differentias appellamus. Omne insuper corpus, ut Boetio placuit[2], tribus dimensionibus constat, longitudine scilicet, altitudine, latitudine; que, licet non esse quantitates appareat, 15 ex comparatione tamen nonnisi per quantitates accidere possunt, ut in sequentibus liquebit. Ex eo quoque vicinior substantie recte quantitas ponitur quod ei similior esse convincitur, in eo scilicet quod nec contrarietatem nec comparationem suscipit; de uno autem simili ad alterum facilior transitus erat. Inde etiam bene substantiam statim quantitas 20 sequitur quod de ea in substantia sepe mentionem fecerat; unde que ipsa esset, statim ostendere debuerat.

Est autem quantitas ea res secundum quam subiectum mensuratur, quam quidem notiori vocabulo mensuram possumus appellare. Harum autem alie sunt simplices, alie composite. Simplices vero quinque 25 dicunt, punctum scilicet, unitatem, instans quod est indivisibile temporis momentum, elementum quod est vox individua, simplicem locum. Compositas autem septem Aristotiles ponit[3], lineam videlicet, superficiem, corpus, ⟨tempus⟩, locum compositum, orationem et numerum. Quas quidem tantum compositas ipse ad tractandum suscepit, eoquod 30 eas solas ac tempus ad mensurandum homines sumunt. Neque enim indivisibiles ad mensurandum quantitates accipimus, cum nec ipsas nec earum subiecta sensu aliquo percipiamus. De his autem duas posuit divisiones, cum alias continuas, alias discretas appellavit, ac rursus alias constare ex partibus positionem ad se invicem habentibus, alias ex non 35 habentibus positionem.

4 ⟨tractatus⟩ *c* 29 ⟨tempus⟩ *c* 30 quidem] quod *V*

[1] Vide Boeth., *In Categ.*, 201 D. [2] *In Categ.*, 202 B10-12. [3] *Categ.* 6, 4 b 23-25.

At vero de simplicibus, que priores sunt naturaliter, deinde de compositis, disputemus. Has autem tantum que simplices sunt, Magistri nostri[1] sententia speciales appellabat naturas, eo videlicet quod sint une naturaliter que partibus carent; que vero ex his sunt
5 composite, composita individua dicebat, nec una naturaliter esse, sicut *hunc gregem* vel *hunc populum*; magisque earum nomina, '*lineam*', '*superficiem*' etc., sumpta esse a collectionibus quibusdam seu compositionibus dicebat quam substantiva; de quibus quoque, cum earum originem ex simplicibus ostendemus, convenientius disseremus earum-
10 que divisiones quas Aristotiles protulit, aperiemus[2]. Nunc vero ad simplices revertamus.

De puncto et que ex eo nascuntur quantitatibus, linea, superficie,
corpore, insuper de loco

Punctum autem, sicut in se indivisibile est nec pro parvitate sui
15 in partes aliquas dividi potest seu dividuari, ita et indivisibili subiecto adiacet, singulis scilicet corporis partibus individuis. Ex punctis autem linea, superficies, corpus quantitativum originem ducunt. Puncta namque in ⟨longum⟩ disposita lineam reddunt, in latum vero superficiem componunt, in spissum vero corpus efficiunt. Sicut ergo linea habundat a
20 puncto in longitudine, ita superficies a linea in latitudine et a superficie corpus in spissitudine. Ac sicut linea minus quam duo puncta in sui constitutione habere non potest, ita superficies minus quam duas lineas vel corpus minus quam duas superficies nequit continere. Lineam itaque diffinimus: *puncta in longum sibi adherentia*; superficiem vero:
25 *lineas in latum sibi connexas*; corpus vero: *superficies in altum sibi co-herentes*. Tres itaque compositarum quantitatum ex puncto originem ducunt, secundum quidem diversas dimensiones: alie quidem secundum dispositionem longitudinis, ⟨alie secundum adherentiam latitudinis⟩, alie secundum superpositionem altitudinis. Quoniam ergo ⟨corpus⟩
30 superficies ⟨et⟩ lineas continet, longitudinem quoque et latitudinem ex ipsis recipit, ut scilicet non solum spissum, verum etiam longum et latum sit; unde solidum ipsum Aristotiles appellat cum ait[3]: „sed et soliditatis similiter et loci." Inde autem continuationem corporis Boetius[4] ostendit, quod una parte mota cetere omnes moveantur.
35 Sunt autem quidam qui verbis auctoritatis nimis adherentes

18 ⟨longum⟩ *c* 20 et a] aut *V* 25 altum] latum *V* 28 dispositionem *V* dimensionem *V*c
⟨alie..... latitudinis⟩ *V*c 30 lineam *V* 31 ipso recipiunt *V*

[1] Willelmi Campellensis(?). [2] *infra*, p. 71[15] *e.q.s.* [3] *Categ.* 6, 5 a 22. [4] *In Categ.*, 204 D.

eamque fortasse nimium simpliciter accipientes, qui neque lineam ex
punctis neque superficiem ex lineis aut corpus ex superficiebus constare concedunt, plures quidem Boetii auctoritates afferentes. Qui
in *Commentariis Cathegoriarum*, cum de continuatione horum ageret:
„non autem, inquit[1], nunc hoc dicitur quod linea constet ex punc- 5
tis, aut superficies ⟨ex lineis, aut solidum corpus ex superficiebus,
sed quod vel linee ⟨termini⟩ puncta ⟨sunt⟩ vel superficie⟨i⟩ linee vel
solidi corporis superficies⟩ ⟨nullaque res suis terminis constat. Quocirca punctum linee non erit pars, sed communis terminus partium.
Superficiei linea et superficies solidi corporis⟩ non erunt partes, sed 10
partium termini communes." Ipse etiam in eodem supra docuerat lineam
ex lineis coniungi, cum premisit: „si quis, ait[2], dividat lineam, que est
longitudo sine latitudine, duas in utraque divisione lineas facit." At vero
si omnem lineam ex aliis lineis constitui dicant, in infinitum ratio procedit, ita quidem ut nec finem cuiuslibet corporis longitudo agnoscat. Non 15
est itaque hec constitutio ad omnem lineam referenda, sed ad maiores
quas sensu quoque ipso concipimus et per quas homines mensurare
consueverunt. Que enim ex duobus vel tribus punctis coniungitur, etsi
aliquam habeat longitudinem, non est talis, ut arbitror, quam sensu
aliquo cum ipso subiecto percipere valeamus. Quod autem ait se non 20
dicere pu⟨nc⟩ta linee partes sed terminos communes, non essentiam
constitutionis, sed dictum denegavit. Sicut enim Aristotiles ea partes non
dicebat — nec tamen negabat — sed terminos, sic nec ipsum dicere necesse fuit qui Aristotilem exponebat, sed tantum communitatem copulationis, quam ad argumentum continuationis Aristotiles afferebat, cum 25
videlicet punctum aliquod duabus lineis aut duobus aliis punctis medium
interpositum ea que extrema sunt, sui communitate continuet; nec quiddam extremorum est, sed terminus et meta quo illa fixantur, totius tamen
compositi pars erit. Unde presens, quod preteritum et futurum continuat, pars extremorum non dicitur, sed magis vinculum quo extrema 30
connecti dicuntur, cum tamen totius compositi pars esse non dubitetur.
Illud etiam quod Aristotiles ait[3]: „et ad quam particulam cetere
copulantur", punctum linee partem constitutivam ostendit, respectu
cuius ceteras dixit lineas linee partes.

---

5 nunc] *coll. Ab* verum *V* 6-8 ⟨ex lineis..... superficies⟩ *V^c* 7 vel *V^c A* et *b* ⟨termini⟩
⟨sunt⟩ superficiei] *coll. b* superficie *V* 8-11 ⟨nullaque..... corporis⟩] *coll. Ab* 14 in
infinitum] ut finitum *V* 18 duabus *V* 28 firaxantur *V* firmantur ⟨nec⟩ *c* 33 constitutivum
c con *V*

[1] *In Categ.*, 205 A15-B5.   [2] *Ibid.*, 204 C6-8.   [3] Cf. *Categ.* 6, 5 a 5-6.

Afferunt quoque adversus hanc constitu|tionem linee quod de
punctis est, quod in *Arithmetica* Boetius ponit, cum scilicet ait[1] : „si
punctum puncto superponas, nichil efficies, tamquam si nichilum nichilo
iungas." Cuius quidem obiectionis, etsi multas ab arithmeticis solutiones
5 audierim, nullam tamen a me proferendam iudico, quem eius artis ignarum
omnino recognosco. Talem autem, memini, rationem Magistri nostri[2]
sententia pretendebat, ut ex punctis lineam constare convinceret: „cum,
inquit, linea ubique possit incidi atque separatis partibus in capite uniuscuiusque puncta appareant, ut dicit Boetius, que prius erant coniuncta,
10 oportet per totam lineam puncta esse; quodsi puncta per totam lineam sint
disposita, vel ita quidem sunt de essentia linee vel non; at vero si de
essentia linee non sint, ⟨non⟩ magis partes linee continuare possunt
quam albedo superposita vel pars aliqua loci individua."

Sed ad hec fortasse opponitur quod Aristotiles partes loci et
15 corporis ad eumdem terminum continuari dicit[3], cum tamen easdem
non habeant partes; unde illud '*idem*' non secundum essentiam, sed magis
secundum similitudinem accipiunt aut quantitatem; ut quantus scilicet
fuerit terminus partium corporis, tantus erit et loci. Quanta enim media
superficies erit qua due extreme continuantur, tantus locus adiacens
20 erit quo alii loci copulantur. Sed mirum quomodo inter partes corporis
partibus loci vel inter partes loci partibus corporis insertas ad se invicem vel partes corporis vel partes loci copulantur, cum iam scilicet
tale sit interpositum quod non sit de essentia compositi, sicut nec per
albedinem, cum non esset de essentia linee, partes linee copulari
25 dicebamus. Unde fortasse expeditior videtur sententia secundum communitatem eiusdem termini, ut locum easdem partes cum corpore habere
concederemus, si forte aliquam dimensionem diversam in loco ipso
reperiremus que differret a corpore; sed hanc nullam cogitamus.

Ipse etiam Aristotiles partium diversitatem ostendit, cum con-
30 tinuationem partium loci ex copulatione partium corporis quibus semper
adherent quasque semper comitantur, comprobavit[4]: „locum enim, inquit, quemdam particule corporis obtinent", ut videlicet sibi adherentes
semper et adiacentes; „que quidem particule", scilicet corporis, „ad
quemdam communem terminum copulantur; ergo et loci, inquit, parti-
35 cule, que obtinent singulas corporis particulas", quas quidem circum-
scribunt, „ad eumdem terminum copulant⟨ur⟩ ad quem et corporis

1 hanc] hoc *V* 2 arimetica *V* 4 obiectionis] solutionis *V* arismeticis *sic saepe V* 8 lineam
V 9 que] quin *V* 11 quidem sunt] quod sint *V* 12 ⟨non⟩ c 15 tamen] tantum *V* 21
insertis *V* 32 quemdam] quedam *V* 32, 33 particule *Vᶜ* particulare *V*

1 *Inst. arithm.*, 87¹⁶-88¹. 2 Willelmi Campellensis(?). 3 *Categ.* 6, 5 a 4-7. 4 *Ibid.* 6, 5 a 9-14.

particule; quapropter continuus erit locus: ad unum enim communem terminum suas particulas continuat." Ecce aperte partium diversitatem ostendit, cum alterius partes a partibus alterius contineri vel ipsas continere monstravit. Sed si diverse sint, quomodo continua erit corporis spissitudo? Cum videlicet inter ipsas corporis partes ipse loci 5 inserte sint, aut multe etiam qualitates, veluti ipsi calores aut multa fortasse alia accidentia interadiaceant atque ipse corporis substantiales partes, ut inter superiorem et inferiorem superficiem medium illud substantie iacet cui ipse adherent utpote suo fundamento; quomodo ergo continue dicerentur due ille superficies rebus tam dissimilis 10 nature interpositis? Sin puncta interposita, cum de essentia linee non esse⟨n⟩t, visa sunt Magistro nostro continuationem partium linee dissolvere, cum tamen et ipsa inter quantitates recipiuntur, multo magis ea continuationem destruunt que omnino sunt a natura quantitatis aliena.

Sed fortasse magis accipienda erit continuatio corporis vel loci 15 secundum exterioris ambitus circuitum quam secundum spissitudinis densitatem. Alioquin supraposita Magistri sententia — cui et nostra consentit — de constitutione linee minus sufficiens erit. Sed fortasse dicetur nec punctum puncto continuari propter interpositum locum vel particulam aliquam coloris vel aliquid aliud indivisibile accidens. 20 Ipse etenim locus puncti totum ipsum quod circumscribit, circuit, qui etiam sicut ipsum simplex dicitur, cum tamen maior secundum comprehensionem ambitus videatur. At fortasse ade⟨o⟩ subtilis est accidentium natura ut alterum continuationi alterius non sit impedimento.

Non est autem de incisione linee questio pretermittenda, per 25 quam videlicet sui partem ipsa possit incidi atque inter quas eius partes tenuissimum acumen ferri possit deduci. Non autem per punctum, quod omnino indivisibile est, incisio fieri potest. Sed nec inter duo puncta continua ferrum deduci poterit, cum nulla sit inter ea distantia, quippe nec in eo quod non est spatio collocari potest, nec aliquid inter ea 30 reperire quod incidere valeat, cum nichil prorsus intersit. Dicamus itaque ipsum acumen ferri non adeo tenuatum esse ut non plura puncta obtineat, que una cum eorum fundamentis, cum imprimitur, disrumpit atque prosternit; aut fortasse nichil corruit, sed dum imprimitur ferrum, ruptio ipsa punctorum separationem facit. 35

Est autem ex suprapositis de loci quoque constitutione ac continuatione satis manifestum, ubi de adiuncto ei corpore partibus⟨que⟩ ipsius tractatum est; nunc vero de tempore tractandum occurrit.

6 insorte V etiam] in V [in] c 15 continuatio] continutie V 20 indivisibile Vᶜ indivisibilis V 26 indici V 27 tenuissimum] terpuissimum V 28 puncto V 37 ⟨que⟩ Vᶜ

De tempore

[Hunc autem *circumscriptionem cuiuslibet rei* quidam diffiniunt, sed falso. Si enim quelibet res loco circumscriberetur, utique et locus alium locum circumscribentem se usque in infinitum haberet. Ipse etiam Deus, 5 qui omnia continet atque universa magnitudine sue maiestatis excedit, incircumscriptus atque omnino incomprehensibilis est; atque ex Ipsius similitudine idem de incorporeis substantiis asseritur. Unde potior eorum sententia videtur qui locum, compositum scilicet de quo Aristotiles agit, *circumscriptionem quantitativi corporis* esse determinant. 10 Aut si etiam locum simplicem in descriptionem loci curemus includere, apponamus in diffinitione: '*vel partis alicuius quantitativi corporis*', ut videlicet dicamus omnem locum vel quantitativum corpus circumscribere vel aliquam partem ipsius.]

Quod etiam continuis quantitatibus Aristotiles aggregavit, eo scilicet quod eius partes sine intervallo sibi succedant, ut scilicet post 15 preteritum statim presens succedat ac post presens futurum. Hec itaque continuatio non aliter quam per continuam successionem partium fieri dicitur nec, ⟨cum⟩ partes non permaneant, propria multum videtur; quippe id quomodo proprie copulari dicetur ei quod non est, aut quomodo unum totum cum ipso efficere? Hinc itaque apud Veteres 20 de continuatione temporis sicut et loci maxima dissensio. Unde et ipsum Aristotilem dicunt ea segregatim a continuis quantitatibus ponere atque ultimas, quasi de ipsis dubitet, computare. Cum enim ceteras continuas quantitates premisisset, adiecit atque ait[1]: „amplius autem preter hec tempus et locus." Ac rursus[2]: „est autem tale tempus et locus." 25 De continuatione vero temporis ⟨partium⟩ dubium videtur exstitisse propter transitionem atque instabilitatem earum, nec magis quam orationis partes continuationem habere, quippe nec permanentes sunt, sicut ille. Sed falso. Orationis enim prolatio nostre subiacet operationi[s], temporis vero successio nature. Nostra autem operatione nichil ita 30 continuari potest ut non sit aliqua adiunctorum distantia. Nec minor de continuatione loci dissensio fuerat; nec satis validum visum est Aristotilis argumentum de continuatione partium corporis ad continuationem partium loci, eoquod hee illis adhereant. Sic enim et numerus, qui discretus est, continuus esse posset ostendi secundum adherentiam 35 singularum unitatum ad singulas corporis particulas. Qui tamen, licet

2-13 [hunc..... ipsius] *c* 10 indudere *V* inducere *c* 16 continuam *V*c continentiam *V* 17 ⟨cum⟩ *V*c 25 ⟨partium⟩ *c* 30 miror *V*

[1] *Categ.* 6, 4 b 24.   [2] *Ibid.* 6, 5 a 6.

f. 118ᵛ   sepe | in continuo subsistat fundamento, ut que continuis partibus
corporis adherent unitates, semper tamen in natura discretionem habet,
quod solam unitatum particularitatem requirit, non aliquam continuationem, sicut linea, que ex punctis coniungitur, que non solum punctorum
pluralitatem exigit, verum etiam certam eorum dispositionem secundum 5
longitudinis continuationem. Unde cum nomen 'numeri' plurale simpliciter videatur atque idem cum eo quod est 'unitates', 'linee' nomen
vel 'superficiei' vel 'corporis' vel ceterorum sumpta a quibusdam compositionibus dicuntur, licet tamen et ex eis alia sumpta videantur, ut a
'linea' 'lineatum', a 'corpore' 'corpulentum'.   10

   Nunc vero ad tempus propositum revertentes ipsius naturam
diligentius intueamur. Horum autem alia sunt simplicia, que instantia
vocamus, idest indivisibilia momenta, alia ex his composita, ut cum
hoc presens momentum et illud quod preteritum et quod futurum est
quasi unum compositum accipiamus. De quo Aristotiles egisse invenitur, 15
quod quidem est *quantitas secundum successionem partium in eo subiecto
continua*. Cum enim omnia ⟨que⟩ secundum tempus mensurantur, sua
in se tempora habeant tamquam sibi adiacentes mensuras, non licet
accipere compositi temporis continuationem in rebus diversis, etsi in
eis partes simul existentes percipere possimus ex quibus rectius com- 20
positio fieri queat, sed momenta in eodem subiecto more fluentis aque
sibi succedentia. Mensurantur autem res ipse secundum tempora, cum
quelibet actio vel *horaria* vel *diurna* vel *menstrua* vel *annua* dicatur;
precipue enim actiones vel passiones secundum tempora dimetiuntur,
quarum etiam partes non sunt permanentes, sed simul cum partibus 25
temporis transeuntes; unde bene in verbis significatio temporis eis
adiuncta videtur. Cum autem res singule sua habeant tempora in se ipsis
fundata, sua scilicet momenta, suas horas, suos dies vel menses vel
annos, omnium tamen dies simul existentes vel menses vel anni pro
uno accipiuntur, secundum volutionem solis ab oriente in occidente⟨m⟩ 30
vel totius circuli sui cursum.

   Nota autem quod dici solet huius compositi constitutionem,
sicut diversa est ab aliis, in eo scilicet quod per partes eius non per-
manea[n]t, sed per unam partem semper existit, ita diversam inferentie
naturam custodire. In aliis enim totis totum positum ponit partem et 35
pars destructa perimit totum (⟨a⟩parte), totum autem destructum non
destruit partem nec pars posita ponit totum, ut si domus est, paries est,
sed non convertitur: si paries est, domus est. In tempore vero econverso

6 plurale *Vᶜ* pluralis *V*   19 accepere *V*   29 tamen] tantum *V*

est, veluti in die. Si enim prima est dies, dies esse dicitur, sed non convertitur, eo scilicet quod per quamlibet partem sui dies existere dicatur. At vero si dies non est, prima non est, sed non convertitur, propter suprapositam causam. In his itaque totis que per unam tantum
5 partem semper existunt, illud quod de inferentia 'totius' et 'partis' Boetius docet[1], non admittunt.

Sed nec fortasse in his, si verba proprie pensemus, aliorum quoque totorum inferentia frustrabitur, immo eadem consistet. Cum enim diem esse dicimus, si quod per 'diem' nominemus attendamus,
10 duodecim scilicet horas simul acceptas, ipsis omnibus collectis existere attribuimus, que quidem simul omnes esse non possunt, nisi quelibet per se fuerit. Sed dicitur nullo iam tempore ulterius hanc propositionem veram esse: 'dies est', quippe numquam omnes simul diei hore existunt. Ac quidem verum est; nisi figurative atque improprie intelligamus, ut
15 ipsum scilicet per partem subsistere dicamus, hocest partem aliquam ipsius esse. Sed nec de se ipso diem predicari contingit, ⟨ut⟩ videlicet diem esse diem annuamus. Quod enim omnino non est, nec dies esse potest. Nullo autem modo duodecim hore dici possunt existere, dum una tantum, immo unum tantum unius momentum existit; nec proprie
20 totum dici potest cuius una tantum pars existit. Quasi tamen unum integrum sepe que vere non sunt, accipimus eisque nomina tamquam existentibus aptamus, dum aliquid de eis intelligi volumus. Sic namque preteritum et futurum eorum que non sunt, nomina ponimus, cum aliquam de eis notitiam facere volumus aut secundum ea subiectum
25 aliquod mensurare. Que quidem nec tempora recte dici possunt, cum nec quantitates sint que in subiecto non sunt, nec in subiecto sint que nullo modo sunt. Temporis tamen impositionem ad preteritum et ad futurum illi dirigunt qui omne verbum temporis significativum concedunt. Neque tempus quod fuit et non est, magis tempus dicendum esset
30 quam humanum cadaver homo. Utque in eo quod est 'homo mortuus' oppositio est in adiecto, ita et in eo recte diceretur esse quod est 'tempus preteritum' et 'tempus futurum'. Nota autem quod, cum preteritum et presens et futurum circa diversa accipiantur, hic ordo est eorum ut antecedat preteritum, deinde presens succedat ac postea futurum
35 subsequatur, cum videlicet res ea que preterita est prius exstiterit quam ea que presens est, atque ea que presens est quam ea que futura dicitur. Si vero ad idem illa tria nomina referantur ipsumque secundum

16 ⟨ut⟩ c   33 earum V

[1] De top. diff. II, 1188 D.

hoc quod illis nominibus designatur, accipiamus, postea possumus
appellare futurum, deinde presens, adultimum vero preteritum;
accipitur autem presens tempus tamquam communis terminus preteriti
et futuri. Unde et Aristotiles: „presens, inquit[1], tempus copulatur
ad preteritum et ad futurum", idest continuatur ad ea que ipso mediante 5
connecti quodammodo dicuntur.

   Hactenus quidem de continuis quantitatibus disseruimus, linea
scilicet, superficie, corpore, loco, tempore. Nunc vero ad discretas
transeamus, numerum scilicet et orationem.

De numero   10

   Numerus autem ex unitate principium sumit; unde ipsa *origo*
numeri diffinitur. Numerum autem *collectionem unitatum* determinant. Plures
enim unitates unum efficiunt, ut hunc binarium hee due unitates, et
hunc ternarium iste tres, ac similiter alii quilibet numeri ex unitatibus
constituuntur, in quibuscumque subiectis ipse accipiantur, sive scilicet 15
continuis sive discretis. Unde maxime Magistri nostri[2] sententia,
memini, confirmabat binarium, ternarium ceterosque numeros species
numeri non esse nec numerum genus eorum, cuius videlicet res una
naturaliter non esset. Hee namque due unitates in hoc homine Rome
habitante et in illo qui est Antiochie, consistunt atque hunc binarium 20
componunt. Quomodo una res in natura dicentur aut quomodo ipse
spatio tanto distantes unam simul specialem seu generalem naturam
recipient? Unde potius numeri nomen et 'binarii' et 'ternarii' et
ceterorum a collectionibus unitatum sumpta diceba[n]t. Sed si sumpta
essent a quibusdam, ut ait, collectionibus, male ipsis Aristotiles osten- 25
deret quantitatem non comparari, cum ait[3]: „neque enim est aliud alio
magis bicubitum, nec in numero, ut ternarius quinario." In sumptis enim
non ea que ab ipsis nominantur, comparantur, sed tantum forme que
per ipsa circa subiecta determinantur. Alioquin et substantias ipsas
comparari contingeret, que sepe a sumptis nominibus nominantur, ut 30
ab eo quod est album et ceteris. Unde opportunius nobis videtur ut,
sicut supra tetigimus[4], numeri nomen substantivum sit ac plurale
unitatis atque idem in significatione quod unitates. 'Binarius' vero vel
'ternarius' ceteraque numerorum nomina inferiora sunt ipsius 'pluralis',

---

5 continuatum *V* 6 connecti] coniecti *V* dicitur *V* 16 magistri *V* magister *V*c 18 earum *V*
23 recipientur *V* 24 ceterarum *V* sumpto *V* diceba[n]t *c* 29 subiecta] substantia *V*
32 plurale] plurare *V*

[1] *Categ.* 6, 5 a 7-8.   [2] Willelmi Campellensis (?).   [3] *Categ.* 6, 6 a 20-21.
[4] *supra*, p. 62⁶⁻⁷.

sicut 'homines' vel 'equi' ad 'animalia', aut 'albi homines et nigri' vel 'tres vel quinque homines' ad 'homines'. At fortasse quoniam omnia substantiva numerorum nomina in unitatibus ipsis pluraliter accipiuntur, omnia eiusdem singularis pluralia poterunt dici, secundum hoc scilicet quod
5 diversas unitatum collectiones demonstrant, numerus quidem simplex et indeterminatum plurale, | alia vero secundum certas collectiones   f. 119ʳ determinatum.

At vero ⟨si⟩ dicitur quod substantive numerorum nomina accipiamus, non minus in questione ducitur quod in ipsis quantitatem non comparari
10 Aristotiles monstrat, cum videlicet certum sit nulla substantiva ad comparationem venire. Sed id fortasse nominibus constabat firmamque rationem comparationis a quantitate monstravit, cum neque ipsam per substantiva nomina neque per sumpta ostendit. De sumptis autem per 'tria' monstravit[1], quod a 'ternario' sumptum est; de substantivis vero
15 per 'tempus' et 'ternarium'. Hi vero quibus videtur in specialibus aut generalibus vocabulis non solum ea contineri que una sunt naturaliter, sed magis ea que substantialiter ab ipsis nominantur, possunt fortasse et ista species appellari, quod videlicet magis logicam in impositione vocum sequuntur quam phisicam in natura[m] rerum investiganda.
20   Hec quidem dicta sunt de numero, ac de oratione deinceps disserendum est.

De oratione

Est autem de nomine 'orationis' hoc loco, cum videlicet in quantitate accipitur, magna dissensio. Alii enim in ipso cuiuslibet
25 prolationis tenorem contineri volunt, tam scilicet simplicem vocem quam compositam, tam significativam quam non, alii tantum compositas et significativas ut 'homo currit' etc. Licet tamen de compositis tantum vocibus Aristotiles hoc loco inveniatur egisse, cum discretas eas appellare⟨t⟩[2], quod videlicet partes disgregatas haberent, ut supra
30 diximus[3], ad tractandum nonnisi compositas quantitates assumpsit, et hi quidem orationes equivocationem ad quantitates quoque detorquent, non vocis; specialis quidem nominis, non generalis. Dicunt enim ipsos tantum prolatos aeres voces appellari secundum eam vocis diffinitionem quam a philosophis datam esse Priscianus[4] invenit, quam

---

2 substantive V   7 determinata V   12 ipsam c ipsas V   18 loicam sic semper V   19 quam Vᶜ per V   20 quidem] quod V   29 appellare⟨t⟩ Vᶜ

[1] Categ. 6, 6 a 21-23.   [2] Ibid. 6, 4 b 23, 32.   [3] supra, p. 56³⁴.   [4] Inst. gramm. I, p. 5¹.

etiam ipse commendat, *aer* scilicet *tenuissimus ictus sensibilis auditu*[1].
Ipsum autem aerem sive ipsius tenorem, secundum quem in prolatione
mensuratur, orationis nomine contineri dicunt. Unde et bene aiunt
Aristotilem dixisse[2]: „dico autem orationem cum voce prolatam",
ipsam videlicet tenoris mensuram cum aere subiecto prolatam; nomen 5
scilicet generis ad fundamentum et nomen speciei ad accidens referentes.
Sicut autem '*vocis*' nomen in substantia tantum tenent, sic et nomen
'*sillabe*' vel '*littere*', secundum quam significationem bene Aristotilem
dixisse[3] commemorant: „mensuratur enim sillaba brevis[4] et longa";
hoc quidem comprobans quod oratio quantitas esset, quia videlicet partes 10
eius quantitates sunt, simpliciores scilicet tenores qui singulis sillabis
adiacent. „Unde ipse, inquit[5], sillabe mensurantur secundum brevitatem et longitudinem accentus."

Sunt autem et qui omnium vocum nomina tam in substantiis
quam in quantitatibus accipiant atque illud intransitive accipiunt '*oratio-* 15
nem cum voce prolatam', idest que vox est; hoc quidem determinantes
propter multas alias '*orationis*' significationes que habentur, quarum in
commento Boetius meminit[6]. Tribus enim modis '*orationis*' nomen
apud Grecos accipitur, pro vocali scilicet orationi que profertur, ac
pro reali que scribitur, ac pro intellectuali que voce ipsa generatur. 20
Ac sive huiusmodi equivocationem in nomine '*orationis*' tantum accipiamus sive etiam in ceteris vocum nominibus, nichil refert ad proprietatem rei quam demonstrare intendimus. Sive enim tam aeres prolati
quam eorum tenores voces vel orationes seu nomina vel verba
vel sillabe vel littere dicantur, seu tantum huiusmodi quantitatum 25
commune nomen sit '*oratio*', nichil impedit nec quicquam nominis impositio de naturali proprietate rerum mutaverit.

Nunc autem attentius inspiciendum est quam aeris prolati quantitatem orationem sive vocem appellamus. Cum enim multe sint aeris
quantitates ceteris rebus communes, quibus vel secundum numerum 30
partium vel secundum tempus vel fortasse secundum lineas vel superficies vel corpora mensurantur, preter has omnes in prolatione quamdam
dimensionem ac quemdam tenorem habet, quem Priscianus spiritum
vocat[7], ex quo in prolatione tantum ac sono mensuratur, secundum hoc

---

2 sive] sine *V* quem] quam *V*   19 gracos *sic semper V*   33 ac] at *V*

---

[1] *Inst. gramm.* I, 5[1]   [2] *Categ.* 6, 4 b 34-35.   [3] *Ibid.* 6, 4 b 33-34.   [4] *Abaelardum*
brevis *pro* brevi *legisse suspicor*   [5] quis ubi?   [6] *In Periherm.* II, 29[16-21]
[7] Cf. *Inst. gramm.* II, 44[1-2]: syllaba est comprehensio literarum consequens sub uno
accentu et uno spiritu prolata.

scilicet quod obtusum sonum vel clarum habet vel tenuem vel spissum vel humilem vel altum. Quos quidem tenores Aristotiles orationes appellat sive etiam fortasse voces, quas etiam significare voluit quando una cum aere ipso proferuntur.

5 Nostri tamen, memini, sententia Magistri[1] ipsum tantum aerem proprie audiri ac sonare ac significare volebat, qui tantum percutitur, nec aliter huiusmodi tenores vel audiri vel significare dici, nisi secundum hoc quod auditis vel significantibus aeribus adiacent. Sed iam et sic quamlibet ipsius aeris formam, ut colorem aliquem eius, audiri ac 10 significare possemus confiteri. Nos autem ipsum proprie sonum audiri ac significare concedimus, qui, dum aer percutitur, in ipso procreatur, atque per ipsum aer quoque sensibilis auribus efficitur. Sicut enim ceteris sensibus formas ipsas substantiarum proprie discernimus atque sentimus, ut gustu odores, visu colores, tactu calores, ita quoque 15 auditu proprie tenorem prolationis concipimus atque sentimus.

Horum autem alios simplices atque indivisibiles, alios compositos dicimus. Simplices quidem elementa nominantur ad similitudinem elementorum mundi, eo videlicet quod, sicut composita corpora ex elementis iunguntur, ita composite voces ex simplicibus 20 componuntur. Elementa itaque dicunt singularum litterarum prolationes, ex quibus quidem primo loco sillabe componuntur; ex sillabis autem dictiones, ex his autem coniunguntur orationes. At fortasse non recte simplex videbitur unius littere prolatio, sed ex pluribus partibus coniuncta. Cum enim cuiuslibet littere sonum proferimus, plures aeres 25 in mitissimas partes lingua nostra percutimus, que singule quemcumque sonum habere videntur, licet per se non discernatur, sicut nec per se profertur. Oportet itaque huiusmodi sonum proprie simplicem atque indivisibilem appellari qui in indivisibili parte aeris consistit. Totam vero unius littere prolationem non aliter indivisibilem dici nisi ad 30 partes per se prolatas, utpote ad aliarum litterarum prolationes, quas elementa nuncupant; ex quibus, ut dictum est, composite voces nascuntur atque constituuntur, ut sillabe vel dictiones sive etiam orationes. Quarum quidem partes permanentiam non habent, sicut nec partes temporis, sed una alii succedit ac sicut temporis compositi partes circa 35 idem subiectum accipiuntur, ita et orationis partes circa eiusdem hominis prolationem continuam sumuntur. Non ita quidem continuam, ut non sit quantulacumque distantia — unde ipsa oratio discreta dicitur —, sed ita quidem continuam, sicut in nostris locutionibus potest fieri. Neque

25 linga *sic semper* V   28 totum V

[1] Willelmi Campellensis (?); cf. *Log. Ingred.*, 174[30] *e.q.s.*

etsi plures dictiones vel a diversis hominibus vel ab eodem inter ipsas quiescente atque aliqua intervalla ponente proferuntur, una recte poterunt oratio dici nec ad unius orationis intellectus detorqueri. Ut si quis dicat '*homo*' ibique aliquantulum quiescat ac denique singillatim '*currit*' adiungat, non videbitur orationem composuisse, sed plures dictio- 5 nes protulisse, quarum quidem intellectus ab invicem diversi sunt ac, quasi nullo modo coniungantur, designati, dumque alter intellectuum per presentem prolationem tenetur, alter a memoria iam est elapsus. Nec

f. 119ᵛ si adhuc utrique maneant rationabiliter | videntur unum orationis in- tellectum constituere cum intermissione. Unde et diffinitionum partes, 10 cum divisim et aliqua intermissione proferuntur, multiplicem reddunt enuntiationem. Oportet itaque voces quoque ipsas coniu⟨n⟩gi ac quodam- modo uniri continua prolatione, ut unus sit earum intellectus ac com- positus. Alioquin casu ac non ad unius intellectus demonstrationem proferri videntur. Nec minus quidem oratio dici non possunt prolate 15 a diversis dictiones, sed casu potius ab his proferri videntur, quorum in- tellectus diversi poterant iudicari. Nec quoniam simul proferuntur, bene singularum significatio discerni potest. Que ergo unum non designant intellectum dictiones vel ab eodem divisim vel a diversis prolate, una recte oratio dici non possunt, sed que, ut dictum est, ab eodem con- 20 tinue proferuntur. At fortasse nunc opponitur secundum diffinitionem orationis in his quoque orationem consistere. Sed frustra. Nam licet et in istis parte⟨s⟩ significative videantur, non tamen ut vox una atque alicui imposita accipiuntur que a pluribus vel divisim proferuntur.

Solet autem hoc loco de significatione orationis precipua esse 25 questio, ut cum hec oratio '*homo est animal*' significativa dicatur, que partes permanentes non habet, quando ipsa significare dicatur, requiritur, sive scilicet dum prima pars seu dum media, vel potius dum ultima profertur. At vero eius significatio nonnisi in ultimo puncto prolationis perficitur. Sed si tunc tantum oratio significare dicitur dum ultima eius 30 pars profertur, iam profecto ille partes que non sunt, cum ea que est, significant; ut iam significationem esse confiteamur simul in eo quod est ac non est. Si enim eam tantum poneremus in ea orationis parte que existit, iam profecto ultimam litteram significare concederemus. Nostra autem in eo sententia pendet ut post omnium partium suarum prolatio- 35 nem oratio significare dicatur. Tunc ⟨enim⟩ ex ea intellectum colligimus cum prolatas in proximo dictiones ad memoriam reducimus, nec ullius vocis significatio perfecta est nisi ea tota prolata. Unde etiam sepe

21 nunc] non *V*   29 puncto] puto *V*   36 ⟨enim⟩ *Vᶜ*

contingit ut oratione prolata non statim eam intelligamus, nisi aliquantulum proprietate⟨m⟩ audite constructionis mente invaserimus ac studiose rimaverimus, semperque audientis animus suspensus est, dum vox in prolatione est, cui credit aliquid posse adiungi quod in intelligen-
5 tiam mutare valeat, ne⟨c⟩ cessat animus audientis, donec quiescat lingua proferentis. Nulla enim adeo est perfecta oratio ut non ei aliquid adiungi queat quod ad aliquem intellectum contendit; ut si ei que dicit: '*Socrates est homo*', vel '*albus*' vel '*gramaticus*' adiungam, vel ei que dicit: '*Socrates currit*', '*bene*', vel aliam competentem verbo determinationem, aut ei
10 que dicit: '*si est homo, est animal*', '*rationale mortale*'. Cum itaque orationem significare dicimus prolatis omnibus eius partibus ac iam nichilo prorsus de ipsa existente, nulli vere per '*significare*' aliquam proprietatem dare possumus; sed ut significative propositio ipsa intelligatur, si proprietatem aliquam in ea attribuere alicui volumus, potius anime
15 audientis intellectus attribuitur, qui, ut dictum est, a prolatis vocibus designatus est. Cum igitur dicimus prolatam orationem significare, non id intelligi volumus ut ei quod non est, formam aliquam, quam significationem dicimus, attribuamus; sed potius intellectum ex prolata oratione conceptum anime audientis conferimus. Ut cum dicimus:
20 "'*Socrates currit*' *significa[n]t*" hic videtur sensus quod intellectus ex prolatione ipsius conceptus in anima alicuius existit. Sic autem et '*chimera est opinabilis*' significative intelligitur, cum non forma aliqua chimere, que non est, attribuitur, sed potius opinio anime alicuius opinantis chimeram. Si vero in eo nomine quod est '*significans*', nullam intelligimus
25 formam, sed hoc tantum quod intellectus aliquis per ipsum generetur, possumus orationem quamlibet ita significat⟨iv⟩am dicere, quod unum de his ex quibus intellectus concipiantur ⟨significat⟩. Sed non ideo ipsam esse contingit cum, ut dictum est, non ea que sunt, sed potius ea que non sunt, significa[n]t, sitque hoc nomen '*significans*' potius ex una
30 causa datum quam ex aliqua proprietate sumptum, ex ea scilicet causa quod intellectum in animo alicuius generat.

Solet etiam queri, cum eadem vox a diversis astantibus longe audiri dicatur, utrum ipsa vox ad aures diversorum simul et tota equaliter veniat, an ipsa ante os proferentis remanens unoque et eodem
35 loco consistens secundum vim sensuum ab ipsis simul discernatur et sentiatur, sicut spectaculum aliquod eminus oppositum, quod simul a pluribus conspicitur, simul ab ipsis secundum sensum videndi conspicitur quodamque modo ad oculos diversorum venire dicitur, secundum

7, 8, 10 que] qui *V*   13 figurative *V*   18 dicuntur *V*   22 figurative *V*   26 dici *V*

eosdem sensus videndi scilicet qui simul ad ipsum diriguntur. Sed sunt nonnulli qui non eamdem naturam in visu et auditu vel ceteris sensibus confitentur, in eo scilicet quod visum remota quoque concipere dicunt, auditum vero nonnisi presentia; unde et Priscianus ait[1] vocem ipsam tangere aurem dum auditur, ac rursus ipse Boetius[2] totam vocem et 5 integram cum suis elementis ad aures diversorum simul venire perhibet. Videtur et illud argumentum esse quod essentialiter vox vel quilibet sonus ad aures diversorum veniat ut audiri possit, quod videlicet tardius a remoto homine quam a proximo auditur. Si enim a longe hominem videris malleo percutientem vel securi aliquid recidentem, post ictum 10 aliquamdiu sonum exspectes. Si vero presens existeres, vel in ipso ictu vel statim post ictum sonum audires, eo scilicet quod ad aures tuas citius perveniret. Hinc etiam sepe videmus contingere quod impetus venti sonum aliquem cum ipso aere rapit dumque auribus istorum a quibus venit ipsum aufert, auribus illorum ad quos tendit, ipsum defert. At vero 15 quomodo vel ipsa quantitas vel ipse aer in diversis locis simul esse poterit? Que enim individua sunt, in diversis locis esse auctoritas negat atque in hoc ab universalibus separat[3], que simul in pluribus reperiuntur. Ipsum etiam Augustinum in *Cathegoriis* suis asserunt dixisse nullum corpus in diversis locis eodem tempore consistere. Quod quidem 20 ipse exquisite de corporibus dixisse videtur, non de animabus; quippe eadem anima in singulis corporis partibus tota esse dicitur; unde et eas omnes simul vegetat. At vero michi non aliter videtur posse dici in singulis partibus existere, nisi secundum vim et potestatem ipsius, que quidem, dum in una tantum parte corporis essentialiter manet, vires suas 25 per omnia membra diffundit unoque et eodem loco consistens omnia simul membra regit atque vivificat. At vero multo magis corpulenta substantia in diversis esse simul ⟨non⟩ poterit. Quodsi corporea natura simul in diversis non possit existere, nec aer, qui orationis est funda- mentum, in diversis locis simul reperietur nec ipsa que ei adheret 30 oratio, quam sine ipso impossibile est permanere.

Quomodo ergo eadem vox simul a diversis audiri conceditur atque diversorum aures attingere? Sed ad hec quidem diversi diversas proferunt solutiones. Hi quidem qui audiri etiam remota volunt, dicunt vocem ante os proferentis remanentem essentialiter secundum sensuum 35 f. 120ʳ discretionem | ad aures diversorum venire, ut nos meminimus. Illi autem qui audiri nolunt nisi presentia, hanc in voce phisicam consider-

---

1 diriguntur *c* rediguntur *V*   13 venti] *c* netri *V*   15 quos] quas *V*   28 ⟨non⟩ *c*   31 inpso *V*

[1] *Inst. gramm.* I, 6[18-19].   [2] Cf. *Inst. mus.*, 200[6-21].   [3] Cf. Boeth. *In Isag.*, 183[15] *e.q.s.*

rant quod quando lingua nostra aerem percutit sonique formam ipsi
nostre lingue ictus attribuit, ipse quidem aer cum ab ore nostro emit-
titur exterioresque invenit aeres quos percutit ac reverberat, ipsis
etiam quos reverberat, consimilem soni formam attribuit illique fortasse
5 aliis qui ad aures diversorum perveniunt. Unde etiam Boetium dicunt
in *Libro Musice Artis*[1] ad huiusmodi naturam similitudinem de lapillo
misso in aquam adhibuisse; qui quidem ⟨dum⟩ aquam percutit, ipsa
statim unda dum in orbem diffunditur, orbicularem formam assumit
undisque aliis quas ad ripas impellit, consimilem formam attribuit, dum
10 ipse in orbem diffunduntur. Sic vocem non secundum essentiam, sed
secundum consimilem formam eamdem ad aures diversorum essentialiter
venire quidam conte⟨n⟩dunt. Alii vero eamdem essentialiter, ut dictum
est, accipiunt, sed non essentialiter venire, sed secundum sensus
recipiunt. Atque hec dicta sunt de oratione.

15 ⟨*De divisione quantitatum*⟩

Est autem et de omnibus quantitatibus tractandum quas in suprapositis divisionibus Aristotiles comprehendit, cum videlicet alias
continuas, alias discretas appellavit ac rursus alias constare ex
partibus positionem ad se invicem habentibus, alias ex non ha-
20 bentibus dixit. Quarum quidem divisionum membra, sicut Aristotili
placuit, accipiamus, nec ⟨vero⟩ omnes etiam quantitates compositas in
ipsis includemus. Ac nunc prius qualiter ipse '*continuum*' vel '*discretum*'
vel '*habere positionem*' acceperit, inspiciamus.

De prima divisione

25 Continuam eam autem vocavit cuius partes ad communem terminum copulantur. Unde cum numerum et orationem non esse continua
ostenderet, tali usus est argumento quod eorum partes ad nullum communem terminum copulantur. At vero si eas tantum quantitates dicamus
continuas quarum partes ad communem terminum connectuntur, iam
30 profecto lineam bipunctalem a divisione superiori excludemus. Que
enim duo tantum puncta continet, communem terminum non habet
quo extrema coniungantur. At si hoc excludatur, iam nec etiam omnes
compositas accipimus, cum ipse tamen in sequentibus dicat[2]: „proprie
autem quantitates hee sole sunt quas diximus", ille videlicet septem
35 quas supra⟨p⟩osite divisiones comprehendunt. Sed illud quidem solum

4 illique] illeque *V* ⟨dum⟩] *coll. A et Boeth., De Arte Mus.*, 200 12 quidam conte⟨n⟩dunt]
quidem contedunt *V* quidam concedunt *c* 16 tractandum] tractatum *V* 22 nunc] non *V*

[1] Cf. *Inst. mus.* 200[6-21].   [2] *Categ.* 6, 5 a 38.

ad exclusionem quorumdam tantum ponitur, eorum scilicet ad quod nomen '*quantitatis*' equivocatum fuerat, ut in sequentibus apparebit. Non enim vel simplices quantitates excludit vel eas quoque compositas que in suprapositis diffinitionibus non cadunt, ut *linea bipunctalis*. De qua quidem ita sciendum est quod, cum omnis linea, si ad simplices 5 quantitates referatur, dicatur composita, quedam tamen ad alias lineas comparate simplices, quedam composite invenientur. Composite quidem omnes ille dicuntur que aliquam continent lineam, ut tripunctalis, que in bipunctalem lineam et punctum dividi potest; simplices vero que simplices tantum partes habent, ut *bipunctalis*. Sic et ipo- 10 tetice propositiones cum cathegoricis comparate omnes composite dicuntur, ad se tamen invicem relate quedam simplices quedam composite inveniuntur; simplices vero que simplicibus tantum, idest cathegoricis propositionibus, copulantur, composite quidem que aliquam habent ipoteticam. Cum autem omnes linee composite quan- 15 titates dicantur, singulis punctis vel aliis simplicibus quantitatibus comparantur. De his tantum compositis lineis egisse invenitur que aliarum quoque linearum respectu composite dicuntur, ut est *tripunctalis* vel cetere ex pluribus punctis constitute.

At fortasse quibusdam videtur nec partes quadripunctalis linee 20 vel ceterarum que in equales partes dividuntur, medium terminum habere ad quem copulentur. Si enim hinc duo puncta et illinc alia duo accipiamus, nullum inter ea medium terminum inveniemus. Sed dico quia nichilominus partes illius ad communem terminum copulantur, ut hec duo ⟨bi⟩punctalis, illa duo ad interpositum punctum. Sic enim et 25 de tripunctali linea potest opponi, si videlicet ipsius divisionem in lineam et punctum accipiamus. Hec enim bipunctalis linea ad illum punctum nullum communem terminum habet, sed extrema quidem puncta per medium continuantur. Queritur autem si omnes quantitates pluribus partibus quam duabus compositas in suprapositis divisionibus 30 comprehendimus. Quodsi annuatur, opponi poterit de multitudine trium aut plurium punctorum ad se invicem distantium. Quodsi dicantur non cadere sub divisionibus premissis, eoquod una quantitas proprie ac naturaliter dici non possint, falsum esse ex numero convincetur, quem discretionis distantia rem unam naturaliter esse non permittit. 35 Tria etiam puncta sibi adherentia a⟨c⟩ triangulariter accepta, in suprapositis quantitatibus poni non possunt, cum neque linea nec superficies sint necesse est, vel diversarum specierum individua, ut *hoc punctum* et

12 tamen *V*^c tantum *V*   15 quidem] quoque *V*   25 ⟨bi⟩punctalis] *coll. Log. Ingred.,* 183^{22–29}   27 et] etiam *V* illum *V*   30 compositas *V*^c compositis *V*

hoc instans et *hec unitas* simul accepta. Sed hee profecto, quia mensu-
rando accipiuntur, nec in tractando sumende erant nec earum nomina
Aristotiles habebat quorum significationem in ipsis aperiret. Magis
enim eos qui logice deservire student, de rebus ipsis propter nomina
5 quam de nominibus propter res agere decet.

Videtur quoque et illud retorquendum esse ⟨si⟩ continuum
diffiniamus *cuius partes ad se invicem per medium copulantur,* utrum de omnibus aut quibusdam partibus sit intelligendum. Sed omnes quidem per
medium terminum ad se invicem copulari dicere non possumus. Ipse
10 enim medius terminus sepe medio termino caret; alioquin in infinitum
quantitas cresceret. Possumus etiam quamlibet quantitatem continuam
sic mente nostra dividere ut nullus inter partes ipsas terminus inveniatur,
ut si duas tantum partes consideremus in tota compositi divisione,
veluti cum tripunctalem lineam in bipunctalem lineam et punctum
15 dividimus. Si autem non omnes in diffinitione partes, sed quedam
accipiende sunt, videbitur diffinitio largior diffinito; ut si tripunctalem
lineam et punctum ab ea spatio remotum ratione colligamus, hec
continua non videntur, licet aliquas partes, ipsius scilicet linee, communi termino copulatas habeant. Unde fortasse Aristotiles illud pro
20 diffinitione 'continui' non adduxit, sed magis pro quadam ostensione
continuationis, in his quidem continuis que pluribus partibus, ut dictum
est, connectuntur, eo scilicet quod, ut diximus, maiores ad tractandum
suscepit quam ad mensurandum assumi solent; vel manifestior fortasse
continuatio erat ubi medius terminus intercedebat. Si autem 'continuum'
25 proprie diffinire velimus, dicamus id esse continuum, *cuius partes sibi
sine intervallo sunt inserte,* hocest: habet partes quarum nullam facit
distantiam interpositio alterius rei vel ulla ab invicem divisio. Ut
bipunctalem quoque et quamlibet lineam in 'continuo' comprehendamus,
'discretum' econtrario accipiendum est, *illud* scilicet *cuius partes ab*
30 *invicem distant.*

Hec quidem de prima divisione per continuum et discretum
dicta sunt. Nunc ad aliam veniendum est.

De secunda

35 | Que earumdem quantitatum alias constare ex partibus p o s i t i o n e m   f. 120ᵛ
a d s e i n v i c e m h a b e n t i b u s, alias e x n o n h a b e n t i b u s ostendit.
P o s i t i o n e m quidem in partibus h a b e n t quarum partes site sunt
alicubi, idest in continuo subiecto, et copulationem habent ad invicem

---

6 ⟨si⟩ *c*   7 copulamus *V*   12 nullis *V* terminus] t. *V*   18-19 communi termino *c* ·c·t· *V*
24 medius terminus *c* m·t· *V*   26 quarum *c* cuius *V*   37 site sunt] sistens *V*

et permanentiam ut *linea, superficies, corpus, locus*. Positionem vero in partibus non habent quecumque vel uno istorum carent, ut *tempus* et *numerus* et *oratio*. Temporis enim partes permanentes non sunt; numeri vero partes nec site sunt alicubi nec continuationem habent; orationis autem partes nec alicubi videntur site nec continuationem 5 habent nec permanentiam. In his itaque tribus positionem partium non habemus, sed magis ordinem quemdam possumus considerare: in partibus quidem temporis et orationis, que permanentes non sunt, secundum successionem; in numero autem secundum computationem, eo videlicet quod prius numeretur *unus* quam *duo* et *duo* quam *tres*.   10

Nunc autem duabus propositis divisionibus expeditis de his que proprie quantitates dicuntur, illud quoque quod Aristotiles adiunxit, expediamus, atque alia ⟨ad que⟩ '*quantitatis*' nomen equivocum deduxit. Dicuntur etiam quantitates dimensiones ille que ipsis quantitatibus primo loco insunt ac per ipsas ipsisque mediantibus subiectis ipsis 15 accidunt, ut *magnum, multum, longum, latum, spissum*, que quidem quantitatibus gramatici connumerant. Ipse vero Aristotiles subiecta quoque quantitatum vel huiusmodi dimensionum in nomine quantitatis per accidens atque improprie contineri quosdam voluisse innuit[1], secundum hoc scilicet quod ipsas suscipiunt quantitates vel earum dimensio- 20 nes; „album, inquit[2], multum dicitur et actio annua vel longa." Sed hee quidem valde improprie quantitates dicuntur, ex eo scilicet quod quantitates suscipiunt.

⟨De communitatibus quantitatum⟩

Nunc ad communitates et proprietates quantitatum procedamus. 25 Nichil autem quantitati contrarium Aristotiles dixit[3], quod quidem ex eo apparet quod circa idem reperiri possunt. Per *magnum* tamen et *parvum*, et *multum* et *exiguum* quantitati contrarietas inesse videtur. Hee enim et quantitates et contraria videbantur, que utraque ipse falsa esse convincit[4]. Quantitates quidem inde non esse ostendit quod relativa sunt 30 et ad se invicem referuntur, ita ut '*magnum*' respectu '*parvi*' dicatur, et econverso. Sicut enim hic mons respectu illius magnus vel parvus dicitur, ita hic numerus ad illum relatus multus vel paucus invenitur, et hi homines multi vel pauci ad illos comparati. Non est autem id magnum quod multum, vel parvum quod paucum. Magnum vero et parvum in 35

7 ordinem] orationem *V*   13 atque] ad que *V*   18 dimensionum *V^c* divisionem *V*
35 parvum *c* paucum *V*

[1] *Categ.* 5, 4 a 38 *e.q.s.*   [2] Cf. *ibid.* 6, 5 b 1-3.
[3] *Categ.* 6, 5 b 11 *e.q.s.*   [4] *Ibid.* 6, 5 b 15 *e.q.s.*

continuis, multum vero et paucum accipimus in discretis. Non solum autem hec quantitates non esse, sed nec etiam contraria esse monstravit, primum quidem argumentum ex eo sumens quod relativa sunt, ut supra monstraverat; que videlicet relativa omni contrarietate sunt absoluta.
5 Idem quoque secundo ex inductione inconvenientis monstravit, ostendens scilicet his qui ea pro contrariis habent, contraria simul in eodem existere atque eadem sibi ipsi contraria esse, in susceptione quidem contrariorum. Ut cum idem mons ad alium comparatus parvus et ad alium magnus invenitur, in eodem simul 'magnum' et 'parvum', que contraria conce-
10 duntur, reperientur atque idem sibi contrarium dicetur, secundum hoc scilicet quod duo invicem contraria suscipit. Que tamen duo inconvenientia satis eadem secundum sententiam inveniuntur, sed fortasse verba unius magis abhorrebat adversarius quam alterius. Ipse autem postea nullum his posse esse assumpsit, quod videlicet vel contraria in
15 eodem sint vel idem sibi dicatur contrarium. Unde aperte illa non esse contraria convicit, quia scilicet in eodem simul existunt.

Videbatur insuper et maxime contrarietas inesse quantitati per superiorem et inferiorem locum, que indubitanter sunt quantitates et contraria videbantur. Superiorem autem locum in summo celi fastigio
20 accipiebant; inferiorem vero in medio terre, quo inferius esse non potest. Contraria autem inde hec videbantur quod, cum ex eodem genere essent, idest ex quantitate, maxime ab invicem distabant maximoque spatio disiuncta erant. Quam quidem contrarietatis causam adeo vilem Aristotili videri arbitror ut nec ad eam quicquam responderet.
25 Eadem enim causa et in substantiis ipsis quibus loci ipsi adiacent, posset ostendi, cum tamen certum sit nichil omnino substantie contrarium esse. Amplius: si ad distantiam spatii respiciamus, iam plura superiora loca ex omni ambitu firmamenti eidem inferior⟨i⟩ loco esse contraria invenientur. At vero unum tantum unius contrarium esse omnibus constat
30 idque ipse quoque Boetius confirmat[1] in expeditione supraposite proprietatis, cum scilicet numerum omnino contrarietate privari comprobaret. Rursus: si ad distantiam spatii respiciamus, magis oportebit contraria dici duos superiores locos in ipso ambitu firmamenti sibi recta fronte oppositos quam superiorem et inferiorem: illi enim maiore spatio
35 ab invicem diversi sunt. At vero distantia spatii non operatur contrarietatem, sed maxime nature oppositio: neque enim hec substantia, si ab alia maximo spatio diversa esset, ullo modo ad eam contraria diceretur.

3 sumens] sumes *V* 5 idem *V*c ideo *V* 15 dicatur] dicant *V* 23 contrarietas *V* 29 tantum] tamen *V* 31 omnino] in omni *V*

[1] *In Categ.*, 214 D, 215 A-B.

Ex his itaque manifestum est quantitati nichil esse contrarium; quod etiam multorum est aliorum atque ideo proprium quantitatis non est.

Sicut autem contrarietate quantitas caret, sic etiam comparatione, ut in numero patet et ceteris. Sicut enim '*magis unum*' non dicitur, ita nec '*magis duo* vel *tria*' potest dici. Unde etiam manifestum est '*magnum*' 5 aut ceteras suprapositas dimensiones quantitates non esse. At fortasse videtur comparatio circa locum et tempus consistere, in eo scilicet quod dicitur '*extra exterior*', '*intra interior*', '*infra inferior*', '*supra superior*', '*citra cit⟨er⟩ior*', '*ultra ulterior*'; '*diu*' quoque '*diutius*' facit ac '*diuturnus*' '*diuturnior*', que temporis designativa videntur. Sed ιpotius ista ad 10 *Quando*, illa vero ad *Ubi* pertinent, que etiam quidam habitudinibus, quidam vero positionibus Boetio teste[1] adhibent, '*Superius*' enim ad '*inferius*' secundum relationem se habere videtur. Herminius vero secundum quamdam positionem '*sursum*' et '*deorsum*' dici voluit[2]. At fortasse si predicationem quam ad locum habet, inspiciamus, cum 15 scilicet dicitur locus *superior* vel *inferior*, non hec ad *Ubi* vel ad *Situm*, idest *Positionem*, pertinere videbuntur. Que enim in loco non sunt, nec *Ubi* nec *Positionem*, que etiam secundum locum est, suscipiunt; locus vero ipse in loco non est. Sed sive hec in *Ubi*, sive in *Relationibus*, sive in *Positionibus* locentur, certum est quantitates ad comparationem non 20 venire.

Sed nec hoc quidem earum est proprium, quod substantiis quoque multisque aliis commune est. At vero illud adextremum quantitati proprie attribuit, quod *equale* vel *inequale* | proprie dicitur, alia vero per accidens et gratia horum, ut hic *populus illi* secundum equalem 25 numerum equalis dicitur, vel hec *substantia illi* secundum equalem lineam vel superficiem vel aliam eius quantitatem quantitati illius equalem. Albedo autem cetereve qualitates non proprie equales, sed magis similes dici possunt, quia, sicut equalitas quantitatis est, ita similitudo qualitatis. 30

Hactenus de quantitate disputationem habuimus.

f. 121ʳ

20-21 non venire] invenire *V*

[1] *In Categ.*, 212 B.   [2] Cf. *ibid.*

LIBER TERTIUS
DE RELIQUIS PREDICAMENTIS

Nunc ad tractatum predicamentorum reliquorum operam transferamus eaque post quantitatem exequamur que ei naturaliter
5 adiuncta videntur ac quodammodo ex eis originem ducere ac nasci. Hec autem '*quando*' et '*ubi*' nominibus Aristotiles designat. Quorum quidem alterum ex tempore, alterum ex loco ducit exordium.

De quando

Est autem *quando*: *in tempore esse*, quedam scilicet proprietas
10 que ex adiacentia temporis ad substantiam ipsi innascitur persone, tam a tempore ipso quam a subiecta substantia diversa. '*Esse in tempore*' diversis modis fortasse intelligi potest, ut videlicet esse dicatur in tempore quod existit aliquo existente, vel ita quod temporis adiacentia⟨m⟩ suscipiat. At vero posterior ⟨expositio⟩ huic loco maxime congruere ⟨vide-
15 tur⟩ quod ad ea tantum referri potest que temporis adiacentia⟨m⟩ habent; prior vero ⟨expositio⟩ et ad tempora ipsa [expositio] prior videtur et ad Supremas et Divinas Personas, que in tempore esse denegantur, immo ad omnia deflecti poterit.

Sicut autem plures temporum species considerant, annum, men-
20 sem, ebdomadam, diem, horam, momentum, ita et secundum hec plures *quando* species licet attendere, ut *esse in anno* vel *mense* etc., et quecumque insuper ad interrogationem '*quando*' adverbii reddunt, cum videlicet non de tempore, sed magis de adiacentia ex tempore nata queritur. Iuxta quod et ipse Aristotiles *heri* exemplum *quando* posuit:
25 „quando autem, inquit[1], ut *heri*." Quod fortasse exemplum aliquid dubitationis habet, cum videlicet '*heri*' rei existentis designativum non videatur. Sicut enim dies hesterna preterita est ac iam non est, ita et [secundum] que ⟨in⟩ ea fuera⟨n⟩t ⟨secundum⟩ adiacentia⟨m⟩, preterita vide⟨n⟩tur, ubi ipsius causa non permanet. Sed fortasse hi qui magis in
30 speciebus rerum naturam quam vocabulorum impositionem attendunt, per '*heri*' quamdam presentem adiacentiam designari ⟨volunt⟩ que in ipsa re est, ex eo quod in hesterna die fuerit; ut scilicet ex preteritis quoque temporibus presentes retineat proprietates, secundum id

---

10 temporis *c* loci *V* 11 tam a tempore *c* tam loco *V* 14-17 at vero posterior ⟨expressio⟩(!) [huic loco] his videtur maxime congruere quae ad ea tantum referri possunt quae temporis adiacentia⟨m⟩ habent prior vero et ad tempora ipsa [expositio prior videtur] et ad supremas *c* 15 quod] que *V* 25 exemplum aliquid *c* aliquid exemplum *V*

[1] *Categ.* 4, 2 a 2.

scilicet quod in eis fuit. Sepe autem causis pereuntibus effectus remanere contingit, ut post patrem aut matrem filium vel post infirmitatem
qui ab ea infertur pallorem. Videntur autem et ex eodem tempore
diverse species *quando* secundum diversos transitus temporum generari,
ut '*heri*' vel '*nudiustertius*' vel etiam '*cras*' secundum idem tempus acci- 5
piuntur et illud insuper '*quando*' quod cum ipso presentialiter sit.
Veluti in '*hodie*' ostendi potest: hesterna enim die *cras* secundum
ipsum dicebamus, hodie vero quamdam adiacentiam, quam *quando*
dicimus, cum ipso fieri simul consideramus; in crastino vero *heri* secundum ipsum dicebamus, in tertio vero *nudiustertius*. Sic et aliis succedenti- 10
bus diebus vel precedentibus diverse secundum idem species fingeren-
tur uno fortasse individuo. Sic enim *heri* singulare videtur et individuum,
quandoquidem ex singulari die preterita natum est, sicut ipsa dies fuerat,
quod etiam eidem contingit subiecto; et hoc quidem clarum est, cum
posteriorem et propriam significationem *esse in tempore* accipimus. 15
Secundum vero aliam species fortasse videntur ac multis inesse, secundum
id scilicet quod multa existant die hesterna eadem permanente; singula
vero sua diei individua habuerunt. Sicut autem tempus aut quelibet
quantitates contrarietate carent, ita etiam que ex eis nascuntur, contrarietatem non habent. Comparari autem fortasse videbuntur, sicut de 20
quantitate tractantes meminimus[1].

De ubi

Ubi vero *in loco esse* diffinimus; unde et ipse Aristotiles: „*ubi*,
inquit[2], ut in loco.” Quoniam autem et *quando in tempore esse* et *ubi in* 25
loco determinamus, non incommode hoc loco demonstramus quot modis
esse in aliquo accipimus. Boetius autem in *Editione Prima super Cathegorias*
novem computat[3]: esse scilicet in loco, vel vase, sive in materia ut in
subiecto forma esse dicitur, sive ut totum in partibus, vel partes in toto,
seu species in genere, vel genus in speciebus, aut ut in imperatore vel 30
quolibet honori presidente honor ipse dicitur esse, aut ut in fine, ut
in beatitudine iustitia. A qua quidem computatione male videtur reli-
quisse *esse in tempore*, de quo ipse in sequentibus obiectionem movet, ac
male post '*esse in loco*' adiunxisse '*esse in vase*', nisi forte '*in loco esse*'
secundum quantitativum locum acceperit, '*in vase*' autem secundum 35
substantialem. Sicut autem *quando* ex adiacentia temporis, ita *ubi* ex

---

2 patrem *V^c* partem *V*   4 quando *c* ubi *V*   7 hodie] hoc die *V*   13 quandoquidem] quando
quod *V*

[1] *supra*, p. 76[6-7].   [2] *Categ.* 4, 2 a 1, ubi Aristoteles habet: 'ἐν Λυκείῳ', antiquae
vero versiones plerumque: 'in loco'.   [3] *In Categ.*, 172 B7-C9.

adherentia loci nascitur; tam ab ipso loco quam a subiecta persona diversum.

'*Esse* autem *in loco*' secundum '*loci*' equivocationem duobus modis intelligi potest: '*locum*' enim modo substantialem, ut *domum* vel *teatrum*, 5 intelligimus, modo vero quantitativum, quem *corporis circumscriptionem* dicimus; de quo in quantitate actum est superius[1]. Secundum autem quantitativum locum Deus incircumscriptus dicitur; secundum vero substantialem ubique esse perhibetur. Similiter et '*esse in loco*' dupliciter potest sumi, sive scilicet in loco quantitativo sive substantiali. At vero 10 de substantiali maior est consuetudo, ut *Rome esse* vel *Tarenti* vel *Antiochie*. Si quis etiam '*Rome esse*' sive alia nomina secundum circumscriptionem rei accipia[n]t, non videbitur loca permutare secundum accessum nostrum vel recessum, ut cum ⟨modo⟩ ad eam civitatem, modo ad istam properamus; eamdem enim circumscriptionem eadem corporis 15 mei mensura tenet, sive in hac sive in illa maneam civitate. Que quidem circumscriptio ita corpori monstrata est adherere atque adiuncta esse, ut singule partes huius singulas partes illius obtineant nec umquam alterum ab altero recedat eademque dimensio utriusque credatur. Sic itaque idem locus quantitativus permanere videtur, cum de hac civitate 20 ad illam meamus, sicut idem remanet corpus; nec mutari circumscriptio ipsa videtur, nisi per au⟨g⟩mentum corporis adiunctivi vel detrimentum. Si itaque '*Rome esse*' circumscriptionis nomen accipiatur, oportet ut vel ad horam sit impositum ac quasi sumptum ex presentia substantialis loci, vel nos confiteri idem simul habere et id quod Rome esse dicitur et 25 quod Antiochie esse nominatur, cum tamen nullus simul et Rome et Antiochie possit esse. Si vero '*ubi*' ad substantialem locum potius quam ad quantitativum reducimus, illud annotandum est non omnia corpora loco contineri, ut | firmamentum ipsum, ultra quod nichil reperitur. f. 121ᵛ Illud quoque animadvertendum est quod quandoque species secundum 30 eiusdem individui loci possumus intelligere continentiam. Cum enim Roma vel quelibet civitas una sit vel quelibet domus, esse tamen in hac civitate vel in hac domo multis esse commune poterit: multi enim simul esse in hac civitate et in hac domo poterunt. In quibus etiam manifestum videtur multas species vel genera ad actus nostros pertinere, secundum 35 id scilicet quod domos fabricamus vel civitates componimus, atque in his fortasse aliud cassari quod omne genus duabus speciebus sufficienter distribui possit, cum scilicet pro operatione nostra specierum numerum vel minui vel augeri contingat.

2 diversa] div *V*   9 in] cum *V*   33 esse] et *V*

[1] *supra*, p. 57¹² *e.q.s.*

Videntur autem nec generalissima esse *ubi* vel *quando*, eoquod prima principia non videantur: que enim ex alio nascuntur, prima non videntur principia, sed ipsa quoque principia habent; *ubi* autem ex loco, *quando* autem ex tempore, sicut dictum est, originem ducunt. Sed secundum materiam summa dicuntur principia, non secundum causam; 5 si enim '*principium*' secundum causam quamlibet accipimus, poterit substantia aliorum principium dici, in quo omnia alia fiunt, ac dum per ipsam sustentantur, per eam esse habere non dubitantur.

Solet autem a multis in admiratione ac questione deduci cur magis ex loci vel temporis adiacentia predicamenta innascantur quam 10 ex adherentia aliarum specierum sive generum. Tam bene enim '*qualiter*' unius nomen generalissimi videretur, sicut '*ubi*' vel '*quando*', cuius quidem species bene vel male dicerentur, sicut '*quando*' '*heri*' vel '*nudiustertius*', vel '*ubi*' '*Rome*' vel '*Antiochie esse*'. Si quis autem *qualiter* dicat, nichil aliud quam qualitatem demonstrare ⟨videtur⟩, et *ubi* dicimus 15 nichil aliud quam locum designare, vel *quando* nichil aliud quam tempus. Unde et earum diffinitiones recte vel *in loco esse* vel *in tempore* dicimus, que, si gramatice proprietatem insistamus, nichil aliud a loco vel tempore diversum ostendunt, in quibus tantum loci vel tempora ponuntur cum prepositionibus ipsorum, quas e⟨am⟩dem significationem cum 20 casibus quibus apponuntur, constat obtinere: cum enim dicimus '*in domo*', non aliud per '*in*' quam per '*domo*' designatur. Videntur itaque magis pro nominibus accipienda esse '*esse in loco*' vel '*esse in tempore*' quam pro diffinitionibus. Hec autem generalissima ipsa, ut arbitror, comparationis necessitas meditari compulit. Cum enim quantitates non comparari 25 constaret, non poteramus comparationem *diu* vel *diuturni* vel *extra* ad *tempus* vel *locum* reducere; indeque maxime ⟨arduum⟩ inveniri predicamenta arbitror ad que illa reducantur. Ac de his quidem predicamentis difficile est pertractare quorum doctrinam ex auctoritate non habemus, sed numerum tantum. Ipse enim Aristotiles, in tota predicamentorum 30 serie sui studii operam nonnisi quatuor predicamentis adhibuit, *Substantie* scilicet, *Quantitati*, *Ad aliquid*, *Qualitati*; de *Facere* autem vel *Pati* nichil aliud docuit[1], nisi quod contrarietatem ac comparationem susciperent. De quibus quidem Boetio teste[2] ipse in aliis operibus suis plene perfecteque tractaverat. De reliquis autem quatuor, *Quando* scilicet, 35 *Ubi*, *Situ*, *Habere*, eo, inquit, ⟨quod⟩ manifesta sunt, nichil preter exempla posuit. Manifesta autem hec quatuor vel inde dixit quod ex

---

19 temporis *V*   20 e⟨am⟩dem] e⟨a⟩dem *Vᶜ*   edem *V*   31 adhibuit] adibuit *Vᶜ* attribuit *V*

[1] *Categ.* 9, 11 b 2-8.   [2] *In Categ.*, 261 D14-262 A6.

aliis innascantur, vel ex eo quod in aliis operibus suis de his satis tractatum sit; de *ubi* quidem ac *quando* ipso quoque attestante Boetio[1] in
Phisicis, de omnibus qui⟨dem⟩ altius subtiliusque in his libris quos
Metaphisica vocat, exsequitur. Que quidem opera ipsius nullus adhuc
5 translator latine lingue aptavit; ideoque minus natura horum nobis est
[in]cognita.

De situ

Situs quoque, quem *Positionem* nominamus, ex loco nasci videtur.
Situm enim accipimus secundum modum subsistendi in loco, ut *iacere*,
10 *stare, sedere*. *Ubi* vero diximus simpliciter secundum hoc quod in loco est,
Situm autem accipimus secundum modum se habendi in loco. Unde etsi
ex loco utrumque ducat exordium, magna tamen eorum differentia
apparet. Quod itaque quelibet substantia *iacens* aut *stans* aut *sedens*
dicitur, ex quibus⟨dam⟩ adiacentibus positionibus venit, a quibus hec
15 denominativa esse Aristotiles in tractatu *Ad aliquid* docet, cum enim
Positionem quoque *Relationibus* secundum platonicam diffinitionem adiun-
geret. „Est autem, inquit[2], accubitus et statio et sessio positiones quedam
positio vero *Ad aliquid* est; *iacere* autem vel *stare* vel *sedere* ipsa quidem
non sunt positiones, denominative vero ab his que dicte sunt positio-
20 nibus nominantur"; ex quibus quidem verbis magna solet esse dubitatio. Cum enim *iacere* et *stare* positiones esse concedantur, a positionibus ipsa denominative non dicuntur. Unde et in expositione *Situs*
ipse quoque ait[3] Boetius: „sed quoniam omnis res que ab alio deno-
minatur, aliud est quam ⟨id⟩ipsum a quo denominata est, ut aliud quid
25 *gramaticus* atque *gramatica*, quamvis *gramaticus* a *gramatica* denomi-
netur, ita cum sit *Positio* relativa, quicquid denominative a positionibus
dicitur, hoc relativorum genere non continetur. *Positio* autem ipsa
relativa est, positum vero est a positione denominatum. Statio enim
cuiusdam" (idest stantis) „statio est. 'Stare' vero, quoniam a 'statione'
30 dirivatum est, non ponitur in eodem genere in quo 'statio' fuit."
Ex his itaque que in expositione *Situs* Boetius ponit, manifestum
est *iacere* et *stare* non idem esse cum positionibus a quibus denomina⟨n⟩tur.
Unde 'iacere' et 'stare' potius sumpta quasi 'stans' et 'iacens' accipienda

3 qui⟨dem⟩] *coll.* b (262 A5) V   6 [in] c   14 ⟨dam⟩ Vᶜ   16-17 adiungent V   22 ipse V
24 ⟨id⟩ipsum] ipsum V idipsum b denominata b denominatum V   24 quid V qui est b
26 quicquid] quicquam V quidquid b   27 continetur b tenetur V   28 statio Vᶜ sitatio V
enim b vero V stare Vᶜ sitare V   30 dirivatum V denominatum b eodem V eo b

[1] *In Categ.*, 262 A3⁻⁶.   [2] *Categ.* 7, 6 b 11-14. *transl. boeth.*, p. 18¹⁸⁻²¹ ed. Minio-
Paluello.   [3] *In Categ.*, 262 C2⁻¹².

sunt quam substantiva specierum positionis nomina, tamquam scilicet
ipse persone iacentes et stantes a positionibus ipsis quas habent, denominative dicantur. Sed dicitur quod de ipsis substantiis intelligi
non possit, immo ipsos situs a positionibus denominative dici manifeste
monstravit, cum ait[1] : „dictum est autem et de *Situ* in his que *Ad ali-* 5
quid sunt, quia denominative a positionibus dicitur." Unde quidam
(quorum unus, memini, Magister noster[2] erat) '*positionis*' nomen ad
qualitates quasdam equivoce detorquent atque etiam ipsarum nomina
specierum '*statio*', '*sessio*' etc., a quibus ipsos situs denominari dicunt
tamquam a quibusdam proprietatibus suis, ita quidem ut *sessio situs* a 10
sessione qualitate denominari dicatur. Sic et in aliis. Ipse autem insuper
Boetius adiungit[3] situs ipsos a positionibus ideo denominari ostendi,
ut eos per hoc a relativis separet, quibus ipse Aristotiles *Positiones* qualitates secundum Platonem adiunxerat. Ipse tamen Aristotiles situs ipsos
a relativis non exclusit, sed cum positiones relativis adiunxisset, situs 15
ab ipsis denominari tantum ostendit. Neque enim conveniens erat, ut a
relativis per positionem excluderentur que tam bene relativis sicut
positio poterant adiungi. Omnes enim forme ad sumpta sua secundum
Platonem possunt relative assignari. Sicut enim dicitur positio *positi*
positio † de qualitate si qua situm † ita etiam de *Situ* vel speciebus eius 20
potest dici. Ipse quoque Boetius falsum protulit argumentum, cum ea
que denominantur ab aliis, in eodem genere non posse contineri perhi-
buit[4], quippe *albedo* et a claritate clara denominative dicitur et *sanitas* a
f. 122[r] bonitate bona et omnia *Qualitati* | supponuntur.

Primam itaque sententiam magis commendamus quam novam 25
denominationem secundum novam vocabuli impositionem fingamus.
Ipsas itaque stantes vel iacentes personas denominative dici concedimus
a statione vel sessione positionibus, idest sitibus. Quod autem opponitur
quod Aristotiles in *Situ* repetit ea que de *Situ* in *Ad aliquid* dixerat,
cum ait[5] : „dictum est autem et de *Situ* in his que *Ad aliquid* sunt, 30
quoniam denominative a positionibus dicitur", nichil obest si subiecta
ipsa que brevilocus tacuit hoc loco et in *Ad aliquid* posuit, subintelliga-
mus, *iacere* scilicet, *stare*, que sumpta sunt substantiarum nomina.
Quod itaque in *Ad aliquid* de *Situ* dixerat, cum scilicet ostendit situs
ipsos denominativa habere *iacere*, *stare* etc., idem et in *Situ* repetiit. 35

---

9 dicunt] dicit *V*   25 novam] nonam *V*   29 in situ] insita *V*   31 dicitur] *coll.* p. 82[6] et
Categ. 9, 11 b 11 dicuntur *V*

[1] *Categ.* 9, 11 b 10-11.   [2] Willelmus Campellensis (?).   [3] *In Categ.*, 262 C.
[4] *In Categ.*, 262 C.   [5] *Categ.* 9, 11 b 10-11.

De relativis

'*Ad aliquid*' nomen multis modis accipimus: modo enim ipso in rebus, modo in vocibus utimur. Est autem vocum nomen secundum hoc quod ipsas relationes nominat; horum videlicet nominum: '*paternitas*' 5 '*filiatio*' ac ceterorum; in rebus autem multipliciter accipitur. Plato enim omnia illa *ad aliquid* esse voluit quecumque ad se invicem assignari per propria nomina quoquo modo possent falsa constructionis regula, secundum quam quidem significationem ipse Aristotiles ex Platone mutuasse creditur illam diffinitionem quam primam posuit ac postea 10 correxit. Cum videlicet talia *ad aliquid* dici monstravit[1] *quecumque hoc ipsum quod sunt aliorum dicuntur vel quomodolibet aliter ad aliud*, idest quecumque ad se invicem per nomina sua assignantur vel genitivo vel quolibet alio casu sive prepositione, *hoc ipsum* autem *quod sunt*, hocest per propria nomina, determinavit, eoquod alias assignationes ad rela- 15 tiones nullas accipit. Ut si bos *hominis possessio* dicatur, non *bos* quidem *hominis*, non ideo bos *Relativis* adiungitur; secundum quam quidem Platonis diffinitionem formas secundum significationem ad formata sua *ad aliquid* convenit nominari. Sicut enim dicitur disciplina *disciplinati disciplina*, ita etiam reciprocari potest disciplinatum *disciplina disciplina-* 20 *tum*. Accipitur quoque '*ad aliquid*' nomen in designatione rerum que relationibus informantur, ut Socratem Boetius *ad aliquid* vocat[2], secundum id quod paternitate aut aliqua relatione informatur et tunc quidem sumptum est a *Relatione* vocabulum.

Proprie autem et substantive in designatione ipsarum relationum 25 accipitur tamquam huius predicamenti generalissimum cuius ea est diffinitio quam Aristotiles ad correptionem platonice ita protulit: „sed sunt, inquit[3], *ad aliquid* quibus est hoc ipsum esse ad aliud quodammodo se habere", idest quorum essentie ita ad invicem sese habent, ut non solum in subiectis suis simul naturaliter consistant, verum circa ea 30 ad se invicem referuntur ac secundum se subiecta ipsa ad invicem faciunt respicere, ut sunt *paternitas* et *filiatio*, *servitium* et *dominium* atque alia multa. Que quidem Aristotiles in tractatu *Ad aliquid* ad correptionem platonice diffinitionis et simul esse natura docuit[4] et ad se invicem secundum eorum in quibus sunt, relationem habere mutuam conversio- 35 nem, ut videlicet et *pater* gratia *filii* et *filius* gratia *patris* intelligatur existere; nec quidem filius possit esse sine patre nec pater sine filio.

14 alie *V* 15 nullus *V* 20 sustantive *sic plerumque V* 28 ad] ad[I] *V*

[1] *Categ.* 7, 6 a 36-7.   [2] *In Categ.*, 220 D.
[3] *Categ.* 7, 8 a 31-2.   [4] *Categ.* 7, 7 b 15 *e.q.s.*

Non dico quidem quin substantia patris absque substantia filii vel essentia filii absque essentia patris subsistere queat in sue proprietate persone vel in natura substantie (ut Anchises absque Enea vel econverso), sed in proprietate relationis, easque se⟨paratim⟩ posse esse denego, ut nulla videlicet substantia in proprietate patris esse queat, 5 nisi aliqua sit in proprietate filii, et si qua filiationis formam susceperit, simul et aliquam formam paternitatis necesse est indui; et hoc est alterna eorum reciprocatio, ut et ille qui pater est, paternitatem respectu filii tantum habeat, et qui filius est, filiationem respectu patris. Unde et eorum quoque nomina que secundum illas proprietates imposita sunt, 10 ad se invicem reciprocantur; pater enim *filii pater* et filius *patris filius* proprie dicitur. Sed hec, ut Aristotiles docuit[1], reciprocatio constructionis aliquando fit casu, aliquando prepositione. Casu quidem ut in supraposito exemplo; prepositione quidem veluti cum dicitur magnum *ad parvum magnum* et parvum *ad magnum parvum*. Que vero 15 casu fiunt alie eodem, ut supraposita, alie dissimili, ut iste: '*disciplina disciplinati disciplina*', '*disciplinatum disciplina disciplinatum*'. Harum enim alia fit genitivo, alia ablativo, que tamen Aristotiles secundum platonicam diffinitionem, quam preposuit, relativa vocavit, cum sciret disciplinam qualitatem esse, ut in predicamento qualitatis ex speciebus eius 20 quas qualitates ostendit, convincit[2]. Ubi etiam ipse platonicam de relativis diffinitionem manifeste deridet et improbat, cum species eius generis qualitates ostendit[3] esse quod in *Ad aliquid* Plato recipiebat: est enim impossibile genus alteri predicamento quam species supponi. Est autem ea (⟨que⟩, ut Boetius meminit[4], a Platone creditur proferri) relati- 25 vorum diffinitio illa quam ipse etiam Aristotiles in *Ad aliquid* preposuit. „*Ad aliquid*, inquit[5], talia dicuntur quecumque hoc ipsum quod sunt aliorum dicuntur vel quomodolibet aliter ad aliud", idest quecumque per propria nomina in constructione assignantur ad alio⟨s⟩ sive per genitivum sive per quemlibet alium casum seu etiam per prepositionem. 30

Possunt autem fieri quedam rerum assignationes ad alias per alia nomina quam per propria, ut bos *hominis possessio*, non *hominis bos* dicitur et Socrates *magister Platonis*, non *Socrates Platonis* dicitur. Hecque quidem assignatio relationem, et secundum Platonem, non exigit, sed ea que per idem fit nomen, ut '*pater filii pater*'. Hocque intelligi voluit, 35 cum ait quod „hoc ipsum quod sunt aliorum dicuntur", idest per eadem nomina sua per que subiciuntur, ad alia assignantur; secundum quam quidem diffinitionem Aristotiles omnes formas relationes innuit esse et

---

[1] *Categ.* 7, 6 b 6 *e.q.s.*   [2] *Ibid.* 8, 11 a 24 *e.q.s.*
[3] *Ibid.* 8, 11 a 32-36.   [4] *In Categ.*, 217 C.   [5] *Categ.* 7, 6 a 36-37.

quasdam substantias. Possunt enim quelibet forme ad sua formata per
nomina sua quoquo modo assignari, ut 'disciplina disciplinati disciplina' et
'albedo albi albedo' et 'album albedine album' et 'disciplinatum disciplina
disciplinatum'. Et quedam etiam ad duo videntur assignande, ut sensus
5 et scientia: potest enim dici scientia scientis vel scibilis scientia et sensus
sensati vel sensibilis sensus; sed ad hoc quidem assignatur secundum hoc
quod ex eo est, ad aliud vero secundum hoc quod in eo est. Nam
'sensibile' vel 'scibile' passive Aristotiles accepit, idest ea que sentiri
vel sciri possunt, que a quibusdam potentiis sumpta sunt, ad que etiam
10 secundum Platonem videntur assignari. Sicut enim dicitur scibile
scientia scibile, ita etiam videtur bene dici scibile scibilitate scibile ac magis
etiam proprie, cum hoc sit propria forma scibilis, ut iam videlicet contingat secundum Platonem idem duo relativa habere aut fortasse etiam
plura. Nam sicut scientia ad scibilem vel potentem sciri refertur, quare
15 non etiam ad pote⟨n⟩tem scire? | Sicut enim actus potentie de passione   f. 122ᵛ
ex scientia contingit, sic etiam actus potentie de actione.

Sed potius Aristotiles illud secundum Platonem assignavit relativum scientie, ex quo facilius poterat inconveniens secundum proprietatem relativorum ostendere, cum videlicet ea non simul esse in
20 natura ostenderat[1], sed ipsum scibile scientiam precedere. Prius enim
ipsa res scibilis est, idest potens sciri, quam scientia de ipsa habeatur,
ut omnia illa que ante creationem hominis vel animalis fuerunt, iam
quidem scibilia erant, idest potentia sciri, cum nondum tamen eorum
scientia in aliquo esset, quippe nullus adhuc hominum creatus erat,
25 cum iam scilicet, ut Aristotiles ait, ipsa consisterent elementa, que
sciri quantum ad se poterant, nondum posita in constitutione animalis.

Contingebat quoque secundum illam diffinitionem platonicam,
ut Aristotili visum est[2], quasdam substantias ad aliquid esse, ut sunt ille
que partes sunt vel instrumenta, ut manus, caput, ala, remus. Manus enim
30 manuti manus dicitur et manutum manu manutum. Sic quoque et capud ad
capitatum et ala ad alatum et remus ad remitum assignari et reciprocari
possunt. Unde et ea contingebat relativa esse et ita quasdam substantias
esse ⟨ad⟩ aliquid; quod impossibile erat, cum videlicet ipse Aristotiles
docuisset[3] in eodem Predicamentorum Libro generum diversorum et non
35 subalternatim positorum non easdem posse esse vel species vel differentias. Que vero generalissima sunt genera, cum suprema sint et

14 scibilem] scientem V   16 accione V   25 helementa V   30 capd V   capud Vᶜ
34 ⟨ad⟩ Vᶜ

1 Categ. 7, 7 b 22 e.q.s.   2 Ibid. 7, 7 b 13 e.q.s.
3 Ibid. 3, 1 b 16-17.

prima principia, sibi supponi nequeunt, sed ita in discretione proprie nature disiuncta, ut numquam eiusdem essentie possint esse. Unde quecumque unum fuerit, alterum impossibile est esse. Cum sit itaque ala *ad aliquid*, non potest esse substantia. Nec dico quidem relationes ipsas non posse substantias informare, sed non posse substantiam esse. 5 Ipsa enim *paternitas* vel *filiatio*, que *ad aliquid* dicuntur, ipsa informant substantia⟨m⟩ (que inde vel *pater* vel *filius* dicitur), sed ipsa non possunt effici substantia.

Cum itaque Aristotiles tot inconvenientia sequi conspiceret ex ea diffinitione relativorum quam Plato nimis laxam dederat, ausus est 10 errorem magistri ⟨c⟩orripuisse et eius magister fieri cuius se fuisse discipulum recognoscebat. „Sed sunt ea, inquit[1], potius *ad aliquid* quibus ⟨est⟩ hoc ipsum esse ad aliud se habere", ut supra expositum est. Que quidem ab alia in eo maxime diversa creditur quod hanc Aristotiles secundum rerum naturam protulit, illam vero Plato secundum con- 15 structionem nominum dedit. Unde ille dixit '*dicuntur*' ad constructionem vocum respiciens, iste vero '*esse*' posuit, rerum proprietatem veracius intuens. „Prior vero, inquit[2] Aristotiles, diffinitio omnia sequitur", idest comitatur, „relativa"; sed non in eis confert esse *ad aliquid*, cum sit scilicet continentior. Plura enim sunt que quodam- 20 modo ad alia possunt assignari, que relativa non sunt, ut in suprapositis continetur, cum videlicet esse unius ex esse alterius non pendeat. Est enim, ut Aristotiles docuit, esse relativorum habere se ad aliud, idest ipsa proprietas secundum quam ipsum subiectum ad alterum respicit, ipsa est relatio, ut paternitas, que hanc substantiam cui adiacet, ad illam 25 cui filiatio inest, respicere facit, secundum id scilicet quod hic est illius pater. Multa vero ad alia possunt quoquo modo assignari, nec tamen eorum sunt relationes, ut ala alati, quod potest dici non secundum relationem, sed secundum possessionem, et remus remiti non secundum relationem, sed secundum coaptationem et apparatum. Sicut enim 30 Aristotiles in predicamento relativorum docuit[3] animal non bene ad capud, vel navem ad remum secundum relationem assignari, (eo videlicet quod multa animalia sine capitibus essent vel multe naves que remis non egerent, sed solo conto regerentur), ita etiam ex eodem loco innuit nec etiam alam ad alatum nec remum ad remitum bene referri, sicut 35 Plato voluisse creditur, cum sepe nec ale sint alatorum nec ⟨remi⟩ remitorum. Ala enim abscissa nullius est alati, vel remus absconditus nullius remiti.

---

2 essentia *V*   11 ⟨c⟩orripuisse *Vᶜ*   13 ⟨est⟩ *Vᶜ*   26 hic] hoc *V*   34 contu *V*   37 asscisa *V*

[1] *Categ.* 7, 8 a 31-32.   [2] *Ibid.* 7. 8 a 33.   [3] *Ibid.* 7, 6 b 16-18.

Secundum ergo relationem ea tantum ad alia possunt assignari quorum, ut dictum est, essentia ex se invicem pendet, ut sunt quelibet relativa. Secundum autem possessionem multa quoque alia habent assignationem ad alia, ut bos *meus* dicitur, idest *mei*, non quidem ⟨quod⟩
5 secundum suam essentiam, ut videlicet ex essentia bovis, ad me respiciat, sed ex possessione michi sit subiectus. Platoni autem imponunt eum in diffinitione illa non solum veram et propriam relationis assignationem accepisse, sed quamlibet, ut etiam in *Ad aliquid* ipse possint substantie includi; largior est itaque illa diffinitio quam nomen '*ad aliquid*'. Unde
10 et Aristotiles ait[1] eam sequi quidem omnia relativa, sed non conferre eis esse *ad aliquid*.

Sunt autem qui, quemadmodum platonicam diffinitionem nimis laxam vituperant, ita et aristotilicam nimis strictam appellant. Dicunt enim eam neque relationi generalissimo neque individuis eius posse
15 aptari, sed tantum speciebus *ad aliquid* sive subalternis sive specialissimis. Relationi quidem generalissimo convenire non potest, eo videlicet quod ipsa non habeat ad quod possi[n]t referri, neque videlicet in suo predicamento neque in alio. In alio quidem non potest habere, cum non sint in aliis predicamentis relativa; in suo quidem non habet, cum sit natura
20 prior omnibus ⟨his⟩ que continet. Unde illam diffinitionem Aristotilis nullomodo *Ad aliquid* generalissimo convenire iudicant; sed neque individuis relationibus, ut huic paternitati vel huic filiationi. Si enim, inquiunt, hec paternitas haberet suum esse habere se ad aliud, veluti ad hanc filiationem, et iam utique habere se ad hanc filiationem substantiale
25 esset huic paternitati, quare etiam paternitati. Quicquid enim substantiale est individuo, est substantiale speciei, cum videlicet tota sit individui substantia. Quod si paternitatis specialis substantia esset habere se ad hanc filiationem, utique hac filiatione destructa omnino ipsa species perimeretur. A m p l i u s : si, inquiunt, individua referri diceremus,
30 sepe contingeret idem relativum multorum esse, ut in homine habente plures filios, qui unam paternitatem respectu omnium habet, vel in filio habente patrem et matrem, qui unam filiationem habet respectu utriusque. Videntur insuper ⟨inde⟩ individua non posse in diffinitione aristotilica includi, quod ipse dixerit priorem diffinitionem quam Plato dederat,
35 omnia sequi relativa: | oportet enim secundum eam ipsa quoque individua per propria nomina ad se invicem reciprocari, sed nequaquam constructionis proprietas patitur dici: '*hic pater huius filii hic pater*'. Neque Prisciano auctore genitivi casus a singularibus nominibus possunt

f. 123r

regi[1], sed cum dicitur '*Marcia Catonis*', '*uxor*' oportet subintelligi; cui etiam congruit quod Aristotiles negavit[2] omnes primas substantias *ad aliquid* videri, cum quedam secunde videntur secundum constructionis assignationem. Neque enim in his constructionem valere ullo modo vidit; quod enim manus non dicitur *alicuius quedam manus*, sed *alicuius manus*, 5 et quoddam capud non dicitur *alicuius quoddam capud*, sed *alicuius capud;* ac si aperte ostenderet constructione⟨m⟩ quidem communis et specialis ad genitivum valere, non singularis. Unde etiam ipsa individua referri non videntur nec ipsa quoque in diffinitionem aristotilicam venire; unde et Aristotiles de imperfectione restrictionis, sicut Plato de acceptione 10 nimie laxitatis, culpabilis videtur; uterque enim modum excesserit atque hic quasi prodigus, ille tamquam avarus redarguendus.

Sed et si Aristotilem, Peripateticorum Principem, culpare presumamus, quem amplius in hac arte recipiemus? Dicamus itaque omni ac soli relationi eius diffinitionem convenire ipsique *Relationi* genera- 15 lissimo; circa ipsa quoque eius individua idque quod est omni ei convenire. Si enim individuis aptari non posset, nec utique speciebus essentie. Neque enim substantia specierum diversa est ab essentia individuorum, sicut in *Libro Partium* ostendimus[3], nec res ita sicut vocabula diversas esse contingit. Sunt namque diverse vocabulorum in se 20 essentie specialium et singularium, ut '*homo*' et '*Socrates*' et '*Plato*', sed non ita rerum diverse sunt essentie. Unde illam rem que est Socrates, illam rem que homo est, esse dicimus; sed non illud vocabulum quod est '*Socrates*', illud quod est '*homo*'. Unde quod in re speciali contingit, et in ipsius individuis necesse est contingere, cum videlicet nec ipse 25 species habeant nisi per individua subsistere nec in ea que informant et ad invicem faciunt respicere, nisi per individua venire; quia enim hec paternitas huic homini advenit, et paternitatem homini necesse est advenire. Magis etiam propria ipsa individua referri videntur quam ipse species, cum sepe relatione⟨m⟩ in speciebus deficere videmus quam in 30 individuis tenemus, ut in equali et simili et inequali et dissimili. Neque enim equalitas vel similitudo vel cetera ad alias secundum relationem species assignantur, sed ad se ipsas gratia individuorum; equale enim *equali equale* dicitur, et simile *simili simile*.

Sunt tamen qui equale et inequale, simile et dissimile inter 35 qualitates contrarias recipiant, ex eoque ea contraria comprobant quod privatoriis vocabulis designantur, ut equale inequale, par impar,

26 que] quod *V*   28 paternitatem] paternitas *V*   32 alias] alie *V*

[1] *Inst. gramm.* I, 175; II, 213; cf. *Log. Ingred.*, 218[17–19].   [2] *Categ.* 7, 8 a 13-28.
[3] sc. in primo volumine eius libri; vide *Introd.*, p. XXVIII.

quod omnino respuimus. Si enim contraria essent in eodem et in diversis respectibus, ut idem *mons* ad diversos montes et magnus respectu huius et parvus respectu illius dicitur, sic quoque idem *homo* ad diversos et equalis et inequalis dicitur; unde ea non esse contraria relinquitur. 5 Amplius: si equale et inequale esset contrarium, oportet ipsum sicut inequale comparari: que enim contraria sunt eorum que comparantur, necesse est et ipsa comparari. Inequale autem comparari Aristotiles docuit[1], equale vero comparari non potest: nullum enim au⟨g⟩mentum vel detrimentum equalitas recipit. Ubi enim in altero 10 augmentum vel detrimentum superhabundaverit, equalitas constare non poterit. Sed nec ea que secundum equalitatem veniunt, proprie comparari possunt, ut *planum* et *plenum*. *Planum* enim dicitur secundum hoc quod partes equaliter iacent; impleri autem aliquid alio non potest, nisi implentis substantia capacitati impleti adequatur. Unde non proprie 15 vel *plenus plenior* vel *planus planior* dici potest. Cum autem equale ad equale referatur, non contingit diversas esse species, sed diversa speciei eius individua: ex hac enim equalitate iste ad illum et ex illa iste ad istum dicitur equale. Et cum quelibet substantia multis aliis secundum equalitatem conferatur, quot in aliis erunt equalitates, tot in ipsa eadem 20 que ad eas respicit, oportet intelligi. Similiter et de paternitate et de aliis relationibus, ut videlicet cum idem sit pater diversorum, quot sunt in diversis filiationes, tot erunt in ipso paternitates. Quod quidem ex eo rationabiliter videtur, quod primogenito filiorum nato ad eum solum pater respiciebat; secundo autem nato iam non ad priorem 25 tantum ex paternitate respicit, sed etiam ad secundum. Nato itaque secundo filio quidam in patre respectus factus est qui prius non erat, idest alia paternitas, que etiam illo filio defuncto in patre ipso peribit. Ac si quidem plura non erunt eiusdem relativa, sed una tantum relatio unius erit, horum autem relativorum que individua sunt, oppositio non 30 solum non est in respectu, verum non etiam in adiacentia. Non enim hec paternitas et illa ad quam refertur filiatio in eodem poterunt esse. Quod autem opponitur de constructione relationis singularium nominum, nichil obest: etsi enim genitivo non possit fieri, alio tamen modo potest assignari, ut videlicet dicamus: '*hic pater ad hunc filium hic pater*' 35 vel quolibet alio modo, dum hanc paternitatem gratia illius filiationis existere monstramus. Vel si constructionem quoque specialis nominis velimus servare, illud Aristotilem intellexisse tantum quantum ad species

14 inplentis *V* 25 nata *V* 29-30 non solum non] non sunt *V* 32 opponitur] oppositum *V* 33 etsi enim] etsin *V*

[1] *Categ.* 7, 6 b 24.

dicamus, quod scilicet dixit priorem diffinitionem omnia relativa sequi.
Illud quoque quod dicitur: substantiale esse speciei quicquid est individuo
substantiale, nichil obest: de formis enim substantialibus est accipiendum.
Non enim sicut species a generibus differentiis habundant, ita individua
speciebus. Ille enim sole differentie Socratem constituunt que ho- 5
minem faciunt, veluti rationalitas, mortalitas et cetere, que quidem
universales sunt, non singulares; nam fortasse hec rationalitas Socrati
substantialis ⟨est⟩, non homini. Quod itaque omnes forme que individuis
substantiales sunt, substantiales etiam sint speciebus secundum species,
non secundum individua, absque omni calumnia dici potest. Si qua vero 10
de speciei aut individuorum natura hic minus dicta sunt, in *Libro Partium*
requirantur[2].

    Solet autem in questione illud duci, utrum relationes ad se per
sumpta tantum nomina referantur, sive etiam per substantiva, utrum
scilicet, quemadmodum dicimus '*pater filii pater*', ita etiam dicamus: 15
'*paternitas | filiationis paternitas*'. Sed michi quidem nichil videtur sonare
hec constructio substantivorum. Rationem quidam pretendunt ut
valeat; aiunt enim ipsas relationum essentias ex sua subsistentia sese
exigere, et quod ipsa subiecta sese respiciant aut ad se invicem secundum
eas referuntur, ex eis habere. Unde et ipsas id principaliter oportet 20
tenere et ad se invicem substantias earum referri; unde etiam recta
videtur substantivorum nominum relatio que eas in essentia designant.
Illud quoque quod in tractatu *Oppositorum* Aristotiles ostendit visum et
cecitatem non esse relativa, — eo scilicet quod non referantur ibi que
relatione⟨m que per⟩ substantivum nomen ponunt —, dicens[3]: „visus 25
non est cecitatis visus", id confirmare videtur quod etiam per substantiva
nomina relationes fieri debeant. Alioquin eque posset monstrari, quod
paternitas et filiatio non essent relativa, vel quelibet alie relationes. Sed
bene quidem Aristotiles per ipsam substantivorum relationem convincit
ea relativa esse, cum illa potius in istis videntur recipienda quam illa 30
que per sumpta fiere⟨n⟩t, hoc modo: '*cecus videntis cecus*', vel '*videns
ceci videns*'. Istam enim nullo modo valere patebat, sed illa quodammodo
videbatur idonea que per substantiva proponebatur, ex ea videlicet
affinitate, quod per substantiva illa fieri soleat assignatio que fit per

---

1 dicamus + ut scilicet illud omnia non individua colligat sed species. nisi (*pro si ut
suspicor*) enim etiam individua hic comprehenderet quid esset quod postea probat quod
capud non sit ad aliquid per hoc et per hoc capud? *V^m*   17 quidam] quidem *V*   24 ibi
que] ibique *V*   29 quidem] quod *V*   34 soleat *V^c* solebat *V*

---

[1] *Categ.* 7, 8 a 33-34.   [2] Vide *supra*, p. 88, n. 3.   [3] *Categ.* 10, 12 b 18.

f. 123^v

superius nomen sic: '*cecitas visionis est privatio*' vel '*visio habitus cecitatis*',
quam statim subiunxit: „sed privatio quidem, inquit[1], visionis, ⟨cecitas
dicitur⟩" „cecitas vero visionis non dicitur" adde[2]; etiam cum dixisset: „visus non est cecitatis visus", adiunxit[3]: „nec ullo alio modo
5 dicitur ad ipsum", idest vel etiam per adiectiva nomina, quod quidem
ideo pretermisit, ut dictum est, quia clarum erat. Illud etiam non satis
cogit per substantiva quoque nomina fieri relatione⟨m⟩, quod scilicet
in sua substantia relationes dicuntur suamque ex se ad invicem essentiam
habent, sicut nec illud quod albedo in sua essentia forma est corporis,
10 exigit ut in sua essentia de ipso predicetur. Et nos quidem fortasse
idoneam de substantivis quoque nominibus relationem possumus componere, sed ⟨non⟩ iuncta per genitivum, ut dicamus: '*paternitas filiationis
paternitas*', sed ita potius: '*paternitatis essentia ex filiatione pendet et subsistentia filiationis ex paternitate*' vel quolibet alio modo. Sic quoque et per
15 substantivum nomen albedinis predicationem albedinis de corpore in
adiacentia possumus ostendere, ut ita dicamus: *albedo adiacet corpori* vel
informat corpus.

Hec quidem de relativis Aristotilem plurimum sequentes diximus, eo scilicet ⟨quod⟩ ex eius operibus latina eloquentia maxime sit
20 armata eiusque scripta antecessores nostri de greca in hac lingua trans-
tulerint. Qui fortasse, si et scripta magistri eius Platonis in hac arte
novissemus, utique et ea reciperemus nec forsitan calumnia discipuli de
diffinitione magistri recta videretur. Novimus etiam ipsum Aristotilem
et in aliis locis adversus eumdem magistrum suum et primum totius
25 philosophie ducem, ex fomite fortassis invidie aut ex avaritia nominis
⟨vel⟩ ex manifestatione scientie, insurrexisse, quibusdam et sophisticis
argumentationibus adversus eius sententias inhiantem dimicasse, ut in eo
quod de motu anime Macrobius meminit[4]. Sic quoque et hic fortasse
oblita est ipsius corrosio, cum vel non eque impositionem nominis '*ad*
30 *aliquid*' secundum eum accepit vel prave diffinitionis sensum exposuit
pravaque exempla ex se adiecit, ut quod emendare posset inveniret.

Sed quoniam Platonis scripta in hac arte nondum cognovit
latinitas nostra, eum defendere in his que ignoramus, non presumamus.
Unum tamen confiteri possumus: si attentius platonice diffinitionis
35 verba pensentur, eam ab aristotilica non discrepare sententia. Nam in
eo quod dixit: '*que hoc ipsum quod sunt aliorum dicuntur*', non tam visus

10 predicetur *V^c* predicatur *V* 19 ⟨quod⟩ *V^c* 36 que] quod *V*

1 *Categ.* 10, 12 b 20. 2 *haec verba* (= 12 b 21) *in sua translatione Abaelardum non in-
venisse hic apparet, ubi videlicet haplologia omissa sunt.* 3 *Categ.* 10, 12 b 18-19.
4 *In Somn. Scip.* II 14, p. 629[16] *e.q.s.*

ad vocalem constructionem, ut aiunt, respexisse, quantum ad naturalem
rerum relationem. Cum enim ait[1] 'hoc ipsum quod sunt', essentiam demonstravit, non vocabulum. Neque enim ipsa res ipsum est vocabulum; nec
vocabulum rei esse dici potest, sed rei essentie demonstratio; quod vero
posuit 'dicuntur', nuncupativum est verbum quod vim habet substantivi, 5
ac si videlicet diceret: 'sunt'. Cum ergo dixit: 'que hoc ipsum quod sunt
aliorum dicuntur', non quamlibet assignationem, sicut volunt, accepit,
sed propriam relationem monstravit. Illa enim assignatio unius ad alterum, que secundum substantiam fit, propriam rerum ostendit relatio-
ne⟨m⟩. Unde hec assignatio 'bos hominis bos', non est secundum rela- 10
tionem neque bos in eo quod bos est, hominis dicitur, sed in eo quod
ab ipso possidetur. Ex possessione ergo hoc habet quod hominis dicitur,
non ex substantia propria; ex accidenti casu quidem et quasi non ex
natura. Unde huiusmodi assignatio in relationem non venit, cum non sit
in substantia respectus, ⟨sed⟩ in natura comitatio, nec unius substantia ex 15
subsistentia alterius pendeat, quippe et absque ⟨assignatione⟩ eorum
substantias integras esse contingeret. Talis itaque videtur sententia
platonice diffinitionis: ea dicuntur ad aliquid que hoc ipsum quod sunt
aliorum dicuntur idest: quorum substantia ex altero pendet, ut paternitas et filiatio, quarum essentie ex se mutuo consistunt.   20

Videntur quidem verba sonare relationem genitivorum esse in
substantivis quoque nominibus, quod nos superius negavimus[2]; sed
potius sensus quam verba pensandus est; vel possumus illud quod dixerat
'aliorum' correxisse per illud quod subiunxit: 'vel quomodolibet aliter',
ac si diceret: si non per genitivum, qui in 'aliorum' intelligitur, referun- 25
tur in essentia, quocumque modo aliter ad se dicantur, dummodo
ostendatur eorum ad invicem relatio. Opponitur autem de appositis
exemplis, quod non essentie relationem sed adiacentie demonstrant,
veluti cum dicitur: 'pater filii pater'. Nec ista quidem pro exemplis
sed pro comprobatione recipimus. Ubi enim ipse substantie ex ipsis 30
relationibus se respiciunt, patet eas relationes esse. Cum enim dicimus:
'pater est pater filii' ⟨ipsamque patris substantiam in eo secundum quod
pater est, ad filium respicere dicimus, ipsarum essentias relationum ex
se pendere manifestum est; cumque dicimus: 'pater est pater filii'⟩,
relationem notantes, maxima vis in nomine 'patris' est attendenda, ut in 35
eo quod pater est filii esse intelligatur; alioquin simplex esset assignatio,
non relatio, veluti cum dicitur 'bos hominis'.

Atque de relativis sufficiant hec.

16 ⟨assignatione⟩ c   22 sustantivis V   28 quod] que V   32-34 ⟨ipsamque..... pater filii⟩ Vm

[1] Categ. 7, 6 a 36-37.   [2] supra, p. 83[14] e.q.s.

De qualitate

⟨Quot modis vox 'qualitatis' sumatur⟩

'Qualitatis' quoque vocabulum plures habet significationes, sed quas magis in consuetudinem ducimus, due sunt, cum videlicet vel
5 omnium formarum nomen accipitur, secundum quod Priscianus omne nomen significare substantiam cum qualitate voluit[1], vel earum tantum que in predicamento continentur. Quarum quidem descriptionem Aristotiles premisit cum ait[2]: „qualitatem vero | dico secundum quam qualem dicimus"; 'qualis' enim nomen nonnisi a qualitate generalissi-
10 mo sumptum accipimus. Unde si queratur qualis sit Socrates, non „pater" vel „sedens" respondemus, immo „rationalis" vel „albus" vel quodlibet aliorum nominum presentis predicamenti formas determinantium. Harum autem annumerationem quadrifariam ipse posuit, cum aliam earum maneriam habitum vel dispositionem vocavit, aliam
15 naturalem potentiam vel inpotentiam dixit, aliam passibilem qualitatem vel passionem nominavit, aliam formam et figuram quibusdamque aliis comprehendit. Nunc autem singulas ordine exsequamur.

f. 124ʳ

De habitu et dispositione

20 In prima autem maneria, quam nomine habitus et dispositionis comprehendit, omnes illas qualitates inclusit que subiectis suis per applicationem ipsorum innascuntur, ut *scientie* ex exercitio et quecumque ex aliqua nostre applicationis actione veniunt, veluti *virtutes*, *calor* aliquis vel *frigus* sive etiam *color*, *sanitas* vel *egritudo* atque alia
25 multa. Harum qualitatum, que scilicet per applicationem veniunt, illas habitus nominamus que postquam insunt, difficile possunt removeri nec a subiecto facile queunt expelli, ut sunt *scientie* vel *virtutes*; dispositiones vero eas que leviter expelli possunt, ut *calor* aut *frigus*, *sanitas* vel *egritudo*, nisi forte quandoque et ista per temporis longitu-
30 dinem in habitum vertantur. Sepe enim infirmitates videmus accidere que dum recentes sunt, facile eas medicina expellere posset; ubi autem diuturnitas eas in consuetudinem vertit, insanabiles facte sunt.

Solet quoque 'dispositionis' vocabulum largius accipi, ut scilicet omnes prime manerie qualitates ⟨dispositiones⟩ nominent, secun-
35 dum id scilicet quod disponuntur, idest applicantur, subiecta ipsarum ad eas suscipiendas. Unde et ipse Aristotiles subiunxit[3]: „sunt autem

23 accione *sic semper* V

[1] *Inst. gramm.* I, p. 55⁶.   [2] *Categ.* 8, 8 b 25.   [3] *Ibid.* 8, 9 a 10-13.

habitus dispositiones etiam, dispositiones vero non necesse est esse habitus; qui enim retinent, et quodammodo dispositi sunt ad ea que habent vel peius vel melius; qui autem dispositi sunt, non omnino retinent habitum." In quibus quidem verbis nichil aliud ostendi voluit nisi 'dispositionis' nominis equivocationem ad totam quoque maneriam 5 qua prius in parte ipsius usus fuerat, an⟨te⟩quam opposita habitum ac dispositionem posuerit, cum hoc facile a subiecto removeri, illud vero difficile posse separari dixerit. Hic autem 'dispositionis' vocabulum eque habitus et dispositionis prioris, que habitui opposita erat, nomen protulit; secundum quam significationem bene omnem habitum disposi- 10 tionem dixit, nec econverso omnem dispositionem habitum. Sunt autem nonnulli qui equivocationem nominis 'dispositionis' non accipiant, sed cum in prima quoque significatione ipsum retineant, sententiam mutant atque id in verbis suprapositis intelligi volunt quod omnes habitus prius, dum recentes sunt, facile a subiecto separari possunt atque inde habitus 15 nominari; non autem omnes dispositiones in habitum verti contingit. Sed hec profecto sententia liquide falsa apparet. Multa enim per applicationem nostram veniunt que statim ex quo sunt immobilia permanent, ut cecitas, que ex aliqua nostre actionis causa contingit. Sicut enim nec ex diu⟨tu⟩rnitate in habitum transit, ita nec ex novitate in disposi- 20 tionem. Sed ex hoc potius habitus nominatur, quod difficile in natura sua mobilis est nec nisi grandi causa expellendus, dispositio vero, quod facile possit removeri. Unde etsi statim ex quo habitus inest, grandis eum causa a subiecto expelleret, non minus tamen ⟨habitus⟩ dicendus fuerat, quod in natura immobilis erat. Dispositio vero eque 25 et ea que a subiecto numquam recedit dici debet, si in natura facile possit separari. Unde in istis potius ad naturam permanentie quam ad temporis quantitatem aspiciendum est. In passione vero et passibili qualitate, econtrario; de quibus in presenti tractemus.

De passibili qualitate seu passione   30

Hec autem huiusmodi sunt quod in his in quibus sunt subiectis vel ex aliis inferuntur atque innascuntur qualitatibus vel alias inferunt. Inferunt quidem, ut infirmitas pallorem in eodem subiecto, vel dulcedo mellis dulcedinem aliam in palato gustantis. Sepe autem eedem inferunt quoque alias et ab aliis inferuntur; ut cum calor ex erubescentia 35 inferatur, ipse etiam ruborem generat.

Prima autem huius speciei discretio est per pas⟨s⟩ibilem quali-

2 disposita V   6 qua] quo V   26 debet Vᶜ   potest V   34 impalato V   35 quoque] que V
37 discretio V divisio Vᶜ

tatem et passionem. Passionem vero eam huius manerie dicit que subiectum quandoque deserit, ut erubescentia sive ex ipsa illatus rubor. Ipse tamen quandoque *'passionis'* nomen, sicut in supra⟨posita maneria⟩ *'dispositionis'* vocabalum, totius manerie nomen accipit, ut in eo quod 5 ait[1] : „quecumque talium casuum ab aliquibus passionibus difficile mobilibus ac permanentibus" etc. Passibilss vero qualitates eas huius manerie nominat que permanentes sunt nec umquam a subiecto recedunt, ut dulcedo mellis, que secundum id quod aliam, ut dictum est, dulcedinem infert sub hac maneria cadit. Bene autem eas que 10 permanentes sunt, non-transitorias qualitates appellat, quia ex ipsis solis usus humane locutionis subiecta *qualia* solet nominare. Si enim de quolibet queratur quale fuerit, non transitoria accidentia ad eius notitiam afferimus, sed permanentia, ne forte contingat ea separari, antequam subiectum reperiamus. Unde et ipse Aristotiles : „non enim, inquit[2], dicimur 15 secundum eas quales; neque enim qui propter verecundiam rubens factus est rubeus dicitur, nec cui pallor propter timorem venit, pallidus est, sed magis aliquid passus."

Qualitates ergo absolute et proprie dicuntur ex quibus subiecta qualia solent dici, passibiles vero eedem ex permanentia dicuntur, non, 20 ut quidam annuunt, ex eo quod hee que illas suscipiunt, aliquid per eas patiantur. „Neque mel, inquit[3], quoniam aliquid passum sit, idcirco dicitur dulce", idest dulcedo mellis, que in ipso passibilis qualitas dicitur, nichil ipsum pati facit, quod ab omni sensu alienum est.

Fiunt autem subdivisiones multe de passibili qualitate et passione; 25 utraque enim vel inferens tantum dicitur vel illata vel utrumque. Inferens autem modo passionem modo passibilem qualitatem inferre dicitur, et illata modo a passione modo a passibili qualitate infertur. Infert autem passio passionem, cum ex erubescentia rubor nascitur. Passio quoque passibilem qualitatem inferre potest, ut si ex infirmitate 30 vehementi color aliquis illatus post ipsam in perpetuo remaneat. Cui tamen Aristotiles repugnare videtur in eo quod ait[4] : „quecumque vero ex his que facile solvuntur et cito transeunt, fiunt, passiones dicuntur." Passibilis quoque qualitas | passibilem infert, cum dulcedo mellis dul- f. 124ᵛ cedinem in gustante gignit. Passibilis quoque qualitas ex passibili quali- 35 tate inferri [non] potest, ut si permanens infirmitas permanentem colorem servet, de quibus dictum est[5] : „quecumque talium casuum ab aliquibus

8 *alterum* ut] non *V*   24 multo *V* multe *Vᶜ*   25 utraque] ut̃rq. *V* utrumque] utraque *V* 34 gingnit *V*

[1] *Categ.* 8, 9 b 19 *e.q.s.*   [2] *Ibid.* 8, 9 b 29-32.   [3] *Ibid.* 8, 9 b 1-2. [4] *Ibid.* 8, 9 b 28-29.   [5] *Ibid.* 8, 9 b 19-21.

passionibus difficile mobilibus et permanentibus principium sump-
serint....." et permanet, quod ipse longe post subiunxit[1] dicens: „et non
facile pretereunt et in vita permanent, passibiles qualitates dicuntur."

Omnium autem huiusmodi qualitatum alias naturales, alias
temporales esse innuit. Naturales autem eas vocavit que in ipsa 5
nativitate subiecti fiunt, ut si aliqua infirmitas inter ipsa primordia
innascatur. Temporales vero eas dixit que post nativitatem accidunt,
sicut erubescentia vel timor. Cum autem qualitas temporalis fuerit, et
que ex ea infertur, temporalem esse necesse est. Ex naturali vero temporalis quoque fortasse inferri poterit, ut ex infirmitate quam in ipsa 10
nativitate infans contraxit, alia postmodum infirmitas incumbet vel odor
aliquis, quamvis ex verbis Aristotilis nullam ex naturali nasci nisi
naturalem possit concipi. Sed hanc quidem inquisitionem nature phisice discussioni relinquamus. Sicut autem in corpore, ita et in anima
huiusmodi qualitates deprendimus tam naturales quam temporales, ut 15
sunt iste: *dementia, ira, contristatio* atque ex ipsa *iracundia*.

De potentia naturali et inpotentia

Adiecit quoque aliam qualitatis maneriam quam naturalem
potentiam vel inpotentiam nominavit, secundum quas pugillatores
vel salubres vel insalubres dicimus: „et simpliciter, inquit[2], quecum- 20
que secundum naturalem potentiam vel inpotentiam dicuntur." Cum
autem omnes potentie seu inpotentie naturaliter, non per applicationem, subiectis innascantur, quod eas naturales nominaveri⟨t⟩ non ad
determinationem aliquam dixit, sed ad differentiam posuit prioris
manerie, cui secundam istam supposuit. Unde etiam adiecit[3]: „non 25
enim quoniam sunt dispositi aliquo modo unumquodque huius dicitur,
sed quod habeat potentiam naturalem, vel facere quidem facile vel nichil
pati." Unde etiam manifestum est non hic omnes potentias vel inpotentias includi, sed eas tantum que aptitudinis sunt, ut sunt ille que
in subiectis ipsis secundum membrorum compositionem pensantur, ut 30
aliquis homo pugillator dicitur, non tantum secundum artem pugnandi,
verum etiam secundum membrorum aptitudinem naturalem, cuius
scilicet idonea membra ad pugnandum et flexibilia natura creavit.

Sunt autem alie potentie vel inpotentie que nature proprie
sunt, non aptitudinis, in eo scilicet quod non solum eas natura contulit, 35
verum etiam eas exigit, ut *rationalitas, irrationalitas, mortalitas, immortalitas*,
que speciei cui insunt, naturam totam occupant nec ei per accidens, sed

6 natavitate V^c 22 seu] sue V 26 huius V^c unius V 29 abitudinis V

[1] *Categ.* 8, 9 b 25-27.   [2] *Ibid.* 8, 9 a 15-16.   [3] *Ibid.* 8, 9 a 17-19.

substantialiter insunt. Omnes enim homines rationales sunt vel mortales, sed non omnes salubres vel pugillatores dicuntur; unde hec per accidens inesse clarum est. Pro quibus quidem bene 'facile' adiu⟨n⟩xit, cum scilicet ait[1]: „vel facere quidem facile vel nichil pati." Neque enim
5 cursor aut pugillator a simplici potentia currendi vel pugnandi, (que etiam fortasse substantialiter insunt), nominatur, immo a potentia pugnandi facile vel currendi leviter. Potentiarum itaque vel inpotentiarum huiusmodi alie sunt ad aliquid facile faciendum, ut potentie vel inpotentie facile pugnandi vel currendi, alie non ad patiendum facile,
10 sed magis ad resistendum facile, ut *sanativus* dicitur eoquod possit non facile infirmari, idest resistere vehementer infirm⟨it⟩ati, ac vix eum contingat infirmari; *egrotativi* vero econtrario dicuntur, ex inpotentia scilicet eiusdem, ⟨per quod videlicet non quea⟨n⟩t facile resistere infirmitati. *Durum* quoque dixit secundum potentiam non facile secari,
15 hocest secundum id quod facile sectioni resistat; *molle* vero secundum inpotentiam eiusdem⟩, de eo scilicet quod non possit non facile secari, idest facile resistere sectioni. Que quidem potentie sive inpotentie maxime secundum usum locutionis accipiende sunt. Id enim quod ad utilitatem vel dignitatem rei pertinet, ad potentiam reducimus, ad in-
20 potentiam vero quod non. Neque enim aliquis pauper inde potens solet nominari quod facile possit ab hoste ⟨suo⟩ superari vel capi, sed magis inpotens, quod scilicet suis incommodis facile non queat resistere. Nisi autem hoc de utilitate vel dignitate in potentia attendis, poteris econverso potentias dicere quas Aristotiles inpotentias nominat, aut in-
25 potentias quas idem potentias appellat, ut scilicet egrotativum potentem dicas, quod facile possit egrotare, sanativum vero, quod non, et molle quod facile possit secari, durum autem quod minime queat. Idem enim videtur quod non possit non facile infirmari vel non secari, ⟨ac⟩ quod possit facile infirmari vel secari; 'egrotativi' quoque nominis
30 forma et terminatio potentie congruit. Que enim nomina sumpta sunt et in '-*bile*' vel in '-*tivum*' terminationem habent, potentiarum designativa solent esse, ac fortasse quedam quoque potentia per adiunctionem inpotentie in egrotativo potest innui. Qui enim quemlibet inpotentem ad non egrotandum facile monstrat, potentem esse ad egrotandum
35 quodammodo insinuat; propriam tamen significationem 'egrotativi' de inpotentia esse Aristotiles voluit ac potius secundum inpotentiam quam secundum potentiam eius impositionem accipi.

9 non ad] ad non *V* 10 sanativus] satinus *V* 13-16 ⟨per quod..... eiusdem⟩ *V*c 16 secari] sequari *sic semper V* 21 ⟨suo⟩ *V*c 36 ipotentia *V*

[1] *Categ.* 8, 9 a 18-19.

Queritur autem qui sit actus huius potentie que in ‘*sanativo*’ intelligitur; non enim sanum esse ipsius actus dici potest, quippe omne sanum sanativum esset, quod falsum est. Sani enim alii egrotativi sunt, alii non, sicut egri alii sanativi, alii non. Qui enim sanativi sunt nec facile egrotare possunt, aliquando egros esse contingit grandi causa 5 incumbente, et qui egrotativi sunt, per adiunctionem alicuius medicine sanitatem diu servare poterunt. Unde potius potentie non facile egrotare actus erit de non esse: unde ipsa est potentia quod non facile egrotare dicitur; hunc autem, cum sit de non esse, non necesse est potentie sue universaliter supponi, ut scilicet dicamus omne quod non facile 10 egrotat, potentiam ad non egrotandum facile habere, idest sanativum esse; quippe iam lapis ipse et quecumque et non sunt, egrotativa dicerentur! Sic quoque et potentie non esse album, cum sit actus non esse album, ipsi tamen universaliter subdi non potest, ut videlicet dicamus omne quod non est album potentiam illam habere, sed fortasse ita: 15 ‘*potens non esse album*’, ut nullam formam in nomine ‘*potentis*’ intelligamus, sed id tantum quod nature non repugnet; in qua quidem significatione nomine ‘*possibilis*’ in modalibus propositionibus utimur.

Sunt autem qui ut actum sanativi ipsi universaliter possint | supponere, ipsum esse dicant naturaliter in sanitate permanere. Sed falso. 20 Neque enim potentia de habendo sanitatem fuit, sed de non facile patiendo infirmitatem. Sed cur non et lapis huiusmodi potentiam habeat, ut ipse quoque sanativus dicatur, cum huiusmodi quoque potentiam suscipere videatur? Ipse enim talis est quod non facile possit egrotare, quippe nullo modo potest infirmari quod inanimatum est. Si 25 autem pro potentia habendi facile sanitatem ‘*sanativi*’ nomine uteremur atque ‘*egrotativo*’ pro potentia egrotandi facile, nulla impediret obiectio nisi sola auctoritas. Unde auctoritati adherentes quamdam potentiam in ‘*sanativo*’ de non patiendo facile infirmitatem accipimus atque in ‘*egrotativo*’ quamdam eiusdem inpotentiam, que in solis animalibus, 30 sicut ‘*sanum*’ et ‘*egrum*’, reperiuntur. Nec fortasse satis idoneas diffinitiones ad eas demonstrandas habemus.

Videntur autem contraria ‘*sanativum*’ et ‘*egrotativum*’, sicut ‘*sanum*’ et ‘*egrum*’, et omnis quidem potentia contrariam de eodem inpotentiam habere videtur, ⟨aut, ut quibusdam placet,⟩ de contrario 35 potentiam, ut potentia fieri album ad potentiam fieri nigrum. Sed que magis adversa est de eodem, inpotentia contraria est: simul enim idem et album esse potest et nigrum, sed non simul potens est et inpotens esse

album. Boetius tamen non omnem potentiam contrarium habere
voluit; '*bipes*' enim, quod aptitudinis nomen est (— unde et curtatum
bipedem Porphirius[1] dicit —) contrarium habere denegavit[2]; ac similiter '*quadrupes*' sive etiam '*gressibile*'. Nec multum tamen rationabiliter,
5 nisi in eo quod contrariorum nomina non habebat. Logica autem, que
res quandoque non propter se sed propter nomina tractat, ibi in rebus
recte cessat, ubi vocabulis non habundat. Utquid enim significationem
tractaret nominis, ut eius sententiam aperiret, ubi id quod significaret,
deesset?

10 Si quis autem de huiusmodi potentiis nature que substantiales
sunt, cum in hac maneria non contineantur, quesierit in qua Aristotiles
eas comprehendat, agnoscat multos modos esse qualitatum extra hanc
annumerationem. Unde et ipse, postquam eam complevit ac de quibusdam qualitatibus oppositionem movit, *raro* scilicet et *spisso*, *leni* et *aspero*,
15 quas in suprapositis membris non videbatur inclusisse, ait[3]: „et fortasse
alii quoque apparebunt qualitatis modi, sed qui maxime dicuntur hi
sunt", idest qui in maiori usu habentur. Nemo itaque qualitates esse
deneget, quia non comprehenduntur in annumeratione qualitatum
apposita. Bene autem hi qui logice deserviunt, ad consuetudinem, non
20 ad naturam, respiciunt, quorum intentio vocibus debetur, quarum
impositio naturalis non est, sed consuetudinis. Cui quidem nichil de
substantialibus visus est aggregasse, nisi forte dulcedo melli substantialiter inesse dicatur, de qua etiam superius meminit[4], sed solas accidentales posuisse nec etiam omnes sed, ut dictum est, magis consuetas.

25 ### *De forma et figura*

Quartum quoque genus pluribus nominibus comprehendit,
'*forme*' scilicet et '*figure*' vocabulo et quarumdam insuper qualitatum,
que ab istis proprie suscipiuntur, ut sunt *rectitudo* et *curvitas*, *triangulum*
et *quadratum* „et si quod, inquit[5], his est simile", in eo scilicet quod
30 forme et figure proprie insint. Proprie enim ipsa forma vel figura
curvalis, recta, triangula vel quadrata dicitur, et aspera fortasse vel lenis,
rara vel spissa, et quecumque subiecta hec suscipiunt, mediante illa
habent. Unde et ipse Aristotiles: „secundum figuram, inquit[6], unumquodque quale quid dicitur."

35 Est autem figura compositio corporis quo nos ad demonstrationem
vel representationem alterius utimur, ut sunt ea que ge⟨o⟩metrica

---

2 quod] quidem *V*   19 apposito *V* loice *V^c* loie *V*   24 possuisse *V*   32 illa] illis *V*

[1] Cf. Boeth., *In Isag.*, 330[1-2].   [2] *locum invenire non potui*.   [3] *Categ.* 8, 10 a 25-26.
[4] *Ibid.* 8, 9 a 33-34; cf. *supra*, p. 94[34] e.q.s.   [5] *Ibid.* 8, 10 a 13.   [6] *Ibid.* 8, 10 a 16.

corpora dicunt, quibus ad demonstrationem mensurandi ge⟨o⟩metres
utuntur. Figuram quoque cuiuslibet imaginationem dicimus que ad
representationem alicuius facta est, et hec quidem est magis consueta
significatio, ut scilicet eorum compositiones figuras dicamus que aliquid
nobis significant ac representant. Figuras itaque in his accipimus 5
subiectis que propter alia facta sunt; formas autem eorum compositiones
nominamus que pro se ipsis, non propter demonstrationem aliorum,
composita sunt, ut hoc meum corpus et quodcumque sola natura operatur.

De raro autem et spisso atque aspero vel leni, ut Aristotiles
ostendit[1], magna erat dissensio, utrum qualitates an positiones di- 10
cerentur rectius. Qualitates autem inde videbantur quod eorum nomina
ad 'qualis' interrogationem redduntur atque hinc qualitatem significare
⟨comprobantur; sed hic rursus videtur obesse quod in supraposita qualitatis divisione non videntur inclusa. Unde et ipse Aristotiles de eis
inquit[2]: „rarum vero et spissum et asperum et lene putabuntur quidem 15
qualitatem significare⟩, sed aliena huiusmodi putantur esse a divisione
que circa qualitatem est." Sed licet aliena putentur, tamen, ut dictum
⟨est⟩, in quarto genere, sicut *rectitudo* aut *curvitas*, locari poterunt. Illud
quoque hec a qualitatibus dividere videbatur quod in omnibus earum
positiones potius quam qualitates intelligi videbantur: „in eo enim, 20
inquit[3], '*spissum*' dicitur quod partes sibi ipse propinque sint, '*rarum*'
vero eoquod distent ab invicem et '*lene*' quidem quod in rectum partes
sibi iaceant, '*asperum*' vero quod hec quidem pars superet, illa vero sit
inferior".

Sed aliud est hec secundum positionem accipere, aliud positio- 25
nem esse. Sic enim et lineam et superficiem et corpus secundum diversam partium positionem accipimus; nec tamen sunt positiones, sed
quantitates, lineam quidem secundum positionem punctorum in longum,
superficiem in latum, corpus in spissum. Illud quoque asperum et lene,
rarum et spissum non esse positiones convincit, quod contraria dicuntur. 30
Unde nullo modo audiendus est Boetius in *Prima Editione* super hunc
locum, qui eas positiones ostendi omnibus modis nititur, cum de eis
dixit[4]: videntur ergo hec quoque in qualitatibus posse numerari, sed
rectam rationem aspicientibus nec solum auribus que dicuntur, sed
etiam mente atque animo diiudicantibus in qualitatibus hec poni non 35

13-16 ⟨comprobantur..... significare⟩ V^c 15 inquid V^c 21 sint] sunt V
28 quantitotes V 34 aspicientibus V perspicientibus L b 35 atque V b et L diudicantibus
V iudicantibus L b.

[1] *Categ.* 8, 10 a 16 e.q.s.   [2] *Ibid.* 8, 10 a 16-19.   [3] *Ibid.* 8, 10 a 20-24.
[4] *In Categ.*, 251 D[1-7]; cf. *Log. Ingred.*, 238[9-13].

oportere manifestum est. Nam quod dicimus rarum, positio quedam partium est, non qualitas" etc.

Est autem de omnibus modis qualitatum expeditum, quos videlicet Aristotiles in *Qualitate* numeravit.

5   *De supraposita divisione utrum sit per species*

De qua quidem annumeratione quadrifaria magna, memini, solet esse dissensio, in eo scilicet quod alii illam esse velint divisionem generis in species, alii non. Qui autem divisionem generis appellant, dicunt in singulis speciebus, quas subalternas esse volunt, duo esse nomina posita
10 inferiorum specierum pro genere, quibus ipsum sufficienter dividitur, tamquam si quis nomen 'substantie' ignorans pro ipso 'corporis' et 'spiritus' nomine uteretur. Sic autem et pro quodam genere qualitatis habitum | et f. 125ᵛ dispositionem posuit, que eius species esse volunt, pro alio vero potentiam et inpotentiam; ac sic in ceteris pro genere specierum nominibus
15 ita dicitur.

At vero illud eam annumerationem ostendit non esse generis in species divisionem quod per opposita non fit. Eadem namque qualitas et sub prima specie secundum hoc quod per applicationem venit, continetur et sub secunda in eo quod ab alia infertur vel aliam infert, ut
20 dulcedo gustantis que ex dulcedine mellis infertur et per applicationem nostram venit, aut infirmitas aliqua que pallorem gignit. Sed nec diverse species in nomine 'habitus' et 'dispositionis' continentur, sed potius sumpta sunt a quibusdam proprietatibus, a facili scilicet motione vel difficili, ut ostensum est. Quod etiam ex eo manifestum est quod circa
25 unam eamdemque qualitatem secundum diversa tempora permutantur. Que enim prius fuit dispositio, dum facile mobilis erat, eadem postea per diuturnitatem temporis et exercitium versa est in habitum ac difficile mobilis facta est, ipso attestante Aristotile[1]. Multas enim accipimus sententias, que, dum recentes sunt, facile labi possunt, que postea in
30 habitum per diuturnitate⟨m⟩ exercitii transeunt. Sic quoque de infirmitatibus sepe contingit. Que itaque qualitas modo erat dispositio, iam facta est habitus nichilque de substantia sua sed de proprietatibus mutavit, veluti Socrates, Boetio teste[2], dum idem per pueritiam et iuventutem alteratur. Cum enim Boetius in *Commentario Prime Editionis*
35 differentiam habitus et dispositionis ostenderet[2], in eo quod habitus et dispositio dicuntur, nec ea genere vel specie quoque differre videret,

6 annumatione *V*ᶜ annunciacione *V*   quadripharia *V*   12 utentur *V*   21 gignit] ginnit *V* 23 sumpta] suta *V*

[1] *Categ.* 8, 9 a 1-4.   [2] *In Categ.*, 241 D.

adiecit nec numero ea differre, sed potius: „quemadmodum ipse Socrates, dum esset parvulus, post vero pubescens a se ipso distabat, eodem quoque modo, inquit[1], habitus et dispositio."

Sed opponitur cum habitus permanentiam vel mobilitatem dispositionis secundum naturam, ut dictum est[2], accipiamus, non secun- 5 dum temporis quantitatem, quomodo eadem qualitas sub eadem manens natura de dispositione in habitum transeat, aut quomodo infirmitas eadem, que prius in natura facile mobilis erat, postea difficile mobilis secundum naturam fiat natura sua non mutata. Sed hoc quidem quod 'natura' diximus, non secundum substantiam qualitatis accipiendum 10 fuit, sed secundum proprietatem eius et ad differentiam temporis dictum, quod in secunda maneria multum valebat, ut supra quoque monstravimus[3]. Non solum autem habitus et dispositio qualitates ipse nominant⟨ur⟩ ex quibusdam, ut dictum est, proprietatibus, sed etiam prime manerie ex ea supponuntur proprietate, quod per applicationem subiecti 15 veniunt, secunde vero ex eo quod inferunt vel inferuntur. Ac sicut habitus et dispositio sumpta sunt, ita passibilis et passio, illud quidem a permanentia, hoc vero a transitione, eo scilicet quod non sit permansura in toto corpore subiecti.

Unde potius suprapositam de qualitate divisionem quamdam 20 qualitatum annumerationem vocavimus[4] quam per species divisionem. Quod igitur Aristotiles genus aut species nominavit, magis pro maneriis proprietatum dixit quam pro naturis specierum.

Sed opponitur quod in commentario Boetius ea subalterna genera monstravit. Cum enim questionem movisset[5] cur secundam 25 maneriam genus aliud a prima dixerit, cum ipse primam non genus, sed speciem nominasset[6], ait hos qui hoc querunt id velle videri illud esse solum genus quod super se aliud genus non habeat, illud vero solum speciem quod sub se nullas species claudit. „At vero, inquit[7], que inter genera generalissima speciesque specialissimas sunt, communiter possunt 30 generis et speciei nomine nuncupari; quocirca quoniam de ea specie qualitatis Aristotiles tractat, que nondum sit species specialissima, sed magis generis prima species, et huiusmodi species que possit esse ⟨et⟩

---

12 maneria] positione V   27 querunt] coll. b gerunt V id velle V ignorare b(!)   29 claudit V claudat b at vero V illa vero b   30 communiter possunt V communi posse b   33 que coll. b quod V ⟨et⟩ coll. b

---

[1] In Categ., 241 D7-9.   [2] supra, p. 94[27-28].   [3] supra, p. 94[28-29].
[4] supra, p. 101[16].   [5] In Categ., 244 D.   [6] Categ. 8, 8 b 26-27.
[7] In Categ., 244 D[13]-245 A[6].

genus, nichil absurdum est eam generis et speciei loco ponere", ac si idem generis et speciei nomine nuncupari ⟨diceret⟩. His itaque verbis Boetius manifeste videtur innuere huiusmodi manerias non solum in proprietatibus, verum etiam in natura species eiusdem generis esse.

Ad que profecto, si rationem non eque pensemus et auctoris culpam defendere studeamus, respondendum est non multum insistenda esse verba priorum commentorum, sed magis simpliciter accipienda, tamquam prime iuniorum introductioni preparata aut fortasse magis aliorum quam suam sententiam induxisse. Quod enim hec quatuor primas qualitates species dixerit, si ipsius dicta pensemus aliaque eius opera attendamus, falsum esse deprehendemus, quippe ipse in *Divisionibus* docet[1] omne genus duabus proximis speciebus distribui; aut, quod magis arbitror, eum potius vilem obiectionem exstinguere quam rationi satisfacere, ut eos scilicet retunderet qui eamdem rem et generis et speciei nomine designari mirabantur. Magis enim hoc loco studuit Aristotilem defendere quam eius sensum aperire. Quod[2] vero in priori editione minus dixit — sed e re fortasse reservavit — quam ad doctrinam provectorum scripturus fuerat.

⟨De proprietatibus qualitatis⟩

Nunc autem quatuor qualitatis speciebus iuxta Aristotilem expeditis ipsius communitates seu proprietates exsequamur.

De prima proprietate

Primam autem in eo monstravit, quod ea que qualitates ipsas suscipiunt, ex ipsis eorum nomina denominative nuncupantur; quod quidem sicut nec solis qualitatibus, ita nec omnibus convenit. In eo namque denominatio deficere potest quod quandoque qualitatibus ipsis non sunt imposita nomina, ex quibus denominative nomina sumantur qualitatis, ut *pugillatores* vel *palestrici* secundum quasdam potentias nomina⟨n⟩tur, quibus nomina nondum sunt inventa, sicut fortasse in scientiis nomina habemus: pugillatoria enim ipsa dicitur disciplina pugnandi, a qua denominative pugiles hi dicuntur qui eam consecuti sunt; cuius quidem differentia ad potentiam in eo clara est, quod hec per applicationem, illa naturaliter contingit. Poterit fortasse ex penuria nominum sumptorum deficere, in eo scilicet quod formis ipsis nomina sua iam

---

1 eam generis et speciei *V* eamdem et speciei et generis *b* 17 sed e re] sedere *V* 20 iusta *V* 25 qualitatibus] quantitatibus *V* 31 consequti *V*

[1] *De divis.*, 884 C7−8.　　　　[2] notandum est quod *intelligendum esse suspicor*

habentibus ab ipsis nomina non apponantur formatis; id tamen Aristotiles
non tangit. At vero et in eo denominationem deficere docuit, quod,
cum et forme ipse nomina sua habeant et formata quoque ab eis nomina
suscipiant, fallit tamen secundum vocis dispositionem nominis denominatio, sicut in 'studioso' quod a 'virtute' sumptum est.   5

Non itaque omnes qualitates denominative faciunt, sed quedam
denominative, quedam non denominative.

De secunda

f. 126ʳ | „Inest autem, inquit[1], et contrarietas qualitati, ut albedo nigredini
contraria est." Omnia quoque qualitatum contraria qualitates esse necesse 10
est. Unde etiam dicitur[2]: „si ex contrariis unum fuerit quale, palam est
quia reliquum erit quale." Sicut autem nec sole qualitates contrarietatem habent, ita nec omnes. Rubro enim et qui sunt medii coloribus,
nichil est contrarium, sicut et in aliis.

De tertia   15

Suscipit quoque qualitas magis et minus, in eo scilicet quod circa
ea comparatur quibus adiacet, secundum hoc quod alteri inest cum
augmento, alteri cum detrimento. Unde 'magis et minus album vel sanum
vel iustum vel gramaticum' dicimus. Quoniam autem qualitatis comparatio circa subiecta accipitur, non circa ipsius essentiam, clarum est 20
non omnia comparari nomina quibus qualitates significantur, sed ea
tantum quibus ut adiacentes determinantur. Non enim sicut 'magis et
minus iustum vel sanum' dicimus, ita 'magis et minus iustitia vel sanitas'
dicitur. Unde et ipse inquit[3] Aristotiles: „non tamen omnia sed plura;
iustitia namque a iustitia si dicatur magis et minus, potest quilibet amb- 25
igere. Similiter et in aliis affectibus: quidam enim dubitant de talibus;
iustitiam namque a iustitia non multum aiunt magis et minus dici, nec
sanitatem a sanitate. Minus autem habere alterum altero sanitatem aiunt
et iustitiam minus alterum altero habere", ac si aperte diceret: sumpta
quidem a qualitatibus nomina ad comparationem veniunt, non sub- 30
stantiva. Ad quod illud pertinet quod subditur[4]: „sed tamen ea que
secundum eos affectus dicuntur, indubitanter recipiunt magis et minus."

Sed nec omnibus qualitatibus inest comparatio. Que enim substantialiter insunt, comparatione[m] privantur, ut corporeum, animatum,
sensibile, rationale; que quidem omnibus equaliter insunt quorum 35

10 qualitates] quantitates V

[1] Categ. 8, 10 b 12-13, sed parum accurate laudatur.   [2] Ibid. 8, 10 b 17-18.
[3] Ibid. 8, 10 b 29-11 a 1.   [4] Ibid. 8, 11 a 2-3.

substantiam constituunt. Sic quoque et *risibile* et *navigabile*, *triangulum* et *quadratum* sive *circulus* et quelibet figure comparari non dicuntur. Unde nec id in proprium qualitatis ducitur quod dicitur comparari.

Postquam autem Aristotiles multa qualitatibus assignavit, quorum
5 nullum proprium vidit vel quia scilicet non solis nec omnibus conveniebant, adultimum rectum proprium adiecit quod solis atque omnibus insit. Atque hinc maximam qualitatum notitiam facit.

De quarta

Hoc autem est huiusmodi quod ⟨secundum⟩ solas qualitates *simile*
10 ac *dissimile* dicitur. Qui enim albedinem suscipiunt, secundum eam similes dicuntur ad invicem, ab his vero dissimiles qui nigredinem vel ceteros colores participant. At vero cum similitudo relationibus aggregetur, ex cuius adiacentia quelibet res similes dicuntur, non videtur secundum solas qualitates simile dici, nisi forte in eo quod per solas
15 qualitates ipsisque mediantibus similitudo accidit. Hi vero qui similitudinem potius inter qualitates enumerant, ut Magistro nostro V. placuit, si suprapositam expositionem accipiant — ut scilicet similitudinem ipsam ex qualitatibus innasci dicant — videntur infinitatem incurrere, ut ipsa quoque similitudine mediante alia in infinitum innascatur,
20 nisi forte equivoce verbo '*proprietatis*' utantur, in eo scilicet ut ita omnes qualitates simile aut dissimile facere concedant, quod vel eis mediantibus similia aut dissimilia dicantur, vel proprie et statim ex informatione ipsarum, sicut ex adiacentia similitudinis ac dissimilitudinis.

His autem qui simile ac dissimile inter qualitates computant,
25 monstrari potest res quaslibet in eo quod dissimiles sunt, esse similes. In eo enim quod dissimiles sunt, eamdem dissimilitudinis qualitatem participant, secundum quam similes inveniuntur; est enim similitudo Boetio teste[2] *eadem differentium rerum qualitas*. At fortasse non impedit si in eo quod dissimilitudinem participant, similes inveniantur. Sed hoc
30 omnino abnegandum est nulla inter se dissimilia esse secundum eamdem qualitatem qua ab invicem differunt. Quod autem de similitudine dicitur, nulli qualitati videtur congruere, nisi forte his quas communes meditantur. Nulla enim particularis qualitas diversis inerit, ut hec albedo sive illa nigredo; nec quidem aliquid secundum hoc quod hanc albedinem habet,
35 cuiquam simile dici potest; sed magis in eo quod albedinem speciem cum

---

6 recta *V*   7 atque] quia *V*   9 solae *c*   9-10 simile..... dicitur *V* similes ac dissimiles dicuntur *c*,   20 verbo] verbis *V*

---

[1] Ulgerio Andegavensi (?), vide *Introd.*, p. XX.   [2] Cf. *In Categ.*, 259 A[11-12].

illo participat, ipsi simile dicitur; in eo vero quod hanc habet, dissimile; ac si secundum id quod hanc albedinem habet, simile non dicitur, ex ipsa tamen simile esse ostenditur; quia enim hanc habet, albedinem quoque habere convincitur, ex cuius participatione simile dicitur. Potest fortasse dici quod ex particulari albedine particularis similitudo innascatur; unde 5 etiam similitudo inesse monstratur. Non tamen particularis albedinis adiacentia similitudinem exigit, quippe nonnisi inter plura similitudo existit. Hanc autem albedinem possibile est [esse] subiecto suo inesse omnibus aliis peremptis, nec similis diceretur cum non esset cum quo similitudinem teneret. Unde maxime communicatio qualitatis similitu- 10 dinem efficit quam adiacentia; neque enim quod albedinem habeo, similis secundum eam dicor, sed potius quia eam cum aliis communico.

De facere ac pati

'*Actionis*' nomine simpliciter, '*passionis*' vero multipliciter uti consuevimus: '*passionis*' enim vocabulum cum generalissimi signifi- 15 cationem tenet, de qua in presenti disputandum est, eas nominat proprietates que ab actionibus illate a passivis verbis determinantur. Sicut enim '*amo*' activum ab actione sumptum est, ita '*amor*' passivum a quadam passione, que ex actione ipsa quodammodo infertur. Qui enim alium amat, ex amoris actione quam in se habet, passionem quamdam in 20 eo qui amatur generat. Eas quoque qualitates inferentes vel illatas que cito transeunt, passiones vocamus, sicut erusbescentia⟨m⟩ aut ex ipsa illatum ruborem. Videtur quoque '*passionis*' vocabulum cuiusdam actionis designativum esse, a qua '*patior*', '*pateris*' sumptum est. Non enim, ut quidam putant, a '*passione*' generalissimo sumptum dicendum est, sed 25 potius a quadam actione, a qua etiam '*tolero*' vel '*perfero*' verba sumpta sunt, que eamdem tenent sententiam. Unde et sicut '*tolero* vel *perfero*

f. 126ᵛ | *crucem*' dicimus, ita et '*patior crucem*' recte dicemus, ostendentes quidem me agere in eo quod tolero crucem, pati vero in eo quod toleratur. Cum autem '*pati*' nomen generalissimi ponimus, tale est ac si 30 '*fieri*' vel '*agi*' proferremus. Sicut enim actionum generale nomen est '*facere*' vel '*agere*', ita quoque passionum que ex actionibus inferuntur, '*fieri*' vel '*agi*'.

Sed fortasse opponitur, ut iam omnis qui amatur fieri concedatur, sicut omnis qui amat, facere dicitur. Si autem fit, non est, sicut in *Primo* 35 *Periermenias* Aristotiles docuit[1]. At vero qui passionem habet, non esse

---

2 simile *Vᶜ* similiter *V*   11 habeo *Vᶜ* habet *V*   18 amo *Vᶜ* amor *V*   20 amoris] amore *V* 29 vero pati *V*

[1] Vide Boeth. *In Periherm.* I, 7³⁰.

non potest, dum eam habuerit. Sed si attentius Aristotilem intelligamus, non omnino *esse* his qui fiunt, abstulerit, sed solum *id esse quod fiunt.* Unde et cum premisisset[1] : „etsi fit pulcer, non est pulcer", statim adiecit[2] : „etsi fit aliquid, non est", illud scilicet quod fit, ut si ligna et
5 lapides modo fiant domus, dum adhuc in operatione[m] ipsa sunt, nondum ea sunt domus que ex ipsis est perficienda; *ligna* tamen et *lapides* recte dicuntur, dum operationem nostram suscipiunt, *domus* autem tunc dice⟨n⟩tur, ubi facta domus fuerit. Unde potius eam concedunt consequentiam que ait :
10   '*si sunt facta domus, tunc sunt domus*'
quam eam que proponebatur :
      '*si fiunt domus, sunt domus*'.
Nam '*fa⟨c⟩tum*', quod preteriti temporis est, preteritam iam ac perfectam operationem videtur monstrare, '*fiunt*' vero presentem.
15   Sed fortasse et adversus hanc aliquid dicetur. Possunt enim multe iam actiones esse preterite et nondum perfecta domus esse. Nam cum singulis diebus quibus operamur, possumus dicere domum fieri ex presenti operatione, que per tempora transit, ex eadem iam preterita secundo et tertio die factum esse dicemus. Quod enim fieri habuit, sive
20 adhuc fiat sive non, factum amplius dicetur per partem preterite actionis, quam etiam actionem esse oportet. Qui enim amari cepit[3], sive adhuc ametur sive non, secundum aliquod passionis individuum preteritum *amatus* dici poterit. Ac simul fortasse secundum aliud quod presentialiter inest, idem amari concedendum est. Sicut enim idem et
25 esse et fuisse concedimus, ita idem et amari et amatum esse annuimus, amatum quidem ex ea que iam est preterita passione, amari vero ex presenti que preterita⟨m⟩ est consecuta. Preteriti namque significatio infinita est, ut quod semel animatum est, omni tempore animatum dicatur; non sic autem presentis est vel futuri. Quod presens est, sicut
30 futurum fuit, ita quoque preteritum erit, ac sicut antequam esset, presens non poterat dici, ita nec postquam transierit, presens dicetur; futurum quoque quandoque futurum esse desinet, cum videlicet presens erit. Preteritum autem quod semel preteritum est, omni tempore ⟨preteritum⟩ dicetur. Unde et quod semel factum est, omni tempore
35 factum potest dici secundum preteritam actionem, ut destructa in domo ligna ipsa ac lapides que domus erant, facta esse domus dici poterunt, secundum id scilicet quod olim domus fiebant. Ex quo manifeste falsa

5 domus] domum *V*   11 proponebant *V*   23 quod] que *V*   26 quidem] quod *V*

[1] haec verba perperam interpretantur *De interpr.* 7, 17 b 33.   [2] *De interpr.* 7, 17 b 33-34.
[3] cepit = coepit

apparet ea quoque consequentia que ait:

> '*si sunt ⟨facta⟩ domus, sunt domus*'.

Videtur autem hec ratio de preterito exigere, ut quod vivum est quandoque simul mortuum esse annuamus. Ut cum aliquis diu positus in agonia mortis adhuc hanelat[1], idem et vivus, dum moritur, et mortuus 5 dici potest secundum multa mortis individua actionis iam preterita, secundum que fuisse moriens dicitur. '*Mortuum*' ergo preteriti temporis participium idem cum vivo simul poterit designare, sed non '*mortuum*' nomen, quod sola nominat inanimata ac cuiusdam qualitatis est designativum. Sic autem omnia que amantur, fieri docebimus, 10 secundum id quod passione informantur, sicut omnia que amant, amare, secundum id quod amorem erga aliquem habent. Omnes autem passiones ex actionibus necesse est inferri nec potest esse passio quam non sua generet actio. Neque enim potest esse qui ametur nisi et ille fuerit qui amet. 15

Sepe autem actiones passionibus carent, sicut *ridere*, *ludere* et que a neutris verbis designantur. Cum autem, ut dictum est, actionum partes seu passionum transitorie sunt, — quemadmodum et partes temporis que in significatione verborum una cum ipsis continentur, que precipue secundum ea⟨s⟩ mensurantur —, illud pretermittendum est, 20 quod sicut specialem naturam temporis in indivisibilibus particulis temporis accipere volunt, (eoquod hec sola una sint naturaliter), ita et generales vel speciales naturas actionum sive passionum in indivisibilibus ⟨et⟩ momentaneis actionibus vel passionibus sumunt.

Sicut autem contrarietatem facere et pati, ita et comparationem 25 recipere Aristotiles dixit[2]. Sicut enim invicem contraria dicuntur *cale-facere* ac *frigidum facere*, que in actionibus computamus, ita etiam *calefieri* ac *frigidum fieri*, *contristari* ac *delectari*, que passionibus aggregamus. Que etiam certum est comparari: *calefacere* enim *magis* et *minus* dicitur, et *calefieri*; similiter et *contristari* ac *delectari*. 30

De habere

'*Habere*' autem multos modos Aristotiles annumerat[3]; *habere* enim *formam* dixit, aut *quantitatem* quamlibet vel *qualitatem* vel id quoque quod est in corpore, ut *manum*, *pedem*; vel circa corpus, ut *tunicam* vel *anulum*; vel secundum continentiam, ut *modius triticum* vel *lagena vinum*; 35

---

2 ⟨facta⟩ *Vᶜ*　6 individuudua *V*　8 cum vivo] *coll. Log. Ingred.*, 255¹⁴ (non enim '*mor-tuum*', quando est participium, est oppositum '*vivo*', sicut quando est nomen) cum iuncto (coniuncto?) *V*　24 ⟨et⟩ *Vᶜ*　28 constristari *sic semper V*　33 aut] ut *V*

---

[1] hanelat = anhelat　　　　[2] *Categ.* 9, 11 b 2, 5, 7-8.　　　[2] *Ibid.* 15, 15 b 17 *e.q.s.*

aut secundum possessionem, ut *domum* vel *agrum* habere dicimur; aut
secundum cohabitationem, ut *uxor virum* vel *vir uxorem*; qui enim dixit
'*hic habuit illam*', id intelligere voluit quod cohabitavit; in quo quidem
modo plane equivocationem '*habere*' monstravit, cum eum alienissimum
5 dixit[1]. „Forte tamen, inquit[2], et alii apparebunt modi de eo quod est
habere, sed quod consueverunt dici pene omnes enumerati sunt."

Sunt autem plerique qui hanc annumerationem '*Habere*' ab Aristotile adiectam esse non credant, eoquod ipse supra premiserat, cum
breviter per exempla tria predicamenta perstringeret dicens[3]: „de
10 reliquis autem, idest *Quando* et *Ubi Habere*que, eoquod manifesta sunt,
nichil de eis aliud dicitur quam que in principio dicta sunt", ubi scilicet
ante ipsa predicamenta eorum annumerationem posuit ac per exempla
monstravit; ubi et de *Habere* talia subiecit exempla, que hic quoque
repetit, dicens[4]: „quia '*Habere*' quidem significat *calciatum esse, armatum*
15 *esse.*"

Non sunt autem intelligende passiones alique in '*calciato*' vel
'*armato*', ut sunt ille a quibus '*armor*' vel '*calcior*' passiva sumpta dicimus, sed quedam forme accipiende secundum quas *arma habere* vel
calciamenta | dicimur; qui quidem habitus ipsis passionibus preteritis f. 127ʳ
20 insunt. Neque enim armis vel calciamentis induti dicimur, nisi postquam
nos armaverimus vel calciaverimus.

'*Habitus*' autem vocabulum multiplicem significationem apud
philosophos habuit. Est enim habitus quem simul cum dispositione
speciem qualitatis posuimus[5]. Est etiam habitus privationis, ut *visio*,
25 cuius est privatio *cecitas*. Est quoque *Habitus* generalissimum pro quo
'*habere*' Aristotiles posuit, de quo in presenti nobis est disserendum,
cuius multos modos secundum Aristotilem supra posuimus[6]; de qua
tamen annumeratione mo⟨do⟩rum, utrum Aristotili sit deputanda
propter suprapositam causam, an potius Boetio, qui predicamenta
30 transtulit, vel alicui fortasse philosophorum ascribenda, magna solet esse
dissensio.

Nos tamen Boetio consentientes, qui eam in commentariis
Predicamentorum tractat, ipsam etiam Aristotilis esse concedimus. Quod
autem ipse premisit Aristotiles nichil aliud de *Habere* dici quam que in
35 principio dicta sunt, ita videtur accipiendum quod nullum de predicamento *Habere* tractatum constituet, sed tantum exempla sicut superius
ponet. Quod enim equivocationem, ut Boetius dicit, exsequitur, non

4 plene *V* 8 credant] c̄dant *V* (con⟨ce⟩dant?) 14 significat] significatio *V* 20 induci *V*

[1] *Categ.* 15, 15 b 28-29. [2] *Ibid.* 15, 15 b 30-32. [3] *Ibid.* 9, 11 b 11-13.
[4] *Ibid.* 9, 11 b 13-14. [5] *supra*, p. 93¹⁹ *e.q.s.* [6] *supra*, p. 108³³ *e.q.s.*

ad nomen predicamenti pertinet, quod de omnibus univoce dicitur, sed ad equivocationem vocabuli.

Utrum autem ad singulos modos equivocum debeat dici nomen *'habere'*, inquirendum est. Sed ille quidem tantum modus quem alienissimum Aristotiles dixit[1], in equivocationem cum superioribus venire 5 videtur. De superioribus autem *Habere* predicamentum univoce dicitur. Que autem nomine generis appellantur, eque ab ipso proprie et univoce nominantur; eque enim et *homo* et *asinus* animal dicuntur. Sic quoque et *'habere'* nomen de superioribus modis tamquam genus univoce dicitur; alioquin pauca in nomine generis comprehenderentur, si 10 uni tantum modo aptaretur. Et quod omnes quidem *habere* nominantur, omnium satis consuetudo tenet. Si quis tamen ad ea tantum que circa corpus sunt atque ipsum vestiunt, *'habere'* nomen generale reduxerit secundum supraposita exempla de armato vel calciato, facilius fortasse Aristotiles absolvi poterit, in eo scilicet quod de *habere* genere nichil 15 aliud dicit quam exempla que superius posuit. Atque ideo infinitatis obiectio quam in sequentibus de habitu forme moturi sumus[2], cessabit.

Huius autem predicamenti significatio ex duobus diversis, sicut *Ubi* quoque et *Quando*, procreari videtur; ut proprietas illa habendi que per *'armatum esse'* designatur, ex armis ipsis que habentur, et 20 persona ipsa que habet, ipsi innascitur persone, tam ab armis ipsis diversa quam a persona que armata est, sic quoque et ex qualibet re quam habemus, quedam habendi proprietas nasci dicitur. Que quidem ratio ab infinitate posse absolvi non videtur. Cum enim et ipsam habendi ⟨habemus⟩ proprietatem, ex ipsa quoque in infinitum aliam recipiemus, 25 nisi forte hoc ad formas tantum aliorum predicamentorum reducantur ac, sicut supra dictum est, *'habere'* nomen secundum formas equivoce recipiamus; non enim *'album esse* vel *nigrum esse habere'* dici solet.

---

1 univoce] equivoce *V*   3 singulas *V*   14 calciato + tunicato cappato *Vᶜ*   16 posuit] poterit *V*   17 quam] que *V*   21 innascuntur *V*   28 *post* solet *lacuna duorum versuum in V*

1 *Categ.* 15, 15 b 28-29.   2 *infra*, p. 110²³⁻²⁸.

VOLUMEN III

POSTPREDICAMENTA
DE VOCIBUS SIGNIFICATIVIS

LIBER PRIMUS
DE SIGNIFICATIONE

⟨Introductio⟩

Evolutus superius textus ad discretionem significationis nominum
⟨et⟩ rerum naturas que vocibus designantur, diligenter secundum
distinctionem decem predicamentorum aperuit. Nunc autem ad voces
10 significativas recurrentes, que sole doctrine deserviunt, quot sint modi
significandi studiose perquiramus.

De modis significandi

Est autem significare non solum vocum, sed etiam rerum.
Littere enim ipse que scribuntur, oculis subiecte vocalia nobis ele-
15 menta representant. Unde et in *Periermenias* dicitur[1] : „et ea que scribuntur eorum que sunt in voce", sunt scilicet note, idest significativa. Sepe etiam ex similitudine res quedam ex aliis significantur,
ut achillea statua ipsum Achillem representa[n]t. Nunc etiam per signa
aliquid innuimus et hee quidem rerum proprie significare dicuntur que
20 ad hoc institute sunt, sicut et voces, ut significandi officium teneant,
quemadmodum supraposite. Sepe tamen ex aliis rebus in alias incidamus, non secundum institutionem aliquam significandi, sed magis secundum consuetudinem vel aliquam earum ad se habitudinem. Cum
enim aliquem videmus quem cum alio videre consuevimus, statim et
25 eius quem non videmus, reminiscimur, aut cum patrem vel filium
alicuius videmus, statim ex habitudine relationis alium concipimus.

Vocum quoque significatio, de qua intendimus, pluribus modis
accipitur. Alia namque fit per impositionem, ut '*hominis*' vocabulum
animal rationale mortale, cui nomen datum est per impositionem, signi-
30 ficat, alia vero per determinationem, ut '*rationale*' vel '*homo*', cum
subiectas nominant substantias, circa ipsas quoque rai͜ ͜litatem deter-

16 note] nocte *V*   19 aliquod *V*   29-30 significatum *V*

[1] *De interpr.* 1, 16 a 4.

minant; unde in *Predicamentis* Aristotiles: „genus, inquit[1], et species qualitatem circa substantiam determinant", cui scilicet secundum id quod qualitate formatur, sunt imposita atque eam ut qualem demonstrant; alia autem p e r g e n e r a t i o n e m, veluti cum intellectus per vocem prolatam vel animo audientis constituitur ac per ipsam in mente 5 ipsius generatur; unde et in *Periermenias* dicitur[2]: „constituit enim qui dicit, intellectum"; alia quoque p e r r e m o t i o n e m, ut res quoque finiti nominis ab infinito vocabulo quodammodo significari dicitur; unde etiam idem in *Eodem* dixisse[3] creditur: „unum enim significat infinitum quodammodo", idest rem sui finiti perimendo. Quod enim vocabulum 10 in eo rem subiectam nominat, quod homo non est, quamdam de homine ipso notationem facit, ut *non-homo*. Alioquin multa potius significare videretur, cum ad omnia dirigatur que sub finito suo non clauduntur.

Est quoque quedam etiam secundum adherentiam vel comitationem d e m o n s t r a t i o, ut *Socratis* nomen ipsius quoque accidentia 15 quodammodo demonstrare dicitur, vel *latratus canis* ipsius iram, qui numquam nisi ab irato proferri cognoscitur.

Alia vero demonstratio fit secundum comitationem ac quamdam consecutionem, ut qui me illius patrem esse dixerit, et illum quoque filium meum esse innuerit. 20

Et alii fortasse significandi modi apparebunt.

Utrum omnis impositio in significatione ducatur

Nunc autem ad priorem modum revertentes, quem in impositione | posuimus[4], quasdam de ipso controversias dissolvamus. Alii enim omnia quibus vox imposita est, ab ipsa voce significari volunt, alii vero 25 ea sola que in voce denotantur atque in sententia ipsius tenentur. Illis quidem magister noster V. favet, his vero Garmundus[5] consensisse videtur; illi qui⟨dem⟩ auctoritate, hi vero fulti sunt ratione. Quibus enim Garmundus annuit rationabiliter ea sola que in sententia vocis tenentur ⟨significari, sustinentur⟩ iuxta diffinitionem '*significandi*', que est 30 *intellectum generare*[6]; de eo enim vox intellectum facere non potest de quo in sententia eius non agitur. Unde nec a nomine generis speciem volunt significari, ut hominem ab '*animali*', nec subiectum accidentis a sumpto vocabulo, ut corpus ipsum a '*colorato*' vel '*albo*'; neque enim

f. 127ᵛ

---

6 periermeniis *V*   18 imitatio *V*   26 illis *Vᶜ* illud *V*   30 iusta *V*   34 vocabu-
bulo *V*

---

[1] *Categ.* 5, 3 b 19-20.   [2] *De interpr.* 3, 16 b 20.   [3] *Ibid.* 10, 19 b 9.
[4] *supra*, p. 111²⁸.   [5] Vide *Introd.*, p. XXI.   [6] cf. *supra*, p. 112⁶⁻⁷.

homo in nomine '*animalis*' exprimitur nec subiecti corporis natura in '*co-lorato*' denotatur, sed tantum illud quantum *substantia animata sensibilis* dicit, hoc vero tantum quantum *informatum colore* vel *albedine*. Habet tamen et illud impositionem ad '*hominem*' et hoc ad '*corpus*', de quibus
5 enuntiantur. Unde manifestum est eos velle vocabula non omnia illa significare que nominant, sed ea tantum que definite designant, ut '*animal*' substantiam animatam sensibilem, aut '*album*' albedinem, que semper in ipsis denotantur. Quorum autem sententiam ipse commendare Boetius videtur cum ait[1] in divisione vocis: „vocis autem in proprias signifi-
10 cationes divisio fit, quotiens una vox multa significans aperitur et eius pluralitas significationis ostenditur." Rursus idem, cum de divisione vocis in modos ageret, '*infinitum*' inquit[2] ⟨non⟩ multa significare, sed multis modis, in quo tamen nomine ipse et mundum et Deum et multa alia contineri monstravit.
15 Hi vero qui omnem vocum impositionem in significationem deducunt, auctoritatem pretendunt ut ea quoque significari dicant a voce quibuscumque ipsa est imposita, ut ipsum quoque hominem ab '*animali*', vel Socratem ab '*homine*', vel subiectum corpus ab '*albo*' vel '*colorato*'; nec solum ex arte, verum etiam ex auctoritate gramatice id conantur
20 ostendere. Cum enim tradat gramatica[3] omne nomen substantiam cum qualitate significare, '*album*' quoque, quod subiectam nominat substantiam et qualitatem determinat circa eam, utrumque dicitur significare; sed qualitatem quidem principaliter, causa cuius impositum est, subiectum vero secundario. Si enim ad principalem significationem '*signi-*
25 *ficandi*' vocabulum semper reducerent, quomodo verbum significare tempus sive personam concederent, que secundario a verbo activo vel passivo, ⟨non⟩ principaliter, significantur?; sed fortasse et ista quoque a verbo recte significari dicentur, in eo quod in sententia eius ipsa quoque tene⟨n⟩tur. Ex arte quoque individuum a specie vel genere, sive speciem
30 a genere significari comprobant. Quod enim in *Substantia* Aristotiles dixit[4] aliquem hominem manifestius demonstrari per nomen '*hominis*' quam per nomen '*animalis*', aliquem etiam hominem ab utroque significari docuit. R u r s u s : cum idem de '*habere*' exempla poneret, dicens[5] quia '*habere*' significat quidem calciatum esse, armatum esse, rem

---

1 homo in nomine *c* homini nomine *V* 3 quantum] quod *V* 4 hoc ad] ad hoc *V* 8 autem] non *V* [non] *c* 23 quidem] quod *V* 26 activo + ⟨vero⟩ *Vc* 27 ⟨non⟩ *c* 30 significari *c* significare *V*

---

1 *De divis.*, 877 D. 2 *Ibid.*, 888 D. 3 sc. Priscianus, *Inst. gramm.* I, 55[6]: proprium est nominis substantiam et qualitatem significare. 4 *Categ.* 5, 2 b 8-10. 5 *Ibid.* 9, 11 b 13-14. 5 *De syll. categ.* I, 795 C-D.

speciei a vocabulo generis significari monstravit. Boetius quoque in
Primo Cathegoricorum 'non-homo' infinita significare monstravit hoc modo :
„et quoniam 'non-homo' significat equidem quiddam, (quid autem significet in 'homine' ipso non continetur; potest enim non-homo esse et lapis
et equus et quicquid homo non fuerit) — quoniam ea que significare 5
potest infinita sunt, *infinitum nomen* vocatur." Si tamen significare proprie
ac secundum rectam et propriam eius diffinitionem ⟨as⟩signamus, non alias
res significare dicemus nisi que per vocem concipiuntur. Unde Boetium
supra dixisse meminimus[1] : „vocis in proprias significationes divisio fit"
etc.; proprie namque sunt ille rerum significationes que determinate 10
in sententia vocis tenentur. Etsi enim vox equivoca pluribus imposita sit,
plura tamen proprie significare non dicitur; quia equ⟨ivocum⟩ tamquam
plura non significat quibus ex eadem causa est imposita, unam de omnibus
tantum tenens sententiam. Laxe tamen nimium sepe auctoritas ad
omnem impositionem '*significationis*' nomen extendit.   15

Que voces naturaliter, que ad placitum significant

Liquet autem ex suprapositis significativarum vocum alias naturaliter, alias ad placitum significare. Quecumque enim habiles
sunt ad significandum vel ex natura vel ex impositione significative
dicuntur. Naturales quidem voces, quas non humana inventio imposuit 20
sed sola natura ⟨contulit⟩, naturaliter ⟨et non⟩ ex impositione significativas dicimus, ut ea quam latrando canis emittit, ex qua ipsius iram
concipimus. Omnium enim hominum discretio ex latratu canis eius iram
intelligit, quem ex commotione ire certum est procedere in his omnibus que latrant. Sed huiusmodi voces que nec locutiones componunt, 25
quippe nec ab hominibus proferuntur, ab omni logica sunt aliene.
Eas igitur solas oportet exequi que ad placitum significant, hocest
secundum voluntatem imponentis, que videlicet prout libuit ab hominibus formate ad humanas locutiones constituendas sunt reperte et ad
res designandas imposite, ut hoc vocabulum '*Abaelardus*' michi ideo 30
collocatum est ut per ipsum de substantia mea agatur.

Significativarum autem ad placitum ⟨alias incomplexas, alias
complexas, hocest⟩ alias dictiones, alias dicimus orationes. Est

---

1 significari *c* significare *V* boethius *c* idem *V*   3 significat equidem quicdam *V*   vox
significat quiddam *b*   4 homine] *coll. b* nomine *V*   4-5 esse..... equus *V* et equus esse et
lapis et domus *b*   10 determinate] denuate *V*   18 abiles *V*   21 ⟨contulit⟩ *V^c* ⟨et non⟩ *c*
21-22 significativas *c* significative *V*   26 hominibus *c* omnibus *V*   32 significativum *V*
32-33 ⟨alias..... hocest⟩ *V^c*

[1] *supra*, p. 113[9-11].

autem dictio simplicis vocabuli nuncupatio, idest vox totaliter, non per
partes, significativa, ut 'homo' vel 'currit'; oratio autem dictionum collectio, idest vox ad aliquid significandum inventa, cuius partium aliquid
extra significat, ut 'homo currit': nam et 'homo' et 'currit' per se singula
5 significant. At quoniam dictiones orationibus naturaliter priores sunt,
quippe eas constituunt ac perficiunt, priorem quoque in tractatu locum
obtinere ipse meruerunt, de quibus quidem illud in questione ducitur
quomodo quasdam earum compositas dicamus, sicut 'impius', 'respublica',
et omnes simplices voces confiteamur.

10   *De compositis*

        Sed etsi omnes respectu orationum simplices invenia⟨n⟩tur secun-
dum partium orationis significationem, inter se tamen comparate
quedam quoque dicuntur composite, secundum vocis compositionem
que ex diversis dictionibus procedit, non iam tamen dictionibus in
15 constitutione dictionis remanentibus, sed omnino per se acceptis
tamquam sillabis non-significativis. Cum enim 'respublica', quod ex
duobus integris compositum est, tamquam unum nomen communis
erarii, | non sicut orationem, acceperis in eoque officio partes eius   f. 128ʳ
'res' ⟨et⟩ 'publica' extra intellexeris quod intra tenent solam in ipsis com-
20 positionem, non significationem invenies; ac magis tamquam sillabe
non tamquam dictiones sunt sumende, que ad hoc simul coniuncte
sunt ut iam singule nichil demonstrent, sed simul accepte communem
nominent tesaurum; alioquin oratio diceretur. Nunc autem omnem
compositam dicimus dictionem que diversarum dictionum sonos conti-
25 ne[n]t, nisi totius scilicet significatio significationi partium consentiat.
Neque enim 'magister' vel 'domus' composita dicimus, (illud quidem ex
duobus adverbiis, hoc autem ex verbo et nomine), sed simplicia, eo scilicet quod partium significatio, quando dictiones accipiuntur, a sensu
compositi omnino sit disiuncta; sed hoc maxime in his accipiendum est
30 compositis que definitis partibus iunguntur. Nam fortasse 'impius' quod
ex 'in' prepositione et 'pio' nomine per se sumptis coniungitur, significationi partium non videtur accedere. Nam 'in' prepositio numquam
privatorie construitur, cum ex duabus casualibus ad eumdem casum
compositio fit; modo quidem secundum inherentiam, modo secundum
35 impositionem consistit; sicut in *Secundo Periermenias* Aristotiles decrevit,
qui quidem, postquam ostendit ⟨que⟩ plura per appositionem sibi

---

16 sillabe *V*   19 ⟨et⟩ *Vᶜ*   23 nomeninent *V*   26 quidem] quod *V*   27 hoc *c* hec *V* et]
vel *V*   36 ⟨quae⟩ *c*

coniuncta multiplicem enuntiationem redderent aut que non, —
dicens[1]: „at unum de pluribus vel plura de uno" etc. —, adiecit quoque
que plura per compositionem sibi coniungantur aut que non, cum
subiunxit[2]: „quoniam vero hec quidem predicantur composita" etc.
Nostri tamen Magistri[3], memini, sententia et hoc secundum sententiam
magis quam secundum compositionem accipiebat. Sed mirum erat quod
'homo albus' unum in significatione diceret, qui 'homo albus ambulans'
unum esse in significatione negaverat. Sed cum enim ex illis tribus
unum non erat, sic nec ⟨ex⟩ his duobus; aut sicut ex his duobus unum
universale sub homine fingebant, ita et ex tribus poterant. Inter coherentes quidem voces proponitur 'respublica', 'citharedus bonus'; inter
opposita vero 'homo mortuus', quod humani cadaveris nomen est.
Si enim oratio sumeretur, cum de cadavere predicarent, falsa esset
omnino; cum et 'homo' per se significativum 'hominem' poneret, et
'mortuum' simul mortem attribueret, que simul in eodem non possunt
consistere. Sed est, ut Aristotili placuit[4], in huiusmodi compositione
oppositio in adiecto, vel in eo quod alterum cui adiunctum est, in compositione per extra, tamquam dictio sumptum, oppositum est, vel in eo
quod adiectivum quod subditur, substantivo precedenti oppositum
dicitur, 'mortuum' scilicet 'homini'. Sed tamen memini quod 'homo
mortuus' pro oratione tenet, dicentem 'homo' poni ad designandum de
cadavere quod homo fuerit. Sed si hec sit hominis sententia ut hominem
preteritum circa cadaver detineat, tale est 'homo' ac si dicatur quod fuit
animal rationale mortale, nec ideo ulla oppositio erit inter 'hominem' et
'mortuum'; si vero 'homo' propriam inventionem servet ex presentia
animalis rationalis mortalis, erit quidem oppositio. Sed falsa propositio
que dicit cadaver esse hominem qui est mortuus; unde potius pro
⟨uno⟩ nomine sumendum est 'homo mortuus'. Sic quoque et 'citharedus
bonus' tunc pro uno nomine Aristotiles usus est, cum bonitatem in
citharizando tantum accepit, cum scilicet inquit[5]: „sed non si citharedus est et bonus, est etiam citharedus bonus." Citharedus enim,
qualitercumque esse potest et bonus moribus, sed non ideo bonus
citharedus nominabitur, quod, si pro oratione hoc loco 'citharedus
bonus' iteretur, 'boni' nomen, quod subditur nec ullo alio subiuncto
determinatur, ad quamlibet indeterminate bonitatem eque se haberet,

3 coniungentur V 4 subiunxit V^c subiungeret V 19 subditur] subditivi V 23 detineat c
detinet V 26 prepositio V 30 non si] coll. infra, p. 171[6] nunc sic V 33 qual'cumque V
35 determinetur V

[1] De interpr. 11, 20 b 12-13.   [2] Ibid. 11, 20 b 31.   [3] Willelmi Campellensis (?).
[4] De interpr. 11, 21 a 21.   [5] Ibid. 11, 20 b 35-36.

tamquam diceretur 'citharedus habens quamcumque bonitatem'; et tunc
quidem falsum esset quod negaverat, non omnem scilicet qui simul et
citharedus et bonus est in quocumque, esse citharedum bonum similiter in quocumque. Quam enim significationem per se sumpta dictio
5 tenet, eamdem in oratione posita retinere debet, veluti cum dicitur
'animal rationale mortale', 'animalis' nomen [ponitur] non ad sola rationalia, ut quidam putant, sese habet; nova enim iam eius impositio esset
ac subiunctum 'rationale' superflueret. Sed commune cuiuslibet animalis
nomen ponitur ideoque per 'rationale' adiunctum determinatur.
10 Licet autem maxima sit orationum et compositarum dictionum
in sensu differentia, cum eisdem casuum sonis utreque connectuntur,
maximam tamen in compositione tenent affinitatem. Sicut enim non
contingit orationes iungi ex duobus substantivis, ut dicamus 'animal-homo',
vel ex duobus adiectivis, tamquam dicemus 'albus crispus', sed frequenter
15 ex substantivo et adiectivo hoc modo: 'homo albus', 'animal rationale',
sic etiam servatur in componenda dictione. Neque enim pro uno nomine
vel 'animal-homo' vel 'albus-crispus' utimur, quemadmodum 'homo-
albus' vel 'animal-rationale'; unde in Periermenias Secundo[1]: „nec si
album musicum verum est dicere, tamen erit album musicum unum
20 aliquid"; secundum accidens enim musicum album dicimus aliquem.
Aut que sibi in oratione superflue apponuntur, — ut, si dicamus 'homo
rationalis' vel 'animal sensibile', secundum post primum superfluit —, ea in
dictione non componimus; unde et in eodem subditur[2]: „nec quecumque insunt in aliquo", ut 'homo-animal', 'homo-bipes'. Insunt enim in
25 homine animal et bipes.
Dictionum autem alie per se certam significationem habere
dicuntur, ut nomina vel verba, alie incertam, ut coniunctiones vel
⟨pre⟩positiones.

---

6 [ponitur] V^c 15 modo] homo V 16 pro uno] punoV 24 aliquo V alio b^1 (In Periherm. II, 575 A^14) altero b^2 (In Periherm. I, 359 A^15) 26 significationem] sigonem V

[1] De interpr. 11, 21 a 12-13.   [2] Ibid. 11, 21 a 16.

LIBER SECUNDUS
DE INDEFINITIS

⟨De coniunctione et prepositione⟩

Oportet enim ut etiam per se dicte coniunctiones vel prepositiones aliquam significationem habeant. Alioquin non magis dictiones 5
appellarentur quam littere vel sillabe, que coniuncte quidem significant: dictio autem a '*dicendo*', hocest a '*significando*', dicta est. Unde et
Boetius in *Prima Editione Periermenias* „una, inquit[1], '*hominis*' sillaba
dictio non est, idcirco quod nichil per se separata significat." Omnis enim
huiusmodi pars que per se nichil significat, non est dictio. Hinc itaque 10
manifestum est has quoque orationis partes quas in⟨de⟩finitas dicunt, per
se etiam significare, ut dictiones appellentur. At vero ⟨cum⟩ per se etiam
significative sint huiusmodi dictiones, confusa per se et incerta earum
significatio videtur. Nam '*et*' vel '*de*' ⟨per⟩ se prolata ad omnia eque se
habent ac suspensum tenent animum auditoris, ut aliud exspectet cui 15
illa coniungantur; que non tam pro sua demonstratione invente sunt
quam pro appositione vel coniunctione ad alia. At vero cum dico
'*homo et lapis*', idest cum adiu⟨n⟩go '*et*' coniunctione⟨m⟩ dictionibus
certum significantibus, per adiunctionem earum ipsum quoque '*et*'
certam recipit | significationem, cum scilicet certam '*hominis*' et '*lapidis*' 20
coniunctionem facit; cum vero per se dicitur indeterminate, ad quorumlibet coniunctionem nos mittit. Similiter et '*de*' prepositio per se dicta
ad quelibet confuse nos mittit, secundum id quod de eis aliquid esse
contingit; sed cum dico '*de homine*', per '*hominis*' adiunctionem certam
recipit significationem. 25

Sunt itaque confuse et ambigue prepositionum per se sive coniunctionum significationes, tamquam in multiplic⟨it⟩ate equivocationis
earum consistat inventio, ac si ita invente sint ut pro appositione
diversarum diversas habeant significationes. Qui autem intellectus ab
huiusmodi dictionibus designentur, non est facile declarare; sicut et 30
quarumdam orationum, ut earum que perfecte sunt ac non enuntiative,
sicut eius que ait: '*veni ad me*'; quam tamen ita quidem nimis temere
solent exponere quod '*precipio ut venias ad me*'. Sed hec quidem enuntiationis est sententia; unde melius animus intellectum concipit quam
lingua disserere possit. Promptior enim est ad intelligendum ratio 35

f. 128ᵛ (margin, at line "certam recipit")

7 diciendo *V.* hominis] *coll. b* nominis *V* 10 huiusmodi *c* cuiusmodi *c* cuiusmodi *V* 12 ut
c in *V* ⟨cum⟩ *Vᶜ* 15 ac suspensum] acus spensum *V* a cuius specie sunt *c* 20 recipit]
repicit *V* respicit *Vᶜ* 35 linga *sic semper V*

[1] *In Periherm.* I, 68²⁹-69².

quam ad proferendum locutio, et melius rei proprietatem intelligimus quam proferre possimus; vis namque anime maior est quam lingue.

Sunt autem quibus videantur huiusmodi dictiones solos intellectus generare nullamque rem subiectam habere, sicut et de propositioni-
5 bus concedunt. Tota enim propositio nullam rem subiectam habet; tota tamen de rebus per partes suas designatis quemdam generat intellectum. Sic quoque et prepositiones et coniunctiones de rebus eorum quibus apponuntur, quosdam intellectus facere videntur, atque in hoc imperfecta earum significatio dicitur quod cum omnis intellectus ex alio
10 quod intelligitur, procedat, ipsa quoque res de qua intellectus habetur, in huiusmodi dictionibus non tenetur sicut in nominibus et verbis, que simul et res demonstrant ac de ipsis quoque intellectus generant. At vero cum intellectum omnem ex aliqua re necesse sit haberi, quomodo intellectus existet, ubi nulla erit rerum demonstratio, ut scilicet huius-
15 modi dictionibus per se dictis intellectum aliquem capiamus nullis adhuc rebus designatis? Unde certa apud gramaticos de prepositionibus sententia exstitit ut res quoque eas quarum vocabulis apponuntur, ipse designarent. Cum itaque dicimus 'de homine', dicunt 'de' prepositionem hominem ipsum significare, secundum id quod aliquid de ipso
20 esse dicitur. Sed dico quod | si in 'de' prepositione submissi vocabuli f. 129ʳ significatio continetur, superfluit casus adiunctio propter rei demonstrationem; ubi enim vox quelibet prolata est, tota eius significatio inclusa est. Unde illa quorumdam dialeticorum sententia potior videtur quam gramaticorum opinio, que omnino a partibus orationis huius-
25 modi voces, quas significativas per se esse non iudicavit, divisit ac magis ea quedam supplementa ac colligamenta partium orationis esse dicit; quibus quidem illud Boetii quod in *Primo Cathegoricorum* dicitur, assentit: „nomen, inquit[1], et verbum due sole partes putantur: cetere enim non partes, sed orationis supplementa sunt" etc.
30 Sunt etiam nonnulli qui omnino a significativis huiusmodi dictiones removisse dialeticos astruant. Alioquin prepositiones quoque sive coniunctiones in diffinitione nominis Aristotiles includeret, quam in sequentibus ponemus; nisi forte in 'significativo' definitam significationem acceperit. At si et alia ipsius quoque Aristotilis verba pensemus,
35 non poterunt huiusmodi voces orationis sensum supplere, nisi etiam in se fuerint significative, sicut nec una sillaba, si addetur. Unde in *Periermenias* dicitur[2]: „sed erit affirmatio vel negatio, si quid addatur, sed non una nominis sillaba", idest non secundum additamentum unius

17 eas] earum *V* 27 quod] quid *V* 38 nominis *V* hominis *b* (*sed* E¹ *habet* nominis, *vide edit. Meiser ad loc.*)

¹ *De syll. categ.* I, 796 D¹⁻¹³. ² *De interpr.* 4, 16 b 29-31.

sillabe 'hominis' nomen affirmationem vel negationem reddet vel aliquam orationem; quippe ipsa sillaba significationem per se non tenet.

Illa ergo michi sententia prelucere videtur, ut gramaticis consentientes qui etiam logice deserviunt, has quoque per se significativas
esse confiteamur, sed in eo significationem earum esse dicamus, quod 5
quasdam proprietates circa res eorum vocabulorum quibus apponuntur
prepositiones, quodammodo determinent; ut cum dico 'de homine' vel
'pro homine', quasdam proprietates que homini insunt, prepositiones
designant, in eo scilicet quod vel de eo aliquid vel pro eo est, tamquam
inde causa sit. Coniunctiones quoque, dum quidem rerum demonstrant 10
coniunctionem, quamdam circa eas determinant proprietatem; veluti
cum di⟨c⟩o: 'homo et equus currit', per 'et' coniunctionem simul eos in
cursu un⟨i⟩o ac per 'et' ipsum quamdam simul demonstrationem facio.
Quorum quidem significatio in eo imperfecta seu ambigua vel suspensiva
dicitur quod eas quas significat proprietates circa talia demonstrant que 15
in significatione eorum non tenentur, sed potius in designatione oppositarum dictionum, tam scilicet nominum quam verborum, quorum
demonstratio perfecta est. Sive enim de intellectu sive de proprietate
alicuius forme nominis aut verbi significatio fuerit, rei alicuius significationi semper adiuncta est.   20

8 hominis V

LIBER TERTIUS

DE DEFINITIS

De definitis

Que quidem sola ex significationis privilegio inter partes
5 orationis dialetici recipiunt, sine quibus veritatis aut falsitatis demonstratio fieri non potest, in quorum, ut dicimus, inquisitione dialetica
maxime desudat.

In 'nomine' autem ⟨tam⟩ nomina quam pronomina cum adverbiis
et quibusdam interiectionibus incluserunt, his videlicet quas non natura
10 docuit, sed inventio nostra imposuit. Sunt enim quedam interiectionum
naturales ⟨ut⟩, 'vah', 'ah', 'heu', que nec dictiones nec proprie partes
orationis dicuntur, quippe imposite non sunt; quedam vero imposite
et ad placitum designative, ut: 'pape', 'attat', 'proh', que et nomini
sicut adverbia supponuntur. Sunt namque definite significationis, ut
15 'pape' a⟨d⟩mirationem, 'attat' vero metum proferentis designat, ac sunt
sine tempore. Quoniam autem interiectio dictioni omnino supponi non
poterat, cum videlicet quedam sint, ut dictum est, naturales, nullam,
ut arbitror, mentionem de interiectionibus dialetici fecerunt; qui etiam
in 'verbi' vocabulo non solum verba gramaticorum, verum etiam parti-
20 cipia comprehendunt, que etiam temporis designativa sunt.

Ceteras autem, ut dictum est, orationis partes, quas imperfecte
significationis diximus[1], prepositiones scilicet ac coniunctiones, quedam partium orationis colligamenta ac supplementa dicebant: coniunctiones quidem in coniungendo, prepositiones vero in preponendo;
25 quarum consideratio gramatice potius est discipline; definitarum
autem, ut dictum est[2], dictionum alie nomina sunt, alie verba.

De nomine

Est autem nomen, auctore Aristotile[3], *vox significativa ad placitum sine tempore cuius partium nichil extra designat*, hocest dictio definita
30 sine tempore. Quod enim *vocem significativam ad placitum, cuius nulla
pars significativa est* dixit, dictionem esse monstravit. Ac fortasse definitam significationem in 'significativo', ut dictum est[4], accepit; alioquin coniunctiones vel prepositiones excludi nequeunt, si eas quoque
per se significare voluerit. Non itaque ea significativa dicere consuevit
35 quorum, ut ostensum est[5], imperfecta est significatio, sicut nec ea

4 que non *V*c que (quando?) *V*   10 composuit *V*   11 ⟨ut⟩ *V*c   12 composite *sic saepius V*
16 quoniam] quando *V*   19 verbra *V*   22 ac] ač *V*

[1] *supra*, p. 119[8-9]; 120[14].   [2] *supra*, p. 117[26-28].   [3] *De interpr.* 2, 16 a 19-21.
[4] *supra*, p. 119[33-34].   [5] *supra*, p. 118[4] *e.q.s.*

solet vocare nomina que vel infinita sunt, ut '*non-homo*', vel obliqua, ut '*hominis*', sed ea tantum que proprie et prime sunt impositionis, ut que scilicet recta sunt ac finita, ut '*homo*', '*album*', '*Socrates*'. Qui enim prius nomen ipsum rei aptavit, non obliquo sed recto casu usus est, ac si de homine diceret: *dicatur hec res homo*. Ceteri vero casus a nominativo 5 defluxerunt propter diversas positiones constructionum; qui etiam in eo significativi ad placitum, sicut et verba vel orationes, dicuntur, quod et ipsi quoque ab hominibus inventi sunt, ut per eos quoque de subiectis rebus agatur. Infinita quoque nomina posteriora sunt finitis tam secundum inventionem quam secundum constructionis proprietatem; quoniam 10 composita sunt, naturaliter posteriora sunt simplicibus. Sed de his quidem uberius in sequentibus disseremus[1].

Quod autem sine tempore nomen esse monstravit, a proprietate verbi ipsum distinxit. Verba enim principalem suam significationem, sive actio sit sive passio, subiectis rebus eas secundum tempora dimetiendo 15 distribuunt, ut '*curro*' cursum circa personam tamquam ei presenti- ⟨aliter⟩ inherentem demonstrat. Si qua autem reperiantur nomina que etiam temporis quodammodo sint designativa, ut '*annus*' vel '*annuus*', sive etiam adverbia temporalia, non tamen sicut verba tempus consignificant, ut scilicet, quemadmodum dictum est, primam significationem 20 subiectis personis secundum tempus distribuere dicantur. Sed cur non? Sicut enim '*curro*' vel '*currens*' cursum circa personam tamquam ei presentialiter inherentem demonstrat, ita '*album*' circa substantiam albedinem tam⟨quam⟩ presentialiter inherentem determinat; non enim album nisi ex presenti albedine dicitur. Unde et tantum '*albi*' nomen 25 dicere videtur, quantum quidem presentialiter albedine est informatum, sicut et '*currens*' in quodam presentialiter cursum participat. Sicut enim substantivi verbi significatio, cui quoque tempus adiunctum est, verbis adiungitur, sic et nominibus videtur. Sicut enim '*currit*' quantum '*est currens*' dicit, ita '*homo*' tantumdem quantum '*animal* 30 *rationale mortale*'. Nec diversa quidem secundum tempus '*vivi*' nominis et '*viventis*' significatio videtur participii. Non enim ex vita quocumque tempore adherentem vivum dicitur, sed tantum ex adiacente presentialiter. Non enim quia fuerit vel inerit, *vivum* dicitur, sed quia iam presentialiter inest, sicut et *vivens*. Sic quoque eiusdem tem- 35 poris designativum videtur '*amans*', quando pro nomine aut participio ponitur; pro nomine enim sicut '*amator*' ipsum quoque sepe accipimus ab eadem quoque actione a qua et participium sumptum est, quando

10 quoniam] quando *V*   14 distuxit *V* (disiunxit? cf. 1234)

[1] *infra*, p. 127[8] e.q.s.

scilicet comparationem nominis tenet |, secundum quam 'amantissimus'   f. 129ᵛ
dicitur, ac non regit accusativum sicut verbum a quo nascitur. Male ergo
per 'sine tempore' nomina, que etiam temporis designativa monstrantur,
Aristotiles verbis disiunxisse videtur; eiusdem, inquam, temporis
5 consignificativa cuius et verba, idest presentis. Ipse enim Aristotiles
non alia vocare verba consuevit nisi que presentis sunt temporis et
prime inventionis ac finita, sicut et de nomine dictum est. Cetera vero
casus verborum dixit, ut 'curret' vel 'currebat', vel infinita verba, ut 'non
currit' vel 'non currens'. Quod itaque tempus verbis accidit, hoc etiam
10 nominibus congruit, presens scilicet, sive ea sint substantie sive adiacentie vocabula. Sicut enim 'album' ex presenti albedine datum est,
ita etiam 'homo' ex presenti substantia animalis rationalis mortalis, et
quem hominem dicis, iam animal rationale mortale ipsum ostendis et
tantumdem 'hominis' vocabulum sonat, quantum quidem presentialiter
15 'est animal rationale mortale'. Non tam igitur in significatione temporis
nomen a verbo recedere videtur quam in modo significandi. Verbum
enim, quod solum inherentiam facit, in eo tempus quoque designat
quod inherentiam rei sue ad subiectam personam in tempore denotat.
Nomen autem inherendi significationem non tenet nec aliquid quemad-
20 modum verbum inherere proponit, etsi rem aliquando ut inherentem
determinet, ut 'album' albedinem tamquam adiacentem atque inherentem significat, non tamen vel adiacere vel inherere proponit, sicut verbum facit, quod etiam substantivi verbi copulationem adiunctam proprie
significationi continet; tantumdem enim 'currit' verbum proponit
25 quantum 'est currens' dicit. Unde in Secundo Periermenias Aristotiles:
„nichil, inquit[1], differt, hominem ambulare et hominem ambulantem
esse", ac si aperte diceret: idem dicit 'homo ambulat' quantum proponit
'homo est ambulans'.

    Sed ad hec, memini, Magister noster V.[2] opponere solet:
30 „si, inquit, verbum propriam significationem inherere dicat, verum
autem sit eam inherere, profecto ipsum verum dicit ac sensum propositionis perficit." Verum ipse verbis deceptus erat ac prave id ceperat
verbum dicere rem suam inherere, ut 'currit' cursum, quod dicebamus.
Neque enim sensum propositionis accipiebamus tamquam cursum in
35 subiecto ponentes atque inherere in predicato; hunc enim sensum
'currit' non habere ex serie ipsa orationis manifestum est, sed tantumdem

---

ad 5 ad (pro at ut suspicor) vero si omnia nomina presentis sint temporis quomodo vere
dicimus domus fit puer nascitur albedo innascitur Vᵐ   17 solum c solam V   21 determinet c detinet V   30 dicit V

[1] De interpr. 12, 21 b 9-10.   [2] Ulgerius Andegavensis(?), vide Introd., p. XX.

intelligimus in '*currit*' quantum in '*est currens*'; non quidem pro ⟨pro⟩-
positione accepto, ut '*currens*' subiectum, '*est*' vero predicatum ponatur,
sed tamquam pro parte propositionis, ut huius que ait: '*homo est currens*',
subiunctum copulatur. Cum autem cui copuletur in '*est currens*' subiectum deest ad perfectionem sensus enuntiationis, nichil itaque aliud   5
accipimus, cum dicimus '*currit*' demonstrare cursum inherere, quam
proponere esse currentem, sicut nichil aliud dicimus '*animal homini
inherere*' quam '*hominem animal esse*'. Alioquin diversi sensus essent, si
videlicet '*animal*' unum de inherentibus '*homini*' diceremus, ipsumque
'*animal*' in subiecto, '*inherere*' vero in predicato, atque '*homini*' in   10
determinatione ute⟨re⟩mur. Subiectarum vero rerum diversitas secundum decem predicamentorum discretionem superius est ostensa[1], que
principale⟨s⟩ ac quasi substantiale⟨s⟩ nominum significatio⟨nes⟩ dicuntur. Cetere vero significationes, que secundum modos significandi
accipiuntur, tam posteriores atque accidentales dicuntur; que etiam   15
breviter sunt nobis perstringende.

Ac prius de significatione numeri circa rem subiectam disputemus.
Fortasse autem queritur, cum numeri quoque quamdam significationem
habent, quare gramatici et hanc inter accidentia nominis non connu-
mera⟨n⟩t, sicut accidentia verbi sive participii. Sed eadem, ut arbitror,   20
ratio temporis fuit in nomine que persone exstitit. Quia enim omnium nominum aut participiorum impositio tertie persone facta est
eaque omnia tertie esse persone certum erat, nulla fit de persona vel
in nomine vel in participio mentio. Sic etiam de tempore facere eum
opinor in nomine, eo scilicet quod omnia eiusdem temporis esse nomina,   25
hocest presentis, constare⟨t⟩.

Sunt autem quedam nominum proprietates iuxta significationem
pensande, quedam vero secundum positionem constructionis attendende,
quedam etiam secundum vocis impositionem accipiende.

Quod enim alia propria, idest singularia, ut *Socrates*, alia appel-   30
lativa ⟨a⟩ut universalia dicuntur, ut '*homo*', '*album*', aut alia in comparationem ducuntur, alia non; quod hec quidem singularis numeri sunt, illa
vero pluralis, ut '*homines*'; insuper quod hec essentie sunt, que s u b s t-
a n t i v a dicimus, alia vero adiacentia, que s u m p t a nominamus, ut
'*album*', '*vir*', — pleraque omnia ad significationem pertinent.   35

Quod vero alia recti casus dicuntur, alia obliqui, alia masculini

---

1 quidem *V* quod *c*   1-2 ⟨pro⟩positione *c*   2 accepto *V* acipiatur *c*   4 sub'iunctum *V*
11 determinatione] detiatione *V* denunciatione *c* subiectarum] substantiarum *V*   13 no-
minum] nomen *V*   18 numeri] nomina *V*   24 eum] esse *V*   33 quod] quidem *V*

[1] sc. in ea parte Secundi Voluminis que deest.

generis, alia alterius dicuntur, ad positionem constructionis refertur. Cum enim et rectus et obliqui casus eiusdem sint significationis, cum alio tamen obliquus cum alio rectus construitur, aut cum eamdem habeant significationem 'albus', 'alba', 'album', diversis tamen generibus
5 iunguntur: non enim vel 'mulier albus' vel 'vir alba' dicimus. Patet autem hinc generis diversitatem significationem non mutare quod in eadem significatione diversa genera sepe habemus, ut lapis petra saxum, fluvius aqua flumen. Quod autem 'alius' et 'aliud' diverse sunt significationis, (cum id persone sit discretivum, illud nature), generis diversitas non
10 fecit, sed nova et consueta neutri acceptio que in equivocationem ducitur; casuum quoque differentia significationem non variat, quod ex eo quoque manifestum est quod apud diversos diversus est numerus casuum, significatione tamen eadem permanente. Sex enim casibus Latini utuntur, Greci vero quinque, qui pro ablativo quoque genitivo
15 utuntur; barbari vero unius casus prolatione contenti sunt.

Quod autem alia primitiva, idest prime inventionis, alia derivativa dicuntur, atque alia simplicia, alia composita vocantur, ad vocis inventionem et impositionem attinet.

Dignum tamen est inquisitione, utrum earum enuntiatione qua-
20 rum vitiosa est compositio ut 'mulier albus', perfecta et vera possit esse sententia. Videtur quidem et perfecta esse, sicut et 'mulier est alba', cum scilicet eadem sit illa cum ista; cum enim et idem sit constructionis ordo et eadem vocum significatio, videtur quoque constructionis sententia esse eadem. Amplius: 'albus' sive 'alba' idem dicunt quod 'habens
25 albedinem'; qui ergo dicit 'mulier est albus' id proponit: 'mulier est habens albedinem', que perfecta est ac vera fortasse sententia; cur non igitur et illa? Sed profecto non solum vocum significatio attendenda est ad demonstrationem perfecte sententie, sed etiam competens dictionum coniunctio, sine qua nec oratio dici potest, sed multe fortasse dictiones,
30 ut, ⟨cum⟩ de oratione tractabitur, apparebit.

Non est autem competens substantivi et adiectivi constructio, cum ad diversum genus sit vel casum; non autem significationis identitas eamdem exigit constructionem vel in nominibus vel in verbis. Cum enim 'comedere' et 'vesci' eiusdem sint significationis, alterum tamen accusati-
35 vum, alterum regit ablativum. Prima autem nominum causa fuit significationis impositio, secuta est autem postea constructionis diiudicatio; et ad rei quoque demonstrationem ⟨discretio⟩ generum vel casuum necessaria non videtur, sed magis ad constructionis constitutionem.

3 habent V   30 ⟨cum⟩ Vᶜ

Casus autem nominis tam rectos, qui nominativi dicuntur, quam obliquos gramatici vocant; dialetici vero solos obliquos, qui secundum sensum inventionis et a nominativo per variarum terminationum inflexiones cadunt, casus appellant. Solos autem rectos nomina simpliciter appellant ex prima, ut dictum est, et propria impositione. Unde 5 Aristotiles[1] in tractatu nominis in *Primo Periermeniarum*: „*Catonis* vel *Catoni* et quecumque talia sunt, non sunt nomina, sed casus nominis." Que etiam in eo cum nomine convenire monstravit quod sunt: *vox significativa ad placitum sine tempore, cuius nulla pars significativa est separata,*

f. 130^r *et in eo differre quod cum* '*est*' *vel* '*fuit*' | *vel* '*erit*' *ei adiuncta neque* 10 *falsum neque verum demonstrant, quemadmodum nomina faciunt*[2]. Sed si in '*nomine*' pluralis quoque numeri nominativos includamus, oportet quoque pluralis numeri verba intelligi. Sed et hos fortasse casus vocabat, quod primam non teneant impositionem, solaque ea nomina dicebat que singularis sunt numeri. Sed nec his omnibus aptari poterit dicta 15 proprietas; '*quis*' enim interrogativum et ab eo '*siquis*' compositum, sive etiam '*qui*', aut '*idem*' relativa — cum dicimus '*idem loquitur*', imperfectum videmur exprimere sensum atque suspensum reddere animum audientis, ut, quemadmodum illud '*idem*' referatur, requirat — tertie quoque et secunde persone pronomen, (que etiam, sicut dictum est, 20 inter nomina dialetici recipiunt), prepositis verbis copulari non possunt. Unde potius cum appositis verbis cuiuslibet persone verba intelligenda sunt, hoc non habent aut potius ad differentiam nominativi appositorum casuum dictum sit †, de quo etiam subiunxit[4]: „nomen vero semper", cum his scilicet verum aut falsum significans enuntiationem 25 reddit, cum videlicet dicitur: '*Cato est* vel *fuit* vel *erit*'. Atque hec quidem differentie expositio de casibus '*Catonis*' ad ipsum illud quod de '*quis*' et '*siquis*' opponitur, potest exstinguere.

Sunt autem qui Aristotilem volunt '*quis*' et '*siquis*', que in⟨de⟩ finite sunt significationis, nec inter nomina recipere, sicut nec ea que 30 infinita nomina dixit, ut '*non-homo*', '*non-album*'. Non autem Aristotiles

---

1 nomine *V*   3 terminationem *V*   9 significativa..... separata] ·s·a·p·s·t·c·n·p·s·e̅·s· *sic semper V* 12 nominativos *V^c* notivos *V ad* 13: dicamus ergo hos nominativos vel non dici nomina secundum aristotilem vel non ista iuncta cum est verbo verum vel falsum significare quantum in ipso verbo est quippe est verbum nulli nominativo coniungi recusat ex se ad verum vel falsum constituendum sicut obliquis ad (*pro* at *ut suspicor*) vero cum de partibus orationis gratia simplicis enuntiationis tractaret non alia oportuit (*corr. ex* oportet) nomina dici nisi que eam reddere possent *V^m*   14 impositionem *V* inventionem *V^c*   16 quis + vel nequis *V^c*   16 compositum] componit *V*   28 extingere *V*

1 *De interpr.* 2, 16 a 32-b 1.   2 *Cf. ibid.* 2, 16 b 2-4.
3 *De interpr.* 2, 16 b 3-4.

omnino denegavit casus verbis adiunctos enuntiationem facere. Nam
'*penitet me*' verum esse poterit sive falsum, in cuius sensu penitentia
michi attribuitur. Verum si quidem omnes casus accipiamus, non omnia
verba oportet accipere, sed tantum personalia, aut si omnia verba, non
5 omnes casus, sed tales tantum quales sunt genitivus preter nominativum
et dativus quos posuit; qui nullorum adiectione verborum enuntiationem
efficiunt.

    Sicut autem casus a nomine dialetici dividunt, ita etiam infinita
nomina, ut '*non-homo*', '*non-album*'. Unde in eodem *Periermenias* dicitur[1] :
10 „'*non-homo*' vero non est nomen, at vero nec positum est nomen quo
illud oporteat appellari. Neque enim oratio aut negatio est; sed sit
nomen infinitum." Finita enim sola, ut dictum est, sicut et recta in
'*nomine*' inclusit; de impositione autem nominis infiniti talem idem in
tractatu verbi causam subiunxit: „sed sit, inquit[2], infinitum, quoniam
15 similiter in quolibet est, vel quod est, vel quod non est", ut '*non-homo*'
non solum de his que sunt dicitur, verum etiam de his que non sunt.
Sicut enim equus non-homo dicitur, ita et chimera vel hircocervus,
que nulla sunt existentium, non-homo dici possunt, et quecumque
homines non sunt.

20   Est autem supraposita causa vocabuli non tam ad significationem
reducenda, cum scilicet nec solis nec omnibus infinitis videatur convenire, quam ad quamdam imponentis intentionem. Eadem causa
huiusmodi vocibus '*infiniti*' nomen attribuit, quod infinita in ipsis vidit
contineri, tam scilicet ea que sunt quam ea que non sunt; licet tamen
25 non in eis solis nec omnibus infinitis. Nam '*res*' quoque et '*aliquid*'
significativum, que infinita non sunt, ea quoque que non sunt continere dicuntur, cum negativa particula careant, qua finiti significationem perimant. Unde in *Primo Periermenias* dicitur[3] :„ hircocervus
enim significat aliquid"; hic enim '*aliquid*', ut Boetius ostendit[4], nomen
30 est rei non-existentis, ex quo etiam innuitur hircocervum quoque
significativum vocari. Sed nec omnibus infinitis supraposita causa
conveniet; nulla enim existentia nominant hec, cum omnia sua finita
contineant. Licet autem nec solis nec omnibus infinitis conveniat supraposita causa nominis, maxima tamen de parte dicta causam magis in-
35 ventionis quam proprietatem significationis ostendit, cum ipse scilicet
Aristotiles, huius nominis in hac significatione inventor, ab infinitis
infinita monstravit contineri.

3 omnes] dicimus *V* 11 oratio] ora *V* 22 quam] quod *V* 26 significatum *V*

[1] *De interpr.* 2, 16 a 29-32. [2] *Ibid.* 3, 16 b 14-15. [3] *Ibid.* 1, 16 a 16.
[4] *In Periherm.* II, 50[1-14].

Sunt autem multe impositionis vel inventionis nominum cause, que nec solis nec omnibus subiectis rebus possunt applicari, ut '*homo*' ab '*humo*' nominatus est — quod quidem ex humo factus sit non solus —; '*vox*' quoque a '*vocando*', idest significando, dici perhibetur, licet multe sint non-significative ac nec sole fortasse significative. Si quis 5 autem '*hominis*' nomen secundum significationem ac vocis sententiam aperire voluerit, eius diffinitionem proferat. Sic quoque et si quis iuxta significationem infinitum dicere voluerit, dicat infinitum esse vocabulum ex negatione ac finito compositum. Cuius potius modus significationis infinitus atque incertus dici potest, quantum quid⟨em⟩ ad remotionem 10 finiti, quam significatio infinita per multitudinem. Qui enim dicit '*non-homo*', nichil definite constituit '*hominem*' removendo. In eo enim quod '*hominem*' removet, quid non sit quidem demonstrat, quid vero sit non designat. Atque ideo incerta dici potest eius significatio, in eo quod infinitum dicitur, hocest secundum remotionem finiti. In qua tantum 15 remotione, dum attenditur predicatum, negationem dicitur facere; cum vero rem aliquam de his quibus impositum est attribuit, affirmatio-nem reddit; veluti cum dicimus: '*Socrates est non-homo*', hanc, ut aiunt, enuntiationem et in sensu affirmationis vertere possumus, si scilicet ita intelligamus: '*est aliquid ex his que non sunt homo*'; et in sensu negationis, 20 si '*hominem*' removeamus, ac si '*non est homo*' diceremus.

Patet itaque ex suprapositis infiniti diffinitionem non esse *quod infinita continet*, sed causam potius esse nove transpositionis et impositio-nis nominis. Cum enim infinita ea dici Aristotiles sciret quorum infinita est multitudo, ab his idem vocabulum transtulit et huiusmodi nominibus 25 imposuit, ex ea quidem affinitate quod in ipsis sepissime infinitas res includi videret, ut sit potius impositionis nominis causa quam diffinitionis proprietas; quales quidem cause sepe in ethimologiis redduntur, ut '*Brito*' dictus est '*quasi-brutus*'. Licet enim non omnes vel soli sint stolidi, hic tamen qui nomen '*Britonis*' composuit secundum affinitatem nominis 30 '*bruti*', in intentione habuit quod maxima pars Britonum fatua esset, atque hinc hoc nomen illi affine in sono protulit. Sunt autem qui omne infinitum et in his que sunt et in his que non sunt esse concedunt, secundum id scilicet quod tam ea que sunt quam ea que non sunt quoquomodo significant, ut ipsum quoque non ens et quod ea que sunt 35 removendo significat, et que non sunt simul nominat, utriusque esse dicitur. Sed profecto non in aliis vocabulum esse dicimus nisi in his quibus est impositum ac de quibus potest predicari. Cum autem

14 eius *V^c* esse *V*   quod] quid *V*   22 infiniti *c* infinita *V*   30 hic] hoc *V*   34 quod tam] quantam *V*

Aristotiles a 'nomine', ut dictum est, tam obliqua quam infinita separa-
verit, supraposite quidem diffinitioni que ea quoque, ut ipse docuit,
comprehendit innuit apponendum esse ad horum exclusionem, 'rectum
finitum'; ut sit nominis integra diffinitio: vox significativa ad placitum sine
5 tempore, cuius nulla pars significativa est separata, recta finita.

De verbo

Sicut autem Aristotiles a nomine ⟨nomina⟩ infinita et obliqua
divisit, ita quoque a verbo infinita verba et que presentis temporis
designativa non sunt, separavit. Ait[1] enim: „non currit vero et non
10 laborat non verbum dico; similiter autem vel curret vel currebat non
verbum est, sed casus verbi." Unde et verbum recte diffinimus: vox
significativa ad placitum, cuius nulla pars significativa est separativa finita presentis temporis significativa, ut 'curro', quod quidem tempus in copulatione principalis significationis, sicut in nomine superius dictum est,
15 consignificat. Unde etiam ipse Aristotiles statim postquam verbum consignificare tempus ostendit, adiecit[2]: „et est semper eorum que de
altero predicantur nota, ut eorum que de subiecto dicuntur vel in
subiecto sunt." In quo quidem ipse monstravit omne verbum cum officio
copulandi vel ea que tantum dicuntur de subiecto — nec scilicet sunt in
20 subiecto — ut 'homo' et 'rationale', vel ea etiam que sunt in subiecto,
temporis quoque significationem continere. Quod itaque dixit | verbum   f. 130ᵛ
semper esse notam eorum que de altero predicantur, omne verbum
monstravit habere officium copulandi predicatum subiecto nec illud
semper ad temporum, immo ad verborum comprehensionem referendum
25 est. Potest enim verbum per se proferri nec aliquid copulare; semper
tamen secundum inventionem suam copulativum est. Quod autem ea
que non dicuntur de subiecto, tacuit, (hocest individua, que etiam
sepe predicantur, veluti cum dicitur' 'homo est Socrates' vel 'hoc album'),
ideo factum esse arbitror, quod [eum] huiusmodi predicationem
30 omnino irregularem esse voluerit. Unde ipse in Substantia: „et a
prima, inquit[3], substantia nulla est predicatio."

ad 1 illud quoque hoc loco notandum est quod secundum aristotilem non omnia nomina
qualitatem significant ut deus pusū(?) et pleraque alia sed sunt quedam nomina data rebus
secundum id quod in se habent vel quod in se sunt ut album rationale homo animal
quedam secundum id quod non sunt ut non homo non album quedam secundum id quod
de eis fit ut opinabilis chimere quis enim prohibeat per nomen aliquod hanc substantiam
intelligi licet nullam eius qualitatem ponat dummodo sciamus ipsum ipsi soli esse
impositum secundum ipsius personalem discretionem? Vᵐ   12 separativa] sed V
24 adverbiorum V

[1] De interpr. 3, 16 b 11, 16-17.   [2] Ibid. 3, 16 b 9-10.   [3] Categ. 5, 3 a 36-37.

Alii autem in eo quod ait verbum notam esse eorum que de altero predicantur, aliud volunt intelligi, id scilicet quod principalem eorum significationem in eo esse docuerit, quod accidentia significant, non quidem in essentia sua, sed magis secundum id quod alteri adherent, idest adherentia suo fundamento, ut '*amo*' actionem, '*amor*' vero 5 passionem secundum hoc quod michi insunt. Omnia enim verba vel actionem vel passionem principaliter significare volunt[1], nec quidem particulares, sed que communia sunt accidentia. Unde etiam supposuit[2] : „ut eorum que de subiecto dicuntur", in quo universalia esse monstravit, „et sunt in subiecto", in quo accidentia esse docuit, licet tamen quedam 10 videantur propria verba, sicut et nomina, ut '*creare*', '*fulminare*', '*adorari*', que soli Deo congruunt.

Boetius autem in ⟨prima⟩ editione *Periermenias* plures alias expositiones protulit[3] in eo quod ait[4] '*ut eorum que de subiecto vel in subiecto*'; prima quidem huiusmodi est, ut postquam a verbis ea que de 15 altero predicantur, significari dixit, que esset illa determinavit, cum scilicet subiunxit: *ut eorum que in subiecto sunt, hocest fundamento, ac de ipso etiam fundamento predicantur*. Aliter divisionem accidentium que a verbis significantur, in eo supposuit, quod ait[5] vel esse tantum in subiecto et non dici vel etiam dici de subiecto. Sunt enim quedam 20 generalia accidentia que de diversis speciebus tamquam de subiectis predicantur, ut *moveri* de cursu ac saltu ac multis aliis, quod per '*dici de subiecto*' signavit. Sunt et alia que species non continent de quibus subiectis dicuntur, sed ipsa tantum sunt species que per '*esse tantum in subiecto*' accepit, ut *cursus* et multa alia. 25

Prima autem expositio, que maximam facit verborum a nominibus differentiam, expeditior videtur atque ipsius sententia dictis magis esse affinis. Neque enim omnia verba actionis aut passionis designativa videntur aut etiam accidentium adiacentium. '*Iacere*' autem et '*sedere*' positionum significativa esse Aristotiles dixit[6], '*habere*' etiam a genera- 30 lissimo *Habendi* sumptum est et '*vivere*' a *vita* qualitate sumptum videtur. Nec quidem irrationabiliter. Utquid enim, sicut in actionibus aut passionibus verba inventa sunt, que eas modo ut presentes,

ad 6: voluit quoque priscianus omne (ūne V^m) verbum significare actionem vel passionem donatus vero non cum scilicet dixerit aut neutrum significans sed fortasse priscianus ita large actionem vel passionem accepit ut omne illud includeret quod secundum tempus adiunctum eorum distribuitur nam habere posse vivere stare esse carere id habere non videntur V^m 11 videntur V 12 adoriri V 29 adiacentium V^c adiacentiam V

[1] Cfr. Prisc., *Instit. gramm.* VIII, 373[11]; Donat., *Ars gramm.* II, 381[14-15].
[2] quis ubi?   [3] *In Periherm.* I, 307 B *e.q.s.*   [4] sc. Aristoteles, *De interpr.* 3, 16 b 10.
[5] *In Periherm.* I, 307 BC.   [6] *Categ.* 7, 6 b 11-12.

modo ut preteritas, modo ut futuras significant, sic ⟨non⟩ quoque et in ceteris invenietur? Sicut enim *'esse currentem* vel *fuisse* vel *fore'* dicimus, sic *'esse album* aut *fuisse* aut *fore'* enuntiamus. Sed nec formis etiam nomina sumpta dici convenit, ut *'est'*, quod substantivum verbum
5 dicitur, eo videlicet quod omnibus secundum essentiam suam sit impositum, non secundum alicuius adiacentiam. Unde etiam quaslibet rerum essentias eque secundum inherentiam copulare potest, quod etiam de nuncupativo concedunt; sicut enim *'sum Petrus'* dicimus, ita etiam *'ego nuncupor Petrus'* proferimus. Alia vero que rerum personas
10 in essentia sua non significant, immo ex adiacentie actione vel passione, ut *'curro'*, *'amo'* vel *'amor'*, solas proprietates quas determina⟨n⟩t, copulant. Non enim sicut dicimus *'ego sum Petrus'*, ita *'ego curro Petrus'* enuntiamus, per *'curro'* *'Petrum'*, sicut per *'sum'*, copulantes. Sed potius cum dicimus *'ego curro Petrus'*, non aliter *'Petrus'* construi potest, nisi
15 in subiecto ipsum quoque intelligatur ac si ita diceretur: *'ego Petrus curro'*. Etsi enim *'Petrus'* tertie sit persone, sicut omnes nominum casus preter vocativum gramatici esse concedunt, per adiunctionem tamen *'ego'* pronominis, quod prime persone est, a verbo prime persone regitur, idest *'curro'*; aut fortasse ab *'ens'* participio, quod subaudiunt,
20 tamquam hoc modo diceretur: *'ego, ens Petrus, curro'*. *'Curro'* itaque vel alia verba quecumque ex adiacentibus actionibus aut passionibus sumpta sunt, quas circa subiectas personas determina⟨n⟩t, non alia copulare dicuntur preter proprias actiones aut passiones. At vero substantivum verbum, quod eque omnia secundum essentiam suam significat, quaslibet
25 potest essentias copulare.

Sed dico quod cum huiusmodi verbum rebus ipsis secundum essentiam tantum, non secundum alicuius adiacentiam, imponi concedant, quare aliquando eius copulationem ad predicationem adiacentie tantum reducant. Adiacentie vocabula ponuntur hoc modo: *'Petrus est*
30 *albus'*, *'Petrus est rationalis'*. Hi enim solam albedinem aut rationalitatem michi ut adiacentem attribui dicunt, ⟨in⟩ eo quod qui me album esse proponit, me albedine informari dicit atque ipsam michi adiacere ostendit. Sed profecto magis ad sensum propositionis atque ad officium substantivi verbi illam predicationem pertinere iudico, que est de subiecto
35 albedinis, quod ab *'albo'* nominatur, quam eam que est de adiacentia ipsius, que per *'album'* determinatur. Cum enim aliquem dicimus esse album, hocest proponimus ipsum esse aliquem ex his que albedine informantur, secundum copulationem essentie illud quod esse dicitur, proprie per *'est'* verbum predicatur, hocest res albedine informata. Sed

16 enim] etiam *V*   23 substantivum] subiectivum *sic saepe V*   30 aut *V^c* ut *V*   31 ⟨in⟩ *V^c*

quoniam per '"*albi*" *nomen ipsum attribuitur*' designatur quod ei ex adiacente albedine impositum est, ex ipsa quoque propositione inherentia adiacentis albedinis innuitur. Illa itaque predicatio essentie que in eo est quod hoc illud esse dicitur, proprie ex verbis propositionis exprimitur; illa vero que est adiacentie attributio, quo- 5 dammodo innuitur. Sic quoque et in ceteris verbis que etiam substantivi verbi copulationem continent — qui enim dicit '*Petrus currit*', id quod Petrus sit unus de currentibus proponit —, proprie in ipsa propositionis sententia essentie predicatio monstratur, essentie scilicet alicuius eorum que cursum suscipiunt. Sed quoniam non secundum 10 id quod est ipsa, per '*currit*' significatur, sed magis secundum id quod cursum habet, ex predicatione quoque essentie subiecti albedinis adherentia forme innuitur. Potest ergo per '*currit*' verbum vel persona cursum suscipiens secundum id quod cursum habet, predicari, vel ipse cursus adiacentia⟨m⟩ innuendo attribui, que utraque in verbi significatione 15 tenentur; per '*est*' vero substantivum, ut dictum est, verbum, quod omnibus ⟨secundum⟩ essentiam suam impositum est, quelibet res copulari potest. Unde ipsum a nulla proprietate sumptum esse manifestum est, sicut '*sedet*', '*currit*' etc., que numquam solius copule officium tenent, sed simul predicate rei positionem faciunt. Non itaque omne verbum ac- 20 cidentis adiacentie designativum videtur. Sed ratio quoque exigere videtur, ut etiam secundum singulas substantias diversa verba consisterent, ut scilicet substantiam vel qualitatem vel hominem, sicut '*esse currentem*', verbo aliquo secundum diversa tempora distribuerent, in eo scilicet quod aliud presentialiter est homo, aliud fuit, aliud erit. 25 Utquid enim, sicut in equivocatione sua ens acceptum verbum dicitur multiplex, ipsum quoque ad quamlibet significationem | restrictum verbum non dicatur simplex, sicut '*amplector*' et que sunt equivoca? Sicut enim equivocum nomen multa nomina secundum significationem multiplicem dicitur, ita equivocum verbum multa verba secundum 30 multas significationes dicendum est atque in singulis acceptum simplex verbum, ut etiam ⟨secundum⟩ singulas rerum essentias verba queant, sicut et nomina, substantiva esse. Nec id quidem ratio impedit, ut scilicet secundum singulas substantias diversa verba consistant, sed hec inventio lingue nostre non habuit, sicut nec articulorum impositionem cogno- 35 vit. Ideoque '*verbi*' nomen in his tantum dictionibus volunt uti que adiacentem actionem vel passionem subiectis personis secundum tempora distribuunt. Unde talem de verbo diffinitionem Priscianus protulit[1]:

f. 131r

16 tenentur] teneretur *V*   17 ⟨secundum⟩ *Vc*   19 sedet] est *V*   32 ⟨secundum⟩ *Vc*
33 quidem] quod *V*

[1] *Inst. gramm.*, I 55[6], II 116[26].

pars orationis cum temporibus et modis sine casu agendi vel patiendi significativa,
a qua nullum gramatici verbum excludunt. Ipsi enim '*iacere*' quoque
et '*vivere*' et '*habere*', quando verba sunt, sumpta esse dicunt ab actionibus, quando vero ad aliam significationem detorquentur, nomina esse
5 concedunt. '*Est*' quoque, memini, quando in vi verbi ponitur, secundum adiacentiam quarumlibet actionum aut passionum equivocum
dicunt[1]. Nec tunc quidem substantivi significationem tenere sed adiectivi.
tum quidem, cum dicimus '*Socrates est*' atque in vi verbi '*est*' utimur,
actionem aliquam ut adiacentem, vel cursum vel aliam, oportet intelligi
10 atque attribui. Cum autem substantivum in essentia rerum sumitur,
quasi nomine ipso utimur nec quicquam a verbo nisi temporis discretionem ac copulationem officium habere concedunt, qui '*verbi*' vocabulum
in supradictis tantum custodiunt, his scilicet que actionem aut passionem determinant. Sed iam profecto ⟨si⟩ gramaticum verbum ponitur
15 '*est*', male ipsum substantivum appellant. Nec si omnium, ut arbitror,
philosophorum auctoritates percur⟨r⟩ant, hanc significationem de
actione aut passione in '*est*' verbo percipient, ut videlicet cum dicitur:
'*Socrates est*', ipsum amare vel amari vel aliquam aliam actionem aut passionem habere intelligat; nec ratio eorum, ut estimo, poterit monstrare,
20 que actiones in '*iacendo*' vel '*vivendo*' intelligantur aut qualiter actio
iacendi a positione diversa sit aut vita actio a vita qualitate contraria
morti, que animatio intelligitur, an potius animationi; idem enim duo
contraria habere non poterit. De '*habere*' autem, quod actionem quamcumque aliquando significet, ex eo fortasse videbitur quod '*haberi*'
25 passivum facit quodque accusativum regat casum secundum significationem actionis passionem in alium inferentis. Oportet itaque vel '*haberi*'
significatione non esse passivum aut non omnem passionem ex actione
inferri.
　　Nunc autem ad substantivum et nuncupativum verbum rever-
30 tentes pauca de differentia eorum inspiciamus. Videntur autem in eo
maxime differre, quod illud substantivum, ut dictum est, istud sumptum
videtur, a nuncupatione scilicet, ex qua etiam *nuncupatum* dicitur. Sed
si sit nuncupatio forma aliqua vel actionis vel passionis, non videtur
'*nuncupor*' preter primam significationem rem aliam copulare, sicut et
35 de aliis dictum est. Unde cum dicitur: '*ego nuncupor Petrus*' non inde esse
nomen rei quod queat in ablativum resolvi, ac si ita intelligeretur: '*ego
nuncupor hoc nomine quod est Petrus*'. Si enim nomen rei esset, tantumdem
proponeret ac si diceret: '*ego nuncupor ista res*', quod vehementer abhorre-

8 actum *V*　21 a positione] compositione *V*　35-36 nomen rei quod queat] nominis
quam res atque *V*

1 Vide *Glosulas in Priscianum*, ed. Hunt I, p. 227[37] sqq. and P. Helyas, *ibid*, 230[1-8].

mus, cum non a re sue essentie construatur cum apposito nomine quod predicari per ipsum volunt ac sic[ut] et per substantivum copulari.

Solet ita⟨que⟩, memini, gramaticorum sententia nullam secundum significationem differentiam in nuncupativo et substantivo verbo accipere, sed eamdem in utroque sententiam proferri volunt, ut nichil 5 aliud 'ego nuncupor Petrus' quam 'ego sum Petrus' intelligatur; hoc tamen 'secundum institutionem inventionis' ad differentiam dicunt, quod nuncupativum, licet substantivi significationem habeat, non tamen constructionem ipsius ubique servat. Illud enim omnibus vel nominibus vel pronominibus vel participiis vel diffinitionibus predicatis potest 10 copulari, hoc autem solis propriis nominibus concedunt coniungi. Neque enim vel 'ego nuncupor ego vel currens vel homo albus' dicunt, sed solum proprio nomini huiusmodi verbum apponunt hoc modo: 'ego nuncupor Petrus', ex qua quidem est constructione cum proprio nomine, quod definitam et propriam impositionem habet, magis nuncupativum 15 dictum est quam ex significatione. Quamvis igitur eius propositionis que ait: 'ego nuncupor ego' sana possit esse ac vera sententia, series tamen constructionis secundum institutionem nuncupativi quam in constructione tenet, vitiosa conceditur, que, ut dictum est, in eo fuit ut tantum propria copularet nomina. Apparet autem ex significatione, quam 20 communem habet cum substantivo verbo, — sicut et copulationem alterius significationis, quam proprie ⟨non habet⟩ huiusmodi verbum — nuncupativum non illud esse quod a 'nuncupo, nuncupas' fit passivum, quod tantum de me vere dici potest, dum aliquis nomen meum proferens me vocat. Etsi enim nullus me vocet, non minus tamen 'ego nuncupor 25 Petrus' dici potest secundum supradictam substantivi verbi significationem ac talem ipsius resolutionem: 'ego sum Petrus'.

Non est autem illud pretermittendum quod verba in enuntiationibus posita modo proprie, modo per accidens predicari dicuntur; proprie autem predicantur hoc modo: 'Petrus est', 'Petrus currit'; 30 hic enim gemina vi funguntur, cum non solum copulandi officium tenent, sed etiam rei predicate significationem habent. Per accidens autem et non proprie predicari dicitur, cum ipsum predicato ad eius tantum copulationem apponitur, ita: 'Petrus est homo'. Neque enim hic interpositum quoque rem predicatam continet, quippe iam 'homo' 35 superflue supponeretur, sed tantum quod subiungitur predicatum copulat; nec si iam aliquid preter hominem in ipso esset attributum, in

3 ita⟨que⟩ *V^c* 9 ubique *corr. ex verbi V* 19 *alterum* ut] non *V* 21 copulationem] copulativi omne *V* 26 substantivi] subiectivi *V* 27 ipsius] ipsum *V* 31 fungitur *V* 32 tenere *V* predicătĕ *V* 33 ipsum ⟨verbum⟩ *c* 34 opponitur *V* 35 interpositam *V*

eodem loco 'hominem' copularet subiunctum. De hac autem predicatione
per accidens in Secundo Periermenias dicitur[1]. Quando autem 'est' tertium
adiacens predicatur, dupliciter fiunt appositiones; adiacens enim in eo
dicitur verbum quod predicato apponitur ad ipsum tantum copulandum,
5 nec pro subiecta re predicanda ponitur, sed ut tantum copulet id quod
predicatur. Cum autem proprie dicitur, rem etiam predicatam continet atque aliquam rerum existentium indeterminate attribuit, veluti
cum dicitur: 'Petrus est', hocest 'Petrus est aliqua de existentibus rebus'.
Quando quidem predicationem ex accidentali necesse est consequi, pro
10 eo quod sepe rerum non existentium vocabula copulat, veluti cum
dicitur: 'chimera est opinabilis vel non existens'. Nec mirum, cum interpositum significationem essentie non habeat, sed tantum copulationis
officium, ut dictum est, teneat. Unde etiam in Secundo Periermenias
dicitur[2]: „Homerus est aliquid, ut poeta, ergo etiam est, ⟨an⟩ non?",
15 ac rursus: „quod autem non est, quoniam opinabile est, non est verum
dicere esse aliquid: opinio enim eius non est quoniam est, sed quoniam
non est."

At vero queritur, cum 'est' verbum superius dictum sit inter
quaslibet essentias copulare, quod omnes in essentia significat, quomodo
20 illa potest copulare quorum significationem non continet, veluti ⟨non⟩
ens aut opinabile, quod proprie acceptum sola non-existentia, ut nobis
placuit, nominat, aut quomodo constructionis proprietas servari poterit,
| nisi intransitive ipsum quoque his que copulat coniungatur? Unde   f. 131ᵛ
quidem cum dicitur Homero quoque defuncto: 'Homerus est poeta',
25 hocest: 'memorialis fama Homeri adhuc manet per poema quod composuit',
vel 'chimera est opinabilis', 'esse' quoque quod interponitur, in designatione non-existentium volunt accipi. Sed quid ergo esse ea negat, si
idem esse quod non-existentia demonstrat, accipiat? Nostri vero sententia Magistri[3] non secundum verbum accidentalem dicebat predica-
30 tionem, sed secundum totius constructionis figurativam atque impropriam locutionem, que tota ad alium sensum explicandum composita
est quam verba videantur habere. Cum enim dicimus Homero defuncto:
'Homerus est poeta', si significatarum significationem dictionum pensemus
atque Homeri nomen hominis ut 'poeta' sumamus, verum est et sim-
35 pliciter Homerum esse, ex eo scilicet quod poete proprietatem habere
dicitur, atque propria fuit locutio. Si autem nullam constructionis
proprietatem, sed significationem dictionum attendamus, sed magis

3 oppositiones V   14 ⟨an⟩ c   18 inter] inde V   20 ⟨non⟩ c   21 nobis]·n· V

[1] De interpr. 11, 21 a 5-31.   [2] Ibid. 11, 21 a 25-26.   [3] Willelmi Campellensis (?).

alterius orationis sententiam quam in ea tota exprimere volumus, ut eius que ait: '*fama Homeri per poesim ipsius manet*', figurativam atque impropriam locutionem componimus. Veluti si aliquo tyranno defuncto filiis eius superstitibus ac tyranniam patris exercentibus dicamus: '*ille defunctus tyrannus adhuc vivit in filiis*', non quidem vitam tyranno attri- 5 buentes, immo illis quos genuit tyrannidem eius exercentibus, ac si aperte diceremus: '*illi quos ipse genuit, adhuc vivunt tyrannidem eius exercentes*'. Unde quia '*vivere per filios*' tantum '*tyranni*' nomini coniunximus, quando '*filii*' nomen subtrahitur, non possumus simpliciter dicere quod vivat. Idem etiam de ea enuntiatione que est: '*Homerus est poeta*', 10 dicunt, ut scilicet cum '*poete*' nomen, quod ad '*poema*' quodammodo se habet, subtrahitur, per quod '*Homeri*' nomen nomini copulabatur, '*Homerus est*' simpliciter non dicatur.

Sed quero in illa figurativa locutione: '*Homerus est poeta*', cuius nomen '*Homerus*' ut '*poeta*' accipiatur. At vero si hominis, falsa est 15 enuntiatio eo defuncto; si vero poematis de quo agitur, cur esse et ipsum denegetur aut quid figurativa locutio dicitur?; non iam impropria est locutio, sed nova vocis equivocatio.

Sed ad hoc, memini, ut Magistri nostri sententiam defenderem, respondere solebam '*Homeri*' et '*poete*' nomen, si per se intelligantur, 20 Homerum designare; unde et bene denegatur simpliciter Homerum esse, qui iam defunctus est. At vero cum totius constructionis sententia pensatur ac simul verba in sensu alterius enuntiationis confunduntur, non iam singularum dictionum significatio attendenda est, sed tota magis orationis sententia intelligenda; atque in eo impropria dicitur orationis 25 constructio quod eius sententia ex significatione partium non venit. Nec ullum poematis nomen de quo agimus, in enuntiatione continetur. Aut fortasse in eo quoque impropria dici potest constructio quod '*Homerus*', qui recti casus vocem habet, in significatione obliqui utimur, cum poema Homeri existere dicimus, ac poete nomen ad poematis 30 nominationem secundum resolutionem sensus non convenienter reducitur. Sic quoque et '*chimera est opinabilis*' in eo figurativa atque impropria locutio dicitur, quod aliud verba quam videatur in voce, proponant in sensu; non enim chimere, que non est, aliqua proprietas per '*opinabile*' datur sed magis anime alicuius opinio de ipsa attribuitur, ac si ita 35 dice⟨re⟩mus: '*anima alicuius opinionem habet de chimera*'.

At vero michi omnis illa verbi predicatio per accidens atque impropria videtur, quando ipsum, ut dictum est, tertium adiacens

interponitur, cum non rem, ut dictum est, predicatam contineat, sed
solius copule officium habeat, ut in ea quoque qua dicitur: '*Petrus est
homo* vel *albus*'. Nec quidem quantum ad eius interpretationem pertinet,
ex eo quod dicitur: '*Petrus est homo*', inferri potest '*Petrus est*', sed fortasse
5 quantum ad predicationem '*hominis*', quod existentis rei tantum nomen
est. Si enim, quia verbum copula interponitur, simpliciter predica-
⟨re⟩tur, et ex eo quod dicitur: '*chimera est opinabilis* vel *non existens*',
chimera esse concederetur. Poterunt fortasse et proprie esse supposi-
tarum enuntiationum de Homero ac chimera constructiones, et acci-
10 dentales tamen esse predicationes nec simplicem verbi predicationem
inferri ei tota etiam enuntiatione, in qua tertium inseritur. Cum enim
de Homero adhuc ipso fortasse vivo enuntiationem protulit, non ita
ait: '*Homerus est poeta*', sed potius proposuit[1]: '*Homerus est aliquid*', ac
postea subiunxit[1] '*ut poeta*'; cum '*aliquid*' posuit, ipsum tam existentium
15 nomen quam non-existentium accepit, secundum quod dictum est
'*hircocervus*' aliquid significare. Unde non potuit inferri predicatio partis,
quod scilicet Homerus sit; quod autem '*ut poeta*' subiunxit, exemplum
subdidit quod aliquorum esset, aut magis fortasse probatione⟨m⟩ posuit
de parte ad totum, qui de toto ad partem inferentiam negabat, hocest
20 de '*aliquo*' ⟨ad⟩ '*existens*'. Ac quoniam non erat inconveniens illud quod
intulit, licet falsa esset inferentia, illud '*ut*' quod subiunxit, potius ad
inferentiam deneg⟨andam⟩ referendum est quam ad illate propositionis
negationem, que quidem de Homero vivo vera est. Ad maiorem itaque
inconvenientis augerationem de chimera supposuit, in quo et inferentia
25 falsa est (qua dicitur quoniam est opinabilis, ipsa esse) et illata simul
propositio que ex vera infertur, quod videlicet chimera sit. Proprias
autem locutiones eas quoque enuntiationes cur non dicamus in quibus
non-existentium nomina ponimus? Sicut enim chimera proprie *non-
homo* dicitur, hocest unum ex his que non sunt homines, cur non etiam
30 *opinabilis* diceretur, idest unum ex his de quibus opinio habetur, quippe
eadem exstitit ad non-existentia nominum suorum impositio que ad
existentia suorum. Sicut enim dictum est in impositione '*hominis*' '*dicatur
ista res homo*', sic etiam dictum est in huiusmodi re non existente:
'*dicatur ista res opinabilis*', ut sic etiam non-existentium nomina inventa
35 sint ad agendum de ipsis secundum hoc quod ⟨in⟩ impositionem veniunt,
sicut existentium ad agendum de ipsis, veluti cum dicitur: '*chimera est*

8-9 subpositarum *V*   14 ipsum] tempus *V*   20 ⟨ad⟩ *V*c   21 ut] non *V*   21-22 a differentiam *V*
22 deneg + *lacuna V*   26 videlicet] videtur *V*   32 hominis] nominis *V*

[1] *De interpr.* 11, 21 a 25-26.

chimera' vel '*opponitur ut homini* vel *alicui alii*'. Sed quid talis consequentia proponitur:

> *si est chimera, non est homo?*;

opposita enim ⟨ea⟩ dicimus quecumque non sunt idem.

At vero quomodo locutio propria dicetur, ubi predicatio verbi 5
impropria fuerit nec eam in qua inventum est significationem tenuerit?
Neque enim inventum fuit in officio solius copulationis, verum simul,
ut dictum est, in sig⟨nificati⟩one existentium quod etiam, ut dictum
est[1], inde quelibet quibuslibet copulare potest, quod nominibus secundum
essentiam suam impositum est. Sed cur ad eorum quoque inherentiam 10
ponitur que non sunt atque in ipso non continentur? Unde michi, si
profiteri audeam, illud rationabilius videtur ut rationi sufficere valeamus,
ut scilicet, quemadmodum oppositionem in adiecto secundum oppositionem magis quam secundum appositionem sumimus, ita accidentalem
predicationem accipiamus, ac cum dicitur: '*est homo*' vel '*est opinabile*' 15
vel '*est album*' pro uno verbo '*esse hominem*' vel '*esse album*' vel '*esse
opinabile*' intelligamus. Quod vero Aristotiles, cum dicitur: '*Homerus est
poeta*', dicit[2] per accidens '*esse*' predicari hoc modo: „secundum
accidens enim predicatur '*esse*' de Homero, quoniam inest ei poema,
sed non secundum se predicatur de Homero | quoniam est", cum non 20
sit '*esse ⟨poeta⟩*', ut dictum est, una dictio, predicari per accidens non
est predicari, immo pars est '*esse*' predicati. Sic et predicari tertium
adiacens non est predicari per se, sed in eo quod adiacet alteri in compositione. Unde et bene dicitur ipsum '*esse*' non secundum se predicari,
sed cum '*poeta*' simul unum facere predicatum, iuxta illud: „sed 25
quoniam inest ei ut poeta". Nec quidem aliter de preterito et futuro
enuntiationes vere possunt proponi. Cum enim '*iste erit sedens*' de eo
qui nondum sedet, dicimus (aut '*fuit sedens*' proponimus), false omnino enuntiationes videntur, si integre dictiones '*erit*' et '*sedens*' permaneant propriamque inventionem custodiant. Cum enim '*sedens*' 30
presentis sit temporis atque ex sessione iam presente impositum,
quicumque dicit '*erit sedens*', id proponit: '*erit unum de his que presentialiter sessionem habent*'; quod quidem falsum est de eo, qui nondum sedens
sessurus est. Si enim omnes presentialiter sedentes conspicias, profecto
inter eos qui sedentium futurus sit, invenies aut cuius sessionem sit 35
suscepturus, immo propriam que nondum est habebit. Cum itaque

f. 132[r]

---

1 opponitur] oppositum *V*   4 ⟨ea⟩ *V*c   9 inde] in non *V* nominibus] hominibus *V*   19 accidens enim] *coll. b* enim accidens *V*   22 pars est] partem *V*   25 unum] verum *V* iusta *V*
26 poeta *V*c poema *V*   28 qui] quod *V*   29 erit] sunt *V*   33 qui] quod *V*

1 *supra*, p. 135[18-19].   2 *De interpr.* 11, 21 a 26-28.

'*leget*' per '*erit legens*' exponitur, non aliter '*erit legens*' accipiendum est quam pro una verbi dictione; alioquin veram non faceret enuntiationem de futuro. Aut cum ita quoque exponitur: '*Socrates erit legens*', idest '*habebit lectionem*', cum et lectionis nomen ex presentia datum sit,

5 tantumdem proponitur quantum si dicatur: '*habebit id quod iam presentialiter lectionis essentiam habet*', hocest '*quod presentialiter est lectio*'; quod profecto falsum est de lecturo ac nondum legente. Sic quoque et de sene iam Socrate falsum erit dicere quod puer fuit, si '*puer*' per se nomen sumatur secundum propriam impositionem quam habet ex pre-

10 sente pueritia; tandumdem enim proponitur ac si diceretur: '*fuit unus de habentibus presentialiter pueritiam*', quod aperte falsum est.

Oportet etiam, ut conversionis naturam aut formas sillogismorum in enuntiationibus preteriti aut futuri servemus, verborum compositionem suprapositam accipere. Veluti cum dicitur de sene iam

15 Socrate: '*Socrates fuit puer*', non ita convertendum est: '*quidam puer fuit Socrates*', quod falsum est, immo ita: '*quoddam quod fuit puer, est Socrates*'. Sicut et cum dicitur: '*Socrates ambulat*' vel '*est ambulans*', ita convertitur: '*quoddam quod ambulat vel est ambulans, est Socrates*', quippe sicut '*esse ambulans*' pro uno verbo atque uno predicato ponitur, ita '*esse puerum*'.

20 Quare et totum ipsum in conversione in subiecto ponendum est, hoc modo: '*quoddam quod fuit puer, est Socrates*', veluti cum '*Socrates leget*' hoc modo convertitur: '*quoddam quod leget est Socrates*'. Sicut quoque et cum dicitur: '*quidam puer senex erit*', ita convertes: '*quoddam quod erit senex, est puer*'; aut cum dicitur: '*omnis senex fuit puer*', non hec erit per

25 accidens conversio: '*quidam puer fuit senex*', immo ista: '*quoddam quod fuit puer, est senex*'. Ille quoque propositiones que aiunt: '*nullus puer fuit senex*' aut '*nullus senex erit puer*' ita convertende sunt: '*nullum quod fuit senex, est puer*' vel '*nullum quod erit puer, est senex*'.

Hac etiam compositorum verborum acceptione servata in modis

30 sillogismorum futuri quoque propositiones aut preteriti venire poterunt, ut si ita dicamus:

---

ad 11 ad hec illud prisciani pertinet quod in primo constr⟨uctionum⟩ dicitur de resolutione participiorum per qui infinitum nomen et verbum participii idem enim amans est quod qui amat unde ipse accipitur inquit nomen substantivum est verbo ut quid est amans qui amat, quid est nascens qui nascetur unde etiam docet participium preteritum quod in activo deficit ac presens (prisc. V^e) quod passivo deest per ista designari sic qui amavi qui amor V^m (cf. *Log. Ingred.*, 348³³⁻³⁷; Prisc. *Inst. gramm.* XIII, 565²)
16 quoddam] quidam *V*   18 quoddam] quidam *V*   23 puer senex] senex puer *V*   29 hec *V*

> *'omne quod erit sedens, corpus est*
> *sed quidam homo erit sedens*
> *quare est corpus'*

vel ita :

> *'omne quod erit sedens, fuit corpus*   5
> *sed quidam homo erit sedens*
> *quare fuit corpus'.*

Si autem sic dicamus :

> *'omne sedens est unum de his que presentialiter habent sessionem*
> *sed Socrates sessurus ac nondum sedens erit sedens*   10
> *quare erit unum ex his que presentialiter habent sessionem'*

falsum videtur, cum medius terminus idem non sit. Nam in prima
'sedens' subiciebatur, in secunda autem *'erit ⟨sedens⟩'*, quod unum est
verbum, predicatur. Unde cum medius terminus idem est, non potest
sillogismus fallere hoc modo :   15

> *nullum animal erit lapis*
> *sed Socrates est animal*
> *quare non erit lapis*

vel ita :

> *omnis homo morietur*   20
> *sed Socrates est homo*
> *quare morietur.*

Quod autem gramaticorum regulis contrarii videmur, quod
multa componimus verba vel substantiva, ut *'esse hominem'*, vel ab aliis
quam ab actionibus vel passionibus sumpta, ut *'esse album'*, propter 25
rectam enuntiationum sententiam aperiendam, non abhorreas. Illi enim
qui primum discipline gradum tenent, pro capacitate tenerorum multa
provectis inquirere aut corrigenda reliquerunt in quibus dialetice
subtilitatem oportet laborare.

Si quis autem eius ⟨pro⟩positionis : *'Socrates erit sedens'* conversio- 30
nem ipsi equipollere negaverit, hanc scilicet : *'quoddam quod erit sedens,*
est Socrates', eo scilicet quod prima, antequam Socrates esset, vera
poterat esse falsa manente secunda, † ipse scilicet *'Socrates'* significationem tenuerit sedens †, se deceptum esse recognoscet. Cum enim *'Socrates'*
ex presenti ac singulari substantia hominis impositum sit, cum dicitur : 35
'Socrates erit sedens', tale est : *'illa res que iam est hic homo, erit sedens'* ;
quod omnino falsum est, sicut et conversio. At vero si *'Socrates'* futuri
temporis accipiemus, cum dicitur : *'Socrates erit sedens'* ipso Socrate

---

15 sillogismis *V*   26 aborreas *V*   28 reliquitur *V*

nondum existente atque ita intelligeremus: '*illud quod erit Socrates, erit sedens*', vera fortasse enuntiatio esset ac vera quoque ipsius conversio, hec scilicet: '*quod erit sedens, erit Socrates*'.

Infinita autem verba, sicut in remotione finiti significatio est, ita
5 etiam tempus ipsius significa⟨n⟩t. Qui enim dicit: '*non currit*', non solum de cursu in remotione mentionem facit, verum etiam de tempore presenti, ac si diceret: '*non currit in presenti*', secundum quod et hec quoque que infinita sunt verba tempus consignificare Aristotiles voluit. Que quidem, quoniam et copulationem que verbum proponebat,
10 destruunt, cum in propositionibus ponuntur in negatione statim ac verbum dividuntur, ut negationem faciant. Nec iam, ut aiunt, infinitum, manet, sed potius verbum et negatio. Unde cum ait[1] Aristotiles in *Secundo Periermenias*: „erit omnis affirmatio vel ex nomine et verbo vel infinito nomine et verbo", infinitum verbum recte taceri Boetius dicit[2]
15 quod in enuntiatione positum infinitum non remanet verbum, sed statim, ut dictum est, in duas dictiones separatur, propter interpositionem scilicet inherentie copulationis: qui enim dicit '*non currit*', '*non est currens*' proponit, sed non ita: '*non currens*'. Sed etiam una dictio intra quoque enuntiationem, sicut nomina infinita, consistit.
20 De orationibus [inde] infinitis quare hoc loco Aristotiles mentionem non fecerit, solet queri, cum et ipse ⟨sepe⟩ quoque in enuntiationem veniunt, velut ea que dicit: '*non-albus-homo*', '*non-animal-rationale-mortale*'. Que enim orationes impositione⟨m⟩ nominum habent, infinitari quoque sicut nomina videntur. Alii itaque Aristotilem sim-
25 plicis enuntiationis constitutionem demonstrasse hoc loco volunt, alii vero nullomodo orationem infinitari concedunt, quibus, memini, magister V.[3] assentiebat; nec quidem id tam secundum sententiam negabat quam secundum constructionis naturam; cuius quidem invalidam de coniunctione dictionum calumniam in *Glossulis* eius *super Perier-*
30 *menias*[4] invenies. Si enim sensum exsequamur, infinitationis quoque proprietas in ⟨o⟩ratione quoque invenietur, et quecumque sub finita non continentur, sub infinita eadem possunt; ut, cum verum sit Socratem non esse album asinum, veram quoque et eam concedimus: '*Socrates est non-albus-asinus*', ita quidem ut non solum '*album*' infinitetur
35 et '*asinus*' remaneat, ac si ita dicatur: '*est asinus non-albus*', sed ut tota simul oratio '*albus asinus*' negatione excludatur. Alioquin magis una

---

13-14 verbo vel + ex *b*   22 ⟨sepe⟩ *Vc*   28 magister] nostri *V*   36 simul *Vc* simile *V*

[1] *De interpr.* 10, 19 b 10-11.   [2] *In Periherm.* II, 522 B.
[3] Ulgerius Andegavensis, vide *Introd.*, p. XX.   [4] illud opus adhuc non repperimus.

dictionum tantum infinitaretur quam oratio; sicut in *Secundo Periermenias* ad '*albi*' tantum infinitationem Aristotiles negatio⟨nem⟩ posuit, cum pro falsa eam propositionem induxit: '*lignum est non-albus-homo*'. „Si enim

inquit[1], de omnibus aut dictio est | aut negatio vera, cum lignum falsum sit dicere esse album hominem, erit verum de eo dicere esse non- 5 album-hominem"; quod ac si diceret inconveniens est in eo scilicet, ut dictum est, quod '*albo*' tantum remoto 'hominem' relinquit. Cum autem '*album*' tantum excluditur et '*homo*' remanet, unum est dicere '*omne non-album hominem esse*' et '*non-album esse et hominem*'; tale est '*omne non-album-hominem*' quod '*omne⟨m⟩ hominem qui est non-albus*'. 10 Cum vero tota infinitatur oratio, non est necessarium vel omne ⟨non⟩ album hominem esse non album vel hominem esse, quippe albus equus est non-albus-homo, sed neque non-albus simpliciter neque homo dici potest.

Hactenus quidem, Dagoberte frater, de partibus orationis, quas 15 dictiones appellamus, sermonem texuimus; quarum tractatum tribus voluminibus comprehendimus: primam namque partem *Libri Partium Antepredicamenta* posuimus; dehinc autem *Predicamenta* submisimus, denique vero *Postpredicamenta* novissime adiecimus, in quibus *Partium* textum complevimus. 20

---

[1] *De interpr.* 12, 21 b 3-5.

TRACTATUS SECUNDUS

DE CATHEGORICIS

LIBER PRIMUS

DE PARTIBUS CATHEGORICARUM

⟨*Introductio*⟩

Iusta et debita serie textus exigente post tractatum singularum
5 dictionum, occurrit compositio orationum. Oportuit enim materiam
in partibus preparari ac deinde ex ea totius perfectionem coniungi.
Sicut ergo partes natura priores erant, ita quoque in tractatu precedere
debuerant atque ad ipsas compositionem totius subsequi decebat. Non
autem quarumlibet orationum constructionem exequemur, sed in his
10 tantum opera consumenda est que veritatem seu falsitatem continent,
in quarum inquisitione dialeticam maxime desudare meminimus[1]. Unde
cum et inter propositiones quedam earum simplices sint et natura
priores, ut cathegorice, quedam vero composite ac posteriores, ut
que ex cathegoricis iunguntur ipotetice, has quidem que simplices
15 sunt, prius esse tractandas ex supraposita causa unaque earum sillogismos
ex ipsis componendos esse apparet. Nec propter emulorum detrac-
tiones obliquasque invidorum corrosiones nostro decrevimus proposito
cedendum nec a communi doctrine usu desistendum. Etsi enim invidia
nostre tempore vite scriptis nostris doctrine viam obstruat studiique
20 exercitium apud nos non permittat, tum saltem eis habenas remitti non
despero, cum invidiam una cum vita nostra supremus dies terminaverit,
et in his quisque quod doctrine necessarium sit, inveniet. Nam etsi
Peripateticorum Princeps Aristotiles cathegoricorum sillogismorum
formas et modos breviter quidem et obscure perstrinxerit, utpote qui
25 provectis scribere consueverat, Boetius vero ipoteticorum complexiones eloquentie latine tradiderit, Grecorum quidem Theophrasti
atque Eudemi operum moderator, qui tum de his scripserant sillogismis,
uterque quidem, ut ipse ait[2], moderate doctrine terminos excedens
ita ut hic lectorem brevitate, ille vero prolixitate confunderet, — post
30 omnes tamen ad perfectionem doctrine locum studio nostro in utrisque
reservatum non ignoro. Item que ab eis summatim designata sunt vel
penitus omissa, labor noster in lucem proferat, interdum et quorumdam
male dicta corrigat, et schismaticas expositiones contemporaneorum

---

1-3 ⟨liber..... introductio⟩] PETRI ABAELARDI· PALATINI PERYPATETICI ANALECTICORUM
PRIORUM PRIMUS *V*   19 văstru ăt *V*   20 tum *c* cum *V*   22 inventum *V*   23 cathegoricarum *V*   24 perstrinxerit *V*   25 inpotheticorum *V*   26 teofrasti *V* 27 eudemi *c* eumdem *V*
33 cismaticas *V*

1 *supra*, p. 121[6-7].   2 *De syll. hyp.* I, 831 C.

nostro⟨rum⟩ uniat, et dissensiones modernorum, si tantum audeam
profiteri negotium, dissolvat. Confido autem in ea que michi largius
est ingenii abundantia, ipso cooperante scientiarum Dispensatore, non
pauciora vel minora me prestiturum eloquentie peripatetice muni-
menta quam illi prestiterunt quos latinorum celebrat studiosa doctrina;   5
si quis nostra eorum scriptis compenset, et quid ibi sit et qualiter quidve
nos ultra ponamus, aut qualiter eorum implicitas sententias evolvamus,
eque diiudicet. Neque enim minorem aut fructum aut laborem esse
censeo in iusta expositione verborum quam ⟨in⟩ inventione sententiarum.

Sunt autem tres quorum septem codicibus omnis in hac arte 10
eloquentia latina armatur. Aristotilis enim duos tantum, *Predica-*
mentorum scilicet et *Periermenias* libro⟨s⟩, usus adhuc Latinorum cognovit;
Porphirii vero unum, qui videlicet *De Quinque Vocibus* conscriptus,
(genere scilicet, specie, differentia, proprio et accidente), introductionem ad ipsa preparat *Predicamenta*; Boetii autem quatuor in consue- 15
tudinem duximus, *Librum* videlicet *Divisionum* et *Topicorum* cum *Sillo-*
gismis tam *Cathegoricis* quam *Ypoteticis*. Quorum omnium summam
nostre *Dialetice* textus plenissime concludet et in lucem usumque
legentium ponet, si nostre Creator vite tempora pauca concesserit et
nostris livor operibus frena quandoque laxaverit.   20

At vero, cum voluminis quantitatem mentis imaginatione col-
lustro et simul que facta sunt respicio et que facienda sunt penso,
poenitet, frater Dagoberte, petitionibus tuis assensum prestitisse ac
tantum agendi negotium presumpsisse. Sed cum lasso michi iam et
scribendo fatigato tue memoria caritatis ac nepotum discipline de- 25
siderium occurrit, vestri statim contemplatione michi blandiente languor
omnis mentis discedit et animatur virtus ex amore que pigra fuerat ex
labore, ac quasi iam reiectum onus in humeros rursus caritas tollit et
corroboratur ex desiderio que languebat ex fastidio.

Cum autem simplicium propositionum naturam ante earum 30
sillogismos tractari conveniat, propositionis vero proprietatem absque
natura generis eius quod est oratio, nec consistere nec cognosci contingat, ab ipsa michi texendum oratione videtur.

⟨*De oratione*⟩

Est igitur, ut Aristotili visum est[1], oratio *vox significativa ad* 35
placitum, cuius partium aliquid significativum est separatum. Cuius quidem

---

6 earum *V* sit et qualiter] si vel equaliter *V*   13 vocibus] rebus *V*   26 vestri] nostri *V*
28 honus *V*   30 eorum *V*   34 ⟨de oratione⟩ *c*

[1] *De interpr.* 4, 16 b 26-27.

diffinitionis sententia ex diffinitionibus partium in superiori libro earum
diligenter expeditis satis est manifesta, ubi quid in singulis membris sit
intelligendum, satis arbitror esse demonstratum. Sed, ne multorum
interpositio memoriam subtrahat premissis, singula breviter annotemus.
5 Quod ergo oratio dicta est *vox significativa ad placitum*, convenientia
eius ad partes, dictiones scilicet, ostenditur. Quia enim partes ipsius ad
placitum significant, oportet ipsam orationem non naturaliter, sed per
inventionem, habere significationem, ut istam: '*homo currit*'. Hec enim
composita fuit et coniuncta, ut de rebus ipsis agendo intellectum
10 quemdam in animo audientis constitueret, ut videlicet ipse ex ea cursum
homini inesse conciperet. Nec vacat interpositio '*ad placitum*'; quod
⟨si⟩ subtrahatur, tota orationis diffinitio cuidam naturali voci aptari
poterit, veluti continuo et longo latratui canis, cum scilicet et ipse totus
et singule eius partes, que etiam latratus sunt, iram canis manifestent.
15 Quod autem oratio huiusmodi partes habere dicitur, que et extra
coniunctionem ipsius significationem retineant, a partibus suis, idest
dictionibus, | separatur, quarum quidem nulla pars per se est signifi-   f. 133ʳ
cativa; nec si etiam nomen sumas compositum, sicut in tractatu nominis
superior textus continet[1]. Excludit itaque ultima differentia dictionem
20 cui premisse omnes differentie conveniebant, ut et per eas adempta
ultima differentia describi recte dictio videatur, hoc modo: *dictio est
vox significativa ad placitum cuius partium nichil extra designat*. In hoc igitur
tantum a dictionibus oratio dividitur quod non solum in toto, sicut
dictiones, verum etiam in partibus significationem habe[n]t, ut ea quam
25 supra posuimus: '*homo currit*'; nam et '*homo*' in se et '*currit*', ex quibus
coniungitur, significationem habent singula, sed non earum vel littere
vel sillabe; potest autem et sic compen⟨dio⟩sius oratio diffiniri, ut
videlicet dicatur *competens dictionum coniunctio*. Nisi enim competenter
iungantur dictiones secundum regulas constructionis, orationem non
30 reddunt, quippe nec aliquem intellectum constituunt, ut si prepositionem prepositioni coniungas, aut verbo sive adverbio seu coniunctioni
vel alicui casui quem regere non queat, adiungas, aut verbum cum casu
non convenienti ponas, seu quolibet alio modo structura sit inordinata,
multe quidem dictiones possunt appellari, sed non una debent oratio
35 vocari; neque enim unam habent ad placitum significationem nec ad
unius intellectus demonstrationem contendunt. Sicut enim in dictionibus
transpositio litterarum vel sillabarum significationem aufert, ut si

2 ubi *Vᶜ* ut *V*   12 ⟨si⟩ *c*   23 a dictionibus *Vᶜ* adiectionibus *V*   27 compen⟨dio⟩sius *Vᶜ*

[1] *supra*, p. 125 (cf. pp. 115-117).

'*cicero*' transversis sillabis proferam '*roceci*', ita et in omnibus orationibus significationis veritatem destruit inordinata dictionum coniunctio
nec unam permittit fieri orationem quorum non sinit esse unius intellectus significationem. Nec mirum, cum etiam in his orationibus
coniunctio ex orationibus diversis, que per coniunctionem appositam 5
ad unum rediguntur intellectum et unius orationis proprietatem, sola
coniunctio remota veritatem vel intellectuum vel orationis destruat, ut
si dicam :
> '*si Socrates non est animal, Socrates non est homo*',

unum pronuntio verum ; si vero adimam prepositam condi[c]tionem, duo 10
falsa profero. Quodsi ad veritatem orationis et in ipsis orationibus
competens valet coniunctio, quanto magis in simplicibus dictionibus
congrua servanda est constructio. Quis igitur pro oratione recipiat :
'*ego videt*' vel '*ego video equus*', quibus nullus potest sensus aptari? Non
itaque orationem pluralitas dictionum facit, si coniunctio sensui com- 15
petens defuerit.

De perfectis ⟨et imperfectis⟩

Orationum autem hee quidem perfecte sunt, ille vero imperfecte. Perfectas autem illas dico quas Priscianus construc- 20
tiones appellat[1], quarum videlicet et partium recta est ordinatio et
perfecta sensus demonstratio, ut : '*homo currit*'. Imperfecta autem est
que in dispositione dictionum competenti imperfectum sensum demonstrat, ut : '*homo currens*'. Competens enim est substantivi et adiectivi
constructio, cum ad eumdem casum, ad idem genus et eumdem nu- 25
merum copulantur. Sed nondum in eis completa est sensus perfectio.
Adhuc enim premissa oratione prolata suspensus audientis animus aliquid amplius audire desiderat, ut ad perfectionem sensus perveniat,
veluti '*est*', aut aliquod aliud competens verbum. Preter verbum
namque nulla est sensus perfectio. Unde et omnes fere species per- 30
fectarum orationum ex verbis suis nominantur, ut *enuntiativa*, *imperativa*
et alie, quas in divisione perfecte orationis apponemus.

Opponitur autem fortasse de quibusdam orationibus perfectis,
que imperfectum ⟨habent⟩ sensum, ut hec : '*homo dedit* vel *dabit*'.
Quis enim homo, vel quid, vel cui, vel quando, vel ubi, vel quare 35
dederit, indeterminatum relinquitur atque id adhuc audientis animus
requirit; unde non aliter perfectus videtur premisse orationis intellectus nisi his omnibus determinatis. Sed falso; qui enim dicit : '*homo*

10 propositam *V* 14 sensum *V* 15 si] sic *V* 24 subiectivi *V* 29 aliquid *V* 34 ⟨habent⟩ *V*ᶜ
[1] *Inst. gramm.* II, 108¹⁶ sqq. et XVII, cap. 3.

dedit', etsi de homine indeterminate atque indefinite '*dare*' enuntiet, perfectum tamen secundum copulationem alterius ad alterum generat intellectum. Nec, quantum ad perfectionem sensus pertinet, requirendum ulterius est, quid verbis illius orationis exprimitur. Sed et michi 5 dicitur: similiter cum dicimus '*homo currens*', '*homo albus*', perfecta est in se oratio et plene eum qui ad se pertinet intellectum demonstrans, nec quicquam de eo quod ad ipsam pertinet, ulterius est requirendum, et quedam insuper inherentia cursus vel albedinis ad hominem in ea exprimitur. Cum enim cursum vel albedinem circa hominem per 10 '*currens*' vel '*album*' determinamus, quamdam procul dubio coherentiam accidentis ad fundamentum secundum adiacentiam innuimus. Sed dico hoc ad perfectionem orationis non sufficere, ut quasi adiacentem homini albedinem vel cursum determinemus, nisi etiam adiacere dicamus, quod sine verbo fieri non contingit. In hoc enim verbum a participio habundat 15 quod non solum personam per impositionem demonstrat aut ei coherentem actionem vel passionem significat, verum etiam coherere dicit; ex qua quidem demonstratione inherentie modus enuntiativus indicativus est nominatus, quod videlicet per ipsum solum aliquid alicui inherere sive inhesisse seu inhesurum esse proponamus.

20   Perfectio itaque sensus maxime pendere dinoscitur in verbis, quibus solis alicuius ad aliquid inherentia[m] secundum varios affectus animi demonstratur; preter quam quidem inherentiam orationis perfectio non subsistit. Cum enim dico: '*veni ad me*' vel '*utinam venires ad me*', quodammodo inherentiam veniendi ad me propono secundum 25 iussum meum vel desiderium meum, in eo scilicet quod iubeo illi ut venire ei cohereat, vel desidero, idest ut ipse veniat. Unde et sepe in consequentiis verba optativi modi vim enuntiativi tenent, veluti cum ita propono:

    '*si fuisses hic, vidisses eum*':
30 tam bene enim hec consequentia dici potest sicut ea que ex enuntiationibus iungitur hoc modo:

    '*si fuisti hic, vidisti eum*'.
Unde et cum quidam de illa assumunt ac concludunt, partes eius in enuntiationes resolvunt, sic:
35   '*sed fuisti hic
        quare vidisti eum*'
vel ita: '*sed non vidisti; quare non fuisti*'. Infinitivo quoque verbo quo-

---

1 etsi] ac si *V*   20 dinoscitur *V*   29 si fuisses..... + si idem erit cecitas et cecum esse etc. *V^c*   32 vidisti] audisti *V*   37 quare] quando *V*   quia *c* fuisti *V^c* fudisti *V*

dammodo inherentia exprimi videtur; ut cum ita dicimus: '*verum est Socratem currere* vel *possibile*'; tale est enim ac si dicamus: '*verum est* vel *possibile quod Socrates currit*', idest quod cursus Socrati adiacendo cohereat. Nec tamen hec perfecta est (sicut supraposite) oratio '*Socratem currere*'; sensum tamen propositionis in eo quod verum vel falsum 5 monstrat, videtur exprimere idemque enuntiare quod '*Socrates currit*'. Sicut enim hec proponit Socratem currere, quod vel falsum vel verum ⟨significat⟩, sic et illa. Nec tamen propositio dicitur, licet verum significet. Si Socratem currere verum est, ipsa autem Socratem currere significat, ipsa profecto verum demonstrat. Unde et ex diffinitione propositi- 10 onis, quam in sequentibus dabimus, propositionem eam oportet esse; unde et orationem perfectam, cum scilicet perfectum sensum significat.

Sed si nos quidem subtilius rei veritatem intueamur, nec iam orationem eam dicemus, immo quasi nomen illius quod propositione exprimitur, cui quidem per impositionem rectam applicetur, sicut 15

'*homo*' vel '*homo albus*' homini. Non enim | aliter per '*est*' verbum aliquid ei vel ipsum alicui coniungeretur, nisi per impositionem subiecte rei datum esset. Sic quoque et cum dicimus: '"*Socrates currit*" *verum est*', '*Socrates currit*', quod in subiecto proferimus, propositio non est, sed nomen eius cui verum attribuitur. Si autem '*Socratem currere*' 20 verum per impositionem habeat designare, non omnino propositionis significationem tenet, que scilicet significatio in dicendo est, non ⟨in⟩ nominando, ut in expositione diffinitionis propositionis aperiemus[1]. Sed licet, cum dicimus: '*Socratem currere verum est*', '*Socratem currere*', quod in subiecto propositionis profertur, nomen sit, cui scilicet '*verum*' 25 coniungitur, illud tamen quod per se proferimus, '*Socratem currere*', oratio poterit esse, sed, ut dictum est, imperfecta, cum videlicet nullam personalis verbi resolutionem habeat. Sic quoque et '*animal rationale mortale*', cum hominis diffinitio perfecta dicatur, nullo tamen modo perfecta conceditur oratio. Cum enim in diffiniendo perfectionem 30 habeat, eo videlicet quod omni et soli ac specialiter homini conveniat, in dicendo aliquid nullam perfectionem servat, que perfectio propria est orationum, nichilque de proprietate orationis preter constitutionem tenet; sed potius nominis impositionem habet, ex qua etiam predicari et subici potest.

35

---

ad 1 mallem habere tunicam quam penulam; libentius carnes quam pisces comederem; melius esset mori quam vivere; bonum esset modo comedere *Vᵐ*   4 tamen..... supraposite *V* tamen sicut haec perfecta est supraposita *c*   10 ipsa] ipsum *V*

[1] *infra*, p. 154.

Atque hec quidem de perfecta vel imperfecta orationum sententia dicta sufficiant. At quoniam sole que [im]perfecte sunt orationes doctrine serviunt, eo scilicet quod ipse sole aliquid dicunt, earum divisionem ponamus in presenti.

5 *Divisio perfectarum*

Harum igitur orationum que perfecte sunt, alie sunt e n u n -
t i a t i v e, alie i n t e r r o g a t i v e, alie d e p r e c a t i v e, alie i m p e r a -
t i v e, alie d e s i d e r a t i v e. Enuntiativam autem eam Aristotiles diffinit[1] que enuntiat aliquid de aliquo vel aliquid ab aliquo, ut sunt ille que
10 affirmant predicatum de subiecto vel negant, hoc modo: '*Socrates est homo*, vel *non est homo*'. Interrogativa autem est per quam interrogamus hoc modo: '*quis* vel *qualis* vel *quid est Socrates?*' Deprecativa autem, per quam deprecamur, sic: '*adesto Deus*'. Imperativa, per quam imperamus, ut '*accipe codicem*'. Desiderativa, ⟨per⟩ quam nostrum
15 exprimimus votum, veluti cum dicimus: '*osculetur me amica*'.

Addunt autem quidam sextam speciem, v o c a t i v a m scilicet orationem. Sed michi quidem vocatio non videtur diversam speciem a suprapositis procreare, que quidem vocatio omnibus equaliter potest apponi. Modo enim vocationem enuntiationi apponimus, ut cum dico:
20 '*Petre, Socrates venit*', modo etiam interrogationi hoc modo: '*Petre, quo pergit Socrates?*' similiterque ceteris speciebus vocationem apponimus. Unde si sit aliqua orationis species vocativa oratio, non oportet eam diversam a superioribus accipere nec ut oppositam illis una cum eis in divisione orationis apponere, cum videlicet modo enuntiativam ora-
25 tionem vocative, modo interrogativam, modo etiam imperativam ac similiter alias proferamus. Ac si constructionem seriemque ipsam collocutionis studiosius attendamus, nec de ipsa oratione vocationem esse confitebimur; sed magis eam ita orationi preponimus, quasi cum ea ipsam numeramus, sed post ipsius responsionem orationem per se
30 supponamus. Ut cum dico: '*Petre, Socrates legit*', hic est rectus collocutionis ordo, ut dicto '*Petre*' et ipso qui vocatur respondente '*audio*', per se ita supponatur enuntiatio: '*Socrates legit*'; nisi enim ab ipso quem vocamus, nos audiri noverimus, frustra ei loquimur. Tunc autem nos exaudiri cognoscimus, cum ipse '*audio*' respondens se ipsum audire
35 nos confitetur. Similiter et cum dicitur: '*Petre, lege*', quasi ille ad vocationem respondeat: '*audio*', '*lege*' supponitur, in quo etiam persona

14 ⟨per⟩ *c*   16 vocativam *V*ᶜ rogativam *V*   26 constructionem *c* constructionis *V*
29 numeramus *V*ᶜ nominamus *V* numeremus *c*   31 respondere *V*   36 vocationem *V*ᶜ votionem
[1] *De interpr.* 5, 17 a 20-21.

secunda, que *'tu'* nominativo designanda est, subintelligitur, cui *'legere'* secundum imperationem adiungitur; que quidem copulatio semper indiget nominativo.

Sed fortasse opponitur vocativum casum non amplius recipiendum esse inter partes orationis, cum videlicet orationes non componat; sed falso; nam etsi perfectam non constituat, saltem imperfectam componit, veluti istam: *'comita Socratem, o carissime comes'*. Sicut enim c o n q u e s t i v a o r a t i o dici potest qua tantum querela nostra exprimitur, veluti iste: *'hei michi infelici'*, *'me miserum'*, sic et vocativa merito oratio appellatur, quoniam ad vocationem pertinet.

Nota autem, quod superius tetigimus[1], omnes fere species perfectarum orationum a verbis quibus constituuntur, nominatas esse, ut scilicet enuntiativa a verbo enuntiativo, propter quod scilicet enuntiat, imperativa a verbo imperativo, in quo imperatio continetur, interrogativa, que communem verborum materiam cum enuntiativa tenet, non a verbo nomen accepit, sed a modo proponendi qui interrogationem constituit. Nec mireris idem verbum secundum diversos affectus animi diversas orationes reddere, modo scilicet imperativam, quando sola imperatio attenditur, modo etiam deprecativam, quando deprecationem, nunc quoque desiderativam, quando desiderationem intelligimus, ut, cum dico: *'festinet amica'*, hanc vel imperativam vel deprecativam vel desiderativam secundum varios animi affectus, ut dictum est, proferre possunt. Indicativo quoque verbo sepe pro imperativo utimur; veluti cum in preceptis Legis dicitur: "*Non occides, non mechaberis*" etc. Cum enim hec ad omnes dicta sint, si affirmative intelligeretur, falsum sepe inveniretur.

Sola autem e n u n t i a t i o presenti tractatui pertinet, que sola verum vel falsum continet, quorum inquisitio dialetice relinquitur. Relique vero species quatuor, ut ait[2] Peripateticorum Princeps, poetis relinquende sunt, qui in fabulis suis sive historiis modo interrogantes modo imperantes nunc etiam deprecantes sive desiderantes personas introducunt. Si quis autem estimet interrogationem quoque ad dialeticam attinere, propter eam scilicet questionem que a dialeticis sepe profertur eiusque proprietas ascribitur — que quidem ex dividentibus propositionibus est constituta, de quarum veritate ipsa querit hoc modo: *'utrum omnis homo est animal vel non omnis homo est animal'* —,

---

1 secunda] sa *V* non componat *c* cum non ponat *V*   6 saltim *V*   7 comita Socratem] omitraso *V*   12 constituitur *V*   14 imperatio *c* deprecatio *V*   17 constituit] consistit *V*   19 deprecationem] predicationem *V*   34 proprietas *Vc* proprietas *V*

1 *supra*, p. 148³⁰⁻³².   2 *De interpr.* 4, 17 a 4-7.

fallitur. Neque enim in eo quod dialeticus est ac secundum artem proprietate complexionis instructus, de veritate seu falsitate constructionis ambigit; sed si quis ambigerit, dubitationem argumentis suis auferre debet. Non itaque dialeticorum est interrogare, sed comprobare potius. Unde etsi a dialeticis questiones huiusmodi sepe proferri soleant, quia tamen eas non ex arte sed ex inscientia proferunt, artis intentioni vel negotio non sunt ascribende, ut videlicet eas in materiam et intentionem dialetice recipiamus. Qu⟨i⟩a enim dialetica scientia est, scientia vero comprehensio veritatis, unumquemque, in quantum dialeticus est, scientem esse oportet et eorum que ad dialeticam pertinent veritatem non ignorare. Qui autem querit, dubitationem suam exprimit, ut certitudinem quam nondum habet, consequatur.

Sed dicitur quod, cum interrogare ad inscientiam pertineat, scire tamen interrogationem componere doctrine ascribitur. Unde nec incommode de questionibus quoque dialetici tractant, quarum tractatus a scientia non est alienus. Unde si qui fuerint qui nec ab intentione artis interrogationem dividant, secundo | saltem loco ac gratia enuntiationum de quarum veritate, ut dictum est, querit⟨ur⟩, admixtam eam esse recognoscant. Nam et cum ⟨Aristotiles⟩ de ipsa questione dialetica in *Libro Periermenias* egerit[1], gratia propositionum, cum ad ipsam responderet, factum esse cognoscimus; gratia quarum videlicet propositionum et ipse fiunt de veritate earum querentes. Inde enim d i a l e t i c e huiusmodi questiones que ex dividentibus propositionibus iunguntur, appellantur, quod de veritate propositarum questionum queritur, cuius investigatio dialeticorum est propria. In hoc huius artis principale negotium existit ⟨quod⟩ per argumenta ipsius veritatem aut falsitatem veraciter convincimus. Unde ad eam solas orationes eas pertinere clarum est in quibus veritas aut falsitas continetur. Hee vero sunt propositiones quas supra diximus enuntiationes, quarum diffinitionem in *Topicis* suis Boetius secundum verum aut falsum ita proponit[2]:

f. 134ʳ

Diffinitio propositionis

„*Propositio est oratio verum falsumve significans*"; que quidem diffinitio eadem omnia et sola continet cum ea quam superius secundum Aristotilem protulimus[3]; in hoc tamen ab illa diversa, quod illa secundum affirmationem et negationem, hec vero secundum verum ac falsum

---

7 negotio] negatio *V*   9 *primum* scientia *Vᶜ* sententia *V*   15 dialetici *Vᶜ* dialetica *V*
19 ⟨aristotiles⟩ *Vᶜ*   22 earum] eam *V*   36 ac *Vᶜ* aut *V*

[1] *De interpr.* 11, 20 b 22-28.   [2] *De top. diff.* I, 1174 B⁷⁻⁸.   [3] *supra*, p. 151⁸⁻¹¹.

propositionem determinant. Nec quidem incommode; sicut enim omnes propositiones vel affirmative vel negative ac sole, ita etiam vere vel false. Atque hec quidem propositionis diffinitio dupliciter exponi potest. Cum enim *'verum'* vel *'falsum'* triplicem habeat significationem, due ex eis eque huic loco videntur aptari; sed prius omnes distinguamus 5 significationes. Sunt igitur *'verum'* 'ac *'falsum'* nomina intellec-tuum, veluti cum dicimus *'intellectus verus* vel *falsus'*, hocest *'habitus de eo quod in re est* vel *non est'*, quos quidem intellectus in animo audientis prolata propositio generat; ut cum dicitur: *'Socrates est homo* vel *non est homo'*, id audiens in animo concipit quod homo Socrati inheret aut 10 minime. Sunt etiam nomina existentie rei vel non-existentie de quibus ipsa propositio ait ac loquitur, veluti cum dicimus: *'verum est Socratem currere* vel *falsum'*, idest: *'ita est in re quod Socrates currit*, vel *non est in re'*. Neque enim cum dicimus: *'verum est Socratem currere'*, vel de ista voce que est *'Socrates'*, *'currere'* possumus dicere, quippe cum non 15 sit vera, sed imperfecta oratio, vel de intellectu ipsius, cum nec ipse sit verus, sed imperfectus sicut ipsa oratio. Sunt rursus *'verum'* ac *'falsum'* nomina propositionum, ut cum dicimus *'propositio vera* vel *falsa'*, idest *'verum* vel *falsum intellectum generans'*, sive *'proponens id quod in re est* vel *quod in re non est'*. Sicut enim nominum et verborum 20 duplex ad rem et ad intellectum significatio, ita etiam propositiones que ex ipsis componuntur, duplicem ex ipsis significationem contrahunt, unam quidem de intellectibus, aliam vero de rebus. De rebus enim, sicut illa, propositiones quoque agunt ac de ipsis quoque, sicut illa, quosdam intellectus generant. Cum enim dicimus: *'homo currit'*, de 25 homine ac cursu rebus ipsis agimus cursumque homini coniungimus, non intellectus eorum ad invicem copulamus; nec quicquam de in-tellectibus dicimus, sed de rebus solis agentes eos in animo audientis constituimus.

Patet insuper adeo ⟨per⟩ propositiones de rebus ipsis, non de in- 30 tellectibus nos agere, quod aliter nulla fere consequentia necessitatem teneret, nisi scilicet que ex eisdem iungitur propositionibus hoc modo:

'si est homo, est homo' ;

cum enim dicimus:

'si est homo, est animal' ;   35

si ad intellectus propositionum consecutionem referamus, ut videlicet de ipsis intellectibus agamus, nulla est consequentie veritas, cum scilicet alter intellectu⟨u⟩m sine altero omnino subsistat. Neque enim

19 sive proponens id] sine propositiones idem *V* significant propositiones idem *c*

qui 'hominem' Socrati in animo suo coniungit, 'animal' simpliciter in ipso
intelligit, quem scilicet intellectum sequens propositio designat. Qui
enim 'hominem' intelligit, formas quoque ipsius concipit; qui vero
'animal' simpliciter, formas hominis non attendit; alioquin numquam
5 unum tantum intellectum contingeret haberi. Cum enim infinita sint
singulorum consequentia, ut ex 'omnis homo est animal' et 'omnis homo
est animatus vel corpus vel substantia', vel 'quidam homo est animal', vel e-
converso, vel fortasse 'quidam homo non est lapis vel non est lignum vel
color', et multa alia consequuntur, necesse esset hos omnes intellectus
10 haberi, cum omnem hominem animal esse intelligeremus; quod aperta
est falsitas. Quamvis enim non possit esse ut aliquis sit animal quin inde
sit vel corpus vel substantia etc., potest tamen coherentia animalis ad
hominem sine respectu inherentie corporis simpliciter accipi vel substantie. Amplius: cum necessaria sepe sit consequentia inter falsum
15 et verum veluti ista:
        'si Socrates est asinus, Socrates est animal vel quoddam animal est asinus',
falsa omnino apparet consecutio, si de intellectibus accipiatur, ut
videlicet intelligamus si ille existat intellectus et istum necesse sit esse,
cum videlicet simul in anima eiusdem non possint existere. Alioquin
20 veritatem ac falsitatem contraria, que ipsis intellectibus insunt, in
eodem esse contingeret, in ipsa videlicet anima, que indivisibilis esse
creditur. Ipse etiam ego, si volo Socratem esse asinum intelligere, quod
falsum est, non tamen simul hunc intellectum habeo quod sit animal,
qui verus est.
25   Ex his itaque manifestum est in consequentiis ⟨per⟩ propositiones
de earum intellectibus agendum non esse, sed magis de essentia rerum,
hoc modo scilicet ut, si ita est in re quod 'omnis homo est animal', ita
est in re quod 'omnis homo est corpus', et quecumque eiusdem sunt consequentia, necesse est in re esse, sed non intelligi. Et in hac quidem
30 significatione eorum que propositiones loquuntur, vera tamen exponitur regula que ait:
        posito antecedenti poni quodlibet consequens eius
                                        ipsius, hocest
        existente aliqua antecedenti rerum essentia necesse
35   est existere quamlibet rerum existentiam conse-
                                quentem ad ipsam.
Que quidem regula de intellectibus propositionum falsa manifeste ex
premissis apparet.

9 consequitur V   13 accepti V   18 istum c istam V   25 ⟨per⟩ V^c   30 locuntur V
32 posito V^c ponit V

Si quis autem in consequentiis ad ipsas propositiones confugiat
ex quibus ipse coniunguntur, ut scilicet de ipsis propositionibus an-
nuntiet in consequentiis agi, ea utique nomina oportet poni per que
de propositionibus agatur. Quodsi tota propositionis materia ipsi propositioni sit imposita ad agendum de ea, ut scilicet per hanc vocem: 5
'omnis homo est animal', de ipsa agamus propositione que est: 'omnis
homo est animal', ac rursus ista: 'omnis homo est substantia' in officio
nominis alterius proponendi utamur iam utique consequentia ex
duobus constituta nominibus, ac si ita diceremus: 'si homo animal est',
nec quicquam veri vel falsi in ea existit. Amplius: si de propositioni- 10
bus ageremus, ut videlicet una existente aliam existere diceremus, falsa
omnino consecutio esset, cum videlicet quamlibet sine alia existere ac
proferri contingat ac veram esse vel falsam alia omnino tacita. Rursus:
sive de intellectibus sive de propositionibus agatur, imperfecta est
omnino locutio, cum nichil illis vel attribuatur vel ab eis removeatur. 15
Neque enim posita sunt vocabula per que aliquid de eis affirmetur vel
negetur, sed nec etiam nomina que ipsa significent. Non enim propositiones ex quibus consequentia consistunt, ⟨cum⟩ perfecte sint orationes, ⟨in⟩ impositionem nominis possunt incidere, sicut diffinitiones
possunt et que predicantur et subiciuntur secundum suam impositionem 20
ad res singulas.

Restat itaque ut de solis rebus, ut dictum est, propositiones
agant; sive id de rebus quod in re est enuntient, ut 'homo est animal',
'homo non est lapis', sive id quod in re non est, proponant, ut 'homo non
est animal', 'homo est lapis', ut etiam de significatione reali propositionum, 25
non tantum de intellectuali, supraposita propositionis diffinitio possit
exponi sic: significans verum vel | falsum, idest dicens illud quod est in re
vel quod non est in re, et in hac quidem significatione 'verum' et 'falsum'
nomina sunt earum existentiarum rerum quas ipse propositiones
loquuntur. Cum autem eamdem diffinitionem et de intellectibus ipsis 30
hoc modo exponimus: significans verum vel falsum, hocest generans secundum inventionem suam de rebus de quibus agitur, verum vel falsum intellectum,
tunc quidem ipsos nominant intellectus.

Nota autem, sive de intellectibus sive de rerum existentiis exponamus, orationis premissionem necessariam esse, ne scilicet im- 35
personalia verba, ut 'diescit', 'vesperascit', 'pugnatur' in proprietate propositionis claudantur, cuius habere significationem videntur. Qui enim
dicit: 'diescit' vel 'pugnatur', id⟨em⟩ proponit ac si diceret: 'dies vel

f. 134ᵛ

8 proponendi] propositionis V   18 constituunt V ⟨cum⟩ c   23 id] idem V

pugna fit'. Prime quoque et secunde persone verba, ut *'pugno'* vel *'pugnas'*, quorum persona, quia certa est, quando ipsius quoque significatio persone in ipsis attenditur, propositionis sensum implere videntur ac si ita resolvatur: *'ego pugno'*, *'tu pugnas'*. Videntur itaque dictiones
5 iste propositionis habere sensum, non constitutionem, quippe orationes non sunt. Ex earum quoque negationibus *'non pugno'*, *'non pugnatur'*, earum sensus affirmativus convincitur. Atque ex eo propositionis esse sensus earum dinoscitur quod consequentiam constituunt hoc modo:
10 *'si pugnatur ab eo, tunc pugnat[ur]*.
Ob huiusmodi ergo dictiones a propositione separandas oratio⟨nis⟩ premissio necessaria fuit.

Utrum sint alique res ea que a propositionibus dicuntur

Dignum autem inquisitione censemus utrum ille existentie
15 rerum quas propositiones loquuntur, sint alique de rebus existentibus, sive una sive multe res sint putande; ut istud quod hec propositio dicit: *'homo est animal'* vel *'homo non est lapis'*. Ac fortasse dicetur quia aliquando una res est quod propositio dicit, cum scilicet de una tantum re in ea agitur, hoc modo: *'Socrates est Socrates'*; aliquando vero multe,
20 quando videlicet de multis, hoc modo: *'Socrates est homo vel non est lapis'*. Neque enim est ratio ut, cum in aliqua propositione de diversis rebus agatur, una magis res quam alia propositionis significatio dicatur. At vero si ab hac propositione: *'Socrates est Socrates'*, solus Socrates designari dicatur, iam non plus significat aut dicit ipsa propositio quam
25 hoc nomen *'Socrates'*. Unde et hoc vocabulum *'Socrates'* sensum propositionis habet atque ipsum quoque verum vel falsum dici oportet secundum propositionis sententiam quam tenere dicitur; sed falso. Si enim id⟨em⟩ diceret *'Socrates'* quod illa propositio: *'Socrates est Socrates'*, iam utique prolato subiecto propositionis intellectus fieret perfectus ac
30 iam superflue vel *'est'* apponeretur vel *'Socrates'* in predic⟨at⟩o repeteretur. At fortasse dicitur non solus Socrates significari a propositione, verum cum ipso inherentiam quoque ipsius, quam per verbum poni concedunt; sed ad hec dico non per *'est'* verbum inherentiam Socratis determinate poni; iam enim superflueret *'Socrates'* quod post *'esse'*
35 adiungitur. Sed si fortasse aliqua inherentie proprietas in verbo sit intelligenda, simpliciter inherentia in ipso est accipienda, ne predicati submissio, ut dictum est, superfluat. Quodsi Socrates et inherentia simpliciter a propositione tantum designari concedantur, iam profecto

8 consequentiam] consequentia non *V*   19 ratio *V^c* oratio *V*   30 predic⟨at⟩o *V^c*

hec dico: nomina '*inherentia*' et '*Socrates*' idem dicunt; unde et affirmationis sensum exprimunt qui numquam sine verbo, ut *Periermenie*
docent[1], generatur. A m p l i u s : si ad ea de quibus in propositionibus
agitur, aspiciamus, cum ipsius propositionis significationem pensamus,
profecto cum dicitur: '*Socrates est lapis*', oportet esse quod propositio 5
dicit, cum videlicet illa tria existant, Socrates videlicet et inherere et
lapis. Sed nec inherentia aliqua est proprietas que per verbum designetur cum dicitur: '*Socrates est lapis*', sicut nec remotio cum: '*Socrates
non est lapis*'. Si enim et in vera propositione, cum dicitur: '*Socrates est
animal*', secundum hanc expositionem animal inheret homini per '*esse*' 10
verbum, inherentiam aliquam proprietatem animali velle⟨n⟩t attribuere
respectu hominis, iam profecto '*animal*' in subiecto et '*inherentia*' in
predicato, et '*hominem*' in determinatione oportet accipere; aut si in
eadem propositione et inherentia animali et animal homini attribueretur,
profecto multiplex propositio esset, que et diversa predicata et 15
diversa subiecta haberet. R u r s u s : cum in ea propositione: '*homo est
animal*', '*homo*' solus subici recte concedatur, si per '*esse*' aliqua attribuatur proprietas que, ut volunt, i n h e r e n t i a dicitur, profecto
homini qui subicitur eam oportet attribui; ut videlicet '*homo*' qui
subicitur, dicatur inherens, non '*animal*', quod predicatur, cum nos 20
potius predicatum inherere subiecto quam subiectum predicato proponimus. Quodsi cum inherentia et animal simul homini attribuatur,
necesse est sic quoque propositionem esse multiplicem que diversa de
homine ipso enuntiat, nec solum genus de specie amplius enuntiari
contingit, cum ubicumque per '*esse*' inherentiam predicamus, que 25
quoddam accidens esse creditur; numquam etiam contingit amplius
solius substantie predicationem fieri, sine accidentis scilicet attribu-
tione, nec aliquam amplius unam esse propositionem. Quod aperte
falsum est; etsi enim Divina Substantia simplex sit et nullis accidentibus
informata, veraciter tamen et proprie de Ea dicetur et quod ⟨sit⟩ simplex 30
et quod sit Deus. Similiter et si hanc substantiam contingeret spoliari
ab omnibus suis accidentibus et in natura substantie, prout natura
pateretur, remaneret, non minus de ea vere diceretur quia substantia
est. A m p l i u s : si per '*esse*' inherentiam necesse sit attribui, et cum
dicitur: '*inherentia est inherentia*', inherentiam quoque in inherentia 35
per verbum copulamus, in adiacentia scilicet sicut in aliis propositionibus. Si[cut] enim in essentia attribueretur per verbum inherentia

11 velle⟨n⟩t *c*   29 etsi enim] et siu *V*   37 si[cut] *c*

[1] *De interpr.* 5, 17 a 9-12.

inherentie, superflue subderetur post verbum nomen '*inherentie*'.
Quodsi per '*est*' verbum inherentia secundum adiacentiam ⟨at⟩tribua-
tur inherentie et rursus cum de illa que attribuitur vere dicatur quia
est inherentia, in ipsa quoque rursus inherentiam oportet esse, ita ut
5 in infinitum ratio procedat. A m p l i u s : si per '*esse*' oportet inherentia
dari, necessaria est consequentia que ait:

'*si substantia est, inherentia est*' aut

'*si aliquid est, inherentia est*'.

Sed neque substantia ex necessitate inherentiam exigit, quippe prior
10 est in natura tamquam fundamentum, neque aliquid, cum maius sit ea.

Patet itaque ex premissis nullum per '*est*' interpositum accidens
attribui. Non enim, si in '*est*' verbo aliquid accidens poneretur quod
per ipsum copularetur, posset per idem verbum alia essentia copulari;
quod ex aliis verbis apparet. Non enim potest fieri ut, cum dicitur:
15 '*Socrates currit homo*', '*homo*' per '*currit*' copuletur '*Socrati*', quod
'*Socrati*' '*cursum*' iam copulaverit. Similiter nec cum dicimus: '*Socrates
est homo*', idest ⟨Socrati⟩ inheret homo, posset '*esse*' '*homine⟨m⟩*' copulare,
quod iam inherentiam copulaverat, quippe nec ullius constructionis
esse⟨t⟩ proprietas; nullum enim preter substantivum et nuncupativum
20 verbum aliquam significationem preter propriam actionem vel passionem copulare potest. Unde et si dicatur: '*Socrates legit sedens vel currit
homo*', si proprietatem constructionis attendamus, '*homo*' vel '*sedens*'
cum ipso '*Socrate*' in subiecto intelliguntur, ac si scilicet ita diceretur:
'*Socrates ens | sedens legit vel ens homo currit*'. Substantivum autem et f. 135ʳ
25 nuncupativum verbum, ut quibusdam placet, etiam quaslibet essentias
copulare possunt, quia omnium in essentia acceptorum designativa sunt.
Unde, quia tantum secundum essentiam ipsas copula⟨n⟩t substantias,
nichil refert sive habeat sive non habeat accidentia, dummodo hec
essentia sit illa. Si enim etiam omnibus aliis rebus destructis, tam scilicet
30 substantiis quam accidentibus, solus existeret Socrates, non minus de
ipso dici posset quia est aut quia est Socrates. Non itaque per verbum
interpositum inherentia copulatur, cum etiam illa sit proprietas, sed
sola hominis substantia attribuitur, cum dicitur: '*Socrates est homo*'
illisque duobus casibus '*Socrates*' et '*homo*' verbum intransitive coniun-
35 gitur, cum eorum ad se substantias copulat interpositum. Nec aliud
quidem intelligendum '*hominem Socrati inherere*' quam '*Socratem hominem
esse*', nec aliam per '*esse*' designari substantiam quam Socratem. Similiter

---

16 nec] et *V* posset] possunt *V*   17 ⟨socrati⟩ *c*   18-19 constructionis esse⟨t⟩ proprietas]
proprietatis esse constructio *V*   19 substantivum] subiectivum *V*   21 potest] possunt *V*
25 etiam] in *V*   29 etiam] in *V*   32 cum etiam] que in *V*   37 aliam] aliquam *V*

et cum hec propositio: '*Socrates non est lapis*' sic exponatur: '*lapis removetur a Socrate*', nulla per '*removeri*' proprietas attribuit⟨ur⟩, quippe iam sequeretur quia si Socrates non est aliqua res, est; unde et

'*si nulla res est, aliqua res est*'

inferitur. Nichil ergo aliud dicit '*lapis removetur a Socrate*', quando ne- 5 gationis expositoria est, quam '*Socratem non esse lapidem*', ut videlicet non aliquid lapidi attribui, immo lapidem Socrati auferri intelligamus. Et sunt quidem figurative ac quodammodo improprie locutiones vel '*animal predicari de Socrate*' vel '*animal removeri ab ipso*', quando superiorum sunt expositorie, ut videlicet aliud in ipsis intelligamus quam 10 verba sonare videntur; in illa quidem animal homini inesse, non predicationem animali, in ista autem lapidem auferri, non remotionem lapidi conferri.

Clarum itaque ex suprapositis arbitror esse res aliquas non esse ea que a propositionibus dicuntur; quod 15 quidem et ex sensu ipoteticarum propositionum vel ex sensu modalium de possibili apparet. Omnibus enim rebus destructis incommutabilem consecutionem tenet huiusmodi consequentia:

'*si est homo, est animal*',

et quecumque vere sunt consequentie, vere sunt ab eterno ac neces- 20 sarie, ut in *Ypoteticis* nostris[1] aperiemus. Rursus: antequam omnino Socrates subsisteret, vere predici poterat quia possibile est eum esse. Patet insuper ea que propositiones dicunt nullas res esse, cum videlicet nulli rei predicatio eorum aptari possit; de quibus enim dici potest quod ipsa sint '*Socrates est lapis*' vel '*Socrates non est lapis*'? Iam 25 enim profecto nomina oporteret esse, si res designarent ipsas ac ponerent propositiones, que quidem ab omnibus in hoc dictionibus differunt quod aliquid esse vel non esse aliud proponunt. Esse autem rem aliquam vel non esse nulla est omnino rerum essentia. Non itaque propositiones res aliquas designant simpliciter, quemadmodum nomina, 30 immo qualiter sese ad invicem habent, utrum scilicet sibi conveniant annon, proponunt; ac tunc quidem vere sunt, cum ita est in re sicut enuntiant, tunc autem false, cum non est in re ita. Et est profecto ita in re, sicut dicit vera propositio, sed non est res aliqua quod dicit. Unde quasi quidam rerum modus habendi se per propositiones exprimi- 35 tur, non res alique designantur.

8 figurative] significative *V*   12 autem *c* dum *V*   27 ponent *V*   29 omnino] omnium *V*
32 ac tunc quidem] quidem accc̃ *V*   35 quidem *V*

[1] non in *Hypotheticis*, sed in *Topicis*, infra, p. 264[38] e.q.s.; 282[25-29].

Nunc autem propositionum expedita diffinitione et quid per eas designetur patefacto ipsas quoque secundum divisionem tractemus.

⟨Divisio propositionum⟩

Harum itaque alie sunt cathegorice, idest predicative, ut
5 'homo est animal'; alie ipotetice, idest conditionales, ut 'si est homo, est animal'. Sed hee quidem que cathegorice sunt, in presenti tractentur; ille vero que ipotetice, ipoteticorum sillogismorum tractatui reserventur. Est autem cathegoricarum natura secundum membra sive species demonstranda. Sunt autem membra ex quibus con-
10 iuncte sunt, predicatum ac subiectum atque ipsorum copula, secundum hoc scilicet quod verbum a predicato seorsum per se accipimus, veluti in ea propositione qua dicitur: 'homo est animal', 'animal' predicatur, 'homo' vero subicitur, verbum vero interpositum predicatum subiecto copulat; et in his quidem tribus cathegorice propo-
15 sitionis sensus perficitur.

De terminis cathegorice propositionis

Hos quoque terminos propositionis cathegorice vocavit[1] auctoritas, inde scilicet quod divisionem propositionis terminent; ne videlicet ipsa vel ad sillabas vel ad litteras porrigatur, que non ut partes
20 propositionum accipiende sunt, cum videlicet significationem per se non impleant, sed magis dictionum.

Sed fortasse dicitur Boetius non alios terminos cathegoricis enuntiationibus assignare quam predicatum et subiectum.

De verbo propositionis

25 Et sunt nonnulli qui in predicato ipsum quoque verbum includi velint, cum etiam dictionem per se sumunt iuxta illud Aristotilis:[2] „quando autem 'est' tertium adiacens predicatur, dupliciter fiunt oppositiones." Nam et quando verbum simpliciter predicatur, veluti cum dicitur: 'Socrates est vel currit', et quando ipsum tertia vox interiacet,
30 ut cum ita proponitur: 'Socrates est homo vel currens', predicari ipsum dicitur. Sed tunc quidem cum simpliciter predicatur, officio duplici fungitur, et predicati scilicet et copule. Cum autem tertium tenet locum et interponitur, tantum copulat predicatum subiecto. Cum

---

5 ẏpoţice sic interdum in sequentibus V   18 inde Vᶜ m̄ V   19 porrigant V   29 interiacet Vᶜ
interiactet V

[1] Cf. Boeth. De syll. categ. I, 797 D¹⁰-798 A³.   [2] De interpr. 10, 19 b 19-20.

enim dicitur: 'Socrates ambulat', tale est ac si dicatur: 'Socrates est ambulans'. Unde et ipse Aristotiles in Secundo Periermenias „nichil, inquit[1], differt hominem ambulare et hominem ambulantem ⟨esse⟩." Unde ⟨cum⟩ in 'ambulat' et participii significatio et substantivi verbi intelligitur copulatio atque per 'ambulat' secundum Aristotilem iam principalis 5 significatio copulata est, tertia⟨m⟩ non potest rem coniungere, ut videlicet dicatur: 'homo ambulat animal'. Non ergo huiusmodi verba que ceteras ponunt actiones vel passiones, simpliciter eas copulant, verum simul predicatum. Unde et quotiens ipsa in propositionibus ponuntur, duplici, ut dictum est, officio funguntur. Sed non ita substantivum 10 verbum. Cum enim medium interiacet, tantum copulat quod subiungitur, non etiam rem in se aliquam continet quam predicet. Si enim per 'est' aliquid ac per 'animal' aliud predicatur, cum dicitur: 'homo est animal', profecto multiplex est ⟨pro⟩positio cuius multa sunt predicata: per 'est' aliquid existentium indeterminate predicatur, per 'animal' vero certa 15 animalis essentia datur. Atque si hoc ubique 'est' verbo deputetur ut aliquid existentium predicet, falsa est propositio que proponit 'chimera est opinabilis vel non-homo vel non-existens'. Id quoque et ex hac propositione: 'Socrates est ens' convincitur. Si enim in 'est' participii quoque sui significatio includatur, superfluit certe ipsius suppositio[2]; 20 tale enim est ac si dicatur: 'Socrates est ens ⟨ens⟩'. — Ea enim que sibi vel in eodem predicato vel in eodem subiecto ita apponuntur, ut in precedenti subsequens intelligatur, superfluere dicimus, veluti si dicas: 'Socrates est homo homo vel homo substantia' vel ita: 'homo homo currit'.

Dicuntur autem a quibusdam et ea superflue post alia apponi 25 quecumque precedentia prorsus continent, eo scilicet quod ad determinationem non valeant. Sed non ita vel michi vel, ut arbitror, Aristotili visum est. Ea enim | tantum supposita superfluere monstravit que in precedentibus intelliguntur, ut cum dicitur 'homo animal' vel 'homo bipes', sed non ita: 'corpus coloratum'. Licet enim ad demon- 30 strationem ⟨essentie⟩ non ponatur 'coloratum', ad demonstrationem tamen accidentis valet, quod in precedenti non notabatur. De subiecto autem ad predicatum ⟨predicatio⟩, sicut nec de antecedenti ad consequens, quamvis alterum possit in altero intelligi, non est superfluitas iudicanda. Veluti cum dicimus: 'homo est animal', quamvis in specie 35

f. 135ᵛ

---

3 ⟨esse⟩ Vᶜ in] et V   5 secundum aristotilem] sic·a· V   10 substantivum] subiectivum V   15 indetiate V   21 ⟨ens⟩ Vᶜ sibi Vᶜ sunt (?) V   32 quod] que V

---

[1] De interpr. 12, 21 b 9–10.   [2] Cf. Log. Ingred., 36232–36, ubi legendum esse suspicor:...... unde in (etiam Geyer) 'ego sum ens', 'sum' ⟨non⟩ superflue dicitur, quia 'ens' suppositum significationem essentiae tenet quae coniungitur, 'est' vero tantum copulat.

genus accipi possit, idest *'animal'* in *'homine'*, non est tamen eius superflua predicatio ad *'hominem'*, que adhuc nullomodo aut per *'hominem'* aut
per verbum demonstrata fuerat.

    Sed fortasse dicetur quia nec cum dicimus: *'homo animal currit'*,
5 idest *'homo ens animal currit'*, *'animal'* quod post *'ens'* appositum intelligitur, superfluit, quippe cum *'homo'* animal esse ⟨non⟩ enuntiet. Sed
dico quia non est positum *'est'* verbum, quod esse dicat, sed *'ens'*
participium, quod ut existentem designat; *'homo'* autem rem suam ut
existentem animal nominat, sed non existere animal demonstrat. Unde
10 et post *'ens'* subiunctum *'homini'* *'animal'* superfluere convincitur, cum
videlicet *'homo'* rem suam ut existentem animal designet, non autem
simpliciter ut animal, sed ut differentiis informatum. Sed quoniam ut
informatum animali hominem monstrat, procul dubio et ut animal
ipsum significat. Inquantum enim tale est animal, animal est.
15   Non autem solum in appositione dictionum superfluitas existit,
sed etiam in appositione propositionum, quando scilicet premissa
propositio adiuncte sibi propositionis sensum continet, ut si ita dicatur:
'Socrates est homo et ipse est animal'. Cum itaque vel in uno antecedenti vel
in uno consequenti duas huiusmodi propositiones proponimus, quarum
20 illa que adiungitur, in premissa contineatur, veluti cum hoc modo
proponimus:
       'si Socrates est homo et est animal, est corpus'
    vel
       'si est homo, est animal et corpus',
25 altera quidem in ipso antecedenti vel in ipso consequenti post alteram
superfluit, cum videlicet id quod secunda enuntiat, prima quoque
contineat. Et est quidem hec in partibus consequentie superfluitas, sed
non in consecutione; que quidem consecutio perfecta [non] est, donec
totum subiungatur quod a propositione voluimus consequens.
30   Non est autem pretereundum, quod, ⟨ut⟩ supra diximus, *'est'*
tertium interpositum predicatum, vocari, cum tamen nullam rem, ut
dictum est, predicet, sed tantum quod suppositum predicatum copulet.
Sed aliud est ipsum proprie et primo loco predicari, aliud secundum
accidens et secundo loco predi⟨ca⟩tum dici. Primo loco et proprie
35 tunc predicatur, cum simpliciter de aliquo dicitur hoc modo: *'Socrates
est'*; tunc non solum habet copulare, sed etiam rem predicatam ponere;
quando autem tertium adiacens est, secundum accidens et non proprie
predicatur, sed gratia predicati copulandi poni⟨tur⟩. Cui quidem non

6 ⟨non⟩ *Vᶜ*   25 altera] alterum *V* alteram] alterum *V*   31 impositum *V*   37 est] idest *V*
38 predicatur] predicari *V*

solum intransitive, verum etiam transitive coniungitur, ut hic: 'chimera
est opinabilis vel non ens'; ex quo maxime liquet nullam rem per 'esse'
predicari, sed tantum, cum tertium ponitur, predicatum in ipso copulari. Unde et bene predicato adiacere dicitur, cui quidem, ut tantum
ipsam copulet, apponitur.   5

Partes terminos, idest metas, nominamus, que extreme compositi sui quantitatem terminant ac finiunt; verbum autem medium interponitur. Si igitur predicatum proprie velit Boetius accipere, quando
in predicatum ac subiectum simplicem, idest cathegoricam, propositionem divisit in *Cathegoricis Sillogismis* dicens[1]: „dividitur autem 10
simplex propositio in duas partes, in subiectum et predicatum, ut
'homo est animal', 'homo' subiectum est, 'animal' predicatur de homine".
ad principales partes respiciendum est, idest subiectum et proprium predicatum, quorum ad se inherentiam propositio monstrat; que tamen
sine verbo nullatenus exprimi potest. Unde et ipse Aristotiles: „erit, 15
inquit[2], omnis affirmatio vel nomine et verbo vel infinito nomine et
verbo; preter verbum namque nulla est affirmatio vel negatio." Quod
autem Boetius ad principales partes respexit, tam exemplis perpenditur quam ex illis que sequuntur. Subiunxit[3] enim in proximo:
„hee autem partes termini nominantur; quos diffinimus sic: termini sunt 20
partes simplicis propositionis in quibus dividitur principaliter propositio." Ac rursus[4]: „est enim simplicis propositionis universalis
secunda divisio, ut in propositione 'omnis homo est animal', 'omnis homo'
unus terminus est, alius terminus 'animal' est, sed hoc secundo loco,
illud vero principaliter." Patet itaque ex sequentibus Boetium in supra- 25
dicta divisione principales tantum partes accepisse, de quarum scilicet
inherentia agitur, non etiam signa aut verbum interpositum inclusisse,
sicut in sequenti divisione. Sic etiam et quando ipotetice propositionis
terminos computat, antecedens tantum et consequens nominat, quorum
ad se consecutionem ipsa ostendit, cum etiam preposita conditio per 30
quam coniungitur, nichilominus de consequentia sit putanda.

Possumus quoque non incongrue verbum interpositum partem
propositionis, non terminum, appellare. Illas tantum partes terminos,
idest metas, proprie nominamus que extreme compositi sui quanti-

---

8 boetius] a· (= aristotiles) V   12 est animal V animal est b *alterum* animal + vero b
predicatur de homine V de homine predicatur b   23 ut + sit b   24 unus V^c b unius V
animal est V   est animal b   terminus V   vero b   33 non terminum] noterminum V^c
nominum V

---

[1] *De syll. categ.* I, 797 D^{10–13}.   [2] *De interpr.* 10, 19 b 10–12.   [3] *De syll. categ.* I, 797
D^{13}-798 A^3.   [4] *Ibid.*, 798 A^{3–7}.

tatem terminant ac finiunt; verbum autem medium interpositum ut
extrema coniungat. Quod autem de verbo dictum est, secundum
communem sententiam diximus, que ipsum a predicato dividit. Nam
in eo quod ex verbo et nomine predicatum componimus, sicut in *Tertio*
5 *Postpredicamentorum* docuimus[1], nulla est rationis obiectio; que quidem
etsi sit expeditior, aliam tamen, que communis sit, maxime tractari
oportuit, ut, sicut plures eam recipiunt, ita plures quibuscumque
rationibus eam disserere sciant.

De predicato

10   Nunc autem, quia verbi in propositione positi tam secundo loco
quam primo loco predicati proprietatem ostendimus, aliarum quoque
partium, tam subiecti scilicet quam predicati quodcumque ponatur,
proprietates exsequemur. Ac primum predicati naturam inspiciamus.
Ex cuius quidem privilegio predicativa nominata est huiusmodi
15 propositio, sive etiam ab ipso verbo, quod ipsum predicat atque copulat;
sicut enim propositio ipotetica et a consequenti consequentia et a
conditione conditionalis nominata est, ita predicativa propositio et
a verbo quod predicat et ab eo quod per verbum predicatur nomen
suscipere potest. Quod autem predicatum inter terminos propositionis
20 privilegium habeat et subiecto dignius dicatur, ex eo manifestum est
quod omne proprium et naturale predicatum vel equale subiecto, ut
risibile homini, vel maius subiecto esse oporteat; unde numquam minus
subiecto regulare ac proprium predicatum invenietur, sicut sepissime
subiectum predicato. Oportet namque huiusmodi predicatum totam
25 subiecti substantiam complecti, quod fieri non possit nisi aut maius
eo sit aut equale. In his autem que secundum accidens predicantur nec
totam subiecti substantiam continent, sed in parte tantum subiectum
attingunt, ut 'rationale' 'mortale', sive econverso, ut 'homo', 'animal',
non est necesse predicatum vel maius esse subiecto vel equale, veluti
30 cum dicitur: 'animal est homo', vel 'quoddam animal est homo'.
       Quamvis tamen et hic quidam concedunt 'animal' quod subicitur
non esse maius | 'homine'; dicunt enim quia animal quod homo est, ibi   f. 136r
subicitur, quod non est maius homine. Sed dico quia, sicut ideo maius
subici negant cum dicitur: 'animal est homo', quia animal illud quod homo
35 est, (quod scilicet in re subicitur), non est maius homine, et quando
dicitur: 'homo est animal', oportet similiter confiteri quod animal quod

6 que] quidem *V*   28 *alterum* ut] vel *V*   30 quidam *V*

[1] *supra*, p. 138[22-26].

ipse homo est ac de homine realiter predicatur atque ipsi inheret, non
est homine maius, immo ad⟨est⟩ prorsus in essentia; ac sicut falsam
propositionem esse dicunt, si animal aliud quam homo homini subiceretur, sic et falsa esset, si aliud predicaretur. Si quis itaque secundum
rerum inherentiam realem acceperit predicationem ac subiectionem, 5
secundum id scilicet quod unaqueque res in se recipit ac subsistit, sicut
nichil esse eam videret preter ipsam, ita eam nichil esse per se ipsam
invenerit. At vero magis predicationem secundum verba propositionis
quam secundum rei existentiam nostrum est attendere qui logice
deservimus, secundum quod quidem de eodem diversas facimus enun- 10
tiationes hoc modo: 'Socrates est Socrates vel homo vel corpus vel substantia'.
Aliud enim in nomine 'Socratis' quam in nomine 'hominis' vel ceteris
intelligitur; sed non est alia res unius nominis quod Socrati inheret
quam alterius. Quod itaque predicatum subiecto maius vel equale
dicitur, ad vocum enuntiationem, non ad essentiam rei reducitur. 15

Oportet autem predicatum subiecto intransitive copulari, ut
videlicet in eadem re ipsius impositio in subiecto inveniatur; veluti
cum dicitur: 'homo est animal vel albus', et 'homo' et 'animal' vel 'album'
eiusdem nomina esse oportet. Quidam tamen transitivam gramaticam
in quibusdam propositionibus esse volunt; qui quidem propositionum 20
alias de consignificantibus vocibus, alias vero de significante
et significato fieri dicunt, ut sunt ille que de ipsis vocibus nomina
sua enuntiant hoc modo: 'homo est nomen vel vox vel disillabum'. Sed hos
profecto talis ratio confundit: cum dicitur: 'homo est nomen', quero de
quo per subiectum nomen agitur, ac dicitur quia de se ipso; at si de se 25
ipso per ipsum agitur, tunc in ipso ipsum intelligitur atque ab ipso
ipsum etiam significatur; quodsi vox subiecta se ipsam nominat ac rursus
predicata ipsa nominetur, profecto predicata vox et subiecta in eadem
re conveniunt atque hoc modo consignificant. Sic etiam cum dicitur:
'divini est genitivus casus', illud 'divini' quod in subiecto profertur, nomen 30
est divini, quod nomen est rei et rectus quidem casus, non obliquus;
alioquin per 'est' verbum non subiceretur.

Non est autem hoc loco reticendum quo de predicatione disputatur, que coniunctim predicata vere etiam singula per se predicantur, que vero minime, aut que simpliciter predicata coniunctim 35
quoque debeant predicari, aut que non; que quidem in Secundo Periermenias Aristotiles strictim designavit[1]. Omnia autem que con-

---

2 ad⟨est⟩ c   5 inherentiam V^c in essentiam V   13 quod] quam V   21 alterum alias]
aliam V   34 vere] vera V

[1] De interpr. 11, 20 b 12-21 a 33.

iunctim predicantur, vere etiam per se predicari concessit, in quibus
non est oppositio in adiecto vel accidentalis predicatio: coniunctionem
autem tam in appositione quam in compositione accepit. Nam
'homo mortuus', in quo de oppositione in adiecto exemplum dedit[1],
5 compositum nomen est humani cadaveris, sicut in Primo Postpredicamentorum ostendimus[2]. Accidentalis vero predicationis coniunctio in
appositione tantum consistit secundum eos qui 'est' tertium adiacens
predicato non componunt, sed dictionem per se sumunt, ut in eo quod
dicitur: 'Homerus est aliquid, ut poeta' vel 'Homerus non est homo'. Acciden-
10 taliter autem predicari tunc verbum videtur, cum ipsum secundo loco
predicatum ad eius tantum copulationem ponitur, cuius significationi
in quibusdam adest et in quibusdam abest, ut in premissis exemplis.
Nam 'aliquid', quod existentium nomen ac non-existentium invenitur
iuxta illud Aristotilis[3]: "'hircocervus' significat aliquid", tale est ut 'est'
15 verbum per quod copulatur, [quod] simul cum ipso contineat ut existentia quedam, non ut non-existentia. Quia 'est' verbum ab eo quod subiungitur predicato in quibusdam excluditur, non necesse est, cum ipsi
apponitur ad predicandum de aliquo, per se quoque ipsum de eodem
subiecto predicari. Nam in quibusdam deficit, cum videlicet tale apponi-
20 tur subiectum quod in verbo non tenetur, hoc modo: 'chimera est aliquid
vel non-homo'. Differe autem coniunctionem accidentalis predicationis
a coniunctione oppositionis in adiecto ⟨in⟩ eo volunt, quod hic inter
coniuncta oppositio sit, quando per se sumuntur, ut inter 'mortuum' et
'hominem', illic vero non. Cum enim 'est' verbum quedam contineat
25 simul cum 'aliquid' vel cum 'non-homo', non est ipsis oppositum.

Sed iam profecto illud exemplum quod de opinabili subiungit,
cum scilicet dixit[4]: „opinabile illud quod non est, ut chimera", non
erit de accidentali predicatione, quemadmodum volunt, sed magis de
oppositione in adiecto, hocest in adiuncto. Nam 'opinabili' opponitur
30 'est' secundum id quod 'opinabile' proprie accipitur in designatione
tantum non-existentium. Unde etiam subiunxit[5]: „opinio enim eius non
est quoniam est, sed quoniam non est." Non itaque solum in compositione oppositio in adiecto servatur, veluti, cum dicitur: 'hoc cadaver est
homo mortuus', inter partes huius compositionis 'homo mortuus' quedam
35 oppositio consistit, si per se dictiones accipiantur, atque ideo de eodem
singula vere non predicantur; verum etiam in appositione consistit

2 abiecto V   4 abiecto V   10 ipso V   17 exceditur V   22 abiecto V ⟨in⟩ V[c] eo] ea V
29 abiecto V   opponitur] oppositum V   33 abiecto V

[1] De interpr. 11, 21 a 33.   [2] supra, p. 116[12-28].   [3] De interpr. 1, 16 a 16-17.
[4] Ibid. 11, 21 a 32.   [5] Ibid., 11, 21 a 33.

huiusmodi oppositio, veluti cum dicitur: '*chimera est chimera* vel *opinabilis* vel *non-existens*'.

Omnia itaque que coniunctim tam in appositione quam in compositione predicantur, vere singula predicari possunt, in quibus non est oppositio in adiecto vel accidentalis predicatio; veluti, cum 5 dicitur: '*Socrates est homo albus* vel *animal rationale*', sive hec pro una dictione sive pro oratione sumantur, per se quoque singula predicari vere poterunt; aut cum vere dicitur: '*Socrates est animal*', et '*est*' per se et '*animal*' de eodem predicabuntur; quippe non inter ea oppositio vel in altero eorum accidentalis predicatio.   10

Magister autem noster V.[1] accidentalem predicationem secundum figurativam atque impropriam locutionem totius enuntiationis accipiebat; **impropriam** autem **locutionem** *eam* dicebat *cuius verba aliud sententia proponunt quam in voce videant⟨ur⟩ habere*; veluti cum Homero iam mortuo dicitur: '*Homerus est poeta*', ac si diceretur: '*Homeri* 15 *opus existit quod ex officio poete composuit*'. Operi itaque Homeri esse attribuitur, quando Homero aliquid. Sic quoque et cum tyranno aliquo defuncto filiis eius superstitibus patrisque tyrannidem exercentibus solemus dicere quod tyrannus ille adhuc vivat in filiis suis, non in sensu tyranno aliquid attribuimus, sicut constructionis verba habere videntur, 20 sed magis illis quos genuit[2]. Sic quoque et eam accidentalem et impropriam locutionem ⟨dicebat⟩ qua dicitur: '*chimera est opinabilis*', in cuius sensu nulla proprietas per '*opinabilis*' chimere, que non est, attribuitur, sed magis opinio datur anime alicuius opinantis chimeram, ac si aperte diceretur aliquis opinari chimeram. Sed profecto cum '*opinabile*' non- 25 existentium tantum proprie nomen sumatur, secundum id quod de eo habeatur opinio, proprie eius predicatio ad chimeram ponitur cum dicitur: '*chimera est opinabilis*', hocest '*unum eorum de quibus habetur opinio*', sicut et cum dicitur: '*chimera est non-ens*', idest '*aliquid eorum que non sunt*'. De carmine autem Homeri potius quam de homine ipso, 30 quem iam defunctum esse volebat, suprapositam enuntiationem Magister noster intelligebat, eo scilicet quod ipsum esse | simpliciter Aristotiles negare videretur, quod nequaquam faceret, si viveret. Ait[3] enim Aristotiles: „ut '*Homerus est aliquid, ut poeta*', ergo etiam est, ⟨an⟩ non?"

Sed ad hec dico, cum in sensu de dictamine agatur, quod eius 35 nomen apponitur, per quod de ipso agatur. Quodsi '*Homerus*' nomen est dictaminis, quid non et Homerus simpliciter esse concedatur, hocest

f. 136ᵛ

---

12 figurativam *V*ᶜ significativam *V*   34 ergo] *coll. b*   g (genus) *V* ⟨an⟩] *coll. b*

[1] Ulgerius(?), cf. *supra*, Introd., p. XX.   [2] cf. *supra*, p. 136³⁻⁸.   [3] *De interpr.* 11, 21 a 25-26.

dictamen Homeri, quod de ipso quoque defuncto remanet; aut si
'Homerus' nomen est dictaminis, quid in *'poeta'* intelligitur? Si vero et
ipsum poema a nomine poete nominetur, non est locutio figurativa, sed
nova vocis acceptio secundum equivocationem. Ego autem, memini, ut
5 ad defensionem Magistri nostri aliquid pretenderem, dicebam figurativas
locutiones in eo a proprietate recte constructionis recedere quod earum
sententia non ex significatione partium veniat, sicut earum que proprie
sunt enuntiationum; sed tota simul enuntiatio coniu⟨n⟩cta est et inventa
ad aliquem sensum demonstrandum qui a significatione partium longe
10 recedit secundum seriem constructionis acceptarum. Nam cum *'Homerus'*
et *'poeta'* hominem ipsum nominent et recte sint impositionis utpote
casus nominativi, non hoc in resolutione sensus custodiunt nec *'est'*
interpositum secundo loco, sed primo predicatur. Hic est enim sensus:
'poema Homeri est poeta'. Itaque quod de ⟨poeta, de⟩ poemate quoque
15 quidem innuebat — ex eo enim poeta dicitur, quod poema componit, —
in resolutione sensus sensum poematis tenet atque ipsum dictamen
nominat; in quo est figura, cum potius *'Homeri'* impositum sit, *'Homerus'*
vero oblique pro *'Homeri'* utimur. Unde, quia in sensu *'Homerus'* ad
determinationem carminis ponitur, *'poeta'* vero ad eius nominationem,
20 non potest per se dici: *'Homerus est'*, cum id scilicet subtrahitur quod
eius quod est, esse propositum nomen in sensu accipitur, hocest *'poeta'*.
Sic quoque et cum dicitur: *'ille tyrannus vivit in filiis'* ac *'vivere'* *'tyranni'*
nomini gratia filiorum coniungitur, qui potius in sensu vivere proponitur,
'filiorum' nomine subtracto non dicitur simpliciter: *'tyrannus vivit'*.
25   Hec autem ego ad defensionem sententie Magistri pretendebam.
Sed omni quidem ambage remota salvisque regulis constructionis accidentalem predicationem servemus in enuntiatione supraposita de
Homero ipso quoque vivente, sicut supra disseruimus.
     Quod autem illud ⟨*'an non'*⟩ subiunxit[1], non ad negationem
30 illate propositionis dixit, sed ad destructionem inferentie posuit, eius
videlicet quod ex eo quod Homerus esse aliquid conceditur, tam videlicet existens quam non-existens, esse simpliciter ostendit. Non enim
'esse poetam', ut quidam putant, premisit, sed *'esse aliquid, ut poeta'*
dixit. Quod itaque *'ut poeta'* subiunxit[2], non ad predicationem acci-
35 dentalem vel ad inferentiam pertinet, sed quasi quedam determinatio
subditur precedenti propositioni, ostendens quod aliquorum ipse sit;

3 figurativa] significativa *V*   8 invecta *V*   14 ⟨poeta de⟩ *c*   15 poeta *Vc* poema *V*   18 ho-
meri] homero *V*   19 ponitur] ponitum *V* poema *V*   23 proponitur] propositum *V*
34 itaque] utique *V*

[1] *De interpr.* 11, 21 a 26.   [2] *Ibid.*

aut fortasse tamquam probationem supposuit de parte ad totum, qui de toto ad partem inferentiam negat, hocest de '*aliquid*' ad '*existens*'.

Licet autem omnia predicata coniunctim predicentur disiunctim in quibus non est oppositio in adiecto vel accidentalis predicatio, sepe contingit ut in accidentali predicatione singula per se predicari valeant, 5 cum scilicet tale subiectum ponitur quod in verbo quoque contineatur, ut hic: '*Socrates est non-equus*' vel '*Homerus est aliquid*'. Potest autem et ea differentia inter coniunctionem oppositionis in adiecto et accidentalis predicationis ⟨dari⟩, quod hec per coniunctionem fit, illa vero per appositionem, ut fit etiam exemplum de accidentali predicatione 10 '*chimera est opinabilis*'. Quamvis enim '*opinabile*' oppositum sit ad '*esse*', non est tamen oppositio in adiecto, quia non fit per compositionem coniunctio. Bene autem hoc exemplum post primum posuit[1], in quo alterum ad subiectum veram predicationem non habet, hocest '*esse*' ad '*chimeram*'; in quo non solum inferentia falsa fit, verum ⟨etiam⟩ illata 15 propositio. Possumus quoque dicere '*esse*' per accidens ubique predicari ubicumque secundo loco predicatur, ut hic etiam: '*Petrus est homo*', licet singula per se quoque valeant predicari atque ex homine inferri. Sed quia ex accidentali predicatione non contingit, eoquod aliquando deficiat, merito accidentalem quoque predicationem removit.   20

Si vero eam sententiam et hic quoque velimus tenere quam in *Tertio Postpredicamentorum* posuimus, quando scilicet verbum cum adiuncto predicato unum componere verbum diximus[2], oportet accidentalis quoque predicationis coniunctionem secundum compositionem accipere; et tunc quidem hec erit differentia, quod hic oppositionem 25 inter coniuncta, ibi non, et ibi copula quoque verbi continetur, unde predicatio dicitur, hic vero minime. Et fit quidem oppositio in adiecto in '*est opinabile*', nisi forte in eo quod adiectivum non adiungitur per compositionem substantivo ad eumdem casum et numerum, sicut ⟨etiam⟩ in oratione.   30

Manifestum est ergo ex suprapositis omnia disiunctim vere quoque predicari que coniunctim predicantur in quibus aut accidentalis predicatio non est aut oppositio in adiecto; coniunctionem autem secundum dictionis compositionem secundum novissimam sententiam oportet accipi; quemadmodum, cum econverso ostenditur, que dis- 35 iunctim predicata coniuncta quoque et composita debeant predicari ut '*homo*' et '*albus*' et '*animal rationale*', quod de Socrate singula predican-

---

1 probationem] prepositionem *V* 4 abiecto *V* 8 abiecto *V* 12 abiecto *V* 30 ⟨etiam⟩ *Vᶜ*

1 haec verba hoc loco neque in Aristotele neque in Boethio reperiuntur. 2 *supra*, p. 138²².

tur, composita quoque in unum nomen possunt simul enuntiari; quod ex
coniunctione 'citharedus bonus' manifestum est, quod ipse posuit, de
cuius nos compositione in *Primo Postpredicamentorum* disputavimus[1]. In
quo precipue ostendit non omnia que predicantur disiunctim, de
5 eodem necessario coniunctim et vere predicari, cum scilicet ait[2]: "sed
non si citharedus est et bonus, est etiam citharedus bonus." Nec
solum compositionem disiunctim predicatorum impediri ex falsa predicatione monstravit, verum etiam ex infinitate aut superflua loqua-
citate. Si enim, inquam, quecumque singula predicantur, coniuncta
10 quoque enuntiantur, cum 'homo' et 'album' de eodum singula predicantur, coniunctim quoque enuntiantur quotiens volumus geminata
aut multiplicata, ita ut usque in infinitum proferamus 'homo albus homo
albus' vel 'homo homo' vel 'album album'. Amplius. et si 'homo' ⟨et⟩
'bipes' de eodem singula predicantur, quorum 'bipes' 'homini' apposi-
15 tum in oratione superfluit, in compositione quoque ipsi bene coniungitur. Ea quoque diversorum accidentium sumpta vocabula adiectiva
que de eodem singula predicantur, ut 'album' et 'musicum' — que sibi
per accidens apponi dixit[3], eo videlicet quod unum vel alterum eidem
non insit — unum nomen non componunt sicut nec duo substantiva.
20 Unum autem accidens per alterum eidem contingit ut bonitas per citharizationem. Unde etsi sumpta sint nomina 'citharedus' et 'bonus', tamen
unum componunt vocabulum: 'citharedus bonus'. Sic quoque et quodlibet
substantivum cum adiectivo suo unum | efficit nomen ut 'homo albus', f. 137ʳ
'animal bipes', nisi forte superfluitas quandoque impediat, veluti cum
25 dicitur 'homo rationalis', 'animal sensibile'; aut, ut quibusdam placet,
'corpus coloratum'; sed etsi omne corpus sit coloratum nec ullam corporum determinationem secundum differentiam faciat 'coloratum', quia
tamen in sensu 'corporis' non tenetur quemadmodum differentia eius
'corporeum', non videtur per 'corporis' nomen superfluere; que enim
30 in alio sunt, illa superfluere dixit, idest que in precedentibus intelliguntur, veluti si dicamus 'homo animal', 'homo bipes', 'homo homo'.

De subiecto

Cum autem verbum interpositum ad predicatum copulandum
subiecto intercedat, maxime tamen ad personam et numerum subiecti
35 in constructione respicit; cuiuscumque enim persone vel numeri

2 posuit] poterit *V* 8-9 locacitate *V* 13 ⟨et⟩ *Vᶜ* 16 sumpta] futura *V* 17 *alterum* que
qui *V* 25 rationalis] r· *V* 28 tenent *V*

[1] *supra*, p. 116²⁸-117⁴. [2] *De interpr.* 11, 20 b 35-36. [3] *De interpr.* 11, 21 a 13-14.

subiectum fuerit, et verbum oportet esse. Unde et cum dicitur: '*omnia Cesar erat*', secundum proprietatem constructionis et singularitatem persone oportet '*Cesarem*' subici, ut scilicet ita dicamus: '*Cesar erat omnia*'. Si autem '*omnia*' in subiecto intelligeretur, quod pluralis est numeri, '*erant*', quod eius⟨dem⟩ est numeri, oportuit apponi hoc modo: '*omnia* 5 *erant Cesar*'. Cuiuscumque ergo numeri predicatum ponatur, numerum subiecti semper verbum oportet sequi. Neque enim quamvis '*Cesar*' in predicato ponatur, quod singularis est numeri, vel '*omnia*', quod pluralis est, aut ibi singularis numeri verbum, aut hic pluralis est apponendum, sed eius semper numeri cuius fuerat subiectum. Similiter et cum dicitur: 10 '*paries et tectum et fundamentum sunt domus*' vel '*domus est paries et tectum et fundamentum*', ad pluralitatem vel singularitatem subiecti verbi coniunctio respicit secundum numerum, similiter et secundum personam; eius namque persone semper fuerit cuius et subiectum, cuiuscumque persone ponatur predicatum. Unde cum dicitur: '*ego sum ille quem tu* 15 *persequeris*[1]' vel '*ego sum homo*', quamvis '*ille*' et '*homo*' predicata tertie sint persone, non minus tamen verbum prime persone, quod ad subiectum in hoc maxime, ut dictum est, refertur, ea copulat.

EXPLICIT PRIMUS, INCIPIT SECUNDUS EORUNDEM, HOCEST CATHEGORICORUM

---

11 paries et tectum et fundamentum] p· et t· et f· *sic etiam in sequentibus* V   16 praedicata c predicato V   19 CA THE GO RI CO R UM V

[1] Cfr. *Actus Apost.* IX, 5.

DE SPECIERUM DIFFERENTIIS CATHEGORICARUM

⟨Introductio⟩

Cathegoricarum igitur propositionum partibus seu membris
5 quibus ipse componantur, diligenter pertractatis specierum quoque
differentias exsequamur. Quas quidem considerare possumus secundum
enuntiationem predicati vel acceptionem subiecti, aut secundum
ipsorum multiplicitatem ⟨vel totius enuntiationis⟩, sive secundum
temporum verbi diversitatem. Ad predicati vero enuntiationem pertinet
10 quod propositiones ipsum affirmando vel negando enuntiantes affirmative dicuntur vel negative; quodque alie ipsum simpliciter,
alie cum aliquo modo predicant, unde alias simplices, alias modales
appellamus. Ad subiectum vero illud refertur quod alie universales,
alie particulares, alie indefinite, alie singulares nominantur.
15 Ad multiplicitatem vero terminorum illud attinet quod alie une
sunt, alie multiplices. Ad diversitatem vero temporum, quod alie
de presenti, alie de preterito, alie de futuro proponuntur.

Nunc vero in singulis immoremur. Ac prius de affirmatione et
negatione, que prime sunt propositionis species, disputemus.

20 ## De affirmatione et negatione

Est autem affirmatio enuntiatio affirmativa, ut 'omnis homo est
animal', 'quidem homo est animal'; negatio vero enuntiatio negativa, ut
'quidam homo non est animal', 'nullus homo est animal'. Habet autem omnis
affirmatio unam tantum propriam negationem secundum contradictionis
5 oppositionem. Alia autem est contradictionis oppositio, alia contrarietatis. Que enim invicem sunt contrarie propositiones, oppositione contrarietatis sibi maxime adversantur, veluti iste: 'omnis homo
iustus est', 'nullus homo iustus est'; que vero contradictorie sunt atque
inter se verum falsumque semper dividentes, contradictionis opposi-
10 tione sibi repugnant, ut 'omnis homo iustus est', 'non omnis homo iustus est'
et rursus 'nullus homo iustus est', 'quidam homo iustus est'; sic etiam singulares 'Socrates est iustus', 'non est Socrates iustus'. Que autem invicem
contrarie propositiones vel contradictorie, que etiam subalterne
vel subcontrarie dicantur, aut quas ad invicem inferentias vel diffe-

---

8 ⟨vel totius enuntiationis⟩ *Vc*   16 alie] aut *V*   24 contradictionis *Vc* ettradicionis *V*
ad 26 *sqq.* quam affirmationem habeant non curro et non curritur *Vc* *quam adnotationem*
ad versum 13 *attinere suspicor*

rentias qualesque conversiones habeant, in his *Introductionibus* deligentius
patefecimus quas ad tenerorum dialeticorum eruditionem conscripsimus[1].

Nec in his rursus nobis immorandum est, sed ad altiora tractatum
transferamus atque affirmationum et negationum proprietates subtilius 5
distinguamus. Cum enim singulare subiectum ponitur, unam tantum
negationem vel affirmationem una acceptio subiecti facit; cum autem
universale subicitur, multas affirmationes vel negationes subiecti variatio
secundum signa tenet. Eius namque affirmationis que dicit: *'omnis homo
iustus est'*, cum ea videtur negatio que ait: *'nullus homo iustus est'*, tum 10
illa que proponit: *'quidam homo iustus non est'*, vel *'non omnis homo iustus
est'*. Eius quoque negationis: *'nullus homo iustus est'*, due videntur
affirmationes, vel [et] *'omnis homo iustus est'*, vel *'quidam homo iustus est'*.
Cumque eidem affirmationi vel negationi due sint opposite, que videlicet simul cum ea vere esse non possint, altera contrarietatis op- 15
positione quam longissime ab ea recedit, altera vero contradictionis
oppositione, ut quod ea proponebat tantum perimit ac simpliciter ei
contradicit. Cum enim huic propositioni: *'omnis homo iustus est'* hec
contrarie opponatur: *'nullus homo iustus est'*, illa vero contradictorie:
'non omnis homo iustus est', atque utraque ipsius sententiam perimat, 20
hec quidem: *'non omnis homo iustus est'* simpliciter priori contradicit,
illa vero: *'nullus homo iustus est'*, plus facit, que non tantum ostendit non
omni homini iustum convenire, verum etiam ab omni removeri.

Unde magis opposite sint contrarie quam contradictorie

Merito ergo hec tamquam contraria priori opponitur que ei 25
maxime est adversa. Ea namque opposita contraria diffiniunt que prima
fronte sibi opponuntur, hocest que maxime sibi repugnant, velut
album et nigrum, que nullo modo eidem simul inesse possunt. Plus
autem adversa est, hocest opposita, *'nullus homo iustus est'* ei que est
'omnis homo iustus est' quam *'non omnis homo iustus est'*; magis enim 30
consentit ei *'non omnis homo iustus est'* quam *'nullus homo iustus est'*; hec
enim propter unum vera est, si iustitia careat, illa vero non nisi omnes
careant. Facilius autem uno non existente iusto contingere posset quod
universalis affirmatio dicit quam nullis existentibus iustis. Unde manifestum est universalem negationem magis adversari universali affirmationi 35

15 contrarietatis *c* contradictionis *V*   16 contradictionis *c* contrarietatis *V*

[1] *Introd. parv.*, *Super Arist. De interpr.*, 113^{16}–124^{25}.

quam particularem negationem; quippe hec omnibus aufert quod illa omnibus attribuit. Quod autem dicitur particularis nec secum in falsitate posse pati universalem, sed, si hec falsa sit, illam necessario veram, hoc ad oppositionem non pertinet contrarietatis, immo ad dividentiam
5 contraditionis. Quod enim false non possunt simul esse, ⟨idest quod non possunt simul abesse⟩ ea que dicunt, ad immediationem potius attinet quam ad contrarietatem. Quod autem vere non possunt simul esse, idest quod non possunt simul esse ea que dicunt, id solum ad oppositionem pertinet vel contrarietatem. Nulla enim contraria ex
10 natura contrariorum destructa se ponunt, sed omnia posita sese mutuo auferunt; quod tam in complexis | quam in incomplexis licet inspicere. f. 137ᵛ Quod itaque simul abesse non possunt, oppositionem non exigit, sed dividentiam seu immediationem; immediatio autem oppositionem non exigit. Sunt enim multa immediatorum non opposita, sicut infinitum
15 speciei et finitum nomen generis, sicut 'non-homo' et 'animal'. Nec in his etiam, ubi immediatio compositionem incumbit, immediatio oppositionem facit maiorem; quod ex 'albo' et 'non-albo' et 'nigro' perpenditur. Non enim tantum adversa sunt album et non-album, quamvis nec simul absint, quantum album et nigrum que simul abesse contingit.
20 Que enim non alba sunt, non est necesse contrarium albi dicere, idest nigrum, sed crocea esse possunt vel alterius coloris. Quod itaque quelibet simul esse non possunt, ad oppositionem pertinet; quod autem simul abesse nequeunt, ad immediationem. Unde, etsi subcontrarie simul abesse non possint, non tamen opposite videntur, eo videlicet
25 quod simul possint adesse, in contingenti scilicet materia propositionum, sicut earum dividentes abesse, universales scilicet affirmativa et negativa, quas ex maxima oppositione, ut ostensum est[1]", contrarias convenit appellari, ceteras vero contradictorias.

Ex his itaque manifestum est ei que dicit: 'omnis homo iustus est'
30 magis repugnare 'nullus homo iustus est' quam 'non omnis homo iustus est'. Unde merito ab universali affirmativa illa contraria ponitur que universalis est negativa, hec vero contradictoria que particularis dicitur. Eadem enim hec: 'non omnis homo iustus est' cum ea videtur que proponit: 'quidam homo iustus non est'; atque pro una et eadem utramque
35 Boetius accipit[2], cum tamen earum sententia diversa appareat his qui eam perspicacius inspiciunt. Multum enim refert ad sententiam enun-

---

5-6 ⟨idest.... abesse)] ⟨id est quod non possunt simul non esse⟩ c 24 opposite] oportere V 25 scilicet] sed V 31 affirmative V contrario V 36 perspicatius V

[1] supra, p. 173²⁶ e.q.s. [2] Vide In Periherm. II, 151²⁶-152¹⁰; De syll. categ. I, 800 B⁶⁻⁸.

tiationis, cum preposita negativa particula totam exigit et destruit affirmationem, et cum eadem interposita terminorum separationem facit, quod quidem ex ipoteticis quoque enuntiationibus ostenditur. Non enim eadem est sententia istarum:

    '*si est homo, non est iustus*'   5

et

    '*non si est homo, est iustus*'.

Illa namque demonstrat '*hominis*' positionem non pati '*iustum*', hec vero non necessario exigere '*iustum*'; quod verum est, illud autem falsum. Et hec quidem que negatione[m] premissa totam ipoteticam perimit, 10 hanc scilicet:

    '*si est homo, est iustus*',

eius propria negatio dicitur ac recte dividens, que scilicet nec vera simul cum ea nec falsa esse potest, quippe eius sensum simpliciter destruit. Illa vero simul esse falsa potest, numquam autem simul vera. 15 Unde potius contraria ei videtur quam contradictoria. Sic quoque in cathegoricis propositionibus ea tantum propria contradictio ac recte dividens cuilibet affirmationi videtur que negatione[m] preposita totam eius sententiam destruit, ut eius que est: '*omnis homo est homo*' ea que est: '*non omnis homo est homo*', non ea que est: '*quidam homo non est* 20 *homo*'; hec enim fortasse simul erit falsa cum ea. Re enim hominis prorsus non existente neque ea vera est que ait: '*omnis homo est homo*' nec ea que proponit: '*quidam homo non est homo*', hocest '*quedam res que est animal rationale mortale, non est animal rationale mortale*'; '*hominis*' enim nomen nonnisi ex presentia animalis rationalitate et mortalitate 25 informati impositum fuit. Qui ergo hanc dicit, id proponit quod est animal rationalitate ⟨et⟩ mortalitate informatum. Hec igitur: '*quidam homo non est homo*', idest '*quedam res que est animal rationale mortale, non est animal rationale mortale* vel *animal simpliciter*', semper falsa est; est enim omnino impossibile quod ipsa dicit nec ullo tempore contingere 30 potest nec eius exemplum natura patitur. Quo enim tempore in aliquo ostendere possemus quod ⟨id⟩ quod est homo, non est homo?: quippe ipsum simul esse hominem et non esse non contingit; quod enim in negatione non clauditur sed extra eam ponitur, quasi permanens constituitur. Cum autem '*quidam homo non est homo*' semper falsa sit atque 35 '*omnis homo est homo*' homine non existente, patet simul easdem falsas esse; unde nec recte dividentes dici poterunt. Sic quoque homine destructo et que ait: '*omnis homo* [est] *albus est albus*' falsa est, et que

17 que] quam *V*   proposita *V*   24 rationalitate et mortalitate] ro·et m· *V*   26 r·m· *V*   ⟨et⟩ *V*c   27 hec] non *V* quedam *V*c quod *V*   31 ⟨id⟩ *V*c   33 extra] quando *V*   37 [est] *V*c

dicit: 'quidam homo albus non est albus', hocest 'quidam homo qui est informatus albedine non est ipsa informatus', immo caret ea'. Remotione namque predicati determinatio subiecti, in qua predicatum ipsum subiecto relinquitur, quod in ipso subiecto non invenitur, falsam facit enun-
5 tiationem. Sicut et istam subiecti determinatio impedit: 'homo rudibilis est animal'; que fortasse determinatione subtracta vera remaneret.

Patet itaque ei que dicit: 'omnis homo est homo' vel 'omnis homo albus est homo albus' eam tamquam rectam dividentem opponi que negatione ⟨pre⟩posita totum eius sensum extinguit, hoc modo: 'non
10 omnis homo est homo', 'non omnis homo albus est albus', non eam scilicet que negationem interponit ad predicatum disiungendum a subiecto. Aliud autem est res a se invicem disiungere, aliud ostendere non omnes sibi eas convenire. Qui enim de eis ut de disiunctis ab invicem agit, eas tamquam existen⟨te⟩s accipit; qui autem ut de non convenientibus
15 sibi, non magis earum existentiam quam non-existentiam innuit, sed [non] solum quod non sibi inhereant proponit. Aliam itaque vim negatio habet preposita, aliam interposita. Unde et que dicit: 'omnis homo non est albus' non eadem videtur cum ea: 'non omnis homo est albus' et que proponit: 'quidam homo non est albus' non eadem est cum ea: 'non quidam
20 homo est albus'. Qui enim dicit: 'omnis homo non est albus' ab omni homine albedinem removet ac si universalem faciat remotionem dicens omnem carere albedinem; qui autem universalis affirmationis sensum extinguit, id solum demonstrat quod non omni conveniat, non etiam quod ab omni separata sit; illa enim vera est, etsi unus albus non sit. Ea quoque
25 que ait simpliciter: 'quidam homo non est albus', albedinem a quodam removet. Qui vero proponit: 'non quidam homo est albus' sensumque particularis affirmative tollit, in contradictoriam eius incidit, universalem scilicet negativam, ac si diceret nullum esse album. Qui enim negatione preposita sensum propositionis extinguit, ipsam profecto
30 falsam esse ostendit. Si autem falsa sit 'quidam homo est albus', vera ipsius contradictoria relinquitur 'nullus homo est albus'. Tantumdem ergo proponit 'non quidam homo est albus', quantum 'nullus homo est albus'; et merito. Quod enim dicit[ur] 'nullus homo' tale est quale etiam 'ullus homo' et qui negat quemdam hominem esse album, omnia quoque eius
35 accidentia perimit, idest et Socratem esse album denegat et Platonem et quemcumque alium. Quanto enim ad plura vel predicatio vel consecutio se habuit, tanto plura in ipsis perimuntur. Unde et qui dicit: 'Socrates non

2 remocioni V   3 determinatio] detiatio V   9 extingit sic semper V   12 non omnes] nisi V   14 de non] non de V   29 extingit Vᶜ exigit V

est quidam homo', cum unusquisque quidam sit, omnem hominem
aufert, ac si diceret: '*non est homo*'. Qui vero ipsum non omnem esse
proponit, nullum excludit, quippe nullus est omnis.

Sed fortasse dicitur hec remotio in qua '*omnis*' ponitur, maior
esse quam ea in qua '*quidam*', quippe hic '*quidam*', ibi '*omnis*' excluditur. 5
At si vocum remotionem magis quam rerum pensemus, ibi quidem
'*quidam homo*' ista vox, hic vero '*omnis homo*' ponitur atque negatione
removetur. Si vero rei designate remotionem pensemus, cum '*quidam
homo*' ad unumquemque hominem predicationem habeat, '*homo*' vero
ad nullum, hic in '*quidam homo*' unusquisque aufertur, nullus vero in 10
'*omnis*'. Qui vero dicit | '*quidam*' removeri, si sensum negationis hic
accipiat quod non sit quidam, omnes exclusit, si vero quod non sit
omnis, neminem. Si vero affirmativas easdem intelligat, cum scilicet
aut '*quidam*' removetur vel '*omnis*', hocest separatus ac diversus, nichil
ad expositionem negationum. In negatione itaque quanto plura in 15
predicato continentur, tanto in ipso excluduntur, omnia scilicet que
ab ipso clauduntur. Nam sicut in affirmatione unum ex omnibus attribuitur, ita in negatione '*omnis*' removetur: veluti si dicatur: '*Socrates est
homo*', tale est tamquam aliquis homo [non] esse dicatur; si vero ipsum
non esse hominem dicamus, '*omnis*' ab ipso removeremus. Unde cum ex 20
uno affirmatio inferatur, ex uno tamen negatio non potest monstrari.
Si quis enim *hic homo* fuerit, homo est, sed si non sit *hic homo*, non est
homo. Quod itaque in affirmatione circa aliquem predicatur, in negatione circa omnes removetur, sensu tamen predicate dictionis eodem in
utraque remanente. Cum enim affirmatio dicere videatur quod sit aliquis 25
hominum, negatio idem aufert, quod videlicet non sit aliquis, in quo
scilicet unusquisque, cum aliquis sit, excluditur.

Manifestum est autem ex suprapositis omni affirmationi eam in
contradictionem recte opponi negationem tamquam propriam dividentem que negatione preposita totam eius sententiam perimit, ut ei 30
que est: '*Socrates est homo*' ea que est: '*non Socrates est homo*', non ea que
dicit: '*Socrates non est homo*'; ea ei que est: '*omnis homo est homo*' ea que
est: '*non omnis homo est homo*', non ea que est: '*quidam homo non est homo*';
eius vero que est: '*quidam homo est homo*' ea que est: '*non quidam homo est
homo*', non ea que est: '*nullus homo est homo*'.   35

Que vero remotive sunt negationes, nichil prohibet eas quoque
alias, que earum destructive sunt, negationes habere tamquam proprias

---

9 predicationem + predicationem *V*   10 quidam homo] quodam homine *V*   15 quanto
Vᶜ quando *V*   18 omnis] unum *V*   19 tale est] talem *V*

dividentes, ut eam que dicit: 'Socrates non est homo' ea que proponit:
'non Socrates non est homo', que id quidem destruit quod prima proponebat, ac si scilicet eam falsam esse ostenderet. Sic quoque et eius
que est: 'quidam homo non est homo' ea est propria negatio destructiva:
5 'non quidam homo ⟨non⟩ est homo', que quidem dicit non esse in re quod
prima dicebat, idest quod 'homo' a quodam homine disiungatur. Sic
quoque et in ipoteticis propositionibus his negationibus que separative sunt, alie que earum destructive sint negationes applicantur,
ut ei que est:
10   'si est homo, non est lapis'
ea que est:
        'non si est homo, non est lapis'
que scilicet eius totam sententiam denegat, ac si ipsam falsam esse
diceremus, ostendentes quidem non esse in re quod ipsa dicit. Nec
15 solum autem his negationibus quas separativas diximus, destructive ac
recte negationes possunt aptari, verum etiam fortasse his que destructive sunt, que scilicet totam earum sententiam extinguant ac
falsificent. Veluti cum dicitur: 'non non omnis homo est animal', ac si
aperte diceretur non esse in re quod negativa illa dicit: 'non omnis homo
20 est animal'. Sed huiusmodi quidem negatio eoquod universali affirmationi que ait: 'omnis homo est animal' equipolleat, in sensu potius
affirmativa videtur; qui enim unam dividentium aufert, alteram constituere videtur. Sed licet quamdam ad ipsam habeat equipollentiam,
in sensu tamen maximam habet differentiam, cum hec scilicet in
25 affirmatione, illa vero in negatione proponatur, ac si sese semper
comitari videntur, non tamen mutuam ad se inferentiam custodiunt.
Omnis itaque propositio propriam videtur habere negationem, que
sensum eius simpliciter destruit ac preposita negatione perimit. Ut ei
que dicit: 'omnis homo est albus' ea opponatur negatio que ait: 'non
30 omnis homo est albus' vel ei que dicit: 'quidam homo est albus', 'nullus homo
est albus', que eadem est cum ista: 'non quidam homo est albus'; et ei
que est: 'homo est albus', 'non homo est albus', 'Socrates est albus', 'non
Socrates est albus'.
        Proprie ergo ille sunt negationes que affirmationis sententiam
35 simpliciter auferunt, ut scilicet non plus aut minus in eis denegetur
quam affirmatio proponebat. Cum enim de eodem subiecto universali
diversis modis enuntiato multe fiant affirmationes et negationes hoc
modo: 'omnis homo est albus', 'nullus est albus', 'quidam est albus', 'quidam

2 que] quod V   7 negationibus] negativis V   12 non si] si non V   13 si ipsam] sumsam V
15 separatas V

non est albus' vel *'non omnis est albus'*, eius que est: *'omnis homo est albus'*,
ea sola propria est et recta negatio ⟨que⟩ simpliciter id aufert quod illa
dicebat, hoc modo: *'non omnis homo est albus'*, non illa scilicet que ab
omnibus albedinem removet quibus illa albedinem attribuebat, que
scilicet ait: *'nullus homo est albus'*; plus enim hec negat quam recta 5
negatio, que scilicet non solum negat quod affirmatio proponebat,
hocest non solum ostendit non omne esse album, immo nullum esse;
in quo maior negatio proponitur. Illa enim unoquoque non existente
albo vera est, ista autem non nisi omnes albedine careant; plus itaque in
ista quam in illa denegatur ac plus ista tollit quam ea que sensum 10
affirmationis simpliciter perimit, hoc modo: *'non omnis homo est albus'*.

　　　Unde ea sola est: *'non omnis homo est albus'* proprie dividens et
recta negatio eius que dicebat: [non] *'omnis homo est albus'*, non ea que
est: *'nullus homo est albus'*, que et simul cum ea falsa potest esse plusque
denegat quam illa proponebat; vel ea etiam, ut quibusdam placet, 15
separativa particularis que dicit: *'quidam homo non est albus'*, que
etiam, ut ostensum est, simul falsa esse poterit. Unde subtilius Aristotiles
negationem universalem quam Boetius distinxit. Hic enim *'non omnis
homo est albus'* recte semper opponit[1], Boetius autem *'quidam homo non
est albus'*, particularem negatione⟨m⟩ separativam, quam eamdem esse 20
cum ea que destructiva, falso, ut ostensum est[2], arbitratur, cum scilicet
aliquando simul falsa cum universali reperiatur particularis, ut supra
docuimus. Dividentium autem affirmationis et negationis cum una vera
sit, aliam necesse est falsam esse, et cum falsa sit, veram, sive scilicet
res ipsa sit de qua agitur, sive non sit, sicut in oppositione affirmationis 25
et negationis Aristotiles docuit[3]. Sive enim Socrates sit, sive non sit,
semper in re est quod una dividentium dicit, et non est in re quod
altera proponit, harum scilicet: *'Socrates est'*, *'non Socrates est'*. Cum
enim ipse est, vera est affirmatio et falsa negatio; cum autem non est,
econverso. 30

　　　Fortasse tamen opponitur, postquam Socrates perierit, nec veram
nec falsam esse *'non Socrates est Socrates'*, cum videlicet propositionis
amittat proprietatem pro subiecta voce, que iam significativa non est
sive etiam predicativa. Si enim destructo Socrate ipsius nomen priorem
et propriam impositionem retineat, que in ipso tamquam existente 35
facta est, profecto ipso quoque destructo, Socrates dicitur; unde etiam
homo, quippe ipsius nomen, ut hominis, tale quod ante fuit. At vero

---

9 in *Vᶜ* non *V*　23 cum] que *V*　36 destructus *V*　37 hominis tale] (?) *c* homini tali *V*

[1] *De interpr.* 7, 17b 16-19; 7, 18a 4-5.　[2] *supra*, p. 175³⁵ *e.q.s.*　[3] *De interpr.* 7, 17b 26-29.

quod non est, homo dici non potest. Si enim quod non est, homo diceretur, equivocatio ad non-existentem rem transferatur; iam non erat
⟨pro⟩posite affirmationis, que falsa erat, negatio ⟨vera⟩ qua de existente
agebatur, nec iam etiam vera[m] que vocis impositione mutata idem a
5 se removet, tamquam '*hoc cadaver*' a se ipso disiungeret. Oportet itaque
'*Socratis*' nomen tam in affirmatione quam in negatione in eadem
significatione accipi, in designatione scilicet eius qui periit tamquam
existentis; alioquin non esse⟨t⟩ oppositio contradictionis, nisi scilicet in
eodem sensu acceptis. Unde ipse Aristotiles in *Primo Periermenias*, cum
10 contradictionem affirmationis et negationis describeret, ait[1]: "sit
hec contradictio: affirmatio et negatio opposite; dico autem opponi
eiusdem de eodem, non autem equivoce et quecumque cetera talium
determinavimus contra argumentorum sophisticas importunitates." Ac
si aperte diceret: si contradictionem dividentium propositionum pro
15 ponere velis, oportet utriusque propositionis terminos in eodem sensu
accipi, omni | videlicet genere sophismatis excluso.   f. 138ᵛ

Sex autem sophismatum genera Aristotilem in *Sophisticis Elenchis*
suis posuisse Boetius in *Secunda Editione Periermenias* commemorat[2],
que quidem omnia contradictionis oppositionem impediunt. Hec
20 autem ipse dixit equivocationem, univocationem, diversam
partem, diversum tempus, diversum relatum, diversum
modum. Deficit autem oppositio contradictionis terminis equivoce sumptis, cum scilicet ⟨dicimus⟩: '*Alexander rapuit Helenam*',
'*Alexander non rapuit*': utraque enim vera est, affirmatio quidem de
25 filio Priami, negatio vero de rege magno Macedonum. Sepe enim voce
in diversis accepta de quibus univoce dicitur, contradictio perit; ut
si quis dicat Socratem esse hominem '*hominis*' que nomen circa inferiora
intelligat, verum proponit; quodsi ad speciem illam hominis quam
fingunt puram per abstractionem accidentium, ipsum nomen referat, vera
30 quoque erit negatio '*Socrates non est homo*'. Nam et Socrates aliquod est
de individuis hominis, et illa species que homo est, vere denegatur
esse; de utroque autem homine tam de simplici quam ⟨de⟩ individuo
univoce nomen '*hominis*' dicitur, cum ea scilicet diffinitione que est
animal rationale mortale. Univocationem non dicunt cum circa eamdem
35 rem vox accipitur, sed identitatem. Sicut enim equivocum ad multa
dicitur, ita univocum; unde '*Socratis*' nomen, si commune non sit,
neque equivocum neque univocum dicitur. Diverse partis acceptio

---

3 qua de *c* quadam (quade?) *V*   4 qui] que *V*   10 hec *V* hoc *b*   11 determinamus *b et*
183,12   20 ipsam *V*   24 quidem *c* quod *V*   25 filia *V*

[1] *De interpr.* 6, 17 a 33-37.   [2] *In Periherm.* II, 133²⁹-134⁷.

contradictionem impedit, veluti, si oculus et albus esse dicatur propter hanc partem et non esse albus propter illam, vere utreque erunt. Sed et diversum tempus contradictionem potest perimere, veluti si dicatur: '*iste legit ac non legit*' ibique '*legit*' preteriti temporis designativum, hic vero presentis accipiatur. In diverso quoque relatu contradictio 5 falsa dicitur veluti si dicatur: '*Anchises ⟨est⟩ pater*' et intelligatur '*Enee respectu*', ⟨verum est; atque ⟨si⟩ idem non esse pater intelligatur *respectu*⟩ *Priami*, hoc quoque verum est. Diversus quoque modus enuntiationis contradictionem auferre dicitur. Si enim dicatur: '*rusticus est episcopus*' et id secundum potentiam sumatur, verum est; si vero non 10 esse episcopus et ad actum negatio referatur, hec quoque vera est.

Apparet autem ex suprapositis determinationibus Aristotilem contradictionem affirmationis et negationis non ⟨tam⟩ secundum sententiam quam secundum constitutionis materiam demonstrasse. Si enim sententiam in rebus ipsis acciperet, dixisset idem in negatione de eodem 15 auferri quod in affirmatione proponebatur, remque eamdem ab eadem re dixisset removeri. Equivocationis exclusio, que ad voces pertinet, inutilis videretur. Que enim eamdem rem ab eadem aufert, negationis sententiam tenet, etsi quandoque in constitutione deficiat, veluti cum dicitur: '*Socrates est ensis*', '*non est Socrates mucro*'; '*Socrates est homo*', 20 '*non Socrates est animal rationale mortale*'. Hee enim contradictionem in sensu custodiunt, sed non in voce proponunt, cum vocum materiam permutent. Quia vero Aristotiles non solum sententiam contradictionis, verum etiam constitutionem demonstrare intendit, que in eorumdem terminorum voce consistit, recte postquam eosdem terminos negationem 25 habere dixit secundum prolationem, cetera secundum sententiam determinanda videbantur.

At vero illa sophismatum genera de diverso modo vel diverso relatu, que Boetius annumerat[1], his qui rationem bene perspiciunt inutiliter adiuncta videntur. Diversum autem enuntiandi modum in eo 30 intellexit quod ait[2]: '*ovum est animal*', '*ovum non est animal*', ⟨illud⟩ ad potentiam, hoc ad actum referens. Nam in affirmatione, ut veritatem conservet, '*est*' verbi significationem secundum potentiam sumit; quod tamen nec in a⟨u⟩ctoritate inveni, nec ratio tenet. Si enim substantive non ponitur, quod subditur, animal scilicet predicatum, non copulabit; 35

6 achises *V* intelligatur *Vc* intelligitur *V*   7 ⟨verum..... respectu⟩ *Vc*   13 ⟨tam⟩ *c*   15 dixit 27 videdeatur *V* ad 35 e.q.s.: sunt quedam (que *Vm*) affirmatio et negatio secundum sensum tantum ut si si dicam alicui: fecisti furtum, michi respondeat non feci furtum. similiter istud est ensis, istud non est mucro. vel est album et non est candidum *Vm*

[1] *In Periherm.* II, 134²⁻³.   [2] *In Isag.*, 264¹²⁻¹⁶.

quodsi est *'animal'* totum nomen, nonnisi ea que iam animata sunt continet, ovum vero non erit aliquid horum que iam animata sunt. Ista quoque negatio: *'Eneas non est pater'*, non potest simpliciter ostendere ipsum non esse patrem vel Priami vel alicuius alterius, sed omnino eum esse patrem denegare atque omnem qui in *'patris'* nomine continetur, excludere. Nec qui dicit ipsum esse patrem, cuius sit pater [non] monstrat, sed simpliciter quod sit pater enuntiat. Non enim demonstratio fit eius cuius pater est, cum nomen eius reticetur. At licet secundum rei veritatem determinationes huiusmodi non essent apponende, propter importunitates tamen sophistarum fuerant tangende, qui non tam rationem quam opinionem usumque sectantur. Unde et ipse Aristotiles: „que nos, inquit[1], determinamus contra sophisticas argumentorum importunitates." Est itaque recta ac propria tam voce quam sensu negatio, que negatio preposita proposite enuntiationi sententiam eius extinguit. Cum autem sententia eadem perimitur, vocum significatio non mutatur. In his autem recta contradictio continetur.

Ex his itaque manifestum est subtilius Aristotilem considerasse negationem universalis affirmationis quam Boetium. Illi enim que ait: *'omnis homo iustus est'* particularem illam separativam que ait: *'quidam homo non est iustus'* Boetius opponit[2]; cum tamen utrasque, ut ostensum est[3], falsas simul esse contingat. Aristotiles autem eam assignat[4] que dicit: *'non omnis homo iustus est'*, que numquam simul vera est vel falsa; sed semper invicem ita verum et falsum dividit quod, quotiens hec vera est, illa falsa est, et econverso, sive scilicet res earum sint, sive non sint. Cum tamen res non sunt, non videntur orationis constitutionem habere, cum iam partium significatio perierit, ut supra quoque docuimus. Sed si eis constitutionis proprietas quandoque deficiat, divisio sensus numquam deest; semper enim alterum erit quod dicitur, alterum non erit. Omni enim tempore constat esse vel id quod *'omnis homo iustus est'* proponit, vel quod *'non omnis homo iustus est'* dicit, ac similiter non esse; unde rectam contradictionem faciunt.

Querent autem fortasse de huiusmodi negatione: *'non omnis homo iustus est'*, cum particularis sententiam non teneat, — eius scilicet que ait: *'quidam homo non est iustus'* — que sit propositio dicenda. Nos vero nec particularem eam proprie nec universalem dicimus negativam,

2 aliquod *V*   5 patris *Vᶜ* patre *V*   7 [non] *c*   12 in quid *sic saepe V*   21 utreque *V*

1 *De interpr.* 6, 17 a 36-37.   2 *In Periherm.* II, 15 1²⁶-152¹⁰.   3 *supra*, p. 176¹⁵ *e.q.s.*
4 *De interpr.* 7, 17 b 16-19; 7, 18 a 4-5.

sed propriam universalis negationem. Non itaque necesse est eas que
destructorie sunt ac proprie negationes, sub ea divisione cathegoricarum
cadere quam Boetius per universalis ac particularis materiam ac sententiam proponit[1], in qua tamen omnes conclusit cathegoricas opinans[2],
ut ostensum est[3], 'non omnis homo iustus est' particularem sententiam 5
habere, eius scilicet: 'quidam homo iustus non est'.

Quoniam autem signa quantitatis subiectis apposita vel subtracta
multas faciunt differentias affirmationum et negationum, cum videlicet
alias universales, alias particulares, vel indefinitas esse secundum ea
contingat, oportet eorum officia subtilius distinguere et quam in ⟨pro⟩- 10
positione vim significationis et locum obtineant, considerare.

De signis quantitatis

Quidam autem nec in constitutionem propositionis signa recipiunt, hec scilicet 'omnis', 'quidam', 'nullus'. Aiunt enim cathegorice
propositionis solas esse partes quas terminos dicimus, idest predicatum et 15
subiectum. Sed hi quidem nec ipsum verbum, quod inherentie designativum est, partem concedunt esse, ubi scilicet secundo loco
predicatur. At vero, ut supra diximus, partes propositionis esse |
possunt que termini non sunt aut principales tamquam predicatum et
subiectum, sine quibus propositio nullo modo potest consistere, cum 20
eorum coherentiam vel remotionem demonstret. Et nos quoque tam ex
ratione quam ex auctoritate signa quoque propositionis partes esse
possumus convincere. Hoc enim totum ⟨pro⟩positio est: 'omnis homo est
albus', quia est oratio verum vel falsum significans; ac quidem universalis
enuntiatio, quod signi appositio facit quod cui apponitur, sensum 25
extendit atque implet, cum hominem circa omnia colligit. Sic etiam
determinationes vel subiecti vel predicati propositionum partibus
secundo loco possunt admisceri, veluti cum dicimus: 'Socrates non videt
Platonem'. Id enim totum unum verum est et ad veritatem quam maxime
obliqui determinatio sepissime vitiat, que substracta falsa remanet pro- 30
positio.

Recipit autem auctoritas inter partes propositionis signa, cum in
Cathegoricis suis[4] Boetius huius propositionis: 'omnis homo est animal'
divisionem fecit in 'omnis homo' et 'est animal'; sicut etiam signa sunt
partes orationis ac per impositionem designativa. Neque enim voces sunt 35
naturales, que omnibus eedem non sunt, sed invente ad formandas

f. 139[r]

3-4 materiam ac sententiam] coll. 182[13–14] modum c m̄· ac sin· V   7 opposita V   9 in-
definitas] in· V   10 ⟨pro⟩positione c   25 cui apponitur] quod appositum V

[1] In Periherm. II, 147[7–16].   [2] Vide ibid., 151[26]-152[10].   [3] supra, p. 175[34–35].
[4] De syll. categ. I, 798 A.

locutiones et sine tempore ac simplices; nec infinite significationis nec oblique positionis: eiusdem enim sunt casus cuius est ipsum cui apponitur subiectum, ac quasi eius adiectiva constat ea adherere ⟨et⟩ nomina dici; sed utrum propria vel appellativa, consequitur.

5 ⟨*De 'omnis'*⟩

Sed *'omnis'* quidem appellativum esse non potest, cum videlicet multis singillatim non possit aptari. De nullo enim dici potest quod sit omne, quippe nec omne alicui sic impositum est ut diceretur: *'istud sit omne'*. Amplius appellativum non est, cum universale non sit. Unde
10 Aristotiles: „*'omnis'*, inquit[1], universale non est, sed quoniam universaliter consignificat." Proprium quoque esse non potest cum plurale faciat nec singularem eius significationem ostendere possimus. Dicitur tamen a quibusdam quod eius significatio sit omnium rerum simul acceptarum collectio, ut talis etiam possit fieri predicatio: *'omne est omne'*, idest
15 *'collectio omnium rerum est collectio omnium rerum'*. Sed in hac quidem significatione, si forte ita possit accipi ut etiam partes quantitatis sicut totum colligat — cum dicitur: *'omne est omne'*, idest *'tota collectio rerum est tota collectio rerum'* — nullo modo ut signum universalitatis accipitur nec ad inferiora universalis nos mittit. In hoc enim *'totum'* et *'omne'* discrepant
20 quod *'omne'* ad species, idest ad inferiora, *'totum'* vero ad partes, scilicet constituentes, ponitur. Et utrumque quidem quantitatis signum esse potest, illud quidem quantitatis universalis rei secundum comprehensionem singularum specierum, hoc vero individui compositi secundum constitutionem componentium partium. Unde et totum Socrates
25 dici potest, sed non omnis.

Sunt autem quibus placet *'omnis'* et *'quidam'*, eoquod quantitatis signa dicantur, sumpta esse ab universalitate et unitate quantitatibus, quas ipsa subiectis adiuncta circa ipsa det⟨erm⟩inent. Sed falso. Si enim *'omne'* sumptum esset ab universalitate [et unitate quantitatibus], sic
30 *'universalis'* idem diceret quod *'omnis'*, ac tantumdem valeret *'homo universalis est species'* quantum *'omnis homo est species'*; quod aperte falsum est.

De 'quidam'

35 Si vero et *'quidam'* signum particularitatis sumptum sit ab unitate,

---

2 enim *V*ᶜ non *V*   3 ea adherere] eadem herere *V*   7 multas *V* sigillatim *sic semper V* 13 simul] sive *V*   21 positum *V*   26 quidem *V*   29 sic] sicut *V*   30 omnis] universale *V* 33 quodam *V*   34 quidem *V*

[1] *De interpr.* 7, 17 b 11-12; 10, 20 a 9.

profecto cum dicitur: '*quidam homo*', tantumdem valet quantum '*unus homo*', idest hominis unitatem; ac iam non particularis, sed magis indefinita propositio erit, ac si diceretur: '*homo ⟨est⟩ albus*'. Ac sicut potest dici '*omne* vel *quoddam album*' vel '*omnis homo albus* vel *quidam*', sic et '*omne quoddam* vel *quoddam quoddam* ⟨album⟩' vel '*omnis quidam* vel 5 *quidam quidam homo*'. Videtur itaque michi quod signum particulare non sumptum esse ab unitate, sed discretivum esse particularis essentie, sicut '*aliquis*', quod indefinite atque indeterminate substantie nomen est, tamquam '⟨*ali*⟩*quis*' ex '*quis*' per adiectionem factum est. Patet hinc quoque ab unitate ipsum sumptum non esse, quod et ipsum unitati 10 quoque apponitur, cum dicitur '*quedam unitas*', ⟨unitas⟩ tamen ipsa cum unitate formari ratio non permittat.

'*Omnis*' autem multorum est singillatim comprehensivum et eadem singillatim colligit que vox ipsa [apposita est] cui apponitur, signumque universalitatis secundum comprehensionem omnium singu- 15 lorum inferiorum dicitur. Nam universalis rei quantitas in diffusione sua per inferiora consistit. Ac quoniam singulorum semper est collectivum, de nullo enuntiari potest, quia nulla sunt quibus diversa conveniant singula nec numquam ita impositum fuit ut diceretur de aliquo: '*istud sit omne*'. Sic et '*uterque*', cum duo quelibet singillatim accepta colligat, 20 de nullo enuntiari valet; inventum tamen est ut per ipsum de quibuslibet duobus singillatum acceptis agatur. Sicut autem circa quotlibet '*omnis*' et '*nullus*' et '*quidam*' se habent et universales ac particulares tam affirmativas quam negativas faciunt enuntiationes, ita '*uterque*' et '*neuter*' et '*alter*' circa duos. Sunt enim contrarie '*uterque currit*' et '*neuter*'. 25 Sub his autem velut earum contradictorie angulariter accepte atque subalterne ad supra se positas et invicem subcontrarie '*alter currit*' et '*alter non currit*' continentur; ut subiecte descriptionis formula monstrat:

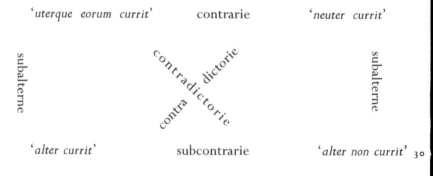

<table>
<tr><td>'*uterque eorum currit*'</td><td>contrarie</td><td>'*neuter currit*'</td></tr>
<tr><td>subalterne</td><td></td><td>subalterne</td></tr>
<tr><td>'*alter currit*'</td><td>subcontrarie</td><td>'*alter non currit*' 30</td></tr>
</table>

9 quis] quo *V*   14 que] quibus *V* cui] uti *V*   19 didiceretur *V*   22 quodlibet *V*

Sicut autem, ut 'omnis' comprehensivum singulorum que no-
mina⟨n⟩tur a voce cui apponitur, et 'nullus', — sed id quidem in
remotione singulorum est collectivum, illud autem non —, 'quidam'
autem unius indeterminate designativum est, ita 'uterque' et 'neuter' et
5 'alter' circa duos. Unde et secundum adiectionem subiecti, ut ostensum
est, contrarias, subcontrarias, subalternas sive contradictiorias faciunt
enuntiationes.

Quale autem nomen 'omnis' esse confiteatur, utrum scilicet
proprium an appellativum, propter suprapositas rationes non est facile
10 diffinire. Magis tamen propriorum naturam quam universalium in ipso
percipiemus, si primam ipsius inventionem tenuerimus. Sic enim
omnibus rebus tamquam singulis datum fuisse videtur, ut singula sic
colligeret quasi propria ipsarum nomina. Ut in sono vox una videatur,
significatione⟨m⟩ tamen multorum propriorum nominum tenet; ac si
15 'hec res et hec' diceretur ac quotcumque sunt similiter, singula colli-
geremus. Quod autem plurale facit, secundum multiplicitatem equivocationis contingit, secundum quam plures Aiaces vel plures Alexandros
dicimus; ac fortasse hec erit ⟨differentia⟩ inter 'omnis' et omnium rerum
propria nomina, quod in 'omnis' non solum singula colliguntur, verum
20 etiam innuitur quod nullum excipiatur. In 'omne' vero singula possunt
colligi, sed quod nullum remaneat ex ipsis non innuitur, sed magis si
singula proferri contingeret, certus rerum numerus secundum vocabula
monstraretur; 'omnis' vero, cum omnia colligat, certum numerum non
explicat, sed quotcumque sint ea singula, ita colligit ut nullum pre-
25 termissum esse innuat. Ex nominibus autem secundum ipsorum in-
ventionem non tenemus | quod nullum relinquitur, sed magis fortasse in   f. 139ᵛ
quibusdam ex discretione nostra quam ex impositione nostra hoc ani-
ma⟨d⟩vertimus, veluti, si omnia eiusdem nominis subiecta notitie
nostre subiaceant eorumque nomina omnia proferamus, quod omnia
30 collegerimus, nullo scilicet pretermisso, discretione nostra magis
quam nominum impositione teneamus, eo scilicet quod scierimus nichil
aliud quam ea que nominata sunt in nomine ipso contineri. Quoniam
autem non est diffinita secundum numerum ea singularum rerum
collectio quam 'omnis' demonstrat, sed quotcumque sunt singula
35 colligit, non solum his nominibus que omnia continent, apponitur,
verum etiam omnibus appellativis quotcumque rerum comprehensivis.
Sicut enim '⟨collectio⟩ omnium rerum', ita et 'omnis homo' et 'omne album'
dicimus; etsi hic non sit tanta rerum comprehensio quanta ibi secundum

1 ut] non V   14 post nominum lacuna quattuor litterarum V   20 omnes] omnibus V
29 subiaceant Vᶜ subiciant V   30 colligerimus V

nominum differentiam, signi tamen universalis eadem sententia videtur
persistere. Quantum enim ad ipsum pertinet, nulla res relinquitur, verum
subiectum nomen cui apponitur, vel 'homo' vel 'album', pro inventione
sua quedam tamen continet que in ipso determinantur. Quantum vero
ad sententiam signi pertinet, nulla est determinatio essentie, sed tantum- 5
dem hic quantum et ibi proponit, nullam scilicet rem pretermittens. Cum
enim in 'omnis homo' 'omnis' precedit, si per se ipsum attendatur, nulla res
in ipso excluditur, sicut et cum dicitur: 'omnis res'. Tale est enim ac si
diceretur: 'omnis res que est animal rationale mortale'. Cum ergo 'omnis'
impositio que precedit, ad 'omnia' nos mittere vellet, submissio 10
adiuncti nominis ad ea intellectum reducit atque 'omnis' comprehensionem quodammodo castigat ac restringit. Cum quidem submissi⟨o⟩
nominis secundum unam, non multiplicem, significationem sententie,
qua omnes quidem homines secundum eamdem naturam uniuntur, unam,
non multiplicem, ⟨propositionem faciat, unam, non multiplicem,⟩ 15
huiusmodi quoque propositionem Aristotiles dicit[1]. Cum itaque vel
'omnis equus' vel 'omnis homo' dicitur, licet diversis et oppositis nominibus 'omnis' apponatur, eadem tamen eius sententia permanet,
sicut 'animalis', cum dicimus vel 'animal rationale' orationem, non
nomen, proferentes vel 'animal irrationale' vel cum etiam proponitur: 20
'equus est animal' ⟨vel 'homo est animal⟩'. Etsi enim aliud sit animal quam
equus et aliud quam homo est, non aliud tamen hic nomen 'animalis'
quam ibi dicit. Sic quoque et cum dicitur: 'equus non est animal rationale'
'animal' quod precedit large sumptum per 'rationale' determinari concedunt, ne falsa fiat enuntiatio. 25

   Fortasse autem facilius nos absolveremus, si 'omnis' signum cum
adiuncto nomine tamquam compositam dictionem acciperemus, non
tam quidem auctoritatem quam rationem sectantes. Veluti cum dicitur
'omnis homo', per 'omnis homo' tamquam per compositum nomen de
singulis hominibus ageremus in ea que universalis propositio diceretur, 30
quod de omnibus nullo excluso proponeretur aliquid, particularis vero
vel singularis, quod de aliquo indeterminate vel determinate proponeret.

   Sunt autem qui nec inter dictiones signa huiusmodi proprie
velint admittere nec ipsa dicant propriam vocum significationem ex
impositione tenere, sed quamdam indicationem ⟨per representationem⟩ 35
facere de voce subiecta, qualiter ipsa accipiatur, circa omnes scilicet,
non circa unum tantum, secundum quod Boetius in Secundo Divisionum

---

3 appositum V   12 cum] cuius V   14 quo V   18 opponatur V   20 propositum V   21
⟨vel..... animal⟩ Vc   35 indicationem] invictionem V

[1] De interpr. 8, 18 a 12-17.

huiusmodi signa determinationes appellat[1]. Cum enim '*homo*' et circa unum per se et circa omnes possit accipi, cum '*omnis*' aut '*quidam*' ponitur, quodammodo determinant quot in nomine ipso accipiantur, hoc quoque signare dicitur, non per propriam vocis impositionem, sed 5 tamquam per realem representationem, qua et circulus.

Quantitatis autem signa non aliunde dicuntur nisi quia ex comprehensione significationis subiecte vocis [quam] determinant, utrum scilicet omnis subiecta res in ipso comprehendatur an quedam. Sicut autem '*omnis*' singularis numeri ad singulos singillatim singulariter 10 acceptos nos mittit, ita '*omnes*' plurale ad singulos pluraliter acceptos. Veluti cum dicitur: '*omnes homines*', profecto et hos duo et illos tres et quotlibet colligimus secundum quemlibet eorum numerum. Sicut enim '*homo*' quemlibet per se acceptum nominat, ita '*homines*' quotcumque simul collectos comprehendit. Unde quemadmodum ex '*omnis homo est* 15 *albus*', '*Socrates est albus*' innuitur, ita ex '*omnes homines sunt albi*', '*hi duo sunt albi*' vel '*hi tres*', quando scilicet '*omnes*' ad divisibiles partes, sicut '*omnis*', reducitur, ad eas scilicet que singule predicationem totius accipiunt. Sicut enim hic homo dicitur hic homo, ita hi duo homines vel hi tres homines dicuntur homines.

20 Si autem '*omnes*' ⟨magis⟩ collective quam individue accipiatur, non videntur singula inferri; veluti cum dicitur: '*omnia generalissima sunt decem*', simul videlicet accepta, ex quo inferri nullo modo conceditur quod Substantia et Quantitas sint decem, quippe iam ad singula que generalissima nominantur, illud '*omnia*' nos non mittebat, sed ad totam 25 magis simul generalissimorum collectionem, sicut et '*omnis*', ut cum dicitur: '*omnis mundus*'.

De '*nullus*'

'*Nullus*' quoque singulos in remotione colligens universalitatis signum dicitur, quod bene ex '*non*' et '*ullo*' compositum est. Cum enim 30 nec ullus relinquitur, omnium fit remotio, quippe unusquisque est ullus, idest aliquis; aut enim unusquisque in se est aliquis aut aliquis non est aliquis; sed falsa ultima, vera fuit prima.

Cum autem signa subiectis tantum apposita universales aut particulares faciant propositiones, non tamen tantum subiectis, verum etiam 35 predicatis apponi possunt, ut etiam in singularibus propositionibus contrarias, subcontrarias, subalternas, seu contradictorias secundum enuntiationem predicati possimus assignare. Sunt namque contrarie ac vehementer opposite: '*Socrates est omnis homo*', '*Socrates non est aliquis*

---

[1] De divis., 889 A14.

homo'. Sub his autem que continentur *'Socrates est aliquis homo'*, *'Socrates non est omnis homo'* subcontrarie invicem dicuntur. Subalterne vero sunt hinc quidem: *'Socrates est omnis homo'*, *'Socrates est aliquis homo'*, illinc vero: *'Socrates non est aliquis homo'*, *'Socrates non est omnis homo'*. Contradictorie vero: sunt hinc quidem: *'Socrates est omnis homo'*, 5 *'Socrates non est omnis homo'*, illinc vero: *'Socrates non est aliquis homo'*, *'Socrates est aliquis'*.

Apparent autem in his contrariarum, subcontrariarum, subalternarum, contradictoriarum proprietates ex ipsa quoque conversionis equipollentia. Sunt namque pares *'Socrates est omnis homo'* et *'omnis* 10 *homo est Socrates'*; rursus *'Socrates non est aliquis homo'* et *'nullus homo est Socrates'*. Qui enim nec aliquem esse Socratem dicit, cum unusquisque sit aliquis, omnem hominem ab eo excludit. Sunt hee quoque invicem equipollentes: *'Socrates est aliquis homo'* et *'aliquis homo est Socrates'*, et hee quoque ad invicem: *'non est Socrates omnis homo'* et *'non* 15 *omnis homo est Socrates'*.

Potest quoque in propositionibus duplex universalitas aut particularitas accipi signis quantiatis tam subiecto quam predicato appositis et tunc quoque suprapositarum propositionum nat⟨ur⟩a dupliciter servari. Sicut enim dupliciter universales videntur *'omnis homo est omne* 20 *animal'* et *'nullus homo est omne animal'*, ita et dupliciter contrarie dicende sunt. Subcontrarie vero *'quidam homo est aliquod animal'*, *'quidam homo non est omne animal'*. Subalterne vero hinc quidem: *'omnis homo est omne animal'*, *'quidam homo est aliquod animal'*, illinc vero: *'nullus homo est aliquod animal'*, *'quidam homo est omne animal'*. Contra- 25 dictorie: *'omnis homo est omne animal'*, *'quidam homo non est omne animal'* vel potius *'non omnis homo est omne animal'*; rursus *'nullus homo est aliquod animal'* et *'quidam homo est aliquod animal'*.

Quoniam autem propositionum proprietates in his ostendimus propositionibus que de puro inesse proponuntur et sine modo 30 aliquid enuntiant, ut *'Socrates legit'* — hic enim lectio de Socrate simpliciter enuntiatur —, ad eas quas modales appellant, descendamus; que quidem non simpliciter, sed cum modo et determinatione aliquid predicant ut *'Socrates bene legit'*, et inde quidem, hocest ex modificata predicatione, modales nominantur.   35

f. 140r

---

ad 2 *sqq.* utrum possimus dicere: nulla res que est Socrates est asinus cum verum sit, non ulla res que est Socrates est asinus. sed aliud est veritatem sermonis aliud proprietatem constructionis attendere *V^m*   21 omne] aliquod *V*

De modalibus

Harum itaque, idest modalium propositionum, alie ad verbiales continent modos, alie casuales. Adverbiales quidem modi
sunt ut *'bene'*, *'possibiliter'*. *'necessario'*; casuales vero ut *'possibile'*,
5 *'necesse'*. Modi itaque dicuntur tam adverbia quam huiusmodi nomina
quia modum inherentie vel remotionis determinant, ut cum dico:
'Socrates bene legit', qualiter lectio Socrati cohereat, per *'bene'* deter-
mino; vel cum dico: *'Socrates possibiliter est episcopus'*, episcopum quidem
non simpliciter inherere Socrati, sed possibiliter propono. Id quoque
10 per eas que casuales habent modos contingit enuntiari, ut cum dicimus:
'bonum est Socratem legere vel *possibile est* vel *necesse'*. Resolvuntur enim
huiusmodi nomina in adverbia, que videlicet adverbia proprie modos
dicimus et inde adverbia vocamus quia verbis adposita eorum determinant significationem, sicut adiectiva nomina substantivis adiuncta, ut
15 cum dicitur: *'homo albus'*. Idem itaque ⟨est⟩ dicere: *'Socratem possibile est*
esse episcopum' et *'Socrates possibiliter est episcopus'*. Et, si sensum attendamus, idem quod in simplicibus predicatur vel subicitur, et in istis; ut in
ea que dicit: *'Socrates est episcopus'*, *'Socrates'* subicitur et *'episcopus'*
predicatur; similiter et in ea que dicit: *'Socrates est possibiliter ⟨epi-*
20 *scopus⟩'* vel *'possibile est Socratem esse episcopum'*. Idem enim de eodem
modales debent enuntiare modaliter, idest cum determinatione, quod
ille de puro inesse simpliciter, et de his oportet fieri determinationem
de quibus simplicem facimus enuntiationem. Unde simplices ipsis
modalibus, quasi compositis, priores sunt: ex ipsis modales descendunt
25 et ipsarum modificant enuntiationem; in qua quidem modificatione
tantum ab ipsis habundant et discrepant. Cum autem in sensu modales
cum simplicibus eosdem retineant terminos, in his tamen modalibus
que casuales habent modos, quantum ad constructionis ⟨materiam⟩ alii
considerantur termini, ut cum dicimus: *'possibile ⟨est⟩ Socratem episcopum*
30 *esse'*, *'esse'* quidem subicitur, et modus ipse, idest *'possibile'*, predicatur.
Neque enim secundum regulas constructionum *'est'* copula obliquis
poterat coniungi casibus. Unde *'esse'* locum obtinet in constructione recti
casus; similiter et *'non esse'* in affirmationibus illis in quibus ponitur, ut
cum dicitur: *'possibile est non esse episcopum'*. Modi vero ubique predi-
35 cantur, ut: *'possibile'*, *'contingens'*, *'impossibile'*, *'necesse'*; unde ad predicationem modificatio ista refertur.

Cum autem plures sint modi qui modales faciunt propositiones,
horum naturam tractare sufficiat quorum propositiones ad se equi-

7 cohereat *V* conveniat *V*ᶜ   37 qui] que *V*

pollentiam habent, ut sunt: '*possibile*', '*contingens*', '*impossibile*', '*necesse*', quorum propositiones Aristotiles inde ad tractandum elegit[1] quod ad se habea⟨n⟩t equipollentiam. Et ex istis etiam aliarum modalium in quibusdam proprietas apparet, in quibus etiam simplicium naturam supradictam licet inspicere, idest quod alie sunt affirmative, alie 5 negative, alie universales, alie particulares, et cetera que de simplicibus sunt data. Prius itaque in eis que sunt affirmative, que negative, demonstremus. In his enim que casuales habent modos, multi Aristotile teste[2] in assignandis negationibus peccaverunt inducti ex simplicibus propositionibus, in quibus ille que secundum esse et non esse dispo- 10 nuntur, affirmationem et negationem reddunt. Sic etiam in modalibus contingeret, ut videlicet quecumque secundum esse et non esse disponuntur, essent affirmatio et negatio; ut ita: '*possibile esse*' et '*possibile non esse*' et alie; cum tamen simul vel vere reperiantur utreque, ut '*possibile ⟨est⟩ Socratem sedere* 'vel '*possibile est non sedere*'; vel utreque 15 false, ut '*necesse est ipsum sedere*' vel '*necesse est non sedere*'. Sed siquidem et illam regulam ita in modalibus sicut in simplicibus acciperent, ut videlicet '*esse*' quod copulativum est, non quod subiectum, negativa[m] particula[m] adhereret, quod videlicet '*esse*' inherentiam et in his facit sicut in simplicibus, negationem rectam facerent, ut videlicet ita dicatur: 20 '*Socratem possibile est esse*', '*Socratem non est possibile esse*', non ita: '*Socratem non esse est possibile*'. Est similiter et in aliis sive de contingenti sive de impossibili sive de necessario. Nam '*impossibile est esse*' negationem habet: '*non est impossibile esse*', non: '*impossibile est non esse*'; et '*contingit esse*': '*non contingit esse*', non: '*contingit non esse*'; et '*necesse est esse*': '*non est* 25 *necesse esse*', non: '*necesse est non esse*'. Oportet enim ut et in istis negatio predicatum removeat, modum scilicet, ab eodem subiecto, sive scilicet '*esse*' sive '*non esse*'. Tot enim fiunt de '*non esse*' affirmationes et negationes quot de '*esse*', ut in exemplis apparet: '*possibile est non esse*', '*non possibile est non esse*', '*contingit non esse*', '*non contingit non esse*', et similiter 30 de impossibili et necessario. Variantur autem huiusmodi affirmationes et negationes, sicut simplices, per universales, ⟨particulares⟩, indefinitas, singulares propositiones. Sunt autem universales ut '*possibile est omnem hominem esse album*' vel '*nullum hominem possibile est esse album*'; ⟨particulares quidem ut⟩ '*quemdam hominem possibile est*' vel '*quemdam hominem* 35 *non est possibile*'; ⟨indefinite autem ut⟩ '*hominem possibile est*' vel '*hominem non est possbile*'; ⟨singulares ut⟩ '*Socratem est possibile*' vel '*Socratem non*

---

13 ut] et *V*   14 tamen *V*ᶜ tamen *V*ᶜ tantum *V*   32 ⟨particulares⟩ *V*ᶜ

[1] *De interpr.*, c. 12.   3 Cf. *ibid.* 12, 21 b 10 e.q.s.

est possibile'; de qua quidem variatione in *Ypoteticis* ait[1] Boetius *Sillogismis*.

Longe autem numerus propositionum multiplex existeret, si *in-esse* significantes et necessarias et contingentes affirmativas propositiones
5 per universales ac particulares et oppositas et subalternas variaremus. Hec autem variatio secundum subiectum sententie, non constructionis, contingit. Neque enim ad '*esse*' vel '*non esse*', que subiecta sunt, secundum locutionem signa quantitatis apponuntur, sed ad '*hominem*', quod hic quoque, si sensum attendamus, subiectum est, sicut et in sim-
10 plicibus ex quibus descendunt et in eis que adverbialem habent modum; quod itaque in istis: '*omnis homo est albus*' vel '*omnis homo possibiliter est albus*' subiectum est vel predicatum, et in ista: '*possibile est omnem hominem esse album*', quantum quidem ad sensum. Aliter enim istius sensum non constituere⟨t⟩, vel illius sensum non modificaret. Quia ergo
15 et illius que simplex est, predicationem modificat et illius in quam resolvitur sensum explanat, oportet idem cum eis predicatum aut subiectum habere, saltem secundum sententiam.

Sed nunc quidem qualiter predicationes modificent aut qualiter ex simplicibus descendant propositionibus, monstrandum est. Cum ergo
20 dicimus: '*Socrates est episcopus possibiliter*' et verum enuntiamus, quomodo per '*possibiliter*' inherentiam episcopi ad Socratem determinamus, cum ipsa omnino non sit? Nullo enim modo proprietas episcopi Socrati | laico f. 140ᵛ coheret. Nec '*posse coherere*' dicendum est '*coherere*'. Quomodo etiam '*impossibile*' determinare coherentiam potest quam omnino destruit?
25 Qui enim dicit: '*Socratem impossibile est esse lapidem*', non tantum lapidem dici monstrat non esse in Socrate, sed nec posse. Aut qualiter '*necessario*' inherentiam hominis determinat, cum nullam habeat ad aliud ex necessitate inherentiam nec talis inherentia hominis sit inherentia? Nulla enim res homo est ex necessitate. Sed prius que sit proprietas singulorum
30 modorum inspiciamus.

'*Possibile*' quidem et '*contingens*' idem prorsus sonant. Nam '*contingens*' hoc loco ⟨non⟩ quod actu contingit accipimus, sed quod contingere potest, si etiam numquam contingat, dummodo natura rei non repugnaret ad hoc ut contingat, sed patiatur contingere; ut, cum
35 dicimus: '*Socratem possibile est esse episcopum*', etsi numquam sit, tamen verum est, cum natura ipsius episcopo non repugnet; quod ex aliis eiusdem speciei individuis perpendimus, que proprietatem episcopi

14 constituere⟨t⟩ *Vᶜ* 32 ⟨non⟩ *c*

[1] *De syll. hyp.* I, 841 B-C.

iam actu participare videmus. Quicquid enim actu contingit in uno, idem in omnibus eiusdem speciei individuis contingere posse arbitramur, quippe eiusdem sunt omnino nature; et quecumque uni communis est substantia, et omnibus; alioquin specie differrent que solis discrepant accidentibus. 'Impossibile' vero 'possibile' est abnegativum et solam in 5 sensu negationem 'possibile' facit, etsi privatorio proferatur vocabulo. 'Necessarium' autem id dicit quod ita sit et aliter esse non possit. Hoc loco 'necessarium' idem accipiatur quod 'inevitabile'; que quidem consueta et propria significatio est 'necessarii'. Nunc autem singulorum modorum dictis significationibus, que sit eorum modificatio inspiciamus 10 et qualiter simplicem determinent, ut aiunt, inherentiam.

    Cum ergo dicimus: 'Socrates est episcopus', simplicem inherentiam episcopi ad Socratem ostendimus; cum vero 'possibiliter' vel 'necessario' adiungimus, non solum quod inhereat, sed etiam qualiter inhereat, aliquo modo inhereat, et ita inhereat. Ait[1] in Topicis Boetius quod 15 aliquid cum modo propositum pars accipiatur, et simpliciter acceptum totum intelligatur, ut: 'cito currere' et 'currere': 'currere' enim totum est, 'cito currere' autem pars; unde et dicitur quod

    'si cito currit, currit',

sed non convertitur. Similiter autem et si 'possibiliter' modus est in- 20 herendi, ad ipsum veluti pars eius videtur antecedere. Quare si aliquis possibiliter sit episcopus, tunc est episcopus; quod omnino a veritate alienum est. Sunt namque multa possibilia que tam ad non esse quam ad esse se habent et plura sunt in quibus numquam esse contingit, ut in supraposito exemplo, quod rusticum sive laicum episcopum possi- 25 biliter esse confirmabat. At vero 'possibiliter', si veritatem attentius inspiciamus, non est in sensu modus, sed in voce. Quantum enim ad enuntiationem 'episcopus' et 'Socrates', qui duo sunt nominativi, per 'est' verbum coniunguntur in constructione; quantum vero ad sensum accidentaliter predicatur 'episcopus', idest non per se, sed gratia 'pos- 30 sibile'.

    Invenimus autem sepissime tales modos qui quidem quantum ad enuntiationem, non quantum ad sensum, modi vocantur, ut 'vere' vel 'falso'. Neque enim cum dicimus: 'Plato vere est philosophus', 'vere' inherentiam philosophi determinat, cum videlicet quicquid inheret, 35 vere inhereat, nisi forte per quamdam expressionem et excellentiam 'vere' apponatur. 'Falso' autem inherentiam omnino perimit, tamquam

6 proferant V

[1] De top. diff. II, 1189 B.

si negativa apponatur particula. Qui enim ⟨dicit⟩: '*Socrates est falso asinus*', idem dicit quod '*non est asinus*'. Non ergo '*falso*' inherentiam determinat, sed enecat.

'*Necessario*' autem proprie modus videri potest, cum partem in
5 natura faciat, ut scilicet '*necessario esse hominem*' pars sit in natura '*esse hominem*'. Unde si necessario est homo, consequitur ut sit homo; sed non convertitur. In natura autem partem diximus, eoquod, si actum rei consideremus, nichil esse hominem necessario inveniemus. Est itaque '*necessario*' quantum ad sensus proprietatem recte modus, cum videlicet
10 esse necessario sit esse aliquo modo.

Restat autem nunc qualiter modales propositiones ex simplicibus descendant confiteri. Est autem Magistri nostri[1] sententia eas ita ex simplicibus descendere, quod de sensu earum agant, ut cum dicimus: '*possibile est Socratem currere* vel *necesse*', id dicimus quod possibile est vel
15 necesse quod dicit ista propositio: '*Socrates currit*'. Sed, si ita omnes exponant modales, miror quare conversiones in modalibus recipiant, aut quomodo pro vera teneant hanc: '*possibile est omnem hominem esse non hominem*', idest, '*possibile est quod dicit ista propositio: omnis homo est non homo*'. Insuper iuxta hanc sententiam expositionis contingit veras illas
20 ⟨esse⟩ que false sunt, et affirmativas esse que negative sunt, ut in ista apparet: '*nullum hominem possibile est esse album*'. Si enim ita exponamus: '*possibile est quod dicit hec propositio: nullus homo est albus*', affirmatio est de '*non esse*', et vera, nec etiam modalis dici debet, quia non est ibi modale predicatum; non enim modi, sed simplicis predicati. Ibi enim
25 '*possibile*' attribuitur simpliciter essentie quam simplex propositio loquitur.

Sed nunc quidem singula que adversus sententiam Magistri nostri proposuimus, persequamur. Miror, inquam, cum modales de sensu simplicium agere faciat, non de rebus ipsis de quibus simplex agit, cur
30 non in istis, sicut in simplicibus, conversiones omnes recipiant. Neque enim secundum eorum expositionem conversiones in istis magis deficiunt quam in illis nec, si sensum sue expositionis attendant, unam veram ⟨in⟩ conversionibus et aliam falsam, sicut estimant, invenient; quod tam in conversione simplici quam in conversione per contra-
35 positionem licet inspicere. Cum enim possibile sit esse quod dicit una equipollentium, possibile est esse et quod alia proponit; et de impossibile similiter, et necessario. Nichil ergo est quod in quibusdam

12 descendere confiteamur *V*   33 ⟨in⟩ *Vc*

[1] Willelmi Campellensis (?).

conversionibus opponunt, si suas attendant expositiones. Opponunt autem tam in simplici conversione quam in simplici etiam contrapositione sic: aiunt quidem istam propositionem: 'omnem non-lapidem esse non-hominem possibile est' veram esse, et eam quidem sic confirmant a partibus, quia omnem hominem et omnem non-hominem possibile est 5 esse non-hominem. De non-homine autem patet, cum scilicet iam sit non-homo; de homine etiam patet quia non-homo erit. Quod enim futurum est, possibile ⟨est⟩; aliter enim futurum non esset, nisi scilicet possibile esse⟨t⟩; neque enim futurum est quod natura non patitur. Cum autem veram teneant istam- 'omnem non-lapidem possibile est esse non- 10 hominem', falsam tamen eius conversam per contrapositionem non dubitant, idest 'omnem hominem possibile est esse lapidem'. Sed, si quidem sue sententie expositionem attenderent, et primam falsam dicerent, hanc scilicet: 'possibile est omnem non-lapidem esse non-hominem', idest 'possibile est quod dicit hec propositio: omnis non-lapis est non-homo'. Sed nec simplex 15 secundum eorum expositionem fallit conversio, quam tamen in istis fallere putant: 'nullum cecum possibile est videntem esse', | 'nullum videntem possibile est cecum esse' vel per accidens: 'quemdam videntem non est possibile cecum esse'; rursus: 'nullum mortuum possibile est hominem esse', 'nullum hominem possibile est mortuum esse' vel 'omnem hominem possibile est mortuum 20 esse' et 'quemdam mortuum possibile est hominem esse'; amplius: 'nullum corpus necesse est hominem esse', 'nullum hominem necesse est esse corpus'. In his enim omnibus alteram partem conversionis veram, alteram falsam concedunt. Sed, si secundum sententiam suam de sensu propositionum, non de rebus, eas exponant, invenient easdem hoc modo: 'si nullum 25 corpus necesse est esse hominem', et 'nullum hominem corpus', idest 'si necesse est quod dicit ista propositio: nullum corpus est homo, necesse est quod ista dicit: nullus homo est corpus'.

Restat autem nunc post conversiones ut ostendamus secundum eorum expositionem eas falsas quas veras estimant, ut istam: 'possibile 30 est hominem mortuum esse', sic scilicet expositam: 'possibile est quod hec propositio dicit: homo est mortuus'. Si enim possibile est quod illa dicit propositio, possibile simul mortuum et hominem coherere, quod quidem falsum est, cum ex natura oppositionis alterum non possit pati alterum. Neque enim homine[m] vivente in eodem existere possunt, 35 quippe cum 'mortuum' 'vitam' non perferat, nec homine[m] mortuo, quippe cum 'hominem' 'mors' non patiatur. Quia ergo nec homine vivente nec mortuo nec etiam antequam homo crearetur, natura hominem et mortuum patiatur, numquam simul ea patitur. Nullo itaque modo videtur

8 ⟨est⟩ Vᶜ   11 tamen] tum V   37 non patiatur Vᶜ   nuncupatur V

vera hec propositio: '*possibile hominem mortuum esse*', ut scilicet de sensu simplicis exponatur. Cum vero de rebus exponitur, vera videtur hoc modo: '*possibile est hominem esse mortuum*', idest id quod est homo, potest mortuum fieri. Sed dico quia fieri mortuum non est esse mortuum;
5 fieri enim mortuum, mori est, non mortuum esse. '*Moriens*' autem et '*mortuum*' adversa sunt; '*moriens*' enim viventis nomen est: neque enim moritur nisi vivens. Videtur ergo possibile hominem mori, unde mortalis dicitur, sed non mortuum esse. '*Homo*' enim '*morienti*' non est adversus, sed '*mortuo*': simul enim moriens est et homo, sed non simul mortuus et
10 homo. Ea ergo que natura rei non exspectat, non possumus confiteri posse illi inesse, sed que tantum in esse advenientia natura⟨m⟩ rei non expellunt. Possumus itaque hoc corpus, quod tamen homo est, confiteri posse mortuum esse, si corporis proprietatem tantum attendamus, sed non hunc hominem. '*Corpori*' enim '*mortuum*' non repugnat, sed '*homini*'.
15 Quodsi per istam: '*homo erit mortuus*' probare contenderit istam: '*possibile est hominem esse mortuum*', oportet ut prius illam confirmet: '*homo erit mortuus*', que omnino falsa videtur. Cum enim cathegorica sit propositio, oportet ut de inherentia agat, et cum sit quidem de futuro, oportet ut futuram demonstret inherentiam. Quod ergo dicit '*homo*
20 *erit mortuus*', id proponit quod mors homini inherebit. Sicut enim '*esse*' ad '*inherere*', sic '*erit*' ad '*inherebit*', vel '*fuit*' ad '*inhesit*' referendum est. At vero mortuum numquam homini inherebit: neque enim ipso existente neque non existente; quod quidem patens est, cum videlicet alterum non patiatur alterum. Sed tamen hoc corpus, quod homo est,
25 mortuum erit; quippe ut '*corpus*' acceptum '*mortuo*' non repugnat. Sicut ergo fatemur quia hoc corpus erit mortuum, sic et recipimus quia possibile est hoc corpus esse mortuum, sed non ideo hominem, quamvis tamen et hoc corpus homo sit. Aliud est enim corporis simplicem attendere in eo naturam, aliud hominis proprietatem in eodem conside-
30 rare. Secundum namque substantiam que homo est, corpus remanebit homine in se destructo, non tamen homo.

Nunc autem monstremus eas que false sunt, veras esse, vel que negative sunt, affirmativas esse secundum supradictam expositionem, ut istam: '*nullum hominem possibile est esse album*'. Hec enim secundum
35 eos ex ista descendit: '*nullus homo est albus*', et de sensu illius agit, ita scilicet quod dicit: '*possibile est esse quod ipsa dicit*'. Sed iam vera est, si i[s]ta exponatur, et affirmativa de *non esse*. Posset enim omni homini contingere albedo, sicut et omni animali sanitas. Unde Aristotiles[1]:

13 non] nec *V*   32 nunc] non *V*   33 secundum *c* sicut *V*

[1] *Categ.* 11, 14 a 7-8.

„sanis namque omnibus sanitas quidem erit" etc. Nullo enim modo natura hominis albedini repugnat. Affirmativa etiam est, cum scilicet possibile convenire dicat ei quod propositio dicit. Nec iam etiam modalis appellari potest, sed simplex, quia simpliciter possibile attribuit subiecte propositionis essentie. Unde nec ulla est ibi modificatio rerum in- 5 herentie, quippe nec de rebus agitur, sed de sensu propositionis. Quare, quoniam in vi modi non est *possibile*, modalem non facit propositionem. Unde oportet ut recte sint modales, ut etiam de rebus, sicut simplices, agant; et tunc quidem de possibili et impossibili et necessario; quod quidem tam in his que singulare subiectum habent, quam in his 10 que universale, licet inspicere.

Sed prius omnes apponamus, et que scilicet singulare subiectum, et que universale habent. Sunt autem hee de singulari: *'possibile est Socratem esse album'*, *'non est possibile Socratem esse album'*, *'impossibile est'*, *'non est impossibile'*, *'necesse est'*, *'non est necesse'*; et in his quidem omnibus 15 *'esse'* subicitur. Totidem etiam erunt si *'non esse'* subiciatur, sic: *'possibile est Socratem non esse album'* vel *'non impossibile est non esse'* vel [non] *'necesse est non esse'* vel *'non'*. Sunt itaque in singulari secundum singulos modos quatuor propositiones, videlicet due de *esse*, affirmativa et negativa, et due de *non esse* similiter. Quando autem uni- 20 versale apponit⟨ur⟩ secundum modos enuntiandi duplicantur propositionum numeri, ut scilicet de unoquoque modo octo nascantur propositiones secundum signorum quantitatis appositionem; quatuor quidem de *esse*, due scilicet affirmative et earum negative, et quatuor similiter de *non esse*, ut in exemplis apparet: *'omnem hominem possibile est esse* 25 *album'*, *'nullum hominem possibile est esse album'*, *'quemdam possibile ⟨est'*, *'non omnem possibile est'* vel *'quemdam possibile⟩ non est'*. Totidem etiam sunt de *non esse* ex eodem modo sic: *'omnem hominem possibile est non esse album'*, *'nullum hominem possibile non esse album'*, *'quemdam possibile est non esse'*, ⟨*'non omnem possibile est non esse'*⟩, vel *'quemdam non est possibile non* 30 *esse'*. Sicut autem duplicantur propositiones de universali agentes, ita et ordines equipollentie earum. Sub⟨s⟩cribantur autem secundum propositionum equipollentiam ordines propositionum tam de singulari quam de universali agentium; et secundum earum dispositionem regulas equipollentie depromamus: 35

'possibile est Socratem esse album'	*'non impossibile est Socratem esse album'*	*'non necesse est Socratem non esse al...*
'non possibile est Socratem esse album'	*'impossibile est esse album'*	*'necesse est non esse alb...*
'possibile est Socratem non esse album'	*'non, impossibile est Socratem non esse album'*	*'non necesse est Socratem esse alb...*
'non possibile est Socratem non esse album'	*'impossibile est Socratem non esse album'*	*'necesse est Socratem esse alb...*

10 que] quam in *V*   18 *primum* [non] *c*   19-20 affirmatio et negatio *V*   21 apponit⟨ur⟩ *c*
26-27 ⟨est..... non est⟩ *Vc*   30 ⟨non..... esse⟩ *Vm*

Et hi quatuor ordines ita sunt dispositi quod primus incipit
ab affirmatione *possibile* de *esse*, secundus a negatione de *esse*, tertius
ab affirmatione de *non esse*, quartus ab ipsius negatione, idest de *non
esse*. | Et sunt quidem propositiones secundi dividentes cum propo-   f. 141ᵛ
5 sitionibus primi, et quarti cum tertii. Inferunt autem propositiones
quarti propositiones primi, sed non convertitur; et propositiones
secundi propositiones tertii, sed non convertitur. Si enim non est
possibile Socratem non esse album, possibile est esse album, sed non
convertitur. Similiter et quelibet aliarum propositionum quarti ordinis
10 quamlibet primi infert, sed non convertitur. Neque enim verum est
quod si possibile est esse album, non est possibile non esse album.
utrumque enim possibile est, idest et esse et non esse album. Rursus:
si non est possibile Socratem esse album, possibile non esse album, sed
non convertitur propter supradictam causam. Quedam enim, ut dictum
15 est¹, possibilia sunt que ad utrumque, idest ad esse et non esse, se
habent, ut etiam istud. Potes autem has supra[dictas]positas consequentias
probare secundum equipollentiam propositionum earum, ut, si quis de
illa priori consequentia dubitet:

'*si non est possibile non esse album, possibile esse album*',

20 mutet antecedentem et ponat ei equipollentem in eodem ordine sic:

'*si necesse est Socratem esse album, possibile Socratem esse album*'.

Sunt enim omnes cuiuslibet ordinis propositiones ad se equipollentes;
quicquid autem ad unam sequitur equipollentium, et ad aliam; vel ad
quodcumque una sequitur, et alia.

25 Sed nunc quidem antequam ⟨regulas⟩ equipollentie huiusmodi
propositionum tradamus, et earum propositionum ordines disponamus
qui ex propositionibus universalis subiecti constituuntur; quos quidem
secundum numerum propositionum dupliciter fieri prediximus², vel
etiam, si per in⟨de⟩finitas propositiones variemus, tripliciter. Sed quia
30 indefinite ⟨ad⟩ particulares, ut supra dictum est, equipollent, superfluum duximus indefinitas admisceri. Unde solas universales et particulares satis est apponere hoc modo:

ᴐssibile omnem hominem esse album'	'nullum hominem impossibile est esse album'	'nullum hominem necesse est non esse album'
⫶llum hominem possibile esse album'	'omnem hominem impossibile est esse album'	'omnem hominem necesse est non esse album'
⫶dam hominem possibile esse album'	'quemdam hominem non impossibile est esse album'	'quemdam hominem non necesse est non esse album'
hominem non est possibile esse album'	'quemdam hominem est impossibile esse album'	'quemdam hominem [non] necesse est non esse album'

Nostra tamen sententia, memini, prohibere solet non ita in modalibus

5 tertii] secundi *V*   36 [non] *c*   37 in modalibus *c* non vocalibus *V*

¹ *supra*, p. 194²³⁻²⁴.   ² *supra*, p. 198³¹⁻³².

sicut in simplicibus particulares fieri negativas dupliciter, idest vel ⟨si⟩
signum particularitatis apponatur vel signum universalitatis extinguatur.
Non enim sicut has simplices: 'non omnis homo est albus' et 'quidam homo
non est albus' particulares utrasque concedunt, sic etiam istas modales:
'non omnem hominem possibile est esse album' et 'quemdam hominem non est   5
possibile esse album'. Hec enim: 'quemdam hominem non est possibile esse
album' secundum Magistri predictam[1] expositionem, que de sensu
simplicis agit, sic: 'non est possibile quod dicit hec propositio: quidam homo
est albus' in universalem redigitur sensum. Qui enim particularem
destruit, universalem ponit, et qui unversalem tollit, particularem   10
relinquit. At qui dicit: 'non omnis homo est albus' vel 'quidam homo non est
albus', in illa quidem particulariter, in ista removet universaliter. Sed,
ut quidem prediximus[2], non placet nobis ita modales ex simplicibus
descendere propositionibus, quod de sensu ipsarum agant, sed de rebus
ipsis de quibus ille simplices, sicut et ille faciunt modales que ad-   15
verbiales habent modos, in quas iste que casuales habent, resolvuntur.
Sunt enim, ut dictum est[3], eiusdem sensus ut 'omnis homo possibiliter est
albus' et 'omnem hominem possibile est esse album'; sic itaque ex simplicibus
modales descendere concedimus, quod cum modo de hisdem rebus enuntiant, de quibus ille simpliciter proponebant. Et sunt quidem simplices   20
natura priores quasi simplicia compositis; oportet enim prius inherentiam considerare quam modificare. Relinquitur ergo particularem
negativam esse 'quemdam hominem non est possibile esse album', sicut et
'quidam homo non est albus'. Et est talis sensus: 'cuiusdam hominis natura
repugnat albo vel non patitur album'. Sic enim recte videntur michi omnes   25
huiusmodi propositiones exponi, ut de rebus ipsis agamus sic: 'omnem
hominem possibile esse album', idest: 'natura omnis hominis patitur albedinem',
idest: 'nullius hominis natura repugnat albedini'; 'nullum hominem possibile
est esse album': 'nullius hominis natura patitur album', idest: 'uniuscuiusque
hominis natura repugnat albo; quemdam hominem possibile est esse album':   30
'cuiusdam hominis natura patitur album', idest: 'non repugnat albo'; particularis autem negativa iam superius exposita est.

 Sic etiam alias modales de rebus exponas, ut eas que de necessario fiunt, sic: 'omnem hominem necesse est esse album', idest: 'omnis hominis
natura albedinem necessario exigit', ut videlicet sic eam habeat, ut preter   35
eam nullatenus subsistere queat. Sed sic vera erit hec propositio:
'necesse ⟨est⟩ Socratem esse corpus'; cum enim sit corpus, non potest existere

4 istas V[c] istis V   9 album V   10 ponit c poterit V   11-12 non quidam homo est
albus V   19 cum] in V   20 quidam V   24 cuiusdam] eiusdem V   36 eam] unam

[1] supra, p. 195[11] e.q.s.   [2] supra, p. 195[27] e.q.s.   [3] supra, p. 191[15-16].

sine corpore. Atque falsa michi omnino videtur illa propositio, quamvis Magistro nostro[1] placeat. In his enim que sempiterna sunt, solis necessitas ista contingit. Socrates autem semper corpus non habuit, quia, antequam esset, non erat corpus; cum enim omnino non esset, corpus
5 esse non poterat. Videtur itaque michi sic exponendum 'necessarium' quod illud ex necessitate est ⟨illud⟩ quod ita est illud quod non potest aliter esse, idest non potest non esse, ut Deus necessario immortalis est; sic enim est immortalis quod non potest aliter esse, idest non potest contingere ut non sit ⟨im⟩mortalis. At vero de Socrate potest contingere
10 quod non sit corpus, quia adhuc continget quod non erit corpus; mortuo enim Socrate verum erit dicere quia non est Socrates corpus, sicut et antequam crearetur, verum erat. In his itaque solis necessitas contingit quorum existentiam vel actum potestas non precessit, ut in Deo; neque ⟨enim⟩ prius potuit Deus immortalis esse quam fuit. Quecumque
15 igitur vel aliquando non fuerunt aliquod vel aliquando non erunt, non sunt ex necessitate illud. Si enim umquam fuerunt vel erunt sine eo, non exigit illud ex necessitate natura.

Nunc autem alios quatuor ordines apponamus, qui a ⟨pro⟩positionibus universalis subiecti circa *non esse* de *possibili* incipiunt.

est omnem hominem non esse album'   *'non impossibile est omnem hominem non esse album'*   *'omnem hominem non necesse est esse album'*
  hominem possibile non esse album'   *'omnem hominem impossibile est non esse album'*   *'omnem hominem necesse est esse album'*
ominem possibile est non esse album'   *'quemdam hominem non impossibile est non esse*   *'quemdam hominem ⟨non⟩ necesse est esse album'*
m hominem non possibile est non esse   *album'*   *'quemdam hominem necesse est esse album.'*
                          album'   *'quemdam hominem impossibile est non esse album'*

25   Omnium autem harum propositionum sensus facilis est ex suprapositarum expositione. Sed tamen propter facilitatem intelligentie et ex istis | aliqua exponamus. '*Omnem hominem possibile est ⟨non⟩ esse album*',   f. 142ʳ idest: '*omnem hominem possibile non habere albedinem seu carere albedine*, sive, ut quibusdam placet, *esse sine albedine*', que quidem expositio michi
30 non videtur idonea. Cum enim chimeram possibile sit non esse hominem, quippe cum iam non sit homo, non tamen possibile est esse sine homine, quia nullo modo possibile est eam esse. '*Chimera*' enim rei non-existentis nomen est ut non-existentis. Nullo itaque modo ex non-esse concedimus esse provenire; quod tamen quidem in his propo-
35 sitionibus adstruere volunt quod de singulari proponunt. Dicunt enim quod si possibile est vel necesse est Socratem non esse equum, possibile est vel necesse esse non-equum; quod aperte falsum est. Iam enim sequeretur quod si necesse est non esse, necesse est esse, vel si possibile

3 necessitas (necessarias?) istas *V*   ⟨im⟩mortalis *Vᶜ*   14 ⟨enim⟩ *Vᶜ*   27 ⟨non⟩ *Vᶜ*

[1] Willelmo Campellensi (?).

est non esse, possibile est esse. Si quid enim infert aliud, antecedens antecedentis infert consequens consequentis. Est autem 'possibile non esse' antecedens ad 'possibile est non esse equum; et 'possibile est esse non equum' ad 'possibile est esse', sicut 'non esse' ad 'non esse equum', et 'esse non-equum' ad 'esse'; et de 'necesse' similiter. Quod quidem ex his 5 perpenditur: quodsi possibile est esse antecedens, et consequens — quia si impossibile ⟨est⟩ esse consequens, et antecedens — et si necesse est esse antecedens, et consequens.

In his autem propositionibus que de universalibus agunt rebus, non ita concedunt, ut videlicet tantumdem valeat 'non' ad 'esse' pre- 10 positum, quantum ei quod 'esse' copulat compositum. Dicunt enim quod, cum vera sit 'omne animal necesse est non esse hominem', falsa est 'omne animal necesse est esse non-hominem'. Primam enim ita de sensu proposi- tionis particularis exponunt: 'necesse est quod non omne animal est homo'; impossibile est enim quod omne animal sit homo. Si autem impossibile 15 est unam dividentium esse veram, necesse est aliam esse veram. Sed non sic videtur exponenda michi, sed in sensu universalis sic: 'unumquodque individuum animalis necesse est carere homine'; et tunc quidem falsa est, sicut et 'omne animal necesse est esse non-hominem'. Et similiter videtur in istis equipollentia sicut in singularibus; sed in neutris concedimus. 20 Neque enim cum necesse sit Socratem non esse equum, necesse est esse non-equum. Si enim necesse esset esse non-equum, sempiternum esse et semper verum. Sed antequam esset Socrates vel postquam morietur, falsum est dicere: 'Socrates est non-equus', ut in tractatu affirmationis et negationis ostendimus[1]. Id etiam in universalibus fallit.   25

Nunc autem dispositis in utroque genere propositionum ordini- bus modalium regulas equipollentie tradamus. Qui enim ordines ad alios sint dividentes vel consequentes, etiam in his propositionibus universalium terminorum ex ordinibus singularium facile cognosci po- test. Ille ergo de possibili et impossibili equipollentes redduntur 30 circa idem subiectum ad eamdem quantitatem et diversam
                                                                    qualitatem
ut videlicet utraque 'esse' vel utraque 'non esse' subiciat, et utraque sit universalis vel utraque particularis vel utraque singularis, sed una quidem affirmativa, altera negativa.   35
Ad illas vero de necessario equipollentiam habent eedem de

3-4 possibile..... ad..... esse V   possibile est esse ad possibile est esse non equum c
4-5 esse non equum ad esse V   esse ad esse non equum c   12 cum vera] conversa V
⟨si⟩ conversa c   36 illas Vc   alias V

[1] supra, p. 180^{26-30}.

possibili circa diversa subiecta ad diversam qualitatem et eamdem quantitatem; ille vero *de impossibili* ad eas *de necessario* circa diversa subiecta ad eamdem qualitatem et quantitatem.

5 Quas quidem equipollentie regulas in suprapositis ordinibus inspicere licet.

Sunt autem quidam qui et nostram tenent sententiam, qui in consequentiis modalium inferentie simplicium locos vel regulas non admittunt. Dicunt enim totius vel partis naturam in talibus omnino 10 deficere inferentiis. Falsum enim aiunt quod

'*si omne animal impossibile est esse hominem, omnem hominem impossibile est esse hominem*'

vel

'*si omne animal necesse est non esse hominem, tunc omnem hominem necesse est non est hominem*'

15 vel

'*si hanc rem neque secundarie neque non secundarie necesse est, nec rem esse necesse est*'

vel

20 '*si futurum hominem necesse est non esse hominem, neque Socratem neque Platonem possibile est esse*' et similiter '*quemlibet alium hominem qui existit nec hominem possibile est esse*'

vel

'*si Socratem impossibile est esse asinum, impossibile est esse animal*'.

25 Sed prima quidem consequentia, si prima propositio recte exponatur sic: '*omne animal impotens est ad hoc ut sit homo*', idest: '*uniuscuiusque animalis natura repugnat homini*', non magis invenietur falsa quam simplex, hec scilicet:

'*si omne animal est homo, omnis homo est homo*'.

30 Secunda quidem que a partibus est sicut nec simplex necessaria est, et magis quidem fortasse simplex probabilitatis videtur habere. Tertia autem sicut et simplex probabilis videtur, si '*homo*' circa ea que existunt accipiatur, idest circa existentes tantum species. Ut is impossibile sit esse Socratem vel Platonem, (et similiter de aliis), et hominem 35 aliquem existentem; '*impossibile*' autem quia, ut dictum est[1], abnegativum est, quartam cassat consequentiam ad modum simplicium. Neque enim in simplicibus parte abnegata totum removetur.

9 omnino *c* omnia *V*   20-21 socratem neque platonem] neque neque platonem *V* neque ⟨socratem⟩ [neque] platonem *Vc*   37 in *Vc* ex *V*   abnegă *V*

[1] *supra*, p. 194[5].

Nunc autem utrum aliqua proprietas per modalia nomina, ut quidam volunt, predic[ar]etur, persequamur. Aiunt enim per ⟨'*possibile*'⟩ possibilitatem predicari, per '*necesse*' necessitatem, ut, cum dicimus: '*possibile est Socratem esse* vel *necesse*', possibilitatem aut necessitatem ei attribuimus. Sed falso est. Multe vere sunt affirmationes huiusmodi 5 etiam de non-existentibus rebus, que, cum non sint, nullorum accidentium proprietates recipiunt. Quod enim non est, id quod est sustentare non potest. Sunt itaque huiusmodi vere: '*filium futurum possibile est esse*', '*chimeram possibile est non esse*', vel '*necesse est non esse hominem*'; nichil tamen attribui per ista his que non sunt, intelligitur, sed, 10 ut superius dictum est[1], per '*possibile*' id demonstratur quod natura patiatur, per '*necesse*' quod [dicit] exigat et constringat. Alioquin haberemus quod, si erit, tunc est, vel, si non est, est. Quod sic ostenditur: '*si erit, possibile est esse; unde et possibilitatem existendi habet, unde et est; quare si erit, et est*'. Sic quoque: '*si non est, est*', ostenditur: '*si non est,* 15 *possibile est non esse; unde et possibilitatem non-existendi habet; unde est; sic igitur si non est, est*'.

De his quoque modis '*vero*' et '*falso*' pauca sunt a⟨n⟩notanda. Qui quidem ad supradictos mutuam non habent inferentiam secundum equipollentiam. Sed ad hoc quidem '*verum*' antecedit et ad illud se- 20 quitur; antecedit quidem ad '*possibile*', sequitur vero ad '*necessarium*'; '*falsum*' autem ad '*impossibile*' tantum sequitur. Si enim necesse est esse, verum est esse, et si verum est esse, possibile est esse; si vero impossibile est esse, falsum est esse; que quidem ⟨inferentia⟩ ex preposita proxime per destructionem consequentis ostenditur. Sicut enim '*possibile*' et 25 '*impossibile*' dividentia sunt et omni medio privata, ita '*falsum*' et '*verum*'. Unde et sicut illa sibi contraria ⟨sunt⟩, sic et ista sibi constat equipollere, affirmationem videlicet negationi, et econverso.

Sed nunc quidem '*veri*' '*falsi*' que significationes distinguamus, ut que modalibus applicentur, cognoscamus. Sunt autem tres utriusque 30 significationes. '*Verum*' enim nomen est propositionis et tunc sumptum dicitur a significatione veri intellectus vel rei existentie, ut cum dicimus: '*propositio est vera*'. Inde enim vera dicitur quia illum generat de re aliqua intellectum vel quia dicit illud quod in re est. Rursus accipitur nomen intellectus et tunc sumptum est a qualitate 35 veritatis, que, cum intellectum informet, in ipsa fundatur anima. Accipitur quoque nomen existentie rei et nichil dicit aliud nisi

2 ⟨possibile⟩ *Vc*   27 contraria ⟨sunt⟩] contrarie *V*   contraire(?) *c*

[1] *supra*, p. 193[31] *e.q.s.*; cf. 98[15-18].

quia ita est in re. '*Falsum*' quoque tribus modis accipitur, idest | et
nomen orationis et dicitur sumptum a significatione falsi intellectus
vel a demonstratione non-existentie rei, eo videlicet quod dicat propositio id quod non est in re; vel nomen intellectus sumptum a
5 qualitate quadam ipsius que falsitas dicitur, vel ipsius non-existentie rei sicut et verum existentie: sicut enim '*impossibile*' abnegativum est '*possibilis*', sic et '*falsum*' '*veri*'. Sed due quidem prime
significationes a modalibus aliene sunt propositionibus. Sive enim
orationi sive intellectui suas attribuam formas, simplicem facio pre-
10 dicationem, sicut si albedinem Socrati vel quodlibet accidens suo fundamento. Et ex hac quidem propositione: '*Socratem esse hominem verum
est*', manifeste ostenditur quia neque de oratione neque de intellectu
agimus. Neque enim hec oratio que subiecta dicitur '*Socratem esse
hominem*', vera est nec eius intellectus verus; quippe cum ipsa propositio
15 non sit, sed imperfecta oratio. Quodsi dicatur ibi '*Socratem esse hominem*'
unum nomen vel orationis vel intellectus — quod quidem oportet
secundum intransitionem constructionis, si vel orationi vel intellectui
verum attribuimus — iam, ut dictum, simplex est, non modalis propositio.
20   Restat ergo tertiam significationem congruere modalibus, que
scilicet est de existentia rei, ut, cum dicimus: '*Socratem esse hominem
verum est*', id intelligimus quod hoc quod dicit hec propositio: '⟨So-
crates⟩ est homo*', verum est de his que in re sunt, idest una est de numero
existentium rerum. Oportet enim per '*est*' alicui verum dari, idest ut
25 aliquid dicamus esse in re, idest ipsam essentiam quam simplex loquitur
propositio; quamvis tamen illud, ut supra monstravimus[1], non sit aliqua
res existens. Similiter et quando dicimus: '*possibile est Socratem esse
hominem*', non aliquam alicui attribuimus proprietatem, sed id dicimus
quod id quod dicit hec propositio: '*Socrates est homo*', est unum de his
30 que natura patitur esse. Videtur itaque in huiusmodi propositionibus
secundum copulationem verbi modus predicari et de existentia rei et
ita ubique agi de rei existentia, quod superius falsum ostendimus[2],
secundum conversionis proprietatem et secundum sensum universalium
negativarum, ut huius: '*nullum hominem possibile esse album*'; que quidem
35 vera videtur, si de sensu universalis negative exponatur affirmativa. Sed
potest et aliter de sensu propositionum exponi quod falsa erit et universalis negativa, ut scilicet removeat '*possibile*' ab existentiis singularum

6 verum] autem *V*   [autem] *c*   9 atribuant *V*   18 verum *Vᶜ* non *V*   22-23 ⟨socrates⟩ *Vᶜ*
24 existentiarum *V*   25 essentiam *Vᶜ* enunciam *V*

[1] *supra*, p. 160¹⁴⁻¹⁵.   [2] *supra*, p. 195¹⁹ *e.q.s.*

propositionum in quibus album alicui homini attribuitur, ac si diceret: *'nullum hominem possibile est esse album'*. Et tamen non secundum hanc acceptionem modalis videtur, sed secundum expositionem de rebus. Quantum ergo ad principalem modum, idest ad existentie rei predicationem, accepta ⟨est⟩ propositio, modalis non dicitur, sed quantum 5 ad inherentiam simplicis refertur.

Contingit autem modales istas aliquando simpliciter et sine determinatione proponi, ut in suprapositis exemplis; aliquando cum determinatione, ut istam: *'possibile est* vel *necesse est Socratem vivere, dum vivit,* vel *dum est homo'*. Quamvis enim modales omnes, si ad eas *de puro* 10 *inesse* referantur, non simplices inveniantur, ad se tamen invicem comparate ille simplices et sine determinatione, iste autem cum determinatione et quasi composite, invenientur.

Sed quoniam de his que sine determinatione proferuntur, egimus, de his continuo agendum restat quibus determinationes appo- 15 nuntur. Harum igitur alie cum determinationibus **intrasumptis,** alie cum **extrasumptis** enuntiantur. Intrasumpta est determinatio, quando predicatio simplicis ex qua modalis descendit, in determinatione repetitur, ut hic: *'possibile est Socratem esse hominem, dum est* ⟨*homo*⟩*',* vel *'possibile est non esse hominem, dum non est homo'* vel *'non possibile est esse* 20 *hominem, dum est homo'* vel *'non possibile est non esse hominem, dum non est homo'*. Extrasumpta autem dicitur determinatio, quando alia apponitur predicatio hoc modo: *'possibile Socratem esse hominem, dum vivit'*. Et notandum est quod huiusmodi determinate modales non solum in sensu cathegoricarum modalium accipiuntur, verum etiam in sensu ipo- 25 teticarum temporalium possunt exponi, ut iste: *'necesse est Socratem currere, dum currit'* vel *'possibile est Socratem currere, dum sedet'*. Si enim illud *'dum'* coniungat totos propositionum sensus hoc modo: *'dum ita est in re quod Socrates currit, ita est in re quod necesse est eum currere'* ⟨*vel*⟩ *'dum ita est in re quod Socrates sedet, ita est in re quod possibile est eum [sedere]* 30 *currere'*, temporales sunt ipotetice; et prima quidem falsa est que alteram habet partem falsam, secunda quidem vera que utramque habet veram in eo tempore quo sedet Socrates. Si vero illud *'dum'* modo ⟨subiecto tantum, modo⟩ predicato tantum apponatur, tunc proprie modales erunt cum determinationibus et vere, quando scilicet modus deter- 35 minatur sic: *'Socratem currere est necesse, dum currit'* vel *'Socratem currere est possibile, dum sedet'*. Sic enim expositis vera est prima et falsa secunda.

---

4 modum idest] modi *V*   existentiam *V*   16 infrasumptis *V*   29 ⟨vel⟩ *Vc*   33 sedet] sodet *V*   34 ⟨subiecto tantum modo⟩ (?) *coll. Log. Ingred.,* 500²⁸⁻²⁹.

In his autem omnibus determinatis modalibus, ut veritas consistat, oportet ita esse ut apposita dicit determinatio; alioquin nulla temporis esse⟨t⟩ ostensio. Sed cum equaliter veras habeant determinationes que vere sunt, ille sole que intrasumptas habent, equipollere
5 dicuntur illis de puro inesse, non ille que extrasumptas. Etsi enim, ut dictum est, inferant illas, non consequuntur ex illis. Si enim possibile est Socratem vivere dum legit, vel necesse est, tunc legit. Sed conversionis nulla est natura, ut scilicet si legit, necesse est eum vivere dum legit, vel possibile. Iam enim sequeretur quod, si Socrates legit,
10 'legere' et 'vivere' non sunt opposita, vel si Socrates legit, 'non vivere' et 'legere' sunt opposita; si enim legit Socrates, possibile est eum vivere dum legit, et necesse, illud autem ex possibili, hoc vero ex necessario sequitur. Si enim pos⟨s⟩ibile est eum vivere dum legit, tunc 'vivere' et 'legere' sese pati possunt; quare non sunt opposita; rursus, si
15 necesse est eum vivere dum legit, impossibile est eum non vivere, dum legit; quare sese non possunt pati 'non vivere et legere'. Cum itaque ille modales que determinationes extrasumptas habent inferunt illas de puro inesse, non sequuntur ad illas; quare non equipollent illis.

Sed nec ille quidem cum determinationibus intrasumptis illis
20 de puro inesse videntur michi equipollere, quamvis Boetium id voluisse imponant. Qui enim concedit istas duas: 'possibile Socratem legere dum legit' et 'necesse est legere dum legit' equipollere huic: 'Socrates legit', tunc ad se invicem ipsas equipollere recipit; quecumque enim eidem equipollent, etiam sibi necesse est equipollere. Sunt igitur equipol-
25 lentes 'possibile est Socratem legere dum legit' et 'necesse est Socratem legere dum legit', quod omnino michi pro falso constat, sicut et ⟨de⟩ modalibus cum extrasumptis determinationibus, veluti iste: 'possibile est Socratem sedere, dum est homo' et 'necesse est Socratem sedere dum est homo'; illa enim vera est, hec falsa. Similiter et iste cum determinationibus
30 intrasumptis, ⟨si⟩ proprietatem modorum attendamus, non equipollent. Neque enim 'possibile' 'necessarium' infert, sed ab eo infertur. Quamvis ergo una numquam sine alia ita reperiatur, gratia scilicet identitatis terminorum, quantum tamen ad complexionem et naturam modorum cas⟨s⟩a est et in his consecutio 'possibilis' ad 'necessarium'. Equipollen-
35 tiam ergo, secundum Boetium, comitationis concedimus in istis, non inferentie. Cum ergo 'Socrates sedet' non antecedat, sed sequitur ad 'Socratem necesse est sedere dum sedet', mutuam habet inferentiam ad

5 illis] illud V   10 si V^c so V   11 socrates] secundum + lacuna sex litterarum V
14 quare] quia V   20 noluisse V   21 concedunt V   23 tunc] nec V   26 ⟨de⟩ V^c 34 necessaria ad possibile V

f. 143ʳ   *'Socratem possibile sedere dum sedet'* et ista sic ex illa ostenditur: | 'si Socrates sedet, tunc sedet, et rursus: si sedet, sedet; quare si sedet, simul et sedet, tunc possibile est simul sedere et sedere, idest sedere dum sedet. Patet hoc quod supra posuimus in huiusmodi modalibus determinationem ad modum apponendam, ut cum dicimus: *'necesse est* 5 *Socratem vivere dum legit'*; quod quidem ex natura constructionis ostenditur et ex subiecta propositionis essentia. Si enim dicamus hoc totum subiectum *'eum legere dum legit'*, idest hanc temporalem, falsum est, quia hoc quod ipsa dicit, non semper est, sed sepissime deficit, quando non legit. Si vero ita exponamus: *'eum legere est necesse* quamdiu *legit'*, 10 verum est, idest: *'est unum de his que necesse est esse* quamdiu *legit'*. Sed non ideo necesse est esse simpliciter. Non enim sicut in *'possibile'*, ita est ⟨in⟩ *'necessario'*; determinatum enim *'possibile'* ponit absolutum, sed non *'necesse'*. ⟨Sed verum est admodum in *'impossibile'*. Non enim si impossibile est esse dum est, impossibile est esse simpliciter. Quod iam 15 contingit quod quedam in istis est negatio⟩. Idem tamen ubique dicit *'necesse'* per se acceptum, sed apposita determinatio simul cum *'necesse'* accepta sensum mutat. Non itaque si necesse est legere dum legit, necesse est legere simpliciter. Neque enim determinatum necessarium omnino est necessarium.   20

    Sunt autem qui in his modalibus cum determinationibus regulas equipollentie supradictas, quas simplicibus modalibus aptavimus, non concedunt. Dicunt enim quod, cum falsa sit propositio *'⟨possibile est⟩ Socratem esse lapidem dum est lapis'*, vera est *'non est possibile Socratem esse lapidem dum est lapis'*; quare impossibile est eum esse lapidem dum est 25 lapis; quare necesse est eum non esse lapidem dum est lapis. Quod eis apertissimum inconveniens videtur. Rursus cum non necesse sit eum esse lapidem dum est lapis, possibile est eum non esse lapidem dum est lapis; quare ita est ut dicit determinatio, quod scilicet est lapis.

    Sed contra dico quia, si equipollentias servare volumus, oportet 30 in negativis non modum, sed ⟨predicatum⟩ cum determinatione ipsa removeri. Cum ergo dicimus: *'si falsa est Socratem esse lapidem dum est lapis, tunc vera est non possibile est Socratem esse lapidem dum est lapis'*, per negativam particulam totum propositionis sensum extinguimus, idest ipsum predicatum cum determinatione ipsa removemus. Si enim 35 determinationem relinqueremus, falsum esset, quippe ita oporteret esse ut dicit determinatio. Similiter et quando dicimus: *'impossibile est Socratem esse lapidem dum est lapis'*, totum propositionis sensum privare et ex-

tinguere debemus. Cum etiam dicimus necesse non esse lapidem, dum
est lapis, per negativam particulam similiter et esse lapidem cum determinatione ipsa denegamus, ac si diceremus: '*necesse est hoc totum: non esse
lapidem dum est lapis*', idest: '*necesse est quod non* † *cum lapidem habeat*
5 *lapidem* †. Sed tunc negativa est de necesse, non affirmativa, sicut
oportet secundum regulas supradictas equipollentie, nec equipollentiam etiam ad alias habet. Neque enim si non est necesse Socratem sedere
dum est homo, non possibile est sedere dum est homo. Quare non
videntur posse servari et in determinatis modalibus simplicium modalium
10 regule, nisi forte per '*non*' ad '*esse*' appositum ipsum '*esse*' cum determinatione ipsa removeamus, ut prius dictum est[1].

Sunt autem quedam determinationes universales ex quibus
videntur inconvenientia extrahi in modalibus determinatis, ut cum
dicimus: '*possibile est Socratem legere omni tempore vite sue* vel *quamdiu*
15 *vivit* vel *quotiens legit*'. Nam '*dum*' vel '*cum*' indefinite sunt significationis, '*quotiens*' vero vel '*quamdiu*' quasi universales. Si itaque possibile
⟨est⟩ Socratem legere quamdiu vivit, idest omni tempore vite sue,
tunc possibile est eum legere et quando legit et quando non legit. *A toto.*
Quicquid enim convenit alicui in omni tempore aliquo, convenit ei in
20 qualibet parte illius temporis; quare possibile est eum legere quando
non legit. Rursus: si possibile est eum legere quando non legit, tunc
legit. Itaque duas simul habemus dividentes, quod est inconveniens.

Sed dico illam consequentiam omnino falsam:
'*si possibile est eum legere omni tempore vite sue, tunc* ⟨*legit*⟩ *quando*
25   *legit et quando non legit*',
si in '*legit*' presens tempus et in affirmatione et negatione attendatur.
Tempus enim in quo presentialiter legit et in quo presentialiter non
legit, non sunt partes temporis. Neque enim simul existere possunt
tempus in quo presentialiter legit et in quo presentialiter non legit,
30 sicut nec ipse simul legere et non legere potest. Quodsi '*legit*' et '*non
legit*' omnis temporis accipiatur, sicut, ⟨*cum*⟩ dicimus de aliquo: '*aliquando ridet, aliquando plorat*', '*ridet*' et '*plorat*' omnis temporis accipiuntur, et primam secundum illos qui huiusmodi locum *a toto* concedunt,
circa illud tempus quo legit et quo non legit, accipi oportet et falsam eam
35 dicere[t]. Michi autem nullo modo hic locus *a toto* necessitatem videtur

---

ad 5 sqq. sed fortasse dicitur quia in hac expositione non est determinatio ipsa modi
scilicet subiecti unde et sic videtur exponi ut sit modi: non est necesse dum lapis est
esse lapidem *V*m *verba* dum lapis est *ex* Socratem lapidem *correcta esse videntur*   13 in] ex *V*
26 presentis temporis *V*

[1] *supra*, p. 208[30] *e.q.s.*

tenere, sed semper constantia egere, ut etiam cum dicimus de Socrate
etiam legente:

> '*si possibile est Socratem legere omni[s] tempore vite sue, tunc possibile*
> *est legere dum legit*'

ac scilicet '*cum tempus in quo legit, sit pars vite illius.* Alioquin sequeretur 5
quod si possibile eum legere omni tempore vite sue, tunc legit, quod
nullo modo de eo vivente, legente sive non legente, cons⟨e⟩quitur.
Neque enim potentia actum inferre potest. Sed [si] dicetur quod et
ista:

> '*si possibile est eum legere omni tempore vite sue, tunc cum legit et cum* 10
> *non, legit*'

in hac sequitur constantia quod tempus in quo legit et in quo non legit,
sit pars vite illius. Sed tunc falsum erit antecedens et '*legit*' et '*non
legit*' omnis sunt temporis. Locum vero *a toto* omnino calumniari hic
oportet, etiamsi tempus in quo legit sit pars. Sed ⟨si⟩ possibile est eum 15
legere omni tempore vite sue, tunc possibile est eum ⟨non⟩ legere dum
legit, quia omne tempus vite illius et illud in quo legit sine lectione
potest esse.

Atque hec de modalibus sufficiant.

⟨De propositionibus de preterito et de futuro⟩ 20

Quoniam autem propositionum naturam in his enuntiationibus
ostendimus que presenti utuntur tempore, earum quoque tractatum
non pretermittamus que alia tempora recipiunt, preteritum scilicet
seu futurum. Fiunt enim affirmationes et negationes vere vel false
circa alia tempora, ut '*Socrates fuit, erit*'. Unde contradictionem rectam 25
Aristotiles intendens ostendere in omnibus, cuiuscumque temporis sint,
propositionibus et post propositiones de presenti adiecit: „et circa ea,
inquit[1], que sunt extra presens tempora similiter contingit omne quod
quis affirmaverit negare et quod quis negaverit affirmare." In quo quidem
maxime alia tempora aggregasse michi videtur propter enuntiationes *de* 30
futuro contingenti, de quo contradictio quibusdam non videbatur posse
fieri, hocest affirmatio et negatio dividentes, eo scilicet quod nulla propositio de huiusmodi futuro vera videretur; pro eo videlicet quod, dum
adhuc futurum est, non sit eventus rei determinatus. Nulla enim vera
videbatur posse dici propositio nisi que determinate esset vera, et falsa 35
similiter, ut sunt omnes ille *de presenti* vel *preterito* et *necessario futuro*

---

7 vivente *V*ᶜ invente *V*   8 consequitur *V*ᶜ consequenter *V*   19 sufficiant + explicit
secundus incipit quartus (!) *V*   13 post..... abiecit *V* prius.... abiecit *c*

[1] *De interpr.* 6, 17 a 29-31.

vel *naturali*. Quia enim omnium presentium vel preteritorum vel futurorum necessariorum vel naturalium eventus in natura sui determinatus est,
quecumque propositiones de istis vere sunt, determinate vere sunt,
et quecumque false, determinate sunt false, in eo scilicet quod de-
5 terminatos eventus rerum enuntiant de quibus agunt. Determinatos
autem eos rerum eventus dicimus quicumque vel ex existentia sui
cognosci possunt vel ex natura rei certi sunt. Ex existentia quidem sui
cognosci potuerunt tam presentia quam preterita. Ipsa namque preterita, quia quandoque presentia fuerunt, [quare] ex presentia sui
10 cognosci valuerunt. Futura vero necessaria sive etiam naturalia ex
proprietate nature determinata sunt. | Necessarium autem futurum dicunt   f. 143ᵛ
quod dicitur: '*Deus erit immortalis*', naturale vero quod: '*homo morietur*'.
Poterit vero fortasse utrumque naturale dici, sed non utrumque necessarium; quod enim necessarium est, deesse non potest; homo vero
15 necessario non morietur; omnibus enim mortuis nullum amplius mori
contingeret. Videtur itaque necessarium futurum species naturalis futuri:
quod enim necessarium est, secundum naturam, non secundum actum,
pensatur. Futuri quoque due rursus dicuntur species, naturale
scilicet et contingens futurum. Contingens autem futurum appel-
20 lant quod ad utrumlibet se habet, idest quod non magis ad esse se habet
quam ad non esse, sed equaliter ad utrumque, ut me hodie prans⟨ur⟩um
esse vel lecturum. Eque enim contingere potest ut prandam hodie et non
prandam, et legam et non legam; nec magis ex actu vel natura mee
substantie certi sumus de esse quam ⟨de⟩ non esse. Ex actu quidem rei
25 nulla est certitudo, cum actus ipse qui futurus est, nondum est vel fuit;
ex natura quoque nulla est certitudo, cum ceteros homines qui eiusdem
nature sunt, hos quidem homines legere, illos non legere, vel prandere
fortasse et non prandere contingat. Sicut autem eventus contingentis
futuri indeterminatus est, ita et propositiones que illos eventus enuntiant
30 indeterminate vere vel false dicuntur. Que enim vere sunt, indeterminate vere sunt, et que false, indeterminate false sunt secundum
indeterminatos, ut dictum est, eventus quos pronuntiant. Nam fortasse et vere determinate vel false quodammodo secundum presentem
inherentiam veritatis vel falsitatis videbuntur enuntiationes de huius-
35 modi quoque futuro. Cum enim omnia presentia determinatum eventum habeant omniumque dividentium certum sit alteram veram esse,
alteram falsam, de quocumque tempore proponatur, cum dicimus:
'*Socrates hodie leget*', oportet iam alteram veram esse, alteram falsam, ut

5 enuntiant] enuntiatur *V*   11 dicunt] dictum *V*   19 appellat *V*   22-23 *utrumque* prandam *c* prandere *V*   24 ⟨de⟩ *Vᶜ*   27 hominem *V*   38 ut] nec *V*

iam videlicet huic presentialiter verum insit, illi vero falsum. Quod autem presens est, determinatum est saltem in natura. Cum enim secundum hominum scientiam numerus astrorum incertus sit, utrum videlicet ipsa paria sint an imparia, in natura tamen determinatum est illud quod est, hocest, non recusat ex se cognosci, quod iam actu 5 subsistit; sic quoque et quelibet presentia naturaliter ex se ipsis determinata sunt. Unde et quecumque propositio veritatem iam habet, determinate eam habet, ac determinate fortasse vera dici potest secundum susceptionem veritatis, non secundum certitudinem eventus de quo agit.

Sed fortasse dicitur et ipse eventus rei determinatus esse. Cum 10 enim ex veritate propositionis rei eventus numquam videatur inferri, quicumque de veritate propositionis certus est, de eventu quoque dubitare non potest; si enim certum est antecedens, et consequens. Sed aliud certum est, aliud determinatum. Ea namque tantum determinata sunt que iam ex se ipsis cognosci possunt. Futura vero ex se cognosci 15 non valent, sed si aliquam certitudinem per responsum divinum vel per signa aliqua de futuris habere contingeret, certa quidem esse possent quocumque modo cognita, sed non determinata, nisi ex proprio eventu cognoscerentur. Non ergo verum recipimus quod si determinatum sit antecedens, determinatum sit et consequens. Sed fortasse si certum 20 fuerit antecedens, certum erit et consequens. Est autem 'certum' quasi genus 'determinati'; fortasse enim certa possunt esse contingentia futura, sed indeterminata; que quidem sola Aristotiles futura vocare consuevit[1]. Que enim ex natura rei determinata sunt futura, tamquam presentia dixit pro determinatione sui. Sed nec fortasse futura dici possunt que 25 necessaria dicimus; quod enim necessario futurum est, semper erit futurum [numquam erit presens]; quod autem semper erit futurum, numquam erit presens; quod autem numquam erit presens, non est futurum; omne quod futurum est, presens erit quandoque; quod itaque necessario est futurum, non videtur esse futurum. Sed non est 30 ita; non enim verum est quod omne quod semper futurum erit, numquam erit presens. Idem enim et simul futurum est circa idem et presens, sicut iste circa sessionem qui et iam sedet et sessurus est, et quecumque perpetuum actum habent, ut celum, quod et semper volvendum est et semper volvitur, et Deus ⟨qui⟩ semper est et fuit et erit. 35

Cum autem propositionum *de contingenti futuro* nulla sit vera vel falsa determinate, omnium tamen dividentium determinatum est et

3 scientiam *Vc* sententiam *V*   9 secundum certitudinem] fortitudinem *V* certitudinem (?) *c*   13 dubitari *V*   21 certum *c* contrarium *V*   27 [numquam..... praesens] *c*   35 ⟨qui⟩ *c*
[1] Vide Boeth, *In Periherm.* I, 107²²; II 189²³ *e.q.s.*

necesse alteram esse veram et alteram falsam, cuiuscumque sint temporis,
ut sunt ille et que *de futuro contingenti* fiunt, veluti iste: '*Socrates hodie
leget*', '*Socrates hodie non leget*'; quas tamen dividentes esse denegabant,
cum neutram illarum veram esse vel falsam dic⟨er⟩ent, eoquod deter-
5 minate que vera vel falsa esset, nescirent. Cum enim neutram per se
veram esse vel falsam re⟨co⟩gnoscerent, neutram veram esse vel falsam
volebant; ac si minus, aliquid eorum que propositiones dicunt, in re
esset vel non esset propter eorum cognitionem vel ignorantiam, secundum que scilicet ipse propositiones vere esse vel false dicende
10 sunt. Si enim ita ⟨est⟩ ut propositio dicit, vera est; si autem non, falsa,
sive hec nobis cognita sint sive non. Si[t] enim par[s] sit numerus
astrorum, etsi nos nesciamus, non minus propositio vera est que illud
dicit. Similiter etiam in futuro; si enim futurum sit ut propositio dicit, etsi ignora[n]tum nobis sit, vera est propositio; sin autem futurum non sit,
15 falsa est. Certum autem est quia est futurum vel non est futurum; unde
et certum est vel eam esse veram propositionem que dicit esse futurum,
vel que dicit non esse futurum. „Amplius si est album nunc, inquit[1]
Aristotiles, verum erat dicere prius quoniam erit album"; quare omnia
futura, antequam presentia sint, vere possunt predici quia futura sunt,
20 licet nondum nobis determinatum sit quod futura sint.

      Sed fortasse dicitur non esse vera illa propositio que id dicit
quod in re non est; verum propositiones *de futuro* id quod nondum est
enuntiant; unde vere esse non videntur. Sed ad hec dico quod dum
adhuc ipsa res futura est de qua propositio agit, id tamen etiam in re esse
25 potest quod propositio dicit, ut ea que de bello futuro fit, hoc modo:
'*bellum fiet*'. Dum enim nondum fit, ita est ut propositio dicit, quod
scilicet fiet; dum autem ipsum fit, non iam ⟨quod⟩ fiet dicetur, sed quia
fit.

⟨De argumentatione adversus proprietatem dividentium⟩

30   Erant quoque quidam qui adversus proprietatem dividentium
propositionum quam Aristotiles dederat, ex huiusmodi propositionibus
de contingenti futuro argumentationem componebant, quam ipse quoque
Aristotiles in *Primo Periermenias* ponit ac dissolvit[2]. Cum enim „⟨si⟩
omnium affirmationum et negationum", cuiuscumque sint temporis,
35 necesse est esse alteram veram, alteram autem falsam" premisisset,
quidam minus capientes verborum sententiam ⟨ex⟩ expositionibus

---

6 re⟨co⟩gnoscerent *V*c   10 si enim *V*c sunt *V* ⟨est⟩ *c*   11 si[t] *c* par[s] *c*   17 nunc] nec *V*
18 prius *V* primo *b*   27 fit *c* fiet *V* non iam *V* ⟨ut⟩ iam *V*c ⟨quod⟩ *c*   35 premississet *V*

[1] *De interpr.* 9, 18 b 9-10.   [2] *De interpr.*, cap. 9.

de contingenti futuro id falsificare nitebantur sic argumentantes: si
omnium affirmationum et negationum, dividentium scilicet, necesse est
esse alteram veram et alteram falsam, tunc omnium eorum que dividentes propositiones enuntiant, alterum necesse est esse, quod scilicet
vera dicit, alterum non esse, quod videlicet falsa proponit. Quare et 5
eorum que contingentia futura sunt, necesse est alterum esse, quando
scilicet, alterum non esse. Hic enim 'esse' et 'non esse' circa quelibet
tempora propositionum accipienda sunt, cum iam scilicet nulla amplius
ad esse et non esse equaliter sese habeant, quod est proprium utrumlibet, ubi scilicet omnia ex necessitate contingunt; ii namque addunt 10
f. 144ʳ quod irrita fiunt amplius consilium et negotium. Utquid enim oporteret |
consiliari vel negotiari ut ea que fieri volumus, fierent, ⟨cum⟩ ex
necessitate futura sint, quippe vel que fierent, etsi nullum esset aut
consilium aut negotium nostrum? Quod enim ex necessitate contingen-
dum est, nullo poterit casu disturbari vel impediri. Assumunt autem 15
postea per consequentis destructionem, hoc modo: sed ista non pereunt;
idque ex eo demonstrant quod multa futura sunt que ad utrumlibet
se habent, hocest que fieri et non fieri equaliter possunt, ut hanc
vestem, que incidenda est, possibile incidi et non incidi. Plura etiam
contingere videremus per consilium et negotium nostrum. Concludunt 20
itaque illud quoque destruendo quod in proximo precessit, hoc modo:
quare non omnium eorum que dividentes propositiones dicunt, necesse
est alterum esse, alterum non esse. Unde etiam primum destruunt
antecedens, hoc modo: quare non omnium dividentium propositionum
necesse est alteram esse veram, alteram falsam. 25

Occurrit autem hoc loco, priusquam hanc argumentationem dis-
solvamus, ut 'utrumlibet' eiusque species demonstremus, quas quidem
Boetius casum, liberum arbitrium, nature facilitatem
appellat[3]. Ad 'utrumlibet' autem omnia illa sese habere volunt quecumque equaliter ad fieri et non fieri se habent. Unde Aristotiles[4]: 30
„similiter enim", hocest, equaliter, "fieret vel non fieret res quelibet",
si scilicet utrumlibet esset, hocest eque sese haberet ad fieri et non
fieri, ut scilicet utrumque equaliter posset. Qui etiam adiunxit[5]:
„utrumlibet enim nichil magis sic vel non sic se habet aut habebit",
quamd⟨i⟩u scilicet utrumlibet fuerit. In his namque que presentia sunt 35
vel preterita, iam utrumlibet esse non volunt, licet plura iam ita sint

5 quare c quorum V   10 ii namque] unamque V hi namque c   oporte[a]ret V   12 ⟨cum⟩ c

[1] Cf. De interpr. 9, 18 b 27-29.   [3] Vide Boeth., In Periherm. I, 117⁶ e.q.s. et II 217¹¹ e.q.s.
[3] In Periherm. II, 190¹⁻⁶.   [4] De interpr. 9, 18 b 8.   [5] Ibid. 9, 18 b 8-9.

ut possint etiam non esse. Non enim iam equaliter sese habent ad esse et non esse, cum iam scilicet in ipsis determinatum ⟨est⟩ esse atque ex ipso eventu de esse iam certi sumus, quod iam conti[n]gisse videmus. Que autem ad utrumlibet se habe⟨n⟩t, aliquando contingere secundum
5 liberum arbitrium nostrum Boetius docuit[1], aliquando casu, aliquando vero secundum nature facilitatem. Unde hec tria sub 'utrumlibet' quasi species ipsius collocavit. Quarum etiam proprietates secundum ipsum distinguamus.

Casus, inquit[2], est inopinatus rei eventus ex confluentibus
10 actionibus propter aliud inceptis; ut, si aliquis abscondit tesaurum in agro et alius fodiens agrum causa agriculture inveniat tesaurum, se-cundum casum est illa inventio; ex absconsione enim tesauri et ex fossione agri preter intentionem abscondentis et fodientis evenit. Hec igitur casu evenire dicuntur que per alias actiones propter aliud
15 tamen inceptas, eveniunt. Liberum arbitrium est, ut ipsa indicia sunt vocabula, liberum de voluntate iudicium, ut cum ad aliquam rem perficiendam venimus, presumpta prius animi deliberatione et diiudi-catione, utrum ea res sit facienda an non, nullo tamen extrinsecus violenter cogente aut violenter impediente. Non enim teste Boetio[3] in
20 sola voluntate liberum consistit arbitrium, sed etiam in iudicio mentis. Quotiens enim imaginationes animo concurrunt et voluntatem provocant, eas ratio perpendit, ac diiudicat quod melius sibi videtur. Cum arbitrio perpenderit et diiudicationem collegerit, tunc facit, atque ideo quedam dulcia et specie utilitatis auferentia spernimus, quedam amara licet
25 nolentes, fortiter tamen sustinemus; usque adeo ⟨non⟩ in sola voluntate, sed in iudicio voluntatis liberum arbitrium consistit. Alioquin muta animalia, que sponte aliqua fugiunt, aliqua sponte appetunt, liberum arbitrium dicerentur habere. Rursus: facilitas consideratur nature in rebus que conveniunt non ex libero arbitrio nec ex casu fiunt, sed
30 ita quod ex facilitate nature et fieri et non fieri possunt, ut hic calamus frangi possibilis est, non quantum ad nostram potentiam, sed ad huius rei referatur natura⟨m⟩.

In his autem supradictis Stoici a Peripateticis longe dissentiunt. Stoici enim omnia fato, idest necessitati, supponi putant, scilicet quod,
35 ut ab eterno provisa sunt, necessario pro[e]veniant et non provenire non possunt; casu tamen dicunt aliqua fieri non quantum ad incertam rei

---

10 actionibus] casus V   13 inventionem V   22 ac diiudicat] adiudicat V   14 colligerit V
15 auferentia V conferentia c   18 muta animalia c mutata in illa V   29 fiunt]fiut (fuit?) V
31 huius] hoc V   34 fato Vc fata V

---

[1] In Periherm. II, 190[1-6].   [2] Ibid. II, 194[15-17].   [3] Ibid. II, 195[4] e.q.s.

constantiam, sed quantum ad nostram ignorantiam, scilicet quod, cum in natura sua necessitate fiant, tamen ab omnibus ignorentur, secundum casum fieri dicuntur. Peripatetici vero dicunt potius nobis esse ignota quod in sua natura nullam necessitatis constantiam ⟨habent⟩. Item Stoici, quamvis omnia necessitatibus ⟨supponant⟩, liberum ar- 5 bitrium custodire conantur. Dicunt enim naturaliter ipsam animam necessariam quamdam habere voluntatem ad quod ex propria natura ipsius voluntatis ipsa anima impellitur, ut quicquid facimus, ex voluntate illa necessaria facimus, ⟨ita quod⟩ ipsam voluntatem providentie necessitas constringat. Ita quoque dicunt omnia ex necessitate contingere 10 quotiens voluntas necessitatem consequitur ut constringat. Sed quia voluntas ex nobis est, in eo servare liberum arbitrium volunt quod quicquid facimus, ex voluntate nostra facimus. Sed, ut supra dictum est, non in eo constat liberum arbitrium quod quisque voluerit, sed quod quisque iudicio aut actione rationis collegerit. Item Stoici diffiniunt 15 'possibile': quod potest fieri et non, hoc ad nostram possibilitatem, non ad rerum naturam referentes, ita scilicet quod hoc quod possumus possibile dicunt, quod vero non possumus, id impossibile concedunt. Sed, ut dictum est, res potius in sua natura possibiles sunt esse et non esse.

Est autem et illud annotandum cuius nomen vel casus vel utrum- 20 libet dici possit. Certum namque est liberum arbitrium dici animi liberam diiudicationem; nature vero facilitatem ipsam rei possibilitatem, qua scilicet res ex propria natura ad fieri et non fieri sese habet. Casus igitur nomen est inopinati eventus, hocest rei ipsius que inopinabiliter evenit, aut potius cuiusdam proprietatis in ipsa ex qua inopinabiliter 25 contingere dicitur. Inopinatum autem dicimus huiusmodi eventum [quam] non tantum quantum ad nostre cognitionis actionem, verum etiam quantum ad naturam, in eo scilicet quod nec nature illud cognitum. Si enim secundum nostram tantum cognitionem inopinatum eventum dicemus, fortasse et que necessaria sunt futura vel naturalia 30 casui subiacent, in eo scilicet quod contingere possunt nobis prius ea ignorantibus.

At vero si quantum etiam ad naturam inopinatus est eventus contingentium futurorum, mirum est quod dicunt per astronomiam quosdam horum quoque futurorum prescios esse. Quod enim nature 35 inopinatum est atque incognitum, quomodo per artem naturalem cognosci

4 ⟨habent⟩ c   5 ⟨supponant⟩ c   9 necessario c ⟨ita quod⟩ Vᶜ   14 liberum arbitrium] b·a· V   15 actione c animatione V   16, 17 hoc c hic V   23 propria Vᶜ ipsa V   26 inopinatum autem] inopinabiliter tum V inopinabiliter ⟨vel autem⟩ [tum] Vᶜ inopinabiliter autem c   27 [quam] c   28 quantum] quam V   34-35 astronoiamdam V astronimia quosdam Vᶜ

possit, aut quomodo ex aliqua rei natura certi esse possimus de eo quod nature quoque incognitum est? Ea insuper argumenta que Phisice sunt, necessaria dicuntur. Hec vero futura ab omni necessitate sunt seiuncta. Asserunt tamen per artem istam sectatores ipsius futura quoque
5 huiusmodi prenoscere atque vere predicere hunc hominem in crastino moriturum esse, quod contingens est futurum naturale, ⟨non⟩ vero ipsum esse mortuum, quod semper determinatum est. At vero id quod nobis ignotum est, potius dimittamus quam quicquam temere de eo diffinire presumamus, atque ad | negotii nostri propositum redeamus.   f. 144ᵛ
10   'Utrumlibet' ergo nomen ponunt omnium futurorum contingentium secundum id quod fieri et non fieri possunt, ut huius vestis, que ita circa incis[s]ionem futura est ut etiam non incidenda esse possit; vel etiam huius proprietatis nomen esse potest que in rubus futuris circa aliquod iam existit, antequam fiant, quasi scilicet cuiusdam proprietatis
15 possibilitatis earum ad fieri et non fieri.

⟨De fato seu Providentia Divina⟩

   Nunc autem de fato, hocest Providentia Divina, superest uberius disputare, secundum quod quidem omnia necessario videntur contingere. Cum enim ab eterno Deus omnia futura esse, sicut futura erant, pro-
20 viderit, Ipse autem in dispositione sue providentie falli non possit, necesse est omnia contingere sicut providit; si enim aliter contingere possent quam Ipse providerit, possibile esset Ipsum falli. Cuiuscumque antecedens possibile est, et consequens; et cuius impossibile est consequen⟨s⟩, et antecedens. At vero vera est hec consequentia:
25   'si aliter contingunt futura quam Deus providerit, Deus fallitur'. Unde et istam secundum propositam regulam veram esse oportet:
   'si possibile est futura aliter evenire quam Deus providit, possibile est Deum falli'.
At vero pessimum est omnium inconveniens atque dictu abhominabile
30 quod falli possit Hic cui omnia tam futura quam presentia sive preterita tamquam presentia sunt, a cuius dispositione omnia contingunt! Non igitur possibile est res aliter evenire quam Deus providerit. Quodsi aliter quam Ipse providet, evenire nequeant, nec aliter quam eveniunt contingere possunt; quippe Ipse eo tantum modo quo contingunt, eas
35 evenire providit, nec dissidet eventus a Providentia nec Providentia ab eventu. Quodsi aliter quam eveniunt, evenire non possunt, tunc ita ex necessitate eveniunt ut eveniunt. Itaque omnia ex necessitate fieri ipsa

1 possumus V   4 futuro V   6 moriturum c mortuum V ⟨non⟩ c   7 mortuum c moriturum V   13 huius c cuius V

Dei providentia compellit, ut iam amplius nulla ad *utrumlibet* se habeant nec per consilium aut negotium nostrum contingant.

Sed non est ita. Licet [ut] Deus ab eterno omnia providerit sicut futura erant, ipsa tamen eius providentia nullam rebus necessitatem infert. Si enim Ipse providet futura evenire, ⟨ea ita providet⟩ ut non evenire 5 etiam possint, non ita ut ex necessitate eveniant; alioquin aliter ea provideret quam contingent; sic namque ipsa eveniunt ut non evenire etiam possint. Unde cum ipsa Eius providentia ea providerit evenire sicut eveniunt, ipsa autem ita eveniunt ut etiam non evenire possint, non solum Eius providentia in eo est quod eveniant, verum etiam quod non 10 evenire queant; omnia namque que in omnibus sunt, simul providet. Unde et secundum ipsius providentiam potius ad utrumlibet futura se habent quam ad necessitatem, que scilicet ita providet evenire ut etiam queant non ⟨e⟩venire. Illud quoque firmissimum est apud mentes omnium fidelium Deum, cuius solius dispositione omnia contingunt, 15 nullo modo falli posse, cuius solius velle efficere est. Res tamen aliter evenire quam eveniunt possibile est atque aliter evenire quam in providentia Dei fuit, quam iam habuit, nec tamen ideo Ipsum posse decipi. Si enim res aliter eventure essent, alia fuisset Dei providentia quam ipse eventus sequeretur, nec istam quam modo habuit providentiam, 20 umquam habuisset, immo aliam que alii eventui congrueret, sicut ista isti.

Sed quid adversus consequentiam illam dicemus:

'*si possibile est rem aliter evenire quam Deus providit, possibile est*
Deum falli', 25

quam premissa regula probare videtur? Dicimus autem ea⟨m⟩, quodammodo intellectam, veram esse, cum scilicet antecedens quoque ipsius verum est, alio vero modo, falsam, cum videlicet ipsum antecedens falsum accipitur. Est autem verum hoc modo intellectum, cum illud '*aliter quam Deus providit*' determinatio est predicati quod est '*possibile*', 30 hoc modo: '*rem evenire est possibile aliter quam Deus providit*', quippe potentiam aliter proveniendi habet. Si vero ad subiectum determinatio ponatur, quod est '*evenire*', atque ita dicatur: '*rem evenire aliter quam Deus providit* (istud totum) *est possibile*', falsum est nec probari potest. Omnino enim impossibile est quod hec propositio dicit: '*res aliter* 35 *evenit quam Deus providit*', quod scilicet totum subiectum est, '*possibile*' vero simpliciter predicatum, sicut et istud: '*res aliter evenit quam* *evenit*'. Multum autem refert ad sententiam orationis determinationes

5 ⟨ea ita providet⟩ *c*   6 conveniant *V*   13 habent *V*^c habeant *V*   28 verum *c* falsum *V* 29 falsum *c* verum *V*

predicatis modis adiungi seu eorum subiectis, sicut in tractatu modalium supra[1] monstravimus. Cum autem *'possibile'* simpliciter enuntiatur atque id totum subicitur: *'rem evenire aliter quam Deus providit'*,
tunc quidem regula supraposita aptari potest consequentie que ait:
5   c u i u s c u m q u e a n t e c e d e n s p o s s i b i l e e s t, e t c o n s e q u e n s ;
quippe hoc totum: *'res aliter evenit quam Deus providit'*, antecedens erat
ad illud: *'Deus fallitur'*. Quare huic toti, sicut et illi, *'possibile'* attri-
buendum erat. Aliter enim regula nichil ad consequentiam, cum hec
vera, illa falsa esse, ut dictum est, possit. Illa quoque fortasse conse-
10 quentia necessitatem non tenet:
        'si res aliter quam providit Deus evenire non possibile, nec aliter quam
                                         eveniunt evenire queunt',
licet eventus rei ac Dei providentia in eodem consistant, sicut nec
ipsius conversa vera est, hec scilicet:
15   *'si possibile est aliter evenire quam evenit, possibile aliter evenire*
                                         quam Deus providit'
quemadmodum nec illa simplex:
        'si res aliter evenit quam evenit, aliter evenit quam Deus providit'.
Posset enim aliter evenire quam evenit, et secundum Dei providentiam
20 contingere, pro eo scilicet quod aliam providentiam habuisse posset
quam istam quam habuit secundum alium eventum. Insuper quamvis
paria concedantur ⟨et⟩ sese comitantia rei eventus et Dei providentia
que de ipso est, non tamen necessariam inferentiam tenent, quorum
neuter in enuntiatione alterius intelligitur.

25   ⟨*De solutione supraposite argumentationis*⟩

        Nunc ad solutionem supraposite argumentationis veniamus sin-
gulasque ipsius propositiones perquiramus. Prima quidem propositio
huiusmodi[2] erat: si omnium affirmationum et negationum necesse est
alteram esse veram et alteram falsam, tunc alterum eorum que dicunt
30 necesse est esse, alterum vero non esse. Si quam enim necesse est
esse veram, et illud quod dicit esse necesse est; vel, si falsam, non
esse. Sed prius nobis inspiciendum est qualiter ipsius antecedens Aristotiles intellexerit, a quo argumentatio incipit, hoc videlicet: omnium affirmationum et negationum necesse est alteram esse veram,
35 alteram esse falsam, ut hoc prius discusso ipsum ab inconvenienti
facilius absolvamus. Potest autem et vere et falso accipi, sicut et illud

---

1 seu] sue *V*   9 falsa] falla *V*c valla *V*   23 necessariam *V*c necessarium *V*

[1] *supra*, pp. 191-210   [2] *Vide supra*, p. 213[13] *e.q.s.*

quod in tractatu oppositorum de eisdem affirmationibus et negationibus dixit[1], alteram scilicet semper esse veram et alteram falsam, veluti istarum: 'Socrates est sanus', 'Socrates non est sanus'. Si enim ita intellexeris quod uni et eidem semper verum inhereat, falsum est, cum potius neutra illarum veritatem custodiat, sed modo vera sit eadem, modo 5

f. 145ʳ falsa. Si vero ita sumpseris ut 'alteram' non circa unam | tantum teneas, sed indifferenter accipias ac si dicas 'alterutra⟨m⟩', verum est. Semper enim alterutra vera est, hocest semper ita se habet quod vel hec vel illa vera est. Hecque Aristotilis acceptio exstitit, cum scilicet ait alteram semper esse veram et alteram falsam, ut illud scilicet 'alteram' dividue 10 sumeret ac ⟨si⟩ 'alterutram' diceret. Sic quoque et hoc loco, cum ait alteram necesse est esse veram et alteram falsam'; quod quidem ipse manifeste in sequentibus in solutione huius argumentationis declaravit, cum ait[2]: „igitur esse quod est, quando est, et non esse quod non est, quando non est, necesse est; sed non omne quod est necesse est esse 15 nec quod ⟨non⟩ est necesse est non esse; non enim idem est omne quod est esse necessario, quando est, et simpliciter esse ex necessitate. Similiter autem et in eo quod non est. Et in contradictione eadem ratio est; esse quidem vel non esse omne necesse est et futurum esse vel non: non tamen dividentem dicerentum alterum necessario. Dico autem: necesse 20 est futurum esse bellum navale cras vel non futurum esse, sed non futurum esse bellum navale cras necesse est vel non futurum, futurum autem esse vel non esse necesse est. Quare quoniam orationes similiter vere sunt quemadmodum res, manifestum est quoniam quecumque sic habent se ut utrumlibet sint et contraria ipsorum contingere queant, 25 necesse est similiter se habere et contradictionem. Quod contingit in his que non semper ⟨sunt, et non semper non sunt. Horum enim necesse est quidem alteram partem⟩ contradictionis veram esse vel falsam, non tamen hoc vel illud, sed utrumlibet et magis quidem alteram veram, non tamen iam veram vel falsam. Quare manifestum est quoniam non est 30 necesse omnes affirmationes et negationes oppositas, hanc quidem veram, illam vero falsam. Neque enim quemadmodum in his que sunt, sic se

6 alterum V teneas Vᶜ eneas V   25 ⟨si⟩ c   15 omne quod est] quando est omne V   16 ⟨non⟩] coll. b (alterum est) b   20 tamen] coll. b tantum V necessario V b necessarium c necesse est + quidem b   21 esse futurum b cras bellum navale b   22 alterum futurum + esse b 23 similiter orationes b   24 quemadmodum + et b   25 se habent b contingere queant V contingant b   26 contradictionem c contradictioni V   27-28 ⟨sunt..... partem⟩] coll. b 29 vel V aut b veram alteram b   31 omnis affirmationis et negationis oppositarum b 32 falsam + esse b

[1] De interpr. 7, 17 b 26 e.q.s.   [2] Ibid. 9, 19 a 23-19 b 4.

habe[n]t etiam in his que non sunt, possibilibus tamen esse vel non esse, sed quemadmodum dictum est. "

Ex his itaque Aristotiles manifeste demonstrat ipsas affirmationes et negationes in proprietate veri ac falsi sequi illos eventus rerum quos
5 enuntiant, gratia quorum tantum vere esse vel false dicuntur, in eo scilicet quod quemadmodum quamlibet rem necesse est esse, quando est, vel non esse, quando non est, ita quamlibet propositionem veram necesse est veram esse, dum vera est, vel non veram non esse veram, dum vera non est. Sed non ideo omnem veram necesse est esse veram
o simpliciter nec omnem que non est vera, necesse est non esse veram; alioquin numquam que vera est, posset esse non vera nec ea que non est vera, posset fieri vera: quod enim ex necessitate est, aliter esse non potest. Rursus: quemadmodum 'necessarium' simpliciter enuntiamus sub disiunctione de his omnibus que dividentes affirmationes et negationes
5 dicunt, sic et de orationibus. Omne enim esse vel non esse necesse est et futurum esse vel non. Sic quoque omnem affirmationem et negationem veram esse vel falsam necesse est, sed non semper veram esse necesse est nec semper falsam esse necesse est. Et hoc est quod ait[1] : „quare manifestum est quoniam non est necesse omnes affirmationes vel negationes
o oppositorum hanc quidem veram, illam vero falsam esse", ac si ita singula distinguat: non necesse est hanc esse veram, non necesse est illam esse falsam, sed utramque vel veram esse vel falsam vel alteram esse veram et alteram falsam, sicut superius determinatum est.

Nunc vero proposite propositionis sententiis diversis expeditis
5 propter solutionem presentis argumentationis inquirendam illud discernendum est quod, si procedat adversarius ex posito Aristotilis sicut ipse intelligit — dividue scilicet, sicut dictum est[2] — et quod inde infert, dividue similiter debet accipere hoc modo: omnium que dicit affirmatio et negatio alterum necesse est esse et alterum non esse, hoc
o scilicet vel illud esse necesse est, similiter et non esse. At vero non iam poterit inferri interitus utrumlibet vel consilii sive negotii; quod secunda consequentia proponebat. Si vero ex ver⟨b⟩is Aristotilis ⟨aliter⟩ procedat quam ipse ea intellexerit atque aliter quam vera sint, quod etiam discussum est superius, vera etiam fortasse erit secunda consequentia; sed
5 nichil adversus Aristotilem. Si enim eorum que futura sunt alterum necessario conti⟨n⟩geret et alterum necessario non conti⟨n⟩geret, oporteret perire utrumlibet ac consilium sive negotium.

1 habe[n]t] coll. b tamen] coll. b tantum V vel V aut b   20 vero] veram V   26 ipse ipsum V   32 ⟨aliter⟩ Vc

[1] De interpr. 9, 19 a 39-b 2.   [2] supra, p. 220[11].

Sed fortasse dicitur quod non necesse esset consilium ideo vel negotium perire. Possent enim ex necessitate per consilium et negotium contingere, ut similiter in necessitate consilium et negotium tene-re⟨n⟩tur, et ita essent. Sed esse quidem Aristotiles ea non denegat, sed efficaces causas esse futurorum. Unde etiam ait[1] : „videmus enim esse 5 principium futurorum et ab eo quod consiliamur atque agimus aliquid", quod quidem non esset, si ex necessitate contingeret. Si enim ex necessitate fierent, per illud non contingeret quod ex necessitate certum est non esse, nec causam sui illud haberent quod ad esse et non esse se habet, ut sunt consilium nostrum et negotium. Sed fortasse Aristotiles 10 non hic satisfecit adversario, qui fortasse et consilium et negotium ex necessitate fieri volet, sed magis ad inconveniens secundum rei veritatem quam secundum ipsius concessionem ducit. Sed nec Aristotilis fortasse hec argumentatio fuit, sicut supra diximus, immo adversus se commotam ipse eam proponit ut dissolvat. Cui quidem cum in pluribus fortasse 15 resistere posset, ut in secunda consequentia, que inter opposita propo-nitur et quando ipsius antecedens falsum accipitur, illud tamen precipue curavit resecare quod maxime adversum se videbat contendere, atque de proprietate[m] contradictionis proposita sententiam suam aperire. Sic autem falsa potest ostendi secunda consequentia : si quia hoc ex 20 necessitate continget, non eveniet per consilium vel negotium, et quia per illa ex necessitate continget, non continget per ipsa; unde si per illa ex necessitate continget, non continget per illa ex necessitate, quod falsum est. Omnem insuper inferentiam inter opposita calumniamur, sicut in loco ab oppositis demonstrandum esse proposuimus[2].   25

De unis et multiplicibus seu compositis et simplicibus propositionibus.

Nunc autem que sint une queve multiplices propositiones ordo est exsequendi. Sunt enim, quemadmodum dictiones, alie une in sensu, ut que unam habent impositionem, sicut univoce et singulares, alie vero multiplices, que scilicet diversas habent impositionis causas, 30 sicut equivoce; sic etiam orationes alias unas esse, alias contingit esse multiplices; nec solum perfectas quemadmodum propositiones huius-modi divisio comprehendit, verum etiam imperfectas, ut diffinitiones seu descriptiones. Est enim huius diffinitionis: '*animal rationale mortale*' una sententia secundum hominis constitutionem quam ostendit; huius autem: 35 '*homo albus ambulans*', multiplex est sensus; que quidem homines albos

12 volet *c* valet *V*   20 si *Vᶜ* sed *V*   24 differentiam *V*

[1] *De interpr.* 9, 19 a 7-9.   [2] Cf. *infra*, p. 397[10-14].

ambulantes describit nec eorum constitutionem ostendendo, — quippe accidens substantiam non constituit, cum non sit prius in natura, immo posterius, — sed eos accidentium informatione quodammodo depingendo. Sed de hac quidem multiplicitate uberius in sequentibus disputabitur.

5   Multiplicium autem propositionum alie in parte multiplicitatem habent, alie in toto. Que vero in toto multiplicitatem habent atque diversarum propositionum sensus continent, modo ambigue sunt, velut ista: | 'video lupum comedere panem'; modo non, velut ista: 'Socrates   f. 145ᵛ dormit et idem stertit'. Ambigue vero sunt que in eadem vocis materia
10 diversos exprimunt intellectus, sive in eodem constructionis ordine sive in diverso illud faciant. Casus enim aliquando loca permutant secundum sensuum diversitatem, hoc modo: cum enim dicitur: 'mancipium defert pomum', potest et 'mancipium' preponi nominativus et 'pomum' subiungi accusativus, vel econverso. In eodem autem ordine structure multi-
15 plicitas quandoque existit, veluti cum dicitur: 'quoddam animal est rationale et irrationale'. Potest enim hic intelligi sensus unius propositionis falsus aut duo veri. Si enim illud 'et' unam propositionem particularem alii coniungat hoc modo: 'quoddam animal est rationale et quoddam animal est irrationale', due sunt vere enuntiationes. Si vero sola pre-
20 dicata coniungat circa ⟨idem⟩ illud subiectum, ut videlicet quoddam animal utrumque esse intelligatur, falsus est omnino sensus, cum potius nullum animal sit utrumque.

    Multiplicitas vero partis alia est in dictione, alia in oratione; in dictione quidem hoc loco: 'canis est substantia'; in oratione vero hic:
25 'Socrates est homo albus ambulans'. Hanc ⟨enim⟩ orationem Aristotiles in Secundo Periermenias unam enuntiationem non efficere propter sui multiplicitatem ostendit. „ex 'albo' autem, inquit[1], et 'homine' et 'ambulare' non fit unum", quare non sunt unum; „quare nec, si unum aliquid de his affirmet aliquis, erit affirmatio una, sed vox quidem una, affirmationes
30 vero multe, nec si de uno ista, sed similiter plures." At vero inquirendum nobis est quare mag⟨is⟩ 'homo albus' una sit dicenda oratio quam 'homo albus [et] ambulans'. Si enim illud quod premiserat ipse Aristotiles, pensemus, cum scilicet ait[2]: „at vero unum de pluribus vel plura de uno affirmare vel negare, si non est unum ex pluribus, non est affirmatio una
35 vel negatio", non magis unam hanc appellare posse videmur quam illam, cum nulla res ex 'homo' et 'album' constituatur; quippe accidens substantiam non constituit. Ipse tamen 'homo albus' unam videtur accipere

9 idem] isdem V   17 due V   20 ⟨idem⟩ Vᶜ   24 quidem] quod V   25 ⟨enim⟩ Vᶜ 28 sunt Vᶜ fit V   32 [et] Vᶜ   36 album] albo V

[1] De interpr. 11, 20 b 18-22.   [2] Ibid. 11, 20 b 12-15.

cum in sequentibus ait[1] : „de homine enim verum est dicere et extra animal et extra bipes et ut unum et hominem et album et hec ut unum", ut videlicet ita 'homo albus' unam predicationem reddat sicut 'animal bipes'. Sed, sicut in Primo Postpredicamentorum ostendimus[2], non de unitate sensus hoc loco agitur, sed magis de unitate dictionis per com- 5 positionem. Unam tamen fortasse predicationem hec oratio 'homo albus' facit atque eam in sensu unam esse confiteri possumus. Quod tamen illam 'homo albus ambulans' unam esse omnino negamus; quodque ait superius Aristotiles non unam predicationem fieri in pluribus vocabulis ex quibus non efficitur unum, ita accipiendum est: ex quibus 10 unus sensus non generetur, ut videlicet illud 'unum' magis ad unitatem intellectus quam ad constitutionem eiusdem rei referatur. Unum autem intellectum demonstrat unius adiectivi nominis ad substantivum suum adiunctio, ut 'homo albus', 'animal rationale'; unde et unum nomen effici possunt. Si vero plura accidentia circa fundamentum determinentur, 15 veluti si dicamus: 'homo albus ambulans', albedinem et ambulationem circa hominem determinamus. Dum videlicet ipsum tamquam informatum illis accipimus, non est una predicatio nec una sententia orationis. Sed cum utraque eidem, hocest homini, accidentia sint atque singula circa hominem accipiantur atque ad ipsum refera⟨n⟩tur, talis est sen- 20 tentia ac si diceremus: 'homo albus', 'homo ambulans', duas scilicet orationes diversim ponentes. Unde et cum dicimus: 'animal rationale mortale', si unam sententiam velimus efficere, non sunt circa eamdem animal⟨is⟩ essentiam rationalitas et mortalitas accipienda neque utreque forme ad eamdem materiam referende, sed 'mortale' circa speciem illam que est 25 animal rationale, determinatur; alioquin multiplex esset oratio, tamquam diceretur: 'animal rationale', 'animal mortale', si videlicet utraque circa animal acciperetur. Est itaque 'animal rationale' in diffinitione hominis pro uno substantivo nomine speciei animalis positum, cui 'mortale' tamquam adiectivum copulatur, et sic una est in sensu diffinitio, sicut 'homo 30 albus'.

At vero queritur, cum 'homo albus' hominem et albedinem significet, ex quibus rebus una non fit substantia, quomodo una sit ipsius sententia. Ait[3] namque Aristotiles in Primo Periermenias: „si vero unum nomen duobus impositum sit ex quibus non fit unum, non est una affir- 35 matio vel negatio, ut si quis ponat hoc nomen 'tunica' homini et equo." Sed ibi quidem egisse videtur de significatione per impositionem que in

---

3 reddant V   13 demonstrant V   23 animal⟨is⟩ Vc   34 sententia Vc substantia V   34-35 duobus unum nomen est positum b fit V est b   36 (vel negatio) b

[1] De interpr. 11, 20 b 33-35.   [2] supra, p. 115[11] e.q.s.   [3] De interpr. 8, 18 a 18-20.

sententia continetur. Nam 'homo albus' et hominem album per impositionem demonstrat et albedinem circa ipsum determinat. De
significatione quoque sententie determinamus pro eo quod 'animal' et
homini et equo, ex quibus unum fit, per impositionem datum est; sed
5 nullius sententiam determinate in se continet atque ideo in significatione
multiplex dictio non est. Que vero multiplex est dictio secundum
impositionem multas continet sententias atque res singulas in sententia
tenet. At vero quod Aristotiles ait hoc modo potius accipiendum est,
ut multiplicem illam dictionem dicamus que pluribus imposita est ex
10 quibus non fit unum, hocest plura in sententia tenet non secundum id
quod ex eis unus procedat intellectus. Sic autem econverso omnis illa
una est dictio que plurium significativa est, secundum id quod ex eis
unus intellectus procedit. Sed non necesse est omnes illas dictiones unas
esse que talia significant ex quibus una res constituitur. Nam etsi
15 animalitas et rationalitas hominem constituant, potest tamen illud unum
nomen equivoce dari. Quecumque ergo voces plura ita significant quod
ex ipsis non unus intellectus consistat, multiplices dicuntur; que vero
ita quod unus ex eis intellectus proveniat, une erunt, etsi unius rei
substantiam non perficiant res significate; ut 'homo albus' una est in sensu
20 oratio, licet ex albedine et homine nullius rei substantia constituatur.
At vero 'homo albus ambulans' nonnisi multiplex esse potest; nec 'homo
albus' pro uno substantie vocabulo poni potest, cum id quoque designet
quod per accidens inest. Nec hominis substantia in eo quod alba est
tamquam fundamentum ambulationis recte sumitur, vel in eo quod
25 ambulans est tamquam subiectum albedinis; sed utrique equaliter ipsa
hominis essentia subiecta est nec alterum per alterum homini inest, sed
unumquodque quod ⟨in⟩ se subiecta hominis essentia suscipit, que tunc
tantum tamquam fundamentum proprie sumitur, cum in essentia sua
tantum accipitur, quam integram et cum accidentibus et sine eisdem
30 conservare potest.
    Sunt autem qui adstruant diversa accidentia unam enuntiationem
facere, cum talia sumuntur que ad diversa referuntur, veluti si dicatur:
'homo citharedus bonus'. Nam citharedus per se inest homini, bonitas
vero per citharizationem, cum non bonus nisi in arte citharizandi in-
35 telligitur; ut sicut 'homo' subiectum | ponitur 'citharedi', ita 'citharedus'   f. 146ʳ
'boni'. At si multiplicitatem enuntiationis facit relatio diversorum ad
idem, multo magis relatio diversorum ad diversa, quando non solum ea
que referuntur multa sunt, verum etiam ea ad que referuntur, multi-

---

1 albus Vᶜ album V   27 ⟨in⟩ c   29 eisdem Vᶜ easdem V

plicitas geminatur. Sic namque magis multiplicem dicimus enuntiationem
que plura de pluribus enuntiat, quam que plura de uno vel unum de
pluribus predicat. Fortasse etiam nec una oratio dici potest 'homo
citharedus bonus', cuius partium coniunctio competens non videtur. Cum
enim pro substantivo utimur vocabulo 'citharedi', alii substantivo, quod 5
est 'homo', non recte adiungitur tamquam ipsius adiectivum nec est
insuper 'citharedus' tale sumptum quod adiectivum debeat dici, sicut
nec 'vir' nec 'femina' seu 'virgo' aut 'miles', et que in neutro genere
deficiunt. Non enim in constructione substantivis bene adiunguntur, ut
videlicet dicamus 'homo vir' vel 'homo miles', immo hec quoque tam- 10
quam substantiva preiacere facimus, hoc modo: 'vir bonus', 'vir pius',
'miles strenuus', 'virgo sapiens'. Quodsi 'citharedus bonus' pro uno nomine
sumamus, sicut oportet, ut bonitatem in citharizando intelligere valeamus, quemadmodum in *Primo Postpredicamentorum* ostendimus[1], tunc
quoque competens non erit coniunctio, ⟨cum⟩ 'citharedus bonus' propter 15
suprapositam causam adiectivum dici minime possit, quod scilicet neutro
caret. Verum etiam adiectivum dici non potest quod ex his componitur
que sibi in oratione tamquam substantivum et adiectivum apponi dicuntur; sicut nec 'homo albus' nec 'miles fortis' ullo modo adiectiva esse
substantivi permittit adiunctio, quando nomina composita sumuntur.   20

Patet autem ex suprapositis descriptiones que ex pluribus accidentibus fiunt unam predicationem non facere nec unas in sensu consistere, licet unam rem subiectam habeant quam describunt, ut hec
descriptio: 'homo albus crispus Sophronici filius'. Cum autem partis multiplicitas non solum in sensu, verum etiam in rebus significatis est, 25
multo magis multiplex enuntiatio est, veluti ista: 'latrabile animal est
canis' vel 'omnis canis est substantia'; cum 'canis' equivoce in designatione
trium ponitur et dicitur: 'latrabile animal est canis', tantumdem proponitur ac si diceretur esse illa tria que ⟨a⟩ 'canis' nomine significantur. Ut sit
semper enuntiatio falsa, ⟨cum⟩ in quadam una significatione sua huius- 30
modi voces multiplices enuntiantur.

Quidam tamen has etiam veras servare volunt in quibus multa de
uno predicari dicunt, eam predicationem sub disiunctione ponentes,
veluti cum dicitur: 'latrabile animal est canis', id volunt intelligi: latrabile animal esse vel latrabile animal vel marinam beluam vel celeste 35
sidus, hocest aliquam de his tribus rebus quas significat 'canis'. Sed hoc
quidem non est predicari multa, sed unum, quando scilicet unum

---

5 substantivo *Vc*   subiectivo *V*   9 adiungitur *V*   15 ⟨cum⟩ *Vc* ⟨a⟩ *Vc*   35-36 celeste
sidus] c.s. *V* canis sidus *sic plerumque c*

[1] *supra*, p. 116²⁸⁻³⁰.

tantum illorum trium attribuit; nec 'canis' nomen secundum equivocationem ita est accipiendum, ut unum de illis tribus indeterminate
in ipso intelligatur, quippe iam esset una impositio ipsius secundum
sensum unum, sed pro tribus nominibus convenit ipsum locari. Sic enim
5 Priscianus multa nomina in unam vocem incidere dixit[1], quando scilicet
eadem vocis materia diversorum nominum significationis sententia⟨m⟩
tenet atque officium. Unde oportet, cum dicitur: 'latrabile animal est
canis', si 'canis' nomen equivoce sumatur, tantumdem ipsum efficere
quantum tria nomina quibus equipollet. Unde bene Aristotiles cum
10 'tunice' nomen homini et equo equivoce imponi dixisset[2] talemque
enuntiationem fieri: 'tunica est alba', „nichil, inquit, differt dicere quam
dicere equus est albus et homo est albus", quippe 'tunice' nomen unicuique per se tamquam proprium nomen datum fuit, secundum id
scilicet quod unumquodque erat in se, non ex ea communi causa quidem
15 impositum illis duobus quod ipsa sit de collectione; alioquin illa non
esset multiplex impositio, sed semel facta ex eadem causa utrumque
designaret nec diversa vocis sententia esset, sed eadem.

Patet autem ex superioribus multiplicitatem in parte propositionis consistere, quotiens ipsa pars multos generat intellectus, sive
20 oratio sit sive dictio. Est autem multiplex intellectus, vel ⟨cum⟩ multe
res subiecte sunt, vel cum una. Nam 'homo albus ambulans', cum vel
predicatur vel subicitur, unam tantum rem demonstrat, que scilicet
albedinem et ambulationem suscipit; 'canis' autem multiplicitas non
solum ⟨in⟩ intellectu est, verum etiam in rebus; unde multa per ipsum
25 vel predicari vel subici possunt. Si quis enim dicat: 'omni⟨s⟩ canis est
substantia', id tantum proponit ac si diceret et latrabile animal et marinam
beluam et celeste sidus substantiam esse. At in eo multiplex apparet illa.

Sed opponitur quod similiter quelibet universalis propositio
multiplex debeat iudicari, veluti ista, que una est: 'omnis substantia est
30 substantia', multiplex debet vocari, in eo scilicet quod multis equipolleat propositionibus, his scilicet: 'omne corpus et omnis spiritus est
substantia', quas quidem cum inferre dicatur, ab ipsis quoque mutuo
inferri conceditur. Sed licet mutuam inferentiam ad alias habere concedatur, non tamen ideo propter illas multiplex iudicanda est, nisi
35 earum sententias contineret; quod falsum est. In nomine enim substantie nullo modo sententia inferiorum nominum continetur, immo

---

2 indeterminate] identitate V   11 nihil + enim hoc b   12 est equus et homo albus b
20 ⟨cum⟩ Vc   25 omni⟨s⟩ Vc   26-27 marinam beluam] ma·b· V   30 eo] ea V

[1] Inst. gramm. XVII 63, p. 145[23-24]: .....cum in unam concidant vocem nominum positiones tam in propriis quam in appellativis.   [2] De interpr. 8, 18 a 19-20.   [3] Ibid., 21-22.

potius in inferioribus sensus superiorum tenetur; cumque substantie nomen univocum sit, non est ipsius intellectus multiplex, sed unus, quod ex eadem nature convenientia significatis est impositum. At vero *'canis'* sicut multiplicem habuit impositionem, ita etiam multiplicem tenet significationem secundum intellectuum diversitatem. Unde ea propositio 5 que dicit: *'omnis canis est substantia'*, recte pluribus propositionibus equipollere videtur ea⟨m⟩demque cum ipsis tenere sententiam, cum his scilicet quas supra posuimus.

Sed fortasse opponitur quod, si ea que dicit: *'omnis canis est animal'*, eadem est in sensu cum his tribus: *'latrabile animal est animal'*, 10 *'marina belua est animal'*, *'celeste sidus est animal'*, oportet, cum hec falsa sit, illas quoque tres falsas esse; quod enim false propositioni equipollet, falsum esse necesse est. At vero hee tres neque tantum false neque tantum vere dici possunt, quarum una falsa est, due autem vere. Illa vero tantum falsa dicitur cum sit eius dividens vera *'non omnis canis est* 15 *animal'*, ut celeste sidus. At vero si equipollentiam secundum inferentiam, non secundum identitatem sententie, accipiamus, non necesse erit fortasse omnia que falsis equipollent falsa[s] esse; quippe *'omnis substantia est corpus'* ad istas duas: *'omne corpus est corpus'* et *'omnis spiritus est corpus'* secundum mutuam inferentiam dicitur habere equipollentiam; 20 que cum tantum falsa sit, iste tamen due neque false dici neque vere possunt, sed una tantum vera est et altera falsa. At vero quecumque veris equipollent, vera esse necesse est. Si vero equipollentiam non tantum secundum mutuam inferentiam, verum etiam secundum identitatem sententie sumamus, verum est et quecumque eadem sunt cum falsis, 25 falsa esse. Sed fortasse *'omnis canis est animal'*, quando in sententia trium propositionum sumitur, neque vera tantum neque falsa dici potest, sed partim vera et partim falsa, secundum veri vel falsi continentiam.

f. 146ᵛ Possunt autem vel plura predicari | vel plura subici singillatim, nec tamen multas propositio [ei] sententias in se continet. Si enim dicam: 30 *'hoc latrabile animal est canis'*, hocest *unumquodque illorum trium*, unius tantum enuntiationis sensum facio falsum; veluti si dicam: *'Socrates est rationalis et irrationalis'*, hec tantum falsa est enuntiatio cuius dividens tantum vera esse comprobatur, hec scilicet: *'Socrates non est et rationalis et irrationalis'*, hocest *non est utrumque*. Si autem hec propositio: *'Socrates* 35 *est utrumque'* eadem esset cum his duabus: *'Socrates est rationalis'*, *'Socrates est irrationalis'*, neque vera tantum neque falsa esse diceretur. Sic quoque et *'quoddam animal est rationale et irrationale'*, cum falsa sit, eo videlicet

---

11 marina belua] m·b· *sic semper* V   30 in se] esse V   31 hocest unumquodque illorum trium] unumquodque illorum trium hocest V   34 rationale V

quod nullum animal sit utrumque, duarum verarum sensus non continet, harum videlicet: '*quoddam animal est rationale*', '*quoddam animal est irrationale*'; nec ista: '*quoddam animal neque est rationale neque est irrationale*' hocest '*quoddam animal est neutrum*', que etiam falsa est, harum sententias
5 continet que vere sunt: '*quoddam animal non est rationale*', '*quoddam animal non est irrationale*'; cum enim '*quoddam animal*' semel ponitur, idem animal in ipso accipitur. Cum autem bis profertur, potest secundum diversa animalia verus consistere sensus. Nam et quoddam animal rationale est et quoddam irrationale, quantum ad diversa animalis individua;
10 sed non ideo quoddam est utrumque, immo nullum utrumque est, sicut et nullum neutrum dici potest.

Possunt itaque ⟨plura⟩ de eodem singillatim predicari, nec tamen diversi erunt propositiones sensus, si videlicet subiectum semel sumatur. Oportet enim, ut multe sint sententie utrorumque terminorum in
15 quibus propositiones consistunt, equaliter plures acceptiones esse atque ad singulas copulationem referri; alioquin non erunt multe propositiones in sensu, nisi multis propositionibus earum sensus exprimi possint. Ad sensum vero uniuscuiusque propositionis et terminorum necessaria est positio et copule interpositio.

20 Possunt etiam multa esse subiecta quibus singulis unum attribuatur; nec tamen multi propositionum sensus erunt, veluti cum dicitur: '*omnis canis est animal*', hocest '*unaqueque de significationibus illius nominis quod est 'canis', est animal*'; quod tantum falsum est. Similiter et eius equipollens, hec scilicet: '*latrabile animal, marina belua, celeste sidus*
25 *sunt animalia*', falsa est tantum et unius propositionis sententiam tenet, hanc scilicet quod animal unicuique illorum trium convenit.

Possunt etiam plura singula de pluribus singulis predicari in sensu unius propositionis, veluti si dicam unumquodque illorum trium esse unumquodque illorum trium, et Socratem et Platonem singulos
30 esse Socratem et Platonem singulos.

Cum autem propositiones alie unitatem vel multiplicitatem in parte, alie in tota enuntiationis sententia habeant, ille que in parte multiplicitatem habent, dividentem propositionem habere possunt. Sunt namque dividentes: '*hoc latrabile animal est illa tria*', et '*ipsum non est*
35 *illa tria*'. At vero quando multiplex in sensu est tota enuntiatio, multis propositionibus multe dividentes debentur, ut sunt quidem in contradictione hinc multe affirmationes, illinc multe negationes; nec iam necesse est hanc partem esse veram, illam vero falsam. Unde in *Primo*

7 bis *c* his *V*   12 ⟨plura⟩ *Vc*   20 esse] etiam *V*

Periermenias Aristotiles[1] : „quare non necesse est hanc quidem contradictionem veram esse, illam vero falsam." Bene autem dixit : „non
necesse est in multiplicibus enuntiationibus hanc partem contradictionis
esse veram, illam vero falsam", innuens scilicet quod aliquando altera
pars vera sit, altera falsa; quando scilicet multiplicitas est in parte vel 5
quando etiam multiplicitas est secundum totam enuntiationem, aliquando una pars contradictionis est vera et alia falsa, veluti 'hic homo
est rationalis' et 'hic homo est mortalis'; aliquando minime, veluti cum
dicitur : 'hic homo est homo', 'hic homo est equus', 'hic homo non est homo',
'hic homo non est equus'. Unam enim partem contradictionis hinc duas 10
affirmationes ponimus, illinc vero duas negationes, quarum utreque
nec vere sunt nec false, sed utrarumque una vera est et altera falsa.

At vero si multis propositionibus unam velimus dividentem
reddere que omnium simul sensum perimat, tunc quoque non necesse
erit alteram partem esse veram et alteram falsam; nam ille plures que 15
destruentur, tales esse poterunt quod vere erunt nec false. Licet autem
Aristotiles unam diffiniat[2] enuntiationem que unum de uno enuntiat,
sepe tamen unitatem propositionis destruit vel diversa enuntiatio
predicati, hoc modo : 'Socrates est homo', 'Socrates non est homo', vel
'Socrates currit', 'Socrates non currit', vel diversa subiecti acceptio, sic : 20
'omnis homo est homo', 'quidam homo est homo', vel diversa verbi tempora,
ut cum 'est' et 'fuit' et 'erit' proponitur, et quicquid insuper diversum
propositionis sensum facit. Sepe etiam partis multiplicitas in terminis
non est, sed in determinatione, hoc modo : 'ego video canem, illa videlicet
tria'.   25

Cadunt autem sub divisione unarum et multiplicium propositionum non solum cathegorice enuntiationes, verum etiam ipotetice.
Sunt multiplices ipotetice in quibus vel ex uno plura vel ex pluribus
unum vel ex pluribus plura consequuntur; ex uno quidem plura sic :
          'si est homo, e⟨s⟩t rationale et mortale'   30
ex pluribus vero unum hoc modo :
          'si est rationale vel mortale, est animal'
ex pluribus autem plura ita :
          'si est homo et equus, est rationale et irrationale'.
Unarum autem vocum alie u n e sunt n a t u r a l i t e r, alie c o n i u n c- 35
t i o n e ; et rursus multiplicium alie n a t u r a l i t e r sunt multiplices,
alie p e r [in]c o n i u n c t i o n e m. Sunt autem u n e naturaliter, que

8 rationale *V*

[1] *De interpr.* 8, 18 a 26-27.   [2] *Ibid.* 5, 17 a 15-16.

secundum suam inventionem unam tantum tenent sententiam. Unas vero
coniunctione dici volunt ad quarum sensus unitatem vel continuatio
proferendi est necessaria vel aliqua coniunctio. Continuatio quidem
proferendi, ut, si in diffinitione hominis 'animal rationale mortale' unum
5 velim intellectum secundum unam subiectam substantiam designare,
oportet continue dictiones ipsas proferri. Si enim cum intervallo eas
protulerim, unitatem sensus destruo; quippe tunc non ita designantur
res sicut in constitutione hominis conveniunt, quando per se singule
capiuntur. Una etiam dicitur esse per coniunctionem ipotetica pro-
10 positio, que cum ex diversis propositionibus copulata sit que singule
diversos continent sensus, in unam tamen sententiam consequentie
ipse conveniunt, per appositam conditionem, que una est coniunctio.
Naturaliter autem multiplices sunt, que ad unum sensum applicari
nequeunt; per coniunctionem vero multiplices fieri dicuntur voces ille
15 que vel per incontinuam prolationem vel per subtractam coniunctionem efficiuntur multiplices. Nota autem quod continuatio proferendi
ad unitatem orationis quandoque necessaria sit, non tamen ad eam
efficiendam sufficit. Unde Aristotiles[1]: „quare autem unum sit et non
multa 'animal gressibile bipes'". Neque enim in eo quod propinque sunt
20 partes, unum erit; ⟨sed de hoc⟩ est alterius tractare negotii. Si enim hoc
sufficeret ad unitatem quod propinque partes proferuntur, omnes multiplices orationes une possent fieri. At vero que naturaliter sunt multiplices, nullo modo une esse possunt. Iuvat itaque ad unitatem orationis
continuatio proferendi, sed non sufficit. Non est autem idem simplex
25 quod unum, nec multiplex quod compositum; unum namque et multiplex secundum sensum dicuntur, simplex vero et compositum secundum
constitutionem. Quecumque enim ex simplicibus terminis iungitur nec
scilicet orationem in terminis habet, simplex dicitur, sive una sit, ut
ista: 'Socrates est', sive multiplex, sicut ista: 'canis est'. Composita vero
30 appellatur que orationem aliquam terminum habet, sive una sit, ut ista: | f. 147ʳ
'homo est animal rationale mortale', sive multiplex, ut ea que ait: 'Socrates
est homo albus ambulans'.

    Hec autem de proprietatibus cathegoricarum enuntiationum dicta
sufficiant. Nunc autem in figuris et modis sillogismorum qui ex ipsis
35 fiunt, propositum nostrum perficiamus.

---

19 gressibile bipes] g·b· et passim V   propinque] proprie V   20 ⟨sed de hoc⟩ c   34 qui] que V

[1] De interpr. 5, 17 a 13.

LIBER TERTIUS

DE SILLOGISMIS CATHEGORICIS

⟨De sillogismo⟩

Sillogismum itaque in *Primo Analecticorum* suorum Aristotiles tali diffinitione terminavit: „sillogismus, inquit[1], *oratio* est *in qua positis* 5 *aliquibus aliud quid a positis ex necessitate consequitur ex ipsis esse*; dico autem ex ipsis esse per ipsa contingere; per ipsa vero contingere nullius extrinsecus egere termini ut fiat necessarium." Quam etiam diffinitionem Boetius in *Secundo Cathegoricorum* suorum commemorat[2] ac diligenter singulas expediendo differentias pertractat, sicut in illa altercatione de 10 loco et argumentatione[3] monstravimus quam ad simplicem dialeticorum institutionem conscripsimus. At vero hic quoque ubi sillogismorum naturam principaliter tractandam suscepimus, non incommode singula breviter annotamus.

Quod igitur sillogismum orationem vocavit quamdam, ipsius 15 differentiam a simplicibus dictionibus ostendit. Per id vero quod plures propositiones ponit in argumento ex quibus conclusio infertur, ab entimemate sive exemplo dividitur. In eo vero quod ex concessis infert, argumentum habere monstratur atque a quibusdam ipoteticis propositionibus differt, que, cum formam sillogismi tenea[n]t earum 20 complexio, non sunt tamen antecedentes propositiones concesse, veluti ista:

'*si omnis homo est asinus et nullus asinus est equus, nullus homo est equus*'.
In hoc vero quod necessario ex premissis conclusio provenit, ab inductione differre dicitur. Hoc vero quod ipsa conclusio diversa a pre- 25 missis propositionibus esse debet, ridiculosos sillogismos excludit, ut sunt isti:

'*omnis homo est risibilis*
sed omne risibile est risibile
ergo omnis homo est risibilis'
30

---

3 ⟨de sillogismo⟩] ⟨de syllogismis categoricis⟩ *c* 4 analecticorum *sic plerumque V* 10 expediendiendo *V* 20 eorum *V* ex *Vᶜ* quod *V*

[1] *Anal. Pr.* I, 1 24 b 18-22, *rec. Carnut.*, pp. 143²⁹-144² ed. Minio-Paluello.
[2] *De syll. categ.* II, 821 A7-822 C¹².   [3] *Introd. parv.*, *Super Topica Glossae*, 320¹³ *e.q.s.*; cf. *ibid.*, 329⁴⁻⁹.

rursus: 'omnis homo est homo
        sed omnis homo est homo
       ergo omnis homo est homo'.

Hi quidem nec sillogismi proprie debent dici nec argumentatio, quod
5 eam que iam concessa fuerat propositio, tamquam dubiam concludunt.
Quod vero ait ipsam conclusionem provenire per proposita, tale est ut
ita perfecta sit inferentia sillogismi ut complexione[m] antecedentium
propositionum quodammodo iam innuatur complexio conclusionis.
Idque ipsum poni dicimus ad differentiam talium complexionum in
10 quibus aliquid aut plus quam debeat aut minus ponitur. Plus autem quam
debeat ⟨si⟩ superflue aliquid aggregatur hoc modo:
       'omne bonum iustum est
    omnis virtus bona est et sol in Cancro est
      ⟨omnis⟩ igitur virtus iusta est'.
15 Minus autem ponitur hoc modo:
       'omnis homo animal est
      sed omne animal animatum est
     igitur omnis homo corpus est'.
Defuit enim ad perfectionem inferentie ea propositio que omne ani-
20 matum corpus esse ostenderet.

   Sillogismorum autem alii cathegorice forme sunt, alii ipotetice. Cathegoricam quidem compositionem habent qui ex solis cathegoricis propositionibus componuntur, qui etiam cathegorici nominantur, ut sunt hi de quibus in presenti tractandum est nobis. Ypoteticam
25 formam tenent qui aliquam ipoteticam propositionem in sui constitutione continent; unde etiam ipotetici nominantur, veluti iste:
      'si est homo est animal,
        sed est homo,
       ergo est animal'.
30 Licet enim et assumptio et conclusio cathegorica sit enuntiatio, ex sola
tamen propositione prima que ipotetica est, ipoteticus sillogismus
totus appellatur. Sed de his alias[1]. Nunc vero de solis cathegoricis cura
est disputare.

⟨De speciebus cathegoricorum⟩

35   Horum autem Aristotiles alios perfectos, hocest evidentes per
se, esse dixit, alios imperfectos, idest non per se perspicuos. „Perfectum autem, inquit[2], dico sillogismum qui nullius alterius indigeat

7 complexione[m] c   8 innuatur V contineatur c   11 deceat V   14 ⟨omnis⟩ Vᶜ
1 infra, p. 50130 e.q.s.   2 Anal. Pr. I, 1 24 b 22-25, rec. Carnut. p. 1442⁻⁴ ed. Minio-Paluello.

preter assumpta ut appareat esse verus", ut illi quatuor quos in prima figura ipse disponit; „imperfectum vero quod indiget aut unius aut plurimorum", ut sunt omnes illi quos ipse in secunda et tertia figura posuit, quarum complexio cum per se evidentiam non habet ut statim inferentie credatur eius, in modos prime figure resolvuntur, a quibus 5 etiam principium sumunt per conversionem, sicut posterius apparebit, ac per ipsos qui evidentes sunt, fidem capiunt, modo quidem una propositione conversa, modo duabus, sicut in sequentibus liquebit.

⟨De forma, figura et modo sillogismi⟩

Nunc vero quid formam sillogismi quidve figuram aut modum 10 appellemus, distinguendum censeo. Significant autem diversas ipsius compositiones. Formam quidem eam dicimus compositionem sillogismorum secundum quam cathegorici et ipotetici dividuntur ab invicem, in eo scilicet quod ⟨hi⟩ cathegoricam constitutionem habent — in eo quod ex solis cathegoricis propositionibus constant —, illi ipoteti- 15 cam, secundum id quod aliquam continent propositionem ipoteticam.

Figuram vero secundum dispositionem medii termini accipimus, quem tribus modis variari contingit in his que preponuntur propositionibus ad demonstrationem conclusionis. Cum enim singule figure sillogismorum minus quam tribus terminis contineri non possint, ille 20 qui medius intendit, modo ita disponitur ut, cum in una propositione subiciatur, in alia predicetur, que prima est figura, hoc modo: 'omne bonum iustum est, omnis virtus bona est'; modo vero ita communis est utrique propositioni ut in utraque predicetur, quam quidem secundam figuram dicimus, hoc modo: 'omne iustum bonum est, nullum malum 25 bonum est'; modo etiam ita ab utraque participatur ut in utraque subiectus sit, que tertia figura vocatur, hoc modo: 'omne bonum iustum est; omne bonum virtus est'.

Modorum vero diversitates secundum qualitatem aut quantitatem propositionum sillogismi consideramus, in eo scilicet quod quidam ex 30 solis affirmativis, quidam vero ex affirmativis simul et negativis constituuntur, aut quidam ex solis universalibus, alii vero ex universalibus simul et particularibus. Nam affirmativum et negativum ad qualitatem enuntiandi, universale vero et particulare ad quantitatem subiciendi referuntur, in eo scilicet quod predicatum modo affirmando, modo 35 negando enuntiatur. Subiectum vero modo circa omnes, modo circa unum accipitur hoc modo: 'omnis homo est albus', 'quidam homo est albus', 'nullus homo albus est', 'quidam homo albus non est'.

14 ⟨hi⟩ c   29 medii termini] m·t· V

Manifestum est autem ex his que dicta sunt, figuras sillogismorum in his consistere propositionibus que altero termino participant. Sunt autem propositiones alie invicem participantes, que scilicet aliquem communem terminum habent, alie vero non participantes, 5 que scilicet nullum eumdem terminum communicant, veluti iste: *'Socrates legit'*, *'Plato disputat'*. Participantium autem duo sunt modi. Alie namque utroque termino participant, alie vero altero tantum. Que vero utroque participant, alie ad eumdem ordinem, alie ad ordinis commutationem; ad eumdem quidem ordinem 10 sicut contrarie vel subsontrarie, subalterne sive contradictorie; ad ordinis vero commutationem participatio in conversione consistit. Sed de his quidem que utroque termino participant in *Secundo* †poicherii† nostri[1] satis dictum esse arbitror.

Nunc vero de his superest tractare que altero termino partici-15 pant in quibus figuras sillogismorum consistere supra diximus. Prima namque figura in his dinoscitur in quibus id quod in una subicitur, in alia predicatur, hoc modo: *'omne iustum bonum est'*, *'omnis virtus iusta est'*; vel ita: *'omne iustum bonum est'*, *'omne bonum virtus est'*; sive enim | id   f. 147ᵛ quod in prima subicitur, in secunda predicetur, sive quod in prima 20 predicatur, in secunda subiciatur, primam figuram facimus. Non enim transpositio ordinis propositionum diversam figuram facit, sed conversio terminorum. Procrea⟨n⟩tur enim ex prima figura secunda et tertia per conversionem alterius propositionis. Secundam quidem ex prima procreari Boetius [qui] in *Secundo Cathegoricorum* ostendit maiore extremitate 25 conversa, tertiam vero ex eadem nasci per conversionem minoris extremitatis. Extremitates autem vocamus terminos conclusionis, ad quorum inter se coherentiam vel remotionem comprobandam medius terminus in propositis enuntiationibus intercedebat. Medium vero terminum illum dicimus qui ad conclusionem eorum que probare volumus, interponitur, 30 utrique quidem antecedentium propositionum communis, cum in conclusionem numquam veniat. Maior autem et minor extremitas non secundum continentiam rerum, sed secundum quamdam dignitatem accipitur. Illam namque maiorem, hocest digniorem, dicimus que in conclusione predicatur; que vero in ipsa subicitur, minorem et poste-35 riorem appellamus, quippe principalis terminus propositionis predicatus dicitur, a quo etiam propositio predicativa nominatur, de quo

---

4 vero] modo *V*   7 alienamque *V* alterum *V*   12 poicherii *V* peri hermeneias *Geyer Untersuch.*, p. 610 enchiridii *c*   14 alter[n]o *Vᶜ*   24 [qui] *c*   33 accipimus *V*

[1] tractatus Abaelardi *'Logica Ingredientibus'* (394⁵ *e.q.s.*) qui vocatur, hic designari recte ponit Geyer.   [2] *De syll. categ.* II, 812 D⁴ *e.q.s.*

etiam questio que probatur, fieri dicitur, cuius quoque inherentiam ad minorem extremitatem vel remotionem sillogismus ostendit.

Si quis igitur ex prima figura secundam procreare desideret, convertat eam propositionum in qua maior extremitas ponitur, alia propositione manente, veluti cum tales sint prime figure propositiones: 5 *'omne iustum bonum est'*, *'omnis virtus iusta est'*, talem in primo modo prime figure conclusionem habentes: ⟨*'omnis virtus bona est'*⟩; ex qua quidem conclusione apparet *'bonum'* maiorem extremitatem appellari. Si quis eam precedentium propositionum converterit, que scilicet fuit prima propositio sillogismi, secundam figuram efficiet hoc modo: *'omne* 10 *bonum iustum est'*, *'omnis virtus iusta est'*. Si vero eam propositionem convertat in qua minor ponitur extremitas, que scilicet secunda ponebatur superius, tertia figura provenit, ex eadem figura, ex prima scilicet, et erunt tales propositiones: *'omne iustum bonum est'*, *'omne iustum virtus est'*.

Continet autem unaqueque figura plures modos secundum di- 15 versitatem, ut dictum est, qualitatis aut quantitatis propositionum. **Prima namque figura** auctore Aristotile quatuor modos habet; secunda quoque totidem tenet; tertia vero sex comprehendit.

Sunt autem hi prime figure:

'omne iustum bonum est	*'nullum bonum malum est* 20
omnis virtus iusta est	*omne iustum bonum est*
omnis igitur virtus bona est.'	*nullum igitur iustum malum est.'*

'omne bonum virtus est	*'nullum bonum malum est*
quoddam iustum bonum est	*quoddam iustum bonum est*
quoddam igitur iustum virtus est.'	*quoddam igitur iustum malum non est.'* 25

Hi vero quatuor perfecti dicuntur, eo scilicet quod per se evidentiam habent nec ullius propositionis indigent ut necessario provenire conclusio ex premissis enuntiationibus videatur, propositione scilicet et assumptione sillogismi. Quippe ipsa complexionis dispositio directa est, non per reflexionem conversionis implicita, sicut complexiones aliarum 30 figurarum que ex prima per conversionem provenire demonstrate sunt. Ita quoque recta est huius figure dispositio ut qui medius in sensu terminus intercedit, medius quoque in constructione locum teneat, que vero extrema sunt, extremum. Sed non ita in ceteris figuris est. Unde omnes earum sillogismi in hos quatuor prime figure sillogismos resol- 35 vendi sunt, ut evidentiam ex ipsis accipiant, sicut posterius[1] ostendendum est.

---

4 propositionem *c*   17 auctore Aristotele *c* auctoritate a· *V* auctor[itat]e a. *Vc*   35 hos *Vc* has *V*

[1] *infra*, pp. 240²⁴-241²³, 243¹²-244²⁹.

⟨*De prima figura eiusque regulis*⟩

Nunc vero propositos quatuor sillogismos diligenter inspiciamus eorumque regulas generales apponamus. Primus quidem omnino simplex est, cuius propositiones nec qualitate differunt nec quantitate, 5 quippe omnes sunt affirmative et omnes universales. Huius autem regula talis est:

si aliquid predicatur de alio universaliter et aliud subiciatur subiecto universaliter, idem quoque subicitur predicato eodem modo, idest universaliter

10 veluti cum '*iustum*' '*bono*' supponatur universaliter et '*virtus*' '*iusto*', '*bono*' quoque ipsam necesse est supponi. Omnes vero alii sillogismi, cuiuscumque figure sint, propositionibus vel qualitate vel quantitate differentibus coniunguntur; omnes namque alii propositionem vel particularem vel negativam continent. Quicumque vero particularem habent 15 propositionem, universalem quoque habere oportet; quippe ex solis particularibus nulla est sillogismi necessitas; et quicumque negativam aliquam habent, aliquam quoque affirmativam habere necesse est; nullus enim verus est qui ex solis negativis texatur sillogismus.

Eius autem quem secundum modum posuimus, cuius propo20 sitiones sola qualitate disiuncte sunt, talis est regula:

si aliquid removetur ab alio universaliter et aliud subicitur subiecto universaliter, primum predicatum removetur a secundo subiecto universaliter,

veluti cum '*malum*' removeatur a '*bono*' universaliter et '*iustum*' sup25 ponatur '*bono*' universaliter, ab ipso — '*iusto*' scilicet, quod erat subiectum secunde propositionis, — '*malum*' universaliter removetur, quod in prima propositione predicabatur.

Tertii quoque modi, cuius propositiones sola distant quantitate, regula talis est:

30 si aliquid predicatur de alio universaliter et aliud subiciatur subiecto particulariter, idem subicitur predicato quoque particulariter.

Quarto vero modo cuius propositionum hee qualitate invicem, ille vero quantitate dissident, talem regulam assignamus:

35 si aliquid removetur ab alio universaliter et aliud subiciatur subiecto particulariter, primum predicatum removetur a secundo subiecto particulariter.

Sicut autem tertius a primo differt in eo tantum quod posteriores

3 earumque *V* opponamus *V*   7 universaliter] V̊. *V* verbo *et passim c*   25 iusto *Vᶜ* iusta *V*   38 eo *Vᶜ* ea *V*

propositiones particulares habet, ita quartus a secundo, et sicut
isti ab eadem propositione, ita et illi incipiunt, ut sint novem prime
figure modi; quatuor quidem ab Aristotile inventi, quinque vero a
Theophrasto et Eudemo superadditis, quibus, ut Boetius ⟨dicit⟩[1],
Porphirius in hac additione visus est consensisse. Hi vero quinque a   5
primis quatuor exordium sumunt atque ex ipsis per quamdam propositionum conversionem descendunt; qui quidem κατ' ἀνάκλασιν vocantur,
idest per refractionem quamdam conversionemque propositionum.

    Ac prius quidem omnes ordine disponamus; deinde qualiter ex
quatuor suprapositis nascantur, aperiamus.   10

      'omne iustum bonum est   *'nullum bonum malum est*
        omnis virtus iusta est   *omne iustum bonum est*
    quoddam bonum virtus est.'   *nullum malum iustum est.'*

       'omne bonum virtus est   *'omne bonum iustum est*
    quoddam iustum bonum est   *nullum malum bonum est*   15
    quedam virtus iusta est.'   *quoddam iustum malum non est.'*

         ⟨*'quoddam bonum iustum est*
          nullum malum bonum est
      quoddam iustum malum non est.'⟩

    Nascitur autem quintus ex primo primis propositionibus ma-   20
nentibus atque universali conclusione particulariter conversa; a quo
etiam comprobatur. Quicumque enim universalem affirmativam in conclusione demonstrat, particularem quoque conversionem ipsius per
accidens ostendit; quippe omnis universalis affirmativa particularem conversam infert. Sextus vero ex secundo venit primis propositionibus   25
manentibus et conclusione universali universaliter conversa; a quo etiam
fidem accipit. Quicumque enim universalem negationem concludit, eius
quoque simplicem conversionem probavit: omnis enim universalis
negativa sibi ipsi convertitur. Septimus | vero ex tertio manat primis
enuntiationibus manentibus et conclusione particulariter conversa; a quo   30
etiam probationem sumit. Quisquis enim particularem affirmativam
ostendit, eius quoque conversionem simplicem comprobavit: omnis
namque particularis affirmativa sibi ipsi convertitur. Ex quarto vero per
conversionem conclusionis nullus procreari potuit, pro eo scilicet quod
particularis negatio conversionem quam inferat nullam habet. Immo   35
octavus et nonus qui restant, conversis prioribus propositionibus quarti

f. 148ʳ

---

4 ut boetius ⟨dicit⟩] V̇ V (= universaliter) b· V secundum boethium c   5 consentisse V
7 catanaclasim V 9 ordine V   17-19 ⟨quoddam..... non est⟩ Vᶜ

[1] *De syll. categ.* II, 814 C⁷⁻⁹.

in ipsum resolvuntur. Octavus quidem in quartum resolvitur prima quarti propositione in secunda⟨m⟩ octavi universaliter conversa et prima octavi particulariter in secunda⟨m⟩ quarti conversa, eadem in utroque manente conclusione. Nonus quoque in eumdem resolvitur prima pro-
5 positione quarti in secundam noni universaliter conversa et secunda quarti particulariter in primam noni, eadem in utroque conclusione retenta.

His autem conversionibus factis priorum propositionum octavus et nonus ex quarto demonstratur iuxta hanc regulam:
quicquid ex consequenti provenit, et ex antecedenti.
10 At vero prime propositiones octavi et noni primas propositiones quarti inferunt; unde eadem primis propositionibus horum conclusio venit que ex primis propositionibus quarti. In propositionibus vero aliorum trium qui per conversionem conclusionis nascebantur, talis erat regula:
quidquid infert antecedens, et consequens.
15 Hi igitur quinque superaddti modi, qui in quatuor primos resolvuntur, imperfecti dicuntur, sicut omnes alii tam secunde quam tertie. Si quis autem vel in his vel in ceteris regulas generales requisierit, secundum terminorum dispositionem assignande sunt, sicut in quatuor premissis ostendimus; nec in his assignandis ulterius immorandum nobis esse
20 censemus, sed ad ceterarum figurarum modos transeamus.

Illud tamen notandum quod aliis verbis in regulis sillogismorum usi sumus quam Aristotiles; pro eo namque quod diximus 'aliud de alio universaliter predicari', ipse ponit 'aliud omni alii inesse'; pro eo quod diximus 'universaliter removeri', ipse dicit 'nulli inesse'; pro eo vero quod
25 diximus 'particulariter predicari vel removeri', ipse usus est 'alicui inesse vel non inesse'. At vero hec verba magis elegimus que contemporaneorum nostrorum exercitium in usum deduxit, nichil quidem aliud quam in verbis Aristotilis accipientes.

⟨De secunda figura eiusque regulis⟩
30 In secunda vero figura quatuor tantum modos communis omnium sententia tenet. Cuius quidem conclusiones in eo a conclusionibus prime figure differunt quod, cum in prima figura per novem supradictos modos et affirmatio et negatio universalis et affirmatio et negatio particularis in conclusionem veniat, in secunda figura sole negative
35 universales sive particulares concluduntur.

Fit igitur secunde figure primus modus, quotiens per primam figuram ex universali negatione et universali affirmatione universalis negatio concluditur. Secundus vero est qui ex universali affirmatione et universali negatione universalem negationem colligit. Tertius vero,

16 imperfecta V   38 secundum V

quando ex universali negatione et particulari affirmatione particularis negatio infertur. Quartus autem fit, cum ex universali affirmatione et particulari negatione particularis negatio provenit, ut subiecta descriptio monstrat:

      '*nullum malum bonum est*   '*omne iustum bonum est* 5
           omne iustum bonum est   *nullum malum bonum est*
   nullum igitur iustum malum est.'   *nullum igitur malum iustum est.*'

      '*nullum malum bonum est*   '*omne iustum bonum est*
         quoddam iustum bonum est   *quoddam malum bonum non est*
quoddam igitur iustum malum non est.'   *quoddam igitur malum iustum non est.*' 10

Primi quidem talis est regula:
si aliquid removetur ab aliquo universaliter et aliud subicitur predicato universaliter, primum subiectum re-
      movetur a secundo subiecto universaliter.
Secundi vero ea est: 15
si aliquid predicatur de aliquo universaliter et predicatum removetur ab aliquo universaliter, subiectum re-
      movetur ab eodem universaliter.

E regulis autem istorum ceterorum quoque regulas perpende, qui tantum ab istis in particularitate posteriorum propositionum differunt 20 — tertius quidem a primo, quartus vero a secundo — ab eadem incipientes propositione.

⟨De modorum eius resolutione in prime⟩

Quoniam autem imperfectos omnes huiusmodi sillogismos supra esse diximus atque fidem sui capere ex his quatuor quos in prima figura 25 Aristotiles posuit, qualiter hi quoque in eos resolvantur, ostendamus. At vero primus et secundus et tertius per conversionem resolvuntur, primus quidem et secundus secunde figure modus in secundum prime figure modum; tertius vero secunde figure in quartum prime figure; quartus vero secunde figure ex primo prime figure per impossibili- 30 tatem solam ostenditur. Resolvitur autem primus secunde figure in secundum prime hoc modo: conversa prima universali negatione universaliter et manente secunda, que universalis affirmatio fuit, eadem in utroque conclusio consistit. Secundus vero secunde figure in eumdem prime figure resolvitur sic: convertatur secunda universaliter 35 manente prima et commutetur propositionum ordo ut hic affirmativa preponatur, ibi vero secunda sit; fiet conclusio universalis negative que

---

10 iustum malum] malum iustum *V*   35-36 secunda universaliter manente prima] prima universaliter manente secunda *V*   37 proponatur *V*

consequebatur, conversio. Tertius autum modus secunde de quarto
prime procreatur, ita ut universalis negatio in prima propositione convertatur ceteris propositionibus non mutatis. Quartus vero modus
secunde per solam impossibilitatem, ut dictum est, in primum prime
5 figure resolvitur, eo videlicet quod eius propositiones simplicem conversionem non habeant: non enim universalis affirmativa vel particularis
negativa simpliciter converti possunt. Unde non aliam de hoc modo
ostensionem facere possumus quam per impossibile. Que quidem impossibilitas per primum modum prime figure demonstratur hoc modo:
10 si quis duas propositiones quarti concesserit, particularem quoque
negationem que ex his infertur, concedere cogitur, ex eo scilicet quod
ex premissis propositionibus necessario infertur. Aut enim premisse
propositiones necessario consequentem exigunt, aut ipse dividentem
ipsius secum patiuntur. At vero sumit adversarius quod dividentem
15 patiantur, que est huiusmodi: 'omne malum iustum est'; que, cum prime
propositioni eiusdem quarti modi aggregatur hoc modo:

'omne iustum bonum est
omne malum iustum est'

evenit per primum modum prime figure ut hec quoque vera sit:
20 'omne malum bonum est'.

At vero, cum iam prius concessa fuerit assumptio quarti: 'quoddam malum
bonum non est', et modo comprobata sit eius contradictoria: 'omne malum
bonum est', duas simul habemus contradictorias veras. Quod est impossibile.

25 ⟨De tertia figura eiusque regulis⟩

Restat autem nunc ut de modis tertie figure disputemus,
quorum quidem conclusiones a conclusionibus superiorum figurarum in
eo differentiam tenent quod, cum in superioribus et universales et particulares colligantur, in hac sole particulares concluduntur. Cuius
30 quidem modos sex esse prediximus. Primus autem tertie figure
modus ex duabus universalibus affirmativis particularem affirmativam
concludit; secundus autem ex universali affirmativa et universali
negativa particularem negativam; tertius vero ex particulari affirmativa
et universali affirmativa particularem affirmativam; quartus quidem ex
35 universali affirmativa et particulari affirmativa particularem affirmativam;
quintus autem ex particulari | negativa et universali affirmativa parti-   f. 148ᵛ
cularem negativam; at vero sextus ex universali negativa et particulari

2 ut] universaliter V   4 primum] secundum V   9 primum] secundum V   10 quarti]
tercii V   16 quarti] tercii V   19 primum] secundum V   21 quarti] tercii V

affirmativa particularem negativam infert. Quorum quoque exempla subiciemus:

'*omne bonum iustum est*	'*nullum bonum malum est*
omne bonum virtus est	*omne bonum iustum est*
'*quedam virtus iusta est.*'	*quoddam iustum malum non est.*' 5
'*quoddam bonum iustum est*	'*omne bonum virtus est*
omne bonum virtus est	*quoddam bonum iustum est*
quedam virtus iusta est.'	*quoddam iustum virtus est.*'
'*quoddam bonum malum non est*	'*nullum bonum malum est*
omne bonum iustum est	*quoddam bonum iustum est* 10
*quoddam iustum malum non est*ₜ.	*quoddam iustum malum non est.*'

Erant autem quidam, ut Boetius meminit[1], qui septem in hac figura modos constituebant addentes unum, quem secundum faciebant transpositis tantum precedentibus propositionibus primi modi et conclusione conversa hoc modo: 15

'*omne bonum virtus est*
omne bonum iustum est
quoddam iustum virtus est.'

Sed hunc, inquit[2], a primo ⟨modo Aristotiles non dividit, sed⟩ hos duos unum putat, quorum eadem est complexionis regula, hec scilicet: 20
si aliqua duo predicantur de eodum universaliter, primum
predicatum secundo convenit particulariter.
Unde et nos Aristotilem sequentes sex tantum modos huius figure esse deprehendimus. Secundi vero modi talis est regula:
si aliquid removetur ab aliquo universaliter et aliud pre- 25
dicatur de eodem subiecto universaliter, primum predicatum removetur a secundo particulariter.
        Tertio quoque talis aptari poterit:
si aliquid predicatur de aliquo particulariter et idem alio
predicato supponatur universaliter, primum predicatum 30
de secundo dicitur particulariter.
Ex his autem suprapositis regulis ceterorum quoque regulas perpende.
        Est autem annotandum quod in hac figura per omnes modos idem in prima propositione et conclusione predicatur, quod est maior extremitas; minor vero dicitur que in assumptione predicatur. In secunda 35 vero figura id quod in prima propositione subicitur, in conclusione predicatur, quod maiorem dicimus extremitatem; minorem vero que

19 ⟨modo..... sed⟩ *Vᶜ*   25-26 predicatur *V*   29-30 idem alio] aliud eidem *V*   30 primum] secundum *V*   31 secundo] priori *V*   32 regulis *Vᶜ*   a regulis *V*

[1] *De syll. categ.* II, 819 B⁴⁻⁹.   [2] *Ibid.*, B¹⁰ *e.q.s.*

in secunda subicitur. In prima autem figura per quatuor priores et perfectos modos idem in propositione et conclusione predicatur, quod maior extremitas vocatur; secunda vero que in assumptione subicitur. In ceteris vero quinque qui in eadem figura superadditi sunt, conversio
5 propositionum id non servat, sed que minor fuit extremitas in superioribus quatuor, maior est hic appellanda secundum predicationem conclusionis, que per conversionem provenit. Ac fortasse non multum necessitatis habuit horum quinque appositio, sed satis ad naturam complexionum ostendendam illos fuisse arbitror quos Aristotiles posuit,
10 ex quibus liquide ceterorum quoque complexiones per eamdem figuram apparent.

⟨De modorum eius resolutione in prime⟩

Nunc vero superest ut tertie figure modos quos novissime posuimus, qui etiam per se perspicui non sunt, in primos quatuor prime
15 figure modos resolvamus. Quorum quidem quintus per solam impossibilitatem ostenditur, sicut quartus secunde figure; reliqui vero omnes per conversionem quoque possunt comprobari. Primus enim tertie figure modus in tertium prime figure modum resolvitur hoc modo: ut si[t] prima propositio primi modi tertie figure particulariter
20 convertatur et secunda eius hanc particularem precedat, tertium prime figure modum efficis eadem conclusione retenta; qui quidem tertius conversus sit, et de hoc dubitare non poteris: quicquid enim provenit ex consequenti, et ex antecedenti. Verum propositiones que in tertio preponuntur, ex his consequi possunt que in primo precedunt. Se-
25 cundus quoque tertie figure in quartum prime ita resolvendus est, ut prima manente propositione et secunda, que universalis est, particulariter conversa, eadem inferatur conclusio. Tertius in tertium resolvitur hoc modo: ut prima huius et secunda illius eadem maneat et prima huius in secundam illius particulariter convertatur fiatque prima
30 in illo que secunda est in isto, conversa vero alterius secunda ponatur. Per conversionem quoque conclusionis redit tertius prime figure sillogismus. Quartus quoque in eumdem resolvitur manentibus prima et tertia propositionibus et secunda particulariter conversa. Sextus quoque de primo procreatur prima et tertia propositione manentibus et
35 secunda particulariter conversa. Quintus vero qui restat per impossibile tantum ostenditur propter eamdem causam quam de quarto modo secunde figure supra reddidimus. Hec autem impossibilitas ex primo prime figure modo demonstratur hoc modo: vere positis premissis

4 qui] quod *V* 24 proponuntur *V* 37 primo] tertio *V*

propositionibus quinti conclusio eius necessario ponitur. Aut enim illis positis conclusio necessario provenit, aut ipse precedentes dividentem conclusionis patiuntur. Ponit autem adversarius quod premisse propositiones simul esse possunt cum dividente conclusionis. Que quidem dividens talis est: *'omne iustum malum est'*, cui quidem cum assumptio 5 quinti adiungitur, hec scilicet: *'omne bonum iustum est'*, per primum[1] prime figure modum infertur: *'omne bonum malum est'*; que quidem contradictoria est prime propositionis quinti, que iam concessa fuit. Due itaque contradictorie simul vere conceduntur, q u o d   e s t   i m-p o s s i b i l e.   10

Non solum autem quartus secunde figure et quintus tertie in priores et perfectos prime figure per impossibile resolvi poterant, verum etiam omnes alii qui per conversiones ostensi sunt, per impossibile ex eisdem quoque monstrari possunt. Tertius enim secunde ex secundo prime per impossibile monstratur, secundus ex tertio, primus ex 15 quarto. Quas quidem resolutiones eodem modo dispone quo modo in resolutione quarti fieri monstravimus, ipsa videlicet conclusio⟨ne⟩ in contradictoriam suam mutata atque adiuncta assumptione eius modi quem resolvere volumus. Omnes quoque tertie figure modi ex eisdem quatuor prime figure per impossibile demonstrari possunt, quemad- 20 modum quintus resolutus est, sextus quidem tertie figure in tertium prime, quartus in quartum, tertius in secundum, secundus in primum, primus in secundum. Nec nos illud contrahet quod in quibusdam hec impossibilitas per contradictorias, in quibusdam per contrarias ostenditur; eque enim, immo magis, peccat qui contrarias concedit 25 quam qui contradictorias, quippe magis sibi contrarie quam contradictorie adversantur. Illud quoque in perturbatione⟨m⟩ duci non debet si aliis quandoque terminis usi sumus in resolvendo modos quam prius in disponendo.

At vero illud aliquos movere poterit quod in ostensione im- 30 possibilitatis pro contradictoriis ac rectis dividentibus utimur his propositionibus quas superius in *Secundo* contradictorias esse negavimus[2], cum quandoque eas non esse veras contingat, universalem scilicet affirmativam et particularem negativam, ut sunt iste: *'omne iustum virtus est'*, *'quoddam iustum virtus non est'*. At vero etsi non necessitate huiusmodi resolutio 35

constringat, probabilitatem tamen maximam | tenet. In eo etiam ipsa ex necessitate non cogit, quod non est necesse ex premissis propositionibus

---

1 eius *Vᶜ* erit *V*   6 hec] hoc *V* omne] quoddam *V* primum] tertium *V*   7 omne] quoddam *V*   31 pro] per *V*

[1] Error Abaelardi (?)   [2] *supra*, pp. 176¹⁶-184⁶.

aut hanc sequi contradictoriam aut illam. Multa enim sunt ex quibus neutra duarum contradictoriarum sequitur. Ex hac enim propositione que ait: 'omnis homo est animal', neque 'omnis homo est rationalis' provenit nec multo minus ipsius contradictoria, que falsa est. Idem quoque in
5 figuris sillogismorum contingit. Ex his namque duabus:

> 'omne iustum bonum est
> omnis virtus iusta est'

neque ista provenit:

> 'omnis corvus est niger'

10 neque ipsius contradictoria. Illud quoque disiunctionis propositum quod apponimus, satisfacere non videtur, cum scilicet dicimus: aut premisse propositiones necessario inferunt conclusionem, aut ipsius patiuntur dividentem. Multe enim videntur propositiones que duarum contradictoriarum hanc quidem non inferunt nec illam patiuntur: neque
15 ⟨enim⟩ hoc recipimus:

> 'si Socrates est hic lapis, non est homo'

nec antecedens dividentem sequentis patitur.

At vero de calumnia huius consequentie *Topicis* nostris discutiendum reservamus. Sicut tamen hec consequentia maximam tenet
20 probabilitatem, ita et supraposita resolutio impossibilitatis maxima probabilitate obnixa est.

De permixtionibus modorum

Contingit autem aliquando modales enuntiationes simplicibus aggregari in modis suprapositarum figurarum, sicut in *Analyticis* suis
25 Aristotiles ostendit[1], in prima quidem hoc modo:

> 'omne iustum possibile est esse bonum'
> omnis virtis iusta est
> omnem igitur virtutem possibile est bonam esse'.

Similiter et *necessarium* et *verum* per modos singulos. Sic quoque et in
30 secunda figura contingit. Si quis enim istas concedat:

> 'nullum malum possibile est esse bonum'
> 'omne iustum possibile est bonum esse'

huic quoque non contradicet:

> 'nullum iustum est malum.'

35 Idem in ceteris modis accidit. Tertie quoque figure sic adiunguntur:

> 'omne bonum possibile est iustum esse
> omne bonum virtus est

---

5 duobus *V*   22 permistionibus *sic semper V*   29-30 in secunda *Vᶜ infra V*

[1] *Anal. Pr.* I, 13, 32 a 16 *e.q.s.* Sed quae Abaelardus dicit parum cum Aristotele congruunt. Vide *Aristoteles Latinus* III, 1-4. Appendix, p. 436, n. 1.

quamdam igitur virtutem possibile est iustam esse'.
Sic et in ceteris.

Videntur quoque sillogismi ex solis modalibus veraciter componi.
Si quis enim dicat:

> 'omne quod possibile est mori possibile est vivere   5
> omnem autem hominem possibile est mori
> omnem igitur hominem possibile est vivere',

recte primum prime figure modum perfecisse videtur. Tales namque
etiam sillogismos, qui videlicet ex solis modalibus componantur,
Aristotiles disposuisse invenitur. Ut enim ostenderet quod id quod 10
futurum est necesse est fieri, tale premisit[1] argumentum in *Primo
Periermenias* quod ⟨id quod⟩ futurum est non potest non fieri: „quod
autem non potest non fieri impossibile est non fieri; quod vero impossibile est non fieri necesse ⟨est⟩ fieri"; quare intulit: „quod futurum est
necesse est fieri". Idem quoque in *Secundo* ad falsam opinionem reciden- 15
dam de equipollentia modalium propositionum talis sillogismi usus est
argumentatione, cum ait[2]: „an certe impossibile est sic poni necessarii
contradictionem; nam quod necessarium est esse possibile est esse";
adiecit[3] autem postea: „at vero quod est possibile esse non impossibile
est esse; quod vero non impossibile est esse non necesse est esse"; 20
secundum malam dispositionem conclusit[4] itaque: „quare quod necesse
est esse non necesse est esse, quod est inconveniens."

At vero michi hi non esse sillogismi videntur qui ex solis modalibus compositi sunt, quorum prime propositiones medio termino non
connectuntur. Cum enim dicitur: 'omne quod possibile est mori, possibile est 25
vivere', 'illud quod possibile est mori' subiectum est in sensu, sicut 'homo',
cum dicitur: 'omnem hominem possibile est vivere'. Tale est enim: 'omne illud
quod possibile est mori, idest omnem illam rem quam mori contingit,
possibile est vivere'. Si ergo in secunda propositione ipsum predicaretur
hoc modo: 'sed omnis homo est illud quod possibile est mori', 'ergo omnem 30
hominem possibile est vivere' recte in sillogismo per primam figuram
conclusisset. Sed iam secunda propositio simplex esset, in qua 'illud
quod possibile est mori' simpliciter de homine predicatur. Talis autem et
iste sillogismus est:

13 vero *V* autem *b*   17 an] *coll. b* ac *V* (est) *b*   18 contradictiones *b* est necessarium *b*
19 vero + illud *b*   19-20 impossibile esse sequitur *b*   20 quod vero..... necesse est esse
V hoc vero illud quod est non necessarium esse *b*   21 quare + contingit *b*   21-22 necesse est esse non necesse est esse *V* est necessarium esse non necessarium esse *b*

[1] *De interpr.* 9, 18 b 13-15.   [2] *Ibid.* 13, 22 b 10-11.   [3] *Ibid.* 13, 22 b 14-16.
[4] *Ibid.* 13, 22 b 16-17.

'*omne corpus quod possibile est mori, possibile est vivere*
sed omnis homo est corpus quod possibile est mori
quare omnem hominem possibile est vivere'.

Cuius quoque assumptio simplex est, in qua corpus simpliciter homini
5 attribuitur, determinatum quidem per illud quod subiungitur '*quod*
possibile est mori'.

Sic quoque in simplicibus sepe sillogismi esse vide⟨n⟩tur qui non
sunt. Si quis enim dicat:
'*omne quod homo non est, est non-homo*
10 *sed hic lapis non est homo*
ergo est non-homo',

primam, quam non fecit, figuram fecisse videtur, cum premisse propositiones medium terminum non communicent. In prima namque propositione illud '*quod homo non est*' subiectum fuit, quod in secunda predi-
15 cari debuit hoc modo: '*sed hic lapis non est illud quod non est homo*'. At
tunc recte concluderetur: '*quare hic lapis est homo*'. Quod autem '*homo*'
in secunda propositione removetur, nichil ad participationem medii
termini, cum videlicet '*homo*' nec predicatus terminus nec subiectus in
prima propositione fuerit, sed in determinatione subiecti positum. Sic
20 quoque nec medius terminus intercedit cum dicitur: '*quod necesse est esse*
possibile est esse', et '*quod possibile est esse non impossibile est esse*', nisi ita
intelligatur: '*quod necesse est esse est illud quod possibile est esse*' et '*quod possibile*
est esse non est impossibile esse'. Sed iam prima propositio simplex, non
modalis, fuerit, in qua illud '*quod possibile est esse*' simpliciter enuntiatur
25 de eo quod necesse est esse.

Licet autem sillogismi recte dici non possint hi quos ex solis
modalibus constitutos adiecimus, quia tam⟨en⟩ maximam probabilitatem
tenent, non incommode quandoque a disputantibus inducuntur. Videtur
autem aliquando medius terminus sillogismi in altera propositione nec
30 predicari nec subici, sed in determinatione terminorum poni, quando
videlicet obliquitas casuum incumbit hoc modo:
'*omnis homo est animal*
sed quedam albedo est hominis
ergo est animalis'
35 ⟨vel⟩:
'*omnis homo est animal*
sed quedam albedo accidit homini
ergo animali'

34 animalis *c* homo animal *V*

vel ita:

> 'informat hominem
> ergo in animal'

vel etiam ita:

> 'fundatur in homine   5
> ergo ⟨in⟩ animali'.

De permixtione temporum

Possunt quoque per tempora propositiones sillogismorum variari
in singulis figuris; in p r i m a autem sic:

> 'omnis homo morietur   10
> omnis citharedus est homo
> quare omnis citharedus morietur'

vel ita:

> 'omnis senex fuit puer
> Nestor autem est senex   15
> quare fuit puer'.

In s e c u n d a vero hoc modo:

> 'nullus lapis morietur
> omnis homo morietur
> quare nullus homo est lapis'   20

vel ita:

> 'nullus puer fuit iuvenis
> omnis autem senex fuit iuvenis
> quare nullus senex puer est'.

In t e r t i a quoque talis fit [ad] temporum admixtio: 25

> 'omne mortale morietur
> omne autem mortale vivum est
> quoddam igitur vivum morietur'

vel ita:

> 'omnis senex fuit puer   30
> omnis senex est non puer
> quoddam non puer fuit puer'.

Sic quoque per singulos modos trium figurarum presenti tempori cetera
quoque potuerunt aggregari.

Ex solis autem propositionibus ceterorum temporum nulla 35
secundum aliquam figuram sillogismi necessitas videtur contingere,

25 admisticio *V^c*

sicut nec ex solis particularibus aut negativis. Si quis enim talem prime figure dispositionem faciat:

> 'nullum puer fuit iuvenis
> omnis senex fuit puer
> 5   nullus senex fuit iuvenis',

falsum omnino videtur. Erunt tamen fortassis qui subtilius inspicientes dicant hic quoque necessariam esse conclusionem, si medius terminus, idest 'puer', eodem modo et in prima et in secunda propositione sumatur, sicut in singulis | singularum figurarum modis convenit. Si ⟨enim⟩ medius   f. 149ᵛ
10 terminus dissimiliter, hocest in diversa significatione, ponatur, ad extremorum conclusionem non est idoneus. At si 'puer' in secunda quoque propositione, sicut in prima, circa existentes modo tantum accipiatur, falsa prorsus videbitur ipsa secunda que ait: omnis senex fuit puer. Tale est enim ac si diceret: 'omnis senex fuit aliquis eorum qui modo
15 pueritiam habent'. Quod quidem intelligi convenit, si per se una dictio '⟨fuit⟩ puer' accipiatur, sicut in Primo Postpredicamentorum ostendimus[1]. Si vero 'fuit puer' in secunda propositione pro una dictione acceptum predicetur, vera fortassis enuntiatio erit, sicut in eodem monstravimus. Sed iam figura sillogismi, sicut et necessitas, deperit, quippe medius
20 terminus non consistit, scilicet cum in prima propositione 'puer' subiectus ⟨est⟩, in secunda 'fuit puer' predicatur. Sic quoque et si dicatur:

> 'omnis qui fuit iuvenis fuit puer
> omnis autem senex fuit iuvenis
> quare omnis senex fuit puer',

25 licet necessario provenire conclusio videatur, nulla tamen est figure dispositio, sicut nec in his complexionibus quas ex solis modalibus supra coniunximus. In prima namque propositione 'ille qui iuvenis fuit' sub-icitur, qui in secunda non predicatur. Non enim ita dicebatur: 'omnis senex est ille qui fuit iuvenis', immo ita: 'omnis senex fuit iuvenis', in quo
30 tantum 'iuvenis' predicari a pluribus dicitur. Si vero 'fuisse iuvenem' pro uno predicato sumamus, eedem fortassis propositiones erunt, hee scilicet: 'omnis senex fuit iuvenis' et ⟨'omnis senex est ille qui fuit iuvenis', et⟩ tunc medii termini communitas figure complexionem servabit. Sed iam secunda propositio de presenti videbitur in qua 'est' copula intelligitur,
35 ac si hoc modo diceretur: 'omnis senex est ille qui fuit iuvenis'.

Hec de cathegoricis tam propositionibus quam sillogismis dicta doctrine sufficiant.

FINIS CATEGORICORUM

9 ⟨enim⟩ Vᶜ   10 ponatur Vᶜ sumatur V   16 primo] secundo V   20 scilicet] sed V
21 ⟨sit⟩ c   38 FINIS ·C·T·G·R·C·R·M· V

[1] supra pp. 115-117.

TRACTATUS TERTIUS
TOPICA

LIBER PRIMUS
DE LOCIS

LIBER SECUNDUS
DE DIVISIONIBUS THEMISTII ET TULLII

DE LOCIS

⟨*Introductio*⟩

Sicut ante cathegoricorum sillogismorum constitutionem ipso-
5 rum materiam in cathegoricis propositionibus oportuit preparari, ita et
ante ipoteticorum compositionem eorum propositiones ipoteticas
(unde et ipsi ipotetici nominantur) necesse est tractari. Nulle autem
idonee propositiones in constitutione sillogismi sumuntur nisi quibus
auditor consentit, hocest quas pro veris recipit, sicut ex diffinitione sillo-
10 gismi, quam in extrema parte *Cathegoricorum* posuimus[1], manifestum est.
Quoniam ergo ipotetice enunciationes quarum sensus sub consecutionis conditione proponitur, inferentie sue sedem ac veritatis
evidentiam ex locis quam maxime tenent, ante ipsas rursus ipoteticas
propositiones *Topicorum* tractatum ordinari convenit, ex quo maxime
15 ipoteticarum propositionum veritas seu falsitas dinoscitur.

Locum ergo generaliter diffinientes *vim inferentie* dicimus.
Veluti cum talis proponitur consequentia:

'*si est homo, est animal*',

'*homo*', cuius habitudo ad '*animal*' vim inferentie tenet, locus dicitur,
20 cumque '*homo*' ad '*animal*' utpote species ad genus suum sese habeat,
locus ipse a specie assignandus est. Locum autem artius accipientes
philosophi diffinierunt *argumenti sedem* vel id esse unde trahitur conveniens argumentum ad propositam questionem comprobandam. Quarum
quidem diffinitionum prima Ciceroni adscribitur, secunda vero Themistii
25 esse creditur. Sed unde iste stricte dicende sint, facilius apparebit, si
unde premissa larga dicatur, prius patuerit, que scilicet vim inferentie
locum esse determinavit; que quidem breviter est aperienda.

Inferentia itaque in necessitate consecutionis consistit, in eo
scilicet quod ex sensu antecedentis sententia exigitur consequentis,
30 sicut in ipotetica propositione dicitur, ut in sequentibus monstrabitur.
Hec autem inferentia alias perfecta est, alias imperfecta. Perfecta
quidem est inferentia, cum ex ipsius antecedentis complexione consequentis veritas manifesta est et antecedentis constructio ita est disposita,
ut in se consequentis quoque constructionem contineat, veluti in sillo-

---

1 P.A. PALA· PERHIPA· TOPICORUM PRIMUS *V*   9 recipit *V*c accipit *V*   10 quam] quod *V*
11 consequutione conditionis *V*

[1] *supra*, p. 232 5–8.

gismis aut in his ipoteticis que formas habent sillogismorum. Si quis
enim dicat:

> '*omnis homo est animal*
> *omne animal est animatum*'

atque ex his inferat: 5

> '*ergo omnis homo est animatus*',

antecedentes propositiones, que et '*hominem*' '*animali*' et '*animal*'
'*animato*' omnino subiciebant, tertie quoque sensum que ex ipsis infertur, liquide continebant, quantum etiam ad constructionis dispositionem, in qua quidem et ipse '*homo*' '*animato*' supponitur. Nam sicut 10
una media ipotetica dicuntur due ipotetice in quibus per communitatem medii duo extrema in unius ipotetice sensum coniunguntur,
ita et una media cathegorica dici debent due cathegorice quarum
extremitates per medii termini communitatem vel sibi convenire vel
a se removeri monstrantur: convenire quidem, ut in premisso '*ani-* 15
matum' '*homini*' adherere ostenditur mediante animali, cum ita quidem
proponitur:

> '*omnis homo est animal*
> *omne animal est animatum*';

removeri quidem hoc modo: 20

> '*omnis homo est animal*
> *nullum animal est lapis*':

hic enim '*lapis*' ab '*homine*' quoque per '*animal*' removeri monstratur.
Ad hanc autem perfectionem inferentie notandam '*per ea ipsa*' in
diffinitione sillogismi, sicut in *Cathegoricorum Sillogismorum Secundo* 25
Boetius dicit[1], appositum est. Que quidem diffinitio est huiusmodi:
O r a t i o   i n   q u a ,   p o s i t i s   q u i b u s d a m   e t   c o n c e s s i s ,   n e c e s s e
e s t   p e r   e a   ⟨i p s a⟩   q u e   p o s i t a   s u n t   e t   c o n c e s s a ,   a l i u d
e v e n i r e   q u a m   s i n t   e a   q u e   p o s i t a   s u n t   e t   c o n c e s s a . Que
quidem plenius apparebit, cum in sequentibus diffinitionem ipsam ex- 30
ponemus per singula argumentationis species uberius tractantes[2]. Similiter et ille consequentie perfectam habent inferentiam que sillogismorum
formas tenent et sola concessione antecedentium propositionum a
sillogismo distare videntur, ut cum ita proponitur:

> '*si omnis homo est animal et omne animal est animatum, omnis homo est* 35
> *animatus*'

vel ita:

> '*si omnis homo est animal et nullum animal est lapis, nullus homo est*
> *lapis*'.

[1] *De syll. categ.* II, 822 B⁶⁻¹⁰.   [2] Vide autem *infra*, p. 459⁸⁻¹⁰.

Sunt autem alie inferentie, que imperfecte sunt, cum videlicet una tantum propositio antecedit, etsi de eisdem antecedentibus substracta una fiat ad ultimam inferentiam hoc modo:

'si omnis homo est animal, omnis homo est animatus'

5 vel:

'si omnis homo est animal, nullus homo est lapis'.

Que quidem inferentie, quamvis imperfecte sint quantum ad antecedentis constructionem, tamen necessitatem ex rerum natura sepissime tenent veluti ista quam prius posuimus de *'animali'* ad *'animatum'*,
10 cum videlicet natura animalis, cui animatum ut substantialis forma inest, ipsum animal preter animationem existere nusquam patiatur. Perfectio itaque necessitatis etiam in his est inferentiis, non constructionis. Cum enim dicimus:

'si est animal, est animatum',

15 quantum quidem ad rerum naturam quam novimus, de veritate consequentie certi sumus, quia scilicet animal sine animato non posse subsistere scimus, non quidem quantum ad complexionem inferentis. Quamvis enim animal in se animatum contineat, nulla tamen apponitur propositio que animal in animato contineri demonstret. Unde et clarum
20 est, etsi idem ad se ipsum sequi facias hoc modo:

'si est animatum, est animatum',

non perfectam esse inferentiam, quantum quidem ad inferentis constructionem. Nam quamvis certum sit idem sine se ipso non posse consistere, non est tamen inferentia complexionis perfecta, ubi idem ad sui po-
25 sitionem simpliciter sequitur, nisi et ipsum in se contineri demonstretur per adiunctam antecedenti propositionem que est: *'omne animatum est animatum'*. Verum si ita proponatur:

'si omne animal est animatum et omne animatum est animatum, omne animal est animatum',

30 perfecta quoque est secundum complexionem inferentia.

Quod quidem inde patet quia ex se tantum, non ex natura terminorum, hec inferentia perfecta est, quod, qualescumque terminos apponas, | sive coherentes sive remotos, nullo modo cassari valet con-   f. 150r
secutio. Si enim dicas:

35 *'si omnis homo est lapis et omnis lapis est lignum, omnis homo est lignum'*,

necessaria est et indubitabilis inferentia, quamvis nulla propositionum sit vera. Neque enim vel veritas propositionum veritatem exigit consequentie vel falsitas falsitatem. Sed et ex veris propositionibus falsa texitur consequentia hoc modo:

19 contineri] contaver V   23 sine Vᶜ sene V   33 cassari Vᶜ cessari V

‘*si hic lapis non est homo, hic lapis non est animal*’,
et ex falsis vera hoc modo :
  ‘*si hic lapis est homo, hic lapis est animal*’.
Aliud enim est partium sensum speculari, aliud consecutionem totam
attendere, que neque hoc esse vel non esse, neque illud proponit, sed 5
  ‘*si hoc est, non est illud*’
esse vel non esse, sive hoc vel illud sit vel non sit.

  Cetere quoque vere consequentie, quarum inferentia ex rerum
natura pendet, non in quorumlibet terminorum rebus vere consistunt,
sed in his tantum que naturam eius consecutionis servant. Cum enim 10
vera sit huiusmodi consequentia :
  ‘*si est homo est animal*’
ex natura speciei ac generis potes altero illorum mutato consecutionem
destruere, si videlicet tale apponas in loco cuiuslibet cuius essentia ad
alterum nullam consecutionis habeat naturam. Veluti si ‘*hominem*’ mutes 15
sic :
    ‘*si est lapis est animal*’
vel ‘*animal*’ ita :
    ‘*si est homo est lapis*’.
Iste ergo consequentie recte ex natura rerum vere dicuntur quarum 20
veritas una cum rerum natura variatur; ille vero veritatem ex complexione, non ex rerum natura, tenent quarum complexio necessitatem
in quibuslibet rebus, cuiuscumque sint habitudinis, eque custodit, sicut
in sillogismo vel in consequentiis que formas eorum tenent, ostenditur.

   ⟨*Utrum sillogismi ex loco firmitatem habeant*⟩   25

  Sed fortasse in sillogismis ad concessionem antecedentium propositionum habitudines rerum necessarie videntur, ut videlicet ‘*omnis
homo est animal*’, vel ‘*omne animal est animatum*’ inde concedamus quia
generis coherentiam in ‘*animali*’ ad ‘*hominem*’ vel in ‘*animato*’ ad
‘*animal*’ consideramus. Quantum autem ad inferentiam sillogismi, que 30
fit de duabus precedentibus propositionibus ad tertiam, nulla est coherentie habitudo necessario, sicut ⟨nec⟩ in illis consequentiis que
formas tenent sillogismorum.

  Unde quia ita in se perfecte sunt huiusmodi inferentie ut nulla
habitudinis natura indigeant, nullam ex loco firmitatem habent. Cuius 35
quidem loci proprietas hec est: vim inferentie ex habitudine quam
habet ad terminum illatum conferre consequentie, ut ibi tantum ubi

---

8 quoque vere] quoque *V* ⟨vero⟩ *V^c* 9 verae consistunt *c* vera consistit *V*

imperfecta est inferentia, locum valere confiteamur. Veluti cum de quolibet dicimus:

'*si est homo est animal*',

ex '*hominis*' habitudine ad '*animal*' — quia scilicet species eius est —
5 valere constat inferentiam. Hoc ergo quod ad perfectionem inferentie deest, loci supplet assignatio, cum '*hominem*', qui '*animal*' probat, '*animalis*' speciem consideramus, et speciei quidem naturam talem cognoscimus ut suum genus necessario ponat, quod maxima dicit propositio, que nichilominus locus dicitur, sicut in sequentibus apparebit[1].
10 Que quidem maxima propositio post assignationem loci differentie sue extra ad modum probationis ostendendum affertur. Itaque ubi inferentia perfecta non est, loci valet habitudo, ubi vero perfecta, nequaquam. Quod enim perfectum est, nullo eget supplemento nec perfectioni quicquam deese potest. Perfectam autem diximus syllogismi
15 inferentiam, que nullorum habitudine terminorum indiget. Quorumcumque enim terminorum inferentia componatur, si formam complexionis syllogismi teneat, incommutabilis consistit; unde non quilibet termini secundum constructionem speciei ac generis dispositionem suam habentes veram faciunt consecutionem. Cum enim dico:
20 '*si Socrates est homo, est animal*',

verum est; si autem '*hominem*' et '*animal*', que predicantur, mutavero et '*hominem*' et '*asinum*' predicata apposuero, falsam eorum inferentiam fecero.

Sed queritur, si omnis inferentia syllogismi perfecta sit, quo-
25 modo auctoritas alios perfectos ⟨dicat⟩ — ut illi qui prime figure sunt —, alios imperfectos, ut sunt secunde et tertie figure. Sed hec imperfectio non ad inferentiam, sed ad evidentiam refertur. Similiter enim et in istis qui imperfecti dicuntur, inferentia est necessaria sicut in illis, et complexio ⟨con⟩sequentis propositionis in contexione antece-
30 dentium propositionum continetur. Sed non tam cito potest discerni in conversione propositionum sicut in recta dispositione.

Rursus a questione non videtur alienum, si locos in syllogismis non esse confiteamur, quare etiam in syllogismis ipsos auctoritas assignet. Boetius enim, qui in *Prologo Topicorum* suorum proposuerat[1] se osten-
35 surum qui etiam loci quibus apti sint syllogismis, per singulos syllogismos locos assignat maximasque propositiones adaptat. Veluti cum locum

---

11 sue *Vc* seu *V* probationis] propositionis *V*   19 faciunt *Vc* faciant *V*   25 ⟨dicat⟩ *c*
28 imperfecti *Vc* imperfecta *V*

[1] *infra*, p. 257³² *e.q.s.*   [2] *De top. diff.* I, 1173 C¹.

a diffinitione, cuius exemplum primum positurus erat, vellet
assignare, talem premisit sillogismum:

> *'animal est substantia animata sensibilis*
> *arbor vero substantia animata sensibilis non est*
> *arbor igitur animal non est'.* 5

In hoc enim sillogismo locum a diffinitione assignavit, que est
substantia animata sensiblis, et maximam propositionem talem adaptat:

A quocumque removetur diffinitio, et diffinitum.
Voluit itaque Boetius locum quoque in sillogismis esse. Sed et ipse
Porphirius *Isagogas* suas et ad sillogismos necessarias, inde, ut aiunt[1], 10
vocavit quod de his agunt rebus — genere, specie, differentia, proprio et
accidenti — ex quibus sillogismi sue sedem contrahunt necessitatis.
Unde et ipse in sillogismis locos accepit.

Sed etsi hoc recipiamus, non quantum ad inferentiam totius
sillogismi locum esse confitemur, non videlicet secundum hoc quod ⟨ex⟩ 15
duabus simul antecedentibus propositionibus consequens infertur, sed
quantum ad inferentiam unius antecedentium propositionum ad tertiam.
Modo enim in sillogismo locum metiuntur secundum inferentiam propositionis ad conclusionem, modo secundum inferentiam assumptionis ad
conclusionem. Veluti cum dicimus: 20

> *'omnis homo est animal*
> *omne animal est animatum*
> *ergo omnis homo est animatus'*

si inferentiam attendamus ex propositione *'omnis homo est animal'* ad
'omnis homo est animatus', a specie locus est, que est *'animal'*, *'animati'* 25
scilicet, cuius quidem loci hec erit maxima propositio:

de quocumque predicatur species, et genus;

et tunc quidem ipsam assumptionem quasi pro assignatione loci positam
dicunt, ut videlicet *'animal'* *'animati'* speciem esse innuat, cum ipsum
'animato' supponit. Si vero inferentiam assumptionis ad ipsam con- 30
clusionem attendamus, locum a genere, quod est *'animal'*, *'hominis'*
scilicet, assignat; secundum quidem hanc regulam:

quicquid predicatur de genere universaliter, ac de
specie

et tunc quidem prima propositio pro assignatione loci ⟨relinquitur, ac si 35
dicat *'hominem'* speciem esse *'animalis'* per hoc quod ipsum *'animali'*
supponit.

---

1 cum] tamen *V* 17 accidentium *V* 19 inferentiam + propositionis ad conclusionem modo
secundum inferentiam *V* 258,35-259,1 ⟨relinquitur..... loci⟩ *Vc* 36 animali] animalis *Vc*
[1] Cf. Boeth., *In Isag.* 1577-15820.

Sed si propositionum sensum, quem scilicet in assignatione loci⟩
ponimus, consideremus, tantum vel a predicatis vel a subiectis
vel a remotis possumus locos assignare in cathegoricis sillogismis; in
ipoteticis vero ab antecedenti tantum vel consequenti; aliter
5 enim non erunt sufficientes assignationes. Qui enim 'animal' 'animato'
universaliter supponit, nec ex eo speciem ipsius esse ostendit, — quippe
equale posset esse, — sed tantum subiectum esse hoc, vel illud predicatum, ostendit. Unde rectius a predicato vel a subiecto locus
assignandus est. A predicato quidem qui supra a genere dictus est;
10 cuius hec erit regula:
    quicquid predicatur de predicato, et de subiecto.
A subiecto qui a specie positus est. Nam sicut genus speciei dicitur
predicatum, ita species generis subiectum. Cuius quoque talis est regula:
    quicquid subicitur subiecto, et predicato.
15 A remotis vero sive ab oppositis dici potest cum universalis
negativa adiungitur, que separationem ostendit hoc modo:
                'nullus homo est lapis
            sed omnis Ethiops est homo
        quare nullus Ethiops est lapis'.
20 Qui enim dicit nullum hominem lapidem esse, ea procul dubio a se
remota monstrat. Talis | autem regula erit: f. 150ᵛ
    si aliquid remotorum a se convenit alicui, alterum
                              ab eodem tollitur.
Et hec quidem inferentia de assumptione ad conclusionem ostenditur.
25 Si autem de propositione ad conclusionem, a predicato est assignandus locus, idest 'homine', quem predicatum Ethiopis esse assumptio
monstrat. Et tunc est talis propositio maxima:
    quicquid removetur a predicato, et a subiecto
veluti 'lapidem' qui ab 'homine' predicato [Ethiops] removetur, oportet
30 et ab 'Ethiope' removeri.
    In ipoteticis etiam volens habitudinis loci assignationem suffi-
cientem habere, semper vel ab antecedenti locum vel a consequenti
assignabam, veluti in ista:
                    'si est homo est animal
35   *sed est homo*
                    ergo est animal'
ab antecedenti locum assignabam secundum inferentiam assumptionis
ad conclusionem iuxta hanc regulam:

24 assumptione] affirmatione *V*   29 qui] quem *V*   37 assumptionis] affirmationis *V*

posito antecedenti ponitur consequens.

Quod autem '*homo*' '*animalis*' consequens esset, premissa consequentia
monstrabat, non, ut quidam dicebant, quod sit ipsius ˌpecies, qui et
a specie locum assignandum dicebant. Cum vero ex eadem consequentia per consequentis destructionem assumeretur ita: 5

'*sed non est animal*
ergo non est homo',

a destructione consequentis locum dicebam iuxta hanc maximam
propositionem:

destructo consequenti destruitur antecedens.   10
Quod vero hoc quod aufertur, illius quod destruitur, consequens sit,
prima quoque monstrabat consequentia.

Sed si quidem locos ita assignemus maximasque propositiones
demus secundum inferentiam unius antecedentium propositionum ad
conclusionem, falsas sepe maximas propositiones oportebit apponi, ut 15
sunt ille omnes a predicato vel a subiecto vel a remoto et
quedam earum que sunt a genere vel a specie, sicut in sequentibus
apparebit; que tamen maximam probabilitatem tenent. Possunt quoque fortasse et tales fieri sillogismi quorum nulla propositionum ad
conclusionem per se necessario antecedat, ut iste: 20

'*omne corpus est coloratum*
sed omne sedens est corpus
ergo omne sedens est coloratum'.

Sed cum nec vere sint nec perfectam inferentiam sillogismi ostendant,
duarum videlicet propositionum ad tertiam, immo imperfectam unius 25
tantum propositionis ad alteram, nec maxime propositiones debent dici
sillogismorum nec earum differentie loci ipsorum.

Nec fortasse Boetius in sillogismis eos assignat vel eorum
maximas propositiones adaptat, ut sillogismorum esse credat⟨ur⟩, sed ut
ex imperfecta rerum inferentia, que vera tenetur, vera quoque esse 30
perfecta complexionis inferentia credatur, que, ut dictum est, in sillogismo est. Nam ubi simplex valet inferentia, qui⟨s⟩ non magis compositam recipiat?

Potest quoque ex simplici necessario probari composita. Si
enim verum est: 35

'*si omnis homo est animal, omnis homo est animatus*',
et veram necesse est esse sillogismi inferentiam, hanc scilicet:

12 primo *V*   14 accidentium *V*   29 ut] ubi *V*

'*si omnis homo est animal et omne animal est animatum, omnis homo est*
animatus'.

Quicquid enim sequitur ad consequens, et ad antecedens. Due vero
ille simul propositiones ad quamlibet ipsarum antecedunt. Ostenditur
5 itaque ex simplici inferentia composita.

Si quis forte de ipsa dubitaverit, ideo quod ea quoque ad compositam inferentiam sillogismi valere Porphirius dixit que valent ad
simplicem, et maxime ad ipoteticos sillogismos cognitio quinque
rerum, de quibus agit Porphirius, utilis est secundum earum ipo-
10 teticas propositiones que in ipsis vere tenentur — si quis autem totam
sillogismi inferentiam sub regula velit comprehendere, profecto ipsum
omnium sillogismi propositionum oportet sensum colligere, cathegoricorum quidem ita :

si aliquid predicatur de alio universaliter et aliud
15 predicetur de predicato universaliter, illud idem predicatur et de subiecto universaliter.

Veluti si '*animal*' predicetur de '*homine*' universaliter et '*animatum*' de
'*animali*', idem quoque, idest '*animatum*', predicatur de '*homine*'.

Ypoteticorum quoque sillogismorum complexiones regulis possumus
20 coartare, veluti, si talis proponatur sillogismus :

'*si est homo est animal*
sed est homo
ergo est animal,'

talis aptabitur regula :
25 si aliquid infert aliud et id quod inferat existat,
id quoque quod infertur necesse est existere ;

vel si consequens auferatur hoc modo :

'*sed non est animal*'

ac deinde antecedens ita :
30   '*ergo non est homo*',

talis assignanda est regula :

si aliquid infert aliud et ipsum auferatur illatum,
ipsum quoque perimitur inferens.

Que quidem regule non sunt maxime propositiones existimande,
35 quippe locum differentiam ipsarum non habent, cum in sillogismo locum
non esse monstravimus[1] ; cuius complexio ita est perfecta ut ex se ipsa
firmitatem, non aliunde, habeat.

---

4 antecedunt *Vc* antecedentium *V*   6 ideo quod] ideoque *V*   9 eorum *V*

[1] *supra*, p. 256[34] e.q.s.

Sed et fortasse communem omnium ipoteticarum locum ab
antecedenti in sillogismis quoque possunt assignari, secundum id
scilicet quod omnis sillogismus ipotetica propositio dicitur,
proponens consecutionem conclusionis ad argumentum quod in propositione et assumptione antecedentibus continetur. Cum itaque talem 5
proferimus sillogismum:

'*omnis homo est animal*

sed omne animal est animatum

ergo omnis homo est animatus'

atque ex '*omnis homo est animal*' et '*omne animal est animatum*', '*omnis homo* 10
est animatus' inferimus, duas propositiones ad tertiam antecedere ostendimus, que vim inferentie ex hoc quod antecedentes sunt ad tertiam,
habent et in hac quoque inferentia locus ab antecedenti videtur assignandus iuxta hanc maximam propositionem:

posito antecedenti ponitur consequens;   15
verum ille due propositiones antecedentes sunt ad tertiam, quare illis
positis tertia ponitur. Sed hic ab antecedenti locus supervacaneus
omnino videtur, cum nullam faciat probabilitatem dubie consecutioni.
Nam quicumque de consecutione quorumlibet ad se dubitaverit,
et illud antecedens huius esse ignoraverit, et econverso. Et qui certus 20
fuerit alterum alterius esse antecedens, consecutionem nullo modo
contradicet. Sed et de hoc loco in sequentibus uberius tractabitur.[1]
Quod etsi in sillogismo hic locus esse annuatur secundum antecessionem
duarum propositionum ad tertiam, quam perfecta complexio terminorum facit, nullo tamen modo videtur assignandus propter certitudinem 25
consecutionis faciendam vel quia, ut dictum est, non facit vel quia
perfecta est ex se ipsa inferentie complexio et ex propria dispositione
constructionis manifesta.

Earum itaque tantum inferentiarum vis proprie dicitur locus
que imperfecte sunt, ut quod ad perfectionem inferentie defuerit, loci 30
assignatio suppleat, veluti cum dicimus: '*si est homo est animal*' et per
'*hominem*' '*animal*' ponimus, non est per connexionem eorum ad se que
in constructione proponuntur, rata consecutio. Sed manifestatur consecutionis necessitas cum hoc illius species esse demonstratur et modus
probationis speciei ad genus maxima propositione exprimitur, ut ex 35
utroque, tam videlicet ex re ipsa in antecedenti constituta, secundum
cuius habitudinem ad aliam que in consequenti ponitur, consecutio

2 possent *V*   12 antecedens *V*   35 probationis] propositionis *V* maxima propositione]
m·pro· *et passim V*

[1] *infra*, pp. 364³¹-369¹¹.

firma ponitur, et ex maxima propositione qua modus probationis exprimitur, consequentie firmitas consistat atque ex utrisque ei consensus
adhibeatur.

Divisio locorum

5   Unde talem ex loco divisionem auctoritas posuit ut alium maximam propositionem, alium differentiam maxime propositionis appel-
laret. Est autem locus differentia : *ea res in cuius habitudine ad aliam
firmitas consecutionis consistit*, ut, cum dicitur :

                    '*si est homo est animal*',

10 '*homo*' qui in antecedenti ponitur ad '*animal*' inferendum quod sequitur,
affertur secundum id quidem quod ipsius est species. Maxima vero
propositio dicitur: *ea propositio que multarum consequentiarum continens
sensus communem modum probationis, quam in eis sue differentie tenent, se-
cundum* | *vim eiusdem habitudinis ostendit*, veluti cum istis omnibus con-   f. 151ʳ
15 sequentiis : '*si est homo est animal*', '*si est margarita est lapis*', '*si est rosa est
flos*', '*si est rubor est color*' aliisque huiusmodi, in quibus scilicet species
antecedunt ad genera, talis inducitur maxima propositio :

      de quocumque predicatur species, et genus,

idest si species aliqua convenit alicui, quodlibet genus ipsius convenit
20 eidem. Hec maxima propositio omnium huiusmodi consequentiarum
sensus continet et loquitur et communem modum inferentie antecedentium rerum ostendit, secundum id scilicet quod de eis in illis consequentiis agitur, in quibus ad earum probationem generum sequitur
positio et ad inferentiam priorum generum secundum id quod species
25 ipsorum sunt, afferuntur. Non enim sufficit rem ipsam cognoscere que
ad aliam possit antecedere, nisi etiam teneamus modum inferentie.
Cum enim et species ad genus et genus ad speciem possit antecedere,
non quolibet modo aliud alterum potest inferre, sed species quidem
posita ponit genus, genus autem negatum negat speciem, hoc modo :
30   '*si est homo est animal*'
             '*si non est animal non est homo*'.

His autem duobus precognitis, re videlicet que inferre aliam queat,
que differentia maxime propositionis ⟨est⟩, et modo inferentie ipsius,
qui maxima propositione exprimitur, statim inferentiam consequentie
35 secundum hec duo disponimus. Itaque tam ex loco differentia quam ex
maxima propositione firmitas inferentie custoditur, alio tamen et alio
modo; ex differentia quidem hoc modo quod ipsa in antecedenti posita

---

1 probationis] propositionis *V* 2 consistat *Vᶜ* constat *V* 23 probationem] propositionem *V*

vim inferentie tenet secundum habitudinem ex qua consequenti comparatur. Oportet enim in ipso antecedenti semper de loco
differentia agi [qui] secundum habitudinem ex qua ad illatum
terminum inferendum adducitur.

Sed nunc quidem prius hos locos quos maximarum propositio- 5
num differentias vocamus, ad tractandum suscipiamus; qui quidem quia
maximis propositionibus pauciores sunt, quippe eiusdem differentie
multe maxime propositiones esse possunt, ut in sequentibus liquebit,
facilius earum numerus in notitiam cadet. Hi vero sunt loci illi quos
proposita consequentia cum aliquis de ipsius inferentia hesitans unde 10
locus sit, requirit, respondere solemus, veluti cum in hac consequentia:

  '*si est homo est animal*'

unde sit locus, requiritur, a s p e c i e respondemus scientes '*hominem*' ad
'*animal*' secundum hoc quod species eius est antecedere; cuius quidem
interrogationis sententiam diligenter inquiramus.   15

Sunt autem '*unde*' adverbii diverse significationes: modo enim
ponitur materiale modo causale modo illativum modo locale.
M a t e r i a l e quidem cum dicitur: '*unde est anulus?*' '*ex auro*'; c a u s a l e
vero sic: '*iussa mea transgressus es; unde verberaberis*'; i l l a t i v u m autem
ponitur ita: '*Socrates est homo; unde est animal*'; l o c a l e quoque ⟨cum⟩ 20
dicitur: '*unde venis?*'

Que ergo harum significationum proposite interrogationi convenientius aptetur videndum est. Unde manifestum est ex ipsa re-
sponsione duas significationes novissimas nullo modo pertinere. Videtur
autem vel materiale vel causale posse accipi. Sic et in ceteris conse- 25
quentiis, cum earum terminorum inferentiam ignoramus, habitudinem
secundum quam unus terminus ad alium inferendum affertur, requirimus
cum talem questionem: '*unde locus?*' proponimus communem inferentie
proprietatem secundum habitudinem requirentes. Unde merito non
que res sit locus dicimus, sed unde sit locus, idest ex qua habitudine 30
vim inferentie teneat. Illud ergo '*unde*' ad habitudinem potius quam ad
substantiam respicit; unde nonnisi nomina habitudinum ad huiusmodi
interrogationem reddimus. Neque enim ab h o m i n e sed a s p e c i e
dicimus; illud namque substantiale nomen est, hoc autem habitudinis.
Si autem que res sit locus quereretur, profecto de substantia rogaretur 35
et substantie nomen respondere conveniret, ut scilicet *hominem* no-
minaremus. Sed dicitur vis inferentie in '*homine*' non esse ex hoc
quod est species, cum omnes vere consequentie ab eterno sint vere,

---

1 ex qua] quarti *V*   6 suscipiamus *Vᶜ* suscipiemus *V*   18 unde] verum *V*   20 ⟨cum⟩ *Vᶜ*

antequam etiam res earum create essent, quod in sequentibus manifesta-
bitur[1]. Cum igitur de '*homine*' et '*animali*', antequam omnino consisterent, necessario consequeretur:

'*si est homo est animal*'

5 eo videlicet quod homo sine animali nullatenus consistere potest, immo
[ex] '*animal*' necessario exigat, procul dubio postquam homo species
animalis esset necessaria proposita consequentia fuit. Unde '*hominis*'
specialitas consequentiam veram non fecit, que iam vera erat nondum
homine aut animali creatis vel eis quoque destructis vera semper per-
10 manebit. Dicendum est ergo hoc quod homo animalis est species non
esse causam vere consecutionis, sed probationem, neque locum assignari per causam sed propter probationem. Non enim q u i a species
est homo, sed s i species est homo, vera est inferentia. Ad argumentum
itaque veritatis consecutionis locus differentia adducitur, sicut et maxima
15 propositio que post assignationem differentie subiungitur, non ad
causam inferentie. Manentibus itaque rebus tantum in consequentiis
possunt assignari loci que tamen etiam rebus non existentibus secundum
hanc rerum naturam quod hec sine illa nullo modo subsistere potest,
veritatem perpetue consecutionis tenent. Si quis igitur rebus peremptis
20 talem ponat consecutionem:

'*si est margarita est lapis*'

locusque in ipsa requiratur, non valet assignari, quippe nullo modo res
ipsius existunt. Unde nec locus esse possunt, sed tantum consecutionis
causam sufficit demonstrare, quod videlicet primum nullo modo sine
25 secundo potest subsistere. Cum autem locus differentia non possit
assignari rebus peremptis, nec maxime propositiones dicende sunt.
A m p l i u s : que sensus consequentiarum continent, quippe locum
differentiam non habent, sine quibus eas esse non posse Boetius in
Secundo Topicorum suorum demonstrat. Ait[2] enim cum eas differentias
30 maximarum propositionum esse ostenderet: „nam uniuscuiusque substantia ex propriis differentiis consistit, ut hominis ex rationalitate,
que est eius differentia." Oportet itaque unamquamque maximam propositionem locum differentia⟨m⟩ habere et cum locum differentiam non
habuerit, non est maxima propositio vocanda, sed fortasse regula dici
35 potest secundum id quod multarum continet propositionum sensus.
Cum enim omnis maxima propositio regula dicatur, non omnis regula
maxima propositio dicenda est, ut sunt ille que cathegoricis propo-

7 necessaria *V*c necessario *V*   11 probationem] propositionem *V*   31 consistit] constitit *V*
constat *b*

1 *infra*, p. 282 25-29.   2 *De top. diff.* II, 1186 B1-3.

sitionibus aptantur, vel etiam ipoteticis, et differentiam locum non habent, ut in tractatu maxime propositionis apparebit[1].

Unde loci differentie dicantur

Sed nunc quidem qualiter huiusmodi res que in ipsis posite consequentiis vim inferentie teneant, maximarum propositionum 5 differentie dicantur, considerandum est. Neque enim proprie ex ipsis maxime propositiones constant, quippe vocem res componere non possunt. Cum itaque res illa que est homo, que animal infert in hac consequentia:

'si est homo est animal' 10

et cetere que similiter sua genera probant, huius maxime propositionis:

de quocumque predicatur species, et genus

⟨differentie dicantur, recte queri potest⟩ quare dicantur, cum ipsam non informant nec constituant. Sed hoc quidem modo maximam propo- 15 sitionem ex ipsa re que locus dicitur, constare accepimus, quod ipsam in sensu suo continet. Unde et ipse in fine eiusdem libri eorumdem *Topicorum* cum per locos differentias ipsarum maximas propositiones differre inter se ostenderet, ait[2]: „omnes enim maxime propositiones vel diffinitionem continent vel descriptionem vel nominis interpreta- 20 tionem vel totum vel genus vel species vel partes vel cetera quibus differunt inter se maxime propositiones. Nam in eo, inquit, quod sunt maxime, non differunt, sed in eo quod hec quidem a diffinitione, illa vero a genere et alie ab aliis locis veniunt." Quo igitur modo maxime propositiones locos differentias continent, ⟨ita⟩ et ex eis constare ac per 25 ipsas differre dicuntur, agendo scilicet de ipsis et modum inferentie ipsarum consequentia sua secundum habitudinem quam ad ea habent, ostendendo. Veluti hec maxima propositio:

⟨de quocumque predicatur species, et genus
differt ab hac alia maxima propositione⟩: 30

f. 151ᵛ   de quocumque predicatur aliquid oppositorum,| ab
ipso removetur alterum

secundum id quod illa inferentiam quorumlibet ad genera sua, ista autem ad opposita demonstrat. Etsi enim eedem res et species sint et opposita ad aliud et ad aliud relate, ut 'homo' et 'animalis' species et 35

8 cum *V* cur *c*   14 quare *V* differentiae *c*   8 *alterum* in] etiam *V*   21 vel partes vel genus vel species *b*   23 a definitione quidem *b*   24 (et) *b* veniunt ab aliis locis *b*   25 ⟨ita⟩ *Vᶜ*   29-30 ⟨de quocumque..... propositione⟩ *Vᶜ*   34 etsi enim] etsui *V*

[1] *infra*, pp. 309²⁵-331⁴.   [2] *De top. diff.* II, 1196 A⁷⁻¹⁴.

'*lapidi*' dicitur esse oppositum et ad illud ut species, ad hoc vero ut
oppositum antecedat, nichilominus tamen maxime propositiones diverse reperiuntur ex locis differentiis, non tam quidem in adversitate
substantie eorum quam in discretione comparationis, quia videlicet
5 ista eorum inferentiam ad illa quibus comparantur ut genera, at illa vero
antecessionem ipsorum ad illa quibus comparantur ut opposita, demonstrat. Unde videtur magis proprie relatio ipsa substantie quam ipsa
subiecta ⟨res⟩ differentia maxime propositionis appellanda, ut specialitas
quam in relatione, ut in '*homine*' respectu '*animalis*', ponunt vel oppo-
10 sitio[nem] respectu '*lapidis*' prius differentia m⟨axime⟩ propositionis
quam subiectus homo dicatur. Cum enim utraque premissarum maximarum propositionum de homine agat, diversorum quidem respectu,
non in substantia hominis differre videntur, quam equaliter continent,
sed in diversitate habitudinum ipsius, cum hec ipsius inferentiam ad ea
15 ⟨ad⟩ que ut species respicit, ostendat, illa vero ad ea quibus ut oppositum comparamus. Sed etsi differentie maximarum propositionum
huiusmodi habitudines ab his qui eas res aliquas existimant aut proprietates quasdam esse in subiectis substantiis credunt, concedantur,
nullo tamen modo loci vocande sunt, cum videlicet ipse in proposita
20 consequentia nullam habeant inferentiam, quippe nec in ea ponuntur.
Que enim in ea ponuntur vocabula, essentie tantum, non habitudinis,
sunt designativa, ut '*homo*' et '*animal*' et '*lapis*'. Qui itaque dicit:

'*si est homo est animal*'

'*si est homo non est lapis*',

25 nullo modo de habitudinibus rerum, sed de essentiis agit, ita scilicet
ut, si aliquid sit essentia hominis, et essentia animalis esse concedatur et
lapidis substantia esse denegetur. Sicut autem proposite consequentie
de earum essentiis, non etiam de habitudinibus, agunt, sic etiam
maximas earum propositiones oportet, que ipsarum continent sensus.
30 Non itaque vel '*genus*' vel '*species*' vel '*oppositum*' vel cetera habitudinum
nomina in maximis propositionibus posita aliquarum proprietatum designativa sunt, immo ipsarum substantiarum, ut cum dicitur:

de quocumque predicatur species, et genus,

hic est sensus ut, si aliquid sit ea res que est species, idest vel homo vel
35 equus et cetera, sit quelibet res que eorum genus est, veluti animal aut
corpus aut substantia; per genus itaque ac species substantie ipse,
non alique earum proprietates, attribuuntur. Sed de his uberius in

---

1 illud *c* aliud *V*   5 at] ad *V* [ad] *c*   8 ipsa subiecti *V* ipsum subiectum *c*   10 oppositio[nem]
c prius *V* potius *c* differentiam *V* differentia[m] *c*   15 *alterum* ut] non *V* [non] *c*   15-16 oppositum *V* opponitur *c*   17-18 proprietas *V*

tractatu maximarum propositionum disputabitur[1]. Cum igitur nec consequentie nec earum propositiones maxime de rerum habitudinibus,
sed de ipsis tantum substantiis agant, secundum inferentiam tamen quam
habent ad ea ad que fortasse secundum illas habitudines respiciunt,
quomodo proprie ipse habitudines differentie maximarum propositio- 5
num proprie videantur?

    Sed dicitur et illud maxime in differentia consistere quod ad
locum differentiam consequitur, secundum hoc scilicet quod locus
differentia non in se maximam propositionem differe facit, quippe diverse maxime propositiones eamdem rem, ut ostensum est, locum differen- 10
tiam habent, sed secundum id ad quod inferendum affertur, ut supra
dictum est; quod videlicet hic ad genus suum, ibi vero ad oppositum
antecedit. Et nos quidem ipsam quoque rem que sequitur differentiam esse concedimus, sed non locum. Quod enim inferentie vim in
ipsa consecutione tenent, necesse secundum inferentiam semper ante- 15
cedere quocumque modo, sive scilicet positum, sive remotum. Quod
quidem cum in *Topicis* suis Boetius „superiorem differentiam" maxime
propositionis appellet[2], ex privilegio quidem vis inferentie quam habet,
et illud quoque ad quod inferendum affertur, differentiam quoque innuit
esse inferiorem ac posteriorem, secundum id quidem quod infertur. 20
Diversitas quoque inferentie sepe differentiam maximarum propositionum facit ut, cum eadem differentia diversas habeat maximas propositiones, non secundum quidem locum differunt, quippe eidem termini
sunt atque habitudo inferentie secundum diversum modum ipsius inferentie, ut sunt iste que speciei deserviunt: 25

           de quocumque predicatur species, et genus,
vel:

           quicquid predicatur de specie, et de genere
                         pariter
vel: 30

    quicquid removetur a genere, et a specie pariter.
Prima enim ab aliis seiungitur per hoc quod ad predicationem speciei
predicationem generis supponit, due quoque alie a se invicem separantur, ex hoc quidem quod illa illud quod speciei attribuit, et generi,
hec autem quod aufert speciei, et generi. 35

    Non est autem pre⟨ter⟩mittenda ad cognitionem loci differentie

---

36 prae⟨ter⟩mittenda *c*

[1] *infra*, pp. 309^{25}-331^4.   [2] *De top. diff.* II, 1187 A$^{15-16}$.

doctrina *Introductionum* nostrarum[1], quas ad primam tenerorum introductionem conscripsimus, in quibus secundum terminorum mutationem
locos pensandos esse docuimus[2]; secundum id scilicet quod modo unus
terminorum antecedentis propositionis uni terminorum consequentis,
5 pro quo ipse mutatur, secundum vim inferentie quam ad ipsam habet,
comparatur, ex ea per quam ipsam respicit habitudinem, secundum
quam et locum assignamus; modo utrique ad utrosque singillatim, modo
etiam tota antecedens propositio toti consequenti.

Terminus autem termino secundum vim inferentie comparandus
10 est, cum tales proponuntur consequentie:

> '*si omnis homo est animal, omnis homo est substantia*'
> '*si omnis homo est animal, Socrates est animal*',

que quidem simplices sunt ipotetice; vel tales, que composite dicuntur:

15 '*si quia Socrates est homo Socrates est animal, et quia est homo est substantia*'
'*si quia Socrates est animal Socrates est substantia, et quia est homo est substantia*'.
In illis enim simplicibus, nisi antecedens cathegorica consequentem infert
secundum predicati sui quod mutatur vim inferentie ad predicatum
alterius quod in locum ipsius succedit in consequenti propositione vel
20 secundum vim inferentie subiecti precedentis propositionis ad subiectum sequentis locus est pensandus et secundum habitudinem inferentis
termini ad alium assignandus, ut si species ille qui antecedit alterius
fuerit, a s p e c i e l o c u s dicatur, vel secundum quamlibet ipsius habitudinem ad alium assignetur. In his quoque que composite sunt ipo-
25 tetice, secundum mutationem terminorum antecedentis consequentie
locus est considerandus et assignandus, ut videlicet secundum
id quod propositio aliqua antecedentis consequentie mutata ad alteram,
que in sequenti consequentia loco ipsius apponitur, se habuerit, locus
assignetur; ut si eius antecedens vel consequens fuerit a b a n t e c e d e n t i
30 vel c o n s e q u e n t i locus dicatur.

Cum vel antecedens cathegorica consequentem secundum utrumque terminum, idest predicatum et subiectum, probaverit, vel antecedens ipotetica consequentem secundum utrumque terminum, et
antecedens videlicet et consequens, duplex erit locus, secundum id
35 scilicet quod predicata sese ad invicem habuerint, aut subiecta aut
antecedentia aut consequentia, ut in istis apparet:

> '*si omnis homo est animal, Socrates est substantia*'

---

35 subiecta] substantia *V* [aut substantia] *c*

[1] sc. in ea parte huius operis quae adhuc reperta non est; vide *Introd.*, p. XI.

'si quia Socrates est animal Socrates est corpus, et quia Socrates est homo Socrates est substantia'.

Si enim pensemus in simplici quomodo predicatum ac subiectum antecedentis, secundum que infertur, ad predicatum et subiectum ⟨con-⟩
sequentis sese habuerint, duas inveniemus habitudines, unam inter pre- 5
dicata, aliam inter subiecta, secundam quas quidem duo sunt assignandi
loci. Nam et 'animal' species est substantie et homo genus Socratis et
quantum ad 'animal' predicatum, quod species est substantie, locus est
unus a specie, quantum vero ad 'hominem' subiectum, qui genus est
Socratis, alius est locus a genere. In composita quoque ipotetica 10
cuius precedens ipotetica consequentem infert, et secundum antecedens et secundum consequens duplex est locus. Nam secundum hoc
quod prioris consequens antecedens est consequentis partis posterioris
consequentie, locus unus est ab antecedenti; secundum id vero quod
eiusdem precedentis antecedens consequens est antecedentis sequentis 15
ipotetice, alius est locus a consequenti.

Secundum autem totas antecedentes propositiones locus consistit
cum dicitur:

'si omnis homo est animal, omne non-animal est non-homo'

'si nullus homo est lapis, nullus lapis est homo' 20

f. 152ʳ 'si quia Socrates est homo Socrates est animal, et quia | non est animal, non est
homo'.

Tota enim precedens propositio toti consequenti, secundum hoc quod
ei equipollet, comparatur.

Nunc autem eorumdem locorum quorum premisimus cognitio- 25
nem, supponamus divisionem ac per singulos currentes eorum universos
inferentie modos ponamus, singulisque maximas propositiones aptemus;
in quo tamen illud presciendum est nos, qui hec ad doctrinam artis
dialetice scribimus, eos solum locos exsequi quibus ars ista consuevit
uti. 30

Divisio locorum differentiarum

Horum autem alii inherentes sunt, alii extrinseci, alii medii.
Inherentium autem alii a substantia, alii a consequenti substantiam. Locus a substantia ille est qui a diffinitionibus dicitur, sive 35
illa sit nominis, que interpretatio dicitur, sive rei ⟨que⟩ vel diffinitio substantalis vel descriptio nominatur. Omnes namque diffinitiones
expressam rei substantiam demonstrant, ideoque huiusmodi locus a
substantia est nominatus. Diffinitionum vero proprietates in libro

25 locorum Vᶜ terminorum V   36 ⟨que⟩ Vᶜ

earum[1] uberius distinguende sunt ac perrequirende; hic autem solas
earum inferentias satis est demonstrare.

   Sunt igitur quatuor huius inferentie regule, cum videlicet
diffinitio ad diffinitum antecedit; due quidem cum ipsa predicantur, due
5 vero cum subiciuntur.

     si enim diffinitio predicatur de aliquo, et diffinitum
de eodem

ut:

       'si Socrates est [est] animal rationale mortale, est homo'
10 vel

     si removetur, similiter

ut:

       'si idem non est animal rationale mortale, non est homo'.

Et in his quidem maximis propositionibus diffinitio et diffinitum cum
15 predicatis ponuntur; in his vero que [con]sequuntur, in subiectis:

     quicquid predicatur de diffinitione, et de diffinito
vel

     quicquid removetur, similiter:

       'si animal rationale mortale currit ⟨vel non⟩, homo currit ⟨vel non⟩',
20 ut singula quidem singulis referantur, affirmatio quidem ad affirmationem,
negatio ad negationem.

   Sed nunc quidem utrum omnium inferentia suprapositarum
consequentiarum veritatem custodia[n]t consideremus; quod facilius hoc
modo fecerimus si prius in quo ipotetice propositionis veritas con-
25 sistat deliberemus ac demum qui sit harum consequentiarum ⟨sensus⟩
investigemus. Sententia itaque ipotetice propositionis in consecutione est, in eo videlicet quod alterum sequitur, vel non sequitur, ad
alterum; consecutionis autem veritas in necessitate tenetur, in eo
scilicet quod id quod in antecedenti dicitur, non potest esse absque eo
30 quod in consequenti proponitur; veluti cum talis proponitur consequentia:

       'si est homo est animal',

hec consequentia inde necessario conceditur quod non potest esse ut
homo existat nisis etiam animal fuerit.

35   Sunt autem quidem qui non solum necessarias consecutiones, sed
quaslibet quoque probabiles veras esse fateantur. Dicunt enim veritatem
ipotetice propositionis modo in necessitate, modo in sola probabilitate consistere; in qua quidem sententia Magistrum etiam nostrum[2]

2 inferentias *V*c differentias *V*   13 isdem *V*c   19 ⟨vel non⟩ *V*c   24 si] ac *V*   25 ⟨sensus⟩ *c*
1 *infra*, p. 582 *e.q.s.*   2 Willelmum Campellensem (?).

deprehensum doleo. Sed hi nimirum probabilitatis expositionem non
tenent; est autem probabile quod veri similitudinem tenet, idest quod
facile ab auditore conceditur. Id vero modo verum modo falsum esse pro
existimatione audientis contingit; multa enim videntur que non sunt
et multa sunt que non videntur. Probabilitas itaque ad visum referenda 5
est, veritas autem sola ad rei existentiam. Tunc enim verum est cum ita
ut dicitur in re esse contingit, sive videatur, sive non; tunc autem probabile cum videtur, sive sit sive non. Quis itaque probabilitatem amplius
veritati omnino supponat? At vero quod necessarium est verum esse
quis dubitet? Quod enim necesse est esse, ita in esse suo a natura con- 10
firmatum est ut ad non esse se habere non possit. Necesse autem hic
quod inevitabile dicitur accipimus, cuius quidem sempiternus est actus,
sive circa esse sive circa non esse, idest cum sit, non potest non esse,
vel cum non sit, non potest esse, nec in esse vel in non esse principium
habuit, sed semper vel est ita vel non est. Patet itaque necessarium 15
omnino comprehendi in vero, probabile modo cum vero convenire,
cum videlicet auditor veram tenet opinionem, modo etiam dissentire,
cum tenet falsam. Dicunt tamen quia omne quod probabile est verum
est, saltem secundum eum cui est probabile; sed hi nimirum non iam
verum secundum rei essentiam, sed secundum opinionem, sicut pro- 20
babile, pensant. Quid enim aliud in eo quod verum aliquid secundum
illum dicitur, potest intelligi, nisi quia verum ei videtur? Ut iam idem
sit verum quod probabile, cum tamen id in rei existentia, illud vero in
opinione sola consistat; que quidem opinio rei nullo modo essentiam
mutat, cum nec quicquam ei auferat nec conferat.   25

Quod autem veritas ipotetice propositionis in necessitate
consistat, tam ex auctoritate quam ex ratione tenemus. Ait[1] in *Primo
Ypoteticorum* Boetius cum sensum ipotetice propositionis aperiret
hoc modo: „cum dicimus: '*si peperit, cum viro concubuit*', ... id tantum
proponitur quod partus non potuisset esse, nisi cum viro fuisset con- 30
cubitus." Qui enim dicit alterum non posse esse altero absente, profecto
dicit ipsius existentiam necessario exigere alterius presentiam. Adiunxit[2] quoque post expositionem cathegorice enuntiationis: „in con-
ditionali vero illud intelligimus quod si fuerit aliqua res que homo
dicatur, necesse sit aliquam esse que animal nuncupetur", idest sit: 35
nuncupativum enim verbum sensu substantivi fungitur. Et hec quidem

7 ut dicitur *V* [videtur] *c male legens*   9 veritati *Vc* veritate *V*   16 modo *c* vero   22 ei *c*
eo *V*   30 non..... esse *V* numquam esse potuisset *b*   30-31 fuisset cum viro concubitus *b*
33 adiunxit] adduxit *V*   34 homo + esse *b*   35 aliquam + rem *b*   36 hec] hoc *V*

[1] *De syll. hyp.* I, 833 A1-5.   [2] *De syll. hyp.* I, 833 A13-16.

necessitas totius est consecutionis, non enuntiationis consequentis cathegorice, ut videlicet necessario consequens ex antecedenti provenire intelligatur, ut animal necessario inesse ei qui fuerit homo; hoc enim falsum est. Addidit quoque in eodem *Ypoteticorum*, cum omnium
5 ipoteticarum sententiam in necessitate consistere demonstraret, tam videlicet earum que necessarii propositiones in partibus habent ut ista:
'*si necesse est Socratem vivere, necesse est animatum esse*'
quam aliarum que non habent, veluti ista:
'*si vivit, animatus est*',
10 „omnes vero, inquit[1], necessariam volunt tenere consequentiam, et quibus necessitas in partibus additur et quibus non." Quantum enim ad vim conditionis et ad sensum consecutionis pertinet, omnes consequentie necessariam proponunt[ur] inferentiam, tam ille videlicet que necessarii propositiones habent quam ille que non habent. Aliud
15 enim habere necessitatem in partibus, aliud in sensu totius consecutionis, sicut et de veritate patet, cum scilicet modo ex veris propositionibus falsa[m] consequentia[m], modo ex falsis vera texatur. Hec enim, ut ipse ait[2], necessitas terminis applicatur, idest propositionibus cathegoricis que partes sunt consequentie. „Necessitas vero, inquit[3], ipotetice
20 propositionis et ratio earum propositionum ex quibus iunguntur inter se connexiones, consequentiam querit; unde cum dico: '*si Socrates sedet, et vivit*', neque sedere enim eum neque vivere necesse est", ut videlicet necessitas ista non ad consequentem partem, sed ad totius consequentie sententiam inferatur, ac si dicamus necessariam esse consequentiam.
25 „Item, inquit[4], cum dicimus: '*si sol movetur, necessario veniet ad occasum*', tantumdem significat quantum '*si sol movetur, veniet ad occasum*'".

Ecce quod aperte auctoritas clamet sensum ac veritatem consequentie in necessitate consistere. Unde et ipse in *Topicis*[5] cum discuteret qua scientia, quibus utamur argumentis, et philosophis maxime
30 necessitatem subiacere monstraret, eam[que] ubique nomine veritatis appellare consuevit. Cum enim omne argumentum in inferentia consistat, inferentia vero in consecutione maneat, idem est veritas argumenti quantum ad inferendum conclusionem quod ipsius necessitas. Rursus cum in *Tertio* eorumdem *Topicorum* antecedens describeret[6] hoc modo:
35 „antecedentia, quibus positis statim necesse est aliud consequatur", |

3 ut] non *V*   6 necessarii *V* necessarias *c qui legerat* necessario   17 ex falsis vera *c* ex veris falsa *V*   21 unde *V* ut *b*   22 (enim) *b*   29 qua] que *V*   30 eam[que] *c*

[1] *De syll. hyp.* I, 843 A[13-16], quae verba Abaelardus parum accurate reddere videtur.
[2] Cf. *De syll. hyp.* I, 843 A[16].   [3] *Ibid.*, 843 B[1-5].   [4] *Ibid.*, B[6-8].
[5] *De top. diff.* II, 1182 A[1-10].   [6] *De top. diff.* III, 1198 B[15-16].

f. 152ᵛ consequentie monstravit necessitatem. Ipse quoque Aristotiles ubi de sensu ipotetice propositionis egisse reperitur, necessitatem aperte demonstravit, veluti in ea quam de [a] ipoteticis propositionibus dedit[1] regula hoc modo:

idem cum sit et non sit, non necesse est idem esse, 5 ac si aperte diceret quia ad affirmationem et negationem eiusdem non sequitur idem consequens, veluti cum ad *Socrates est homo* sequatur *Socrates est animal*, ad negationem eiusdem, que est: *Socrates non est homo* non sequitur idem consequens, idest *Socrates est animal*; de qua quidem regula latius in sequentibus disseremus[2]. 10

Nunc vero in auctoritatibus investigandis de necessitate sensus ipotetice laboramus; quarum numerum quia iam sufficere credo, ad rationem, que idem confirmet, transeamus.

Si, inquam, alias ipoteticas veras quam necessarias acciperemus, multa contingerent inconvenientia secundum coniunctionem extremi- 15 tatum mediarum ipoteticarum. Medie autem sunt ipotetice, ut in sequentibus apparebit[3], in partibus quarum media intendit propositio, qua coniunguntur extrema, veluti in ista:

si est homo est animal, si est animal est animatum,

unde infertur secundum coniunctionem extremorum: 20

si est homo, est animatum.

Sed prius eam falsam sententiam ex inductione inconvenientium monstremus, cui omnes fere adherent, que inter veras consequentias omnes quoque probabiles recipit. Probabiles autem omnes eas concedunt in quibuscumque aliqua loci habitudo potest assignari que saltem pro- 25 babilitatem teneat, ut sunt etiam ille que vel a simili vel a maiori vel a minori vel a communiter accidentibus vel ab auctoritate procedunt, que nullam tenent necessitatem, et quecumque causis maxime et rethorum usui deserviunt. Si igitur omnes etiam illas consequentias inter veras admittamus in quibuscumque loci habitudo 30 possit notari, profecto et eas sepe consequentias concedemus que verum habent antecedens et falsum consequens, ut eas aliquando quas Themistius inter maius et minus vel econverso proponit. Ipse namque maius et minus secundum id quod magis vel minus existimatur, deliberat, ut cum verberari rusticum vel servum magis videatur quam militem vel 35 dominum, hoc maius, illud vero minus secundum visum appellat. Inter

---

12 hipotetica *V*   23 omnes] os *V* que *V* qui *c*   24 recipit *V* recipiunt *c*

[1] Cf. Boeth., *De syll. hyp.* I, 836 A⁹⁻¹³.   [2] *infra*, pp. 290¹⁹-292¹⁰.   [3] *infra*, pp. 480³-481¹³

quas quidem consequentias fieri docuit hoc modo: de minori quidem ad
maius sic:

     '*si servo vel rustico pepercerunt, et domino vel militi*'

de maiori quidem ad minus converso modo sic:

5   '*si nec domino nec militi pepercerunt, nec servo vel rustico*'.

Quas quidem consequentias tunc ex vero antecedenti et falso consequenti contingit esse, cum non id quod magis videtur, sed id quod minus
estimatur, contingit, veluti cum militem, et non rusticum, quacumque
causa verberari contingit et talis proponitur consequentia:

10   '*si rusticus non est verberatus, nec miles*',

vel

     '*si miles est verberatus, et rusticus*',

utraque aperte falsa est, cum verum habeat antecedens et falsum consequens, et tamen in eas qualescumque locorum habitudines vel
15 a maiori vel a minori assignari possunt, secundum hoc scilicet quod
hoc magis, illud vero minus videtur. Neque enim Themistius maius
secundum veritatem rei, sed secundum visum accipit, secundum hoc
scilicet quod cuilibet magis vel minus videtur; quod ex appositis exemplis manifestum est. Ait[1] enim, cum exemplum loci a minori poneret:
20 „si hominis diffinitio est '*animal gressibile bipes*' idque minus videatur
diffinitio hominis quam '*animal rationale mortale*' ..... erit diffinitio
hominis '*animal rationale mortale*'." Si enim rei veritatem attendamus,
non magis hec hominis erit diffinitio quam illa. Hanc namque Dux Peri-
patheticorum Aristotiles diffinitionem: '*animal gressibile bipes*' homini
25 dedit[2], in '*gressibile*' quidem intelligens quod tantum gradi potest, non
etiam volare, sicut et in '*bipes*' intelligitur quod tantum duos pedes
habere possit, non plures. Eque igitur et hec et illa hominis est diffinitio, si rei veritatem teneamus. Sed quoniam ista: '*animal rationale
mortale*' in maiori consuetudine habetur, magis videtur hominis diffinitio.
30   Patet insuper et ex maxima propositione '*minus*' et '*maius*' secundum visum accipi. Que est huiusmodi:

     si id quod minus inesse videtur inest, et quod magis
                              inesse videtur inerit.

Quotiens itaque id quod minus videtur, illud infert quod magis existi-
35 matur, vel econverso, a minori vel a maiori inferentia trahitur; in

---

1 quas] que *V*   12 et *V*c nec *V*   13 aperte *V* a parte *c*   19 manifestum] appositum *V*
20 idque *V* cum id *b*   22 animal] ab *V*   25 gressibile *c* gressibili *V*   34-35 existimatur *V*c estimatur *V*

---

1 Vide Boeth., *De top. diff.* II, 1191 A⁴⁻⁹.   2 Cf. *De interpr.* 5, 17 a 9-13.

qua tamen sola consistit probabilitas, non veritas, propter supradictam cuasam.

Amplius : si probabiles omnes inferentias veris admisceamus, utique et istam :

'⟨si⟩ *Socrates non est sanus, est eger*',   5

in qua habitudo immediatorum probabilitatem tenet, cum scilicet '*sanum*' et '*egrum*' circa anima⟨m⟩, cui Socrates supponitur, immediata sint. Sed id quoque quod hec consequentia dicit, falsum atque impossibile ex eo manifestum est esse quod ex ipso falsum atque impossibile consequitur, quod nec etiam probabilitatem habet, id scilicet :   10

'*si non est, est eger*',

cum potius verum sit :

'*si non est, non est eger*',

unde etiam

'*si non est, est*'   15

inferri potest, quod etiam omni caret probabilitate. Similiter et

'*si non est, est sanus*'

ex eadem ⟨pro⟩posita consequentia inferri potest, ipsa prius [est] per contrapositionem conversa. Quod quidem valde adversum esse manifestum est priori consequenti, ei scilicet :   20

'*si non est, ⟨est⟩ eger*'.

Potest quoque et secundum eos qui ab oppositis inferentiam tenent necessariam, inferri eque et

'*si est lapis, est sanum*'

et   25

'*si est lapis, est egrum*',

que ab omni probabilitate sunt aliene. Sunt quoque qui eas quas falsas auctoritas clamat falseque manifeste apparent, veras confiteantur secundum quamdam inferentie considerationem locique habitudinem, veluti istam :   30

'*si Socrates vel hic lapis est animal, est homo*',

veram dicant, si similitudinis habitudo pensetur, in eo scilicet quod '*animal*' et '*homo*' similia sunt, vel in convenientia '*Socrati*' vel in remotione '*huius lapidis*'; si vero complexio generis ad speciem attendatur, falsam esse concedunt.   35

Quibus quidem statim respondendum est eos talium consequentiarum sensus secundum complexionem male pensare, cum videlicet sensus earum non sint in complexione, sicut maximarum propositionum,

que inferentias habitudinum suarum differentiarum complectantur. Illa autem tantum inferentiam suorum terminorum ostendit, de quibus tantum agit. Si enim complexionem inferentie speciei ad genus ostenderet, utique omnes consequentias huiusmodi probaret. Amplius : cum
5 unus tantum sit eius sensus, ille autem vel verus sit vel falsus, oportet eam vel veram tantum esse vel falsam; secundum enim proprium sensum unaquaque propositio vera vel falsa dicenda est. Ista autem consequentia secundum cuiusque habitudinis inferentiam sensus eius pensetur, unam tantum habet sententiam, cum eamdem ubique vocem materiam in
10 eadem significatione retineat. Amplius : quicumque huiusmodi consequentias pro veris recipiunt, ignorare videntur que ex ipsis consequentie consequantur, que tam veritate quam probabilitate privantur, veluti ista :

'*si est asinus, est homo*',

15 et multe alie quarum sensus omnino est abhorrendus.

Fallitur itaque quicumque inter veras recipit eas omnes consequentias que probabilitatem tenent, etsi in eis videatur posse assignari aliqua loci habitudo, que probabilitatem, non veritatem, teneat. Aut si verius loci probabilitatem pensemus, nec locus, qui vis inferentie
20 dicitur, assignari | potest, ubi inferentia non valet. Quomodo enim   f. 153ʳ
inferentie firmitas consistere queat, ubi non est firma inferentia? Immo nulla est, sed videtur. Si quis igitur in huiusmodi inferentiis, que veritate private sunt, unde sit locus, idest vis seu firmitas inferentie, requisierit, non possumus ei vere respondere locum, cum omnino ibi
25 non sit, nisi forte locum secundum verisimilitudinem ac probabilitatem, non tantum secundum inferentie veritatem, pensemus, veluti illi qui suprapositos omnes locos recipiunt nec a proprietate locorum secernunt. Sed etsi inter locos hos quoque recipiunt, numquam eis veritatem inferentie, sed probabilitatem ascribant, iuxta id scilicet quod facile ex
30 ipsis adquiescitur consequenti post probationem antecedentis. Sepe ⟨enim⟩ etiam ille qui falsam iudicat consecutionem, ex eo quod in antecedenti proponitur, fidem consequentis capit, etsi consecutionem et inferentie necessitatem non concedat. Etsi enim cognoscam non necessarium esse ad amorem puelle quod sepe deprehensa est in nocte
35 cum iuvene loquens secreto, tamen facile per hoc colloquium amorem suspicor et concedo, ex eo scilicet quod huiusmodi colloquia numquam videamus contingere nisi inter amantes. Ex eo itaque quod ad inferentiam tunc admitto, fidem sepe capio, et quod ad inferentiam non videtur

sufficere, maxime tamen ad fidem videtur valere, et que in inferentie veritate probabilitas non consistit, in commendatione fidei recipitur.

Hanc autem probabilitatem que ad inferentiam tendit, dialeticorum requirit discretio, cum aliquid probandum contenditur. Neque enim dialeticus curat sive vera sit sive falsa inferentia proposite conse- 5 quentie, dummodo pro vera eam recipiat ille cum quo sermo conseritur. Sed ubi pro vera audiens eam receperit, tam bene ex ea dialeticus procedet ac si sit vera. Sed hec quidem probabilitas, idest facilis concessio vere inferentie, in necessitate recipienda est. Neque enim, ut dictum est, alia est inferentie veritas nisi necessitas, et bene necessitatem 10 in inferentiis suis dialeticorum cura requirit, ne in his maxime argumentationibus que ad extremorum coniunctionem per medium contendunt, que sepe a dialeticis proponuntur, sophismatis nodum incurrant. Sepe enim in talibus decipitur si alie quam necessarie admittantur consequentie, quod in sequentibus in inquisitione veritatis 15 singularum locorum inferentiarum apparebit[1]. Et bene a dialeticis vere inferentie proprietas attenditur, quibus precipue veritatis inquisitio relinquitur quorumque exercitium in investigatione veri ac falsi consumitur, atque hec certis comprehendere regulis tota studii assiduitate laborat; probabilitas autem casualis est et falsitati sepe adiuncta; ne- 20 cessitas aut⟨em⟩ determinata et incommutabilis veritas eius consistit; unde non alia firma est cuiuslibet ostensio nisi que necessitate fulcitur. Amplius: si eque et probabiles et necessarie inferentie vere concedantur, quecumque maxime propositiones de inferentiis agunt, imperfecte proferuntur ut vere dicantur, veluti iste: 25

      quicquid infert antecedens, et consequens,
vel:
      quicquid sequitur ad consequens, et ad antecedens,
vel:
      si aliquid infert aliud quod inferat aliud, primum 30
                       infert ultimum.
Neque enim, ut ex suprapositis patet, secundum probabiles inferentias iste regule possunt custodiri, sed ad necessarias tantum eas necesse est reduci. Unde et singulis inferentiis necessitatis nomen sepe oportet apponi, ac si ita dicamus: 35

      quicquid infert necessario antecedens, necessario
                           et consequens.

---

2 probabilitas *Vc* probabilitate *V*   11 ne *c* nec *V*   20 casualis *c* causalis *V*   21 aut⟨em⟩ *c*
36 *alterum* necessario] necessarium *V*

[1] *infra*, p. 331[5] *e.q.s.*

Sed etsi ita proferatur, nulli amplius aptabitur consequentie, sed plus de inferentia quam singule consequentie proponet. Cum enim vis conditionis eque et ad necessitatem et ad probabilitatem se habere concedatur, cum dicimus:

5   '*si hoc est, illud est*',

nullam ex verbis necessitatem concipimus. Ex hac itaque etiam ratione convincitur eam solam constare sententiam, que ubique vim conditionis in necessitate[m] custodit. Hec enim clara est conditionis et verbi copulationis discretio quod illud quidem in predicatione solum actum
10 rerum inherentie, hec vero necessitatem consecutionis proponit. Cum ita per '*est*' verbum '*animal*' '*homini*' copulatur, actus tantum eius inherentie demonstratur; cum vero per '*si*' conditionem idem eidem coniungitur, incommutabilis consecutionis necessitas ostenditur. Quod autem necessarium est, sempiternum est nec principium novit. Unde et
15 id quod ista consequentia vera proponit:

                   '*si est homo, est animal*',

ita est semper ut dicitur, sive sole res ipse de quibus agitur, permaneant, sive non; et omnes vere consequentie ab eterno sunt vere. Cathegoricarum autem propositionum veritas, que rerum actum circa earum
20 existentiam proponit, simul cum illis incipit et desinit. Ypotheticarum vero sententia nec finem novit nec principium. Unde et antequam homo et animal creata fuerint vel postquam etiam omnino perierint, eque in veritate consistit id quod hec consequentia proponit:

         '*si [est] homo est animal rationale mortale, est animal*,
25 cum videlicet nullo modo quodlibet tale animal esse possit, nisi animal ipsa fuerit.

         Sed opponitur quod destructo homine non possit vera esse
         '*si est homo, est animal*',

immo
30   '*si est homo, non est animal*',

que ipsius est contraria. Homine enim destructo verum est quia nullus homo est animal, cum scilicet falsa sit eius dividens: '*quidam homo est animal*', quippe omnino homo non est; cum nullus homo sit animal, contingit '*animal*' omnino ab '*homine*' removeri et ita ei oppositum esse;
35 et ideo veram esse inter opposita consequentiam illa⟨m⟩:

         '*si est homo, non est animal*'.

Videtur quoque et ex universali negativa proposita consequentia extrahi, secundum quidem hanc regulam in qua differentiam a s u b i e c t o quidam assignant:

8 necessitate[m] *c*   35 illa⟨m⟩ *c*

si aliquid removetur ab aliquo universaliter, tunc
si aliquid subicitur subiecto, primum predicatum
removetur ab eodem,
quod videlicet subiciebatur subiecto, idest secundo subiecto.

Sed huius quidem regule sententiam cassam in sequentibus op- 5
portunius ostendimus[1], cum videlicet eas consequentias tractaverimus
que ex cathegorica coniunguntur et ipotetica. Nunc autem illud quod
de oppositione opponitur recidamus. Non sunt, inquam, ulla opposita
quia sibi non coherent sed quia, cum sint in eodem, simul ea natura non
patitur, ut sunt homo et lapis, que etiam natura a se remota sunt; 'ani- 10
mal' autem ab 'homine' non alia causa removetur nisi quia ipse homo non
ullo modo consistit. Unde inherentiam, quam sola rei destructio aufert,
lex nature exigit, cum nullatenus hominem natura pateretur esse, nisi
ei animal inhereret. Unde et in natura sibi semper adherentia videntur,
ex quo naturalem consecutionem semper custodiunt, nec ullam ad in- 15
vicem oppositionem recipere, sicut nec ipse homo sibi ipsi opponi
potest, licet tamen a se ipso vere removeatur, cum omnino non sit:
quod enim omnino non est, nec homo est. Cum autem [ab] homine nullo
modo existente nullus homo sit homo, non tamen ideo oppositus sibi
ipse est homo nec ista ideo vera consequentia: 20
'si est homo, non est homo',
quam nec etiam oppositionis proprietas veram faceret, si etiam ipsum
hominem sibi oppositum esse contingeret, ut in tractatu de vi inferentie
oppositorum apparebit, cum nullam huiusmodi consequentiam ex oppositionis quoque natura veram esse convincemus[2]. 25

f. 153v Sed precipue supraposite consequentie | veritas, que scilicet
ait:
'si est homo, est animal',
cassari videtur, cum iam ceteris animalibus creatis homo nondum factus
esset. Si quis enim homine non existente et ceteris animalibus manen- 30
tibus talem proponat consequentiam:
'si est homo, est animal',
falsa omnino reperiretur, si propositionum ex quibus iungitur significationem secundum singularum dictionum impositionem accipiamus.
Nam tunc per 'animal' tantum ea que homines non sunt, nomina⟨n⟩tur, 35
et equus vel asinus et cetera, quippe ea sola animalia sunt que sola animalis
naturam participant, ad quam significandam 'animalis' nomen

11 removetur] remotum V   18 [ab] c   23 de vi] veris V vim perperam legens c   25 convincemus Vc convincamus V   37 quam] quod V

[1] infra, p. 358³⁴ e.q.s.   [2] infra, p. 369²⁵ e.q.s.

est inventum. Et tunc quidem cum aliquid animal esse dicitur, eorum animalium numero aggregatur que homines non sunt. Quod vero homo dicitur, his que non sunt associatur, quippe nondum sunt homines. Unde manifesta videtur consequentie falsitas:

5   *'si est homo, est animal'*;

tale est enim ac si diceremus:

        'si est homo, est vel equus vel asinus vel aliquid ex his animalibus que homines non sunt'.

Et fortasse ⟨si⟩ singularum enuntiationum sensus dictionumque imposi-
10 tionem attendamus, falsa erit consequentie sententia. Sed si secundum rei naturam inferentie necessitatem pensemus, que nulla enuntiatione mutari potest, nulla variabitur significationis mutatione. Sed iam convenienter verbis quibus solet exprimi, non poterit, cum nondum ad illam continentie capacitatem impositio nominis *'animalis'* pervenerit,
15 quam post creationem hominis consecuta est. Sed nec proprie dici possunt vel consequentie propositiones vel orationes huiusmodi enuntiationes, que ea nomina que rebus ut existentibus imposita sunt, continent, ipsis tamen rebus non existentibus, veluti si animali vel homine destructo vel nondum creato talis fieret consequentia:
20   *'si est homo, est animal'*,

vel talis enuntiatio predicationis: *'homo est animal'* vel *'homo non est animal'*, nec orationes dicende essent, quippe nec dictiones essent *'homo'* et *'animal'*; neque enim nomina neque verba sunt suis non existentibus significationibus; quippe ex presenti natura hominis vel
25 animalis, que iam non sunt, imposita fuerant.

    Ubi autem nominis causa periit, nomen quoque in ipsis remanere non potest. Sed licet in enuntiatione proprietas orationis vel propositionis non remaneat, sententie tamen firmitas non mutatur, sive verbis exprimi convenientibus possit sive non, nec enuntiationis variatio rerum
30 naturam mutare potest. Neque enim, ut in *Libro Periermenias* Aristotiles docuit[1], propter affirmare vel negare res erit vel non erit. Et nota quod cum homine non existente et ceteris animalibus talis fit consequentia:

      'si est homo, est animal',

et vis significationis vocum proprie attenditur ac si ita diceretur: *'si est*
35 *homo, qui tamen [est] non est, est unum de his que animalia sunt'*, quod quidem falsum, cum potius eorum natura hominem expelleret; non est idem cum eo quod modo utrisque, idest homine et animali, existentibus,

4 falsitas *c* falsitatis *V*   9 ⟨si⟩ *c*   34 diceretur *V^c*   diceremus *V*   36 eorum] earum *V*
37 homini *V*

[1] *De interpr.* 9, 18 b 38-39.

eadem enuntiatio proponit. Unde, cum illud falsum sit, hoc tamen semper verum esse contingit, idest in re semper ita est esse ut semel vere et propria etiam enuntiatione vere dici potuit, rebus scilicet iam existentibus ac sua nomina habentibus.

Patet autem homine quoque destructo et animali veram esse hanc 5 consequentiam:

'*si est homo, est animal*'

ex ista:

'*si non est animal, non est homo*',

que vera est. Hec autem animali destructo de quolibet vera sic potest 10 ostendi: animali destructo verum est de quolibet quod non est animal; unde ex necessitate contingit quod non est homo; aut enim '*animal*' negatum negat '*hominem*', aut '*animal*' negatum patitur secum '*hominem*'; quicquid non exigit unam dividentium, patitur secum aliam; at vero falsum est '*animal*' negatum pati secum '*hominem*'. Est enim impossibile 15 ut animali non existente in aliquo homo ibi, idest animal rationale mortale, reperiatur, quod, cum non possit esse preter animal, materiam suam, nec preter animal alicubi potest existere tale animal, idest homo; non itaque remotio '*animalis*' patitur secum presentiam hominis: restat ergo ut '*hominem*' excludat negatio '*animalis*' hoc modo: 20

'*si non est animal, non est homo*'

unde et illa relinquitur:

'*si est homo, est animal*',

que mutuam inferentiam vel consecutionem habet ad illam.

Patet itaque ex suprapositis omnes consequentias veras ab eterno 25 ⟨veras⟩ esse, idest ita ut in eis semel vere proponantur semper esse, sive scilicet res de quibus in eis agitur, existant sive non. Unde et earum necessitas est manifesta, que nulla rerum presentia vel absentia potest immutari, quod nos ostensuros superius proposuimus[1].

Patet et ex hoc differentia cathegorice et ipotetice enuntiationis 30 cum hec, ut supra quoque diximus[2], actum inherentie rerum, illa necessitate⟨m⟩ consecutionis ostenderet, que quidem, ut diximus, ipsis quoque rebus destructis incommutatibilis consistit. Quia vero cathegorice enuntiationes actum rerum proponunt quantum ad enuntiationem inherentie predicati, actus vero rerum ex ipsarum rerum 35 presentia manifestus est, necessitas autem inferentie ex actu rerum perpendi non potest, que eque, ut dictum est, et rebus existentibus

---

26 ⟨veras⟩ *Vc*   29 quod] quam *V*   32 necessitate⟨m⟩ *c*

[1] *supra*, p. 265[1-2].   [2] *supra*, p. 279[8-13].

et non existentibus permanet, arbitror hinc locum tantum in ipoteticis propositionibus requiri, cum de vi inferentie rerum earum
dubitatur que ex actu rerum convinci non ⟨possunt⟩. Neque enim,
quoniam albedo omni cygno inest secundum accidens vel nigredo omnino
5 abest, vel hec consequentia:

       'si est cygnus, est albus',

vel ista:

       'si est cygnus, non est niger'

vere proponi potest; quippe et preter albedinem substantia cygni posset
10 existere utpote ipsius fundamentum et prius in natura[m], etsi ubique cum
ea reperiatur. Quia ergo actus rei ad necessitatis ostensionem non
sufficit, nature vis inviolabilis in consecutione relinquitur. Unde non
alias cathegoricas ad ipoteticas antecedere concedimus, nisi quod rerum
naturam ostendant, que consecutionis necessitatem in perpetuum
15 cus⟨to⟩diant, ut istam: *'animal est genus hominis'* ad huiusmodi consequentiam:

       'si est homo, est animal',

et que cumque rerum tales assignant habitudines, que ipoteticarum
sequentium vim consecutionis conservant. Ypoteticarum autem nega-
20 tiones quelibet a multis possunt cathegoricis inferri, tam ab his videlicet
que rerum naturam quam ab his que solum actum pronuntiant. Si
enim omnis homo sit non albus, vel quidam vel omnis homo sit niger,
non est vera:

       'si est homo, est albus':

25 neque enim potest esse ut quodlibet aliud necessario exigat sine quo
reperiri valeat. Ex ipoteticis autem cathegoricas alias sequi non recipimus nisi negativas; quippe omni rerum essentia destructa consecutionis
non violatur necessitas, ut ex premissis manifestum est. Concedimus
autem ex ea:

30   *'si est homo, non est lapis'*
'nullus homo est lapis'; vel ex ista:

       'si est homo, est animal'

'quidam homo est animal', ⟨que⟩ non sunt opposita. Sed de his quoque
consequentiis que vel ex cathegorica et ipotetica vel econverso iun-
35 guntur, latius et competentius in inferioribus disputabitur. Nunc vero ad
consecutionis necessitatem redeuntes, eam subtilius inspiciamus.

      Videntur autem due consecutionis necessitates: una quidem
l a r g i o r, cum videlicet id quod dicit antecedens non potest esse
absque eo quod dicit consequens; altera vero s t r i c t i o r, cum scilicet

3 ⟨possunt⟩ *c lacuna* V   8 niger] albus V   10 natura[m] *c*   33 ⟨quae⟩ *c*

non solum antecedens absque consequenti non potest esse verum, ⟨sed etiam⟩ ex se ipsum exigit; que quidem necessitas in propria consecutionis sententia consistit et veritatem tenet incommutabilem ut, cum dicitur:

'si est homo, est animal', 5

'homo' proprie ad 'animal' antecedit, cum ex ⟨se⟩ ipso 'animal' exigit. Cum enim in substantia hominis animal contineatur, cum 'homine' semper 'animal' attribui contingit. Unde et bene Priscianus ait[1] in inferioribus | superiora intelligi: qui enim 'homo' dicit et 'animal tale' ponit, necessario ⟨'animal'⟩ attribuit. Hec autem recta est et simplex 10 vere consecutionis necessitas, que ab omni absoluta est inconvenienti queque michi in sensu ipotetice enuntiationis sola contineri videtur, ut nichil aliud 'hoc illud antecedere' credatur quam 'hoc ex se illud exigere'. Quam quidem antecessionem in *Topicis* suis Boetius commemorat: „antecedentia, inquit[2], sunt quibus positis statim necesse est aliud 15 consequi". Cum enim 'necessitati' 'statim' adiunxit, in ipso antecedentis sensu consequens iam contineri monstravit.

Ex illa autem necessitate nimis laxa, quam in sententia quoque consecutionis alii recipiunt, multa videntur inconvenientia contingere, ex omnibus scilicet illis consequentiis quarum consecutio inter diversas 20 rerum substantias proponitur hoc modo:

'si homo est, lapis non est'
'si paternitas est, filiatio est'.

Patet autem in antecedentibus harum consequentiarum consequentia contineri nec ex sensu antecedentium sententiam consequentium 25 constare, sed posterius ex nature discretione et proprietatis nature cognitione nos cum antecedenti de ipso quoque certos esse consequenti, ex eo scilicet quod novimus natura ita hominem et lapidem esse disparata, quod in eodem sese simul non ferre queant; ut paternitatem et filiationem ita ex natura relationis simul esse coniuncta, ut alterum 30 absque altero permanere nullatenus valeat. Ex sententia autem antecedentis sententia consequentis perpendi non potest, cum scilicet ita rerum essentie de quibus agitur, in se discrete sint, ut nichil illius insit huius substantie, quique aliquid hominem esse dicit, solum hominem affirmat nichilque de remotione 'lapidis' vel cuiuslibet ex verbis suis 35

1-2 ⟨sed etiam⟩] ⟨sed etiam consequens⟩ *c* ipsum *V* ipso *c*   6 ⟨se⟩ *c*   10 ⟨animal⟩ *coll*. 286²²   13 illud *V*ᶜ aliud *V*   16 necessitati *V* necesse est *c*   19 multa *V*ᶜ multi *V*   26 primum nature] natura *V*   33 essentie] essentia *V*

[1] *Inst. gramm.* XVII, 131⁵⁻⁶.   [2] *De top. diff.* III, 1198 B¹⁵⁻¹⁶.

demonstrat; similiter et qui paternitatem esse proponit, nichil de essentia filiationis tangit.

Maximam autem probabilitatem in consecutione necessitas ista tenet, cum videlicet antecedens absque consequenti non potest existere. 5 Que quidem necessitas, si recte consecutionis necessitatem pensemus, invenietur vel potius ad enuntiationem cathegoricam quam ipoteticam pertinere, cum id scilicet intelligitur: *hoc non posse esse absque illo*, ut iam secundum huiusmodi necessarii expositionem hec quoque consequentia:

'*si Socrates est lapis, est asinus*'

10 necessaria reperiatur, cum primum sine secundo non possit esse. Quod enim omnino non potest esse, et sine illo non potest esse, et quod sine illo potest esse, constat procul dubio quia potest esse. Que autem ex hac necessitate inconvenientia contingant, si ipsa quoque in veritatem consecutionis recipiatur, in sequentibus apparebit[1], cum huiusmodi 15 inferentie locos tractaverimus.

Est autem illud maxime notandum quam maxime in enuntiatione consequentiarum magis vocum proprietas et recta impositio sit attendenda, ac magis quidem quam rerum essentia consideranda. Cum enim proponitur:

20   '*si est corpus, est corporeum*'

               '*si est corpus, est coloratum*',

quamvis eadem corporis sit substantia, que et corporea est et colorata, et quicquid coloratum esse contingit, et corporeum, et econverso, ut iam nulla sit in re distantia inter substantiam que colore formatur aut 25 corporeitate constituitur, — illam tamen enuntiationem veram esse, hanc vero falsam esse contingit, secundum id quod diversis modis substantia corporis accipitur; hic quidem secundum id quod corporeitate, ibi vero secundum id quod colore formatur. Quarum quidem formarum hec secundum substantiam, illa vero secundum accidens inest corpori. Quia 30 vero corporeitatis forma substantialiter corpori inest, in substantie ipsius nomine ipsa quoque intelligitur, et, cum corpus quodlibet esse dicitur, corporea substantia esse proponitur, sed non colorata; quippe absque colore omni substantia corporis integra posset consistere. Quia ergo coloratum ex accidentali forma substantiam corporis designat, sine 35 qua quidem forma quelibet res in natura corporis omnino possit consistere, corporeum vero ex substantiali, preter quam nullo modo substantia corporis vel intelligi potest, hec consecutio necessitate, quam

---

6 invenietur *c* inveniemus *V*   17 [magis] *c*   18 ac] an *V*

[1] *infra*, p. 293⁵ *e.q.s.*

illa tenet, privatur. Sic quoque et in enuntiatione predicationis, significationis proprietas maximam facit differentiam. Aliud enim proponitur
in 'Socrates est corporeus' quam in 'Socrates est coloratus'. Alioquin non
essent diveri sensus propositarum consequentiarum, que tantum secundum consequentia⟨m⟩ diverse inveniuntur. Patet quoque maxime [esse] 5
ex his consequentiis:

'si est homo, est animal'
'si est homo, est'

quas destructo homine veras confitemur, quantum ex discretione impositionis vocum manifesta sit consecutio. Si enim substantiam, prout se 10
habet, attendamus, eam non existere inveniemus; ac si ut existentem
eam acceperimus, quis eam vel ad 'animal' vel ad 'esse' antecedere concesserit? Sed si nominis huius quod est 'homo', propriam impositionem
tenuerit, secundum id scilicet quod substantie hominis ut existenti ex
animali⟨tate⟩ et rationalitate et mortalitate datum est, ratam omnino 15
consecutionem viderit. Qui enim destructo homine quidlibet dicit hominem esse, rem quidem que non est attribuit, sed ut existentem eam
ponit; alioquin nominis impositionem non teneret, nisi scilicet in ea
significatione eo uteretur homine quoque destructo, in qua ipsum tenet
hominem non existentem, et cum rem quidem que destructa est, ponit, 20
que scilicet erat vera hominis substantia, que absque animali nullatenus
vel existere vel intelligi potest, 'animal' simul necessario attribuit.
Quippe nichil potest esse illa vera hominis substantia que destructa est,
nisi animalis vera fuerit essentia. Ponamus enim esse hominem et non
esse animal, si fieri posse videatur; certe, si quod per 'hominem' accipitur, 25
attendamus, idest animal rationale mortale, inveniemus idem animal
esse et non esse, quod est impossibile. Si quis itaque vocum impositionem recte pensaverit, enuntiationum quarumlibet veritatem facilius
deliberaverit et rerum consecutionis necessitatem velocius animadver-
terit.   30

Hoc autem logice discipline proprium relinquitur, ut scilicet
vocum impositiones pensando quantum unaquaque proponatur oratione
sive dictione discutiat. Phisice vero proprium est inquirere utrum rei
natura consentiat enuntiationi, utrum ita sese, ut dicitur, rerum proprietas habeat vel non. Est autem alterius consideratio alteri necessaria. 35
Ut enim logice discipulis appareat quid in singulis intelligendum sit
vocabulis, prius rerum proprietas est investiganda. Sed cum ab his rerum
natura non pro se sed pro vocum impositione requiritur, tota eorum

5 [esse] c

intentio referenda est ad logicam. Cum autem rerum natura percon⟨ta⟩ta fuerit, vocum significatio secundum rerum proprietates distinguenda est, prius quidem in singulis dictionibus, deinde in orationibus, que ex dictionibus iunguntur et ex ipsis suos sensus sortiuntur. Neque enim
5 absque partium discretione composita perfectio cognosci potest.

Cumque ipoteticarum enuntiationum sententiam tractandam ⟨ad⟩ veri falsique discretionem suscepimus, ex partibus earum nobis incohandum videtur esse, que sunt antecedens et consequens et que ea coniungit conditio. Sed quoniam conditionis condicionem in
10 necessitate consistere supra monstravimus[1], antecedentis ac consequentis regulas in presenti ponere sufficiat. Sed prius antecedentis ac consequentis significationes distinguamus.

Accipiuntur autem antecedens et consequens modo in designatione integrarum enuntiationum, veluti cum in hac conse-
15 quentia:

'*si Socrates est homo, Socrates est animal*'

primam cathegoricam ad secundam | antecedere dicimus vel eorum que   f. 154ᵛ ab ipsis dicuntur, modo vero in designatione simplicum dictionum sive eorum que ab ipsis significantur, ut in eadem consequentia speciem ad
20 genus antecedere dicimus, idest '*hominem*' ad '*animal*', natura vel habitudo vim inferentie tenet. Per id vero quod antecedens et consequens accipiuntur in designatione totarum enuntiationum que ipoteticam perficiunt, vel in designatione eorum que per eas dicuntur, dictum est quia nullum verum infert falsum. Si enim ad terminos aspicia-
25 mus antecedentium et consequentium enuntiationum, inveniemus sepe a vero falsum inferri, veluti cum dicimus:

'*si vera est: omnis homo est animal, falsa est: nullus homo est animal,*

                  vel: non omnis homo est animal'.

Si vero totas enuntiationes pensemus, verum potius a vero hic inferri
30 viderimus. Verum est enim quia vera est '*omnis homo est animal*', et quod falsa est '*nullus homo est animal*' vel '*non omnis homo est animal*'. Cum autem per '*antecedens*' et '*consequens*' sive dictiones simplices sive integras enuntiationes accipimus, tunc ea quidem ipoteticarum enuntiationum partes appellare possumus, ex quibus scilicet ipse consequentie
35 coniunguntur, non quidem de quibus agitur, sed ex quibus constant. Neque enim veram hanc consequentiam:

'*si est homo, est animal*'

---

1 percon⟨ta⟩ta] perconta *V* percepta *c*   17 ⟨ad⟩ *c*   29 pensemus *Vᶜ* pensamus *V*   35 agatur *V*

[1] *supra*, p. 284¹⁰⁻¹⁷.

de vocibus agentem possumus accipere sive dictionibus sive propositionibus. Falsum est enim ut si hec vox '*homo*' existat, hec quoque sit que
est '*animal*'; ac similiter de enuntiationibus sive earum intellectibus.
Neque enim necesse est ut qui intellectum precedenti propositione generatum habet, habeat quoque intellectum ex consequenti conceptum. 5
Nulli enim diversi intellectus ita sunt affines ut alterum cum altero necesse sit haberi, immo nullos simul intellectus diversos anima⟨m⟩ retinere
ex propria quisque discretione convicerit, sed totam singulis intellectibus, dum eos habet, vacare invenerit. Quodsi quis essentiam intellectuum
ad se sequi sicut essentiam rerum ex quibus habentur intellectus, con- 10
cesserit, profecto quemlibet intelligentem infinitos intellectus habere
concederet, secundum id scilicet quod quelibet propositio innumerabilia consequentia habet. A m p l i u s : sive de enuntiationibus sive de intellectibus earum agatur, oportet nomina earum in consequentia poni;
sed si vel '*homo*' vel '*animal*' accipiantur nomina vel enuntiationum vel 15
intellectuum, profecto consequentia esse non poterit:

> '*si est homo, est animal*',

que ex solis iuncta est dictionibus, ac si sic diceretur:

> '*si homo, animal*';

immo omnino imperfecta est oratio. Ut igitur veritatem consecutionis 20
teneamus, de rebus tantum eam agere concedamus et in rerum natura
regulas antecedentis ac consequentis accipiamus, que sunt huiusmodi:
(1) p o s i t o   a n t e c e d e n t i   p o n i t u r   c o n s e q u e n s
(2) p e r e m p t o   c o n s e q u e n t i   p e r i m i t u r   a n t e c e d e n s
hoc modo: 25

> '*si est homo, est animal*'
> '*si non est animal, non est homo*'

(3) n e q u e   a u t e m   p o s i t o   a n t e c e d e n t i   c o n s e q u e n s   p e r i m i t u r
(4) n e q u e   p e r e m p t o   a n t e c e d e n t i   c o n s e q u e n s   n e c e s s e   e s t
                                                                              p e r i m i 30
(5) v e l   p o n i ,   sicut
(6) n e q u e   d e s t r u c t o   c o n s e q u e n t i   p o n i t u r   a n t e c e d e n s
(7) n e q u e   e o d e m   p o s i t o   i p s u m   v e l   p o n i t u r
(8) v e l   a u f e r t u r .
Cum hee illis sicut affirmative earum inter se equipolleant, oportet 35
has cum illis veras simul vel falsas esse. Sunt quoque et due superiores
regule sibi in omnibus consentientes atque ex se mutuo possunt ostendi,
ut scilicet si quis istam concesserit:

> '*si est homo, est animal*'

ad illam quoque concedendam: 40

'*si non est animal, non est homo*'
cogatur, et econverso.

Sic autem ex inductione impossibilis, cum prima vera fuerit, et
secunda vera esse convincetur. Ponamus itaque istam veram:

5   '*si est homo est animal*'
ac de ista dubitetur:

'*si non est animal, non est homo*',
idest utrum '*animal*' negatum neget '*hominem*'; atque id ita confirmabimus: aut '*animal*' negatum negat '*hominem* aut negatum patitur
10 '*hominem*', ut videlicet contingere possint ut '*animali*' remoto ab aliquo
homo in eodem existat; concedit autem fortasse quod '*animali*' remoto,
homo permaneat; sed prius concessum fuit quod '*homo*' '*animal*' ex
necessitate exigat, in ea scilicet consequentia que proponebat:

'*si est homo, est animal*';
15 contingit itaque ut quod non est animal, sit animal; quod enim patitur
secum antecedens, et consequens; veluti cum negatio '*animalis*' patiatur
secum positionem '*hominis*', que ad positionem '*animalis*' prius antecedebat, eadem quoque, idest negatio '*animalis*', patitur secum positionem
ipsius, quod est impossibile; unde et illud impossibile esse convincitur
20 ex quo id contigit quod negato '*animali*' homo permaneat; quod etsi id
non potest fieri, relinquitur statim ut negato '*animali*' '*homo*' denegetur,
quam nos consequentiam ostendere proposuimus.

Potest quoque similiter ex inductione inconvenientis ostendi,
cum secunda fuerit concessa, que ait:

25   '*si non est animal, non est homo*'
et primam constare, que ait:

'*si est homo, est animal*'.

Ponatur itaque vera:

'*si non est animal, non est homo*'
30 et de alia dubitetur:

'*si est homo, est animal*',
utrum scilicet '*homo*' positus ponat '*animal*'. Et sic poterit vera convinci:
aut '*homo*' positus animalis presentiam exigit, aut ipse positus animalis
absentiam patitur; concedit autem adversarius quod hominis existentia
35 animalis absentiam perferat, ut scilicet contingere queat ut homo alicubi
sit, ubi animal non existit; sed cum absente animali necesse sit animal
abesse, ut prius concessum erat, convincitur, cum homo sit, hominem
posse non esse, quod etiam est impossibile; unde et impossibile illud convincitur ex quo id contingit, quod scilicet '*hominis*' positio negationem

'*animalis*' pateretur; quodsi eius negationem non patitur, profecto eius
positionem exigit; unde et vera ostenditur:

'*si est homo, est animal*',

cum vera illa recipietur:

'*si non est animal, non est homo*'.   5

Cum autem et hec vera illam veram et illa istam exigat, patet eas sibi
equipollentes esse. Et hec quidem equipollentia in conversione per
contrapositionem consistit, ⟨sicut⟩ in sequentibus ostendemus[1], cum
omnium conversiones ipoteticarum monstraverimus.

Tertia vero, que aiebat posito antecedenti non auferri consequens,   10
ex priori manifesta est. Neque enim potest esse ut ad idem consequantur
affirmatio et negatio de eodem, sicut nec ad idem antecedere possunt
Aristotile testante, qui ait[2]: „idem cum sit et non sit, non necesse est
idem esse", idest: ad affirmationem et negationem eiusdem non sequitur
idem consequens, veluti cum ad positionem '*hominis*' ponatur '*animal*', 15
ad remotionem eiusdem non ponitur ipsum. Non itaque vere simul
pot[u]erint esse:

'*si est homo, est animal*'

et

'⟨*si*⟩ *non est homo, est animal*',   20

quas huiusmodi inconvenientia comitantur:

'*si non est homo, est homo*'

aut

'*si non est animal, est animal*'.

Que quidem inconvenientia nullus ambigit esse, cum alterius dividen- 25
tium veritas non solum veritatem alterius non exigat, immo omnino
eam expellat et extinguat.

Sic autem monstrantur ex premissis consequentiis, si quis eas
receperit, proposita inconvenientia. Si quis cum ista:

'*si est homo, est animal*'   30

etiam istam receperit:

'*si non est homo, est animal*',

et istam quoque cum eadem concesserit:

'*si non est animal, est homo*',

que per consequentis et antecedentis destructionem secunde equalis 35
redditur: quecumque enim vera est cum una equipollentiarum, et cum

8 ⟨sicut⟩ *Vc*   20 ⟨si⟩ *Vc*

[1] *infra*, p. 495²⁵⁻²⁸.   [2] Cf. Boeth., *De syll. hyp.* I, 836 A⁹⁻¹³.

alia, vel quandoque vera est una, et alia; similiter et falsa; ex his autem
duobus:

> 'si est homo, est animal',
> 'si est animal, non est homo'

5 necessario per extremorum coniunctionem infertur:

> 'si est homo, non est homo'.

Si enim cuiuslibet [pro]positio alterius positionem necessario exigat,
que quidem secunda positio | cuiuslibet positionem inferat, primi quo-   f. 155ʳ
que positio positionem exigit ultimi; de qua quidem extremorum con-
10 iunctione latius in sequentibus disseremus[1], cum medias ipoteticas
earumque sillogismos tractaverimus. Potest quoque ex premissis eisdem
consequentiis per conversionem prioris extrahi:

> 'si non est animal, est animal'

hoc modo convertat:

15 > 'si est homo, est animal'

que prima fuit hoc modo:

> 'si non est animal, non est homo'

eique aliam subiungat:

> 'si non est homo, est animal'

20 atque ex his necessario concludat

> 'si non est animal, est animal'.

Patet itaque ex inductione inconvenientium aristotilicam regulam constare, que, ut diximus[2], negabat ad affirmationem et negationem eiusdem idem sequi; ostendamus quoque et quod nos adiecimus[3]
25 affirmationem et negationem eiusdem ad idem consequi non posse; quod
etiam inconvenientium consecutio monstrat, tales videlicet consequentie in quibus unaquaque dividentium ad alteram consequatur, sicut
in supramissis. Sed hec tamen est differentia quod in illis negatio ad
affirmationem, in istis autem affirmatio ad negationem antecedit.
30 Ponamus itaque istas duas:

> 'si est homo, est animal'
> 'si non est homo, est animal',

ut que inde procedant inconvenientia videamus. Hoc autem est huiusmodi:

> 'si est homo, non est homo'.

35 Per conversionem enim secunde adiunctam prime hoc modo:

> 'si est homo, est animal'
> 'si est animal, non est homo'

---

1 quandoque] quecumque *V*   22 itaque *Vᶜ* idque *V*   28 quod] quam *V*

[1] *infra*, p. 516¹⁵ *e.q.s.*   [2] *supra*, pp. 274¹ et 290¹³.   [3] *supra*, p. 290¹¹⁻¹².

infertur per medium:

> '*si est homo, non est homo*'.

Quia ergo ex veritate istarum impossibile sequitur, eas veras esse non posse convincit. Impossibile enim est unde impossibile sequitur et falsum unde falsum contingit. Falsum ergo atque impossibile e⟨s⟩t eas 5 simul veras esse consequentias que ex eodem affirmationem et negationem eiusdem sequi pronuntiant. Et merito videtur. Sunt enim tamquam contrarie huiusmodi consequentie in quibus ex eodem affirmatio et negatio consequuntur, vehementer sibi opposite, quod in *Ypoteticis* nostris convenientius ap⟨er⟩iemus[1].   10

Nunc autem eas de suprapositis regulis que restant, tractemus, que scilicet aiebant non destructo antecedenti necessario poni consequens vel auferri. Quarum prima, que ait destructo antecedenti non necessario perimi consequens, non ita est accipienda ut nusquam reperiatur falsa, sed ita ut [sunt semper] eius affirmatio possit semper vera 15 consistere. Aliqui enim fortasse termini reperire⟨n⟩tur in quibus antecedens negatum consequens neget. Cum enim vera sit:

> '*si est homo, est animal rationale mortale*',

vera quoque contingit:

> '*si non est homo, non est animal rationale mortale*'.   20

Verum hanc consecutionem natura complexionis antecedentis et consequentis non perficit, sed gratia terminorum contingit. Ideoque ita diximus quod non necesse sit perempto antecedenti perimi consequens ad complexionem earum respicientes. Illam autem que ait antecedenti perempto non perimi consequens veram ubique tenet sue affirmationis 25 falsitas. Neque enim potest esse ut cum antecedens, ut dictum est, positum ponat consequens, idem destructum ipsum auferat. Veluti cum posito '*homine*' ponatur '*animal*', eodem destructo non aufertur '*animal*'; neque enim simul vere esse poterunt:

> '*si est homo, est animal*'   30

et   '*si non est homo, ⟨non⟩ est animal*',

quas huiusmodi sequitur impossibile conversa priori:

> '*si non est animal, est animal*'.

Quidam tamen has regulas non solum in tota antecedentis et consequentis enuntiatione, verum etiam in terminis eorum assignantes 35 dicunt in quibusdam ex immediatione contingere ut antecedenti destructo consequens ponatur. Veluti cum '*sanum*' ad '*egrum*' ex op-

---

7 tam quam] eam quam *V*   11 easdem suprapositas regulas *V*   23 quod] que *V*

[1] *infra*, p. 473[20] *e.q.s.*

positione antecedat, ut positum illud removeat sic:

    'si est sanum, non est egrum',

idem remotum ex immediatione ponit *'egrum'* hoc modo:

    'si non est sanum, est egrum'.

5 Sed, sicut in sequentibus apparebit[1], neutra harum consequentiarum
firmitatem tenet; nec in rebus terminorum supraposite regule sunt
accipiende, sed in his que tota propositionum enuntiatione dicuntur.
Nam quamvis et in quibusdam possint rebus aptari premisse regule,
ut sunt ille que aiunt posito antecedenti poni consequens, vel perempto
10 consequenti perimi antecedens, velut, *'homine[m]'*, quod *'animal'* antecedit, posito in aliquo *'animal'*, quod consequens eius est, ponitur in
eodem, vel *'animali'* remota a quolibet et ipse *'homo'* removetur, tamen
liberius expediuntur et assignantur secundum sensus totarum enurtiatio-
num et laxius accipiuntur, ut videlicet ita exponantur: posito ante-
15 cedenti, idest existente eo quod dicit antecedens propositio, existit
illud quoque quod consequens proponit. Veluti si ita sit in re ut ista
enuntiatio dicit: *'Socrates est homo'*, ita est in re ut ista proponit:
'Socrates est animal' ac destructo consequenti, idest non existente quod
consequens propositio dicit, non remanet quod antecedens proponit
20 veluti si non fuerit id quod dicit *'Socrates est animal'*, nec quod *'Socrates
est homo'* proponit. Sic enim intellecte non solum rerum coherentium
ac de se predicabilium inferentiam ostendent, sed quecumque pro veris
accipiuntur consequentiis applicabuntur, sive vis earum inferentie in
sententia totarum enuntiationum sive in rebus quoque terminorum
25 consistat. Est enim aliud pensare vim inferentie secundum proprietatem
atque habitudinem rerum, aliud ipsam inspicere secundum totarum
antecedentis enuntiationum sententiam. Sunt namque plereque consequentie que, si rerum naturam inspiciamus, eas falsas iudicabimus;
si vero totarum enuntiationum sensus recte tenuerimus, veras easdem
30 confitebimur, ut sunt iste:

    'si omnıs homo est lapis, quidam lapis est lapis'

    'si Socrates est Brunellus, Socrates est homo',

vel

    'si idem est animal, est homo'.

35 Si enim *'hominis'* et *'lapidis'* in priori consequentia subiectorum naturam inspexerimus, que in eodem sese non perferunt, quomodo ex subiectione unius alterius subiectionem concedemus? Ut scilicet quia *'homo'*
'lapidi' universaliter supponatur, ideo *'lapis'* eidem particulariter subici-

20 quod] quidem *V*

[1] *infra*, pp. 400[7]-401[4].

atur cum videlicet et multis 'hominem' supponi videamus que nullam
'lapidis' predicationem suscipiant. Aut si 'Brunelli' et 'hominis' in partibus
secunde consequentie predicatorum oppositionem animadverterimus,
quomodo predicationem unius alterius predicationem exigere concedemus? Aut, cum animal genus sit hominis, quis ad eius positionem 5
'hominem' poni recipiat? Sic tamen ostendi poterunt supraposite consequentie hoc modo: si 'omnis homo est lapis' vera est, simul et 'quidem
lapis est homo'; quodsi vere sunt 'omnis homo est lapis' et 'quidam lapis
est homo', contingit necessario veram ⟨esse⟩ 'quidam lapis est lapis'; hec
est enim forma inferentie tertii modi prime figure; unde et sic per 10
extremorum coniunctionem infertur:

    'si omnis homo est lapis, quidam lapis est lapis'.

Sic quoque secunda convincitur vera: si 'Socrates est Brunellus' vera est,
simul et 'Brunellus est Socrates'; ex his autem duabus necessario consequitur 'Socrates est Socrates', ex qua etiam infertur 'Socrates est homo'; 15
coniunctis itaque extremitatibus concluditur:

    'si Socrates est Brunellus, Socrates est homo'.

    Huic tamen extremorum coniunctioni ⟨non⟩nulli resistere co-
nantur ex medii termini dissimilitudine. Ait[1] enim in Ypoteticis suis
Boethius, cum numerum mediarum ipoteticarum inquireret eumque 20
numero earum que ex tribus terminis iunguntur compar⟨ar⟩et, ut sunt
ille que vel ex cathegorica et ipotetica vel econverso connectuntur,
nec unam vocari ipoteticam cui medius terminus dissimiliter accipitur
nec extrema per eum connecti. Dissimilitudinem vero medii termini accipiunt[ur] non solum quando diversi termini ponuntur in 25
medio, veluti cum ita proponitur:

    'si est homo, est rationale', |

f. 155ᵛ   'si est rationale, est animal',

aut cum dissimiliter idem enuntiatur hoc modo:

    'si est homo, est rationale'   30
    'si non est rationale, non est Deus'.

verum etiam quotiens talis premittitur enuntiatio, cuius veritas rerum
habitudines perimit, ex quibus posteriores consequentie vim sue
consecutionis custodiunt. Veluti cum talem propositam consequentiam:

    'si omne animal est homo quoddam animal non est homo',   35

per medium ostendi viderint invalida argumentatione nonnisi ex dissimilitudine ista resistere possunt. Est autem huiusmodi argumentatio:

---

23 ipoteticam *Vᶜ* ipoteticum *V*   25 accipiunt[ur] *c*

[1] *De syll. hyp.* I, 839 A-B.

'*si omne animal est homo, omnis asinus est homo*
unde et omnis asinus est animal',
et ita:
'*quoddam animal est asinus*
5   *quare et quoddam animal non est homo*'.
In hac autem argumentatione ultime inter opposita consequentie
nonnulli ex dissimilitudine contradicunt. Dicunt enim '*hominem*', qui
unus erat de mediis terminis, dissimiliter accipi, cum videlicet prius ut
coherens asino ac postea ut oppositum eidem accipitur. Nam cum
10 prima enuntiatio '*omne animal est homo*' '*homini*' '*animal*' universaliter
supponeret, utique et sub '*homine*' '*asinum*', qui unum est de animalibus,
collegit, in quo eorum omnem oppositionem removet. Destructa autem
oppositione eorum consequentia ultima, que ex sola oppositione vim
habebat, falsa relinquitur. Sic quoque et ex dissimilitudine medii
15 termini illi quoque superiori argumentationi, que ostendebat:
'*si Socrates est Brunellus, Socrates est homo*',
per denegationem ultime consequentie, que ait:
'*si Socrates est Socrates, Socrates est homo*',
resistere laborant. Aiunt enim istam consequentiam non aliunde veram
20 videri nisi ex eo quod '*Socrates*' '*hominis*' inferius fuerit. Illum autem
hominis inferius esse non iam recipiunt, ubi in premissa enuntiatione
'*Brunellus*', qui '*hominem*' expellit, coniunctus '*Socrati*' fuerat, immo
'*asinus*' per '*Brunellum*', qui ei copulatur; neque enim iam ipsum aliud
a '*Brunello*' esse nullo modo aiunt.
25   Sed hi nimirum qui ⟨in⟩ premissa enuntiatione ex '*Socrate*', cui
'*Brunellus*' copulabitur, '*hominem*' sequi non concedunt, profecto nec ex
'*Brunello*', postquam '*Socrati*' coniungitur, '*asinum*' inferri debent
concedere. Ubi enim '*Socrati*', qui homo est, coniungitur, non remanet
inferius '*asini*'. Si quis itaque sic proposuerit:
30   '*si Socrates est Brunellus, quidam homo est Brunellus*'
'*si quidam homo est Brunellus, quidam homo est asinus*'
non recipietur secunda consequentia, cum '*Brunellus*' inferius '*asini*' non
remaneat. Sed nec similiter prima, cum iam '*Socratem*', ubi '*Brunello*'
supponitur, '*homini*' necesse sit opponi.
35   Sed sunt plerique qui prime argumentationis consequentie
obviandum non censeant propter illam terminorum enuntiationem.
Neque enim resistendum in huiusmodi argumentationibus dicunt nisi
ex dissimilitudine medii termini. Medius autem nondum existit una

23 asinus] asini *V*   25 ⟨in⟩   30 brunellus + quidam homo est brunellus *V*   31 brunellus
*V*c asinus *V*

tantum consequentia proposita. Ut enim medius intercedat terminus, oportet ipsum et in prima consequentia subsequi et in secunda antecedere; priori vero consequentie contradicere non audent, eoquod compellantur confiteri falsas eas quoque que ex falsis propositionibus vere texuntur, veluti ista: 5

'*si omnis homo est margarita, omnis homo est lapis*'
neque enim iam '*margarita*' '*hominem*' prorsus continens species lapidis remanet. Sed priores consequentias ex ulla terminorum enuntiatione non denegent, que modo illam argumentationem absolvunt que aristotilicam auctoritatem oppugnat, ubi in tractatu *Oppositorum*: „sanis, 10 inquit[1], omnibus sanitas quidem erit, languor vero non erit." Est autem talis argumentatio que potius ostendat si omne animal sit sanum, languorem esse; quod plane Aristotili contradicit, qui si omne animal sanum sit, languorem non esse confirmat. Est autem huiusmodi argumentatio: 15

'*si omne animal est sanum, omne languidum est sanum*'
a toto: '*animal*' namque etiam languentia continet; quodsi omne languidum est sanum, omne languidum est animal; unde et quoddam animal est languidum; unde et languor in quodam animali consistit, et ita languor est; itaque per medium ostensum est quod, si omne animal 20 est sanum, languor est. Que quidem argumentatio cassari non dicitur nisi in priori consequentia. Sed primam quidem consequentiam pro eo contradicunt quod prima eius positio quasi concessa premittatur. Cuius veritatis concessio iam omnino perimit continentiam languidi in animali; ubi enim '*animal*' '*sano*' prorsus supponi conceditur, nullum continere 25 '*languidum*' annuitur. Tunc itaque terminorum enuntiationem unius quoque per se posite consequentie inferentiam perimere dicunt, cuius habitudinis vim enuntiationis veritas aufert, cum subcontinua⟨tiva⟩ conditio apponitur, idest cum id quod iam concessum fuerat, coniungit. Cum autem non solum continuativa est nec quicquam concessionis 30 requiritur, sed sola conditionis copulatio attenditur, id quod nec verum est nec concessum, consecutionem impedire non dicunt. Sed unde maiorem vim adversus enuntiationem secunde vel tertie consequentie quam adversus enuntiationem prime habeat prime partis enuntiatio, cum videlicet nec vera sit nec concessa? Sicut in superioribus argumen- 35 tationibus, ubi vel ex '*omne animal est homo*', '*quoddam animal non est homo*' vel ex '*Socrates est Brunellus*', '*Socrates est homo*' extrahebatur, non ex

4 langor *sic semper V*   28 unde *V* vim *c*   33 tertiae *c* tote *V*

[1] *Categ.* 11, 14 a 7-8.

primis quidem propositionibus ut ex concessis argumentari incipimus
nec ullam earum concessionem requirimus, sed sub conditione solum:
'si hoc est illud esse' proponimus. Que quidem conditionis copulatio
eque et in veris et in falsis enuntiationibus consistit. Nulla itaque
5 exhibet⟨ur⟩ ratio ut prioris enuntiatio partis magis sequentes quam
priores consequentias oppugnare valeat, si equaliter eius veritas adversa
utriusque fuerit. Sed nec pro enuntiatione quacumque impediri potest
quecumque consequentia vera consistit. Quod enim sempiternum [non]
est ac necessarium, nullo potest impediri casu; nec propter enuntiare,
10 ut Aristotiles meminit[1], erit aliquid aut non erit. Enuntiatione ergo
resistendum non est, sed si forte enuntiation⟨e, sola veritate enun-
tiation⟩is; alioquin per oppositam enuntiationem quamlibet possemus
impedire veritatem, qui sic quidlibet vel esse vel non esse enuntiare⟨mus⟩.
Si ergo sola enuntiationis veritas impediat, nulla autem vera enuntiatio
15 sic premissa consecutione⟨m⟩ posteriorum ipoteticarum impediat,
profecto inique calumniantur ex veritate premisse enuntiationis consequentias posteriores; nam que premittuntur consequentie, vere
quidem conceduntur ab ipsis, veluti illa que ait:
        'si omne animal est homo, omnis asinus est homo'
20 et
        'si Socrates est Brunelles, Brunellus est Socrates'.
Sed earum veritas aliarum veritatem nullo modo impedit. Neque enim
verum vero potest esse impedimento. Non itaque ex veritate illius premisse enuntiationis calumniari oportuit posteriores consequentias.
25   Sunt autem et qui singulas recipiunt consequentias, sed extremorum coniunctionem non admittunt propter dissimilitudinem enuntiationis medii termini. Cumque talis inducitur regula:
        si aliquid infert aliud quod inferat aliud, primum
                        inferens inferre ultimum,
30 id subintelligendum et determinandum esse diiudicant: 'terminis
eodem modo acceptis', non scilicet dissimiliter enuntiatis. Sed si
hec suppleatur determinatio, nullis amplius mediis ipoteticis regula
poterit aptari, cum id scilicet quod in determinatione apponitur ex
inferentiis mediarum vel mediorum | terminorum enuntiationibus   f. 156ʳ
35 perpendi non possit. Sed nec ulla potest dici dissimilitudo enuntiationis
medii termini in supradictis, cum medie semper propositiones vocesque
earum in eadem semper significatione, cum intercedunt medie, acci-

5 exhibet⟨ur⟩ c   8 [non] c   11-12 sed si forte enuntiationis delendum putat c   13 sic c
sit V   15 sic c sit V consecutione⟨m⟩ c   16 iniquiue V
[1] De interpr. 9, 18 b 38-39.

piuntur. Nec si Boetii dicta pensemus, qui dissimilem enuntiationem
medii termini calumniatur ipsamque extremorum coniunctionem intercipere concedit, ut „si, inquit[1], ita proponatur:

'si est a, est b'

'si necesse est esse b, est vel non est c'",　　　　　　　　　　　　5

nichil illam dissimilitudinem huic pertinere videmus. Hec enim dissimilitudo quam appellant, non augmenta[n]t numerum ipoteticarum
mediarum, sicut Boetius voluit, quippe eedem medie propositiones
eorumque termini manent. A m p l i u s : si hec dissimilitudo terminorum
coniunctionem impediret, non posset aliquis, cum in mediis ipoteticis 10
falsas sponte sua reciperet consequentias, ad inconveniens compelli, veluti si talem concederet mediam:

'si omnis homo est margarita, omnis homo est animal'

'si omnis homo est animal, omnis homo est animatus',

non utique posset inferri hoc inconveniens:　　　　　　　　　　　　15

'si omnis homo est margarita, omnis homo est animatus',

quippe *'animal'* dissimiliter ita accipitur, quod modo ad appositum
'animati', idest *'margaritam'*, consequitur, modo idem ad *'animatum'*
antecedit, quod fieri vere non potest. A m p l i u s : cum propter huiusmodi dissimilitudinem coniunctioni extremorum resistant eamque dene 20
gent, querendum est si vel ideo id faciant quod huiusmodi dissimilitudo
non exigat coniu⟨n⟩ctionem extremorum vel quod eam non perferat.
Sed ideo non est resistendum quod eam non exigat nec nos in eo vim facimus quod dissimiliter accipiuntur termini, sed in eo quod id illud exigit,
illud vero tertium ponit. Neque enim sufficit ad contradicendum id quod 25
non exigit id quod contradicitur, sed quod ipsum non patitur. Ex eadem
enim possem opponere adversus quamlibet extremorum coniunctionem
hoc quod ego sedeo vel quodlibet ad ipsam non pertinens, quod videlicet
ipsam non exigat. Quodsi huiusmodi dissimilitudo extremorum coniunctionem omnino auferat, bene in ea ubique extremorum coniunctioni 30
conceditur; sed id quidem falsum est. Ex his namque mediis:

'si Socrates est Brunellus, Socrates est asinus

si Socrates est asinus, quidam homo est asinus'

aut

'si omne animal est homo, omne animal est rationale　　　　　　35

si omne animal est rationale, nullum animal est irrationale'

necessario infertur hinc quidem:

---

18 margarite *V*　31 medios *V*

[1] *De syll. hyp.* I, 842 C13-15.

'si Socrates est Brunellus, quidam homo est asinus',

illinc vero:

'si omne animal est homo, nullum animal est irrationale'.

Quod autem necessario ex illis iste inferantur clarum est, cum ex earum
5 partibus par⟨t⟩es istarum consequantur, in quibus quidem nulla poterit
dissimilitudo notari, conversis scilicet secundis consequentiis prioris
argumentationis hoc modo dispositis:

'si nullus homo est asinus, Socrates non est asinus
si Socrates non est asinus, Socrates non est Brunelles'

10 quare

'si nullus homo est asinus, Socrates non est Brunellus'.

Secunda quoque sic:

'si quoddam animal est irrationale, quoddam animal non est rationale
si quoddam animal non est rationale, quoddam animal non est homo'

15 quare:

'si quoddam animal est irrationale, quoddam animal non est homo'.

Cum autem in his argumentationibus nulli dissimilitudini adherere valeant nec ulla enuntiatio sit adversus ullam consequentiam,
oportet extremorum coniunctionem concedi. Sed ⟨si⟩ in his argumenta-
20 tionibus extremorum coniunctio conceditur, necesse est ut et in superioribus recipiatur, in quibus clara est secundum eos dissimilitudo. Si quid
enim antecedit ad aliud, antecedens antecedentis infert consequens
consequentis. Que vero equipollentes sunt consequentie, ad se mutuo
antecedunt et consequuntur. Non itaque huiusmodi dissimilitudo
25 enuntiationis mediorum terminorum coniunctione⟨m⟩ extremorum
quam patitur, oppugnat nec per eam destruendam est opponenda.
Neque enim ista est illa, ut dictum est, que ad extremorum coniunctionem Boetius valere negavit[1]. Nec quidem fallere potest ut cum
primum ponat secundum, idest necessario exigat, secundum vero
30 tertium, primum quoque tertium [non] necessario exigat. Est namque
hec perfecte inferentie sillogismi forma et est quidem prima consequentia propositio, secunda vero assumptio, tertia autem conclusio, que ex duabus premissis infertur.

Hi quidem sunt sillogismi mediarum ipoteticarum quos ad
35 fidem regularium sillogismorum, quos ex eisdem mediis Boetius
disponit, affert, alio tamen ordine constitutos, cum et assumptio et con-

---

ad 6: nota etiam quod si dicatur: si est ubique est Rome, si est Rome non est Parisius
contradicitur, sed non conversis consequentiis. V^m 13 ⟨ir⟩rationale V^c 14 [ir]rationale
V^c 19 ⟨si⟩ V^c 26 per] pro V

[1] De syll. hyp. I, 842 C^13-15.

clusio in istis sit ipotetica, in illis vero cathegorica. Unde et istos qui
ad fidem aliorum afferuntur, aliis magis esse perspicuos et certos oportet.
Quorum quidem sillogismorum inferentiam indubitabilem esse demonstrat cathegoricorum forma sillogismorum, qui primi sunt atque ex se
cogniti; in quibus quidem, sicut in illis, ut extremorum firma sit con-   5
iunctio medius intercedit terminus, cuius quidem communitas ex propositione et assumptione unam reddit propositionem et ad unum reducit
illas duas sensum, ad coniunctionem scilicet extremitatum. Qui enim
dicit:

'si est homo, est animal,   10
si est animal, est animatum,

⟨id⟩ per has duas consequentias demonstrare intendit quod ex 'homine'
'animatum' procedat. Quorum quidem connexio communitatem medie
propositionis qua modo ad istud consequitur modo ad illud antecedit, ut
ea coniungat necessario contingit, secundum quam quidem consecutio-   15
nem primi antecedentis ad extremum una dicuntur ipotetica due
ille que in assumptione et propositione disponuntur. Sic et una dici
possunt cathegorice ille que in argumentis cathegoricorum sillogismorum disponuntur, que ad unius propositionis sensum que ex ipsis
infertur, per medii termini communitatem de extremitatum coniunc-   20
tione contendunt. Quos quidem sicut et cathegoricos sub figuris collocat
medii termini communitas. Sicut autem forma complexionis cathegoricorum sillogismorum nulla potest enuntiationis dissimilitudo impedire,
sic nec istorum ipoteticorum.

 Sed fortasse videtur inconveniens ex complexione cathegorico-   25
rum quoque sillogismorum contingere, nisi in dissimilitudine eis quo-
⟨que⟩ resistatur, tale scilicet: quodsi vere sint iste due propositiones:
'omnis homo est asinus' et 'nullus homo est asinus', non sunt vere eedem; quod
sic ostenditur: si omnis homo est asinus et nullus asinus est asinus, nullus
homo est asinus; at vero si nullus homo est asinus, non sunt vere pre-   30
misse, quippe cum non sit vera una ex ipsis, que est huic contraria,
hec scilicet: 'omnis homo est asinus'.

 Sed fortasse poterit dici quod illa regula, que ait:

si aliquid infert aliud quod inferat aliud, primum
infert ultimum   35

nichil ad hos terminos. Nam due precedentes propositiones unius inferentis sensum non continent, cum diverse sint ex toto propositiones.
Sed una tantum vim habet inferentie et exigit aliam que infertur.

2 at V   12 ⟨id⟩ V^c   14 qua] quo V consequitur] con·se· V   27 talem V

Regula autem sic est intelligenda: si aliquid exigit aliud etc. Sed dicitur
quia similiter cum dicitur:

'si Socrates est homo et lapis, Socrates est lapis',

in hac inferentia utrique termini vim tenent. Sed licet termini non
5 habeant, tota tamen habet propositio, que una tantum est. Unde enim
omnino eorum ratio reconditur qui talibus complexionibus contradicunt!
Poterunt namque ipsi cogi argumentatione | aliter per diversos sillo- f. 156ᵛ
gismos disposita ex eisdem consequentiis mediarum ipoteticarum.
Veluti si suprapositum iterum proponamus, hoc scilicet:
10   'si omne animal est homo, quoddam animal non est homo',
atque ita argumentatione⟨m⟩ disponamus: si quia omnis asinus est animal,
quoddam animal non est homo, et quia omne animal est homo, quoddam
animal ⟨non⟩ est homo; quicquid sequitur ad consequens, et ad antecedens; unde ex 'omne animal est homo' 'omnis asinus est animal' consequi
15 non denegant; nunc autem primam assumo consequentiam hoc modo:

'sed si omnis asinus est animal, quoddam animal non est homo'

eamque etiam sic ostendo: si quia omnis asinus est animal, quoddam
animal est asinus, et quia omnis asinus est animal, quoddam animal non
est homo; quicquid infert antecedens, et consequens: unde 'quoddam
20 animal est asinus' antecedere ad 'quoddam animal non est homo' concedunt
vim oppositionis considerantes. Sic itaque per plures sillogismos ei⟨s⟩
qui per unum non adquiescebant, satisfacimus, cum etiam singulos
⟨ostendimus⟩ et ea que oportet assumi ut antecedentia, ut concludamus
consequentia, at que assumpta deinde comprobamus, ut conclusionibus
25 quoque adquiescant.

Clarum itaque omnibus esse ex suprapositis arbitror illam cui
addebant terminorum dissimilitudinem invalidam esse, ut per eam
extremorum coniunctionem impediant. In quibus autem consequentiis
suprapositis inconvenientibus sit resistendum, in sequentibus apparebit[1]
30 cum inferentias generum atque oppositorum tractaverimus. Sunt autem
qui et consequentias singulas in suprapositis argumentationibus recipiant
unamque extremorum coniunctionem.

Sed proponitur inconveniens quod ⟨quod⟩ intellexerat probatum
esse, denegat. Veluti cum nos superius talem proposuimus consequen-
35 tiam probandam:

'si Socrates est Brunellus, Socrates est homo',

que ei inconveniens videbatur qui 'Brunellum' et 'hominem' ut opposita

13 ⟨non⟩ Vᶜ   19 unde] verum V   22 qui] cui V singulis V   23 assumi ut] a secunda minus
V   24 atque] utque V

[1] infra, pp. 340³ e.q.s. et 369²⁵ e.q.s.

accipiebat, eamque probavimus, non in ea inconveniens convincimus. Neque enim iam ista '*Brunellum*' '*homini*' dicit oppositum, sed coherens, sicut Socrates e⟨s⟩t ipsius inferius.

Sed hic nimirum qui hoc dicit, non animadvertit quod falsam premiserit propositionem que hunc asinum et hunc hominem coniun- 5 gebat. Si enim vel '*Socrates*' in '*Brunellus*' vel '*Brunellus*' in '*Socrates*' mutaretur, quod quidem oporteret ut vera propositio fieret, non iam ex falsa procederemus propositione, sed vera, que scilicet eamdem rem sibi attribueret, ac si ita diceretur: '*Socrates est Socrates*' vel '*Brunellus est Brunellus*'. At si in prima significatione terminos non oppositos in tota 10 argumentatione tenuerit, profecto ex positione '*Brunelli huius asini*' in '*Socrate hoc homine*' positionem '*hominis*' in eodem contingere necessario viderit. Nec quidem id inconvenientibus aggregaverit si, ut supra docuimus[1], vim conditionis non ad predicata, sed ad totas proposi- tiones referet, ac si ita intelligat ut si in re fuerit quod prima propositio 15 dicit '*Socrates est Brunellus*', in re est quod secunda proponit '*Socrates est homo*' et maxime vis inferentie in secundo subiecto consistit.

Potest quoque et ea ostendi necessaria consequentia que ait:
'*si Socrates est animal, Socrates est homo*',
cum videlicet id quod antecedens dicit absque eo quod consequens pro- 20 ponit, esse non possit. Quomodo enim So⟨cratis⟩ substantia vel ut Socrates alicui esse posset vel aliquid ei ut Socrati conveniret, nisi ipsa id quod dicitur esset et sub una maneret essentia? Quodsi ipsa in pro- prietate Socratis maneat sicut de ea per hoc nomen '*Socrates*' agitur, utique et in natura hominis ipsum necesse est consistere. 25

Potest quoque et tali ratione confirmari premissa consequentia:
'*si Socrates est animal, est homo*';
si enim Socrates est animal, idest aliquod de animalibus, utique et illud quoque animal est Socrates. Quodsi Socrates aliquod sit animal et illud sit Socrates, profecto Socrates est Socrates; unde et homo esse con- 30 vincitur.

Sunt autem qui huic resistere rationi conantur. Aiunt enim '*Socrates est animal*' particulariter tantum convertendam hoc modo: '*quoddam animal est Socrates*', sed hec quidem conversio magis est vocum quam rerum, cum videlicet predicatum vocabulum in subiecto ponitur 35 et subiectum in predicato collocatur, non rerum quidem, cum videlicet res que prius predicabatur, posterius non subiciebatur. Qui enim

2 istam *V*   6 *primum* in *V*c vel *V*   8 *eidem rei V*   10 oppositos] oportet *V*   21 so-⟨cratis⟩ *V*c

[1] *supra*, p. 293²⁴ *e.q.s.*

dicebat Socratem esse animal, aliquod quidem animalium indeterminate Socrati dabat et, licet non esset determinatum, tamen erat ex omnibus unum. Quod ergo idem voluerit subici Socrati secundum conversionem, oportet ut illud Socratem esse proponat. Neque enim ex quodam
5 animali, quod eque ad omnia indeterminate animalia se habet, illud potest concipi. Sed de hac quidem conversione in *Libro Cathegoricorum* uberius et convenientius disseruimus[1].

Volunt etiam resistere in eo quod dicitur:

'*si Socrates est animal et illud animal est Socrates, Socrates est Socrates*':
10 neque enim aliter hanc complexionem recipiunt, nisi secundum sillogismorum formas medius terminus, idest '*animal*', universaliter supponatur. Sed nichil eorum ratio proficit; neque enim fallere potest ⟨ut⟩ cum aliquid alii insit aliudque ei quod inest infuerit, illi etiam cui ⟨in⟩-est convenit. Si autem opponatur:
15   '⟨*si*⟩ *Socrates est animal et quoddam animal est asinus, Socrates est asinus*', nichil ostenditur, cum nec ad rem pertineat. Ex eo enim quod '*asinus*' cuidam attribuitur animali, quis ei quod in Socrate est, convenire perpendat? Ac si ita diceretur: ⟨si⟩ Socrates est animal et illud animal sit asinus, ex necessitate, et '*Socrates est asinus*' convincitur. Non autem,
20 etsi '*omne*' medio termino appone⟨re⟩tur, consecutionem contradiceremus, sed quod '*omne*' cetere animalia preter illud quod Socrates est, sub '*asino*' colligit, nichil ad coherentiam '*asini*' ad '*Socratem*', quippe omnia '*Socrati*' sunt opposita. Oppositorum autem subiectio vel predicatio oppositi subiectionem vel predicationem nullo modo exigit.
25 In eo autem solo iuvat '*omne*' ad extremitatum coniunctionem quod animal illud quod in Socrate est, colligit. Unde etiam patet quotiens illud '*animal*' accipitur, etsi non alia colligantur, ratam esse conclusionem. Constat itaque suprapositam argumentationem valere.

Nequaquam veritati supraprobatarum consequentiarum resistere
30 viderimus, si vocum impositionem proprietatemque enuntiationum tenuerit. Qui enim, cum dicitur:

'*si omnis homo est lapis, quidam lapis est lapis*',
'*lapidem*' in proprietate lapidis sic, ut homini per hoc nomen '*lapis*' attribuitur, acceperit, ipsum procul dubio existere non dubitaverit.
35 Quomodo enim aliquid alicui ut lapis inesse possit, nisi lapis sit? Sic quoque et in aliis consecutionibus dictionum atque enuntiationum proprietas maxime est attendenda, ut, si unaqueque dictio in coniunctione enuntiationis propriam retineat significationem, cum videlicet '*lapidem*' et '*hominem*' falsa enuntiatione coniungimus, in unoquoque id quod est

12 fallere potest ⟨ut⟩] *coll.* 299²⁸ et 306²⁷ false potest *V*   13 aliquod *V*

et quod per vocem designatur, intelligamus. In omni enim enuntiatione, ut supra dictum est, ad sensus cognitionem maxime necessaria est discretio impositionis et significationis vocum, ex quibus pariter et suam impositionem sortiuntur et suam significationem.

Opponitur autem fortasse ex suprapositis et comprobatis con- 5 sequentiis quod vel oppositum suum oppositum vel genus suam speciem ponit, quod tam a ratione quam ab auctoritate est alienum. Sed hec quidem omnino cessabit obiectio, si que dixerimus pensentur. Neque enim consecutionis | necessitatem aut vim inferentie vel ad rem opposi- f. 157ʳ tam vel ad generalem rettulimus, sed ad totas enuntiationes, quod et ex 10 regulis suprapositarum consequentiarum clarum est. Si quid enim alicui convenit, tam ipsum quod convenit quam illud cui convenit esse necesse est, secundum id quoque quod eis ⟨convenit⟩ vel ab eis removetur.

Patet insuper ex conversionibus que secundum totas enuntiationes fiunt, in argumentatione media ut extrema conveniant, vim 15 consecutionis extremorum ad totas enuntiationes referendam esse. Est autem aliud in consecutione coniungi propositiones, aliud vim consecutionis in eis pendere. Semper enim tote antecedens et consequens enuntiationes per conditionem coniunguntur, vis tamen consecutionis et inferentie necessitas sepe in rebus terminorum maxime pendet atque 20 attenditur. Veluti cum dicimus:

    ‘si Socrates est homo, est animal’,
hec consecutio ex ‘homine’ specie animalis clara est, cuius predicationem’ ‘animal’ circa quodlibet subiectum consequitur neque quantum ad vim inferentie speciei ad genus Socrati viva proprietas, cum eque 25 firma sit inferentia de quolibet subiecto. Si autem vim consecutionis in totis enuntiationibus attendimus, eque ad inferentiam omnes enuntiationum termini comparantur, quorum quidem omnium mutatio propositiones commuta[n]t. Sive enim subiectum sive predicatum mutetur, eadem cum priori propositio remanere non potest ac sicut vel ‘homine’ 30 ablato et alio in loco ⟨eius⟩ posito quod ad ‘animal’ inferentiam non haberet, vel ‘animali’ remoto et alio in loco eius constituto quod ad ‘hominem’ consecutionem non haberet, posset consecutio cassari. Veluti si sic proponeretur:

    ‘si est lapis est animal, si est homo est lapis’,   35
et ita etiam ‘Socrate’ mutato et alio pro ipso in sequenti propositione posito consequentia debilitatur, veluti si ita dicatur:

    ‘si Socrates est homo, Plato est animal’;
videtur it⟨a⟩que et ‘Socratis’ et cuiuslibet repetitionum positio necessaria

4 compositionem V   12 illum V   13 removetur] convenitur V   30 eodem V   31 et] vel V

quantum etiam ad vim inferentie rerum ut in loco speciei ad genus,
quantum vero ad vim inferentie totarum enuntiationum et positio
cuiuslibet dictionis necessaria est, que quidem subtracta totam mutat
enuntiationem. Cum autem in rebus vis inferentie attenditur, rerum
5 habitudines pensande sunt et secundum eas loci assignandi, cum autem
⟨in⟩ totis enuntiationibus, earum quoque sunt habitudines considerande,
ut sive pares fuerint sive quo alio modo subi⟨ci⟩ comparentur.

Nunc autem ex octo suprapositis[1] regulis antecedentis et consequentis tres ostendere superest, que scilicet aieba⟨n⟩t (6) destructo
10 consequenti non poni antecedens vel (7) posito consequenti necessario
poni antecendens (8) ne⟨c⟩ posse destrui. Quarum quidem ex tribus aliis
facilis est ostensio quibus ipsas equipollere necesse est, sicut et earum
dividentes affirmationes cum dividentibus earum equantur, sicut secunda prime fuerat eque. Est enim omnium equipollentie communis
15 regula ut:

si aliquid inferat aliud, destructo consequenti destruatur antecedens.

Destruitur autem eque affirmatio per negationem et negatio per
affirmationem. Utraque namque alterius rectam oppositionem tenet
20 eiusque destruit quam non patitur veritatem.

Sunt autem quidam qui hanc regulam in illis tantum ipoteticis
recipiunt quarum partes simplicia antecedentia et consequentia habent.
Cum enim multe propositiones in antecedenti prime ipotetice proponuntur, inconveniens inde contingere dicunt. Veluti cum verum
25 recipiunt quod

‘si Socrates neque est rationalis neque irrationalis, non est animal’,

falsum est tamen ut si sit animal, sit utrumque, idest rationalis et irrationalis. In quo etiam dicunt bene dici singulariter quod aliquid infert
aliud, non videlicet aliqua pluraliter aliud, quia videlicet, quando plura
30 premittuntur, inferentiam destructionum cassari dicunt ut in preposito
exemplo.

Sed hic quidem inquirendum, ut et in his premissa regula
conservetur, que sit inferentia multorum ad unum, sive scilicet antecedunt singillatim ad idem sive simul accepta. Singillatim quidem ante-
35 cedunt si unaqueque precedentium negationum per se consequens inferre
valeat, hoc modo:

‘si non est rationale, non est animal’,
‘si non est irrationale, non est animal’.

[1] supra, p. 288²³⁻³⁴.

Et tunc quidem multiplex erit supraposita ipotetica, que diversarum consequentiarum sensus continebit. Sed iam utramque falsam esse continget. Si autem due intelligantur consequentie, ut scilicet utriusque negatio '*animal*' neget, et '*animalis*' positio utrumque ponet. Si vero utrorumque simul negatio '*animal*' neget, ut scilicet ita dicamus quod 5 si Socrates neutrum fuerit, idest nec rationalis nec irrationalis, non erit animal, poterit quoque et per consequentis et antecendentis destructionem ita inferri ut si Socrates sit animal, sit eorum alterum, idest vel rationalis vel irrationalis. Sicut enim '*Socrates est animal*' et '*non est animal*' dividentes sunt affirmatio et negatio, ita '*Socrates est alterum* 10 *eorum*' et '*Socrates est neutrum*'. Et tunc quidem sub unius propositionis sensu accipiuntur que prius due videbantur propositiones et unius tantum antecedentis loco constituitur. Una autem est propositio que duo simul ab eodem removet, ac si ita dicatur:

'*si Socrates neutrum est, non est animal*' :   15
vis enim inferentie in dividentibus consistit, ad quorum videlicet remotionem divisive removeri concedunt.

Si vero inter totas etiam propositiones que antecedunt ad tertiam, vis inferentie recipiatur ac ⟨si⟩ videlicet ita diceretur:

'*si ita est in re ut utraque istarum dicit propositionum, ita est in re ut* 20
tertia proponit',
nec tunc quoque destructionum inferentia fallit, ut videlicet ita dicamus quod

'*si non est in re quod dicit ultima, non est in re totum quod prime*
proponunt'. 25
Sicut enim simul antecedunt, ita et simul auferri debent. Neque enim fallere potest ut si quid aliud necessario exigit, si id quod exigitur non erit, nec quod exigit necesse est non esse. Alioquin in inconvenienti rediremus quod superius monstravimus, cum ex antecedentis inferentia per positionem ad consequens consequentis † antecedens per destructio- 30 nem pensaremus[1].

Sic autem destructiones et consequentis et antecedentis simpliciter faciende sunt, sicut in regula proponuntur simpliciter. Qui enim dicit:

si aliquid antecedit ut aliud consequatur, si id quod 35
consequitur non fuerit, nec id quidem quod
antecedit erit,
cum dicit '*id quod consequitur non fuerit*' vel '*id quod antecedit non erit*'

6 socrates] secundo *V*   13 accidentis *V* consti[s]tuitur *V*ᶜ   17 divisum *V*   19 ⟨si⟩ *V*ᶜ
[1] *supra*, p. 289²³.

simpliciter consequentia⟨m⟩ destruit, quasi videlicet eorum poneret rectas dividentes. Nam cum eamdem affirmativam tam contraria quam contradictoria ipsius destruant, quippe eam secum veram nullo modo patiuntur, si etiam contrari[et]as in huiusmodi destructione recipiamus,
5 inconveniens sepe ex destructione antecedentis incurremus. Cum enim vera sit que ait:

>'si nullum animal est album, nullus homo est albus',

falsa tamen est que proponit:

>'si omnis homo est albus, omne animal est album'.

10 Rursus cum pro vera teneatur:

>'si omnis homo est albus, ⟨Socrates est albus'⟩

falsa tamen ab omnibus conceditur:

>'si Socrates non est albus, nullus homo est albus'.

Et hoc quidem inconveniens | ex antecedentis destructione, non 　f. 157ᵛ
15 consequentis, contingit per quamcumque opposita⟨m⟩ consequens propositio auferatur, sive scilicet per contrariam sive per contradictoriam non erit antecedens. Quod enim ad contradictoriam sequitur, et ad contrariam necesse est sequi. Ipsa namque contradictoria ex contraria sequitur; unde non necesse est sequi contrariam ad id a⟨d⟩ quod sequitur
20 contradictoria. Neque enim necesse est sequi antecedens ad id ad quod sequitur consequens, sicut antecedere ad id ⟨ad quod⟩ antecedit consequens. Licet ex quacumque consequentis destructione nullum contingat inconveniens, secundum tamen proprium regule sensum non per aliam quam per dividentem est destruendum, sicut et ipsum antecedens. Si
25 autem et illam contingat veram esse que inter contrarias proponitur, veluti cum ista:

>'si omnis homo est animal, omnis homo est substantia',

etiam ista vera sit:

>'si nullus homo est substantia, nullus homo est animal',

30 nulla tamen necessitate ex ea potest ostendi vel illam ostendere. Sic tamen, memini, solebam ex illa istam ostendere:

>'si quia omnis homo est albus omnis homo est coloratus, et quia Socrates
>est albus Socrates est coloratus et quia Plato est albus Plato est coloratus',

et ita de singulis hominis individuis. Si quid enim antecedit ad aliud,
35 antecedens antecedentis infert consequens consequentis. Sequentium autem consequentiarum antecedentia antecedere dicuntur ad antecedens precedentis consequentie. Si enim Socrates et ceteri homines albi sunt, tunc omnis homo esse albus conceditur. Rursus: consequens pre-

---

4 contrari[et]as Vᶜ　19 a⟨d⟩ quod] a quod Vᶜ aq V　36 antecedere] antecedente V

cedentis consequentie antecedens esse conceditur ad consequentiam ipoteticarum sequentium. Si enim omnis homo est coloratus, et Socrates coloratus esse conceditur et Plato et quilibet alii homines. Si autem vere sint ille consequentie omnes, vere sunt et earum equipollentes per destructionem antecedentis et consequentis, hee scilicet : 5

    '*si Socrates non est coloratus, Socrates non est albus*' ;

et similiter de omnibus aliis individuis hominis. Que si vere sunt, vera est ista :

    '*si nullus homo est coloratus, nullus homo est albus*',

quod etiam data novissime regula demonstrat. Itaque ex hac conse- 10 quentia :

    '*si omnis homo est albus, omnis homo est coloratus*'

ostensa est et illa que contrarias destructiones continet, illa scilicet que ait :

    '*si nullus homo est coloratus, nullus homo est albus*'. 15

Sed hec non est ostensio firma. Nequaquam enim ex prima consequentia inferri poterant ille omnes que sequebantur consequentie, nec que ibi adducta est regula aptari potest terminis quamvis etiam '*omnis homo est albus*' concedatur antecedens esse ad illas propositiones que singula hominis individua supponunt '*albo*' vel ille que singula hominis 20 individua supponunt '*colorato*', id illam: '*omnis homo est coloratus*'. Ex eo enim quod dicitur antecedens antecedentis inferre consequens consequentis, nichil aliud perpendi potest nisi quod si ita est in re ut dicit antecedens, ita est in re ut dicit consequens, ac si ita dicatur ut si vere sunt omnes iste propositiones: '*Socrates est albus*', '*Plato est albus*' et 25 sic ceteri, vere sunt iste: '*Socrates est coloratus*', '*Plato est coloratus*' et similiter alii, ut videlicet omnes simul accepte ad alias omnes simul acceptas antecedant, non etiam singule ad singulas.

    Non est autem necesse ut cum plura simul ad plura antecedant in una consequentia, in diversis quoque consequentiis quedam horum 30 singillatim ad quedam illorum antecedant. Cum enim ex istis duabus simul: '*Socrates est rationalis*' et '*mortalis*' annuant sequi '*Socrates est homo vel risibilis*', nullum tamen precedentium per se aliquid sequentium ponit. A m p l i u s : si ex illa consequentia :

    '*si omnis homo est albus, omnis homo est coloratus*' 35

omnes ille ⟨se⟩querentur consequentie, profecto et singule possent inferri, veluti ista :

    '*si Socrates est albus, est coloratus*',

---

1 conceditur] consequitur *V*   36 ⟨se⟩querentur *V*ᶜ

quod nullo modo procedit. Neque iam ab inconvenienti liberari possent illi qui hanc concedunt a toto consequentiam:

    '*si omnis homo est Plato, Socrates est Plato*'.

Qui enim istam recipiunt consequentiam, nec istam negare poterunt:

5   '*si omnis homo est Plato, omnis homo est Socrates*;

quod sic ostenditur: si '*omnis homo est Plato*' vera est simul et '*Socrates est Plato*', quare et '*Plato est Socrates*'; his autem iunctis '*Plato est Socrates*' et '*omnis homo est Plato*' infertur: '*omnis homo est Socrates*'; itaque si omnis homo est Plato, omnis homo est Socrates. Si autem ex ista 10 concedantur sequi iste consequentie:

    '*si Plato est Plato, Plato est Socrates*'

et

    '*si Plato est Plato, Socrates est Socrates*',

et ita de singulis hominis individuis absolvi non poterit inconveniens, 15 cum apertissime falsa sit ea que dicit:

    '*si Plato est Plato, Plato est Socrates*',

quippe verum habet antecedens et falsum consequens:

       quicquid enim ex vero sequitur verum esse non
                                dubitatur.

20 Sic itaque ostensum esse arbitramur ex qualibet consequentia non ex necessitate comprobari vel inferri posse per destructionem consequentis et antecdentis consequentiam que contrarias terminis alterius consequentie propositiones contineat, sed contradictorias et recte secundum dividentiam oppositas.

25   *De maximis propositionibus*

    Nunc autem ad discretionem veritatis singularum consequentiarum antecedentis et consequentis inferentiis assignatis maximarum quoque propositionum proprietates inspiciamus, quibus quidem singularum veritas consequentiarum exprimitur queque ultimam et per-30 fectam omnium consecutionum probationem tenent. Ita enim notas eas esse oportet ut nichil notius [possit] inveniri valeat; a nullo eis fides est adhibenda, sed ipsam potius, ut Boetius ait[1], in propria natura sui gerunt. Unde et quicumque eis contradicere presumpserit que ultime sunt et perfecte propositiones, nulla poterit ulterius cogi ratione, 35 cum id quoque, quod ceteris notius est naturaliter, non admittat, et quod ad ceterorum perfectam positionem inventum est; unde

---

4 qui] que *V*   26 singulorum *V*   30 enim *V*c etiam *V*   31 [possit] *c*   32 potius *c coll.* *b* poterit *V*   34 propositiones *V*c probationes *V*

[1] *De top. diff.* II, 1185 A-B.

eas in *Topicis*[1] suis Boetius maximas seu universales sive principales aut indemonstrabiles ac per se notas appellat. Maxime
autem proprie sive universales dicte sunt quantum ad diversarum
consequentiarum continentiam. Hec enim que ait:

       de quocumque predicatur species, et genus,   5
omnium illarum consequentiarum sensus continet in quibus ad positionem speciei sue quodlibet genus ponitur; veluti istarum: 'si est homo, est
animal', '*si est animal, est substantia*', '*si est margarita, est lapis*', et aliarum
quarumlibet eumdem inferentie modum secundum eamdem habitudinem
habentium. Principales autem ex eo dicuntur quod ex ipsis alie 10
demonstrantur; indemonstrabiles vero seu per se note vocantur,
quod ex se ipsis cognoscantur. Quod tali potest descriptione terminari:
maxime propositiones ille dicuntur ⟨regule⟩ que, multarum consequentiarum sensus continentes, communem
inferentie modum secundum vim eiusdem habitudinis 15
demonstrant; veluti ea quam supra posuimus, que communem mo-
f. 158r   dum | inferentie speciei ad genus demonstrat, qui in multis proponitur
consequentiis quarum omnium sensus ipsa continet tamquam multiplex
consequentia; que quidem multiplicitas posterius[2] apparebit.

      Nunc autem premisse diffinitionis singula consideremus, a 20
quibus scilicet enuntiationibus differentiam faciant.

      Cum itaque diximus eas consecutionis sensum habere,
cathegoricas enuntiationes exclusimus. Sunt enim quidam qui inter
maximas propositiones recipiant quasdam cathegoricarum enuntiationum
regulas, ut sunt ille que multarum cathegoricarum sensum secundum 25
eamdem terminorum habitudinem demonstrant, veluti iste:

       omne genus predicatur de qualibet sua specie,
vel

       nullum oppositum predicatur de suo opposito.
Quas quidem inde maximas non esse apparet quod locum differentiam 30
non habeant, sine quo maximam propositionem non posse consistere
Boetius docuit[3], sicut nec homo preter rationalitatem, que est ipsius
differentia. Quod vero dictum est multarum consequentiarum
sensus contineri in maxima propositione eiusque multiplicitas
ostenditur, une excluduntur ipotetice, que scilicet unam consecu- 35
tionem exprimunt, ut ista:

     'si est homo, est animal'.

---

12 possunt *V*   13 ⟨regule⟩ *V*c   17 qui *V* quae *c*   21 faciam *V*   35 une *V*   una *c*
[1] *De top. diff.* I, 1176 D⁴⁻⁶. [2] *infra*, p. 310³³ *e.q.s.* et 317²³ *e.q.s.* [3] *De top. diff.* II, 1185-
1186.

Quod vero dictum est eas demonstrare communem inferentie modum secundum vim eiusdem habitudinis, excluduntur quedam ipotetice regule, ut sunt ille que complexiones perfectas sillogismorum demonstrant; que ex nullius rei habitudine, ut superius
5 iamdiu ostensum est[1], vim sue consecutionis recipiunt, cum videlicet eque in quibuslibet rebus eorum complexio vera consistat. Sunt autem hee:

> si aliquid predicatur de aliquo universaliter et aliud subicitur subiecto universaliter, idem quoque
10   subicitur predicato universaliter

et alie huiusmodi, sive cathegoricorum complexiones sive ipoteticorum demonstrent, veluti ista:

> si aliquid ⟨inferat⟩ aliud et ex illato aliud inferatur, primum inferens infert ultimum.

15   Sunt quoque et alie regule que non sillogismorum complexiones, sed simplicium consequentiarum sensus continent, nec tamen maxime propositiones debent dici, cum locum differentiam non habeant; ut sunt omnes ille que rerum habitudines sub conditione premittunt inferentie illius habitudinis; veluti cum dicimus:

20   si aliquid est species alterius, ipsum positum ponit
                                                          alterum;
veluti

> '*si homo est species animalis, tunc si est homo est animal*',

aut cum ita proponimus:

25   si aliquid predicatur de altero universaliter, tunc si aliud predicatur de predicato universaliter, et
                                                    de subiecto,
hoc modo:

> '*si omnis homo est animal, tunc si omne animal est animatum omnis*
30   *homo est animatus*',

aut cum ita enuntiamus:

> si aliquid infert aliud, quicquid infert antecedens,
                                              et consequens,
hoc modo:

35   '*si quia est homo est animal, tunc si quia est risibile est homo et quia*
                                          risibile est animal'.

Quas quidem tamen maximas propositiones non esse apparet, quia communem modum inferentie secundum vim eiusdem habitudinis rerum non ostendunt, quamvis tamen quidam locos differentias his assignent.
40 Volunt enim in tota enuntiatione vim inferentie illius habitudinis

---

1 3 ⟨inferat⟩ c

1 *supra*, p. 2 5 6³⁰ *e.q.s.*

accipere, secundum quam consequentes ipoteticas veras considerant.
Que quidem habitudo in premissa propositione monstratur; veluti
cum dicimus:

   '*si homo est species animalis, tunc si est homo est animal*',

antecedens propositio illam rerum habitudinem demonstrat, secundum 5
modum cuius inferentie sequens ipotetica disponitur, inter speciem
scilicet et genus. Ideoque ⟨in⟩ illa tota consequentia eumdem locum
differentiam assignare volunt qui in sequenti ipotetica attenditur. Sed
falso; neque enim speciei proprietas, que in aliquo precedentium
terminorum insit, operatur ad hoc ut ex cathegorica premissa posterius 10
ipotetica inferatur. Eque enim et de his rebus complexio illa vera
est, quarum nulla alterius species vel genus esse potest. Si enim dicatur:

   '*si homo est species lapidis, tunc si est homo est lapis*',

hec consequentia nichilo minus vera est quam supraposita. Quia ergo
huiusmodi complexio in omnibus equaliter terminis vera consistit, 15
cuiuscumque scilicet habitudinis sint, patet in ea speciei vel generis
proprietatem vim inferentie non tenere, quippe cum ad consecutionem
ipotetice ad cathegoricam nulla vel speciei vel generis operetur proprietas, sed ad veritatem quidem sequentis ipotetice. Sive enim homo
sit species lapidis sive oppositum, non minus illa tota consequentia 20
que inter cathegoricam et ipoteticam proponitur, vera est, ut ex
homine patet et lapide. Sed si quidem hominem lapidis speciem esse
contingeret, tunc [si quidem] sequentem consequentiam que ait:

   '*si est homo, est lapis*'

ex natura speciei oporteret concedi; quod quidem ex eo patet quia 25
quicumque terminus antecedat '*lapidem*', non fit inferentia vera. Ad
consequentem itaque ipoteticam speciei natura videtur operari; non
ad totam que ex cathegorica et ipotetica coniungitur. A m p l i u s: cum
in antecedenti, in quo locum, idest vim inferentie, oportet esse, eque
de specie ipsa ac genere agatur, cum ita proponitur: 30

   '*si [est] homo est species animalis*' etc.,

non magis species ⟨in⟩ inferentia vim habere videtur quam genus. Si vero
vis in specie potius attendatur, eoquod speciei vocabulum predicatur,
et si ita dicatur:

   '*si lapis est genus hominis*' etc.,   35

vis inferentie in genere esse dicetur; quod tamen nullus dicit propter
consequentis ipotetice dispositionem, secundum quam locum in
tota considerant ipotetica. Sed neque res que genus est vel species,

---

7 ⟨in⟩ c 12 species c specierum V 25 eo] ea V 32 ⟨in⟩ Vᶜ

ut dictum est, quippe sepe ibi non ponitur, vim habent, sed hoc quod aliquid sit genus vel species alterius, quod precedens dicit propositio. Unde cum ex eo solum quod antecedens proponit cathegorica, vis inferentie ad ipoteticam consequentem consistat, id solum quod 5 ipsa dicit, locum oportet nominari, secundum id scilicet quod ipsum necessario exigit, ut videlicet ab antecendenti assignetur; quo posito consequens necesse est poni velut ipoteticam sequentem.

Patet insuper et ex assumptione quoque maxime propositionis supradictam regulam maximam propositionem non esse. Cum enim ex 10 loco differentia et maxima eius propositione quorumlibet inferentiam terminorum extrahere volumus, prius ipsius differentie habitudinem ad rem quam inferre volumus, consideramus; utque eam in rebus ipsis cognoverimus, modum quoque inferentie earum cogitamus; quemdam inde maxima propositione designamus, ac secundum hanc statim con- 15 sequentiam de propositis rebus componimus; quam quidem cum ex loci differentie habitudine et maxima propositione confirmare volumus, assumimus et assignamus in rebus ipsis inferentie habitudinem ac demum propositam concludimus consequentiam; veluti cum de 'homine' ad 'animal' consequentiam constituere volumus, prius eius habitudinem ad 20 'animal' consideramus, et cum speciem esse viderimus, speciei ad genus communem inferentie modum excogitamus; quem maxima propositione sic exprimimus:

de quocumque predicatur species, et genus;

ac deinde talem de propositis rebus consequentiam disponimus:
25   'si est homo, est animal'

de qua si quis dubitaverit, eam per habitudinis assignationem et maximam propositionem quam iam concesserit, probamus sic assumentes;

           'sed homo est species animalis

quare vera est consequentia illa: si est homo, est animal'.

30   Ex supradicta vero regula, quam quorumlibet inferentie terminorum applicari diximus, neque in omnibus habitudinem loci differentie quam aiunt assignare possumus ⟨ne⟩que ex ea in his in quibus est habitudo assignata et assumpta, consequentiam propositam inferre possumus. Si enim ista consequentia proposita:

35   'si homo est species lapidis, tunc si est homo est lapis',

in qua locum a specie, idest 'homine', assignant assignato loco differentia atque illa regula pro maxima propositione adducta:

---

3 quod..... proponit *V* quod ⟨dicit⟩ antecedens propositionum *c* 6 habe[n]t *c* 13 quemdam *V* quamdam *c* 31 loci differentie] vis inferentie *V* 32 ⟨ne⟩que *Vc*

si aliquid est | species alterius ipsum positum ponit
alterum

de ipsa quisque consequentia dubitaverit eamque per assignationem
habitudinis loci differentie et maxima propositione probare voluerimus
ita assumentes : 5

'*sed homo est species lapidis*
tunc si est homo est lapis'

nullam fidem ex assumptione facimus, cum nec ipsa vera recipiatur nec
postea totam propositam consequentiam inter cathegoricam et ipoteticam concludere possumus, ita scilicet: '*quare si homo est species* 10
lapidis, tunc si est homo est lapis', sed illam tantum que sequitur :

'*si est homo est lapis*'.

Unde ex eo quod hoc illius species esset, illa tantum que sequitur vera
constaret et in ea vim inferentie speciei natura recte habere videretur.
Patet itaque in hac tota consequentia nec locum esse a s p e c i e nec illam 15
regulam maximam illius esse propositione⟨m⟩.

Sed si fortasse locus in ea requiratur, communem differentiam,
ut ostensum est[1], ab a n t e c e d e n t i respondere possumus ac talem
secundum differentiam aptare maximam propositionem :

p o s i t o a n t e c e d e n t i p o n i t u r c o n s e q u e n s 20

ac sic deinde assumere : sed illa cathegorica antecedens est illius ipotetice; quare posita illa ponitur ipotetica; qui est sensus totius ipotetice. Si quis vero hanc antecedens illius esse dubitaverit, inducatur
deinde regula que consequentiam firmet, ac si ita dicatur : vere hoc ad
illud antecedit, quia vera est hec regula: si a l i q u i d e s t s p e c i e s 25
a l t e r i u s etc., ac si de vera consequentia. Ex ea autem, ut dictum est,
assumere non possumus, sed eam terminis ita assignare veluti: si homo
est species lapidis, tunc ⟨si⟩ '*homo*' predicatur de quolibet, et '*lapis*'.
Sed nec loci quidem differentie nec propositiones maxime in talibus
consequentiis requirende sunt, cum ipse omnino certe sint, ubi se- 30
quentium ipoteticarum maxime propositiones constabunt.

Sunt autem qui assumptionem supradictam de assignatione habitudinis loci faciunt, cum maxima propositione data propositam consequentiam volunt ostendere; immo antecedens ipsius consequentie assumunt ac consequens concludunt. Veluti cum ista proposita consequentia: 35

'*si Socrates est homo, est animal*'

locum a s p e c i e assignaverint, talem ad eam maximam propositionem
adduxerint :

15 esse] vero *V*

[1] *supra*, p. 261[19] *e.q.s.*

de quocumque predicatur species, et genus,
ita assumunt:
> 'sed homo, que est species animalis, predicatur de Socrate
> quare animal, quod videlicet genus ipsius est'.

5 Sed id quidem nec assumptio dici potest nec sepissime vera fuerit, sicut
nec conclusio, ut cum ex duobus falsis iuncta fuerit consequentia, veluti
cum dicitur:
> 'si Socrates est margarita, est lapis'.

Si enim data maxima propositione assumatur ita:
10   'sed margarita predicatur de Socrate'
et concludatur:
> 'quare lapis predicatur de eodem',

falsa erit tam assumptio quam conclusio. Nec id etiam quod dubium
fuit et propositum quodque per maximam propositionem ostendi
15 debuerat, concluditur; de tota enim consequentia dubitatur, non de eius
partibus; quare ipsa tota probanda fuerat et concludenda. Unde si data
maxima propositione ita assumatur:
> 'sed margarita est species lapidis'

ac deinde tota concludatur consequentia hoc modo;
20   'quare si margarita predicatur de Socrate, et lapis',
nostrum ad finem propositum duximus nec falsam habemus assumptionem
nec conclusionem. Et in his quidem argumentationibus in quibus ex
maximis propositionibus consequentias earum ostendimus, maxime sunt
propositiones incluse, cum videlicet vel propositionis vel assumptionis
25 obtineret locum, veluti cum talis syllogismus componitur:
> 'de quocumque predicatur species, et genus
> sed homo est species animalis
> quare si homo predicatur de aliquo, et animal'.

Tales vero assumptiones de assignatione habitudinum loci differentie
30 post maximam propositionem datam nos facere Boetius in *Topicis* suis
docuit[1], cum scilicet ex diffinitione 'invidi' a sapiente remoto ostenderet
ipsum sapientem non esse invidum. Ubi enim talem maximam propositionem extra adduxit:

a quocumque removetur diffinitio, et diffinitum,

35 sic ex ea assumpsit: „est autem in diffinitione 'invidi' alienis bonis
tabescere" ac deinde totam conclusit consequentiam hoc modo: „quod
quia in sapiente⟨m⟩ non venit, ideo 'invidus' a 'sapiente' disiungitur", ac

19 einde] dum inde *V*   31 invidi] invideri *V*   37 quia *V* quoniam *b* sapiente⟨m⟩] *coll. b*
non venit in sapientem *b* ideo *V* idcirco *b* sapiens ab invido seiungitur *b*

1 *De top. diff.* II, 1185 C-D.   2 *Ibid.*, 1185 D²⁻³.   3 *Ibid.*, 1185 D²⁻⁴.

si ita diceret: quia diffinitio '*invidi*' '*sapienti*' non congruit nec '*invidus*';
qui sensus quidem erat proposite consequentie. Ubi autem maxima
propositio data est locique habitudinis per assumptionem assignatio
facta, perfecta fit proposite consequentie probatio argumentatione
sillogismi. Nisi autem habitudo assignaretur, non appareret ex maxima   5
propositione consequentia. Unde enim magis suprapositam maximam
propositionem ad istam consequentiam:

     '*si est homo, est animal*',

scirem pertingere quam ad istam:

     '*si est homo, est risibilis*',   10

nisi hoc illius speciem esse cognoscerem, quod assumptione ostenditur?
Si autem, sicut quidam volunt, post maximam propositionem assumerem
proposite consequentie antecedens et concluderem consequens hoc
modo:

            '*sed homo predicatur de Socrate*   15
                   quare animal',

similiter et eamdem maximam propositionem proposita⟨m⟩ de partibus
alterius consequentie liceret assumere et concludere hoc modo:

               '*sed homo predicatur*
                   quare risibile'.   20

Neque enim magis hec assumptio ad fidem huius proposite consequentie faciendam valet quam illa ad fidem illius et equaliter utraque
conceditur assumptio. Unde cum habitudinis assumptio hic tantum vera
recipiatur ubi inter speciem et genus inferentia proponitur, non ubi
proprium ad speciem, sicut ibi consequitur, ad huius tantum ostensio- 25
nem consequentie valet, non etiam ad probationem illius. Cum autem
ita assumitur, nichil de probatione proposite consequentie relinquitur.
Idque est quod de eis in *Topicis* Boetius meminit[1] ut cum conclusa est
in argumentatione, sillogismi scilicet, maxima propositio, perfectam
teneat proposite consequentie probationem, adiumento scilicet proprie 30
que dicta est assumptionis. Cum enim ubi pro maxima propositione
recipitur eam concedi necesse sit, non potest consequentia denegari
cui ipsa congruere conceditur. Quod autem ipsa ei congruat terminorum habitudo quam assumptio proponit, demonstrat. Est itaque
maxime necessaria talis assumptio ad probationem proposite conse- 35
quentie ex maxima propositione. Si autem assumptio defuerit, quamvis
inserta sit in argumentatione hoc modo:

15 sed] si *V*   26 probationem] propositionem *V* sic etiam 27, 30, 35.   28 in eis de *V*
28-29 in conclusa est argumentatione *V*

[1] *De top. diff.* II, 1185 D.

'de quocumque predicatur species, et genus
quare si est homo',
non est perfecta probatio, sed ad perfectionem restat assignationis
habitudinis assumptio.

5 Nota autem quod eadem maxima propositio et inclusa in
argumento est quantum ad istam, et extrasumpta quantum ad illam
dicitur. Cum enim tali entimemati:
  'homo es, igitur animal es'
talem extra inducimus maximam propositionem:
10   de quocumque predicatur species, et genus
itaque ex ipsa assumimus:
  'homo autem species est animalis'
atque sic concludimus:
  'quare si es homo, es animal',
15 quantum ad hunc sillogismum qui totum concludit entimema, inclusa
dicitur cuius in argumento proponitur, quantum vero ad ipsum entimema quod ex ipsa ostenditur, extrasumpta dicitur: neque enim in
ipso continetur.

 Utrum autem hec assumptio que habitudinem assignare dicitur,
20 proprie fiat secundum sillogismi formam ex maxima propositione,
postquam maximarum propositionum sensus aperuerimus, apparebit,
quod in presenti faciendum videtur.

 | Omnes itaque maxime propositiones consequentias esse   f. 159ʳ
multiplices confitemur. Licet enim sepissime in materia cathegorice
25 enuntiationis soleant accipi, veluti cum dicitur:
  de quocumque predicatur species, et genus,
sensus tamen eius, ⟨qui⟩ consequentiam ostendit, in consecutione debet
custodiri, ac si ita dicatur:
  si species predicatur de aliquo, et genus de eodem.
30 Sunt autem et multiplices consequentie, quia multarum sensus ipoteticarum continent, veluti supraposita, que ita est intelligenda: si
aliqua species predicatur, quodlibet genus illius predicatur de eodem.
Alioquin ad omnium generum consecutionem ad suas omnes species non
possemus ex ea inniti, nisi scilicet antecedens quasi particulare et conse-
35 quens quasi universale acciperemus; quod quidem satis apparebit, cum
ex maxima propositione argumentatione⟨m tractaverimus⟩, quam quidam
recipere solent. Multiplicem consequentiam autem suprapositam maximam propositionem inde patet esse quod multarum ipoteticarum
continet sententias numerata⟨s⟩ solum ut ex ipsa possint inferri,

3 probatio] propositio *V*   11 totam *V*   25 accipi *Vᶜ* accipere *V*

sed quod idem prorsus cum illis in sensu dicat. Si enim id sufficeret ut maxime aliarum consequentiarum dicerentur quia illas inferre necessario possit, profecto etiam ista :

a quocumque removetur genus, et species

maxima propositio huius consequentie :   5

'*si est homo, est animal*'

dici posset. Quia enim suam infert ipsius equipollentem cuius est, hanc scilicet :

'*si non est animal, non est homo*'

istam quoque necesse est inferre. Non itaque sufficit quod maxima pro- 10 positio aliquam inferat aut probet consequentiam ut illius maxima dicatur, nisi etiam ipsius sententiam in proprio sensu contineat. Atque hec quidem multiplicitas ex vi relationis pronominum manifesta est. Cum enim dicitur :

si aliqua species predicatur de aliquo, quodlibet 15
                    genus illius predicatur de eodem,

illud '*illius*' ad quamlibet speciem quecumque in antecedenti intelligatur, cuiuslibet generis sui consecutionem singillatim reducit, ac si videlicet ita intelligatur et ut '*homo*' positus ponat singula sua genera et '*lapis*' sua et quelibet alia species sua omnia hoc modo :   20

'*si est homo, est animal vel corpus*' etc.

vel :

'*si est margarita, est lapis*' etc.,

et similiter de aliis.

Non solum autem in ipoteticis enuntiationibus multiplicitas 25 ista ex relatione contingit, verum ⟨etiam⟩ in cathegoricis. Cum enim dicimus : '*quelibet species est suum genus*' vel : '*omnis res predicatur de se*' per appositionem '*suum*' '*se*' relativorum pronominum multiplicem facimus enuntiationem. Cum enim dicimus : '*omnis species est suum genus*' singula genera de singulis suis speciebus predicari dicimus, ac si dicere- 30 mus '*homo est animal vel corpus vel substantia*' et '*margarita est lapis*' etc. Rursus : cum dicimus '*omnis res predicatur de se*' unamquamque rem sibi ipsi attribuimus, ac si ita dicamus : '*Socrates est Socrates*', *Plato est Plato*' etc.

Si autem relationis pronomina subtrahamus atque ita dicamus : 35 '*omne genus predicatur de specie*' vel '*omnis res predicatur de aliquo*', multi- plicitas que prius erat, non remanet. Nec mirum, si relationes totam vim in sensu custodiant, cum etiam constructionis ordinem permutent. Cum enim nominativo primus constructionis locus reservetur, sepe

7 equipollentiam *V*   26 cathegoricas *V*

relationis proprietas id impedit. Si enim ita dicam: '*Petrum diligit sua*
puella' vel '*eius amica*', cum et '*sua*' et '*eius*' relativa sint,— unde et secundam rei cognitionem faciunt, — oportet precedere nomen '*Petri*' ad
quod referantur, quod primam faciat rei ipsius notitiam, quocumque
5 scilicet casu proferri nomen eius constructio exigat, sive obliquo, ut in
premisso exemplo, sive recto, ut hic: '*Petrus diligit suam puellam*'. Unde
et cum relativa apponuntur pronomina in consequentiis quarum conversiones facere volumus, ipsa secundum constructionem locum oportet
mutare, ut videlicet semper in consequenti ponantur ad secundam cogni-
10 tionem faciendam premisso in antecedenti nomine quod fecerit primam.
Cum enim sic dicimus:
    '*si aliquis est homo, ipse est risibilis*'
et convertimus simpliciter, non totas transponimus propositiones, ut
scilicet ita dicamus:
15   '*si ipse est risibilis, aliquis est homo*',
sed ita proponimus:
    '*si aliquis est risibilis, ipse est homo*'.
R u r s u s : cum dicimus:
    '*si aliquis est homo, ipse est animal*'
20 et per contrapositionem convertimus, non ita dicimus:
    '*si ipse non est animal, nullus ⟨est⟩ homo*',
verum ita:
    '*si aliquis non est animal, ipse non est homo*'.
Sic quoque et si quis ex hac maxima propositione:
25   si aliqua species predicatur de aliquo, quodlibet
                genus illius predicatur de eodem,
(idest: si aliquid est species, illud est quodlibet genus illius), in qua
aliqua species singula earum genera ponit, circa quodlibet velit inferre
consequentiam per destructionem consequentis et antecedentis, ad
30 sensum potius quam ad verba recurrat. Et si quis ex omnibus illis
consequentiis que in maxima propositione multiplici continentur, pares
earum per destructionem consequentis et antecedentis sub una enuntiatione voluerit inferre, ita aiat:
    si aliquod genus removetur ab aliquo, et quelibet
35   illius species removetur ab eodem,
non quidem ita: si non quodlibet genus illius predicatur de
eodem, nulla species predicatur de aliquo.
Ubi vero relationes pronominum non ponuntur, totas quoque possumus
propositiones convertere, veluti cum dicimus:

4 quemcumque *V*   5 obliquo] aliquo *V*   28 aliqua] singulas *V*   30 quis] quidem *V*

'*si aliquis est homo, aliquis est risibilis*',
ut videlicet ita dicamus :
     '*si aliquis est risibilis, aliquis est homo*',
aut cum per contrapositionem convertimus proprias dividentes in trans-
positione ponimus hoc modo :   5
     '*si nullus est risibilis, nullus est homo*'.
Est autem aliud proponere :
     '*si aliquis est homo, aliquis est risibilis*'
quam dicere :
     '*si aliquis est homo, ipse est risibilis*',   10
sicut et aliud est enuntiare : '*quoddam animal est rationale et ipsum est
irrationale*' quam '*quoddam animal est rationale et quoddam irrationale*'. In
illis enim eidem rei inherere ⟨pro⟩ponuntur '*rationale*' et '*irrationale*', in
his vero minime. Potest enim '*quoddam*' bis dictum ad diversa reduci ;
unde si semel supponeretur, hoc modo : '*quoddam animal est rationale et* 15
irrationale', eidem utraque darentur. Similiter cum '*idem*' relativum
ponitur, ut in preposito patet exemplo. Rursus : aliud est enuntiare :
'*quoddam mortale est rationale et quoddam rationale est* ⟨*im*⟩*mortale*' quam
hoc modo proponere : '*quoddam mortale est rationale et illud rationale est
immortale*'. Ex his infertur necessario quoddam falsum [est], quod 20
scilicet quoddam mortale est immortale, sed non ita ex illis. In his enim
firma est complexio sillogismi, ubi scilicet eidem quod inest aliud esse
proponitur, quod etiam subiecto priori necesse est convenire. Sed non
ita in illis, cum scilicet ⟨per⟩ '*quoddam*', quod repetitur, eque indeterminate singula possi⟨n⟩t intelligi rationalia, non scilicet illud deter- 25
minate quod inerat '*mortali*'.

    Patet itaque in cathegoricis enuntiationibus relationem vim maxi-
mam habere et totam mutare sententiam. Sic etiam in ipoteticis qui
ex cathegoricis iunguntur, contingit. Aliud enim est proponere :
     '*si aliquid est pater, aliquid est filius*'   30
quam dicere :
     '*si aliquid est pater, idem est filius*'
aut :
     '*si aliquid est domus, aliquid est paries*'
quam :   35
     '*si aliquid est domus, ipsum est paries*'.
f. 159ᵛ Ille namque vere et indubitabiles recipiuntur, hee vero | false sunt
apertissime. Ex his namque illas probare possumus :
          '*si pater est, filius est*'
          '*si domus est, paries est*'   40

14 deduci *V*

que a nullis vere esse dubitantur, hoc modo:

> '*si quia pater est filius est, et quia quoddam ens est pater, quoddam ens est filius*',

quod est dicere:

5   '*si aliquid est pater, aliquid est filius*'.

Patet itaque aliud esse

> '*si aliquid est pater, aliquid est filius*'

quam

> '*si aliquid est pater, idem est filius*',

10 cum hec aperte falsa sit, illa autem vera possit ostendi, quippe cum ⟨in⟩ ista positio '*filii*' ad positionem' *patris*' circa idem fit, in illa vero minime. Convincitur itaque et ex his relationem vim maximam obtinere in ipoteticis quoque enuntiationibus adeoque ut ipsa relativa particula totam faciat enuntiationem multiplicem. ⟨Hec maxima propositio:⟩

15   si aliqua species predicatur de aliquo, quodlibet genus illius predicatur de eodem

singulorum generum predicationes ad predicationes singularum suarum specierum quecumque in antecedenti accipia⟨n⟩tur, ostendit sequi, nec quod '*genus*' et '*species*' in consueta significatione circa collectionem

20 accipiuntur, sed pro singulis specierum nominibus, ac si diceremus: '⟨*si*⟩ *est homo* vel *margarita, est animal* vel *lapis*'. Alioquin falsa esset maxima propositio nec ad propositam consequentiam que vera est, pertineret. Neque enim verum est quod, si aliquid sit species, aliquod generis nomen refertur, ideo ⟨quod⟩ sit ipsum genus. Ipsa enim specialia que species

25 sunt, nullo modo genera dicuntur nec idem speciale et generale collectio potest esse, cum videlicet hec paucior sit, illa multiplicior. Sunt itaque genera et species quasi substantiva singularum specierum et generum nomina.

    Sed opponitur quod si substantiva sint hoc loco nomina, sicut

30 et '*homo*' et '*animal*' et cetera pro quibus ponuntur, genitivos casus non convenienter hic regere [non] possunt. Neque enim *homo animalis* nec *animal hominis* dicitur. Amplius: ⟨si⟩ substantive ponantur genus et species in maxima propositione, non est maxime propositionis assumptio illa que, ut diximus, habitudinem assignat, cum nec ipsius terminos

35 assumat secundum significationem, sed solum per vocem. Cum enim habitudinem assignant, substantiva non sunt.

    Et nos quidem eam assumptionem esse proprie confiteri non possumus, cum nec vocibus maxime propositionis in eadem significatione retineat nec regulas assumptionum ipoteticarum servet. Cum

11 illo *V*   19 quod] quidem *V*   21 *alterum* est] vel *V* collectionem *V^c* locutionem *V*   30 [et] *V^c*

enim, ut diximus, maximam propositionem consequentiam esse oporteat, non aliam ex ipsa assumptionem auctoritas facere nos docuit nisi per positionem antecedenti⟨s⟩ et destructionem consequentis. Hec autem nullo istorum modorum facta est. Unde nec assumptio videtur appellanda, sed quedam dici potest assignatio qua terminis proposite consequentie 5 maxima propositio convenire et applicari monstretur.

Quod autem opponitur 'genus' vel 'species' non substantive accipi in huiusmodi regulis ex adiunctione genitivorum, ne attentius inspiciamus non impedit. Neque enim cum dicimus: 'genus illius' vel 'species illius', quasi diversa nomina sed tamquam unam dictionem accipimus. 10 Et est quidem 'genus illius' commune nomen generum omnium cuiuslibet speciei, quecumque in antecedenti accipitur, et multiplicem quorumlibet nominum generalium significationem continens, sicut et 'species' quorumlibet specialium. Oportet enim et ipsas partes multipliciter accipi, sicut ipsum compositum, sive scilicet dictiones sive etiam 15 propositiones, ita scilicet quod resolvi possint in partes earum consequentiarum quibus maxima propositio inducitur velut earum continens sensus.

Ac fortasse facilius absolvere possumus, si ⟨non secundum⟩ figurativam et quodammodo impropriam locutionem, scilicet singularum dic- 20 tionum vel propositionum, contingat, sed ex totis multarum consequentiarum sententiis. Neque enim in figurativis constructionibus oportet singularum dictionum attendere significationem, sed totius constructionis mutare sententiam. Inde etiam figurativa et impropria dicitur quod suam sententiam ex singularum partium significatione non perficit. Cum itaque 25 et genus et species per se considerata proprie et sicut a Porphirio describuntur, accipiantur, quod ex adiunctis genitivis ostenditur, in toto tamen consecutionis sensu, qui ad singulas reducitur consequentias, vim illius significationis non possident; sic etiam in cathegoricis contingit enuntiationibus. Cum enim dicimus: 'animal predicatur de homine' vel 'lapis re- 30 movetur ab homine' in hoc sensu: 'homo est animal' vel 'homo non est lapis', si illarum enuntiationum dictiones in sensus istarum resolvamus, necesse ⟨est⟩ constructionem secundum casus variari. Sicut enim non convenit dici: 'homo predicatur animal' pro 'homo est animal', ita nec oportet dici: 'animal est de homine' pro 'animal predicatur de homine'. Non itaque ad sin- 35 gularum dictionum significationem in figurativis constructionibus est inspiciendum, sed ad totius constructionis sententiam, quippe, ut dictum est, non ex significationibus singularum dictionum suam contrahit, sicut ille que proprie sunt, sententiam. Cum autem 'species' et 'genus'

8 ne] non V   11 genus] generis V   20 scilicet] secundum V   26 a porphyrio] apor· V

singillatim accepta in relatione ponantur in maxima propositione, non impedit, ut superius dicebamus, assumptionem esse assignationem habitudinis loci differentie diversa vocum acceptio, ac si non sit regularis. Sed sive pro assumptione recipiatur sive non, ipsa tamen cum maxima 5 propositione totam proposite consequentie probationem tenet. Cognita enim rerum habitudine et modo inferentie eius, qui maxima propositione exprimitur, statim secundum hec duo consequentiam componimus.

Sunt autem qui in maximis propositionibus antecedens semper particulariter et consequens universaliter accipiendum censent. Alioquin 10 [in] argumentation⟨m⟩ in qua ⟨ex⟩ maxima propositione ad propositam consequentiam descendunt, dicunt non valere, si videlicet antecedens universaliter vel consequens particulariter accipiatur. Quod quidem apparebit cum ex hac maxima propositione:

<blockquote>si aliqua species predicatur de aliquo, quodlibet
15   genus ipsius predicatur de eodem</blockquote>

hanc consequentiam:

'si Socrates est homo, Socrates est animal'

hoc modo confirmabimus: si quia aliqua species predicatur de aliquo quodlibet genus illius predicatur de eodem, et quia *'homo'* predicatur 20 de Socrate quodlibet genus ipsius predicatur de eodem: quod enim sequitur ad consequens, et ad antecedens; *'homo* autem *predicatur de Socrate'* antecedens est ad *'aliqua species predicatur de aliquo'*; at si quia *'homo'* predicatur de Socrate quodlibet genus ipsius, idest hominis, predicatur de eodem, et quia *'homo'* predicatur de Socrate, et *'animal'* de 25 eodem: quicquid enim infert antecedens et consequens. Clarum autem est, si quodlibet genus hominis predicatur de Socrate, *'animal'* de ipso predicari. Itaque ex maxima propositione supraposita vera hec consequentia:

'si 'homo' predicatur de Socrate, et 'animal' ',

30 idest

'si Socrates est homo, est animal',

ad cuius quidem ostensionem necessarium erat ut antecedens esset particulare — in maxima propositione particularis propositio ad universalem antecedit. Sed quale fuerit antecedens, et consequens, cum 35 videlicet idem prorsus cum illa subiectum retineat; quod etiam ex ipsis consequentiis ostenditur quas proposita regula continet.

Sed nunc quidem in quo argumentationem superiorem calumniemur iuxta eorum opinionem ostendamus. Cum itaque dicimus:

4 sive non] si venit *V*   10 in qua ⟨ex⟩] ex qua *V*   22 aliqua] aliquam *V*

si aliqua species predicatur de aliquo, quodlibet
genus ipsius speciei predicatur de eodem
illud '*illius*' ad quamlibet speciem que in antecedenti accipitur, refertur,
ita quidem ut ad singulas species singula earum genera reducat. Et cum

quidem indeterminate in antecedenti quelibet species possit | intelligi, 5
determinate tamen ad illam, quecumque sit relatio pronominis, nos
mittit, veluti, cum ita dicimus:

'*si aliquis homo est albus, ipse est coloratus*'

licet per '*aliquis*' unus hominum indeterminate subiciatur, tamen per
'*ipse*' determinate ille, quicumque sit, demonstratur qui '*albo*' suppo- 10
nebatur. Sic autem indeterminate, sicut in antecedenti, in consequenti
quoque '*aliquis*' acciperetur, ⟨ac⟩ si ita proferretur:

'*si quidam homo est albus, quidam homo est coloratus*'.

Cum autem in '*aliqua species*' quelibet specierum possit accipi, ad quam
'*illius*' referatur, cum ei supponitur, oportet illud '*illius*' ad singulas 15
singillatim species referri; cum antecedens ipsum mutatur et '*homo*'
apponitur, statim ad solum '*hominem*' quod precedit, subiunctum
'*illius*' referatur. Unde non est eadem in sensu propositio que in utraque
consequentia consequitur, nec illa que dabatur regula:

quicquid sequitur ad consequens, et ad antecedens 20
aptari potest, cum videlicet tota prior consequentia quantum ad sensum
sit mutata, immo potius locus est a toto in comprehensione assignandus,
secundum id scilicet quod illa antecedens maxima propositio omnes
continet consequentias inter '*hominem*' et sua genera, et inter alias species
ad sua. Regula huiusmodi erit: 25

existente toto totaliter, idest secundum omnes
partes suas, existit earum quelibet.

Unde id quod maxima propositio dicit ad ea que per consequentem
ipoteticam dicuntur, totum est; quare si singula sunt que maxima
propositio proponit, et illa sunt que sequens consequentia dicit. Sic 30
quoque et in cathegoricis propositionibus in quibus relativa ponuntur
pronomina, que totam faciunt propositionem multiplicem, non est vis
inferentie secundum terminos, sed secundum totarum enuntiationum
sensus pensanda, veluti cum dicimus:

si omne animal predicatur de se, tunc Socrates predicatur de se; 35
neque enim solum mutatur subiectum, sed etiam predicatum. Oportet
enim in unaquaque enuntiatione ad premissum nomen relativum pronomen referri, sicut et cum dicitur '*Socrates predicatur de se et Plato de se*',

13 quidem *V*   14 quam] quod *V*   37 enim] non *V*

hic ad Socratem, ibi ad Platonem '*se*' reducitur. Non itaque ex maxima
propositione ad propositam consequentiam per medium nos descendere
que apponitur relatio permittit, sed est simplex inferentia facienda ex
maxima propositione ad quamlibet propositam consequentiam secundum
5 predic[a]tam regulam assignati loci a t o t o ; ad quam tamen inferentiam
loci assignatio necessaria videtur, que videlicet quidem monstret hoc
illius speciem esse. Nam cum ex '*continenti*' ad '*contentum*' inferimus,
videtur apponenda constantia que hoc in illo comprehendi demonstrat.
Veluti cum dicimus:
10   '*si omne animal, tunc homo*'
    vel
           '*si omnis canis, tunc latrabile animal*',
hee videntur apponende: '*cum homo sit animal*' vel '*animal canis*'; de quo
quidem in sequentibus latius disseremus[1], ⟨cum⟩ locum a t o t o tracta-
15 verimus.

    Possunt autem maxime propositiones non solum in coniunc-
tione, sed etiam in disiunctione proferri, sicut et ille que per eas
monstrantur consequentie. Huic namque disiuncte que ait:
20   '*aut est homo, aut est animal*'
locus a s p e c i e qui et coniuncte ipsius aptatur, poterit assignari. Talis
enim maxima propositio ⟨potest⟩ proferri:
      aut species non inest alicui aut genus eidem con-
                                              venit;
25 talis enim ⟨est⟩ ac si dicatur:
      si species inest alicui, genus quoque eidem convenit.
Sic quoque ceteris disiunctis, sicut et coniunctis, enuntiationibus maxime
propositiones in disiunctione possunt aptari et loci eidem qui in coniunctis dantur, assignari. Disiu⟨n⟩ctarum autem naturam in *Ypoteticis*
30 nostris convenientius exsequemur[2].
    Non solum autem in coniunctis, verum etiam in disiunctis ipo-
teticis locos assignamus atque maximas propositiones aptare possumus;
locum autem eumdem quem in coniuncta ipsius possumus assignare, ut
in ista:
35   '*aut non est homo, aut est animal*'
eumdem a s p e c i e locum assignare possumus quem in coniuncta in
quam resolvitur, hac scilicet:

---

7 continenti ad] continentiam *V^c*   8 illa *V*   14 ⟨cum⟩ *V^c*

[1] *infra*, pp. 340³-346²⁸.   [2] *infra*, p. 488²¹ *e.q.s.*

'si est homo, est animal',
talem vero maximam propositionem proferre:
    aut species removetur ab aliquo, aut genus ipsius
                              convenit eidem;
unde: homo species est animalis, quare aut *'homo'* removetur ab isto, aut 5
'animal' convenit ipsi. Sic quoque et alias maximas propositiones in
disiunctione licet convertere secundum resolutionem atque equipollentiam disiunctarum ac coniunctarum ad invicem, que superius est
demonstrata. Sicut enim contingit disiunctas et coniunctas equipollere,
sic etiam contingit earum propositiones maximas pares esse.   10

    Non est autem pretereundum quod sepe consequentiarum
par⟨t⟩es cum determinationibus proferuntur, in quibus quidem determinationibus vis inferentie consistit, veluti cum dicitur:
    'si ego video hominem, ego video animal'.
'Video' namque ⟨per⟩ *'hominem'* sive *'animal'* determinatur; in *'homine'* 15
autem, quod in determinatione ponitur, vis inferentie consistit secundum habitudinem quam ad *'animal'* tenet, quod in alia determinatione
intelligitur, ut etiam sit a specie locus, talisque maxima propositio
inducatur:
    si aliquis videt speciem, et genus   20
unde: homo est species animalis, quare si ego video hominem, et animal.
Hec autem maxima propositio dici potest propositio, que omnium
specialium ac generalium terminorum consecutionem secundum appositi
verbi determinationem ostendit, ubi vero sensus mutari non debet, sicut
nec ubi substantivum ponitur verbum, quod nullam recipit determi-   25
nationem, veluti hoc loco:

    'si est homo, est animal'.

Cum enim hoc loco talis inducitur maxima propositio:
    de quocumque predicatur species, et genus,
'predicari' tantum pro *'esse'* accipitur, ac si videlicet diceremus: 30
    quicquid est species, est genus ipsius.
Nec secundum verbi significationem extenditur maxima propositio, sed
secundum comprehensionem inferentie omnium terminorum eiusdem
habitudinis.

    Sunt autem qui vim inferentie non solum in determinatione hic 35
pensent, verum etiam inter predicata, in predicatis quidem ipsas quoque
determinationes concludentes. Cum enim dicitur:
    'si ego video hominem, ego video animal'

12 par⟨t⟩es *Vc*   15 ⟨per⟩ *Vc*   32 nec *c* hee *V*

'*videre hominem*' quasi unum predicatum et '*videre animal*' quasi aliud accipiunt, ut hic quoque talem possint aptare regulam:

     de quocumque predicatur species, et genus.

unde: '*videre ⟨hominem*' est⟩ species ad '*videre animal*'; quare si videre
5 hominem convenit michi, et videre animal.

Nec nos quidem et id denegamus et ita posse vim inferentie deliberari; sed prius videtur accipi in sola determinatione que precipue vim videtur habere.

Sunt autem et qui vim in determinationibus tantum intelligunt
10 ac secundum etiam verbi determinationis extensionem propositionem maximam extendunt, hoc modo:

     si aliquid predicatur de aliquo respectu speciei,
                 et de eodem respectu generis,

veluti cum videre conveniat michi respectu hominis, qui est species ani-
15 malis, idem convenit michi respectu animalis. In respectu vero quamlibet determinationem accipiunt, sive illa ad verbum sive ad nomen ponatur; ad verbum quidem, ut in premisso exemplo, ad nomen vero sic:

     '*si est caput hominis, et animalis*'.

Liberius autem nos expediemus[1], si in maximis propositionibus ad
20 sensum propositarum consequentiarum, quanto magis poterimus, ac-cesserimus; ut videlicet tali proposite consequentie:

     '*si video hominem, video animal*'

talis inducitur maxima propositio:

     quicquid videt speciem, videt genus;
25 vel, si de actionibus omnium verborum velimus agere, ita dicamus:

     quicquid agit in speciem, agit in genus,

quod tantumdem valet ⟨quantum⟩

     cuiuscumque actum suscipit species, et genus;

vel si passiva apponantur verba, hoc modo:
30   '*si videtur ab homine, | videtur ab animali*',   f. 160ᵛ

vel talis potest induci regula:

     quicquid videtur a specie, et a genere

vel talis:

     quicquid patitur a specie, et a genere
35 idest   cuicumque infertur passio a specie, et a genere.

Sed ⟨no⟩tandum est quod ⟨cum⟩ verbi quoque significationem extendimus, non sufficit tantum assignatio habitudinis inferentie, verum

---

10 determinationes *V*   29 passiva *c* pars illa *V*   36 ⟨no⟩tandum *Vᶜ* ⟨cum⟩] ⟨si⟩ *c*

1 ubi?

etiam illa est facienda demonstratio qua verbum ⟨pro⟩posite consequentie in verbo maxime propositionis includi designemus. Ut cum
preposite consequentie:

> '*si videtur ab homine, videtur ab animali*'

talem inducimus regulam:

> quicquid patitur a specie, et a genere

non solum monstrandum est *hominem* esse speciem *animalis*, verum
⟨etiam⟩ *videri* contineri sub *pati*. Si autem vel genitivi vel dativi vel ceteri
obliqui casus apponantur, qui similiter in determinatione veniunt, et
secundum eos oportet regulas apte componere, veluti si dicatur:

> '*si est caput hominis, est animalis*',

tali confirmetur regula:

> quicquid est speciei, et generis.

Vel si ita proponatur:

> '*si datur homini, et animali*',

talis potest maxima propositio induci:

> quicquid fit speciei, et generi;

aut si ita:

> '*si est ex auro, est ex ere*

talis:

> quicquid constat ex specie, et ⟨ex⟩ genere;

vel   '*si informatur ex albedine, et colore*,
talis:

> quicquid informatur specie, et genere;

et ex his quidem ceteras quoque in determinatione regulas apte convenit
secundum propositas consequentias ordinare.

Sunt tamen nonnulli qui has abhorreant maximas propositiones
in quibus neque de predicatione vel remotione neque de consecutione
agatur. Sed si ad ista semper velint respicere, quid dixerint in istis
consequentiis:

> '*si domus est, paries est*'
> '*si pater est, filius est*',

in quibus totum vel relativum vim inferentie tenet? Si enim dicatur:

> quicquid predicatur de toto, et de parte,

idest de uno relativorum, et de altero, nichil falsius. Cum enim domus
sit domus, non est paries domus, vel cum pater sit pater, non necesse
est esse patrem et filium. A m p l i u s : si ad predicationem vel consecutionem omnes velint reducere regulas, multa inconvenientia contingent.

---

8 contineri sub pati] cton subpati *V* ab eo aliquod subiectum pati *c* si *c* sed *V*   19 ere *V*
metallo (?) *c*   21 ⟨specie et⟩ *Vᶜ*   35 idest de] idem *V* quicquid de *c*

Non est autem pretereundum illas determinationes cas⟨s⟩as et inutiles esse, que a quibusdam minus eruditi⟨s⟩ maximis propositionibus apponuntur superflue, quasi integris vestimentis panniculi quidam assuantur. Quas quidem in his *Introductionibus* quas ad parvulorum in-
5 stitutionem conscripsimus, nos posuisse meminimus, veluti cum dicimus:

de quocumque predicatur species vere et affirmative sine modo etc., et de eodem predicatur
genus eodem modo;

10 vel cum dicimus:

quicquid infert antecedens in vera coniuncta naturali
consequentia affirmativa, infert et consequens.

Quas quidem omnes superfluas viderimus, si maxime propositionis sensus recta pensaverimus et consequentiarum sensus quibus inducuntur
15 ee, acceperimus[1].

Ac prius de ea quam premisimus agamus, que erat huiusmodi:

si species predicatur de aliquo, et genus de eodem

ac primum quidem ⟨quomodo⟩ '*predicari*' conveniat accipi videamus. Tribus autem modis '*predicari*' sumitur, uno quidem secundum
20 enuntiationem vocabulorum ad se invicem in constructione, duobus vero secundum rerum ad se inherentiam, aut cum videlicet in essentia coheret sicut materia materiato, aut cum alterum alteri secundum adiacentiam adheret, ut forma materie. Ac secundum qui- dem enuntiationem omnis enuntiatio cathegorica tam vera quam falsa,
25 tam affirmativa quam negativa, predicatum et subectum habere dicitur, velut etiam iste: '*omnis homo est lapis*', '*nullus homo est lapis*'. Hanc autem predicationem in *Topicis* suis Boetius monstrat[2], cum modo nomen, idest vocem significativam incomplexam, de oratione, modo orationem de nomine vel de oratione predicari ostendit; et de hoc quidem pre-
30 dicato et subiecto propositio coniungitur. Sed non de his in propo- sitione agitur, sed de predicatione tantum rerum, illa scilicet solum que in essentia, que verbo substantivo exprimitur, consistat, sicut in *Libro Cathegoricorum Sillogismorum* ostendimus[3]. Tantum itaque '*pre- dicari illud*' accipimus quantum si '*hoc illud esse*' diceremus, tantum per
35 '*removeri*' quantum per '*non esse*'. Alioquin partes regule sensum partium proposite consequentie, sicut oportet, non continerent. Cum itaque

8 etc. *V* et [cum] *male legens c*   15 eae *c* eas *V*   18 quidem ⟨quomodo⟩] quomodo *c*
34 dremus *V* non esse *Vc*

[1] sc. in ea parte huius operis quae adhuc reperta non est; vide *Introd.*, p. XI.
[2] *De top. diff.* I, 1175 D3-1176 A7.   [3] *supra*, p. 155²⁵ *e.q.s.*

per 'predicari' 'esse' accipiamus, superflue vel 'vere' vel 'affirmative'
apponitur; quod enim est aliquid, vere est illud; 'affirmative' autem
enuntiationis est determinatio, quia tantum in vocibus consistit
affirmatio, sicut et modi vel determinationis appositio. Modus enim vel
determinatio tantum vocum sunt designativa, que sole moderantur vel 5
determinant in enuntiatione posite.

Vel si etiam ad rerum inherentiam has omnes determinationes nitamur reducere, superfluum totum esse convincitur, cum
proposite consequentie sensu⟨m⟩ que nullas habet determinationes
maxima propositio, simpliciter quoque prolata, recte demonstret, hec 10
scilicet:

si species predicatur de aliquo, et genus,
idest

si aliquid est species, et genus quodlibet ipsius;
veluti si est homo, est animal et corpus et quodlibet insuper hominis 15
superius. Cum autem in consequentiarum partibus modi ponerentur hoc
modo:

'si est homo, necessario et animal'
'necessario' et in maximis propositionibus, ⟨ut et alie⟩ determinationes,
non relinquitur, ac si dicamus: .   20

cuicumque species necessario inheret, et genus,
vel   cuicumque potest inhe⟨re⟩re, similiter.

Patet itaque nichil in maximis propositionibus esse determinandum que simplicibus famulantur ipoteticis, ut sunt ille que de predicatione sive subiectione agunt. Sed nec in illis que in prepositis, 25
que scilicet de antecessione vel consecutione agunt, si videlicet competenter intelligantur, et in essentiarum demonstratione antecedens et
consequens accipiantur sicut in prepositis consequentiis. Nichil itaque
⟨aliud⟩ in 'antecedere hoc ad illud' vel 'inferre hoc illud' accipimus, quam
'si hoc est, illud esse'. Inferentia vel propria antecessio enim est idem in 30
coniunctione conditionalis, ut scilicet idem sit antecedens quod inferens
vel consequens quod illatum. Sic itaque quod dicitur:

quicquid infert antecedens, et consequens
accipe: quidquid infert inferens, et illatum.
Quod autem antecedens et consequens in disiunctis quoque Boetius 35
accipit, non ad rerum essentias, sed ad enuntiationum constitutionem
respexit. Si enim sensum disiunctarum pensemus, non sensum prime

8 vitamur V   9 sensu⟨m⟩ c   19 ⟨ut et aliae⟩ c   29 ⟨aliud⟩ c   30 enim est idem] non est non V

1 Cf. De syll. hyp. I, 836 A3-7.

propositionis ad sententiam ⟨secunde⟩ antecedere viderimus, sed id quod dividens prioris dicit ad id quod secunda pars proponit; quod ex resolutione disiuncte dinoscitur; ex qua etiam resolutione ipotetice, idest conditionales, disiunctive quoque sunt appellate.

De loco a substantia

Nunc autem superest locorum variationes tam in maximis propositionibus quam in earum differentiis pertractare et que vere sint et incommutabiles inferentie secundum eos et que non deliberare. At quia illius loci a substantia primum inter inherentes posuimus modos inferentie, prius expediamus hunc quem in diffinitione auctoritas[1] constituit.

Diffinitio autem alia rei est, alia vocabuli, que interpretatio dicitur. Rei autem diffinitio alia secundum substantiam, que proprie diffinitio dicitur, alia secundum accidens, que descriptio nuncupatur. Secundum substantiam quidem ut cum substantiam dicimus esse *rem per se existentem* vel hominem *animal rationale mortale*; secundum accidens quidem, ut cum Socratem dicimus esse *hominem album crispum* etc.

Sed prius quidem propositarum diffinitionum complexiones regulasque tradamus. | Tot autem modis diffinitio ad diffinitum quot modis diffinitum ad diffinitionem antecedit. Quatuor autem ⟨modis⟩ id fieri dicitur:

    de quocumque enim predicatur diffinitio, et diffiniet   tum
    a quo removetur, similiter;
    quicquid etiam predicatur de diffinitione, et ⟨de⟩
                                       diffinito
vel
    quicquid removetur, similiter,
ut in suppositis apparet exemplis:
    '*si Socrates est animal rationale mortale, est homo*'
vel
    '*si non est animal rationale mortale, non est homo*',
vel
    '*si animal rationale mortale currit, homo currit*'
vel

f. 161ʳ

---

5 sustantia *et passim* V   8 at quia] atque V   10 quem] ut (vero?) V   21 ⟨modis⟩ Vᶜ

[1] Vide Boeth., *De top. diff.* II, 1187 B-C.

'si non currit, nec homo'.

Nunc autem que istarum consequentiarum necessitatem custodiant aut que non, inquiramus; neque enim omnes necessarie michi videntur. Neque enim vel ea que ait:

'si est animal rationale mortale, est homo'   5

necessaria est vel ea que proponit:

'si animal rationale mortale est, homo est'

quod tam ex ratione quam ex inconvenientium inductione apparet. Hec autem est ratio ⟨quod⟩ hominis quidem substantiam forme eius substantiales omnes equaliter cum ea generali conficiunt ac tam bene 10 ad ipsius subsistentiam necessarie sunt *'gressibile'* et *'bipes'* seu *'perceptibile discipline'* multique alie que in substantiam eius veniunt, quarum nomina non habemus sicut *'rationale'* aut *'mortale'*. Sicut itaque nec preter rationalitatem aut mortalitatem homo potest existere, ita nec preter ceteras differentias. Cum itaque animal in homine formatur, 15 necesse est ipsum omnibus hominis formis vestiri. Qui autem dicit *'animal rationale mortale'*, illis tantum hominis formis inductum *'animal'* ponit, quibus tantum inductum homo esse non potest. Non itaque necessarium est ut, si quid fuerit animal rationale mortale, idest animal[is] illis duobus formis inductum, sit homo. Quod etiam talis in- 20 convenientis inductione monstratur: si quia est animal rationalitate ⟨et⟩ mortalitate informatum est homo, et quia est animal informatum rationalitate et mortalitate tantum est homo; unde etsi est animal informatum rationalitate et mortalitate tantum, idest nullis aliis formis, est informatum bipedalitate; si enim homo est, est informatum bipedalitate et 25 quibuslibet hominis substantialibus formis, que omnes in nomine *'homo'* rationabiliter intelliguntur iuxta illud Aristotilis[1]: „genus autem et species qualitatem circa substantiam determinant"; hoc autem plane falsum est ut si quod animal informatum illis tantum duabus formis, sit formatum illa alia, cum videlicet *'tantum'* appositum omnes alias 30 excludat.

Est autem annotandum diversas esse positiones *'tantum'* adverbii. Modo enim *'tantum'* subiecto, modo predicato apponitur. Subiecto quidem sic: *'Socrates tantum est animal rationale mortale'* ac si dicerem *'ipse solus et nulla alia res'*, ut videlicet omnes alias res a subiectione 35 *'animalis rationalis mortalis'* excludam. Ac tunc quidem falsa est propositio, quia etiam Plato illud est. Nec ex ista inferri potest, *'Socrates*

---

8 quod] que *V*   11 susistentiam *et passim V*   17 illis] quibus *V*   21 ⟨et⟩ *V^c*   23 tantum] tamen + *rasura V*   26 nomine] homine *V*   31 excludat *V^c* excludit *V*

[1] *Categ.* 5, 3 b 19-20.

tantum est Socrates', que vera est; ita enim ipse est Socrates ut nulla alia res sit Socrates. Neque enim verum est ut si aliquid tantum in parte concludatur, in toto tantum contineatur et bene s⟨u⟩pradicta consequentia neganda videtur, quantum quidem pertinet ut ad remotionem
5 partis totum removeatur. Nam que dicit: *'Socrates tantum est Socrates'*, talis est: *'Socrates est Socrates et nulla alia res est Socrates'*; unde quidem haberi potest secundum impositionem *'Socratis'* in se ipso quod ipse sit animal rationale mortale, sed non quod tantum, idest nulla alia res. Quis enim ex eo ⟨inferat⟩ quod nulla alia res esset animal rationale
10 mortale? Si vero *'tantum'* predicato posueris, ut videlicet excludat omnia alia predicari de Socrate, vera est propositio que ait: *'Socrates est tantum animal rationale mortale'*. Ita enim ipse est animal rationale mortale quod ipse non est ulla alia res. Et hec quidem inferri potest ex *'Socrates tantum est Socrates'*. Si enim non est alia res a Socrate, non est
15 aliud ab animali rationali mortali; hoc enim illius totum est.

Non itaque animalis ad rationalitatem et mortalitatem coniunctio hominis substantiam quam per se non facit, per se [non] exigit. Cum tamen hec tria ad constituendum hominem non sufficiunt, sufficiunt tamen ad diffiniendum. Si enim vel *'bipes'* vel *'gressibile'* post ista in
20 diffinitione poneretur, superfluitas in constructione iudicaretur, cum illa per se hominem equali diffinitione determinent. Quicquid enim homo est, animal rationale mortale est, et econverso. In rei tamen constutione nichil Deus superflue posuit. Cum vero in rerum coniunctione superfluum nichil existat, in constructione tamen nominum potest
25 notari superfluitas. Sed si tamen diffinitionem dare velimus que totam hominis substantiam exprimat, non videtur superfluum omnes apponere differentias, ac si sic diceremus: *'homo est animal informatum rationalitate et mortalitate, bipes, gressibile'*, etc. Si vero ad equalitatem tantum ⟨at⟩-tendamus, sufficit talem diffinitionem componere que ad diffinitum
30 converti possit, secundum quidem actum rei, non secundum naturam. Ita enim in actu modo contingit quod nullum animal rationalitate et mortalitate simul informatum reperitur preter hominem; nulla tamen id natura videtur exigere.

Has itaque diffinitiones que totam rei substantiam non expri-
35 munt, non necesse est ita ad diffinitum antecedere sicut consequi. Consequi vero idem necesse est quod et singula eius membra consequantur; si enim homo est, animal est, sive rationale sive etiam mortale; unde et si homo est, est animal rationale mortale; sed non convertitur.

1 ut] ubi *V* 3 s⟨u⟩pradicta *Vᶜ* 5 que] qui *V* ipse *Vᶜ* in se *V* 15 aliud] animal *V* 16 rationalitatem et mortalitatem] r· et m· *et passim V*

Neque enim in diffinitione huiusmodi tota diffiniti vocabuli significatio clauditur. Unde cum in antecedenti consequens non clauditur, necessaria non potest esse de diffinitione ad diffinitum inferentia, si, inquam, sensum diffinitionis secundum significationem singularum partium pensemus. Recordor enim quia secundum quamdam diffinitionis 5 acceptionem ad predicationem diffiniti predicationem ⟨diffinitionis⟩ poni concedebam[1]. Dicebam enim eam modo in vi diffinitionis predicari, modo simpliciter in vi orationis enuntiari; et cum quidem in vi diffinitionis predicabatur, totam ⟨et⟩ expressam diffiniti substantiam predicabat, et tunc ad eam diffinitum sequi concedebam; et tot in diffinitione 10 quot in diffinito vocabulo intelligebam, ut videlicet tantumdem diceret 'animal rationale mortale simul' quantum 'homo'. Si vero eam tantum in vi orationis predicarem, ut videlicet tantum partium significationem attenderem que ad tria nos mittit, in quibus tantum homo non consistit, necessitatem inferentie denegabam, Unde diffinitio, cum orationis sit 15 species, naturam orationis non potest excedere; sed, sicut omnis oratio ex partibus suis suam contrahit significationem, ita diffinitio ex suis; ali⟨o⟩quin dictio videretur, si videlicet ad significationem totius, non partium, respiceremus. Unde ab omni necessitate alienam censemus illam consequentiam in qua huiusmodi diffinitio diffinitum ponit, que 20 quidem diffinitio, licet sit hominis substantie, tamen eam omnino non exprimit, cum non omnia illa que in eius substantiam conveniunt, non contineat. Unde ille que substantiam omnino determinant, ad diffinitum mutuo et antecedunt et consequuntur, ut est ea quam substantie dedimus: res per se existens, idest nullo egens subiecto. Idem enim prorsus diffi- 25 nitum vocabulum et diffinitio notant; 'homo' vero et 'animal rationale mortale' ad eamdem quidem rem impositionem et enuntiationem habent; sed non secundum idem eamdem rem demonstrant. In 'homine' enim omnes eius differentie debent intelligi; in diffinitione vero illa nonnisi due apponuntur.   30

Licet autem eadem res per 'animal rationale mortale' et per 'homo' predicetur, quia tamen illam esse diversis modis demonstrant, non est vera consequentia, sicut nec ista:

'si est corpus, est coloratum'.

f. 161ᵛ Licet enim essentia illa que per 'coloratum' attribuitur, | eadem cum illa 35 sit que per 'corpus' ponitur, tamen quia aliunde a 'colorato' quam a 'corpore' nominatur — ex adiacentia scilicet coloris, absque quo omnino

6-7 ad definitionem definiti praedicationem poni *c*   9 ⟨et⟩ *Vᶜ*   10-11 totum..... quod *V*
14 mittunt *V*   20 qua *c* quibus *V*   23 [non] *c*   30 opponuntur *V*   37 coloris *c* corporis *V*

[1] *in lectionibus suis oralibus, ut suspicor ex forma temporis imperfecti quod vocatur.*

corpus posset existere, quippe eius est fundamentum — omni profecto
necessitate consequentia illa destituta est.

    Sed opponitur quod ubi eadem res per utrumque inesse dicitur,
non potest inferentia cassari. Idem enim positum se ipsum necessario
5 ponit. Verum corporeum et corpus idem sunt; cum igitur quidlibet
corpus sit, necesse est et corporeum esse. Similiter ⟨et⟩ '*animal rationale
mortale*' et '*homo*' idem sunt; si itaque sit animal rationale mortale, et
hominem necesse est esse.

    Sed dico quia quidem verum est quod si aliquid inest alicui, idem
10 inest eidem, et quod *animal rationale mortale* idem prorsus est quod *homo*,
nec tamen ex his sequi ut si quid sit animal rationale mortale, sit homo,
si propriam vocum demonstrationem attendamus. Si vero magis essentiam
rei quam vocum proprietatem insistamus magisque identitatem essentie
quam vim verborum attendamus, profecto consequentiam ⟨non recipi-
15 mus⟩, ut videlicet vel tot in '*animal rationale mortale*' quot in '*homo*' intelligamus, vel in '*homine*' tantum quantum in '*animal rationale mortale*'.
Nam talis est '*idem*' pronominis relativi demonstratio, quod in regula
predicta ponitur, ut, ad quodcumque referatur nomen, eius simpliciter
significationem contineat; veluti cum dicimus:
20   '*si est animal rationale mortale, est idem*' vel '⟨*si est*⟩ *homo, est idem*',
nichil aliud in '*idem*' quam in precedentibus vocibus accipi debet, ac si
sic dicamus:
         '*si est animal rationale mortale, est animal rationale mortale*',
    vel
25   '*si est homo, est homo*'.
Ubi tamen et '*animal rationale mortale*' damus, essentiam illam que homo
est, predicamus. Nec tamen ipsa per hoc nomen '*homo*' designata ad se
ipsam per diffinitionem assignata necessario consequitur, si vocum
proprietas recte pensetur. Unde clarum est quantam vim cum enuntia-
30 tionibus vocum proprietas teneat; maximeque illa attendenda est
vocum significatio que prima est, idest que in voce ipsa denotatur et
secundum quam ipsa vox imponitur, non ea cui imponitur. Nam et cum
diffinitio et diffinitum ad ea⟨m⟩dem prorsus substantiam habeant impositionem atque enuntiationem, sepe tamen non idem prorsus de ipsa
35 notant. Nam '*animal rationale mortale*' secundum id tantum hominis
substantie datum est, quod est animal informatum rationalitate et
mortalitate; '*homo*' vero secundum ceterarum quoque formarum
differentiarum informationem. Quarum itaque vocum eadem est subiecta

1 eius ⟨non⟩ *c*   4 positum] ponitur *V* ⟨quoquo modo⟩ ponitur *c*   6 ⟨et⟩ *Vᶜ*   13 insistemus *V*
14 ⟨non recipimus⟩ *c*   15 tot.... quot] totum.... quod *V*   20 vel] quod *V* ⟨si est⟩ *Vᶜ*

res, diverse sunt impositionum cause, que constructionum proprietates variant.

Non est autem pretereundum, cum in huiusmodi consequentis locum a diffinitione respondemus, de quo etiam in maximis propositionibus propositarum consequentiarum agimus, diffinitionem nomen 5 rei accipi. De quo quidem per diffinitionem vocalem agitur, ut sit quidem diffinitio tam rei diffinite quam diffinientis orationis nomen, active quidem et passive acceptum. Hec autem ratio diffinitionem in rei demonstratione accipi probat, cum a diffinitione locus assignatur, quod in ipsa consequentia tantum de rebus, non de vocibus, agitur. Falsa enim 10 esset quelibet suprapositarum consequentiarum, si de vocibus ageretur. Nulla enim necessitas in vocum enuntiatione consistit, cum qualibet prolata altera possit omnino taceri. Cum itaque dicimus:

'si est animal rationale mortale vel non est, est homo vel non est' et 'animal rationale mortale' in designatione tantum rei, non orationis, 15 utimur — nullo enim modo aliter veritatem vel probabilitatem consequentie proposite tenerent —, res illa que est animal rationale mortale, de qua in antecedenti agitur, vim inferentie tenet ac proprie locus dicitur; de qua etiam in maxima propositione agi convenit, que ait:

de quocumque predicatur diffinitio, et diffinitum, 20 idest si aliquid est diffinitio, et diffinitum. Aliter enim maxima ⟨propositio⟩ illius consequentie non esset nec eius sensum contineret, nisi de eisdem rebus ageret; nec ullam aliter probabilitatem haberet. Quis enim hoc recipiat ut, si aliquid sit illa diffiniens oratio, sit homo vel non sit, cum videt hominem et illam orationem omnino opposita esse, ita ut 25 nichil possit esse homo et illa oratio? Verum res ad se coherentiam habent, cum omnino hec sit illa et idem prorsus sint, sicut dictum est.

Sed opponitur potius locum ab eodem esse quam a diffinitione: idem ⟨enim⟩ est diffinitio quod diffinitum. Unde etiam in Topicis questionem de eodem de diffinitione Boetius appellat[1]. Sed 30 licet tamen idem sit diffinitio et diffinitum, sicut animal rationale mortale et homo, secundum id tamen quod de eis in proposita consequentia ⟨agitur⟩, non est locus ab eodem simpliciter, sed a diffinitione assignandus. Quedam enim in re ipsa, secundum id quod per diffinitionem et per nomen designatur, potest diversitas ostendi secundum, ut dictum est, 35 diversam vocum enuntiationem, modo quidem secundum id quod tantum ut animal rationale mortale accipitur, modo vero secundum id quod cum

6 qua V 21 ⟨propositio⟩ c 25 videt] videlicet V videret c opposita c apposita V 29 idem ⟨enim⟩] ⟨quia⟩ idem c 37 ut V [non] male legens c

[1] Cf. De top. diff. III, 1196 C4–14 (?).

omnibus ceteris quoque formis ⟨que non⟩ designantur, intelligitur.
Atque ideo rectius per diffinitionem locum assignamus quam per
idem, quia ipsa res vim inferentie tenet accepta simpliciter, secundum
id quod per diffinitionem exprimitur, non secundum id quod eadem
5 prorsus cum ipso intelligitur. Qui enim *'animal rationale mortale'*
concipit, eamdem quidem rem cum *'homine'* intelligit; sed non ut
eamdem accipit, si et eam ut animal rationale mortale simpliciter et non
⟨ut⟩ hominem consideret. Unde et bene in maxima propositione dicitur:

de quocumque predicatur diffinitio, et diffinitum;
10 non: de quocumque predica[ba]tur idem, de eodem predicatur idem;

quare non eodem modo, sed secundum diversos idem denotatur.

Sed dicitur quare secundum id quod diffinitum vocabulum designatur, res non est diffinita dicenda, immo secundum id quod per
15 diffinitionem significatur? Quia enim diffinitio diffiniens est, et quod ea
demonstratur diffinitum esse oportet. Unde res ipsa melius secundum
id[em] quod diffinitione terminatur, diffinita videtur dici, quam secundum id quod diffinito vocabulo nominatur, et tunc quidem bene passive
diffinitum dicitur respectu diffinientis orationis. Amplius: sive diffini-
20 tio idem prorsus cum diffinito vocabulo sive minus notet, non debet per
'idem' relativum pronomen locus assignari; locum enim in antecedenti
oportet intelligi. Unde si, secundum hoc quod in antecedenti posita res
aliqua vim inferentie tenet, ea⟨m⟩ volumus demonstrare, non possumus
per relativum pronomen, ⟨quod⟩ quidem secundam cognitionem oportet
25 facere. Neque enim ita convenienter regulam possumus componere,
ut *'idem'* in antecedenti ponatur hoc modo:

si idem predicatur de aliquo, idem predicatur de
eodem,

sed in consequenti sic:

30   si aliquid predicatur de aliquo, idem predicatur
de eodem,

ut semper *'idem'* in consequenti positum secundam cognitionem secundum relationem faciat.

Bene autem questio de diffinitione de eodem potest dici, veluti
35 ista: *'utrum homo sit animal rationale mortale'*, quia questiones ex predicatis suis nomina sumunt. Per *'idem'* autem relativum pronomen quelibet res, cum in predicato ponitur, designari potest, cum iam per
nomen subiectum fuerit designata, quod primam fecerat cognitionem.

1 ⟨quae non⟩ *c*   8 ⟨ut⟩ *c*   10 praedica[ba]tur *c*   17 dici *Vᶜ* idci *V*   19 orationis *Vᶜ* vocabuli *V*   23 ea⟨m⟩ *c*   24 ⟨quod⟩ *c* quidem + ⟨secundum⟩ *c*

Manifestum est autem omnem substantie diffinitionem ad diffinitum duas in necessitate tenere regulas. Due vero alie maximam tenent probabilitatem.

quicquid enim a diffinitione, et a diffinito necessario
removetur 5
vel   a quocumque diffinitio, et diffinitum;
alie vero due probabilitate fulte sunt.

Tot etiam necessarias et totidem probabiles diffinitum ad diffinitionem secundum consequentis et antecedentis destructionem necesse est habere, et hee quidem necessitatem habent: 10

de quocumque predicatur diffinitum, et diffinitio,
vel   quicquid de diffinito, et ⟨de⟩ diffinitione;
hee vero probabilitate sola subnise sunt:

quicquid removetur a diffinito, et a diffinitione
vel   a quocumque diffinitum, et diffinitio.   15

Possumus autem tam eum locum qui a diffinitione, quam eum qui a diffinito dicitur, a substantia vocare. Nam et diffinitum diffinitionis, sicut diffinitio diffiniti, expressa est in re ipsa substantia. Nullum tamen a substantia locum auctoritas posuit nisi a diffinitione,

f. 162ʳ eo videlicet quod sepius ad fidem diffinitio quam | diffinitum afferatur, 20 secundum id scilicet quod oratione diffinitionis res ipsa explicatius ostendatur quam nomine diffinito, ut superius diximus.

De loco a descriptione

Illarum autem diffinitionum regule que secundum accidens fiunt, omni sunt necessitate destitute. Neque enim 'Socrates' 'hominem 25 album et crispum Sophronici filium' necessario ponit nec ab ipso ponitur. Quod autem necessario non exigat, inde patet quia omnino fundamentum preter accidentia potest consistere et per diversa tempora circa accidentia sua variatur. Unde ad eorum inferentiam necessitatem nullam habe[n]t, cum modo sine illis modo cum illis reperiatur. Sed nec de- 30 scriptio ad descriptum necessario antecedit. Posset enim aliquis fratrum Socratis esse homo albus crispus etc., nec tamen Socrates esse. Probabilitatem tamen maximam habent argumenta a descriptione vel descripto.

Ab interpretatione

Regule vero ab interpretatione nominis, secundum id quod ipsa 35

12 ⟨de⟩ c   13 subnise] submise V suffultae c   30 habe[n]t Vᶜ   31 fratrum] frm̄ V

interpretatio modo substantiam rei continet, modo vero quibusdam
accidentibus subiectum depingit, modo necessitatem modo probabilitatem proponunt. Est autem substantialis interpretatio ut si
'ἄνθρωπος' grecum nomen, quod est 'homo', latina diffinitione aperiemus,
5 hac scilicet: 'animal rationale mortale', vel si aliquod grecum nomen
latina descriptione. Est enim interpretatio secundum id quod ignotum
aperit vocabulum cuius nullam adhuc significationem tenebamus,
diffinitio vero vel descriptio secundum id quod⟨rem⟩ iam quodammodo cognitam alicui manifestius secundum eius proprietates demon-
10 strat. Si vero interpretatio ethimologiam fecerit, ut videlicet magis
secundum nominis compositionem quam secundum rei substantiam fiat,
veluti cum hoc proprium nomen 'Bartolomeus', 'filium regis' interpretamur; secundum id scilicet quod 'Bar' grece[1] 'filius' latine dicitur, 'tolo-
meus' autem 'rex', huiusmodi interpretatio, quia solius nominis composi-
15 tionem sequitur nec rei potius proprietatem exprimit, nullam probabilitatem exigit.

Atque hec de locis a substantia sufficiant.

De locis a consequenti substantiam

Nunc vero locos a consequenti substantiam consequens
20 est tractare. Qui quidem in eo locos a substantia consequi dicuntur
quod eos in coherendo comitentur. Adducuntur enim et isti in inferentiam secundum coherentiam ad ea que inferuntur. Unde tam isti quam
illi inherentes dicuntur, eo scilicet quod secundum coherentiam
probent.

25 Est autem horum huiusmodi divisio. Locorum substantiam consequentium alios a toto, alios a partibus, alios a pari, alios a
predicato, alios a subiecto, alios a contingentibus, idest excedentibus et excessis, alios ab antecedentibus vel consequentibus
assignamus.

30 Nunc autem prius locum a toto tractemus. 'Totum' autem
duobus modis accipimus; aliud enim secundum diffusionem, aliud
secundum coniunctionem consideramus. Et quod quidem in
diffusione totum est, generale vocamus. Generalis enim substantia
tota simul et eadem in omnibus suis speciebus existit, veluti animal in
35 homine et in equo, aut homo in Socrate vel in Platone. Omne enim

---

4 atropos V   8 ⟨rem⟩ c   9 demonstrat V^c demonstret V   13 grece V hebraice sic
legendum censet c   21 imitentur V

[1] Abaelardum, qui ipse se ignarum linguae graecae confiteri videtur (supra, pp. 81[4–6],
91[32–33], et infra, p. 383[12–14]), hic errare censeo, non codicem.

'*genus*' hic accipimus quod maius et substantiale, sicut et Boetius in *Topicis* suis in divisione predicativarum questionum '*genus*' accepit[1].

De loco a genere

Tres autem regulas a genere in usum duximus, has quidem:
a quocumque removetur genus, et species; vel   5
quicquid non convenit generi, nec speciei,
idest quicquid prorsus removetur a genere, et a specie; vel
quicquid predicatur de genere ut de contento,
et de specie,
ut subiecta monstrant exempla: 10
'*si hic lapis non est animal, non est homo*'
'*si nullum animal est lapis, nullus homo est lapis*'
'*si omne animal est lapis, omnis homo est lapis*'.
Potest quoque quarta apponi, que nichilo minus veritatem tenere videtur; sed ideo illam in consuetudinem non duximus quia semper falsis 15
membris coniungitur, que est huiusmodi:
de quocumque predicatur genus universaliter acceptum, de eodem predicatur quelibet ipsius species, ut:
'*si aliquid est omne animal, ⟨est⟩ quilibet homo*'.   20
Sed et ista quidem, sicut et alie regule, ex regulis a specie per consequentis et antecedentis destructionem ostenditur.

Sed nunc quidem que ex suprapositis necessitatem et que non custodiant demonstremus. Et due quidem priores, que in remotione date sunt, incommutabilem veritatem conservant. Alie vero due solam 25
probabilitatem tenent; quod ex *corpore* et *homine* maxime patet. Neque enim necessarium est quod ita proponimus:
'*si omne corpus est corpus, omnis homo est corpus*',
quippe eternum non est, cum videlicet primum sine secundo aliquando extiterit; veluti solis creatis elementis ac nondum in species per 30
differentias redactis de his quoque substantiis, que postea vel homo vel asinus vel cetere species per differentiarum informationem effecte sunt, verum erat in principio dicere quia corpora erant nondum homine aut asino creatis. Nullo tamen modo vere poterat dici quia homo est corpus vel asinus. Hec enim nomina specialia substantias ipsas ut 35
differentiis informatas significant. Nomen vero generis omnibus est impositum ex simplici natura corporis, quod quidem posse existere peremptis omnibus speciebus auctoritas ipsa docuit, cum scilicet

[1] *De top. diff.* I, 1178 A8–9.

Porphirius peremptis speciebus animalis eius simplicem naturam rationabiliter intelligi posse monstravit[1]. Cum itaque ‘*corpus*’ hoc nomen pluribus sit impositum ex simplici natura corporis, que est substantia corporea, quisquis per hoc nomen quod est ‘*corpus*’, de aliquibus agit, secun-
5 dum id tantum ea colligere debet que substantie sunt corporee, non etiam
secundum id quod posterioribus formis sunt constitute, vel animatione
scilicet vel rationalitate, que etiam in nominibus specierum intelliguntur. Quis igitur ad genus necessario consequi speciem dicat, cum
tota generalis materia preter quaslibet inferiores formas tota possit et
10 in omnibus consistere in sua simplicitate substantie?

Sed dicitur quia omne universalitatis signum quod generalissimo
apponitur, ipsas quoque colligit species; et verum est quidem, sed in eo
tantum quod corpora sunt, que si in eo quod corpora sunt, existant,
non ideo tamen necessarium est esse in eo quod sunt talia corpora, idest
15 differentiis specierum informata, sicut per specialia nomina designantur.
Et hec quidem ratio in his tantum generibus vigere videtur que tota
non sunt specierum substantia, cum videlicet post ipsa differentie quoque restant; sed non ita in his que sunt specierum tota substantia; ut
homo Socratis et Platonis, et cetere species suorum individuorum, que
20 ex eis sola Dei creatione, non ulla adiunctione forme, condita sunt, sicut
in *Libro Partium*[2] docuimus; sed nec ibi huiusmodi consecutionem recipimus:

‘*si*, scilicet, *omnis homo est, Socrates est*’;

⟨in⟩ ‘*Socrate*’ enim, ut discrete substantie impositum est, determinate,
25 in ‘*homine*’ vero indeterminate quelibet accipiuntur; et quotiens aliquos
hominum contingit existere, vera est hec propositio: ‘*omnis homo est*’,
falsa tamen semper est ista: ‘*Socrates est*’ nisi Socrate permanente. Non
itaque ex ‘*omnis homo est homo*’ necessario inferri potest ‘*Socrates est
homo*’; sicut nec conversa vera est, ut scilicet:
30   ‘*si Socrates non est homo, quidam homo non est homo*’.
Vera enim prima sine secunda potest reperiri, nondum enim Socrate nato
aut iam defuncto. Quod enim non est, nec homo esse potest. Quis tamen
aut quemdam hominem non esse hominem inde minus falsam, aut omnem
hominem esse hominem minus esse verum concedat? Alioquin primo
35 homine defuncto semper verum esset ‘*quidam homo non est homo*’, quod
nos cotidie pro inconvenienti in sophisticis argumentationibus proponimus. Licet vero Socrate existente cum dicimus: ‘*omnis homo est homo*’,
ipsum Socratem colligamus, in quantum quidem h o m o est, non in

---

[1] Vide Boeth. *In Isag.*, 304[8–10] et 305[18–20].   [2] sc. in primo volumine eius
libri; vide *Introd.*, p. XXVIII.

f. 162ᵛ   quantum hic homo | determinate, nullo tamen modo ex ipso ante-
cedenti consequentis habetur sententia. Idem enim semper antecedens
propositio dicit quibuscumque hominibus existentibus, idest quod
homini circa omnia eius inferiora conveniat homo. Nec quidem ex
verbis propositionis Socrate quoque existente magis ipsum in ea com-   5
prehendi manifestum est quam non existente, sed fortasse ex nostra
discretione, cum ipsum hominem esse tenemus.

Sed fortasse dicitur quare si ex ista regula:

quicquid predicatur de genere universaliter, idem
predicatur de qualibet eius specie,   10
illam consequentiam:

'si omnis homo est homo, Socrates est homo',
concedamus provenire, cum illa semper vera sit regula, et istam veram
⟨esse⟩ necesse est consequentiam. Illam autem regulam semper indubitabilem dicunt, si verba ipsius eque accipiantur, genus scilicet et species,   15
que res ipsas secundum id quod sese ad invicem habent, nominant, ut
videlicet alterum alterius nullo modo genus esse queat, nisi ⟨dum⟩
alterum eius species erit. Dum autem Socrates vel homo nondum creati
erant nec iste hominis nec ille corporis species erant, nec corpus vel
homo illorum genera; unde illis nondum creatis ad propositas de eis   20
consequentias nichil attingere predicta regula videtur; sed tantum postquam creati sunt et habitudines illas susceperunt, necessaria de eis potest
proponi consequentia.

Sed hi nimirum qui hoc dicunt, necessitatis proprietatem male
attendunt, quod, ut iam sepe dictum est, initium non novit. Nec   25
quidem recte maximarum propositionum verba accipiunt. Ut propositarum consequentiarum sensus ipsa contineat, oportet nomina in illa,
non in relatione, proponi, quia et false essent maxime propositiones,
et propositarum consequentiarum sensus non continerent, sed quasi
substantiva generum ac specierum nomina intelligi, sicut de maximis   30
propositionibus tractantes docuimus[1]. Quis insuper ab inconvenienti se
possit absolvere, si huiusmodi consequentias inter genus ac speciem
receperit? Ex hac enim consequentia:

'si omnis homo est homo, omnis homo est albus'
quis hoc sequi deneget: 35

'si omnis homo est homo, quidam homo est albus',
unde et

15 si verba Vᶜ substantia V   17 ⟨dum⟩ Vᶜ   18 nundum V

[1] supra, p. 321²⁶⁻²⁸.

'*quidam homo necessario est albus*'?

Rursus ex ista:

    '*si omnis homo est homo albus, omnis homo niger est homo albus*',

quis hoc inferri prohibeat:

5   '*si omnis homo est homo albus, quidam homo est niger* vel *homo niger*'?

Ex hac quoque:

    '*si omnis homo est albus, omnis homo niger est albus*',

ista denegari non potest:

    '*si omnis homo est albus, quidam homo est niger*'.

10 Si enim omnis homo niger est albus, idest omnis informatus nigredine
est informatus albedine, oportet eumdem hominem simul et nigredine
et albedine informari, unde et eum hominem qui albus est nigrum esse
oportet, et ita quemdam hominem esse nigrum. Sicut autem nec illa
a genere regula necessitatem habet:

15   cuicumque convenit genus universaliter acceptum,
                      et quelibet ipsius species,
sole itaque ille due stabiles sunt que in remotione sunt date et ex se
ipsis per equipollentiam negativarum ostenduntur; alie vero due, etsi
non equam habeant firmitatem, maximam tenent probabilitatem.

20   Sepe autem et ad specierum omnium collectionem genus
antecedit.

        Si quid enim removetur a genere, et ab omnibus
                      eius speciebus
vel   si genus ab aliquo, et omnes eius species;

25 vel   si aliquid de genere predicatur, et de omnibus eius
                      speciebus;

vel   si genus de aliquo, et species eius sub disiunctione,
idest aliqua ex omnibus speciebus, de eodem predicatur;

aut si genus universaliter acceptum cuilibet convenit, et
30   omnes ipsius species de eo predicantur.

Ab integro

Nunc autem regulas eius quod integrum est totius exsequamur.
Quarum prima hec est:

        toto existente necesse est quamlibet eius partem
35   existere,
veluti si domus sit, et parietem necesse est esse. Si vero quantitatis
signum apponitur quod singulas colligit partes, non solum circa esse, sed

30 predicantur + verbi gratia *V*

circa quodlibet predicatum 'totum' ponit quamlibet partem. Ut si ita dicamus:

> 'si tota domus est ⟨alba⟩, idest si album convenit domui circa singulas eius partes, tunc paries est albus'.

Regula autem huiusmodi erit: 5

> quicquid convenit toti totaliter, idest secundum singulas eius partes, convenit cuilibet partium eius.

Sed hic fortasse locus magis ab universali toto quam ab integro potest dici, si videlicet sensum potius quam verba pensemus. Talis enim sensus videtur ut si quelibet pars domus sit alba, hec est alba. 'Pars 10 namque domus' universalius est 'hac parte' ac de singulis partibus domus predicatur. Similiter et illud vere potest dici ut:

> si totaliter aliquid a toto separatur, idest circa singulas partes, idem cuilibet partium aufertur,

ut si domus prorsus albedine careat, idest secundum singulas partes, nec 15 ista albedinem habet, ac si scilicet dicatur:

> 'si nulla pars domus est alba, nec ista est alba'.

Sepe etiam 'totum' ad partium omnium collectionem antecedit, ut:

> si videlicet aliquid predicatur de toto, et de omnibus partibus eius simul acceptis, vel: 20
> si totum de aliquo, et omnes simul partes, aut:
> si aliquid a toto removetur, et ab omnibus partibus simul, vel:
> si totum ab aliquo, et omnes simul partes,

ut in subiectis exemplis continetur 25

> 'si domus est, paries et tectum et fundamentum sunt'

aut

> 'si qualibet res est domus, est paries tectum fundamentum simul iuncta'

vel

> 'si domus non est, nec illa tria coniuncta sunt' 30

vel

> 'si aliquid non est domus, nec est illa tria coniuncta'.

Que quidem consequentie non totius, sed diffiniti possunt dici; 'domus' namque nichil aliud est intelligenda quam illa tria compositionem domus habentia. Aliam enim in coniunctione partium com- 35 positionem non recipimus, nisi illam que domum facit. Alioquin non esse⟨n⟩t vere preposite consequentie inter negationes, que videlicet dicunt:

15 demus V   26 tectum et fundamentum] t. et f. sic semper V   28 paries] p. sic semper V
37 proposite V

'si domus non est, illa tria iuncta non sunt'

vel

'si aliquid non est domus, nec est illa tria coniuncta'.

Possent enim hec tria et coniuncta existere et compositionem domus
5 non habere. Sicque recte domus diffinitio secundum compositionem
componitur, cum illa tria coniuncta domus esse monstrantur. Hec
enim erat una diffinitionis species quam superius secundum compositionem fieri diximus. Libet autem eius consequentie sensum inspicere
quam primam posuimus, que recte ex natura totius sue vim inferentie
10 tenet, que erat huiusmodi :

'si domus est, paries est'.

Videtur enim inconveniens ex ea contingere, secundum id quidem quod
domus et paries omnino sunt opposita. Nullum enim oppositum suum
ex necessitate oppositum videtur exigere, sive scilicet in essentia sive in
15 adiacentia ponere⟨s⟩. Neque verum videtur vel

'si est rationale animal, est animal'

vel

'si est rationale, est sensibile',

quia videlicet sensibilitatis sui animalis essentia rationalitati est opposita
20 ac si tamen in quibusdam non videtur posse contradici. Cum enim
relativa omnia opposita sint, ipsa tamen sese et in essentia et in adiacentia
mutuo ponunt. Quis enim verum non admittat :

'si paternitas ⟨est⟩, filiatio est'

'si pater est, filius est'?

25 Sed ex his fortasse inconveniens contingit. Si enim vera est prima, vera
est ista :

'si quoddam ens est paternitas, | quoddam ens est filiatio'   f. 163ʳ

et ita :

'si omne ens est paternitas, quoddam ens est filiatio',

30 quod quidem manifestum est inconveniens, quod his plane monstratur
qui inferentiam inter opposita recipiunt. Sequitur enim secundum eos
ex premissa consequentia :

'si omne ens est paternitas, quoddam ens non est paternitas'

si enim est filiatio, non est paternitas. Amplius : si quia paternitas
35 existit filiatio existit, et quia paternitas sola existit, idest ipsa et nulla
alia res, filiatio existit, immo magis filiatio non existit. Ubi enim
rebus aliis omnino in paternitate esse aufertur et filiationi necessario.
Magis itaque vera videtur consequentia que ait :

'si paternitas est et nulla alia res est, filiatio non est',

40 quam alia, in qua scilicet filiationem esse consequebatur; que quidem

cum ista vera non potest esse, ut enim supra docuimus. Sicut enim impossibile est affirmationem et negationem eiusdem ad idem antecedere, ita et consequi. Dicitur autem quia impossibile est illud quod in antecedenti proponitur, quod scilicet domus sit sola, idest nulla alia re existente, et quod unum est, sed non ideo minus facit veram consequen- 5 tiam. Licet enim hec consequentia:

'*si Socrates est asinus, est animal*'

antecedens habeat impossibile, tamen non ideo minus est vera.

Sed fortasse dicitur quia huic consequentie antecedens, licet in se impossibile sit, tamen quantum ad consequens non est impossibile, 10 quippe ipsum secum bene pateretur quod necessario exigit, ideoque vera est hec consequentia:

'*si Socrates est asinus, est animal*'.

Sed non ita illa supraposita:

'*si domus est sola*, idest es nulla alia res, *paries non est*' 15
vera videtur. Nam illud quod quidem antecedit impossibile est esse etiam quantum ad consequens, cum videlicet domus existentia parietis exigat essentiam. Neque enim ut domus sit, paries potest non esse. Itaque etiam illa vera videtur.:

'*si domus est sola, paries est*'. 20

Sed falso. Licet enim domus absque pariete non possit existere, non tamen ideo necessaria est consecutio que ait:

'*si domus est, paries est*'

quippe in antecedenti consequens non intelligitur. Qui enim dicit: '*domus est*' tribus tantum simul acceptis '*esse*' attribuit ac nulli quidem 25 eorum per se. Quod autem simul pluribus attribuitur, non necesse est singulis attribui, ut cum '*domus*' illis simul conveniat, nulli tamen eorum aptari potest. Atque hec de locis a toto dicta sunt.

A partibus

Nunc autem proximum est ut locos a partibus breviter an- 30 notemus. Quorum quidem consequentie eis que a toto supra posite sunt per consequentis et antecedentis destructionem equipollentes redduntur. Unde et ex earum proprietate circa verum vel falsum de his quoque possumus iudicare. Partes autem sicut et tota dupliciter sumimus. Alie enim sunt integri, alie generalis, que divisive vocantur; 35 que quidem singule sui totius predicationem recipiunt veluti species.

A divisivis

Hee vero sunt regule unius speciei ad genus:
de quocumque predicatur species, et genus, vel
quicquid predicatur de specie, et de genere particulariter, vel
quicquid removetur similiter, vel
a quocumque removetur species, et genus eidem non
convenit universaliter,
veluti '*si Brunellus non est homo, non est omne animal*'.

10 Omnes vero species simul accepte ad genus mutuo antecedunt et
consequuntur, veluti si in '*rationali*' et '*irrationali*' omnes animalis
species accipiamus, eas ad ⟨genus⟩ mutuo antecedere ⟨et consequi⟩ iuxta
has regulas faciemus:
quicquid predicatur de omnibus speciebus, et de
genere universaliter, vel
quicquid removetur similiter, vel
de quocumque ⟨predicatur aliqua earum, et genus
vel
a quocumque⟩ removentur omnes, et genus,

20 ut exemplorum appositio continet:
'*si omne rationale et omne irrationale est animatum, ⟨omne animal ⟨est⟩
animatum⟩*'
vel
'*si nullum rationale et nullum irrationale est animatum, nullum animal
est animatum*'
25 vel
'*si Socrates est vel rationalis vel irrationalis, est animal*'
vel
'*si idem neque est rationalis neque irrationalis, non est animal*'.

30 Quarum quidem consequentiarum circa verum aut falsum proprietas ex
suprapositis est manifesta. Unde si maxime propositionis singula verba
aptare velimus propositis consequentiis, oportet eas semper cum quibusdam constantiis proferri. Cum enim ⟨dicimus⟩: quicquid predicatur de
omnibus speciebus, predicatur de genere universaliter, illud '*omnibus*'
35 ex verbis proposite consequentie non potest haberi. Unde videtur tale
quid apponi quod ipsum genus in ipsis speciebus prorsus contineri
demonstraret, ac si ita proponamus:

12 ⟨et consequi⟩ *Vᶜ* 17-19 ⟨predicatur..... a quocumque⟩ *Vᶜ* 21-22 ⟨omne animal anima-
tum⟩ *Vᶜ*

'si omne rationale et ⟨omne⟩ irrationale est animatum et in his omnes
partes animalis comprehendantur, tunc omne animal est animatum'.
Et tunc quidem pro necessitate etiam huiusmodi constantia manifeste
apponenda est, cum ad partium negationes totius negationem supponi-
mus, hoc modo: 5
'si neque est rationalis neque irrationalis, non est animal'.
Nam cum hodie *'homo'* sufficienter per homines existentes dividatur,
idest Socratem, Platonem et eos qui modo sunt, de homine quidem
futuro vel preterito nullo modo necessaria videtur consequentia huiusmodi: 10
'si ille neque est Socrates neque Plato neque aliquis aliorum modo
existentium, non est homo',
quippe non est eterna veritas consequentie, quia [ex] ipso existente
aperte falsa est ex vero antecedenti et falso consequenti coniuncta.
Amplius: si de Homero preterito talem dicamus veram consequentiam: 15
'si neque est Socrates vel aliquis existentium modo, non est homo',
profecto et istam recipimus:
'si non est Socrates vel aliquis existentium ⟨modo⟩, non est Homerus',
cum qua etiam ista vera est:
'si est Homerus, est vel Socrates vel aliquis existentium modo',   20
quod quidem impossibile est, cum nullus existentium queat esse
Homerus.

A constitutivis

Nunc constitutivarum partium inferentiam ad totum suum
ostendamus. Unde   25
qualibet parte destructa totum non potest existere.
Unde
'si non sit paries, non est domus'.
Cuius quidem consequentie sententia ei quam ab integro toto
supra posuimus, equalis est et ex ipsa manifestum utrum hec vera vel 30
falsa dicenda sit. Ille quoque regule pretermittende non sunt que
omnes simul partes coniunctas ad totum suum quasi diffinitionem ad
diffinitum antecedere monstrant, ut,
si quidlibet predicatur de omnibus partibus coniunctis, ac de toto, vel 35
si quid removetur similiter, vel
si partes coniuncte predicantur de quolibet, et
totum de eodem, vel

1 ⟨omne⟩ *V^c*   13 [ex] *V^c*   24 totum] genus *V*   35 coniunctas *V*

si remove⟨n⟩tur similiter.

Sunt autem quedam tota que nec generalia nec integra videntur, ut '*coloratum*' ad '*hominem*' vel '*homo albus*' ad '*Socratem*'; cuius argumenta omni sunt necessitate destituta. Sunt quoque et
5 naturalia et casualia tota; naturalia que ipsa parte remanente determinatum est ipsi inesse, casualia vero que non, ut '*sedens*' ad '*Socratem*' vel '*homo albus*' ad '*gramaticum*'; hec autem nullam consequentie necessitatem custodiunt.

A pari

10 Nunc vero locum a pari persequamur. Paritatem itaque modo secundum predicationem, aliquando secundum significationem, modo secundum comitationem, nunc etiam secundum quantitatem aut secundum inferentiam accipimus. Secundum predicationem quidem ea paria dicimus que de eodem tantum predicantur, ut '*homo*' et
15 '*risibile animal*' et '*sensibile corporeum*' et '*corpus*'. Secundum comitationem quidem, ut ea quorum essentia sese comitatur, idest quorum alterum numquam existit sine altero | ut *mundus* et *tempus* vel quelibet   f. 163ᵛ
relativa. In quantitate vero paria sunt que eiusdem sunt quantitatis, ut homines equalis longitudinis. In inferentia vero ut propositiones
20 sese mutuo inferentes, ut '*nullus homo est lapis*' et '*nullus lapis est homo*'; '*si est homo, est animal*' et '*si non est animal, non est homo*'; '*si est homo, est animal*' ⟨et⟩ '*aut non est homo, aut est animal*'.

Sed nunc quidem parium in predicatione vel inferentia locos satis est exsequi, quos quidem dialetici in usum maxime duxerunt
25 eoquod maxime earum proprietas veras facere consequentias videatur.

A pari in predicatione

Loco ⟨autem⟩ a pari in predicatione quatuor regulas aptant: de quocumque enim predicatur unum par, et reliquum, vel
30 a quocumque removetur similiter, vel quicquid predicatur de uno pari, et de reliquo, vel quicquid removetur similiter.

Sed est notandum quia quedam dicunt paria naturalia, quedam vero accidentalia et transitoria. Naturalia autem illa dicunt quorum
35 neutrum umquam alicui sine altero inest, ut *risibile* et *homo*. Casualia vero vel transitoria illa dicunt que aliquando sine se reperiri queunt, ut *Socrates* et *hic sedens*; neque enim Socrates et hec sessio in eodem

8 custodiant *V*   15 sensibilis *V*   16 quidem] quoque *V*   25 videantur *V*   27 ⟨autem⟩ *Vᶜ*

semper reperiuntur, sed sepe Socrates sine omni sessione reperitur. Dum tamen Socrates sedet, 'hic sedens' et 'Socrates' paria dicuntur, eo videlicet quod sibi mutuo supponuntur. Nec tamen necessariam faciunt consequentiam; neque enim si est Socrates, est hic sedens, cum sepe Socrates sine hac sessione consistat. 5

Nulla itaque consequentia ex natura sumpliciter paritatis vera potest ostendi, sed fortasse ex ⟨pro⟩prietate paritatis naturalis. Sed et fortasse hoc falsum est. Nam quis hanc necessariam recipiat:

'si est corpus, est coloratum',

quippe corpus est coloris fundamentum et absque colore omnino con- 10 sistere potest? Sed nec ista:

'si est homo, est risibilis'

necessaria potest dici, secundum id quod Porphirius speciem proprio priorem naturaliter appellat, cum videlicet proprium in specie posterius fieri dicit.[1] Nulla itaque consequentia vel ex natura naturalis paritatis 15 vera est putanda. Unde itaque in hac consequentia:

'si est animal, est sensibile'

vel

'si est corpus, est coloratum'

locum assignabimus, sed potius firmitas inferentie in natura speciei ac 20 differentie constituentis quam in proprietate paritatis consistit, ut talem scilicet inducamus regulam:

de quocumque predicatur species idem informat quelibet constitutiva speciei differentia.

Locus vero assignari potest a substantialiter informato. 25

Libet autem considerare, cum 'hominem' et 'risibile' paria vocemus, quid per 'risibile' accipiamus, utrum videlicet ipsam qualitatem que est risibilitas, sive rem ea informatam. Sed res risibilitate ⟨in⟩formata nichil aliud est quam homo; alioquin non esset vera 'omne risibile est homo'. Quod autem idem est cum aliquo, non est ei equale, sed idem prorsus. 30 Quodsi ipsam risibilitatem homini equalem in predicatione adia- centie dicamus, eo videlicet quod 'homo' predicatur de omnibus his quibus ipsa adiacet et econverso, non videtur maxima propositio que ait:

de quocumque predicatur unum par, et reliquum, 35 huic aptari consequentie:

'si Socrates est homo, homo est risibilis',

23 idem] inde V

[1] Vid. Boeth. In Isag., 3387⁻¹⁰.

nisi etiam dicamus: 'ea predicatione qua ei est par'. Alioquin non possemus
ostendere ex maxima propositione:

    'si est homo, est risibilis'.

Ex eo enim quod 'risibilitas' de Socrate quoquomodo predicaretur, non
5 posset ostendi quod in adiacentia predicaretur, nec, ut supra diximus
in tractatu maximarum propositionum[1], in maximis propositionibus
per 'predicari' nisi de predicatione essentie, sicut in partibus proposite consequentie agitur. Sed si de hac predicatione tantum in regula
agamus, oportet secundum eam concedi ut si quid sit homo, sit risi-
10 bilitas; quod omnino falsum est et nichil ad propositam consequentiam;
vel 'rem risibilem' et 'hominem' esse paria. Et fortasse possumus dicere
'rem risibilem' et 'hominem' esse paria. Nam quamvis sit eadem substantia, tamen ibi quedam diversitas secundum diversum acceptionis
modum potest considerari, cum modo tantum ut risibilitate informata
15 accipitur, modo vero ut differentiis substantialibus que hominem
faciunt, secundum que duo ab his nominibus 'risibilis' et 'homo' designatur. Et tunc quidem predicationem parium in essentia possumus
accipere, quando scilicet eadem est utriusque essentia. Si vero diversas
conciperemus in parte essentias utpote hominem et risibilitatem, de pre-
20 dicatione essentie non possumus agere. Neque enim diverse essentie de
eodem essentialiter predicari possunt. Sed alterum quidem in essentia,
alterum in adiacentia predicari nichil prohibet vel utrumque in adiacientia, ut 'homo' et 'album' vel 'risibile' et 'album' de Socrate. Et tunc quidem
necessaria erit illa determinatio quam supra posuimus[2], 'ea scilicet
25 predicatione qua est ei par'. Nam 'risibile' et in predicatione essentie
'hominem' expellit, ut scilicet quod risibilitas fuerit, homo esse non
possit, et in adiacientia ei adequatur, ut scilicet omne illud cui ipsa
adiacet, homo credatur et omni quod homo est, ipsa adiaceat.

A paribus in inferentia

30   Inferentie vero parium in inferentia hee regule sunt:
    posito uno pari ponitur reliquum;
    destructo uno pari destruitur reliquum.

Paria autem ea hoc loco dicimus que a propositionibus dicuntur, veluti
sunt ea que dicunt iste due consequentie:

35   'si est homo, est animal'
               'si non est animal, non est homo',

---

25   qua] que V

[1] supra, p. 155²⁵ e.q.s.   [2] supra, 351¹.

quorum uno existente necesse est aliud existere, et uno non existente alterum non esse. Si enim ita est in re ut dicit ista consequentia:

'*si est homo, est animal*',

ita est in re ut dicit ista alia:

'*si non est animal, non est homo*', 5

et econverso. Vel si non est in re quod ista dicit, nec quod illa proponit, et econverso, idest si una est vera, et altera, vel si est falsa, et alia. Et hoc est quod dici solet de paribus idem iudicium, circa veritatem scilicet aut falsitatem.

Qui enim unum pro vero recipit, et alterum non 10 debet reprobare, et de falso similiter.

A predicato vel subiecto

Nunc autem locos a predicato vel subiecto tractemus. Quos quidem multi in his tantum consequentiis assignant que ex cathegorica et ipotetica iunguntur, sicut in *Introductionibus parvulorum* 15 ostendimus[1]. Cum enim dicimus:

'*si omnis homo est animal, tunc si omne animal est animatum omnis homo est animatus*'

vel ita:

'*si omnis homo est animal, tunc si omne risibile est homo omne risibile* 20 *est animal*',

in illa locum a predicato, in ista vero locum a subiecto assignant. Illud enim locum dicunt quod in sequenti ipotetica vim inferentie tenet, et secundum id quod in antecedenti cathegorica sese habuit, locum assigna⟨n⟩t, si videlicet predicatum fuerit, a predicato, vel si 25 subiectum, a subiecto. At nos quidem neque talem locorum assigna-tionem in huiusmodi consequentiis recipimus nec ullam in eis veritatem esse deprendimus.

Sed prius de assignatione loci disputemus ac de ea maxima propo-sitione que inducitur a predicato, que est ita: 30

si aliquid predicatur de aliquo universaliter, tunc si aliud predicatur de predicato universaliter, et de subiecto.

Sed si istam pro maxima propositione differentie a predicato recipimus, oportet locum a predicato esse in omnibus his terminis quibus ipsa 35

10 pro vero *V^c* proponit *V*   11 de] idem *V*   22 in illa vero a predicato in ista locum a subiecto *V* in illa a praedicato in ista vero locum a subiecto *c*   25 assigna⟨n⟩t *c* quae est ita *c* quid ista *V*   30 propositione + differentie *quod vero exstinctum est.*

[1] Vide adnotationem quam dedimus *supra*, p. 329 n. 1.

aptari poterit. Cum autem ipsa omnibus terminis, cuiuscumque sint
habitudinis, sive cohereant | sibi sive non cohereant, possit aptari, f. 164ʳ
dummodo secundum eam disponantur, oportet locum a predicato
in omnibus recipi, ut in his quoque, cum dicitur:

5 '*si omnis homo est lapis, tunc si omnis lapis est asinus omnis homo est
asinus*',

locum a predicato assignemus; quod nec ipsi negant. Sed quid sit
ibi locus a predicato videndum est. Sed certum est secundum eos
quia lapis, secundum id scilicet quod in precedenti cathegorica de
10 '*homine*' predicatur. Sed si '*lapis*' vim inferentie tenet ex predicatione
ad '*hominem*', quero sive ex predicatione secundum vocum enuntiationem, sive secundum rerum coherentiam. Sed nulla in re est coherentia lapidis ad hominem. Quodsi ad solam predicationem enuntiationis respiciamus, nullam etiam probabilitatem consequentia tenet.
15 Quis enim consequi concedat ut, si '*lapis*' de '*homine*' universaliter
enuntietur quacumque enuntiatione, sive scilicet vera sive falsa, vera
sit illa consequentia que sequitur? Unde est quia '*lapidem*' vel quidlibet
de '*homine*' possumus enuntiare. Sed nichil veritatis enuntiatio nostra
consequenti ipotetice confert, que aperte falsa est. Sed nec maxima
20 quoque propositio de predicatione enuntiationis, sed inherentie,
sicut ipsa consequentia, agit. Qui enim dicit: '*omnis homo est lapis*', per
vocum quidem enuntiationem rerum ostendit coherentiam que non
est, et ideo falsa est antecedens cathegorica sicut consequens ipotetica.

Sed fortasse dicitur quia illa antecedens cathegorica quasi vera
25 accipitur, et tunc idem locus a predicato secundum ipsam rerum
coherentiam potest assignari. Sed dico quod ne⟨c⟩ in his locus a predicato ⟨est⟩ ubi vera est antecedens cathegorica, veluti in ea quam primam posuimus, que ait:

'*si omnis homo est animal, tunc si omne animal est animatum omnis homo
30   est animatus*'.

Neque enim ex eo quod '*animal*' '*homini*' tamquam predicatum coheret,
ex illa cathegorica illa procedit ipotetica, idest vera est illa tota
consequentia ex cathegorica et ipotetica coniuncta, sed fortasse illa
tantum consequens ipotetica que ait:

35   '*si omne animal est animatum, omnis homo est animatus*'.

Si enim quod '*animal*' hominis predicatum est, illam ipoteticam totam
ex cathegorica et ipotetica veram esse exigit, profecto necesse est
talem consequentiam recipi:

1 autem *V*ᶜ enim *V*   19 quam *V*   23 [con]sequens *V*ᶜ   26 ne⟨c⟩ *c*

*'si animal est hominis predicatum universale, tunc vera est illa tota
consequentia'*

idest

*'si omnis homo est animal, sequitur: si omnis homo est animal, tunc si
omne animal est animatum, omnis homo est animatus'*, 5

quod nullo modo procedit. Non itaque hoc quod animal homini in rei
veritate cohereat, illam totam ipoteticam veram facit que ex cathegorica et ipotetica iungitur, sed illam que in ea sequitur ipoteticam,
ad quam ipsa predicatio *'animalis'* ad *'hominem'* antecedit.

Patet insuper vere predicationem inherentie nullam vim in- 10
ferentie conferre illi totius consequentie complexioni, cum videlicet
eque in omnibus terminis ipsa complexio recipienda sit, cuiuscumque
scilicet sint habitudinis, sive cohereant sive non. Tam bene enim hec
consequentia:

'si omnis homo est lapis, tunc si omnis lapis est asinus omnis homo est 15
asinus'

recipienda est, quantum ista:

*'si omnis homo est animal, tunc si omne animal est animatum omnis homo
est animatus'*,

licet nichil concessum antecedat. Nam concessio antecedentis ad veri- 20
tatem consequentie in qua antecedit, non operatur, sed ad concessionem
veritatis consequentis, ut id quod Socrates est homo non operatur ad
veritatem huius consequentie:

'si Socrates est homo, Socrates est animal'

— eque enim si non esset homo, vera esset consequentia —, sed ad 25
veritatem consequentis partis, que est *'Socrates est animal'*. Nullam
itaque vim inferentie consequentia quelibet recipit ex concessione vel
veritate sui antecedentis, sed ex proprio sensu, idest quod id sine illo
non possit esse, sive scilicet hoc vel illud sit, sive non sit. Iuxta genus
conficiunt ad concessionem antecedentis cathegorice illi qui, ut vim 30
inferentie a predicato in ea concedant, primam cathegoricam quasi
veram ponunt, cum nec ubi vera est, vis inferentie sit ex predicatione,
que eque in quorumlibet terminorum complexione consistit, sicut et
syllogismi complexio, ex qua talis consequentie dispositio sumpta est,
sicut in sequentibus apparebit. Sicut enim talis complexionis syllogismi 35
inferentia:

*'omnis homo est animal
sed omne animal est animatum
ergo omnis homo est animatus'*,

28 idest quod id] quod idest id *V* quod [idest] id *c*

fallere non potest, quicumque sint termini, sic nec ista complexio
consequentie usquam secundum eos deficit:

> '*si omnis homo est animal, tunc si omne animal est animatum omnis homo*
> *est animatus*',

5 sive scilicet termini sint coherentes, sive non. Unde nichil ad inferentiam
totius consequentie operari convincitur concessio vel veritas antecedentis propositionis, quandoquidem in omnibus terminis eque firma
complexio manet, sed ad veritatem quidem sequentis ipotetice.
Scimus enim quod, si vera esset antecedens cathegorica, que est '*omnis*
10 *homo est animal*', '*animal*' hominis esse⟨t⟩ predicatum; unde et quicquid
animali conveniret, homini quoque convenire concederent; veluti si
omne animal esset animatum, et omnis homo animatus esse diceretur.
Quod itaque '*animal*' hominis sit predicatum, ad veritatem tantum
sequentis ipotetice iuvat. Unde et in '*esse*' vis inferentie ex pre-
15 dicato potius videtur esse talisque maxima propositio danda:

> quicquid predicatur de predicato, et de subiecto;

unde '*animal*' hominis est predicatum; unde, si '*animatum*' predicatur
de animali, et de homine.

Sed fortasse opponitur quare si in simplici illa consequentia:

20 > '*si omne animal est animatum, omnis homo est animatus*'

locum a predicato dederimus, secundum id scilicet quod '*animal*'
hominis est predicatum, non videtur recte fieri, cum nulla apponatur
in ea propositio que '*animal*' hominis [est] predicatum esse demonstret,
sicut illa que ad ipoteticam antecedebat. Sed hi nimirum qui hoc
25 opponunt, quomodo et in hac simplici consequentia:

> '*si non est animal, non est homo*'

vel

> '*si est homo, est animal*',

locum a genere vel a specie recipiunt, cum nulla scilicet apposita
30 sit propositio que vel animal genus hominis vel hominem speciem esse
animalis ostendat. Oporteret itaque semper secundum eos in ipotetica composita locum a genere vel specie dari, premissa videlicet
tali enuntiatione que id genus illius vel id speciem eius esse monstraret,
ac si videlicet diceremus:

35 > '*si animal est genus hominis, tunc si Socrates non est animal non est*
> *homo*'

ac si in nulla simplici consequentia locum assignare possemus, sed
tantum in composita, in qua videlicet propositio antecederet ex qua

---

5 inferentiam *c* differentiam *V*   10 esse⟨t⟩ *c*   30 que vel *V*ᶜ vel que *V*

possit haberi terminorum natura que sequentem ipoteticam veram esse exigat. Nec iam magis locus a genere dari poterit inter genus ac speciem quam inter quoslibet terminos, cuiuscumque sint habitudinis. Sicut enim hec consequentia necessaria tenetur:

'*si animal est genus hominis, tunc si Socrates non est animal non est* 5
homo'

sic etiam ista reprobari non potest:

'*si lapis est genus hominis, tunc si Socrates non est lapis non est homo*'.
Verum in neutra harum locus dandus est a genere sed in consequenti tantum prioris consequentie, quod erat huiusmodi: 10

'*si Socrates non est animal, non est homo*'.
Ibi enim genus tantum speciem probat, ⟨idest⟩ '*animal*' '*hominem*', cum videlicet ex eius remotione '*homo*' removeri monstratur. Hic autem ubi dicitur:

'*si animal est genus hominis, tunc si Socrates non est animal non est* 15
homo',

tota infertur consequentia que sequitur, que eque de animali et homine agit. Nulloque modo ex antecedenti composite consequentie '*homo*' potest probari, quod in consequenti illate ipotetice a Socrate removetur, quippe cum verum sit illud et istud falsum, immo tota 20
consequentia ex antecedenti cathegorica, que etiam vera est. Quia | ergo species non probatur ex genere in ea composita ubi assignatio habitudinis antecedit, non est locus a genere assignandus, sed in simplicibus tantum consequentiis, sicut in tractatu huius loci supra monstravimus, cum quatuor eius regulas posuimus[1]. Nam antequam consequentiam 25
inter genus ac speciem disponamus, de eorum ad se habitudine certi esse debemus ac modo earum probationis ac secundum hec consequentiam disponere, iam quidem ex discretione nostra tenentes habitudinem terminorum et nominum probationis illius habitudinis, non ex aliqua premissa propositione innuentes. Ubi enim aliqua propositio premissa 30
illud prediceret, quid opus esset locum requirere? In his itaque tantum consequentiis iure unde sit locus requiritur, in quibus nulla que certitudinem fiat assignatio preponitur. Non itaque locus a genere vel specie negari potest in simplici consequentia, ut scilicet nulla habitudinis antecedit assignatio propter ⟨ipsam⟩ assignationem. Similiter nec 35
locus a predicato vel subiecto in his consequentiis in quibus assignatio predicationis vel subiectionis non antecedit, denegari potest,

f. 164ᵛ

31 requirere *Vᶜ* relinquere *V*   35 ⟨ipsam⟩ *Vᶜ*

[1] *supra*, p. 340⁴ *e.q.s.*

immo in eis tantum assignari poterit, ut idem qui a g e n e r e vel a p a r i
dicuntur, a p r e d i c a t o possint assignari, vel qui a s p e c i e vel a p a r i,
a s u b i e c t o. Quecumque enim de altero predicantur vel eis maiora
sunt tamquam genera vel equalia, et que aliis supponuntur, vel sunt
5 eorum species vel eis equalia. Non est itaque locus a p r e d i c a t o vel
s u b i e c t o in rebus diversus a l o c o a t o t o vel a p a r i vel loco a s p e c i e
vel ⟨a⟩ p a r i, sed in comparatione habitudinis, secundum id scilicet quod
tantum secundum predicationem vel tantum secundum subiectionem
alterum ad inferentiam alterius affertur. Potest enim idem secundum
10 diversos modos habendi se ad alterum in inferentiam ipsius adduci, ut
'homo' ad inferentiam 'animalis' vel secundum id simpliciter quod est
ipsius subiectum vel tantum secundum id quod pars est divisibilis vel
etiam secundum id quod est species. R u r s u s : 'animal' ad 'hominis'
inferentiam afferri potest vel secundum id quod tantum ut eius pre-
15 dicatum consideratur vel secundum id quod tantum ut universalius
accipitur vel ut etiam genus ipsius. Ut tot possint esse regule a s u b -
i e c t o quot sunt a p a r t e d i v i s i b i l i, vel tot a p r e d i c a t o quot fiunt
a t o t o u n i v e r s a l i. A subiecto quidem hee :
        q u i c q u i d   s u b i c i t u r   s u b i e c t o,   e t   p r e d i c a t o
20   q u i c q u i d   p r e d i c a t u r   d e   s u b i e c t o,   e t   d e   p r e d i c a t o
                                        p a r t i c u l a r i t e r, vel
        q u i c q u i d   r e m o v e t u r   s i m i l i t e r.
A p r e d i c a t o vero totidem fient secundum consequentis et antecedentis destructionem. Et hos omnes locos in simplicibus consequentiis
25 sicut eos qui a p a r t e sunt vel a p a r i, vel a t o t o vel a p a r i accipi
convenit. Qui ab ipsis in re quidem, ut dictum est, diversi non sunt,
verum in compositis consequentiis eos nullo modo recipimus nec
regulas illas compositarum consequentiarum que vel a p r e d i c a t o
sunt vel a s u b i e c t o, maximas propositiones vocamus. Si enim ista
30 consequentia :
        'si omnis homo est animal, tunc si omne animal est animatum omnis homo
                                                    est animatus'
locus a p r e d i c a t o recte assignaremus, oporteret cum ex predica-
[men]to argumentum traheretur, questionem a s u b i e c t o esse, quam
35 quidem ex consequenti et dividente ipsius oporteret constare, hoc modo :
'utrum si omne animal est animatum, omnis homo est animatus vel non'. Sed
hec questio ipotetica est, non cathegorica, nec a s u b i e c t o dici
potest, sicut nec a s p e c i e vel a p a r i dicitur, cum nec de inherentia

3 quicumque *V*   34 predica[men]to *V*ᶜ   38 cum] tamen *V*

vel modo inherentie querat, sed tantum de consecutione inquirat.

Amplius: si a predicato in composita ipotetica predicta locus esset, oporteret in conversione consequentie locum esse a subiecto, cum videlicet ita per contrapositionem convertitur:

'*si non si omne animal est animatum omnis homo est animatus, non* 5
omnis homo est animal';

quod quidem nullus recipit nec regulam etiam a subiecto componere novit. Quod autem nec maxime propositiones ille sint quarum differentias a predicato vel a subiecto assignant in compositis consequentiis, ex assu⟨mp⟩tione earum clarum est, cum videlicet assignata 10 differentie habitudine non possit tota concludi ipotetica composita cui regula inducitur, sed tantum ipsius consequens. Cum enim proposita hac consequentia:

'*si omnis homo est lapis, tunc si omnis lapis est asinus omnis homo est*
asinus' 15

talis inducitur regula:

si aliquid predicatur de aliquo universaliter, tunc
si aliud predicatur de predicato universaliter, ac
de subiecto

atque ita ex ea assumunt: 20

'*sed lapis predicatur de homine universaliter*'

ac deinde ita concludunt:

'*quare si asinus predicatur de lapide universaliter, ac de homine*
universaliter',

falsa quidem est tam assumptio quam conclusio. Nec id quod probandum 25 fuerat et ad quod regula allata fuerat, idest tota composita consequentia, probatur, sed tantum consequens eius concluditur, ad quod videlicet consequens hoc quod '*lapis*' de '*homine*' universaliter predicaretur operatur, ut videlicet inde in ea locus a predicato contingeret, sicut supra monstratum est. Ad id enim predicationis habitudo operari 30 potest quod ipsa exigit, ipsa autem predicatio '*lapidis*' de '*homine*' consequentem ipoteticam veram reddit, que ex ipsa sequitur, non totam ipoteticam compositam.

Non solum autem assignationem loci differentie a predicato vel subiecto in compositis ipoteticis non recipimus, sed ipsarum 35 quoque veritatem calumniamur. Sed prius ex eo nos expediamus quod ex sillogismis cathegoricis, quos necessarios certum est, originem huius-

27 quod] quidem *V*

modi consequentie ducant hoc modo ut, cum in sillogismo due propositiones ad tertiam antecedant, in huiusmodi consequentiis unaqueque
de antecedentibus propositionibus antecedit ad consequentiam ex alia et
conclusione sillogismi coniunctam, ut sit talis sillogismus:

5   *omnis homo est animal*
sed omne animal est animatum
quare omnis homo est animatus'

ac talis consequentia:

'si omnis homo est animal, tunc si omne animal est animatum omnis
10   *homo est animatus*'.

Prima enim propositio sillogismi ad consequentiam ex assumptione et
conclusione coniuncta⟨m⟩ antecedit. At qui non bene ex sillogismo
huiusmodi consequentie firmitatem recipiunt, cum ex ipsis nullo modo
probari possint, ac sepe plures propositiones ad aliquam antecedere
15 concedunt, ut nullam ex antecedentibus ad consequentiam ex aliis
iunctam antecedat, veluti cum ab enuntiatione partium totum unius
comprobatur. Sepe etiam in ⟨cathegoricis⟩ sillogismis predicta regula
cassatur ut in ipoteticis. Cum enim verus sit iste sillogismus:

'si est homo est animal
20   *sed est homo*
ergo est animal',

non possumus ex eo habere hanc consequentiam falsam:

'si est homo, tunc si quia est homo est animal tunc est animal',

cuius verum potest esse antecedens, consequens vero falsum. E cathe-
25 goricis etiam modis ⟨incon⟩veniens sepe contingit, ut eorum qui negativas
premittunt. Cum enim necessaria sit talis inferentia sillogismi:

'quoddam animal non est asinus
sed omne animal est animal
ergo quoddam animal non est asinus',

30 falsa tamen est huiusmodi consequentia: | f. 165^r

'si quoddam animal non est asinus, tunc si omne animal est animal
quoddam animal non est asinus',

quippe verum est antecedens et falsum consequens. Si enim consequens consequentia vera sit, veram quoque istam necesse est:

35   *'si omne animal est asinus, quoddam animal non est asinus*',

quod aperte falsum est. A m p l i u s: cum verus sit iste sillogismus:

'nullus homo est lapis
sed omnis margarita est lapis

17 predictis *V* predictas *V*ᶜ   22 posssumus *V*

quare nullus homo est margarita',
et istam secundum eam consequentiam recipiunt:

'*si nullus homo est lapis, tunc si omnis margarita est lapis nullus homo*
est margarita',

in qua sese ab inconvenienti non liberabunt. Nam si quia nullus homo 5
est lapis, vera est illa consequentia, et quia non est vera consequentia,
quidem homo est lapis. Quare si non est vera illa consequentia, vera est
ista:

'*si omnis lapis est asinus, quidam homo est asinus'*.

Ex particulari enim affirmativa consequentiam illam secundum sillogismi 10
formam non denegant quod si quia non est vera ista consequentia, vera
est illa, et quia nulla vera est, aliqua est vera; quod omnino falsum est.
A m p l i u s: quis et istam nesciat falsam consequentiam:

'*si nullus homo ⟨est⟩ necessario homo, ⟨tunc est⟩ non homo ⟨necessario*
homo⟩'. 15

Ex his quoque sillogismis qui solas affirmativas premittunt inconveniens contingit. Si enim ex isto sillogismo:

'*omnis homo est similis Brunello*
sed Socrates est homo
quare est similis Brunello' 20

verum eius antecedens esse et falsum consequens continget. Contingit
enim ex consequenti consequentia quod si est homo, Brunellus est. Si
enim Socrates sit similis Brunello, et Brunellus ei; unde et ipse est
⟨Brunellus⟩.

Et sunt quidam qui determinationes huiusmodi consecutionem 25
impedire dicunt nec eas cum determinationibus recipiunt; '*Brunello*'
autem quod '*simile*' apponitur, determinationem dicunt, que respectu
cuius similitudo conveniat, innuit. Aiunt enim ex his inconvenientia
contingere in quibus determinationes proponuntur. Falsam enim hanc
consequentiam ex determinatione dicunt: 30

'*si omne animal predicatur de se, tunc si Socrates est animal*
Socrates predicatur de se',

cuius verum est antecedens et falsum consequens. Nam si quia Socrates
est animal Socrates predicatur de se, et quia Socrates est animal Socrates
est Socrates; quod falsum esse non dubitant. 35

Sed hi nimirum magis verba quam verborum sententiam attendunt. Si enim prime propositionis sensum attenderent, que ait: '*omne*
animal predicatur de se', profecto ad hoc inconveniens non pro-

5 in] ex *V*   7 illa] ista *V*   11 ista] illa *V*   14 nullus *Vc* nullais *V* ⟨est⟩ *Vc* ⟨tunc est⟩ *Vc*
14-15 ⟨necessario homo⟩ *Vc*   19 sed] si *V*

cederent. In illa enim propositione unumquodque animalis individuum sibi attribuitur, Socrates quidem sibi ipsi et Plato sibi et hic equus sibi et similiter unumquodque aliorum sibi, ac si scilicet ita diceremus: '*Socrates est Socrates*', '*Plato est Plato*', '*hic equus est hic equus*', et similiter 5 de aliis; ut videlicet sit multiplex prima propositio per pronomen relationis. Unde si quis a subiecto procedere voluerit, dicat de quolibet '*si Socrates est Socrates*' et similiter de aliis, nec hec etiam determinatio impedimento erit sententie, que potius quam verba est insistenda. Nulla enim inferentie regula, etiam ea que est syllogismi, si ad verba 10 consequentie referatur, vera est; determinatio vero tantum in vocibus consistit, cum sole voces determinent, que sole significant. Sed nec etiam terminorum simplicitas veram custodit consecutionem ex predicatione, quod quidem ex omni manifestum est casuali vel accidentali predicatione vel quandoque naturali. C a s u a l i t e r autem alterum de 15 altero predicatur, quando ex natura subiecti nulla est certitudo predicationis, ut '*sedens*' de Socrate, circa quod ipse facile alteratur. A c c i d e n t a l i t e r autem ut '*coloratum*' de corpore subiecto, cuius tamen determinata est predicatio secundum actum rerum sempiternum et generalem. N a t u r a l i t e r autem de altero predicatur quod ei 20 substantialiter inest, ut '*animal*' vel '*rationale*' de homine. In his autem omnibus manifestum est fallere dispositiones consequentiarum que ex syllogismo assumi recte videntur, veluti iste:

'*si omnis homo est corpus, tunc si omne corpus est substantia omnis homo est substantia*'

25
'*si omne corpus est coloratum, tunc si omnis homo est corpus omnis homo est coloratus*'

'*si Socrates sedet, tunc si Socrates stat quoddam sedens stat*'.

Quod iste omnes false sint ex antecedentium veritate et consequentium falsitate apparet. Quod autem consequens prioris consequentie falsum 30 est ex tractatu[1] loci a g e n e r e manifestum est; de consequenti etiam secunde clarum est, cum nulla sit necessitate subnixum; tertie autem consequens omnino falsum constat esse, cum eius antecedens possibile sit ac consequens impossibile: impossibile enim est quod hec dicit propositio: '*quoddam sedens stat*'.

35   S i a u t e m c o n s e q u e n s e s s e i m p o s s i b i l e e s t, e t
a n t e c e d e n s,
et

---

13 causali *V*   14 causaliter *V*   18 determinat[i]a *V^c*

[1] *supra*, p. 340[3] *e.q.s.*

si antecedens possibile est esse, et consequens.
Idemque de 'necessario' ac 'vero' intelligendum est quod de 'possibili';
idem vero de 'falso' quod de 'impossibili', quorum utrumque abnegativum
est. Falsa itaque omnino est ea consequentia que ait:

> 'si Socrates stat, quoddam sedens stat'   5

etiam ipso sedente. Neque necessaria est, cum veritatem perpetuam non
teneat, quod ex eo clarum est quod eius antecedens absque consequenti
sepe contingere solet. Amplius: cum omne rationale et mortale sit
homo, falsa tamen est hec consequentia:

> 'si est rationale et mortale, est homo';   10

sequitur enim ex ea:

> 'si est Deus et agnus, est homo.

Rursus: cum omne gressibile ⟨et⟩ bipes sit homo, falsum tamen est
quod:

> 'si est gressibile et bipes, est homo';   15

sequitur enim ex ea:

> 'si est bos et corvus, est homo'.

Errant itaque quicumque his ⟨com⟩positis consequentiis ex
affinitate sillogismorum credunt, cum nulla sint necessitate subnixe.
Sed nec etiam simplices, quarum potius dispositio locum vel a pre- 20
dicato vel a subiecto esse pateretur eorumque assignationi compe-
teret, veritatem ullam ex vi predicationis vel subiectionis recipiunt, ut
cum iste vere sint:

> 'si est homo, est animal'
> 'si non est animal, non est homo',   25

licet 'homo' 'animalis' subiectum sit, 'animal' vero 'homini⟨s⟩' predicatum,
nequaquam tamen aut ista ex predicato aut illa ex subiecto vim sue
necessitatis contrahit, immo ex generis aut speciei natura, que est
huiusmodi ut alterum absque altero nullo modo consistere queat.
Predicatio autem vel subiectio tantum ad actum rerum, qui transitorius 30
est ac variabilis, non ad naturam necessitatis pertinet.

Sunt tamen qui ex loco a predicato vel subiecto veritatem
consequentie velint ostendere in his que a genere vel ⟨a⟩ specie veniunt
consequentiis, vel etiam in his omnibus que inter predicatum ac
subiectum necessarie proponuntur. Nec nos quidem denegamus vim 35
inferentie vel predicatum vel subiectum habere, sed non ex eo simpliciter quod sunt vel predicatum vel subiectum, sed potius ex eo
quod sunt vel genus vel species. Unde potius ad veritatis comprobationem

18 ⟨com⟩positis V^c 33 ⟨a⟩ V^c

a specie vel a genere locus est assignandus quam a predicato
vel subiecto. Quorum maxime propositiones inviolabiles consistunt;
ille autem a predicato vel subiecto ubique false. Quod enim de omni
egerit predicato vel subiecto, verum esse non potest, cum id quod de
5 omnibus dixerit, in quibusdam non inveniatur. Eque enim hec propo-
sitio: 'omnis homo est ⟨non⟩ Socrates' propter unum | falsa est, ac si propter   f. 165ᵛ
mille. Similiter et istam regulam generalem:

    quicquid subicitur subiecto, et predicato,

falsam esse ubique certum est, quia nusquam id quod ipsa dicit, de
10 omnibus contingit.
Sunt tamen miseri quidam qui eam veram esse confirment:

    ubicumque species posita ponit genus.

Sed nec ibi nec alibi vera est, cum nec bi nec alibi id quod ipsa de omni
predicato ac subiecto proponit, contingat. Neque enim ipsa tantum
15 continet sensus earum consequentiarum que necessarie inter speciem
et genus proponuntur, sed quecumque inter quelibet subiecta ad
quelibet sua predicata fieri possunt. Cum ergo in quibusdam deficiat
quod ipsa dicit, non potest in omnibus esse, sicut eius sententia tenet.
Secundum autem propriam sententiam uniuscuiusque enuntiationis
20 veritas seu falsitas est pensanda, ut si ipsa de omnibus egerit, in omnibus
quod ipsa proponit ⟨vera⟩ inveniatur, alioquin pro falsa teneatur.

    Licet autem predicatio aut subiectio nullam consecutionis
necessitatem teneant, maximam tamen probabilitatem habent, cum ex
eis argumenta ad aliquid probandum adducuntur, eo scilicet quod si
25 propositioni resistere volumus calumniantes consecutionem, adiuncta
antecedenti propositioni altera propositione que predicationem vel
subiectionem assignat, ad conclusionis concessionem cogemur; veluti si
proponatur: 'omnis homo est corpus', huic tamen non adquiescamus:
'omnis homo est coloratus', adiungenda est antecedenti propositioni 'omne
30 corpus est coloratum', ut in modum sillogismi consequentia composita
nulla possit impediri contradictione. Cumque apposita antecedenti
propositio certa sit, nichil plus de antecedenti per concessionem consequentis probandum est quam una tantum propositione apposita. Ideoque eas sepe recipimus, postquam de predicatione aut subiectione certi
35 sumus, cum ex eorum antecedentibus facile concessioni consequentium
adquiescimus; cum tamen veris indigemus consequentiis, nullo modo
eas admittimus; velut cum medias ipoteticas componimus, quarum

6 ⟨non⟩ Vᶜ   7 ista regula generalis V   21 ⟨vera⟩ c teneatur Vᶜ inveniatur V   27 cogemur
c cogemus V   28 proponatur] per V [tamen] Vᶜ   33 ideoque Vᶜ iamque V

ut extremitates cohereant, firmum ex necessitate vinculum oportet interponi.

Patet autem ex simplicibus compositas quoque necessarias non esse, sed tamen illas quoque maxime probabiles videri; in quibus quidem nullo modo vel a ⟨subiecto vel a⟩ predicato locus debet re- 5 sponderi, sicut supra docuimus[1]. Sed si qui forte eas recipiunt, communem in eis ab antecedenti locum assignent, secundum id scilicet quod cathegorica ad ipoteticam antecedit, talemque maximam propositionem adaptent:

posito antecedenti ponitur consequens; 10
quod autem cathegorica ad ipoteticam antecedat, idest quod vera sit illa consequentia, regula illa supra inducta, quam non esse maximam propositionem diximus[2]:

si aliquid predicatur de aliquo universaliter, etc., illud ostendant; de qua quidem assignatio habitudinis ad probationem 15 consequentie fieri non potest, ut supra diximus; sed quedam ipsius coaptatio ad terminos sufficiat, hoc modo facta ut si hoc de illo predicatur, tunc si illud aliud predicatur de hoc, et de illo. At fortasse ita constare debent huiuscemodi consequentie, quarum antecedentia habitudines terminorum preponunt, ut ex ipsa assignatione veritas earum sit 20 manifesta vel falsitas, ut nec locus nec maxima propositio sit ulterius requirenda.

Sunt autem qui a causa locum iudicant assignandum quando assignatio habitudinis antecedit, putantes habitudinem terminorum causam veritatis consequentis, veluti cum dicitur: 25
'si animal est genus hominis, tunc si non est animal non est homo', hoc quod animal est genus hominis, causa⟨m⟩ posterioris consecutionis dicunt. Sed potius effectus quam causa dicendum est, cum sit natura et tempore posterius. Semper enim quod consequentia dicit in re fuit, non tamen semper homo fuit animal. 30

Ab antecedenti vel consequenti

Nunc autem ad locos ab antecedenti vel consequenti descendamus. Est autem antecedentis et consequentis [si] genus triplex. Accipiuntur enim in designatione rerum inter quas vis inferentie

5 responderi] videri V   12 super V   13 propositionem diximus] prediximus V   15 assignatio] assumptio V   probationem] propositionem V   17 hoc c locum V homine V[c]   19 constare + ita constare V   27 causa⟨m⟩ c   28 effectus quam causa c causa quam effectus V

[1] supra, p. 362[35-38].   [2] Cf. supra, p. 352[26] e.q.s.

consistit, secundum quod Boetius in *Topicis* ait[1] : item species antecedit
et genus sequitur"; totum etiam partem antecedit; accipiuntur quoque
in demonstratione propositionum consequentiam constituentium vel
eorum que ab ipsis dicuntur. Cum enim in *Ypoteticis* suis Boetius
5 consequentie constitutionem ex cathegoricis propositionibus ostenderet,
ait[2] illam que prima est a n t e c e d e n s ac que posterior est c o n s e -
q u e n s appellari, secundum id vero quod nomina sunt eorum que a
propositionibus dicuntur, ipsa in *Topicis* diffinivit dicens[3] : „antecedentia
sunt quibus positis statim id quod consequens est necesse est sequi";
10 secundum quam etiam significationem regulas eorum proferimus, has
scilicet:

      p o s i t o   a n t e c e d e n t i   p o n i t u r   c o n s e q u e n s

et ceteras, quas in sequentibus ponemus. At quoniam preposita antecedentis diffinitio superius est expedita, cum de veritate ipoteticarum
15 enuntiationum ageremus[4], restat solum regulas antecessionis et consecutionis apponere.

    Sunt autem hee ab a n t e c e d e n t i:

      p o s i t o   a n t e c e d e n t i   p o n i t u r   c o n s e q u e n s

idest existente antecedenti existit consequens, veluti cum '*Socratem esse*
20 *hominem*' sit antecedens ad '*Socratem esse animal*', cum ita sit in re quod
Socrates sit homo, ita necesse est esse quod sit animal. Sed hec quidem
loci assignatio hecque maxima propositio, que omnibus generaliter
consequentiis veris potest aptari, nullam videtur probabilitatem facere
ideoque omnino supervacanea videtur. Nam quicumque de veritate
25 consecutionis dubitaverit, et hoc illius esse antecedens non receperit et
econverso. Unde si alia possit assignatio loci fieri, semper ista pretermittenda est, ut in premissa consequentia potius a s p e c i e locus quam
ab a n t e c e d e n t i est assignandus. Alia:

      q u i c u m q u e   i n f e r t   a n t e c e d e n s,   e t   c o n s e q u e n s,

30 veluti cum '*Socrates est homo*' sit antecedens ad '*Socrates est animal*',
quicquid exigit hoc esse et illud, ac si ita dicatur:

    '*si quare Socrates est risibilis Socrates est homo, et quia est risibilis est*
                                            animal'.

Sunt autem alie due a c o n s e q u e n t i, hec scilicet:

35   d e s t r u c t o   c o n s e q u e n t i   d e s t r u i t u r   a n t e c e d e n s
hoc modo:

---

[1] *De top. diff.* II, 1179 A[5-6], quae verba parum accurate laudat Abaelardus.
[2] *De syll. hyp.*, I, 835 D-836 A.
[3] *De top. diff.* III, 1198 B[15-16], ubi autem Boethius dicit: '..... statim necesse est aliud
consequatur' (cf. *supra* p. 273[35]).   [4] *supra*, p. 284[15] *e.q.s.*

'*si non est animal, non est homo*'.

Cum enim '*Socrates est animal*' sit consequens ad '*Socrates est homo*', si ipsum non fuerit, nec antecedens erit. Et est notandum quod hic quoque, sicut in omnibus consequentiis diximus, generalis locus ab antecedenti assignari potest ac supraposita regula induci; cum videlicet 5 dicimus:

'*si non est animal, non est homo*',

secundum id scilicet quod tota precedens negatio antecedens est posterioris; secundum vero partes negationum, idest affirmationes que perimuntur, a consequenti tantum esse poterit. Nota quod hec 10 quoque regula:

destructo consequenti destruitur antecedens

generaliter, sicut illa ab antecedenti, videtur omnibus consequentiis posse induci, etiam isti:

'*si Socrates est homo, Socrates est animal*'.   15

f. 166ʳ | Sic enim solebam ipse eam, memini, exponere: destructo consequenti destruitur antecedens idest: destructio consequentis infert destructoriam antecedentis; unde '*Socrates non est animal*' antecedit ad '*Socrates non est homo*' ⟨et ista '*Socrates est homo*' est destructio '*Socrates non est homo*'⟩ et ista '*Socrates est animal*' est destructio '*Socrates non est 20 animal*'; quare ista '*Socrates est homo*' infert illam '*Socrates est animal*'. Et tunc quidem semper oportebat attendere quasi precessisset per conversam proposite consequentie contrapositionem. Sed tunc quidem non a consequenti locum assignare poteramus, sed a destructoria consequentis. Neque enim '*Socrates est homo*', quod precedit, con- 25 sequens est ad '*Socrates est animal*', sed destructoria dividentis sequentis ad dividentem illius. Eque enim et affirmatio negationem et negatio perimit affirmationem, secundum id scilicet quod invicem sunt opposite. Ut autem a consequenti locum assignare possimus regule supraposite, his tantum consequentiis eam inducamus que ex utrisque ne- 30 gativis iunguntur. Sed tunc quidem non ex omni consequentia ab antecedenti in consequentiam parem a consequenti poterimus incidere, nisi sepe negationes negationum fecerimus, veluti cum talis proponatur consequentia:

'*si non est animal, non est homo*',   35

in qua ab antecedenti quoque locum esse diximus, secundum id scilicet quod negatio antecedit ⟨ad⟩ negationem, si quidem destructo consequenti destruere antecedens velimus, idest negato hoc illud negare, dicamus:

19-20 ⟨et..... homo⟩ *Vᶜ*   29 possumus *V*   34 preponatur *V* 'si non-Socrates non est homo, non-Socrates non est animal'.

Sicut enim in *Libro Cathegoricorum Sillogismorum* diximus[1] nichil prohibet quamlibet propositionem habere propriam negationem sui totius re- motivam, sive illa fuerit affirmativa, sive negativa. Similiter et quando 5 de consequentia ex affirmativa et negativa iuncta, vel econverso, in parem conversam incidere voluerimus secundum hanc regulam:

si aliquid antecedit ut aliud consequatur, si id quod
consequitur non fuerit, nec id quod antecedit
negationum negationes secundum verba regule fieri convenit. Non 10 tamen denego minus esse consequentiam veram si per affirmativas negationes destruerentur, sed minime ad verba regule has destructiones attinere video, nisi fortasse ita dicatur:

si aliquid infert aliud, dividens illati infert dividentem inferentis.

15 Et sunt quidem nonnulli qui hanc regulam simplicem non noverint:

destructo consequenti destruitur antecedens,

quamvis eam in *Topicis* Boetius ponat[2], sed tantum hanc compositam:

si aliquid infert aliud, destructo consequenti destruitur antecedens

20 hoc modo:

'si quia est homo est animal, et quia non est animal non est homo'.

In hisque tantum compositis locum a destructione consequentis, idest a destructo consequenti, assignant, quem nos potius a pari secundum contrapositionem assignandum esse supra meminimus[3].

25 Sed mirum est quare conversa consequentia locum a posteriori habitudine nesciat assignare, cum id in omnibus aliis consistat. Cum enim hic sit locus a specie:

'si est homo, est animal',

— cum scilicet species antecedit —, si convertatur consequentia hoc 30 modo: 'si non est animal, non est homo'

a genere esse oportet. Idem quoque in omnibus est attendendum, ut videlicet in conversione terminorum conversio habitudinum in assig- natione locorum custodiatur. Sed nec a consequenti debet responderi differentia composite regule nec ipsa est maxima propositio dicenda 35 nec quamcumque ex antecedenti suo innuunt terminorum habitudinem, ut consequens ipotetica vera sit, sicut in tractatu loci a predicato vel subiecto dictum est[4]. Nec ista consequentia quidem composita:

1 non-Socrates] non est socrates *V*   19 antecedens] ans *V*   35 quacumque *V*   36 ut] u[nde] *Vc* [con]sequens *Vc*

1 *supra*, p. 178[36] *e.q.s.*   2 Cf. *De top. diff.* III, 1198 D 13-14.   3 ubi?; vide autem *infra*, p. 396[4].   4 *supra*, p. 362[20] *e.q.s.*

'*si quia est homo est animal, et quia non est animal non est homo*'
vera est ex eo quod esse animal ad esse hominem consequatur; eque
enim, si non consequeretur, vera esset tota composita, ut ista:
    '*si quia est homo est lapis, et quia non est lapis non est homo*'
—, immo eoquod ex altera consequentiarum altera secundum contra- 5
positionem equipollens redditur. Sed fortasse in his per contrapositionem consequentiarum conversionibus contingere eamdem consequentiam
duas conversiones habere, ut si isti:
    '*si non est animal, non est homo*'
et ista datur: 10
    '*si est homo, est animal*'
et ista:
    '*si non non est homo, non non est animal*'.
Est hec quoque a consequenti regula:
        quicquid sequitur ad consequens, sequitur ad   15
                                                    antecedens,
hoc modo:
    '*si quia est animal est substantia, et quia est homo est substantia*';
unde '*esse animal*' ad '*esse hominem*' consequitur; quare '*esse substantiam*'
ad '*esse animal*' consequitur et ad '*esse hominem*'. Sunt ita⟨que⟩ due ab 20
antecedenti, due a consequenti maxime propositiones. Si que
vero alie regule a consequenti vel ab antecedenti nasci videantur, non sunt multe alie ⟨quam⟩ quas in *Introductionibus* nostris
posuimus[1], que videlicet habitudines antecessionis et consecutionis, ex
quibus sequentes ipotetice vere sunt, ex antecedenti innuant. Ille 25
quidem, etsi vere sint, pro maximis propositionibus non sunt recipiende, sicut ex tractatu superiori[2] maximarum propositionum manifestum ⟨est⟩. Cum autem sint, ut dictum est, quatuor maxime propositiones ab antecedenti et consequenti, due quidem utrimque,
posteriores quidem tantum compositis ipoteticis aptantur, prime 30
vero etiam simplicibus, ubi etiam ceteri loci vel a specie vel a genere
vel a ceteris habitudinibus possunt assignari, qui nullo modo
compositis ipoteticis secundum quosdam assignantur. Sed et eos
quoque non inconvenienter in compositis possumus assinare. Cum
enim tales proponimus ipoteticas compositas: 35
    '*si quia Socrates est homo est animal, et quia est homo est substantia*'
    '*si quia Socrates est animal est substantia, et quare est homo est substantia*',

3 consequerent *V*   5 eoquod ex] ex eo quod *V*   13 homo] animal *V* animal] homo *V*
19 *alterum* esse] omnem *V*

[1] Cf. *supra*, p. 329, n. 1.   [2] *supra*, pp. 309-331.

in illa quidem a specie, in ista vero a genere possumus assignare
talesque maximas propositiones componere:

quocumque posito ponitur species in aliquo, eodem
posito ponitur genus in eodem

5 quicquid autem ponitur posito genere in aliquo,
idem ponitur posita specie in eodem.

Unde animal est species substantie; quare si posito 'Socrates est homo'
'animal' ponitur in Socrate, eodem posito substantia ponitur in eodem;
cuius talis est sensus:

10 si aliquid exigit speciem predicari de aliquo, idem
exigit genus predicari de eodem.

Ac de locis quidem inherentibus expeditum est.

De extrinsecis

Nunc vero tractemus extrinsecos. Quorum alii ab oppositis,
15 alii ab immediatis assignantur, qui quidem non tam in re quam in
diverso probationis modo discrepant. Idem enim ad alterum et oppositum est et immediatum, veluti sanum ad egrum, homo ad non-homo.
Sed tunc quidem inferentiam secundum naturam oppositionis pensamus,
cum altero posito alterum tollitur, hoc modo:

20 'si est sanum, non est egrum';

tunc vero secundum immediationem, cum altero ablato alterum
ponitur, hoc modo:

'si non est sanum, est egrum'.

Sed nunc quidem prius locum ab oppositis exsequamur.

De oppositis

25

Quatuor modis opposita Aristotiles disgregavit; alia enim
relativa, alia contraria, alia habitum et privationem, alia
affirmationem et negationem vocavit[1]. Et stricte quidem Aristotiles opposita in hac divisione accepit, eas videlicet tantum oppositiones
30 que ad unum possunt esse. Unius enim relativi unum tantum est relativum, ut paternitatis filiatio; unius contrarii unum, ut albedinis nigredo;
unius habitus una privatio, ut visionis cecitas; unius affirmationis tantum
una propria et simplex negatio, ut 'omnis homo est | albus', ⟨'non omnis   f. 166ᵛ
homo est albus'⟩. Largius autem oppositionem accipientes omnia quoque
35 illa vocamus opposita que sese in eodem non patiuntur, ut sunt etiam

5 autem] enim V   7 unde] verum V   17 et immediatum] etiam mediatum V   30 relativi c
relativa V   31 paternitatis c paternitas V   33 ⟨non.....albus⟩] ⟨omnis homo est non albus⟩ c

[1] Categ. 10, 11 b 17-19.

homo et *asinus*, *homo* et *equus* vel *lignum* vel *lapis* et quicquid hominis naturam expellit; que quidem Boetius in *Primo Ypoteticorum* dis-parata vocavit[1], que etiam opposita dici innuit in *Libro Divisio-num*, cum omnem generis divisionem per opposita fieri dixit ac commune preceptum de divisionibus secundum accidens tradidit dicens quicquid 5 in ipsi⟨s⟩ dividitur per opposita segregari[2].

Large itaque oppositionem accipientes ⟨omnia⟩ ea dicimus oppo-sita que sese circa idem expellunt, et horum quidem alia in significatione, alia in essentia tantum, alia in adiacentia, alia in respectu sibi adver-santur. Sunt autem in significatione voces opposite, modo quidem 10 complexe voces, ut affirmatio et negatio de eodem, que simul vere esse non possunt, modo incomplexe, ut hec nomina 'homo, 'equus', que eidem simul convenire non possunt. In essentia vero opposite sunt quelibet diverse rerum essentie, ut albedo et nigredo. Sed horum alia in essentia tantum opposita, ut albedo et duritia, alia etiam in adia- 15 centia, ut albedo et nigredo. Sicut enim in eadem re[s] non potest simul esse albedo et nigredo, ita nec simul ea participare, idest simul alba esse et nigra. In respectu vero opposita relativa dicimus, que quidem, cum eidem simul adiaceant, numquam eodem respectu con-veniunt; cum enim eumdem et patrem et filium esse ad diversos con- 20 tingat, ad eumdem non potest contingere. Sed fortasse in quibusdam videtur id fallere. Idem enim eiusdem secundum diversas scientias et discipulus et magister poterit esse; sed si non in personis, saltem in scientiis respectus variatur. ⟨Idem quoque eiusdem et antecedens est et consequens et predicatum et subiectum⟩. 25

Sed nunc quidem in vi oppositionum quas Aristotiles ad trac-tandum elegit, proprietates ac differentias uberius planiusque assignemus.

De relativis

Unde in relativis, quorum natura in predicamento ipsorum dili-genter pertractata est, non ⟨est⟩ diutius immorandum. Que quoniam 30 simul esse diximus[3] neutrumque alio prius vel posterius esse constat, 'prioris' tantum modos seu 'simul' ad relativorum discretionem in presenti tractare sufficiat.

---

6 ipsi⟨s⟩ 7 ⟨omnia⟩ *V*[c] 16 re[s] *c* 24-25 ⟨idem.....subiectum⟩ *V*[c] 27 uberius planiusque *c* uberiusque planius *V* 30 ⟨est⟩ *V*[c] 31 neutrumque alio *V* alterumque altero *c*

[1] *De syll. hyp.* I, 834 C14–D1. [2] *De divis.*, 881 D-882 A. [3] *supra*, p. 370[19].

De 'simul'

'*Simul*' itaque plures modos Aristotiles computat[1]. Quedam namque secundum tempus simul esse docuit, quedam vero secundum naturam. Secundum tempus autem ea simul esse dixit quecumque
5 generata sunt vel facta in eodem tempore; et hanc quidem primam et propriam significationem '*simul*' appellavit, que etiam magis est consueta. Que vero naturaliter simul dicuntur, duobus modis subdivisit. Nam et ea simul secundum naturam esse dixit que ad se mutuo convertuntur, — ita ut neutrum causa sit alterius, ut sunt relativa;
10 si enim relativorum alterum alterius causa esset, prius naturaliter esset —, et ea que secundum eamdem generis divisionem consistunt et contra se in divisione eiusdem generis tamquam dividentia ipsum ponuntur, ut *volatile*, inquit[2], et *gressibile* et *aquatile* in divisione *animalis*. Genus autem prius est ipsis, ut ex secundo modo '*prioris*' apparebit.

15

De priori

Sunt autem '*prioris*' modi quatuor a philosophis pluribus confirmati; quintus autem ab Aristotile inve⟨n⟩tus et adiunctus creditur. Primus quidem modus et proprietate et inventione dicitur secundum temporis precessionem, ut quelibet res alia quam in tempore
20 precessit, prior secundum tempus dicitur. Secundus vero est secundum non-conversionem inferentie, ut quod ab altero tantum infertur, non etiam ipsum infert, ut unum duobus prius est. Si enim duo sunt, et unum est, sed non convertitur. Sic quoque si species sit, genus erit, sed non econverso. Tertius autem modus est secundum ordi-
25 nem, ut que prior in dispositione versus scripta est littera. Quartus vero secundum diversitatem consideratur, ut qui in familiis presunt, alii⟨s⟩ priores appellantur. Quinto autem modo priora dicuntur que ad ea quorum cause sunt, mutuam habent inferentiam, — ut essentia, inquit[3], rei ad diversitatem propositionis:
30 quia enim in re est quod propositio dicit vel non est, vera vel falsa est propositio —, et ad se mutuo consequi videntur, ut videlicet si ita est in re ut dicit propositio, vera est ipsa et econverso. In quo tamen attendendum est priori consequentie ad necessitatis firmitatem supplendam esse constantiam, quod scilicet ipsa propositio fiat. Sepe enim
35 contingit rem esse vel non esse et nullam fieri que illud dicat propositionem; unde nec veram eam esse nec falsam.

---

19 quam] que *V*
[1] Cf. *Categ.* 13, 14 b 24 e.q.s.   [2] *Categ.* 13, 14 b 37-15 a 1.   [3] Cf. *Categ.* 12, 14 b 10-23.

Sunt autem qui constantiam non apponendam esse iudicant, ut simplicem servent conversionem, vim quidem facientes in eo quod propositio illud dicere dicitur, veluti cum ita proponitur:

'si ita est in re ut dicit propositio, tunc vera est ipsa propositio'.
Dicunt enim in eo quod propositio dicit, existentiam propositionis 5 contineri; aliter enim non diceret, nisi fieret. Sed si in eo quod propositio dicit, vim faciant, profecto non inferentiam cause attendunt. Non enim essentia rei ut a propositione designata, prior est veritate propositionis, immo simul cum ea, cum sine ea nullatenus possi[n]t consistere. Profecto nec Aristotiles de dictu propositionis mentionem facit, cum 10 ait[1]: „esse namque hominem convertitur ad veram de se orationem; nam si est homo, inquit, vera est oratio qua dicitur quia est homo."

Sed et secunde consequentie, que ait: 'si vera est oratio, ita est in re.....' videtur constantia apponenda esse. Falsa namque videtur hec consequentia quod si ⟨'Socrates⟩ est homo' est vera, idest dicit illud quod in re 15 est, inde Socrates sit homo. Si enim quia 'Socrates est homo' dicit illud quod in re est, Socrates est homo, et quia dicit Socratem esse hominem Socrates est homo; quod falsum est. Non enim, ut Aristotiles docuit[2], propter enuntiationem propositionis res erit vel non erit. Amplius: si quia 'Socrates est homo' dicit illud quod in re est Socrates est homo, 20 et quia 'Socrates est homo' dicit Brunellum esse asinum Socrates est homo; quod etiam nullo modo procedit. Potest autem simpliciter ⟨inferri⟩ ex eo quod 'Socrates est homo' dicit illud quod in re est, quod illud quod in re ⟨est⟩ dicitur ab ipsa. Sed non quod illud determinate quod ipsa dicit sit in re sine constantia infertur, hac scilicet: 'cum illud quod ipsa dicit 25 existens in re, sit 'Socrates est homo', tunc 'Socrates est homo' in re est, quod est dicere: 'Socrates est homo'.

Sed fortasse dicitur nec adhuc valere cum apposita constantia consecutio, nisi imponamus quod totum illud quod dicit, sit 'Socrates est homo'. Neque de hac propositione multiplici: 'latrabile animal est 30 canis', que trium propositionum continet sensus, videtur verum quod si ipsa dicit illud quod in re est, et illud quod in re [est] existens dicit, sit 'latrabile animal est latrabile animal', quod inde latrabile animal sit latrabile animal; illud enim quod ipsa dicit, aliud posset esse quam 'latrabile ⟨animal⟩ est latrabile ⟨animal⟩'. Ut ista vera videatur conse- 35 quentia, ita dicendum est:

'si 'Socrates est homo' dicit illud quod est ⟨in re⟩ et illud quod ipsa

24 ⟨est⟩ V^c (cf. p. 373[4])   33 tertium latrabile] lapis V 34 quam] quod V 35 ⟨animal⟩ V^c

[1] Categ. 12, 14 b 14-17.   [2] Categ. 12, 14 b 18-22.

dicit sit tantum 'Socrates est homo', tunc Socrates est homo'.

Videtur tamen posse probari proposita consequentia, hec scilicet:

'si 'Socrates est homo' dicit illud quod in re est, tunc illud quod in
re est dicitur ab ipsa';

5 quare et illud quod dicitur ab ipsa in re est; unde 'Socrates est homo' in
re est, quippe id tantum ab ipsa dicitur. Si vero in re est 'Socrates est
homo', ipse re vera homo est.

Sed hec quidem argumentatio | similis est ei que ostendere f. 167r
videtur quod si hec divisio: *differentia alia divisibilis, alia constitutiva*
10 fit per opposita, '*divisibile*' et '*constitutivum*' sunt opposita; quod nequaquam procedit. Multe enim per opposita divisiones fiunt que per ista
non fiunt, cum scilicet apposita non sint, immo nulle que per opposita
tantum fiunt, per ista fiunt, cum hec scilicet non sint opposita. Sic
igitur suprapositam argumentationem solvimus, cum dicimus: ' 'Socrates
15 est homo' dicit illud quod est in re', particulariter et indeterminate, non
singulariter et demonstrative, ponitur, ac si scilicet ita diceremus:
'dicit quiddam quod in re est'. Similiter et cum dicitur: '*illud quod in re
est dicitur ab ipsa*' particulariter sumendum est hoc modo: '*quiddam quod
est in re dicitur ab ipsa*'. Cum autem et ita convertitur: '*illud quod dicitur
20 ab ipsa est in re*', particulariter, non singulariter, sumendum est; alioquin
conversa non esset, cum in predicato aliquid singulare non poneretur.
Talis est ergo ac si diceremus: '*quiddam quod dicitur ab ipsa est in re*'.
Sed iam hinc [iam] non provenit quod 'Socrates est homo' sit in re, licet
illud quod ipsa dicit et 'Socrates est homo' sit idem, quippe ex particulari
25 singularis hoc modo non provenit, nec tunc etiam quando ad plura sese
non habet factus particulariter quam singularis, veluti hic:

'si quidam Fenix vivit, hic Fenix vivit'.

Si quis autem verba calumnietur cum dicitur '*quiddam quod hec
propositio dicit est in re*', eoquod '*quiddam*' male videatur apponi ei quod
30 non est universale, nichil ad sententiam consequentie que de destructionibus non agit, sed per constructiones, nec ex vitio constructionis,
nullum rei vitium infertur. Si quis autem hanc consequentiam:

'si quiddam quod hec propositio dicit 'Socrates est homo' est in re,
tunc 'Socrates est homo' est in re'

35 ex proprietate paritatis velit confirmare, non est audiendus. Nullam
enim recipimus consequentiam ex natura huius paritatis, quam in
quibusdam videmus deficere. Licet enim '*pater Socratis*' et '*Sophronicus*'
paria dicamus, falsa tamen est omnino hec consequentia:

10 divisibile et constitutivum] coll. Log. Ingred., 73^14–35 di. et con V   26 factum V   27 quidem V   35 paritatis V^c partis ita V   37 vidicimus V

'*si Sophronicus est, pater Socratis est*',
ex qua scilicet ostenditur:
'*si Sophronicus est, Socrates est*'.
Ex eo namque quod pater Socratis est, Socratem esse comprobatur hoc
modo: 5

'*si pater Socratis est, quoddam ens est pater Socratis*
unde et Socrates est filius cuiusdam entis, et ita ipse est'.

Erunt autem fortasse qui et eam consequentiam quam supra[1]
innuimus:

'*si* '*Socrates est homo*' *dicit* '*Brunellus est asinus*', *dicit illud quod in* 10
re est',
calumniari velint, cum non semper '*Brunellus est asinus*' in re sit nec in
antecedenti consequens habeatur, ideoque ei quoque contradicent consequentie quam superius[2] fecimus:

'*si quia* '*Socrates est homo*' *dicit illud quod in re est Socrates est homo,* 15
et quia ipsa dicit '*Brunellus est asinus*' *Socrates est homo*'.
Unde et hoc in consequenti adiungimus:

'*et quia ipsa dicit* '*Brunellus est asinus*' *quod in re est, Socrates est homo*';
que quidem consequentia non minus falsa est.

Hec autem ad relativorum discretionem hoc loco dicta sufficiant. 20
Cetera vero que de ipsis dicuntur, in predicamento ipsorum diligenter
tractavimus[3].

De contrariis

Nunc autem secundam oppositorum speciem tractemus, que in
contrariis continetur; que quidem ideo contraria excellentia opposi- 25
tionis nominantur, eo videlicet quod maxime sibi sint adversa ac prima
fronte opposita. Cum enim idem ad diversa contingat oppositum, omne
ad id contrarium dicitur quod maxime est ei adversum, ut cum '*pauperi*'
et '*dives*' et '*superhabundans*' opponatur, et '*avaro*' '*largus*' et '*prodigus*',
et '*pavido*' '*fortis*' et '*temerarius*', illa tamen contraria ei⟨s⟩ sunt ⟨que⟩ 30
quam longissime dissident, '*pauperi*' quidem '*superhabundans*', '*avaro*'
'*prodigus*', '*pavido*' '*temerarium*'; vincunturque omnes cetere oppositiones adversitate contrariorum. Neque enim adeo adversantur sibi
cetere oppositiones. Relativa quidem in eodem et simul contingit esse,

De maiori oppositione contrariorum quam relativorum 35

contraria vero numquam, ut idem numquam simul est et album et

2 ex qua *Vc* equa *V*   30 ei⟨s⟩ *c*

[1] ubi?   [2] *supra*, p. 372 20-21.   [3] *supra*, pp. 83-92.

nigrum vel bonum et malum vel calidum et frigidum; sed idem simul
pater est et filius, et magister et discipulus, licet diversis respectibus.
Sed fortasse in contrariis generibus id non potest servari, ut in virtute
et vitio, motu et quiete, que in eodem simul reperiuntur per quedam
5 sua inferiora; que contraria non sunt, sed sibi consentientia. Idem enim
et avarus est et castus, et qui quiescit in loco, secundum alterationem
movetur; unde eadem res simul et virtutem ⟨et⟩ vitium et quietem et
motum habet, que contraria genera Aristotiles appellat[1]. Sed constat
ipsum quoque omnino respuere in eodem contraria, ut supra memini-
10 mus[2], ex ea videlicet probatione qua magnum et parvum, que in eodem,
diversis tamen respectibus, videbat, contraria non esse convincit[3].

Sunt autem quidam qui contraria genera in eodem esse non
abhorrent, sed contrarias species in eodem esse impossibile confitentur.
Dicunt enim quod cum omnia accidentia per individua in subiecta
15 veniant, et ipsa contraria genera per individua sua subiectis contingunt.
Que quidem individua primo speciebus sunt supposita, que eorum sunt
tota substantia, ut virtus et vitium que in hoc homine per hanc casti-
tatem et hanc avaritiam recipiuntur, que individua sunt castitatis et
avaritie, que invicem species non sunt contrarie. Quodsi genera con-
20 traria per individua specierum non contrariarum in eodem contingant,
non est inconveniens, quippe ipsa contraria non sunt eorum tota substantia sicut species. Verum species contrarias esse in eodem per aliqua
sua individua illud prohibet quod nec ipsarum individua in eodem
possunt esse, quorum sunt tota substantia ea que sunt contraria, utpote
25 species; ideoque inquiunt Aristotilem bene negasse magnum et parvum,
que contraria tenebantur, in eodem esse, que species, non genera, esse
constabat.

Sunt autem et qui species contrarias in eodem posse consistere
non denegant. Nec eam quidem ⟨sententiam⟩ confitentur duxisse ad-
30 versarium ad inconveniens in rei veritate, sed ad tale quod pro inconvenienti habebat. Tam namque desipientem adversarium inducunt, qui,
ex eo quod contraria in eodem esse dicerentur, crederet ea in eodem
esse in vi contrariorum, idest secundum id quod se expellunt; quod est
inconveniens. Sed quis tam desipientem adversarium inveniat aut quis
35 philosophus ad vere confirmationem sententie falsum ac sophisticum
inconveniens adducat? Sic enim quodlibet etiam verum improbare

---

1 et frigidum] vel frigidum *V*   5 consentientia *Vc* consentia *V*   7 ⟨et⟩ *Vc*   29 ⟨sententiam⟩ *c*
34 sed *c* si *V*   36 improbare *Vc* improbabile *V*

[1] *Categ.* 14, 15 b 1.   [2] *supra*, pp. 74²⁵-75¹⁶.   [3] *Categ.* 6, 5 b 35-6 a 11.

posset. Quis etiam, si quidam in eodem contraria reciperet quedam, crederet eum pro inconvenienti adduxisse quod contraria essent in eodem vel saltem non determinasse inconveniens pro qualitate contrariorum? Omnia itaque contraria in eodem esse negamus, sicut et Ipse in eodem docuit: „sed nichil est, inquit[1], quod videatur simul contraria 5 recipere posse", postque contrariorum exempla adicit: „nichilque aliud simul contraria suscipiet."

Sed ⟨si⟩ nulla in eodem sint contraria, quomodo virtutem et vitium, que contraria genera dicit[2], contraria dicemus, que in eodem videmus? aut cum genus ipsa sit specierum omnium collectio, quasdam- 10 que ex istis speciebus | contrarias, quasdam non contrarias videamus, quomodo ipsum genus contrarium dicere possumus? Sunt autem in virtute quedam species contrarie, quedam non, ut sunt ille que sunt medie contrariorum vitiorum, ut pavidi et temerarii forte, prodigi et avari largum, de quibus Horatium dixisse[3] recorder: 15

virtus est medium vitiorum ⟨et⟩ utrimque reductum

Nam largitas et fortitudo extremis contrariis quasi composita videntur, et ex utrisque aliquid mutuare, sed id quod ex hoc recipit cum eo quod ex illo assumit [ob]temperare. Largus enim dicitur qui rationabiliter et secundum temporis opportunitatem sua modo distribuit, modo 20 conservat, et fortis vel audax cuius rationabiliter movetur animus ut modo se ad pugnam erigat modo extrahat secundum temporum discretionem. Unde et qui fortis est, temerario accedit in eo quod resistit, ac pavido in eo quod desistit, cum uterque alterum tantum sine discretione cognoscat, temerarius quidem semper in surgere, pavidus vero 25 semper in recedere. Sic quoque et largus in eo quod sua distribuit, prodigo consentit, in eo vero quod propria conservat, avaro congruit. Sicque media vitiorum ex utrisque extremis Flaccus meminit esse reducta, quasi ex utraque parte aliqua[m] decerperent, que ipse quoque virtutes appellat. Cum ergo quedam virtutis species contrarie sint ac 30 quedam contrarie non sint, quarum generalem virtutis collectionem contrariam dixit, aut fortasse ea que media sunt vitiorum Aristotiles non virtuti sed sapientie supposita putat, eo scilicet quod in rationabili consideratione, ut dictum est, consistant, aut ea que media sunt, unum in natura non estimat sed diversa, secundum id scilicet quod ex diversis 35

13 ille *V*ᶜ alie *V*   16 ⟨et⟩ *c coll. edit.*   19 qui] quod *V*   22 erigat *V*ᶜ exigat *V*   24 uterque *c* utrumque *V*   25 quidem] quod *V*

[1] *Categ.* 6, 5 b 39-6 a 1.   [2] *Ibid.* 11, 14 a 22-23.   [3] *Epist.* I, 189.

est iunctum, ut medius color ex albedine et nigredine, vel tepor ex calore et frigore, inter que sunt media. Hee namque minutie albedinis illis minutiis nigredinis iuncte unum faciunt medium colorem, quasi diversa puncta lineam, ubique omnes minutie simul fundantur, et medius
5 color ex eis coniunctus; quippe nichil aliud est quam ipse simul; atque hoc modo recte contrarium genus virtutem dixit[1], cuius omnes species contrarias credidit, ac si non videatur his qui Ethicam verius insistunt. Si quis itaque virtutem et vitium in eodem esse monstraverit, profecto contraria in eodem esse convincet, sed numquam que inter se contraria
10 sint, in eodem reperiet; non sunt enim castitas et avaritia sibi contraria, sed aliis. Omnes quoque species motus et quietis contrarias esse arbitratus est, secundum quod etiam singulis in tractatu motus assignat contraria[2]. Unde et hec quoque genera recte contraria vocavit. Sed numquam ex hoc potest ostendi ea que inter se contraria sunt, in eodem
15 contingere; quippe non quilibet motus cuilibet quieti contrarie opponitur. Unum enim tantum, ut dictum est[3], contrarium unius est. Unum dico secundum communionem nature, non secundum proprietatem substantie. Hec enim albedo cuilibet nigredini eque adversa est. Que quidem adversitas, que ex natura speciei contingit, proprie ad
20 ipsas species refertur, secundum quod quidem unam tantum naturam unius esse contrarium ⟨contingit⟩ ⟨..... desunt quedam.....⟩

Que quidem multos in hanc sententiam induxit ut contrarium nomen tantum universalium, non etiam singularium, confiterentur, albedinis quidem et nigredinis, non huius albedinis vel huius nigredinis.
25 Sic quoque et relativum et privatio et habitus nomina tantum universalium dicunt. Relativa quidem, ut supra meminimus[4], tantum universalia dicebant ex relatione constructionis. Habitus quoque et privatio universalium tantum nomina dicunt, eoquod in individuis non possunt servari. Si enim hec visio mea alicuius cecitatis esset habitus, simul et
30 aliqua cecitas esset eius privatio. Sunt namque relationum nomina 'habitus' et 'privatio', sed que, cum nulla sit simul in ea que eam privet nullaque fortasse in toto tempore vite michi contingeret? Unde potius ipsa universalia visio et cecitas, que permanentia sunt, videntur habitus et privatio dici. Sed si 'habitus' et 'privatio' tantum sunt uni-
35 versalium nomina, quomodo possumus per hanc visionem et cecitatem, que circa eumdem catulum contingunt temporibus diversis,

11 sed *V*c et *V* quietis *V*c quietas *V*   21 ⟨contingit⟩ *c*   32 privet† *c*   36 ⟨eudem⟩ *V*c

[1] *Categ.* 11, 14 a 22-23.   [2] *Ibid.* 14, 15 b 1 *e.q.s.*   [3] *supra*, p. 369[31].
[4] ubi?

ordinem privationis et habitus et naturam ostendere, quippe cum non sint privatio et habitus? A m p l i u s : ⟨ut⟩ species ab individuis in essentia non discrepent, oportet individuorum substantiam habere quod speciei naturam recipit. Sed neque de speciebus ipsis magis dicendum videtur quod sint privatio et habitus, quam de ind⟨ivid⟩uis, si earum statum in- 5 spiciamus totamque earum collectionem comprehendamus, quasi hinc omnes cecitates, illinc vero omnes visiones, in quibuscumque sint subiectis, constituamus. Neque enim vel omnes simul omnium priva- tionem vel habitum dicimus, cum non contingant circa idem, sed circa diversa, nec aliqua alicuius, propter eamdem causam. Si igitur ad 10 statum vel existentiam vel specierum vel individuorum respiciamus, ea privationem et habitum proprie non dicimus.

Sed hec nomina relativa ⟨esse non⟩ teneamus; oporteret enim simul esse que ⟨ab⟩ eis nominare⟨n⟩tur. Unde Aristotiles relativa ea videtur innuere cum eorum relationem ostenderet, dicens[1] quia cecitas 15 privatio visionis, non cecitas visionis dicitur. Sed profecto vere non sunt relativa, sicut et negatio et affirmatio, quia nequaquam reciprocan- tur. Neque enim quemadmodum dicimus: 'privatio habitus privatio' vel 'negatio affirmationis negatio', ita quoque contingit dicere: 'habitus privationis habitus' vel 'affirmatio negationis affirmatio'. Sicut enim 20 affirmatio prior est naturaliter negatione, ita habitus privatione; nec dico tantum in substantia, sed etiam in proprietate habitus; ex quo enim ipsa est cecitas, habitus dici potest. Cuius videlicet habitus est hec pro- prietas ut a subiecto preter ullam subiecte ⟨rei⟩ corruptionem recedere possit, sed numquam amplius natura eius ipsum regredi permittat. 25 Privatio vero est que adveniens subiecto quod naturaliter habitus susceptibile est, ipsum expellit nec ulterius reverti patitur. Cum itaque aliquid privationem dicimus alicuius, non relationem assignamus, sed quid privaverit ostendimus. Privatio enim quasi privans dicitur, eo videlicet quod aliquid privaverit et expulerit a subiecto, idest habitum. 30 Sic quoque et cum dicimus: 'videns quod videtur videns' vel 'quod videtur a vidente videtur', non relationem assignamus; sed hic passionem inferre actionem, illic passionem inferri ab actione monstramus. Sicut autem nomen relativorum aut contrariorum in individuis quoque servamus, sic etiam vocabula 'privationis' et 'habitudis' in ipsis quoque custodimus. 35

Postquam autem ostendimus contraria maiorem tenere opposi-

---

5 ind⟨ivid⟩uis *Vc*   8 omnium + ⟨simul⟩ *Vc*   13 ⟨esse non⟩] ⟨non⟩ *c*   21 est + prior est *V* 31 *alterum* videns *V* videt *c*   32-33 actionem inferre passionem *V*

[1] *Categ.* 10, 12 b 18-20.

tionem quam relativa, idem quoque | ipsa ad alia habere convincamus,
sive ad privationem et habitum sive ad affirmationem et negationem; ac
prius ad privationem et habitum.

De maiori oppositione contrariorum quam privationis et habitus

5   Cum quidem magis quam contraria videntur sibi adversari, in eo
scilicet quod alterum sine licentia ulla regressionis expellat nec expulsum
amplius reverti permittat, contraria vero sibi mutuo succedunt, sive
mediata sint sive inmediata; etenim ex calido frigidum et ex frigido fit
calidum et ex sano egrum et ex egro sanum. Sed hec est maxime
10 oppositionis in contrariis comprobatio quod sepe adventus contrariorum et recessus substantiam ipsam novat et perimit, ut eorum que
naturalia sunt, sicut calor igni⟨s⟩. Privatio vero et habitus numquam
motum substantie, sed alterationem faciunt. Eadem enim prorsus utrumque substantia recipit. Unde illud est quod Aristotiles ait[1] : „privatio
15 vero et habitus dicuntur quidem circa idem aliquid, ut visio et cecitas
circa oculum." Constat itaque contraria magis sibi adversari quam privationem et habitum, quamvis alterum inregressibiliter expellat alterum,
idest quelibet privatio suum habitum. Non bene enim ad oppositionis
augmentum prohibitio regressionis operari videtur. Contingeret enim
20 iam ipsam privationem magis oppositam esse habitui, quem sibi succedere
non permittit, quam habitum ipsi; quod impossibile est. Tantum enim
oppositionis hoc ad illud necesse est habere quantum illud ad istud habet.

De maiori oppositione contrariorum quam affirmationis et negationis

       Affirmationem et negationem in oppositione contraria superant.
25 Facilius enim de eodem veras esse simul affirmationem et negationem
natura permitteret quam in eodem simul esse contraria. Possibilius enim
videtur simul esse quod dicunt iste propositiones: 'Socrates est albus' et
'non est albus', quam quod iste proponunt: 'Socrates est albus' et 'Socrates
est niger'. Quas complexa contraria Aristotiles dicit[2], eo videlicet
30 quod remotio albi magis consentiat positioni ipsius quam positio nigri.
Neque enim ex eo quod albedine careo tantum sum diversus ab eo
quantum ⟨ex eo quod sum⟩ niger. Carere enim albedine posset medio
colore coloratus, qui ⟨non⟩ tantum albedini quantum nigredo, que eius
est contrarium, adversatur. Sed de hoc quidem uberius in Libro Cathe-

12 igni⟨s⟩ c   22 ad illud c aliud V   31 sum] sunt V   32 quantum Vc quantus V ⟨ex
eoquod sum⟩ Vc   33 ⟨non⟩ Vc quae c quam V   34 quidem] quod V

[1] Categ. 10, 12 a 26-27.   [2] Cf. Categ. 10, 13 b 13-14.

goricorum egimus, cum contrariarum propositionum maximam oppositionem esse convinceremus[1]. Nunc autem causa nominis contrariorum ostensa eorum proprietates diligenter consideremus.

Horum autem Aristotiles alia mediata alia immediata esse docuit[2]. Mediata vero ea determinavit quorum non est necessarium 5 alterum inesse suo susceptibili, ut sunt album et nigrum, que proprium susceptibile corpus habent. In quo cum medios colores esse videamus, determinatum est neutrum contrariorum ibi esse. Immediata vero ea diffinit quorum necessarium est alterum inesse suo susceptibili, ut sanum et egrum circa animal. Nullum enim contingit esse quod horum 10 alterum non habeat, etsi absque utroque possit subiecta animalis natura consistere; quippe prior est eis naturaliter utpote eorum sustentamentum. Mediata sive immediata quantum ad naturam proprii susceptibilis dicit, secundum id scilicet quod determinatum est eam aut, ubicumque est, esse cum altero eorum, aut alicubi sine altero utroque consistere. 15 Unde nichil est illud quod quidam opponunt, album et nigrum immediata esse circa cignum vel corvum vel corpus non medio colore coloratum, quamvis tamen alterum inesse certum sit. Hec enim non sunt propria eorum susceptibilia, sed subiecta corporis natura. Unde quantum ad proprium susceptibile, ubicumque sint album et nigrum, mediata debent 20 appellari. Similiter et immediata secundum proprii subiecti naturam pensamus, ut sanum et egrum secundum subiectam animalis naturam; que fortasse quantum ad corpus vel substantiam mediata videntur dici, cum in aliquo eorum neutrum contingat veluti in insensibilibus aut spiritibus; sed nullo modo propter hoc mediata sunt dicenda, sed, ut 25 dictum est, propter proprium susceptibile.

Propria vero contrariorum susceptibilia modo multa videntur in natura, modo unum. Multa enim sunt, ut ea que bonum et malum recipiunt. Neque enim sole substantie bone sive male dicuntur, sed etiam qualitates ipse, sive etiam passiones aut actiones et multa alia 30 accidentia. Que quoniam diversis subiacent predicamentis, nulla communi natura possunt uniri. Sed fortasse diverse sunt bonitates diversorum predicamentorum et '*bonum*' secundum illa multipliciter accipitur; cuius multiplicitatem ipse nos Boetius docuit[3], cum bona alia esse monstravit secundum hoc quod retinent boni qualitatem, idest 35 bonitatem ipsam, que contraria est malitie; alia secundum hoc quod

1 contrariorum *V*   11 subiecta] substantiata *V*c substantialiter *c*   15 sine] sive *V*   17 corvum *V*c eorum *V*   25 hec *V*

1 *supra*, p. 173[26] *e.q.s.*   2 *Categ.* 10, 11 b 28-12 a 20.   3*De divis.*, 889 D[2-5]; cf. *Log. Ingred.*, 217[6-8].

faciunt ⟨rem⟩ bonam. Bone quidem ex qualitate boni substantie dicuntur; virtutes vero ex eo quod eas bonas faciunt. Non ita facere
bonum et facere malum contraria videntur sicut malum et bonum.
Fortasse enim in eodem possunt simul contingere, sicut pati bonum et
5 pati malum, vel amare bonum et amare malum. Videntur itaque omnia
contraria unam communem naturam habere semper subiectam, sive
generalem sive specialem. Et siquidem Aristotiles susceptibile secundum
sustentationem suscepit[1], ex ipsis clarum est substantiis, que sole
accidentia omnia sustentant, veluti ipsam quoque claritatem cum albedine
10 que ea informatur. Unde et ipse ait[2] Aristotiles: „palam vero est quia
circa idem aut specie aut genere naturam habent fieri contrarietates, ut
languor et sanitas in corpore animalis vel albedo et nigredo simpliciter
in corpore, aut iustitia et iniustitia in homine." Hicque naturalia et
propria contrariorum susceptibilia posuit, que prime et primo loco ea
15 suscipiunt. Nam etsi animal sanum et homo sanus et corpus album et
homo albus dicatur, hec quidem propria est predicatio, illa vero per
accidens enuntiatio. Nam quod homo sanita⟨ti⟩s susceptibilis est vel
albedinis, ex animalis vel corporis natura, quam participat, habet, non
ex propria substantia.

20   Sunt mediatorum contrariorum modo plura media, ut albi et
nigri fuscum et pallidum et cetere mediorum colorum species, aliquando unum, ut calidi et frigidi tepor. His vero que in medio sunt,
modo nomina posita sunt, modo ea vocabulorum penuria negatione
extremorum proferri convenit, ut inter bonum et malum id dicitur esse
25 quod neque bonum est neque malum, ut ipsa bonitas, que neque bona
dicitur, cum se ipsa non sit informata, neque mala, cum contrarium non
recipiat. Sic et multa alia neque bona neque mala dicuntur. Insunt autem
contraria quibusdam naturaliter, ut calor igni et albedo nivi, que eis
insunt substantialiter, quibusdam vero per accidens utpote suis funda-
30 mentis, ut eadem ferro vel cigno.

Adiecit quoque Aristotiles omnia contraria vel in eodem genere
esse, vel | in contrariis generibus, vel ipsa esse genera. Sunt enim albedo, f. 168ᵛ
inquit[3], et nigredo in colore, iustitia et iniustitia in virtute et vitio, que
sunt contraria genera; „bonum vero, inquit[4], et malum non sunt in
35 genere, sed ipsa sunt genera aliquorum existentia". Ex quo quidem
quidam talem eum divisionem innuisse dicunt, quod contraria alia sunt

1 ⟨rem⟩] coll. b ⟨actionem⟩ c   13 iusticia et Vᶜ iusticia aut V homine V anima b   15 sanus
c sanum V   17 sanita⟨ti⟩s c   28 nivi Vᶜ cigni V

1 Cf. Categ. 10, 13 a 17-18.   2 Ibid. 11, 14 a 15-19.   3 Cf. Categ. 11, 14 a 20-23.
4 Ibid. 11, 14 a 23-25.

genera, alia specialissima. Specialissima vero sic subdividuntur ut eorum alia sub eodem genere alia sub diversis contrariis ponuntur. Sed quid dicemus de eo quod ait bonum et malum non esse in eodem genere, sed genera esse contraria? Sunt enim utraque in qualitate, aut fortasse in aliquo aliorum predicamentorum. Certum enim est non diversis pre- 5 dicamentis contraria contineri. Unde et ipse dixit[1] : „si ex contrariis unum fuerit quale, palam est quoniam et reliquum erit quale." Ipsa etiam Boetii expositio in qualitate ea collocat[2].

 Sed nec genera videntur esse bonitas et malitia, sed species specialissime, nisi forte pro virtute et nequitia accipiantur, quod etiam 10 Boetius plane innuit[3], cum super hanc divisionem commentans iusti- tiam sub bono et malo contrariis generibus dicit contineri, que Ipse sub virtute et nequitia collocaverat. Quod igitur prius Aristotiles 'virtutis' et 'nequitie' nomine designaverat, id deinde in bono a⟨c⟩ malo intellexit. Sunt etiam eadem contraria et in contrariis generibus et in eodem, et 15 fortasse etiam genera, ut iustitia et iniustitia in virtute et nequitia et in qualitate continentur. Possunt fortasse reperiri et quedam contrarie species que neque in eodem genere sint neque in contrariis generibus. Videntur enim quedam actiones quibusdam passionibus contrarie, nec tamen earum genera sunt contraria, ut delectari ac contristari que Ipse 20 in Facere ponit[4] contraria. Placari scilicet et irasci, ut etiam contristari, active accipiatur, vel etiam gaudere et contristari, quod est passio a contristat⟨ion⟩e illata. Sed id quidem omnino auctoritas, ut dictum est, abicit, ut in diversis predicamentis contraria invicem contineantur. Unde passionem tantum passioni et actionem actioni oportet apponi 25 contrarie. Ut autem oppositionem in membris supraposite divisionis servare possis, ita accipe 'esse in genere eodem tantum', ut videlicet illud 'tantum' ad utrumque, et ad 'genus' et ad 'idem', referatur, ut et in genere tantum sint et in eodem tantum. Cum autem in genere tantum esse dicantur, ea esse genera excludimus et specialissima esse innuimus; cum 30 autem in eodem tantum, opposita genera separamus. Cum autem dicimus: alia[m] in contrariis generibus sunt, 'tantum' etiam est apponendum ad removendum esse genera, ut et ista specialissima intelligantur; et sic quidem bonum est illud quod subiungitur: „alia non in eodem conti- nentur", genere tantum videlicet, „sed etiam, inquit[1], sunt genera." 35

 Non est autem pretermittendum sub quibus predicamentis con-

---

3 quod c quidem V 14 a⟨c⟩ c intellexit V[c] intellegit V 23 quidem c quod V 24 abicit V adjicit c 25 passionem] positionem V 27 servari V 32 alia[m] c generis V

[1] Categ. 8, 10 b 17-18. [2] In Categ., 256 B. [3] Ibid. [4] Categ. 9, 11 b 1-4.
[5] Cf. Categ. 11, 14 a 24-25.

traria cadant et que sint contrarietate absoluta. Certum est autem ex auctoritate Aristotilis nichil substantie vel quantitati vel relationi contrarium esse. Cum enim proprietatem substantie vel quantitatis investigaret, nichil illis contrarietatis accidere dixit[1]. Cum autem in tractatu
5 *Quantitatis* magnum et parvum non esse contraria convinceret, firmum ex relatione argumentum sumpsit[2]; quia enim relativa erant ea, contraria esse negavit. Tria itaque predicamenta omni contrarietate absoluta esse Aristotiles testatur. Tribus quoque ipse aliis inesse contraria docet[3], *Qualitati* quidem, *Actioni* et *Passioni*. De contrarietate autem ⟨ceterorum
10 omn⟩ium predicamentorum nichil omnino in textu *Predicamentorum* quem habemus, determinavit, horum scilicet: *Quando*, *Ubi*, *Situs*, *Habere*. Nec nos quidem quod auctoritas indeterminatum reliquit, determinare presumemus, ne forte aliis eius operibus que latina non novit eloquentia, contrarii reperiamur. Hec tamen predicamenta que
15 ex *Quantitate* nascuntur, *Quando*, *Ubi*, contrarietate, sicut ipsa *Quantitas*, absoluta videntur.

Nota autem id quod diximus, contraria maxime esse adversa, eorum obesse sententie qui eamdem in essentia materiam generis in omnibus proponunt speciebus ipsis, ut eadem prorsus sit in essentia
20 materia hominis et asini, que est animal, sed diverse quidem hic et ibi illius forme. Si enim omnium specierum est eadem in substantia materia, tunc albedinis et nigredinis et ceterorum contrariorum, que omnia, ut dictum est, eiusdem generis species esse necesse est. Si autem albedo et nigredo in essentia materie sue coniuncte sint, quomodo ita
25 sibi adversari poterunt, sicut ea que nec materiam eamdem habent nec formis eisdem conficiuntur, ut sunt ea quecumque in diversis consistunt predicamentis, ut homo et albedo? Si que enim sunt forme que substantia⟨m⟩ albedinis constituant, hominis non possunt substantiam facere, quia diversorum generum, et non subalternatim positorum,
30 diversas esse tam species quam differentias Aristotiles docuit[4]. Nostra quoque sententia tenet solas substantie species differentiis confici ceterasque species per solam subsistere materiam, sicut in *Libro Partium* ostendimus[5]. Si ergo eadem prorsus est materia, que est in ipsis diversitas? Sed eadem que est in consimilitudine substantie, non in-
35 determinate essentie. Neque enim ⟨ea⟩ qualitas que est essentia

---

8 inesse *c* omni *V* 9-10 ⟨ceterorum omn⟩ium] invi in vi *c* 14 predicamenta] contraria *V*
24 coniuncta *V* 35 ⟨ea⟩ *Vc*

[1] *Categ.* 5, 3 b 24-32. [2] *Ibid.* 6, 5 b 35-39. [3] *Ibid.* 8, 10 b 12-24; 9, 11 b 1-4.
[4] *Categ.* 3, 1 b 16-17; vide autem *Introd.*, pp. XV-XVI. [5] Sc. in primo volumine eius libri; vide *Introd.*, p. XXVIII.

albedinis, essentia est nigredinis — esset enim albedo nigredo —, sed consimilis in natura generis superioris. Consimilitudo autem vel substantie vel forme contrarietatem non impedit.

Dubitari potest ab his qui facile et difficile et possibile et impossibile tamquam contraria sibi opponunt, quare magis contraria invicem 5 non dicant facile et impossibile, vel necesse et impossibile; hec enim magis adversantur sibi.

Hec quidem dicta sunt de oppositione contrarietatis. Cui quidem oppositionem privationis et habitus subiungi ordo ipse exigit.

De privatione et habitu   10

Hec autem circa idem subiectum contingere diversis temporibus Aristotiles docuit, „ut visio et cecitas, inquit[1], circa oculum." Et omne quod susceptibile est habitus, privationis quoque susceptivum est. Etenim quod videt cecum fieri potest, et qui comatus est calvus, et qui dentatus est ⟨e⟩dentulus; similiterque in ceteris. Tunc autem tantum 15 privationem contingere dicimus quando habitum in suo quoque tempore, quod scilicet ei natura determinavit, deesse videmus, veluti, si in nono die catulus visionem non recipiat, eum cecum esse non dubitamus. Non itaque omnis ille privationem habet qui non habet habitum, sed qui, inquit Aristotiles, quando contingit habere, non habet, idest tempore 20 quo naturaliter fuerat susceptibilis habitus. „Edentulum enim, inquit[2], non omnem illum dicimus qui non habet dentes nec cecum qui non habet visum, sed qui, quando contingit habere, non habet", idest in tempore quo debuit habitus inesse. „Quedam enim, inquit[3], generationes sunt que neque dentes neque visum habent, sed non videntur 25 edentate neque cece", ut sunt ostrea et que sunt sine capite. Stellio quoque vel nepa neque visionem neque cecitatem suscipiunt, quippe oculo circa que⟨m⟩ fiunt hec[4], non iuvantur. | Cum autem de habitu transitus fiat in privationem, de privatione in habitum impossibile est fieri regressionem. Nec quidem dicimus simpliciter eos qui habent 30 privationem, non posse habere habitum, sed non posse habere post privationem, quod est regredi a privatione in habitum. Quilibet enim homo, etiam ille qui cecus est, possibilis est videre. Bene enim tota eius natura pateretur ut et tempore suo visionem suscepisset et eam in vita

f. 169ʳ

---

11 subiectam V   12 Aristotiles docuit] a· diversis temporibus docuit V   17 videmus] vidicimus V   19 habet Vᶜ tenet V   27 nepa] caupa V   28 oculus V

---

[1] *Categ.* 10, 12 a 26-27.   [2] *Categ.* 10, 12 a 31-33.   [3] Cf. *Categ.* 10, 12 a 33-34. [4] sc. visio et cecitas.

sua custodisset, ut numquam in eo cecitas conti[n]gisset. Quod enim in uno particularium videmus contingere, id in omnibus eiusdem speciei individuis posse contingere credimus; 'potentiam' enim et 'inpotentiam' secundum naturam accipimus, ut id tantum quisque possit suscipere quod 5 eius natura permittit, idque non possit quod natura expellit. Cum autem omnia eiusdem speciei particularia eiusdem sint nature — unde etiam dicitur ipsa species tota individuorum substantia esse —, idem omnia recipere potentia sunt et inpotentia. Unde et curtatum et qui ipsos pedes naturaliter habet eque bipedes vel gressibiles secundum 10 potentiam dicimus, magis quidem ad naturam quam ad statum subsistendi respicientes. Cum tamen curtatum possibile sit simpliciter duos pedes habere, impossibile ipsum habere eos postquam amiserit; sic et ipsum qui cecus est, possibile est videre, sed non possibile est videre postquam cecus est. Est igitur aliud enuntiare simpliciter possibile, aliud cum 15 determinatione, cum hoc verum sit, illud falsum, sicut et hee ⟨propositiones⟩ de Socrate sedente: 'possibile est Socratem stare', 'possibile est stare dum sedet'; prima enim vera est, secunda falsa; de quibus quidem enuntiationibus cum de cathegoricis egimus ⟨pro⟩positionibus uberius tractavimus[1]. Si quis itaque regressionem de privatione in habitum posse 20 fieri, veluti de cecitate in visionem, velit ostendere, quod ille qui privationem habet potest et habitum habere, ut qui habet cecitatem potest videre, non hec satis ad argumentum regressionis. Sic enim qui cecus est, videre posset, quod numquam cecitas in eo conti[n]gisset, et ita nulla fieret regressio, que non potest esse nisi ad id quod prius 25 habuit. Videtur autem cum dicimus: 'possibile est cecum videre', si 'possibile' ad totum propositionis sensum, non ad potentiam substantie referamus, ex eo sequi posse fieri regressionem. Quomodo enim, inquiunt, posset esse quod cecus videret, nisi regressio fieret, de cecitate scilicet ad visionem? Sed dico quod nullo modo ex eo quod dicitur: 30 'cecus videt' potest innui vel referri regressio de cecitate ad visionem, sicut nec ex eo quod dicitur: 'cecus ⟨vidit'⟩, innuit⟨ur⟩ de cecitate a⟨d⟩ visum. Constat itaque de habitu in privationem posse fieri mutationem, sed non de privatione in habitum regressionem. Hicque est eorum ordo ut naturaliter habitus precedat privationem.

35   Non sunt autem idem, ut Aristotiles docuit, privari et privatio vel habere habitum et habitus. „Neque enim, inquit[2], cecum esse est cecitas nec habere visum est visus"; similiterque in

13 qui cecus *Vc* quietus *V*   15 hee] hec *V*   18 agimus *V*   31 a⟨d⟩ *Vc*   34 procedat *V*
35 ut Aristotiles *Vc* ipotetica *V*   37 cecum] *coll. Arist.* esset *V*

[1] *supra*, p. 206[7] *e.q.s.*   [2] *Categ.* 10, 12 a 37-38, ubi autem verborum ordo inversus est.

ceteris. „Si enim, inquit[1], idem esset cecitas et cecum esse, utraque de eodem predicarentur”; nunc vero minime, de eodem scilicet predicantur, „sed cecus dicitur homo, cecitas vero nullo modo homo dicitur. Modus tamen oppositionis in istis idem est, nam sicut cecitas visui opposita est, sic[ut] cecum esse ad visum habere oppositum est." 5
Huic quidem loco talem Boetius expositionem aptavit: „ubi, inquit[2], habitus tria oportet considerari, veluti visione in aliquo existente necesse est subiectam personam existere et susceptam ab ea visionem esse et quamdam insuper proprietatem ex coniunctione[m] visionis ad personam innasci que per 'habere habitum' designatur." Sic quoque et in privatione 10
tria consistunt, ut in cecitate ipsa quidem cecitas et subiecta ea persona et cecum esse, quod est privari, quod ex privatione et persona innascitur, quod videlicet cecum esse ipse Aristotiles a cecitate in eo monstrat[3] diversum quod cecum esse de homine dicitur, cecitas vero de homine non predicatur. 15

Sed, ut aiunt, proprie tantum de oculo dicitur, qui eius est proprium susceptibile. Similiter et 'habere habitum' proprie de homine ipso dicitur, habitus vero ipse proprie de parte ipsius, oculo scilicet, predicatur. Patet itaque ex predicationis diversitate diversam eorum esse essentiam. Quorum enim eadem est essentia, eamdem necesse est 20
esse predicationem, et quorum diversa predicatio, et essentia. Ex coniunctione itaque cecitatis vel visionis ad oculum quamdam innasci proprietatem credunt in toto homine ipso qui oculum habet, quod ⟨de⟩ eo proprie dicuntur hec, scilicet habere visum et cecum esse, que habere habitum et privari dicuntur. Visio enim et cecitas, que oculo insunt ac 25
de eo proprie dicuntur, habitus sunt et privatio. Unde aliam dicunt proprietatem 'habere habitum' quam 'habitus', aliam 'privari' quam 'privatio'. Modum tamen eumdem oppositionis cum habitu et privatione in eo servare dicuntur quod non solum sese expellunt, verum ordinem certum circa idem servant temporisque determinationem, sicut illa 30
exspectant. Sicut enim visio circa oculum cecitatem naturaliter precedit nec ipsam umquam subsequi potest, sic habere visum cecum esse circa subiectam hominis personam.

Sed hec quidem sententia nec rationi nec verbis aristotilicis congruit. Neque enim est ratio quare hec quoque accidentia in privatione 35
et habitu non recipiantur quorum naturam oppositionemque habent. Alioquin erit imperfecta supraposita oppositorum divisio. Hec quoque

6 ubi V unde (?)   11 consistunt V[c] consistant V   24 dicitur V scilicet] sunt V

[1] Categ. 10, 12 a 39-41; a 41-b 1; b 3-5.   [2] Haec verba in prima editione reperire non potui.   [3] Categ. 10, 12 a 41-b 1.

eorum predicatio de persona propria non est; de quo enim proprie *'habere habitum'* dici potest nisi de eo quod habitum habet, ut visum habere de oculo aut cecum esse nisi de eo quod habitu privatum est, ut ipse oculus. Quodsi privationis et habitus proprietates ac differentias
5 ad privari et habere habitum in eo considerant quod hec secundum partes, illa vero secundum tota contingunt, profecto nec visum oculo dabunt, sed parti eius, ut pupille eius, que sola videt. Suntque fortasse multa privationum et habituum que non secundum partium susceptionem contingunt, ut uxoratum et viduum ⟨esse⟩, que in privatione et habitu
10 Boetius annumerat[1]; que tamen in eo quo⟨que⟩ privationis et habitus proprietatem videntur exercere quod nullum in eis natura tempus determinaverit, quo, ut Aristotili placuit, alterum illorum necesse sit inesse subiecto aut quod fiat eorum vicissim in alterum permutatio. Nam et qui viduus erat, uxorem tantum ducit et uxoratus tantum dicitur.
15 Sed fortasse quecumque post primam accipiuntur, non uxores proprie, sed consortes vocari debent.

Illud autem quod Aristotiles in privatione et habitu ad differentiam mediatorum contrariorum ostendit, quod in quodam tempore alterum privationis et habitus necesse ⟨est⟩ inesse suo susceptibili, ad
20 maiorem respexit partem; quod cum quibusdam privationum et habituum conveniat ac nullis mediatis contrariis aptari possit, bene in differentiam ducitur, cum id natura eorum expellat quod horum proprietas potitur ac sepissime | tenet. Cum autem uxoratum et viduum ⟨esse⟩ non   f. 169ᵛ
secundum partes contingant, sed toti accidant homini, non est omnium
25 privationum et habituum secundum partes contingere. Nec per hoc possunt privari et habere habitum que proprietates esse creduntur, a privatione et habitu sepa⟨ra⟩ri.

A m p l i u s : cum inter *'privari'* et *'privationem'* per eorum predicationem Aristotiles differentiam daret dicens privari quidem de
30 homine, sed non privationem predicari, „sed cecus, inquit[2], dicitur homo, cecitas vero nullo modo dicitur". Unde nichil aliud colligere ⟨est⟩ nisi quia in adiacentia, non in essentia, cecitas de homine dicitur. Hoc enim vocabulum adiacentie, illud essentie, et utrumque cecitatem diversis modis significat, sed alterum quidem cecitatem tantum signi-
35 ficat, alterum vero ipsum quoque fundamentum nominat, quod est cecum, ideoque de ipso enuntiari potest, ut dicatur homo cecus, non cecitas, cecitatem quidem habere, non esse. Sicut autem predica-

---

14 ducit *Vᶜ* duxit *V*   20 habitum *V*   26 que] quedam *V*   32 ⟨est⟩ *c*

[1] Haec verba in prima editione desunt.   [2] *Categ.* 10, 12 a 41-b 1.

tionem cecitatis in essentia homini abstulit, sic etiam posset et illius proprietatis que privari esse creditur, et cuiuslibet accidentis.

Nichil itaque aliud rationabiliter ex verbis Aristotilis concipi potest nisi differentia vocabulorum, substantivorum scilicet et sumptorum, que videlicet cum et in significatione et soni similitudine con- 5 veniunt, ut 'privatum' et 'privatio', 'cecus' et 'cecitas', secundum predicationem tamen modumque significandi discrepant. Hoc itaque quod dixit privari vel habere habitum, nichil aliud nisi nominatas personas intellexit, que scilicet private sunt vel que habent habitum, ut sunt ipse substantie; ut videlicet magis vocum proprietates quam rerum 10 diversitates intendat distinguere. Si enim omnia eius opera studiose inspiciamus, magis eum in vocibus immorari quam in rebus inveniemus liberiusque verba eius de vocibus quam de rebus exponere⟨n⟩ tur, quippe qui logice deserviebat. Si⟨c⟩ enim, cum differentiam affirmationis et negationis ad alia ostenderet, secundum dividentia veri ac falsi vocabula 15 aliorum accepit, cum ea incomplexa vocavit, nam complexum et incomplexum ipse in designatione tantum vocum cognovit accipere, iuxta illud[1] Predicamentorum „eorum que dicuntur alia quidem secundum complexionem dicuntur", ut orationes, „alia sine complexione", ut simplices voces, de quibus quidem ipse intendebat. Quod autem 20 privari et habere habitum eumdem modum oppositionis dixit habere cum privatione et habitu, ipsas videlicet personas que eas suscipiunt, secundum susceptionem earum, non secundum naturam substantie dictum puta, et ordinem quem in ipsis personis secundum accidentia consideramus, ut ea[m]dem scilicet persona[m] secundum habitus 25 susceptionem precedat se ipsam naturaliter secundum privationem.

Solet autem de morte et vita queri utrum in privatione⟨m⟩ et habitum an potius in contraria recipiantur. Videntur enim ex ordine suo privatio et habitus. Sed hoc quidem subiecti natura recte impedire videtur. Neque enim fiunt circa idem subiectum, sed circa hoc quod 30 substantialiter est mutatum, cum modo sit sub animato, modo sub inanimato transeat. Sicut autem animatum et inanimatum contraria dicimus, sic etiam mortem et vitam qualitates quasdam, non actiones. Nam mors et vita actiones, unde verba ipsa 'mori' et 'vivere' dicuntur sumpta, contraria non sunt, sed in eodem simul; nam quicumque 35 moritur, vivit; sed potius qualitates quedam, que etiam mors et vita nominantur, que in eodem simul nullo modo possunt existere. Unde

7 hec V si⟨c⟩ c 18 predicamentorum] predi· V 25 ea[m]dem persona[m] c

[1] Categ. 2, 1 a 16-17.

recte dicitur nullum vivum mortuum esse ac nullum mortuum vivum;
et hic quidem '*mortuum*' nomen est qualitatis, non participium preterite
actionis; de hoc enim fortasse dici potest: '*quoddam mortuum est vivum*',
quia videlicet quiddam quod moriens fuit, est vivum, ut ille qui iam-
5 dudum mori cepit[1] ac nondum mortuus in extremo vite positus anhelat.
Ipse enim secundum id quod iamdiu moriens fuit, mors actio in eo
secundum quoddam suum inferius preterita est, ac secundum aliud
adhuc in ipso est; hec enim accidentia que actiones sunt vel passiones,
sibi consimiles habent partes et sue nature, ut singule partes mortis
10 mors dicuntur. In corpore quoque Fenicis quod resuscitatum est,
videtur posse dici quoddam mortuum vivum; quia moriens semel extitit,
omni tempore mortuum amplius diceretur; sicut et quod semel amatur,
omni tempore sequenti amatum dici potest ex preterita passione, et
quod semel amabitur, omni tempore quod ullam eius amationem pre-
15 cedet, amandum. Unde non ita in predicatione opposita sunt participia
contrariarum actionum vel passionum que preteriti sunt temporis vel
futuri, sicut ea que sunt presentis. Non enim sicut dicimus: '*nullum
calefaciens est frigidum faciens*', ita possumus enuntiare: '*nullum calefacturum
est frigidum facturum*'; aut sicut dicimus: '*nullum quod calef*[*ac*]*it frigidum*
20 *fit*', ita contingit dicere: '*nullum calefactum est frigidum factum*' aut '*nullum
calefaciendum est frigidum faciendum*', eo videlicet quod preteritorum et
futurorum multe sint partes. Presentia vero indivisibilia sunt. Unde in
preterito aut futuro secundum diversas eorum partes contraria in eodem
poterunt esse; sed non in presenti, quippe partibus caret. Verum est
25 enim quod idem ferrum et calidum fiet et frigidum fiet alio quo et alio
tempore, et rursus idem et calefactum est et frigidum factum. Sed
numquam idem et calefit et frigidum fit, et calefaciens est et frigidum
faciens.

    Hec autem de oppositione privationis et habitus dicta sunt. Nunc
30 oppositionem affirmationis et negationis tractare superest.

De affirmatione et negatione

    Horum autem proprium est semper alterum verum esse et alte-
rum falsum, sive quidem ipse res sint sive non sint. Neque enim hic aliam
negationem nisi propriam et dividentem accipimus, que scilicet sim-
35 pliciter sensum affirmationis perimit, de qua in *Periermeniis* dictum est[2].
Aut enim qui dicit verus est, aut qui negat. Sive enim Socrates sit sive

3 quiddam *V*   7 quiddam *V*   11 quiddam *V*   16 preteriti *V*c preterita *V*   18 faciens *c*
facientis *V*   25 primum et *V*c aut *V* quo *V* quo⟨dam⟩ *c*

[1] cepit = coepit.   [2] *supra*, p. 177[7] *e.q.s.*

non sit, semper alterum eorum que iste propositiones dicunt: '*Socrates est homo*', '*non est Socrates homo*', necesse est esse et alterum non esse. Cum enim Socrates existit, vera est affirmatio et falsa negatio; cum autem non est, econverso est. Sic⟨ut⟩ autem Aristotiles privari a privatione et habere habitum ab habitu separavit, ita ea que sub affirmatione 5 et negatione iacent, ab affirmatione et negatione divisit[1], eumdem tamen et illis modum oppositionis habere dixit[2].

Quidam autem per '*iacere sub affirmatione et negatione*' finitum et infinitum vocabulum accipiunt, ut '*sedet*', '*non-sedet*', quidam vero intellectus ab affirmatione et negatione generatos; sed nos potius ea que 10 ab affirmatione et negatione dicuntur accipimus, essentias scilicet rerum de quibus per affirmationem et negationem agitur, de quibus scilicet in consequentiis affirmationum et negationum agitur. Que quidem cum affirmatione et negatione in eo modum eumdem | oppositionis habent quod, sicut affirmationum et negationum utrumque neque simul verum 15 esse neque simul falsum esse potest, sed semper alterum verum et alterum falsum, ita ea que ab ipsis dicuntur, neque simul esse neque simul non esse possunt, sed alterum semper est et alterum non est. Quod ad affirmationem et negationem in eo differentiam habent quod ille orationes sunt, hec autem orationum significata; unde bene sub 20 affirmatione et negatione iacere dicuntur tamquam earum significationes.

Nunc autem quatuor suprapositis oppositionibus pertractatis ad earum differentias veniamus, quas et ipse Aristotiles diligenter distinxit.

⟨De⟩ differentia relativorum ad ceteras oppositiones

Relativa igitur et simul sunt natura et ad se invicem reciprocantur, 25 quibus quidem cetere oppositiones carent. Neque enim contraria simul sunt natura, ut sanitas et egritudo, cum omnino alterum sine altero possit esse. Unde et ipse Aristotiles ait[3]: „sanis namque omnibus sanitas quidem erit, languor vero non erit", ac si aperte diceret quod in omni animali posset sanitas contingere; unde et languorem non esse con- 30 tingeret. Sic quoque et privatio deesse potest omnino, cum habitus fuerit, et negationem perimere necesse est, cum affirmatio vera manserit. Reciprocari etiam secundum se ista non possunt. Neque enim dicitur album *nigri album*, vel nigrum *albi nigrum* vel cecum *videntis cecum* vel

f. 170r

2 non est] non + *lacuna* V   6 tamen V*c* tantum V   7 et *c* est V   8 negatione] ne V   15 affirmationum et negationum V affirmatio et negatio *c*   17 ea] esse V [esse] *c*   22 quatuor] ūu V suprapositis V*c* suprapositionis V   29 quidem] quod V

[1] *Categ.* 10, 12 b 5-16.   [2] *Ibid.* 10, 12 b 11-16.   [3] *Ibid.* 11, 14 a 7-8.

econverso, vel *'Socrates sedet'* *'non Socrates sedet Socrates ⟨se⟩det'*, vel econverso.

Contrariorum ad privationem et habitum

Differunt quoque contraria et privatio et habitus in se invicem et
5 ab affirmatione et negatione; ac prius quas inter se habent differentias
aperiemus. Differunt autem privatio et habitus tam ab mediatis quam
immediatis contrariis. Ab immediatis quidem in eo segregantur quod
alterum immediatorum semperʳ est manente suo susceptibili, ut in animali
sanitas vel languor. Non autem semper inesse necesse est vel privationem
10 ⟨vel⟩ habitum. Ante enim determinatum tempus neque cecitas neque
visio inest oculo. A mediatis quoque contrariis, sive naturalibus sive non
naturalibus, separantur privatio et habitus; a naturalibus quidem in eo
quod nullo tempore necesse est alterum inesse suo susceptibili, cum
videlicet medium contingere possit; privationis vero et habitus alterum
15 necesse est inesse, postquam res ad determinatum tempus venerit, in his
videlicet quibus natura tempus determinavit. A m p l i u s : in huiusmodi
contrariis, que videlicet naturalia non sunt, possibile est in alterum
fieri mutationem manente susceptibili, ut ex sano egrum et ex egro
sanum et ex albo nigrum et econverso. Unde in privatione et habitu
20 impossibile est mutationem fieri in alterutrum. Cum enim ab habitu in
privatione⟨m⟩ mutatio fiat, a privatione in habitum fieri non potest;
„neque enim, inquit[1], cecus factus rursus vidit, nec cum esset calvus,
rursus comatus factus est, nec cum esset edentulus, dentes ei orti sunt."
A naturalibus autem in eo clara est differentia quod manente susceptibili
25 id quod naturale est necesse est ei inesse; cumque determinate alterum
semper insit, certum est alterum semper abesse. Ex natura enim nivis et
ignis certi sumus et hunc semper calere et illam semper albere, ut
scilicet horum contraria nequeant suscipere; „neque enim, inquit[2],
possibile est ignem frigidum esse neque nivem nigram." Privationis vero
30 et habitus non semper, ut dictum est, alterum inest nec quod accidit
determinate contingit et quod contingit recedere potest; quecumque
non secundum naturam, sed per accidens insunt, et non esse possibile
est, ut visionem ipsam que veniente cecitate ⟨recedit⟩. Posset etiam
ipse homo, si simplicem eius substantie naturam respiciamus, integer et
35 perfectus omni tempore vite sue subsistere absque utroque, tam
visione quam cecitate. Quicquid enim natura non impedit, possibile est

10 ⟨vel⟩ *Vᶜ*   12 habitum *V*   21 privatione⟨m⟩ *c*   27 calere *c* talem *V*   33 ⟨recedit⟩ *c*
33-34 etiam ipse] et in ipso *V*

[1] *Categ.* 10, 13 a 34-36.   [2] *Ibid.* 10, 12 b 40-41.

fieri, et quicquid ipsa non exigit, possibile non esse. Ipsa neutrum exigit, cum sine utroque aliquando consistat, ante quidem, non post, determinatum tempus.

Videtur tamen et post temporis determinationem neque visionem neque cecitatem in ipso homine esse, veluti in dormiente. Si enim, 5 inquiunt, visio esset in eo, videre eum oporteret; si vero cecitas inesset, numquam amplius ipsum videre contingeret. Dicimus autem visionem in dormiente quoque esse, non illam que actio est, sed que est qualitas, que habitus dicitur, que etiam de ipso dormiente predicatur, ut videlicet dicamus ipsum dormientem videntem esse, non quidem secundum 10 id quod agat, sed quod qualitate quadam oculi eius informati sint, que eque et cum actione et sine ea potest esse.

Atque hec quidem ad differentiam contrariorum et privationis et habitus dicta sufficiant.

Nunc autem affirmationis et negationis distantiam ad alia mon- 15 strare ⟨superest⟩. Horum autem, ut diximus[1], proprium est semper alterum esse verum et alterum falsum, sive scilicet res sit, sive non sit. Nullum autem supradictorum verum est vel falsum, neque scilicet relativa, neque contraria, neque privatio et habitus. Quod quidem ex eo Aristotiles confirmavit quod nulla eorum que illa significant, vera sunt 20 vel falsa in significatione, sed omnino sunt incomplexa vocabula, ut 'sanum', 'egrum', etc.; incomplexorum autem, ut ipse ait[2], nulla veritas vel falsitas consistit.

Sed fortasse contrariis complexis vel privationi et habitui complexis non potest supradicta proprietas auferri. Complexa autem 25 contraria eas dicimus propositiones que de eodem contraria enuntiant hoc modo: 'Socrates est sanus', 'Socrates est eger'; similiter et in complexione privationem et habitum accipiunt: 'Socrates est videns', 'Socrates est cecus'. In his autem supraposita proprietas affirmationis et negationis videtur contingere eoquod alterum falsum et alterum verum contingat, 30 sed non semper; in quo quidem a proprietate affirmationis et negationis recedunt. Cum enim Socrates non fuerit, omnia de eo falsa, et eum scilicet sanum esse et eum egrum esse et cecum esse et videntem esse. Manente etiam susceptibili contrariorum vel privationis et habitus sepe neutrum in eo contingit, contrariorum quidem cum medi[t]ata fuerint, 35 privationis vero et habitus ante temporis determinationem.

---

6 eum V^c ea V 16 ⟨superest⟩] ⟨oportet⟩ c 32 falsum V

[1] supra, p. 389[32-33].   [2] Categ. 4, 2 a 8-10; cf. De interpr. 1, 16 a 12-18.

De loco ab oppositis

Nunc autem quatuor oppositionibus pertractatis earumque differentiis iuxta Aristotilem annotatis, oppositorum inferentias consideremus, quas quidem ab extrinsecis venire superius diximus[1]. Est
5 autem oppositorum communis inferentie modus quem oppositionis natura exigit huiusmodi ut altero posito alterum tollitur.

Si enim in quibusdam oppositorum contingat altero posito alterum poni et perempto perimi, ut in relativis, aut altero remoto alterum poni, ut in affirmatione et negatione vel immediatis, id non ex natura
10 oppositionis exigitur, sed ex proprietate relationis vel immediationis. Attende autem ea hoc modo accipienda in inferentia quomodo sunt opposita ac secundum id sese expellere. Alioquin nec probabilitatem tenerent inferentie.

De incomplexis oppositis

15 Omnia itaque opposita eo modo quo opposita sunt sese expellunt, sive sint simplicia opposita sive complexa. Que quidem res in essentia tantum fuerint opposita, in essentia sese expella⟨n⟩t hoc modo:

'si est albedo, | non est duritia'   f. 170ᵛ
'si est homo, non est equus'.

20 Quodsi sunt in adiacentia, et in adiacentia sese auferunt hoc modo:

'si est album, non est nigrum'
'si est cecum, non est videns'.

Hec est autem regula oppositionis secundum essentiam:

si aliquid oppositorum predicatur de aliquo,
25   oppositum ipsius removetur ab eodem,

ut etiam de predicatione essentie agatur, hoc modo:

si aliquid est aliquod oppositorum, non est alterum.

Hec vero est oppositionis in adiacentia:

si aliquod oppositorum in adiacentia adiacet alicui,
30   oppositum ipsius non adiacet eidem,

que etiam secundum essentiam potest intelligi; que enim suscipiunt opposita in adiacentia, opposita sunt in essentia, ut *alba res* et *nigra*. Unde si aliquid est ea res que est alba, ipsa non est ea que est nigra, ut etiam predicatio essentie fundamento oppositorum attendatur. Hecque ex-
35 pulsio oppositorum secundum predicata contingit, non secundum

---

3 inferentiam *V*   6 tollitur] *coll.* 369¹⁹ collocatur *V*   9 id non ex] vindex *V*   18 est]
enim *V*   20 sunt] etiam *V*

[1] *supra*, p. 369¹⁴ *e.q.s.*

subiecta. Neque enim opposita sunt secundum subiectionem, sed secundum predicationem. Cum enim eidem supponantur, de eodem non predicantur.

Si autem in respectu fuerint opposita, secundum respectum expulsio fiat, ut in relationibus hoc modo: 5
> '*si est pater illius, non est filius eiusdem*'

vel
> '*si est magister illius in isto, non est discipulus illius in eodem*'.

Quo enim respectu alterum relativorum inerit,
〈alterum〉 non conveniet, 10
sed quomodo in relatione simile ad simile vel equale ad equale hoc tenebitur. Sunt autem que opposite 〈sunt in〉 essentia, secundum existentiam quoque opposite, ut *nox* et *dies*, que simul existere non possunt. Unde et talem de eis recipimus consequentiam secundum eorum subsistentiam: 15
> '*si dies est, n〈o〉x non est*',

cuius hec est regula:
> existente aliquo oppositorum in existentia alterum deficit.

De complexis 20

Custoditur etiam huiusmodi inferentia non solum in rebus, verum etiam in his que a totis propositionibus dicuntur que simul sese non patiuntur, ut sunt ista: '*solus Socrates est filius Sophronici*', '*Plato est filius Sophronici*'; si itaque solus Socrates est filius Sophronici, non est Plato filius eiusdem (posito uno oppositorum tollitur alterum). 25
Hec quoque quidem inferentia custodiri potest ubicumque in terminis potest servari. Sicut enim '*equus*' et '*homo*' opposita sunt, sic[ut] '*Socrates est homo*' et '*Socrates est equus*'. Sed si quidem, cum dicitur:
> '*si Socrates est homo, non est equus*',

vis inferentie in terminis tantum attendatur, negatio tantum predicato 30
est apponenda ad ipsum removendum; si vero inter totas propositiones, toti propositioni preponenda est ad ipsam destruendam.

Cum autem in affirmatione et negatione inferentiam oppositionis facimus, eumdem locum falsum tenet quem negatio preposita, veluti cum dicimus: 35
> '*si verum est Socratem sedere, falsum est Socratem non sedere*',

ac si ita dicamus:
> '*si ita est in re quod Socrates sedet, non est ita in re ut dicit negatio*'.

7 vel *V*ᶜ ut *V*   12 essentie *V*   16 n〈o〉x   24 sophronici] sed *V*   32 ipsam *V*ᶜ istam *V*

— Maxima propositio:

si vera est affirmatio, falsa est negatio, vel
si vera est negatio, falsa est affirmatio —

ita quidem ut magis regule sensum ad significatam propositionem quam
5 ad ipsas referamus.

Locus ab oppositis secundum affirmationem et negationem

Nunc autem dispositis consequentiis oppositarum regulisque
assignatis utrum vere sint inquiramus. Sed quia ex eis inconvenientia
contingunt, eas non recipimus. Sequitur autem ex ista:
10   *'si Socrates est homo, non est lapis'*
ista:
    'si est utrumque, idest homo et lapis, non est utrumque'.
Ex his quoque duabus consequentiis:
    'si est homo, ⟨non⟩ est lapis'
15   *'si est lapis, non est homo',*
ista infertur:
    'si est homo et lapis, non est homo et lapis'.
Amplius: cum vere sint iste:
    'si omnis homo est lapis, omnis homo est lapis'
20   *'si omnis homo est lapis, nullus homo ⟨est homo⟩'*
infertur:
    'si omnis homo est lapis, quidam lapis non est homo'.
unde et:
    'si omnis homo est omnis lapis, quidam lapis non est homo'
25 vel ita:
    'si quia omnis homo est lapis nullus homo est homo, et quare illud est
          quidam lapis non est homo'.
Si enim nullus homo est homo, quidam lapis non est homo, quod per
contrapositionem ostenditur.
30   ⟨Amplius: si quia omnis homo ⟨est⟩ lapis, nullus homo est
homo, et quia omnis homo est lapis et omnis lapis est homo, nullus
homo est homo; cum potius sequatur *'omnis homo est homo'.*
    Amplius: huic false consequentie, que per medium probatur:
    'si omne animal est animal, quoddam animal non est homo'
35 ex oppositis resistitur.⟩
    Hee quoque consequentie vere non sunt:

30-35 ⟨amplius... resistitur⟩ *Vᶜ*

'si Socrates est Brunellus, Socrates non est Socrates'

vel

'si omnis homo est lapis, nullus homo est homo',

cum tamen earum per contrapositionem pares recipiantur; probari
quippe potest quod si Socrates est Brunellus, ipse est Socrates; et ista 5
etiam: 'omnis homo est lapis' vera esse nullo modo potest, nisi etiam vera
sit ista: 'quidam homo ⟨est homo⟩', quippe ubi lapis homini omnino
coheret, ipsum non expelleret.

A m p l i u s: si quia omnis homo est lapis nullus homo est lapis, et
quia omnis homo est lapis nullus homo est homo; quod omnino falsum 10
est; immo magis consequitur quod omnis homo sit homo per primum
modum prime figure.

A m p l i u s: si quia est homo non est lapis, et quia est omne
corpus non est lapis; unde et si est omne corpus, non est omne corpus.
His quoque inconvenientibus et illud congruit quod ex ista consequentia 15
sequitur:

'si est Rome, non est Parisius',

hoc scilicet:

'si est ubique, non est ubique'.

Sed fortasse aliquid dicent adversus illas consequentias que 20
secundum quantitatem totius fiunt hoc modo:

'si est omne corpus, est homo'

vel

'si est in omni loco, est Rome'

illi qui nostram tenent sententiam. Quas quidem non esse veras inde 25
patet ubi nos maximas propositiones loci a g e n e r e tractavimus[1]. Sed
primum quidem inconveniens absolvi non potest.

Videtur quoque et in his consequentiis que inter opposita
proponuntur:

'si omne ens est paternitas, nullum ens est filiatio'　　　　　　　30
'si omne ens est domus, nullum ens est paries',

inconvenientia trahi hoc modo:

'si quia omne ens est paternitas nullum ens est filiatio, et quia omne
　　　　　　　　　　　　　　　　ens est paternitas nulla filiatio est'.

Unde et illud contingit:　　　　　　　　　　　　　　　　　　35

'si omne ens est pater, nulla paternitas est';

hinc quoque istud:

---

7 ⟨est homo⟩ Vc　20 diceret V

[1] supra, p. 340[3] e.q.s.

'*si omne ens est paternitas, nullum ens est paternitas*'.
Ex hac quoque consequentia:
'*si omne ens est domus, nullum ens est paries*'
consimili argumentatione extrahitur:
5   '*si omne ens est domus, nullum ens est domus*'.

Quibus quidem ⟨in⟩convenientibus se non possunt hi absolvere qui et consequentias parium et relativorum suscipiunt, nisi forte aliquid de dissimilitudine medii termini garriant, que, ut supra monstravimus[1], nulla est, cum eedem prorsus propositiones medie ponantur.

10   Maximam tamen probabilitatem huiusmodi consequentie tenent que inter opposita proponuntur eoquod sese opposita pati non possunt. Quas etiam ex veritate consecutionis superius expedita falsas esse apparet, nisi et ipse cum constantiis innuentur.

Ab immediatis

15   Nunc autem immediatorum consequentias exsequamur, que contrarie cum suprapositis in eo se habent quod in illis negatio ad affirmationem antecedit, hoc modo:
'*si non est sanum, est egrum*'.
Sicut autem opposita et complexa ⟨et incomplexa⟩ monstramus, idem
20 etiam in immediatis ostendamus.

De incomplexis

Ac prius de incomplexis agamus. Non solum autem immediatio huiusmodi in contrariis speciebus a finito et infinito contingit. Sicut immediata sunt circa animal *sanum* et *egrum* vel *rationale* et *irrationale*,
25 sic etiam *rationale animal* et *irrationale animal*, et circa substantiam *corpus* et *spiritus*. Omnis enim substantia que non est corpus, est spiritus et que non est spiritus, est corpus; unde et nullum hoc habent medium in substantia. Omne etiam finitum | cum suo infinito immediatum est ut   f. 171[r]
'*homo*' '*non homo*', '*album*' '*non album*', '*Socrates*' '*non Socrates*', et hec qui-
30 dem per omne esse immediata sunt, illa vero supraposita circa quoddam, ut sanum et egrum vel rationale et irrationale sub animali, vel corpus et spiritus sub substantia tantum. Sunt enim multa que neque sana sunt neque egra neque rationalia neque irrationalia, omnia scilicet que non sunt animalia, et quecumque substantie non sunt, neque corpora sunt
35 neque spiritus: genus enim remotum omnes simul perimit species. At

---

16 suprapositas *V*   16-17 affirmatio ad negationem *V*
[1] *supra*, pp. 297[35]-301[28].

vero quecumque non sunt homo, sunt non-homo et econverso, et quecumque non sunt alba, sunt non-alba et econverso, et quecumque non sunt Socrates sunt non-Socrates.

Contingit autem idem plura immediata habere ad diversa, ut *'rationale'* et privatorium habet et negativum, *'irrationale'* scilicet et 5 *'non-rationale'*; alterum quidem sub animali tantum, quod est *'irrationale'*, alterum vero, quod infinitum est, per omne esse, quod est *'non-rationale'*.

Unde manifestum est aliam esse significationem privatorii quam infiniti vocabuli. Quod enim p r i v a t o r i u m est, non solum privat contrarium, verum etiam quamdam ponit formam, ut *'irrationale'* non 10 solum rationalitatem expellit, sed etiam irrationalitatem, que est ei contraria, ponit. I n f i n i t u m autem vocabulum solummodo ex remotione finiti omnibus que in finito non clauduntur, imponitur, ut *'nonrationale'* omnibus que [non] rationalia non sunt, ex communi causa, hac quod rationalia non sunt; secundum quam quidem communem imposi- 15 tionis causam etiam univoca quodammodo dici possunt et una terminari diffinitione, ut ⟨ir⟩rationale: *quod non est rationale.* Unde manifestum est omnia infinita privatoriis esse ampliora: omnia enim irrationalia nonrationalia sunt, sed non convertitur.

Videtur quoque idem diversa habere immediata per omne esse, 20 ut animal et quelibet genera vel proprium infinitum et cuiuslibet sue speciei infinitum, ut *'animal'* et *'non animal'* et *'non-homo'*: sicut enim omne quod non est animal, est ⟨non⟩ animal et econverso, sic omne quod non est animal est non-homo et econverso. Que etiam proponuntur consequentie immediationis inter illa, et inter ista. Sicut enim 25 dicitur:

> *'si non est animal, non est animal'*

et

> *'si non est animal, est ⟨non-⟩animal'*,

ita etiam proponitur: 30

> *'si non est ⟨animal⟩, non est homo'*
> *'si non est non-homo, est animal'*.

Dicunt tamen quidam non esse veras huiusmodi consequentias inter *'animal'* et *'non-homo'*, nisi *'non-homo'* extra *'animal'* tantum accipiatur, quasi scilicet infinitum *'animalis'*, eo videlicet quod ex 35 huiusmodi consequentia que inter affirmationem et negationem proponitur, quatuor fieri sillogismos Boetius docuit[1], duos quidem lege

---

3 sunt non Socrates *V^c* non sunt Socrates *V*　13 impositum *V*　16 etiam] in *V*　25 immediationis *V^c* immediatianis *V*　27 animal + [et si non est animal non est animal] *V^c*

[1] *De syll. hyp.* I, 845 B-849 A.

complexionis, per positionem scilicet antecedentis ⟨et⟩ destructionem consequentis, duos vero alios ex natura oppositionis terminorum, per destructionem scilicet antecedentis et positionem consequentis. Ipse insuper Boetius in eodem *Libro Ypoteticorum* dixit[1] huiusmodi con-
5 sequentiam que inter affirmationem et negationem proponitur, inter contraria tantum proponi, idest inter opposita. Unde etiam oppositionem volunt habere inter '*non-homo*' et '*animal*', cum huiusmodi consequentia inter ea proponitur:

'*si non est non-homo, est animal*'.

10 Unde ⟨non⟩ infinitum '*hominis*' accipiunt '*non-homo*' in premissa consequentia, sed in sensu infiniti '*animalis*', nec aliter consequentiam recipiunt. Sed qui de infinito '*animalis*' eam recipiunt, de infinito '*hominis*' ea⟨m⟩ negare non possunt. Infinita enim minorum maiora sunt infinitis maiorum. Quanto enim pauciora sunt ea que removentur, tanto
15 plura esse contingit ea a quibus removentur, et quanto habundat numerus eorum que sub affirmatione cadunt, tanto decrescit numerus eorum que sub negatione veniunt. Cum itaque '*non-homo*' infinitum '*hominis*' universalius sit infinito '*animalis*', remotum removet illud. Unde et quicquid ad remotionem '*non-animalis*' ponitur, idem ad negationem
20 '*non-hominis*' sequitur. A m p l i u s : cum ad negationem '*non-hominis*' infiniti sui '*hominem*' poni concedant, et '*animal*' poni ad eamdem necesse est: quod enim antecedens infert, et consequens; species autem ad genus necessario antecedit.

Patet itaque de infinito etiam speciei, sicut de infinito generis,
25 recipiendam esse consequentiam ad nomen generis; ac sic opposita non sunt infinitum speciei et generis nomen, in quibus simul omnes cetere species eiusdem generis continentur, ut *equus*, *asinus* et cetere que et non-homo sunt et animal. Sed profecto ea non immediata voco, sed non-mediata dico. I m m e d i a t a enim auctoritas tantum opposita vocavit,
30 n o n - m e d i a t a autem sunt quecumque medium non habent, ut etiam circa corpus non medio colore coloratum '*album*' et '*nigrum*' non-mediata dicuntur, non immediata. Sicut enim supra dictum est, immediatio contrariorum secundum proprium susceptibile dispensatur. Omnia itaque immediata circa idem non-mediata dicuntur; sed non
35 convertitur, ut ex premissis apparet. Sicut autem oppositionem rerum modo secundum predicationem vel adiacentie vel essentie consideramus, modo vero secundum existentiam, sic etiam immediationem.

---

1 ⟨et⟩ *V*^c   10 ⟨non⟩ *V*^c   31 non] in *V*

1 *De syll. hyp.* I, 848 A.

Secundum adiacentiam quidem sanitas et egritudo circa animal immediata sunt, corpus vero et spiritus circa substantiam; secundum predicationem essentie vel 'homo' et 'non-homo' circa omnia. Nox vero et dies circa tempus immediata sunt non secundum predicationem aliquam, sed secundum existentiam, hoc modo scilicet 5 quod quolibet tempore existente vel nox vel dies existere dicitur.

De complexis

Sunt autem complexa immediata, ut sunt affirmatio et negatio dividentes et quecumque propositiones opposite verum falsumque dividunt. Sicut autem in incomplexis alia per omne esse alia circa 10 quoddam contingebat[1] immediata esse, ita et hic videtur. Sunt enim per omne esse affirmatio et negatio immediate, secundum id scilicet quod de omni re, sive sit sive non sit, semper altera vera est et altera falsa. Circa predicationem vero 'animalis' propositiones de 'sano' et 'egro' immediate sunt, ut circa istam 'Socrates est animal' iste due: 'Socrates 15 est sanus', 'Socrates est eger'.

Nunc autem omnium immediatorum natura pertractata ad eorum consequentias veniamus inferentie, quarum secundum vim immediationis hec communis est regula ut:

altero ablato alterum ponatur, hoc modo: 20
'si Socrates non est sanus, est eger'
'si non est spiritus, est corpus'
'si nox non existit, dies est'
'si non est equus, est non-equus'
'si non est vera „Socrates est homo", vera ⟨est⟩ „Socrates non est homo" 25
vel
'si non est vera "Socrates est sanus", vera est "Socrates est eger"'.

Est autem communis sententia nulla necessitate fulciri huiusmodi consequentias que inter negationem et affirmationem proponuntur, sed semper earum veritatem ⟨con⟩stantiarum adiunctione egere, que de his 30 fiat circa que sunt immediata, veluti si talis proponatur consequentia de Socrate:

'si non est sanus, est eger',
falsa est, nisi constantia suppleatur, hec scilicet: 'cum sit animal'. Si enim quia Socrates non est sanus est eger, et quia non est est eger; 35 unde etiam sequitur quod si non est, est. Patet quoque simili argumentatione et illud extrahi:

22 spiritus *Vᶜ* species *V*   25 ⟨est⟩] *lacuna V*   30 ⟨con⟩stantiarum *Vᶜ*
[1] Cf. *supra*, p. 397[29-30].

'si nulla res est, aliqua res est'.

Ideoque omnes ad consecutionem veritatis iudicant apponendam | esse   f. 171ᵛ
constantiam de *'animali'*, circa quod sunt immediata:
  'si non est sanum est egrum, cum sit animal'.

5   *De constantia*

    Sed hic quidem positionem constantie inspiciamus ac cui in
consequentia adiungatur inquiramus. Dicunt tamen quidam quod nec de
consequentia sit nec inter partes consequentie recipienda, sed cum
hoc totum:
10   *'si non est sanum est egrum, cum sit animal'*
unum verum dicunt, necesse est propositionem esse; unde aut cathegorica aut ipotetica. At vero cathegoricam non esse patet; unde ipoteticam esse constat. Si autem illud totum ipotetica est propositio, et ipsa
quoque constantia pars est ipotetice propositionis; unde et con-
15 sequentie partem oportet esse. Cum autem pars sit consequentie,
restat querere utrum sit antecedens aut consequens aut aliqua pars
eorum. Sed sunt qui de antecedenti neque de consequenti eam esse volunt,
sed quidem utrique necessarium, cuius adiumento ex antecedenti consequens proveniat, ex negatione scilicet que ait: *'Socrates non est sanus'*,
20 affirmatio que proponit: *'Socrates est eger'*. Sed ad istam quidem consecutionem nichil iuvare potest, que scilicet fit inter negationem et
affirmationem. Impossibile est enim sequi ex negatione affirmationem;
quare impossibile ex earum consecutione ostensum est sequi. Id vero
quod impossibile est, nullo adiumento fieri potest et quicquid nititur ut
25 fiat, in cassum agit. Quis itaque dicat constantiam eam veram consecutionem reddere, que vera esse non possit, eam scilicet que simpliciter
inter negationem et affirmationem, cui tantum ipsa apponitur? Quodsi
tantum tota vera est consequentia, in qua etiam constantia concluditur
per adiunctionem ipsius, et ipsa quoque constantia in partes conse-
30 quentie, ut dictum est, venit. Quarum nullam vel ratio vel auctoritas
novit nisi conditionem et que in antecedenti et consequenti per eam
coniunctis continentur.

    Utrum ergo constantiam antecedens vel consequens vel eorum
partem annuamus, diligenter inquirendum est. Quod facilius fiet, si
35 illius particule *'cum'* que apponitur, significationes inquiramus. Est
autem illud modo temporale modo causale modo conditionale. T e m -
p o r a l e quidem ponitur, cum dicitur: *'cum celum rotundum est, ignis*

17 eorum *Vᶜ* earum *V*   35 cum que] cumque *V*   37 retundum *V*

calidus est'; c a u s a l e vero hoc loco: '*suspende eum, cum sit fur*', idest '*quia est fur*'; c o n d i t i o n a l e vero cum pro '*si*' coniunctione accipitur, veluti in hac consequentia:

'*cum est homo, est animal*',

quam eiusdem potestatis esse cum ista:

'*si est homo, est animal*'

Boetius in *Topicis* suis docuit[1].

Dicunt autem quidam quod conditionale sit in superiori consequentia cathegoricamque illam: '*Socrates est animal*' cum illa consequentia coniungat:

'*si non est sanus, est eger*',

ac si ita dicatur:

'*si Socrates est animal sequitur si non est sanus est eger*'.

Sed tunc quidem plane falsa est tota consequentia, quippe verum est antecedens et falsum consequens.

Dicetur fortasse quod in consequenti consequentia ipsa ponatur constantia antecedente sola negatione hoc modo:

'*si non est sanum sequitur cum est animal est egrum*'

idest

'*si est animal, est egrum*';

que etiam falsa est eadem causa qua superiori; fortasse Socrates sanus non est, non quantum '*animal*' positum ponit '*egrum*', cum sit universalius. Si vero consequentiam antecedere facias et sequi negationem cathegoricam hoc modo:

'*si quia est animal non est sanum, est egrum*',

falsa etiam erit hec consecutio; consecutio enim predicationem non exigit. Quocumque itaque conditionale verteris, falsa est consecutio.

Si vero ipsum causale sumpseris, nusquam potes ipsum competenter locare, ut veritatem consequentie conserves. Si enim dixeris:

'*si non est sanum quia est animal est egrum*',

falsa erit consequentia. Talis ⟨enim⟩ est sensus cathegorice causalis: '*est sanum quia est animal*', idest: *ita quod animal est, inde sanum*. Unde sequitur '*quia est*' et in primum inconveniens revertitur: '*si non est, est*'. Si vero antecedenti causa apponatur, hoc modo:

'*si quare est animal non est sanum, est egrum*'

falsa etiam erit consecutio. Sequitur enim ex ea:

2 conditionale] causale *V*   15 consequens + falsa enim est (?) semper consequens consequens est di..... fal..... *V^c*   21 sanum *V*   31 ⟨enim⟩ *V^c*   32 *alterum* sanum] causa *V*   35 si quare *V^c* quare si *V*

1 Non in *Topicis*, ut dicit Abaelardus, sed in *De syll. hyp.* I, 834 C²⁻⁷.

'si quia est animal [non]nulla qualitate formatur, est egrum' ;
quod omnino falsum est, cum antecedens consequens ipsum auferat.
Quod enim nulla qualitate formaretur, egritudinem non haberet. Si
vero causam toti ipotetice apponas hoc modo :
5   *'si non est sanum est egrum, cum est animal'*,
idest: *quia est animal, vera est de eo illa consequentia*, falsum est omnino;
neque enim vel hoc quod ⟨est⟩ animal vel aliquid aliud, causa est veritatis
consequentie ⟨ne⟩que ille effectus, cum nullo modo esse queat. Unde
nec causale illud *'cum'* potest accipi.
10   Sed nec fortasse temporale. Si enim temporale sit, oportet ut
alicui illud cui apponitur, temporaliter coniungat sive antecedenti sive
consequenti seu toti consequentie. To ti quidem ipotetice hoc
modo :
      'cum est animal sequitur si non est sanum est egrum'
15 consequenti vero sic :
      'si non est sanum cum est animal est egrum'
antecedenti vero ita :
      'si cum est animal non est sanum est egrum'.
Sed si quidem toti consequentie copulaveris, falsum proferes.
20 Falsum est enim ut quo tempore cathegorica vera est, ipotetica sit
vera, que nullo tempore vera esse potest; vera tamen est cathegorica.
Si vero consequenti adiungatur non minus falsa consecutio apparet:
si enim quando est animal, est egrum, oportet simul utrumque esse;
unde et in primum inconveniens rursus incidimus. Si vero antecedenti
25 adiunxeris hoc modo :
      'si cum est animal non est sanum est egrum',
idest
      'si in eodem tempore et est animal et non est sanum, tunc est egrum',
fortassis vera est consecutio, sed iam ab immediatis locus esse non
30 poterit. Non enim vis inferentie in *'sano'* tantum, sed in *'animali'*
consistit, ac si ita diceremus :
      'si est animal quod non est sanum, tunc est egrum'.
Unde potius locus a descriptione esse videtur quam ab immediatis. Nam *'animal quod non est sanum'* *'egri'* descriptio potest esse;
35 et bene quidem postquam apposita est constantia, ab immediatis esse
negatur. Sed tantum assignari potest ab immediatis, cum simpliciter
consequentia profertur, quantum quidem ad probabilitatem consecutionis, non quantum ad veritatem attinet.

4 opponas *V*   8 ⟨ne⟩que *V*ᶜ   19 copulaberis *V*

Patet itaque ipsam constantiam de antecedenti esse ac duas simul antecedere propositiones. Sed nec adhuc fortasse una satis est constantia ad veritatem consequentie, quia et adhuc forsitan in inconveniens incidemus. Si enim quia est animal et non est sanum, est egrum, et quia ⟨est⟩ animal et nullo animalis accidenti formatum, est sanum, vel ita: et 5 quia est animal vel neque sanum neque est egrum. Illi quoque qui locum ab oppositis non calumniantur, tale inconveniens vitare non possunt:

> '*si est animal et lapis, est sanum*'

vel qui locum a parte divisibili vel a subiecto tenent, istud:

> '*si est sanum et lapis, est egrum*'. 10

Videtur itaque michi et alia apponi constantia que est huiusmodi: ⟨'*cum*⟩ *omne animal quod non est sanum est egrum*', atque ita dicatur:

> '*si Socrates non est sanus cum sit animal et omne animal quod non est*
> *sanum sit egrum, tunc est eger*'.

Sicut autem consequentiis apponuntur, sic regulis earum oportet addere, 15 ut istas regule superioris consequentie:

> si aliquod immediatum removetur ab aliquo et illud
> sub eo maneat circa quod sunt immediata, ac si scilicet
> diceremus sub eo cuius omnia que non sunt unum
> immediatorum, sunt alterum, ipsum alterum de 20
> eodem predicatur,

ut si '*sanum*' removetur a '*Socrate*' et ipse sub '*animali*' sit, cuius omnia que non sunt sana, sunt egra, ipse profecto eger est. Quam quidem

regulam | non esse maximam propositionem patet ex assumptionum natura superius digesta. Postquam enim in antecedenti habitudinis est 25 assignatio, maxima non potest esse propositio.

⟨*De locis a constantiis*⟩

Cum autem constantia antecedenti adiungenda sit unumque cum alio antecedens faciat, manifestum est:

> quicquid ad consequens consequitur, et ad ipsam 30
> constantiam cum propositione cui adiungitur, aut
> quicquid ipsam propositionem cui adiungitur
> inferet, inferet quoque earum consequens.

Hoc autem ideo dicimus quod sunt quidam qui eam consequentiam que constantiam tenet, ⟨ad⟩ extremorum coniunctionem idoneam esse negent 35 nec posse ex ea argumentari dicunt, ubi constantia fuerit apposita. Habent enim per admixtionem eiusdem ⟨ad⟩ extremorum coniu⟨n⟩ctionem plura inconvenientia, veluti cum dicitur:

14 egrum *V*

'si non est corpus, non est sanum
si non est sanum cum sit animal, est egrum
quare si non est corpus, est egrum',

quod omnino falsum apparet. Et bene quidem hoc loco coherentie ex-
5 tremorum resistunt, cum non sit idem medius terminus. Cum enim in
prima consequentia una tantum sequatur propositio, in secunda due
antecedunt; unde nec media est consequentia. At vero si utreque
sequerentur in prima, sicut et antecedunt in secunda, non posset
extremorum coherentia fallere. Unde non natura constantie coniunc-
10 tionem extremorum impedit, sed medii termini absentia. Si enim ita
diceretur:

'si non est corpus cum est animal, non est sanum
si non est sanum cum est animal, est egrum'

necessario inferretur:

15   *'si non est corpus, est egrum'*.

Atqui prime consequentie falsitas omnibus est manifesta.

Unde autem constantia dicta sit ea propositio cui preponitur
'cum', et unde ⟨non⟩ alia, solet queri. Ac fortasse videtur alia inde non
debere dici constantia quod secundum terminorum habitudinem in
20 inferentia ipsius ad ultimam locus assignari valeat, et ita principaliter in
ea vim inferentie consistere atque ideo non constantiam debere vocari,
sed quasi antecedens cui constantia apponatur. Sed quid dixerimus
constantiam cum ita proponemus:

'si est animal cum non sit sanum, est egrum'
25   *'si est rationale cum sit mortale, est homo'*?

In prima enim consequentia illa propositio cui *'cum'* preponitur, inferentiam principaliter tenere videtur ex habitudine terminorum; in
secunda vero nulla est antecedentium que secundum dispositionem
consequentie ex habitudine terminorum inferentiam tenere videtur.
30 Constantiam itaque non aliunde vocari estimo ⟨quam⟩ quia cum alia in
antecedenti consistit, cui per temporale adverbium coniungitur.

Est autem annotandum omnes consequentias quas simplices
superius denegabamus, constantiarum adiumento veritatem recipere.
Que quidem vel secundum formam sillogismi aggregentur vel tale quid
35 exigant quod in formam sillogismi possit adiungi, veluti cum ex propositis veram volumus facere consequentiam vel ex aliis que simplices
consequentias non reddunt veras, appositione constantiarum eas veras
efficiemus hoc modo:

5 resistunt *V^c* resistant *V*   8 et inde *V* [et] inde *V^c*

'*si Socrates est homo et nullus homo est lapis, Socrates non est lapis*'
vel ita:

'*si Socrates est homo et homo et lapis sint opposita, Socrates non est lapis*'.
Et prima quidem consequentia formam habet sillogismi. In alia vero
propositio de habitudine terminorum infertur, que eam exigit que 5
formam sillogismi faciebat, hec scilicet: '*homo et lapis sunt opposita*'
istam: '*nullus homo est lapis*'.

Est etiam illud prenoscendum nichil de constantiis que necesse
sunt ad consecutionem, esse pretermittendum, cum medie disponuntur
consequentie, ut extremorum fiat coniunctio; que quidem coniungi 10
non possunt nisi firmissimo necessitatis vinculo astringantur et sint
necessarie omnes que in ea ponantur consequentie. Cum autem non
ad extremorum coniunctionem vel ad alicuius probatione⟨m⟩ tota inducitur consequentia, sed in ipsa aliquid comprobatur, ipsum videlicet
consequens ex antecedenti, non videtur multum necessaria appositio 15
constantie, eoquod certa sit nec ad fidem desit. Et si apponatur, nichil
propter fidem consequentis est amplius demonstrandum de assumptione
quam ⟨si⟩ ipsa deesset, quippe ipsa certa est, veluti si demonstrare velimus quod Socrates sit eger talemque proponamus consequentiam:

'*si non est sanus, est eger*' 20
volentes ex remotione '*sani*' '*egrum*' comprobare, licet consequentie
veritatem constantiis egere sciamus, tamen eas superflue requireremus
quas omnes veras esse cognoscimus.

Atque hec de locis extrinsecis dicta sufficiant. Nunc vero ad
medios veniamus. 25

De locis mediis

Quorum alii in relativis, alii in toto seu partibus, alii in
excedentibus et excessis continentur — qui simplices sunt —
alii permixti sunt ex suprapositis inherentibus et extrinsecis.

De loco a relativis 30

Fit autem locus a relativis extrinsecus cum ita proponitur:
'*si pater est, filius est*'.
Proponi potest de relationibus ipsis in essentia hoc modo:
'*si paternitas est, filiatio est*'

18 ⟨si⟩ *V*c

vel

       '*si non est hec, nec illa*',

       '*si pater non est, filius non est*'.

Similiter et hee quidem omnes per simplex esse fiunt, in quarum
5 videlicet partibus esse simpliciter predicatur vel removetur. Hee vero
alie inter eadem circa tertium proponuntur:

       '*si iste est pater illius, ille est filius istius*'.

Que quidem omnes in eo necessarie videntur quod impossibile est esse
antecedens absque consequenti. Nos autem id sufficere ad necessitatem
10 consecutionis non concedimus, nisi etiam in antecedenti consequens, ut
supra docuimus[1], intelligatur. Alioquin et consequentie oppositorum
necessarie viderentur. Nos autem nullam necessitatem consequentie
inter diversas rerum essentias admittimus, quod etiam superius ex
inductione inconvenientium confirmavimus[2].
15   Sunt autem premissarum consequentiarum propositiones maxime:

      si quid uno relativorum formatum extiterit, et
           aliquid altero formatum necesse est esse
      si unum relativorum fuerit, et alterum
20   si aliquid relativorum inerit alicui respectu alterius,
      alterum relativorum inerit alteri respectu eiusdem;
que tamen regula in his terminis cassa videtur:

       '*si omnis pater est pater alicuius, aliquis est filius omnis patris*'.

Hic enim omnis pater paternitatem suscipere dicitur respectu alicuius
25 filii, cum tamen nullus filius respectu omnis patris habeat filiationem,
sed unusquisque respectu sui tantum. Si quis autem de prima propositione dubitaverit, sic ostendatur: vere omnis pater est pater alicuius,
quare et iste et ille et similiter alii. Amplius: aut omnis est pater
alicuius filii, aut quidam non est pater alicuius filii; aut si quidam non sit
30 pater alicuius filii, non est pater filii: omnis enim filius alicuius est.
Si quis autem [dicat] relativorum reciprocationem fallere dicat quia
signa universalitatis vel particularitatis apponuntur, fallitur. Si quis enim
dicat: '*omnis filius est filius omnis patris*', potest convertere sic: '*omnis pater
est pater omnis filii*', sicut et hic '*omnis homo est similis omni[s] asino*': '*omnis
35 asinus est similis omni homini*'. Sic quoque et particulariter potest converti:
'*quidam pater est pater alicuius filii*'; '*quidam filius est filius cuiusdam patris*'.
Sed tunc fortasse cassari dicetur reciprocatio cum simul et unversale et

17 formato *V*   25 filiationem] paternitatem *V*   30 aliquis *V*   32 particularis *V*   34
omni[s] *Vc*   37 simile *V*

[1] *supra*, p. 284[10-17].   [2] *supra*, pp. 395[8]-397[9].

f. 172ᵛ particulare signum apponetur, ut ⟨in⟩ priori exemplo. At | iam univer-
salis non fuerit data de relativis regula, que consequentie ex vero et falso
coniuncte deserviat. Falsa est enim propositio que ait: *'aliquis est filius
omnis patris'*, quia vera est eius contradictoria: *'nullus est filius omnis patris'*,
quia neque iste neque ille ac sic de singulis.   5

Fortasse autem et particularem que ait: *'aliquis est filius omnis
patris'* voluerint ab enumeratione partium patris, huius scilicet patris et
illius et singulorum, hoc modo demonstrare: vere aliquis est filius omnis
patris, quia aliquis est filius huius patris et aliquis est filius huius et similiter de singulis: quare aliquis est filius omnis patris. Sicut enim pater, 10
cum in subiecto unver⟨saliter⟩ ponebatur, per annumerationem suarum
partium proba⟨ba⟩tur, quare non etiam cum in determinatione univer-
⟨saliter⟩ ponitur? Quis etiam ad probationem huius propositionis:
'Brunellus est similis omni homini' idoneas istas non dicat: *'Brunellus est
similis Socrati et Platoni et ceteris'*? Neque enim impositionem suam mutant, 15
cum in determinatione signa ponuntur. Sed profecto non est idonea
probatio ad ostensionem unius particularis plures de eisdem terminis
particulares ⟨annumerare⟩. Neque enim ex his duabus: *'quoddam animal
est rationale'*, *'quoddam animal est irrationale'* hec ostendi potest: *'quoddam
animal est rationale et irrationale'* vel ex negativis negativa. Non enim 20
semel dictum *'quoddam'* in diversis accipi potest, sicut pluries prolatum.
Est enim et quoddam rationale et quoddam irrationale, sed non idem.
Unde nullo modo verum est *'quoddam est utrumque'*. At vero si *'quoddam'*
semel dictum unum tantum accipit⟨ur⟩, quomodo potest dici quod
omnis homo est quidam? Neque enim bene videtur monstrare ex istis: 25
'Socrates est quidam', *'Plato est quidam'* — in quibus *'quidam'* in diversis
accipitur —, sicut nec ex istis: *'quidam Socrates est'*, *'quidam est Plato'* et
sic de singulis, ita: *'quidam est omnis homo'*. Sicut enim cum dicitur:
'quidam est Socrates', *'quidam est Plato'*, per *'quidam'* diversa ponuntur,
sic etiam cum dicitur: *'Socrates est quidam'*, *'Plato est quidam'*, in quibus 30
⟨*'qui*⟩*dam'* in diversis accipitur, per *'quidam'* diversa predicantur; alioquin false essent propositiones. Sicut enim de eodem diverse non predicantur essentie, ita nec idem de diversis. Neque enim eadem res est
diverse substantie neque diverse substantie eadem essentia. Si enim
vel idem de diversis vel diversa de eodem dicerentur, ipsa quoque de se 35
invicem predicarentur. At vero si diceretur: *'quidam homo est Socrates et
Plato et ceteri'*, ut scilicet *'quidam'* ⟨semel⟩ acciperetur, esset probatio
idonea ut quidam esset omnis homo; vel si ita proferretur: *'Socrates et

6 aliquis]alis V   11 univer⟨saliter⟩ Vᶜ   12 proba⟨ba⟩tur Vᶜ   13 univer⟨saliter⟩ Vᶜ   16 pro-
fecto] perfectio V   21 plurieties V   23 verum] vero V   27 ex Vᶜ in V   35 eadem V   37 ⟨semel⟩ Vᶜ

Plato et sic ceteri sunt quidam homo', recte omnis homo quidam homo esse
videretur: tunc enim '*quidam*' semel posito eadem res acciperetur. Si
ergo in '*quidam*' semel dicto unum tantum omnium, ut diximus, accipitur, quomodo vera erit '*omnis homo est quidam*', que omni homini
5 quemdam inherere dicit? Si enim omni homini quidam inheret, et
cuidam omnem hominem necesse est inherere; unde etiam vera esset
'*quidam homo est omnis*'. Sicut enim in remotione conversio tenetur, sic
etiam in predicatione. Nam sicut illud a quo alterum removetur, ab
ipso necesse est removeri, ita et de quo alterum predicatur, de ipso
10 necesse est predicari. Nec rerum conversio in aliquo fallere potest, sed
vocum quandoque constructio idonea non fit ad conversionem, veluti in
particulari negativa et universali affirmativa, que simpliciter converti
denegantur, non quidem quantum ad rerum essentiam, sed quantum ad
eamdem vocum transpositionem. Cum enim dicimus: '*omnis homo est
15 animal*' et in omnibus hominibus aliqua de animalibus ponimus indeterminate, convertere etiam sic possumus: '*et illa omnia animalia sunt
homines*', sed non ita: '*omne animal est homo*', quippe non omne animal
attribuebamus. Cum etiam dicimus: '*quoddam animal non est homo*',
possumus et secundum rerum essentiam hoc modo convertere: '*et nullus
20 homo est illud animal*'. Quod autem conversionem nullam natura rerum
impediat, sed vocabulorum diversa secundum signa acceptio, ex
singularibus, quarum una est acceptio, patet. Si quis enim dicat: '*omnis
homo est Socrates*', '*Plato est Socrates*', potest etiam convertere si⟨c⟩:
'*Socrates est omnis homo*', '*Socrates est [vel] Plato*', ⟨vel⟩ '*nullus homo
25 est Socrates*' [vel], '*Plato non est Socrates*' sic: '*Socrates non est homo*',
'*Socrates non est Plato*'. Sic quoque et in particularibus: '*quidam homo est
Socrates*', '*Socrates est quidam homo*', '*quidam homo non est Socrates*', '*Socrates
non est quidam homo*'.

Non itaque rerum essentia simplicem impedit conversionem, sed
30 eadem transpositarum vocum acceptio, secundum quod dictum est universalem affirmationem vel particularem negationem eius contradictoriam non habere conversionem huiusmodi, eo videlicet quod, ⟨sicut⟩
dicimus: '*omnis homo est animal*' vel '*quoddam animal non est homo*', ita non
contingat convertere: '*omne animal est homo*' vel '*quidam homo non est animal*'.
35 Hinc quoque scilicet ex eadem vocis demonstratione dictum est vel
idem de diversis predicari, cum dicitur: '*homo est animal*', '*asinus est
animal*', vel diversa de eodem, cum dicitur: '*quoddam animal est homo*',
'*quoddam animal est asinus*', secundum id scilicet quod '*animal*' vel
'*quoddam animal*' idem hic et ibi dicant, non tamen idem in re diversis

2 quodam *V*   23 si⟨c⟩ *Vc*   28 quidam] idem *V*   32 ⟨sicut⟩ *Vc*   34 convertere] dicere *V*

inheret vel diversa eidem in re insint. Est itaque identitas tantum, non secundum rerum essentiam, sed secundum vocum denotationem. Si ergo rerum conversio nusquam fallit, habet hec quoque conversionem: 'omnis homo est quidam', sicut et illa: 'omnis homo est Socrates', ut scilicet dicamus illum quemdam esse omnem hominem; quod falsum est. Si 5 enim, cum 'quidam' proferimus, unum quem⟨cum⟩que de omnibus accipimus, cui 'omnem hominem' supponimus, falsum intellectum tenemus. At vero rursus 'homo' tantumdem dicere videtur, quantum 'quidam homo' tam ex conversione quam ex equipollentia particularis et indefinite. Inde enim 'omnis homo est animal' vel 'Socrates est animal' talem simplicem 10 conversionem habere videntur: 'quoddam animal est homo' vel 'quoddam animal est Socrates', quod scilicet tantumdem 'animal' quantum 'quoddam animal' sonabat. Hinc quoque 'animal est homo' et 'quoddam animal est homo' equales videntur appellari. Accedit etiam huic significationi impositio singularis numeri, que fit circa singulos. Unde si vera recipitur 15 'omnis homo est homo', non videtur reprobanda 'omnis homo est quidam homo', que etiam ostendi potest ex falsa sua contradictoria 'quidam homo non est quidam homo'. 'Omne' quoque singillatim omnes, non simul, colligit quorum unusquisque quidam est. Recte igitur in dubietatem ducitur veritas huius propositionis: 'omnis homo est quidam', que et vera ex 20 quibusdam et falsa ex quibusdam videtur. Similiter et veritas huius: 'omnis pater est pater cuiusdam filii' dubitari potest, cuius conversio secundum relationem nullo modo vera videtur, hec scilicet: 'quidam filius est filius omnis patris'. Que quidem dubitatio ita fortasse solvi poterit cum dicitur: 'omnis homo est quidam', si multiplex in sensu multarum 25 propositionum accipiatur et 'quidam' multipliciter acceptum ad singulos hominum referatur, sicut in propositionibus individuorum ex quibus ostenditur, vera est; si autem 'quidam' in demonstratione unius tantum ponatur, falsa est. Similiter pensanda est veritas vel falsitas huius: 'omnis pater est pater cuiusdam filii', cum videlicet 'cuiusdam' modo ad unum 30 tantum, modo ad diversa reducitur; cum vero ad diversa reducitur et multiplex est propositio, multiplex est etiam reciprocatio et vera sicut prior assignatio. Cum enim dicitur: 'omnis pater est pater cuiusdam', et sic de aliis potest reciprocari ut et quidam sit | filius huius et quidam huius etc., illi scilicet quorum patres erant. Quod fortasse in hac propositione 35 intelligi potest: 'omnis patris est quidam filius'. Fortasse enim transpositio promptior est ad veritatis intelligentiam, secundum id scilicet quod in 'omni' posito singuli colligantur, ad quos quidem in diversis reducitur.

f. 173ʳ

6 unumquem⟨cum⟩que *Vᶜ*   10 socrates *Vᶜ* si *V*   21 veritas] ex veritate *V*

Cum autem in 'quidam' unus tantum accipitur, falsa est assignatio et falsa reciprocatio.

De loco autem ab integro vel eius partibus post locum a genere et specie ⟨egimus⟩, cum omnis 'totius' inferentiam tractare-
5 mus[1].

A contin⟨g⟩entibus

Nunc igitur de loco a contingentibus disputemus, quorum due sunt regule:

quicquid enim predicatur de uno contingentium
10 universaliter, et de altero particulariter, vel quicquid removetur similiter,

hoc modo:

'si omnis homo est animal, quoddam album est animal'
'si nullus homo est animal, quoddam album non est animal'.

15 Contingentia autem hec dicimus 'album' et 'hominem', eoquod in parte se contingant; quorum consequentie maximam tenent probabilitatem.

De mediis mixtis

Sunt quoque et illi medii loci qui ex inherentibus et extrinsecis sunt permixti, ut sunt illi qui a genere et oppositis simul fiunt vel
20 a specie et oppositis vel a pari et oppositis et quicumque alii ex his sunt permixti. Hec autem est permixtionis traditio: si diversarum consequentiarum antecedens et consequens per medium coniungantur in unam consequentiam, potest in coniuncta locus assignari permixtus ex illis, ex quibus singulis in prioribus consequentiis assignabatur. Veluti si
25 ex his duabus consequentiis:

'si omnis homo est animal, Socrates est animal'
'si Socrates est animal, Socrates non est lapis',

in quibus loci assignantur, in prima quidem a genere, in secunda vero ab oppositis, talis coniungatur consequentia:
30 'si omnis homo est animal, Socrates non est lapis',

locus simul a genere et opposito dandus est, secundum hoc scilicet quod homo Socratis genus est, idest superius, et animal lapidis opposi-tum. Si quis etiam ex istis duabus:

'si nullus homo est sanus, Socrates non est sanus'
35 'si Socrates non est sanus, Socrates est eger',

6 con⟨g⟩tinentibus *V*ᶜ   19 a genere *V*ᶜ agunt *V*

[1] supra, p. 343³¹ e.q.s.

istam coniungat:

　　'si nullus homo est sanus, Socrates est eger',

illo⟨s⟩ simul locos in ista assignabit quos in illis divisim proferebat,
a genere scilicet et immediato.

　　　　Regule autem huiusmodi erunt: in priori quidem hec:　　　　5
　　　　si aliquod oppositorum predicatur de genere ali-
　　　　cuius universa⟨liter⟩, alterum oppositorum remo-
　　　　　　　vetur a qualibet specie illius generis.

Unde animal oppositium est lapidis et homo genus Socratis; quare si
'animal' predicatur de 'homine' universaliter, 'lapis' removetur a 'Socrate'.　10
In secunda vero consequentia hec poterit maxima propositio dari:

　　　　si aliquod immediatorum removetur a genere ali-
　　　　cuius universaliter, alterum immediatorum convenit
　　　　　　　cuilibet specierum eiusdem generis.

　　　　Videtur autem supraposita de permixtis locis doctrina in hac　15
fallere consequentia:

　　'si Socrates est homo, est sensibilis',

que ex his duabus nascitur:

　　'si est homo, est animal'
　　'si est animal, est sensibilis',　　　　　　　　　　　　　　20

in quibus loci a specie et a pari assignantur, qui non dantur in ea
que nascitur, immo a specie tantum, idest homine, qui est species
sensibilis. Sed etiam a specie ⟨et⟩ a pari simul dari potest iuxta hanc
regulam:

　　　　si species alicuius generis predicatur de aliquo,　25
　　　　　　par illius generis predicatur de eodem.

Contingit autem veras vel falsas esse consequentias permixtorum locorum
secundum veritatem vel falsitatem prepositarum consequentiarum ex
quibus nascuntur.

　　　　Non autem omnes permixtos locos dicimus medios nisi eos,　30
ut dictum est, qui extrinsecitatem aliquam habent et coherentiam,
etiam si medius adhibeatur locus vel cum extrinseco vel cum inherenti,
ut ille qui a contingentibus ducitur hoc modo:

　　'si nullus homo est lapis, quoddam album non est margarita'
　　'si omnis homo est animal, quoddam album non est lapis'.　　　35

Hic igitur locus medius ex medio quo mixtus est, qui, quoniam et
extrinsecitatem et coherentiam continet, cum quocumque adiungatur,
sive cum inherenti sive cum extrinseco, locum medium permixtum
reddit.

21 quibus] que V　　23 ⟨et⟩ Vᶜ iuxta] iusta V

Unde inherentes vel extrinseci sive medii dicantur

Nunc autem locorum quos in usum dialetici trifariam partiti fuimus, expedita divisione, alios inherentes alios medios alios extrinsecos appellantes, undi hi inherentes, illi extrinseci, alii medii dicantur
5 exponamus. Inherentes autem dicti sunt quod ad ea ad quorum inferentiam inducantur secundum vim coherentie quam ad ea habent, afferantur antecedentia, ut species ad genus suum vel unum par ad reliquum etc. Extrinseci vero dicuntur in quorum inferentia non coherentia, sed magis remotio esse attenditur. Medii vero quod
10 eque et coherentia et extrinsecitas in eorum inferentia consideretur; nam et relativorum ad se et partium ad totum et contingentium inter se quedam est coherentia et disiunctio. Ex oppositione enim quam habent relativa, extrinsecitatem recipiunt; ex commutatione vero relationis ⟨qua⟩ ad se invicem referuntur ac sine se esse non possunt, quamdam
15 habent invicem affinitatem adherentie, secundum quam et Themistius et Tullius eorum locos inter inherentes posuerunt[1]. Totum etiam parti et adherens est et ab ipsa seiunctum; adheret quidem secundum id quod in quantitate et constitutione sui eam tenet, secundum quod et ipsi locos eorum inter inherentes collocaverunt; disiuncta vero sunt secundum
20 predicationem; neque enim totum de parte neque pars de toto predicantur. Contingentia quoque et conveniunt et dissident circa diversa, ut homo et album circa albos homines iunguntur et a se recedunt in aliis quibus alterum tantum convenit, ut in lilio, cui album solum convenit, et in nigro homine, cui tantum homo inest. Hos vero medios qui mixti
25 sunt ex inherentia et extrinsecitate quam in partibus habent, medios recte dici apparet.

Hec de locis dicta sunt quorum inferentias vel in necessitate firmatas vel maxima probabilitate suffultas dialeticorum disputatio in usum deduxit. Sunt autem alii quibus dialetici raro ec numquam fere
30 utuntur, quos tamen ⟨etiam⟩ Boetius Greci Themistii atque Romani Tullii divisiones de locis plene executus non pretermisit. Hos quoque ⟨tractabimus⟩ ne quid doctrine subtrahere videamur, eaque etiam tractare pigrum non si que de divisionibus eorumdem auctorum restare atque nostro deesse tractatui videntur; ac prius, sicut ipse Boetius[2], divi-
35 sionem Themistii ponamus.

2-3 trifariam..... divisione] expedita divisione trifariam locos partici fuimus *V* nunc autem expedita divisione locorum quos in usum dialectici trifariam partiti fuimus *c* 14 ⟨qua⟩ *c*   30 ⟨etiam⟩ *Vc*

[1] Cf. Boeth., *De top. diff.* III, 1203 A-1206 B.   [2] *Ibid.* II, 1194 A15-1196 B1; III, 1202 B5-7.

DE DIVISIONIBUS THEMISTII ET TULLII

Divisio Themistii

Hic igitur locos differentias, sicut et nos, in tres species partitus, alios **inherentes** alios **extrinsecos** alios **medios** appellavit. In-herentes quoque, quemadmodum nos superius, in duo divisit, cum videlicet alios a **substantia**, alios a **consequenti** substantiam assumi dixerit. Quos vero locos a **substantia** dixit, omnes superius | plene tractavimus[1], et quosdam insuper consequentes substantiam, eos scilicet qui a **toto** sunt tam **generali** quam **integro**, vel a **partibus** tam **divisivis** quam **constitutivis**. Nam locum quoque ab **integro** vel eius parte inherentem tantum vocavit, quem nos tamen medium dici convenientius ostendimus[2]. Restant autem ex consequentibus substantiam hi quos vel in **causis** posuit vel a **generatione** vel a **corruptione** vel ab **usu** vel a **communiter accidentibus** fieri dixit, quos nos quidem prius tractemus quam eos quos ipse vel extrinsecos vel medios supposuit.

At nunc in causis immoremur, quarum proprietates cum plene distinxerimus, qualiter ex eis loci veniant facilius docebimus, cum ipse scilicet ad probationem suorum effectuum inducantur.

f. 173ᵛ

De causis

Causas autem quatuor Boetius computat[3], efficientem scilicet, materialem, formalem, finalem. **Efficientem** autem eam descripsit que movet atque operatur ubi aliquid explicetur, idest effectus, ut faber, dum cutellum fabricatur, ipsi materie ferri sua operatione formam cutelli aptando motum prestat ut in cutellum transeat, de qua uberius in sequentibus tractabimus[4], cum ad species motus veniemus.

De materiali

Materialem vero in eam ex ⟨qua fit et eam in⟩ qua fit separavit; ex qua fit, idest **ferrum**, in **qua fit**, idest **incus**. Sed hec quidem in **qua fit** absurde et incongrue materia dicitur, sed ea sola **ex qua fit**, que scilicet in substantiam effectus transit, ut animal in hominem, ligna et

---

[1] supra, p. 331⁵ e.q.s.   [2] supra, p. 406²⁷.   [3] De top. diff. II, 1189 C²⁻⁶.
[4] infra, pp. 418-436.

lapides in domum. Non autem causam aliquam negamus esse eam in qua
fit, sicut et et illa per quam fit, ut ferreus malleus, idest martellus,
sed materialem dici prohibemus, tametsi Boetius alios nimium secutus
materialem ⟨eam⟩ in *Topicis* suis appellaverit[1], cum tamen eius locum
5 non posuerit sciens eam non proprie materiam dici. Sola enim materia
proprie dicitur ex qua rei substantia constat. Unde et illi qui farinam
panis materiam appellant, quam in constitutione panis esse non concedunt, decepti sunt. Neque enim ideo materia putanda quod ab ea panis
principium sumpserit, nisi etiam ipsam in sui constitutione retineat,
10 sicut nec forma rei putanda est nisi que ipsam actualiter informat.
Unde et Boetius firmam posuit[2] probationem a materia, cum Mauros
inde arma non habere convincit quod eis ferrum, quod armorum est
materia, desit; que quidem probatio infirma esset, si sine materia
materiatum reperiretur, sicut in pane concedunt. Sed procul dubio non
15 est farina panis materia putanda, cum in eius constitutione numquam
sit; neque enim iam farina remanet, sed mice. Mice itaque panis
materia sunt, non farina.

Nota autem quod ea que constituta sunt, alia preiacentem
materiam habuerunt, ut navis — prius enim ligna fuerunt quam ex eis
20 aut domus aut navis constituerentur —, alia simul cum materia ceperunt[3], ut elementa que in materiam ceterorum corporum prima creata
sunt, que a se ipsis inceperunt. Que vero prime sunt creaturas nulla
preiacens materia prececessit. Sic et accidentia simul cum materia sua
nascuntur. Sed sive tempore precedat materia materiatum sive non,
25 natura necesse est et dignitate precedere, secundum id scilicet quod
materialiter creat et facit esse; nec aliud quidem putandum est materiatum quam materialis essentia, postquam in eius constitutione est
posita. Neque enim animal quod in homine est, idest quod rationalitate
et mortalitate est ⟨in⟩formatum, res est alia ab homine, nec ligna aut
30 lapides que in constitutione domus, aliud putanda sunt a domo. Que
enim essentie partes sunt, omnes simul accepte idem prorsus sunt quod
totum utpote propria[m] et tota[m] rei essentia[m]; in quid materiam
de materiato predicari omnium auctoritate convincitur.

De formali

35 Forma vero in essentia non componit, sed superveniens substantie perfectionem effectus reddit, et hec est formalis causa. Sicut enim

---

19 habuerunt *c* habuerit *V*   32 propria[m] et tota[m] *c* essentia[m] *c*

[1] *De top. diff.* II, 1189 C4.   [2] *De top. diff.* II, 1189 C14-D2.   [3] ceperunt = coeperunt.

absque materia consistere non potest que ex ipsa componitur substantia, sic nec preter formam perfici potest, cuius adventu ipsam compleri ac perfici Porphirius dixit[1], ut hominem rationalitatis ac mortalitatis informatione. Fortasse enim substantia hominis in materia generis quodammodo posset consistere, sed preter differentiarum informationem per- 5 fecta[m] non esse.

Non autem omnem formam in causam recipimus, nisi eas tantum que ad creationem substantie necessarie sunt ac preter quas effectus ipse consistere non potest. Que igitur accidentales sunt, ut albedo Socratis, cause dicende non sunt, cum nullo modo preter ea[s] subiecta con- 10 sistant, immo ipse propter subiecta. Omnia enim accidentia posteriora sunt suis subiectis atque in eis semper sunt ac per ea subsistunt. Unde magis accidentium causa ex subiectis pendet quam subiectorum ex accidentibus; et sunt quidem fundamenta cause, in quibus accidentia fiunt; quam quidem causam, ut supra meminimus[2], Boetius non satis 15 commode materiali aggregat. Illam autem per quam fit, ut ea per que operamur instrumenta, omnino pretermisit, nisi forte et in efficienti tam eam que efficit quam eam per quam efficit acceperit.

De finali

Finalem vero eam appellavit ut incidere causa est fabricationis 20 cutelli; ideo enim factus est ut per eum incidamus. Que quidem causa, cum posterior sit temporaliter, maxime tamen precedit ex proprietate cause. Hec enim est propter quam totum agitur et ad quam tota respicit operatio; et quidem victoria causa belli, quia ⟨scilicet⟩ intentio est victorie, que compulit hominem ad pugnandum, bellum vero victorie, 25 sed hoc quod ex eo contingit, et, nisi precederet bellum, esse non potuit; bellum vero omnino preter victoriam potuit esse, ac secundum hoc quod Tullius effectum vocat, quod Themistius finem appellat[3].

De efficiente 30

Breviter autem omnibus causis designatis ad efficientem revertentes quemdam de ipsa errorem recidamus. Sunt enim qui inter causas efficientes quasdam incommode causas aggregant, ut qui patrem filii causam efficientem confitentur, matrem vero causam in qua fit. Dicunt

6 perfecta[m] c   10 preter V propter c   18 quae c quam V   24 ⟨scilicet⟩ V^c ex c et V
28 primum quod] quam V

[1] Vide Boeth., In Isag., 267³⁻¹⁰.   [2] supra, p. 415³⁻⁴.
[3] Vide Boeth., De top. diff. III, 1205 A¹³⁻¹⁴.

enim patrem movere atque operari, ut aliquid explicetur, quod efficientium proprietas exigit. Sed hi nimirum miror quare et matrem efficientem causam non vocent. Ipsam etiam, dum cohabitat, in motu [esse] necesse est esse atque in eodem pariter operari. At vero si proprietatem efficien-
5 tium integre pensemus, neuter generantium efficientibus est aggregandus, sed solus Creator, cuius mira et occulta operatio formam infuso semini paulatim adaptat et imprimit. Hec enim sola proprie causa efficiens dicitur que de subiecta materia operando rei formande suam formam imprimit operatione, ut faber cutello atque natura homini.
10 Largius tamen efficientem causam in divisione Tullii Boetius sumens solem quoque efficientem causam diei vocavit, cum videlicet ait[1] : „causa est efficiens que quamlibet rem precedens efficit, non tempore, sed proprietate nature, ut sol diem." Non enim sol de materia aliqua operando atque ipsam formando diem | efficit, sicut faber cutellum aut   f. 174[r]
15 natura hominem, que ipso quoque pater defuncto infusum semen in corpus humanum coaptat. Hecque proprie una dicuntur secundum naturam, que per operationem propriam Deus creat ac format ac perficit; cetera vero que hominum operatio, ut sunt navis et domus, nec creantur ab hominibus, quippe nichil substantie efficitur, sed sole
20 que iam create sunt substantie coniunguntur, nec una proprie dici possunt, que scilicet natura substantie non unit, sed forte per accidens una dici possunt que sola operatio coniungit. Est itaque creare sub-stantiam ipsam facere, quod solius est Summi Artificis; coniungere vero est iam creata componere, quod hominibus competit. In his
25 ergo homines efficientes esse possunt, que ad coniunctionem rerum iam a Deo creatarum pertinent; in his vero Deus que ad creationem attinent, efficere itaque [est] hominum est simpliciter componere, Dei vero substantiam ipsam creare. Si quis autem et ipsos homines creatores, quantum scilicet ad compositionem, presumat dicere, non est audiendus. Neque
30 enim vel ipsam formam creant, sed aptant componendo subiecta; nec sunt efficientes in creando, sed in aptando. Ipse enim Deus in eorum operatione simul creat quod eorum operatio adaptat. Cum autem et Deus efficiens causa sit, quantum, ut dictum est, ad creationem, et homo quoque quantum ad compositionem, uterque movet, idest motum
35 prestat ei quod efficitur: Deus quidem secundum generationem, dum substantiam creat, homo vero secundum alterationem, dum compositionem adaptat.

    Sed nunc quoque motus species ad horum discretionem tractemus.

5 neuter c neutrum V   12 non + semper b   14 diem c solem V   22 operatio] oppositio V
[1] De top. diff. III, 1199 A[7].

De motu

Motus itaque alius se cundum substantiam, alius secundum quantitatem, alius secundum qualitatem, alius secundum locum contingunt.

De motu substantie   5

Motus autem fit se cundum substantiam, quotiens res aliqua in stubstantia sua generatur vel corrumpitur. Generatur autem, dum aliquod substantiale esse assumit; veluti, cum aliquod corpus vivificatur, animati corporis substantiam assumit vel animalis vel hominis. Corrumpitur autem, dum eamdem substantialem deserit naturam, ut cum 10 moriendo inanimatum redditur. Sunt itaque motus substantie due species, generatio scilicet, que est ingressus in substantiam, et corruptio, que est egressus a substantia; et sunt quidem invicem contrarie, etsi simul in eodem generatio et corruptio contingant, sed non qua sunt contrarie. Dum enim quodlibet corpus animatur, in- 15 animatum deserit secundum quod corrumpitur, et animatum assumit secundum quod generatur. Unde in eodem generatio simul est cum corruptione, sed non ideo contraria. Neque enim contraria sunt generatio animati et corruptio inanimati, sed generatio animati et corruptio eiusdem, et generatio inanimati et corruptio eiusdem, que in eodem si- 20 mul consistere nequeunt. Hic vero motus qui generatio dicitur, secundum quem scilicet in naturam substantie quelibet res transfertur, soli Creatori subiacet. Corruptio tamen ipsius nobis subiecta videtur, secundum hoc scilicet quod vel aliquem interficimus vel lignum comburendo in cinerem resolvimus aut fenum in vitrum liquefacimus. In quo 25 etiam generatio nobis subiecta videtur. Nam dum per actum nostrum priorem deserunt substantiam ea que corrumpuntur, aliam assumunt, secundum quam generantur, ut simul et corrumpere videamur et generare. Si enim inde dicimur corrumpere quia per hoc quod circa substantiam agimus, ipsa in corruptionem cadit, similiter et generare 30 concedamur, quia per actum nostrum in generationem venit, et fortasse in his generationibus id refelli non potest que prime non sunt. Nam prime rerum creationes, in quibus non solum forme, sed ipse etiam substantie create sunt a Deo, veluti cum ipsis corporibus prius esse contulit, soli Omnipotenti scribi possunt earumque corruptiones: 35 neque enim corporis alicuius substantiam actus ullus hominis adnichilare potest.

11 inanimatum *c* inanimato *V*   15 qua] que *V*   26 subiecta *Vc* substantia *V*   27 ea quae *c* in qua *V*   30 agimus *c* ab *V*

Primas vero creationes dicimus per quas rerum materie prius inceperunt esse, que scilicet preiacentem non habuerunt materiam. Unde in *Genesi* dictum est[1]: „In principio creavit Deus celum et terram", idest in prima creatione; ab ipsis enim operari cepit[2] et in ipsis
5 materiam omnium corporum conclusit. In ipsis enim omnia posuit elementa que ceterorum corporum sunt materia. Non enim pura et distincta creavit elementa, ut quasi per se ignem poneret vel terram vel aerem vel aquam, sed omnia in singulis permiscuit; et singule quidem fabrice ex elementis que in eis habundabant nomina traxerunt, aeris
10 quidem fabrica ex humiditate et levitate aerii elementi, ignis vero ex levitate et siccitate ignei, aque vero massa ex humiditate et mollitie aquatici, terre vero ex gravitate et duritia terrei elementi.

Secunde vero creationes sunt, cum iam creatam materiam per adiunctionem substantialis forme novum facit ingredi esse, veluti cum
15 de limo terre hominem Deus creavit. In quod quidem nulla materie novitas, sed solius forme videtur diversitas et quantum ad formam substantie pertinet, videtur mutari natura substantie; et hee quidem postreme creationes generationi et corruptioni videntur subiacere. Nam id quod prius esse incipit, dum fit nec adhuc extitit, quomodo motum
20 generationis possit habere, cum scilicet omnino non sit? In his etiam que omnino pereunt, ut de anima[li]bus pecudum aut de accidentibus dicitur, quo tempore putemus motum corruptionis, cum nec motum corruptionis valeamus discernere? At vero ille creationes que preiacentem habent materiam numquam deficientem, generationi subiacent
25 et corruptioni; veluti cum limum terre ille Summus Artifex ex inanimato vivificaret et in hominem formaret et ipsam terre substantiam iam creatam per adiunctionem formarum in hominem verteret. Unde recte in *Eodem* Moyses: „formavit, inquit[3], Dominus hominem", in quo aperte hanc creationem per formas fieri demonstravit atque a prima
30 separavit. Ibi enim 'creare' simpliciter dixit, hic etiam '*formare*' posuit. In qua secunda creatione ipsa terre materia, que iam existebat, motum generationis habere poterat, dum informaret eam Deus animatione sensibilitate rationalitate mortalitate et ceteris, aut corruptionis, dum inanimatum desereret. De qua etiam creatione secunda idem ait[4] in
35 *Eodem* „masculum et feminam creavit eos." Sed nec huiusmodi creationes postreme nostris subiacent facultatibus, sed omnis creatio a nostris actibus est aliena et soli Deo ascribenda. Neque enim in fornace posito

---

10, 11 lenitate *V*   21 anima[li]bus *V*ᶜ

[1] *Genesis*, I 1.   [2] cepit = coepit.   [3] *Genesis*, I 27.   [4] *Ibid.*

cinere feni ut in vitrum transeat, noster actus in creationem vitri quicquam operatur, sed ipse Deus nobis etiam phisicam ignorantibus in natura eorum que preparavimus, occulte operatur ac novam perficit substantiam. Ubi autem vitrum a Deo creatum est, nostra operatio⟨ne⟩ in vasa multifarie formatur, sicut ex lignis et lapidibus iam a Deo creatis 5 domum componimus, nichil quidem creando, sed creata coniungendo.

| Nulla itaque generatio nostris actibus est permissa. Unde a patre filius recte creari ⟨non potest dici⟩, nisi secundum id quod ex ipsius substantia manans divina operatione ad humanam naturam provehitur. Unde potius filius ex patre fieri quam per patrem dicitur, secundum id 10 scilicet quod quamdam que ex ipso manavit ⟨materiam⟩ occulte Dei op⟨er⟩atio formavit in hominem.

Cum nulla nobis subiecta sit substantie generatio, corruptio potest subiecta videri, nec mirum; facilius enim est in omnibus destruere quam componere et levius nocere quam prodesse possumus et promp- 15 tiores ad malum operandum quam ad bene faciendum sumus. Qui enim hominem formare non possumus, ipsum destruere valemus; ac fortasse quamdam ipsi generationem facere videmur secundum inanimationem. Nam dum animationem auferimus, inanimationem reddimus, que in substantiam veniens generationem facit. Sed auferre quidem possumus, 20 quod corruptioni pertinet, sed nil conferre in substantiam, quod genera- tionis est; non animatum ergo facimus, sed inanimationem quoque solus Deus creat. Non autem idem est non esse animatum et esse inanimatum. Multa enim sub negationem cadunt que privationem non suscipiunt; quantum vero ad negationem, corruptio est, quantum vero ad formam 25 privationis, generatio, que etiam soli Deo ascribenda est. Nam si nichil in substantiam ageremus, non minus quandoque Deus eam in animationem reduceret; sed potest esse ut citius per hoc quod agimus ipsam resolvat.

Hic igitur substantie motus quem generationem dicimus, soli Deo ascribendus est tam in primis quam in postremis creationibus. In 30 quibus quidem nature creationibus generales ac speciales constitute sunt substantie. Neque enim forme mutatio diversitatem specierum aut generum facit, sed substantie creatio. Quocumque enim modo varientur forme, si identitas manserit, nichil ad essentiam generalem vel specialem agitur. Cum autem et forme nulle diverse sint, diversa tamen poterunt 35 esse genera, ut sunt generalissima in sue discretione substantie, aut fortasse quedam species, ut de speciebus accidentium infinitatem vitantes concedimus. Quamdiu itaque essentia materialis nature in se diversa atque aliud ab alia fuerit, diversa contingit esse genera vel species.

2 innorantibus *V*   4 operatio⟨ne⟩ *c*   8 ⟨non potest dici⟩ *c*   39 alia *V* alio *c*

Diversitas itaque substantie diversitatem generum ac specierum facit, non forme mutatio. Nam etsi in speciebus substantie specierum diversitatis causa sit differentia, hoc tamen ex rerum diversitate substantie quam faciunt, contingit. Unde etiam substantiales sunt appellate
5 huiusmodi differentie, que in substantiam venientes et discretionem substantie faciunt et unionem communis nature; neque enim alia in speciali aut generali natura concludimus nisi ea que natura substantie divina univit operatio.

Hec quidem de prima specie motus, que generatione et cor-
10 ruptione dividitur, dicta sufficiant, quam nos secundum substantiam fieri diximus.

De motu quantitatis

Secunda quoque species, quam secundum quantitatem assignavimus, duabus distribuitur speciebus, augmento scilicet et diminutione,
15 que et invicem contrarie sunt. Et est quidem augmentum motus essentie rei secundum quantitatis ipsius intensionem, diminutio vero secundum eiusdem remissionem. Mutatur enim res secundum augmentum, cum ipsa substantie quantitas per additamentum alicuius crevit, veluti cum pueris adolentibus sua Deus occulte ministrat in-
20 crementa atque nostram extendit qualibet dimensione substantiam sive in altum sive in longum seu in latum. Diminuitur autem cum aliquid substantie demitur et subtrahitur, veluti cum ipse Deus nobis veterescentibus nostras paulatim substantias attenuat.

Et sunt quidem quatuor omnino augmenta. Crescit enim res
25 tribus supradictis modis, cum videlicet in spissum sive in longum sive in latum extenditur; quartum vero cum secundum numerum multiplicatur, ut si quatuor adiungantur duo in constitutione senarii. Totidem etiam contingit esse detrimenta. Nam ex eodem fit detrimentum unde factum fuerat augmentum. Sicut enim, si quid cuilibet rei sit additum, totum
30 maius efficitur rei, si⟨c si⟩ quid quantitati cuiuslibet essentie masseque ipsi substantie subtrahitur, totum ipsum diminuitur.

Sed nunc quidem investigandum esse dicit[1] minus de his motibus, augmento scilicet et diminutione, ⟨quam⟩ circa que fiant. Non enim aliquod augmentum fieri in aliquo videtur per adiunctionem
35 alicuius, quippe nichil augeri videtur. Neque enim cum aliquid alicui apponitur, illud quod appositum est, crevit neque illud cui appositum est, cum plures partes quam prius non habeat. Sed nec totum quod ex

13 species + quoque species V   19 ⟨c⟩revit V^c   22 sustraitur
[1] Boethius?, *an* dico?

eis coniunctum est, crevisse videtur. Eas enim tantum partes adhuc retinet quas prius habebat, illud scilicet quod est adiunctum et cui est adiunctum. Sicut enim illa duo coniuncta simul totum sunt ad singula, sic et disiuncta totum erant ad eadem. Omnia enim plura simul accepta sive continuata sint sive disiuncta, totum sunt ad singula. Similiter et de 5 detrimento potest opponi: quid igitur augeri vel diminui dicemus? Sed simpliciter quidem accipiendum est et dicendum augmentum esse in composito respectu simplicium, cum plures habeat partes. Easdem enim omnes et plures continet, sicut senarius omnes partes quaternarii et insuper binarii. Unde maior secundum augmentum, sive hoc quaternario 10 sive illo binario quem continet, recte ⟨dicitur⟩. Non autem semper 'maius' et 'minus' proprie secundum augmentum accipimus. Proprie namque tantum augmentum accipimus in eo quod in partium quantitate suarum ab alio habundat. In partibus autem habundare dicimus omnes alterius partes comprehendere et insuper aliquas habere; quod quidem in 15 toto ad partem tantum poteris inspicere. Omnes enim partes partium totius esse necesse est et omne totum totius partium quoque totum est. Cum autem omnia cuiuslibet partis membra ipsum quoque constituant totum, necesse est totum a singulis partibus suis in quantitate partium habundare, idest easdem omnes et insuper quasdam habere, quod quidem 20 est plures in augmento partes habere. Non enim plures partes secundum augmentum hoc habent quam illud, cum nulle fuerint communes. Unde cum quislibet homo alio maior dicitur, non secundum augmentum partium dici potest proprie, quia nullas habent communes partes, ⟨sed⟩ secundum ex[ante]cedentem dimensionem, quia scilicet extensa est 25 magis longitudo huius aut latitudo quam illius. Quodsi quis etiam secundum dimensionis excellentiam augmentum accipiat, ut quislibet longior homo respectu brevioris augeri dicatur, multum improprie *augmentum* accipit. Augeri namque proprie dicitur per adiunctione⟨m⟩ alicuius quantitatem | massamque ipsam substantie crescere. Ut quadrangulum 30 crescere Aristotiles dixit[1] composito, idest adiuncto, gnomone, quo etiam subtracto diminuitur. Plures enim sunt partes in quadrangulo adiuncto gnomone quam in eo quod relinquitur de quadrangulo separato gnomone. Consistit autem gnomonis perfectio in tribus quadranguli partibus, 35 quibus si quarta adiungatur, perficitur quadrangulus, ut apposita figura monstrat. Qui quidem quadrangulus respectu illius quadranguli qui est adiunctus,

f. 175ʳ

9 quaternarii] quinarii *V*　　11 ⟨dicitur⟩ *Vᶜ*

[1] *Categ.* 14, 15 a 30-31.

quartam partem vel gnomonis cui[us] adiunctus est, augeri dicitur.
Neque enim, ut quidam putant, augmentum referendum est ad illum
quadrangulum cui quarta pars adiungitur, sed ad compositum ex ipso
et gnomone. Non enim, sicut diximus[1], aliqua pars in constitutione
5 cuiuslibet augetur, sed ipsum compositum respectu componentium
crevit, cum videlicet totum contineat quod unaqueque pars comprehendit atque insuper quicquid quelibet aliarum partium continet.
Est igitur augeri quodlibet compositum plures partes ipsum habere in
aliquo loco quam prius haberet in eodem, et diminui pauciores habere
10 quam prius, ut secundum capacitatem et aggregationem in eumdem
locum augmentum consistat, non tantum secundum pluralitatem partium.
Ipse namque partes plures non sunt, sed ipsum compositum plures
partes habet in hoc loco quam prius. Veluti si duo sint homines, unus
intra domum et unus extra, illi duo unum sunt compositum ad singulos
15 et si exterior in domum abstrahatur, idem compositum plures partes in
domum habet quam prius; sed non ideo plures partes quam prius.
Sicut enim non est unum quod sibi habeat plures tunicas quam ille qui
habet plures vestes, ita nec illud. Quod autem secundum loci capacitatem atque coniunctionem augmentum accipiatur, non solum usus, sed
20 auctoritas contradicit, cum dicitur: 'si quid cuilibet rei sit additum',
hocest: adiunctum in aliquo. Unde cum dicimus:

si quid cuilibet rei sit additum totum maius efficitur,
non ita est accipiendum ut maius fiat compositum quam prius esset, sed
maius quam singule partes effectum est per adiunctionem cuiuslibet
25 ipsarum; prius namque compositum non erat. Et si alie partes que
prius erant, accipiantur, non erit numerus earum diminutus; eedem
enim extra coniunctionem erant partes que intra. Fit itaque augmenti
comparatio non de composito ad se ipsum, sed de toto ad singulas partes.
Unde recte 'totum' Boetius apponit. Nulla enim res plures habet in
30 aliquo tempore partes aut pauciores quam in alio. Ubi enim plures
fiunt partes mutata secundum augmentum substantia, non potest hec
substantia dici esse vel fuisse illa que pauciores habuit. Videtur autem
compositio rerum nichil ad augmentum perficere, cum non sint plures
res per coniunctionem effecte. Si enim unum tribus adiungas, non
35 videtur eorum numerus crevisse, nisi forte secundum locum, quod
scilicet plures in hoc loco sunt substantie quam prius, cum nondum
unus duobus huc esset aggregatus. Ac fortasse in his rebus que coniunctionem non exigunt, sed naturaliter discrete sunt, sicut numeri, nichil

9 diminui V^c dimidui V 15 astrahatur V 29 plures V^c plura V

[1] supra, p. 422[7-8].

operatur ad augmentum compositio, sed in his que per continuationem
fiunt, ut in quadrangulo qui ex gnomone et quadrangulo coniungitur.
Non enim quadrangulum unum redderet gnomo et quadrangulus, si
discreta manerent. Unde ad quadranguli augmentum coniunctio quoque
videtur operari, non ad numerum rerum.   5

    Has vero duas species motus secundum quantitatem fieri diximus[1],
quia secundum substantie comprehensionem fiunt; et sunt quidem
utriusque, idest substantie et quantitatis, hi motus. Cum enim augetur
substantia, necesse est et quantitatem substantie crescere. Et est
assignatus hic motus secundum quantitatem ad differentiam superioris,   10
qui secundum substantiam fieri dictus est[2]. In superiore enim motu[s]
non est necesse quantitatem substantie mutari, sed substantiam ipsam.
Cum enim hoc corpus hominis de animato ad inanimatum movebitur,
substantie quantitas non mutabitur, cum eadem membra remanebunt.
At vero per adiunctionem vel substractionem alicuius necesse est   15
quantitatem, idest comprehensionem substantie, mutari.

De comparatione

    Non est autem hoc loco pretermittenda consideratio augmenti
vel detrimenti secundum comparationem, veluti cum dicitur hoc esse
magis vel minus album quam illud. At vero ad comparationem venire   20
nichil nisi accidens Boetius confirmat[3]. Non tamen omnia; sicut enim
Aristotiles quantitatem absolutam esse contrarietate dixit[4], sic etiam
comparatione[5]. Unde magnum et parvum, longum aut breve, latum aut
spissum sive album quantitates non esse clarum est, quamvis semper
secundum quantitatem contingant eisque semper adhereant, nec nisi   25
mediantibus quantitatibus substantiis accidant. Proprie enim et primo
loco ipsa linea longa vel brevis dicitur et numerus multus, ac deinde etiam
substantie. Sicut enim non dicitur magis vel minus ⟨homo, ita nec
dicitur magis vel minus⟩ albedo; magis autem vel minus album dicitur:
sumpta itaque accidentium nomina sola comparari possunt, non scilicet 30
substantiva. Unde in predicamento qualitatis Aristotiles dixit[6]: „non
tamen omnia sed plura: iustitia namque a iustitia si dicatur magis et
minus, potest quislibet ambigere", album autem magis et minus altero
dicitur et iustum magis et minus alterum altero[7]. Sed et ipsa crementa
suscipiunt; cum candidum namque sit, contingit amplius fieri candidum. 35

---

4 unde] unum *V*   28-29 ⟨homo..... minus⟩ *Vc*

[1] *supra*, p. 421 *e.q.s.*   [2] *supra*, p. 418[5] *e.q.s.*
[3] *De top. diff.* I, 1178 C7-9.   [4] *Categ.* 6, 5 b 11-14.   [5] *Ibid.* 6, 6 a 19-25.
[6] *Ibid.* 8, 10 b 29-31.   [7] Cf. *Ibid.*, 27-28.

Esse in his accidentium predicationibus Aristotiles comparationem innuit[1] que per adiectiva nomina fiunt, quibus ipsa proprie ut accidentia et substantiis adherentia designantur. In substantivis autem vocabulis ea omnino reprobat[2]. Sicut enim accidentia modo secundum
5 hoc quod subiectas informant substantias consideramus, modo autem eorum substantiam per se speculamur atque ipsorum essentiam in se ipsa secundum hoc quod est, intelligimus, ita quoque ipsa diversis vocabulis designamus, modo quidem adiectivis, cum scilicet ipsa ut substantiis adiacentia designamus, modo vero substantivis, cum eadem
10 secundum propriam essentiam demonstramus. Unde et duplicem habent predicationem, unam quidem secundum accidens, aliam secundum substantiam. Secundum accidens quidam sic: 'hoc corpus est album': hic enim albedo secundum adiacentiam subiecto corpori attribuitur, ac si dicatur hoc corpus albedine informari. Secundum substantiam
15 ita: 'hic color est albedo'. Omnis species individuis suis, sicut et genus speciebus, in substantia materialiter inest. Unde et recte substantiva, non accidentalia, illa eorum nomina dicuntur que ea in essentia, non in adiacentia, significant. Substantiarum vero predicatio simplex est. Neque enim predicationem adiacentie recipere possunt, quippe cum
20 non adiaceant ⟨rebus⟩, sed tantum essentie; quare et omnia eis substantiis imposita nomina necesse est esse substantiva. Unde nec adeo per actionem veniunt, sicut nec substantiva accidentium nomina, | sed sola,   f. 175ᵛ
ut dictum est, adiectiva, que scilicet formas in adiacentia demonstrant, nec quidem omnia, sicut ea, ut supra meminimus[3], que a quantitatibus
25 sumpta sunt, ut 'tres' a 'ternario', 'unum' ab 'unitate'. Multa quoque sunt relatorum sumpta que non comparantur, ut pater filius, dominus servus, duplum dimidium, magister discipulus; que enim fixa sunt, certum est non comparari. Plura etiam qualitatum sumpta ad comparationem non veniunt, ut differentiarum vocabula quas comparari
30 Boetius negavit[4], circa hec quidem susceptibilia quibus substantialiter insunt, ut calor igni et albedo nivi substantialiter insunt atque ⟨rationalitas⟩ homini; per accidens circa hec quibus accidentia sunt, comparantur, ut scilicet hic homo magis albus illo vel magis calidus dicatur, et nix ipsa forsitan magis alba homine vel ignis magis calidus, sed non
35 magis calidus hic ignis illo vel hec nix magis alba illa, magis tamen hic ignis quam ille calefacit, secundum id scilicet quod vicinior est vel maior. Similiter autem nec hic homo magis rationalis, sed fortasse magis

15 individuus V   20 eis] ex V   21 a Deo V

[1] Ibid. 8, 11 a 2 e.q.s.   [2] cfr categ. 5, 3b 33   [3] cf. supra, p. 424²⁸⁻³⁴.   [4] In Isag., 252¹⁷ e.q.s.

ratiocinans. Que enim secundum naturam potentie sunt, comparari non
possunt, sed fortasse ille que sunt aptitudinis, secundum quod et
potentior et facilior hic homo illo dicitur et durius hoc corpus illo, quod
scilicet facilius possit sectioni resistere. Quas enim natura infert
potentias equaliter, sicut natura ipsa, omnibus inest, ut rationalitas 5
singulis hominibus. Que vero habitudinis sunt, comparantur; prout enim
quidam melius vel peius dispositi sunt, magis vel minus potentes dicuntur, et magis aptus hic ad currendum vel ad pugnandum quam ille
dicitur secundum membrorum aptitudinem, vel magis durus secundum
partium densitatem. Has itaque potentias habitudinis, non nature, que 10
accidentales sunt, nichil prohibet comparari. Sed hee quidem que in
naturam substantie veniunt, sub comparatione non cadunt, ut rationale,
risibile. Ac si hec per accidens homini inesse dicatur, que propria
est, illa vero substantialiter, que maior est, nec tamen multo rationabilius hanc accidentibus hominis quam illam aggregant, cum utramque 15
natura conferat. Quod enim natura exigit, separari non patitur et quod
ipsa requirit, deesse non potest. Sed de hoc satis atque uberius in *Libro
Partium* disputavimus[1].

Certum est autem et ex Porphirio nec specierum propria ad
comparationem venire sicut nec differentie, de quibus ait[2]: „esse 20
autem unum et idem neque intensionem neque remissionem suscipiens."
Sunt quoque et multe alie qualitates que comparari non possunt, ut
circulus, quadratum, triangulus, sed et pleraque accidentia in Situ vel
Quando vel ceteris predicamentis, que ad comparationem non veniunt.

Nunc autem in his que comparantur accidentibus quid sit 25
comparari, perquiramus. Aiunt autem comparationem accidentis in eo
esse quod huic subiecto cum augmento, illi cum detrimento conveniat.
Unde ad comparationem nulla nisi communia veniunt accidentia, que
scilicet a pluribus participentur, cum videlicet inter plura eiusdem
accidentis subiecta comparatio consistat. Neque enim aliter alterum 30
subiectorum accidens haberet intensum, alterum vero remissum, nisi
utrumque haberet. Si quis itaque dicat Ruteneum magis esse album
Ethiope, elective, non comparative, est accipiendum. Electio autem
uni tantum formam reliquit, comparatio vero utrique, ut etiam illa que
per contraria proponitur, quando scilicet ex intensione unius contrarii 35
remissionem alterius intelligimus, veluti cum dicitur Ponticum Mare
dulcius Afro, idest minus amarum. Cum enim neutrum dulce sit, non

8 vel] quam *V*   21 autem + unicuique *b*   31 haberet + unde aristoteles in qualitate simpliciter si utraque non recipiunt huius propositi diffinitionem etc. *V*ᵐ   35 preponitur *V*

[1] sc. in primo volumine, quod deest.   [2] Vide Boeth., *In Isag.*, 251¹⁰⁻¹².

potest circa ea dulcedo comparari, sed potius eius contrarium, quod est amaritudo, secundum quam ⟨ad comparationem⟩ veniunt. Cum autem accidens comparari sit subiecta ipsius secundum intensionem aut remissionem eius invicem conferri atque equaliter in intensione ac
5 remissione comparatio fiat, non ita tamen nomina comparativi vel superlativi gradus inventa sunt in detrimento sicut in augmento. Sed huiusmodi comparationes semper '*minus*' adverbio positivo nomini adiuncto proferimus hoc modo: '*minus album*'; '*albius*' autem pro '*magis album*' dicimus. Si quis autem '*parvi*' comparationem secundum remissionem
10 fieri dicat, cum videlicet dicitur '*minor minimus*', non ad accidens potest remissionem referre, sed fortasse ad substantiam. Qui enim minor est, magis est parvus; unde augmentum parvitatis esse apparet. Sepe autem et in utroque modo comparationis nominibus caremus et utramque adverbiis proferre cogimur, sicut in comparatione verborum. Nam
15 '*magis* et *minus calefaciens*' dicitur et '*magis* et *minus albens*'. Non autem in omni comparatione augmentum proprie vel detrimentum accipimus nisi in ea que circa idem subiectum fit per diversa tempora, ut cum hoc corpus magis hodie album quam heri dicitur. Ea enim augeri tantum vel crescere superius dicta sunt[1] que ei quod prius habebant, aliquid aggre-
20 gant. Augmentum itaque per aggregationem, sicut detrimentum per substractionem, contingit, ut nichil proprie augmentatum dicatur nisi respectu eius quod prius de ipso fuerat, eius videlicet partis que prius sola extiterat, veluti, cum illi que prius fuerat albedini alia aggregatur, albedo crescere dicitur secundum aggregatam partem et hoc
25 subiectum quod ipsam suscipit, magis album quam prius secundum albedinis augmentum dicitur. In qua quidem fortasse comparatione eiusdem ad se ipsum non solum communis, sed particularis etiam albedo videtur comparari, que quidem augmentata dicitur. Sed quomodo vere dicemus: '*hoc corpus est hodie magis hoc album quam heri*', ut per '*hoc album*'
30 eamdem individisilem albedinem accipiamus? Neque quantum ad illam partem albedinis quam heri habebat et adhuc habet, magis '*hoc album*' dicitur nec quantum ad totam compositam albedinem, que heri in ipso tota non erat. Si enim hodie esset minus hoc album quam heri secundum totam albedinem, et heri secundum eamdem minus erat hoc album;
35 quare et hoc album erat ac iam compositam albedinem habebat; quod aperte falsum est. Patet itaque nec propria accidentia comparari circa idem, sed communia tantum, sicut supra diximus[2]; que quidem com-

---

7 nomina V 16 detrimendum V 30 indivisibilem V^c divosibilem V 36 est V^c esset V

[1] *supra*, p. 423[8-9] et [23-28].   [2] *supra*, p. 426[28].

paratio circa idem sola proprie secundum augmentum dicitur fieri. Cum vero alterum subiectum alteri confertur secundum comparationem accidentis albedinis, quod huius scilicet albedo est maior quam illius, non hec ad augmentum referenda est magnitudo. Non enim unius albedo respectu alterius augmentata dicitur, cum qua nullas partes com- 5 munes tenet, sicut ex superioribus est manifestum. Omnem itaque comparationem secundum maiorem minoremque accidentis informationem pensamus, non secundum augmentum. Multa enim sunt subiecta quorum alterum altero albius dicitur; quorum albedines numquam creverunt, sed equaliter semper permanserunt. Ac multe rerum 10 maiores vel minores invicem dicuntur que numquam creverunt vel
f. 177ʳ decreverunt, sed ex quo create sunt, | eamdem mensuram servaverunt. Unde non omnem magnitudinem vel parvitatem secundum augmentum vel detrimentum accipi convenit, sicut supra dictum est[1], nec omnem comparationem secundum augmentum vel detrimentum accipi, sed 15 plures secundum maiorem vel minorem informationem.

Cum autem quatuor modis magnitudo aut parvitas, sicut augmentum et detrimentum, contingat, secundum videlicet longitudinem vel latitudinem vel spissitudinem vel numeri multiplicationem, querendum restat utrum secundum has omnes dimensio- 20 nes an secundum quasdam accidentia in comparatione veniant; ut ⟨si⟩ videlicet hoc subiectum albius illo dicatur secundum hoc quod latior est eius albedo vel longior vel spissior vel plures partes albedinis in isto sint quam in illo. Sed manifestum est non secundum latitudinem vel longitudinem maiorem albedinis hoc subiectum illo albius dici, cum videlicet 25 hec parva margarita vel hec minima nix illo albo equo albior dicatur, et hoc minimum subiectum magis esse parvum quam illud magnum, ut punctum illo corpore. Sed nec secundum multiplicationem partium albedinis hoc subiectum illo albius dicatur, cum plures fortasse sint partes albedinis in corpore equi albi quam in minima nive. Amplius: si 30 maiorem numerum partium ad comparationem valere dicamus, cur non etiam quantitates comparari concedamus, secundum id scilicet quod plures partes huius linea vel superficies habet quam illius aut etiam calorem circa hunc maiorem et illum minorem ignem, quibus est substantialis? Restat itaque ut secundum spissitudinem albedinis ipsius comparationem 35 accipiamus, ut videlicet hoc corpus albius illo dicatur, quantumcumque hoc sit vel illud, quia spissiorem habet albedinem, idest plures albedinis

26 albior] albici V

[1] supra, p. 427¹⁵⁻¹⁶.

partes hic sibi sunt supposite quam ibi. Sed idem fortasse et de quantitatibus dicetur; secundum id namque quod densius est subiectum,
plures in superpositio⟨ne⟩ lineas aut superficies habet; sed numquam
plures eidem corpori inherent vel superficies vel linee, sed singule
5 singulis partibus corporis, nec ita sibi supponuntur quantitates in eodem
corpore sicut colores, sed per totum corpus singule substantie partes
singulas suas habent dimensiones. Itaque substantiis familiariter adherent,
ut idem sit earum numerus et substantiarum. Qualitates autem plures
esse contingit quam subiecta, et plures albedines eidem corpori tingendo
10 attribuimus. Cum enim semel pannum in tincturam posueris, tenuis adhuc color [per] subiectam substantiam non satis cooperit. Sed merso
iterum panno aliamque superficiem albedinis inducto minus apparet
subiecta corporis substantia et magis colorata dicitur. Sic quoque in floribus colorandis natura operatur. Prima enim die lilium quadam albedinis
15 superficie vestit nec bene per eam coloratum reddit, donec et alias
superponat secundum temporum diuturnitatem. Quo ergo plures in
superpositione albedinis partes recipit, albius dicitur et coloratius, et
unum quidem albedinis individuum ⟨alii superpositum⟩ sunt albedo superposita alii in eodem subiecto et alia. Sed non unitas unitati in diverso
20 subiecto apposita unum faciunt unitatis individuum; omnis enim unitas
indivisibilis est. Que autem duas contineret unitates, dividi posset per
eas. Unde magis unum non potest dici hoc quam illud, cum in eadem
unitate non sit unitas unitati superposita, una pars unitatis alteri, sicut
hoc albius illo dicitur secundum superpositionem partium eiusdem
25 albedinis. Aut fortasse hoc subiectum albius illo dici potest secundum
densitatem partium albedinis collateraliter dispositarum, non sibi
superpositarum. Quanto enim densius sibi coadiacent, tanto melius
subiectam substantiam velant.

Sed non secundum id iam hoc indivisibile corpus nivis albius
30 aliquo poterit dici. Non enim in divisibili collateraliter albedinis partes
locari possunt, sed melius in superpositione in eodem sibi adherent
quasi diversa puncta albedinis. Hecque expeditior est sententia de
coloribus ut ipsos secundum superpositionis spissitudinem comparari
dicamus. Non autem fortasse secundum spissitudinem omnia comparari
35 convenit, sed quedam etiam secundum longitudinem subiecti, ut *longum
longius*, quedam secundum habitudinem, ut *latum latius*, quedam secundum numeri multiplicationem, ut hic grex maior illo dicitur vel hoc
corpus illo secundum latitudinem aut longitudinem aut quamlibet dimensionem. Ac de augmentis quidem horum accidentium que sensibus

12 subiecta *V^c* substantia *V*   26 collatum aliter *V*   30 collateraliter] conlatam lr̃ *V*

non subiacent, difficile est iudicare, sicut et de augmento parvitatis. Nam cum sint modo due res equalis dimensionis, eiusdem scilicet magnitudinis vel parvitatis, qua ratione, si altera de rebus illis abscisa parte minoretur, in parte residua, que minor dicitur, augeri secundum spissitudinem dicemus parvitatem, que prius tota re integra manente 5 non erat in eadem cum augmento? Aut que exigit ratio ut decrescente subiecto necesse sit accidens eius crescere. Idem de comparatione tenuis vel rari opponendum videtur. Quanto enim magis attenuatur vel rarescit subiectum, tenuius vel rarius dicitur. Unde et in tenuitate spissitudinem vel in ipsa etiam spissitudine spissitudinem vel in parvitate augmentum 10 confiteri cogimur. Quod quidem absurdum videtur eoquod horum fortasse accidentium ignoremus augmenta. Aut se fortasse facilius expediunt qui non omnem comparationem secundum rerum augmenta, sed secundum vocum prolationem accipiunt quibus comparativa adverbia apponuntur. Aliud enim videtur albedinem cum augmento inesse sub- 15 iecto, aliud ipsum magis album dici. Magis enim album dici non convenit nisi respectu eius quod minus est album; augmentatam quidem albedinem in se ipsam habere possunt, etsi nichil aliud album esset. Unde in 'albiori' non solum albedinis augmentum innuitur, sed simul quedam ad aliud subiectum secundum magnitudinem relatio. Unde potius comparationes 20 secundum magnitudinem vel parvitatem, que relativa sunt, convenit pensare quam secundum augmentum et detrimentum, que sunt contraria.

Cum autem tres comparationis gradus esse a puerilibus disciplinis accepimus, hanc inter illos differentiam ponunt quod eamdem accidentis 25 proprietatem diversis modis significant, positivus quidem simpliciter nichil quidem de quantitate eius demonstrans, ut 'album'; comparativus vero vel superlativus quantitatis quidem sunt designativa secundum intensionem | accidentis, ita tamen ut superlativus ita comparativo habundet, sicut comparativus positivo. Sicut enim 'albius' 'magis album' 30 dicimus, sic 'albissimum' 'multo magis album'. Unde omne albius album esse necesse est et omne albissinum albius. Sed non convertitur. Cum autem 'albissimum' 'multo albius' sonet, non tamen hoc in constructione nisi ad genitivum pluralem refertur, illud vero ablativo cui⟨us⟩libet numeri gratia comparativi quod continet, adiungitur. Sicut enim 35 'albissimus eorum' dicimus, ita 'multo albior eo vel eis', gratia videlicet 'albius' comparativi quod ablativo utriusque numeri coniungitur. Cum autem ipsorum essentia accidentium augeri vel imminui dicatur vel

27 quantitate Vᶜ proprietate V   33 albissimus V   37 utrique ablativo numeri V

ipsum accidens in substantia sua maius alio vel minus dicatur, queri
solet cur non etiam in essentia comparentur, ut videlicet hec albedo
que maior est, magis albedo quam illa que minor est, dicatur. Sed iam
et ipse comparari possent substantie vel quantitates, secundum id
5 quidem quod maiores sunt aliis vel minores. Sed id profecto non ad
comparationem, sed ad diminutionem referendum est, secundum quod
quidem ab 'homine' 'homuncio' vel 'homunculus' vel 'homullulus' dicimus,
vel a 'linea' 'lineola', nullam quidem relationem ad alterum in comparatione notantes, sed substantie detrimentum in se ipsa monstrantes.
10   Non est autem pretermittendum utrum omnis secundum quantitatem motus nostre sit operationi subiectus. Et fortasse cuiuslibet compositi diminutionem efficere valemus, sed non ita secundum quodlibet
augmentum subiecta unire. Neque enim estimo hominum operatione
ulla ita coniungi corpora ut nulla sit inter ea distantia. Unde nec linee
15 longitudo continua vel superficiei latitudo vel corporis spissitudo nostre
subiacent actioni, sed fortasse numeri multiplicatio secundum aggregationem ad eumdem locum; veluti cum huic acervo lapidum aliquem
aliorum lapidum aggregamus vel ligna lapidibus coniungimus in compositione domus aut lignis stophas inserimus in constructione navis. Hec
20 itaque nostra uniuntur operatione, non nature creatione, et hec quidem
secundum compositionem, non secundum creationem efficimus, dum ea
que secundum suam creationem plura sunt ac divisa, nostra operatione
in unam fabricam componimus. Hec itaque hominum operatione, non
nature creatione, una dicuntur; quorum quidem nomina, sicut numeri
25 vel populi vel gregis vel turbe, quidam collectiva esse autumant, sed
falso; hec enim quocumque modo uniri necesse est, ut domus vel navis
fiant, quamdamque compositionem simul iuncta recipere; illa, etiam
disgregata, suas retinent proprietates. Hec enim unitas hominis Parisius
habitantis et illa hominis Rome manentis hunc faciunt binarium. Unde
30 sola unitatum pluralitas numerum perficit, populum vero hominum
conve⟨n⟩tus, vel turbam vel gregem irrationalium congregatio. Neque
enim populum aut gregem vel turbam accipimus in animalibus per loca
longinqua diffusis, sed simul congregatis; navis autem aut domus non
solum in pluralitate rerum aut congregatione consistunt, sed in certa
35 rerum compositione. Neque enim, quoquo modo iungatur materia,
domum aut navim efficit, nisi propria compositione uniantur membra.
Unde non ita horum nomina, quoquo modo uniuntur, pluralia esse
contingit, sicut eorum ex quibus unum non efficitur, ut diversarum

16 fortasse V^c vitasse V 37 pluraria V

unitatum aut diversorum animalium; quod quidem et ex eo manifestum est quod non ita istorum singularis numeri nominibus plurales verborum personas apponimus, sicut illorum. Non enim sicut dicimus: *'populus* vel *grex* vel *turba veniunt'*, ita dicimus: *domus* vel *navis fiunt'*, que factitia sunt tota. 5

Hec quidem de motu quantitatis dicta terminavimus. Nunc vero consequens ut eum motum quem secundum qualitatem fieri diximus[1], tractemus.

De motu qualitatis

Quem quidem alterationem Aristotiles appellat[2]; in quo tanta 10 fuit quorumdam dissensio, ut omnem motum in alterationem includerent et non ipsam specie, sed idem prorsus esse cum motu confiterentur, quorum Aristotiles sententiam in tractatu motus improbat[3]. Quibus tamen Porphirii auctoritas visa consensisse, qui motum, etiam substantie, alterationi videtur supponere. Ait[4] namque in tractatu differentie omnem diffe- 15 rentiam tam accidentalem quam substantialem alteratum facere. Unde et motum substantie qui secundum differentias substantiales contingit, alterationi visus est aggregasse. Sed ne tanti viri ratio cassari videatur atque a Principe Peripateticorum dissensisse, ad cuius etiam *Cathegorias* ipse Porphirius *Introductionem* scribebat, intelligendum est eum nimis 20 laxe et equivoce *'alteratum'* accipisse quasi *'mutatum'*, nec sententie fuisse controversiam, sed diversam vocis acceptionem. Sed cum alterationem motum secundum qualitatem dicamus, omnes autem differentias substantiales qualitatibus aggregant⟨es⟩, cur non etiam motus secundum ipsas alterationes vocemus? Sed notandum est quod hoc loco 25 *'qualitas'* non accipitur nomen quarti generalissimi, sed commune omnium accidentium vocabulum, ita scilicet ut et qualitatem generalissimum partim excedat et ab ipsa partim excedatur. Nam in hoc quod differentias quo⟨que⟩ non continet, a qualitate exceditur; in eo vero quod ceterorum accidentia continet, excedit. Nisi enim in *'alteratione'* 30 mutationem etiam actionum et passionum aliorumque accidentalium predicamentorum includeremus, non omnem motum in supradicta divisione acciperemus, veluti ⟨cum⟩ omnes motus qui fiunt circa sessionem, cursum etc.

At fortasse non est necesse ut differentias a qualitate separemus, 35 cum omnem motum secundum qualitatem alterationem dicimus. Nam et

2 plurares *V*   9 qualitatis *c* quantitatis *V*   33 ⟨cum⟩ *Vc*

1 *supra*, p. 418[3].   2 Cf. *Categ.* 14, 15 a 17-32.   3 *Ibid.*
4 Vide Boeth., *In Isag.*, 244[1-21].

ille fortasse motus qui circa species advenientibus differentiis contingit, quantum ad qualitatis susceptionem pertinet, alteratio dici potest; quantum vero ad substantie novitatem pertinet que adveniente differentia creatur, motus substantie est, qui generatio dicitur. In quo
5 quidem Porphirii auctoritas diligentissimi philosophi omnino absolvitur, que omnem differentiam alteratum facere perhibet, quantum quidem ad ipsius pertinet informationem, non quantum ad substantie creationem, ut nullum etiam motum sine alteratione contingat fieri, sed non omnem ⟨esse⟩ alterationem, ut illi quoque qui secundum quantitatem aut loci
10 mutationem fiunt. Cum enim augetur aliquid vel minuitur, secundum disiunctionem vel coniunctionem alterius alteratur aut cum secundum locum mutatur, diversas locorum quantitativorum formas accipit. Quia ergo omnem motum alteratio[nem] comitatur, quorumdam error | f. 178ʳ suspicatus est omnem motum alterationem esse. Sed aliud cum alteratione
15 fieri aliud alterationem esse. Cum enim alteratio secundum cuiuslibet accidentis mutationem contingat atque omnis motus sit accidens, omnem utique motum advenientem subiecto necesse est alterationem facere. Quare et alteratio alterationem generabit usque in infinitum.

    Sed sunt quidem nonnulli qui in quibusdam inconveniens infini-
20 tatis se vitare non posse confitentur, ut in predicatione unitatis, qua omnis unitas una dicitur, aut potentie cum dicitur omnis potentia potens; quia omnis potentia potentem facit secundum subiecti informationem, omnis potentem facere potest; ex actu enim suo potentiam habet, quare et potens ipsa dicitur. Similiter et inpotentia secundum
25 hoc quod impotentem facit, potest dici potens, — que potentie contraria est —, ex proprietate quoque qualitatis que facere simile aut dissimile ⟨potest⟩. Hi qui similitudinem in qualitate tenent, non vitant infinitatem. Quia enim qualitas conceditur, sub proprietate qualitatis cadit; quare et secundum similitudinem similitudo in infinitum contingit.
30 Rursus: in 'habere' infinitatem incurrere videmus. Ex omni enim re quam habemus, habere proprietas innascitur; quare et ex habitu ipso habere proprietas usque in infinitum propagatur. Sed de his alias.

    Non est autem alterationi generaliter unum contrarium opponendum, sicut in supradictis motibus, sed per species. Unde et Aristotiles

9 ⟨esse⟩ Vᶜ   13 motus V   20 confiteretur V   32 propagatur + dicimus itaque alterationem esse motum qui ex accidentali forma innascitur; nec tamen ex omni. cum itaque ex alteratione alia non innascatur, subiectum tamen secundum eam quoque dicitur alteratum, non alteratio propter alterationem rurso datum sed hic est sensus: quod alterationem habet quam prius non habebat Vᵐ

ait[1] : „reliquo vero assignatorum motuum", idest vel alterationi vel secundum locum mutationi, „non est facile assignare contrarium." Videntur in alterationibus diversa eiusdem esse contraria, quorum alterum sub motu sit, alterum autem sub quiete contraria motu⟨i⟩. Motus secundum albedinem contrarium habere videtur tam quietem 5 secundum albedinem quam mutationem in nigredinem, ut *album fieri* ad *nigrum fieri*. Sed quod magis adversum, id profecto solum ut contrarium ⟨est⟩ opponendum, ut huic motui ille secundum ipsius contrarium. Sicut enim actiones et passiones que ex contrariis nascuntur, contrarias esse contingit, ut calefacere ad *frigidum facere* et *calefieri* ad *frigidum fieri*, sic 10 et motus qui secundum contraria contingunt, invicem ut contrarii opponuntur. At iam non omnibus alterationis speciebus contraria poterimus assignare, nisi his scilicet qui ex contrariis accidentibus descendunt.

Atque hec ad cognitionem alterationis sufficiant.

De motu secundum locum   15

Fit autem mutatio secundum locum quando unus locus deseritur et alius assumitur, veluti cum de hac domo in illam vel de hac villa in aliam vel de hac civitate in illam transimus. Sed si de loco quantitativo, qui corpori quod circumscribit accidit, egerimus, ab alteratione ipsum dividere fortasse non poterimus, secundum id scilicet quod illa circum- 20 scriptio inter accidentia tenetur, que eadem etiam consistere videtur motis per diversa loca corporibus. Quamdiu enim idem manserit corpus quantitativum, et qui ipsum comitatur locus idem permanet. Expeditior itaque erit sentantia de substantialibus locis que sepe permutamus, ut de hac domo vel de hac villa. De huius quoque motus specierum con- 25 trarietate magna fuit apud Antiquos dissensio ac sicut quidem in speciebus alterationis duo eidem assignabant contraria, sicut ostendimus[2], ita et hic volebant, ut motui secundum hunc locum quietem secundum eumdem aut in contrarium locum mutationem. Contraria autem superiorem et inferiorem locum estimabant que neque de quantitativo neque de sub- 30 stantiali teneri potest, quippe sicut substantie, ita nichil quantitati potest esse contrarium. Non igitur potest secundum contrarietatem locorum contrarietas motuum secundum loca pensari, sed potius videtur motui secundum locum quies secundum eumdem locum opponi contrarium, ut moveri de hoc loco et quiescere in eodem contraria confiteamur, si 35

---

4 contrario *V*   8 ⟨est⟩ *Vc*   10 *primum* ad] et *V*   19 quod] quidem *V*   24 permitamus *V*

[1] *Categ.* 14, 15 b 6-7.   [2] *supra*, p. 434[2] *e.q.s.*

qua, inquam, forte in his motibus contrarietas po⟨s⟩sit assignari, que quidem scilicet contrarietas in his, ut dictum est, consistit que maxime invicem adversa reperiuntur.

Est autem de omni specie motus expeditum, ex quibus quidem
5 illud quod supra posuimus, apparere certum est; patrem inde efficientem causam non debere dici quod substantiam filii moveat, idest motum ei sua operatione prestet, de ea quasi de subiecta materia operando et formam sua operatione aptando sicut faber cutello. Unde potius ex patre filium fieri quam per patrem dici convenit, secundum hoc scilicet
10 quod ex ipso quedam manavit portio, que in filium tamquam in materiam divina operatione est [in]formata. Sic enim Deus de particula illa substantie patris operatur, sicut faber de parte quadam ferri quam a tota massa separavit. Non tamen patrem materiam filii concedimus, quamvis ex ipso per partem quamdam fieri dicatur, sed illam solam
15 partem que in constitutione eius ponitur. Non itaque omnis causa ex qua fit, materialis est dicenda, sed ea tantum ex qua consistit. Sunt et quibus pater causa per quam fit videatur, sed falso: non enim instrumento eo utitur Summus quoque Opifex, qui ipso quoque defuncto filium format ac perficit.

20 ⟨De inferentiis quatuor causarum⟩

Nunc autem quatuor causarum proprietatibus liquide premonstratis qualiter ipse in inferentiam trahantur et ad effectus suos antecedant, declarandum est. Efficiens autem hoc modo:
'si bonus est faber, bonus est cutellus',
25 quam quidem inferentiam ut servare possit in omnibus, bonum in fabricando cutellum fabrum intelligi volunt. At vero nichil obest si necessitate sit destituta maxima propositio:
cuius effector bonus est, bonus est etiam effectus.
Similiter et de malo.
30 A materia⟨li⟩ vero argumentum sic trahitur: 'non habent Mauri arma, cum nec ferrum habeant'; 'nec tu cutellum habes, si omnino ferro careas'. Maxima propositio:
cui materia deest, et materiatum.
Non potest autem hec inferentia cassari, sicut nec illa que genere
35 ablato speciem aufert, quippe genus est materia speciei.
Ex formali vero ita fit argumentum: 'non sunt Sirenes homines, cum eis rationalitas desit'. Maxima propositio:

2 contrarietas + possit assignari que quidem scilicet contrarietas V   11 [in]formata V^c
18 utimur V summis V   21 nunc] non V

cui formalis causa non adheret, ei formatum non
convenit.

Hec quoque inferentia refelli non potest, cum nec preter formalem
causam, sicut nec preter materialem, effectus consistere queat.

Finalis quoque ita effectum suum ostendit: 5

'*si beatum esse bonum est, et iustitia bona est*'
'*si victoria bona est, et bellum bonum est*'
'*si malum est superari, malum est pugnare*'.

Sicut enim per bellum victores vel victi efficimur, ita ex vita iusta ad
remunerationem pertingitur. Ut igitur victoria finis est pugne, ita 10
beatitudo iustitie. Maxima propositio:

cuius finis bonus est, ipsum quoque bonum est.

f. 178ᵛ Hic autem | '*esse*' [quod] cuiuslibet temporis designativum accipitur, pro
eo scilicet quod simul finalis causa et effectus non consistunt: precessit
enim bellum victoriam. Sic itaque regulam, ut aliquam habeat probabili- 15
tatem, intelligunt:

cuius finis bonus est, quando est, ipsum quoque
bonum est, quando est.

Ex effectu vero ad causas easdem totidem inferentie fieri
possunt, licet eas Themistius non ponat arbitrans ex illis illas satis esse 20
manifestas per conversionem consequentiarum hoc modo:

'*si bonus est cutellus, bonus est faber*'
'*si habes cutellum, habes ferrum*'
'*si es homo, es rationalis*'
'*si bonum est bellum, bona est victoria*'. 25

Potest tamen fortasse bellum dici quod completum ad victoriam non
ducitur, velut si ambo qui pugnant, simul sese perimant vel fatigati
bellum sponte dimittant neutro adhuc superato, sicut de Hectore et
Aiace, vel quolibet alio casu bellum dissolvatur, non omnino completum.
Solent autem generalem regulam a causa vel ab effectu dare sic: 30

ex causa perpenditur effectus, vel econverso,
que tantum de complexis esse videntur.

⟨De locis a consequenti substantiam secundum Themistium⟩

Restant autem quatuor ex his locis quos a consequenti substantiam Themistius assignat, a generatione scilicet, a corruptione, ab 35
usu, a communiter accidentibus.

⟨A generatione vel corruptione⟩

A generatione quidem argumentum hoc modo trahitur:

'*si bona est domus, bonum est componere domum*'.

Hunc autem locum ab effectu Themistius dixit, quem a generatione Tullius nominavit. Ipsa namque compositio causa domus est. Maxima propositio:

5   eius quod bonum ⟨est⟩, generatio bona est.

Si vero convertas consequentiam, multo melius a generatione locus erit. Est itaque '*generatio*' nomen tam generate rei quam ipsius generationis; similiter et '*corruptio*' nomen est tam rei que corrumpitur, quam ipsius passionis que corruptio dicitur. Sive ergo ita proponas:

10   '*si bona est domus, mala est destructio domus*',

seu econverso dicas, a corruptione locus esse perhibetur. Maxima propositio:

eius quod bonum est, destructio mala est, et
cuius destructio mala est, ipsum bonum est.

15   *Ab usu*

'*Usus*' quoque vocabulum dupliciter sumitur, tam in designatione rei quam utimur, quam in demonstratione proprietatis eius qui utitur vel illius quo utitur. Ab hoc ita fit argumentum:

'*si bonus est equus, bonum est equitare*',

20 vel econverso. Maxima propositio:

eius quod bonum est, bonus est usus, vel
cuius usus bonus est, ipsum quoque bonum est.

A communiter accidentibus

Communiter vero accidentia ea dixit que idem subiectum com-
25 municant ac circa ipsum sese ita comitantur ut fere numquam contingat alterum ab aliquo subiecto suscipi, nisi alterum ab eodem suscipiatur, sive in eodem tempore sive in diversis. Modo enim alterum precedit alterum, modo subsequitur, modo simul in eodem fiunt. Nam congressio amorem precedit et atrox facinus trepidatio mentis sequitur, 30 vel penitentia malum factum; simul ambulatio et strepitus pedum solent esse. Ex his autem ita fit argumentum:

'*si congressus est ad eam, eam amat*'
'*si penitet, malum fecit*'
'*si audis strepitum pedum, tunc ambulat*'.

35   Videntur itaque huiusmodi argumenta quandoque in necessitate deficere, cum illud quod proponitur sine eo quod supponitur, esse potest,

17 utitur *V*^c utimur *V*   30 factum + ⟨et⟩ *V*^c

ut congressio sine amore vel strepitus pedum sine ambulatione. Quodsi quandoque necessitas videatur incumbere, ut in eo quod supra quoque posuimus:

'si penitet, ma⟨le⟩fecit',

eo videlicet quod penitentia nonnisi ex malefacto proveniat, non 5 tamen id ex natura communiter accidentium contingit. Ideoque huius loci proprietas ex natura sui nichil nisi probabilitatem tenet. Unde Boetius in *Tertio Topicorum:* „neque hec, inquit[1], necessaria sunt, sed frequenter eveniunt." Idem quoque in *Eodem* cum inter communiter accidentia, que adiuncta Tullius nominat, et inter antecedentia et conse- 10 quentia differentiam daret propter locorum discretionem; „in adiunctis, inquit[2], nulla necessitas est, in antecedentibus vero et consequentibus maxima." ⟨Maxima⟩ propositio:

posito vel ablato uno ⟨adiunctorum⟩ ponitur vel
aufertur alterum. 15

Unde Tullius ex adiunctis adiuncta perpendi ⟨dixit⟩[3].

De extrinsecis

Nunc autem eos locos inspiciamus quos Themistius extrinsecus posuit; quorum alios a rei iudicio assignavit, alios a simili, alios a maiori vel minori, alios a proportione, alios ab aliquo quatuor oppositorum, 20 alios a transsumptione.

⟨A rei iudicio⟩

Quem autem locum Themistius a rei iudicio vocat, Tullius ab auctoritate nominat. Ex quo ita sumi solet argumentum: '*celum volubile est quod ita sapientes atque astrologi iudicaverunt, quorum studium in* 25 *inquisitione huius phisice laborat*'. Maxima propositio:

quod sapientium confirmat auctoritas, esse constet. At vero hoc argumentum, licet ab omnibus impromptu teneatur, nulla tamen necessitate firmum est, sed maxime in probabilitate consistit. Unde Boetius in *Tertio Topicorum:* „hic, inquit[4], locus iudicio nititur et 30 auctoritate et totus probabilis est nichil continens necessarium", et rursus[1]: „hic etiam inartificialis et expers artis vocatur, quoniam hinc non sibi ipse conficit argumentum orator, sed preparatis prepositisque utitur testimoniis." Expertem autem artis hunc locum non in eo

4 ma⟨le⟩fecit *Vc*　11 daret *Vc* tenet *V*　14 ⟨adiunctorum⟩ *Vc*　33 non sibi hinc *b*　33-34 peractis positisque *b*

[1] *De top. diff.* III, 1198 A15-16.　[2] *Ibid.*, 1200 B15-C2.　[3] Cf *Ibid.*, 1198 B13.
[4] *Ibid.*, III, 1199 C11-13.　[5] *Ibid.*, D10-13.

dixit quod nulla ars ipso utatur, quem omnibus communem esse diximus, sed potius inde ⟨in⟩artificialis dici videtur quod nullius artis doctrina indigeat, cuius argumentum eque omnes proponere sciunt. Rei autem iudicium sive auctoritas verba auctoris authentica designant per que id
5 confirmamus quod ostendere volumus.

Videtur autem hic locus qui ab auctoritate dicitur, ab effectu posse assignari. Quod enim Plato vel quislibet philosophorum celum dixit esse volubile, ex eo contingit quod ita erat. Nam quia sic res ipsa se habet, sic eam se habere dixerunt, ⟨non quia dixerunt⟩, ita
10 fuit. Et poterit quidem idem locus ab effectu dari semper, sed tunc tantum ab auctoritate quando ipsa philosophi auctoritas attenditur que dictum ipsius commendat. Bene etiam hunc seorsum a loco ab effectu Themistius intellexit sive Tullius, qui 'effectus' quatuor tantum causarum suprapositarum intellexerunt. Quod autem celum rotundum
15 est, nulla est de propositis causis ad verba Platonis, sed talis tantum, qualis est essentia rei ad veritatem propositionis vel presentia solis ad essentiam diei.

A simili

Nunc vero locum a simili tractemus. 'Similitudinem' large
20 Themistius accipit tam secundum qualitatem rerum eamdem quam secundum quantitatem. | Proprie namque 'similitudinem' secundum   f. 179ʳ qualitatis eius participationem accipimus; quod in proprietate qualitatis Aristotiles manifeste monstravit[1]. Similitudo vero in quantitate paritas dicitur, idest equalitas; quantitatis enim proprium est facere equale et
25 inequale, sicut ipse quoque de quantitate tractans insinuat[2]. Si enim eiusdem mensure sint subiecta, non proprie in eo similia, sed equalia dicuntur, sicut et si eiusdem qualitatis sint, non ex eo proprie equales, sed similes vocantur. Unde bene Tullius locum a pari a loco a simili divisit et seorsum posuit. A simili vero in qualitate ita venit
30 argumentum:

'similiter rationale ex⟨ce⟩dit hominem sicut mortale
at vero rationale non est proprium hominis
quare nec mortale'.

A simili vero in quantitate, hocest a pari, ita:
35   'similiter hi duo equalis longitudinis sunt

---

4 authentica] antentica V   9 ⟨non quia dixerunt⟩ Vᶜ   16 ad veritatem Vᶜ adiversitatem V
27 eo] ea V   29 seorsum] se omnis V   31 ex⟨ce⟩dit Vᶜ

[1] Cf. Categ. 8, 11 a 15-19.   [2] Cf. Ibid. 6, 6 a 26-35.

hic autem trabem attingere potest
quare et ille'.

Maxima propositio:

de simili⟨bus⟩ idem iudicium, hocest
quod de uno contingit, et de alio. 5
Hec vero regula sine argumento omni veritate est destituta. Nulla enim
adeo ad invicem conveniunt que in pluribus non differant.

Sunt tamen quidam qui tunc semper argumentum a simili
necessarium esse volunt quando similitudinis causa adiungitur causa
hoc modo: 10

'*si mortale non est proprium hominis quia excedit, nec rationale propter*
eamdem causam'.

Sed nec adhuc necessarium dici debet. Sepe enim idem in utroque
causa non efficit. Contingit enim ut duo simul furtum facerent et alius
captus propter furtum suspenderetur, alius vero non. Non itaque verum 15
est quod, si iste propter furtum suspensus sit, et ille propter idem.
Amplius: si quis hanc consequentiam de Socrate et Sophronico
albis receperit:

'*si Socrates est albus propter albedinem, Sophronicus est albus propter*
eamdem', 20

tali constringetur inconvenienti:

'*si Socrates est albus propter albedinem, Sophronicus est'.*

Nichil igitur ad inferentie necessitatem appositio cause operatur, sed
propter ostensionem sui causa tantum inducitur.

De maiori ac minori   25

Maius autem et minus alio modo Themistius quam Tullius accipit,
Themistius quidem '*maius*' et '*minus*' secundum id quod magis vel minus
videtur accipit, Tullius vero secundum maiorem vel minorem actionem
vel personam, ita quidem ut sepe hunc locum quem a maiori Themistius dicit, a minori Tullius appellet, vel econverso, ut in exemplis 30
apparet a maiori Themistii et minori Tullii, vel⟨ut⟩ ita:

'*si episcopus est verberandus, et presbiter*'
'*si presbiter est honorandus, et episcopus*'
'*si eius miserendum non est qui castrum incendit, nec ei venia danda est*
qui civitatem incendio consumpsit'. 35

Magis enim videtur ei condonandum esse qui castrum incendit quam illi
qui civitatem combussit, et minus est castrum quam civitas. Quem quia

4 simili⟨bus⟩ *V*^c   19 sophronicus] plato *V*

ille locum a **maiori** secundum visum dixit, iste a **minori** secundum quantitatem rei vocat. A **maiori** vero secundum Themistium et a **minori** secundum Tullium hoc modo argumentum sumitur:

'si ei venia danda est qui regem inscius interfecit, nec ei deneganda est
qui consulem ignarus occidit'.

Minus enim illud quam istud videtur et maior est regis persona quam consulis. Tales autem maximas propositiones Themistius protulit:

si quod magis videtur esse non est, nec quod minus
videtur esse contingit,
si quod minus videtur esse contingit, et quod magis
videtur ⟨esse⟩ evenit.

Cum igitur a **maiori** Themistius argumentum sumit, ex negatione negationem ostendit, cum autem a **minori**, ex affirmatione affirmationem, eadem consequentia conversa. Tullius vero indifferenter propositionibus utitur. Cuius hee sunt maxime propositiones:

quod valet in maiori, valet in minori, et econverso.

Hec autem argumenta ita falsa esse deprehenduntur ut sepe verum sit quod proponitur, falsum autem quod ex ipso infertur. Sepe namque accidit ut id quod minus videtur fiat, et quod magis videtur non fiat.

⟨*De oppositis*⟩

De oppositis autem atque eorum locis satis disputatum esse arbitror superius[1]. Illud tamen notandum est quod alio modo inferentiam contrariorum Themistius disponit quam nos superius atque aliam maximam propositionem protulit, hanc scilicet:

contraria contrariis conveniunt, hoc modo:
'si bona est sanitas, mala est egritudo'.

Hic autem plura contraria suis contrariis proponuntur; sunt namque sanitas et egritudo contraria ac rursus bonum et malum. Videtur itaque ut si bonum conveniat sanitati, malum conveniat egritudini. At vero sepe proposita regula deficit. Plura enim contraria sunt que sub eodem contrario continentur. Unde Aristotiles cum de contrariis ageret: „contrarium, inquit[2], est bono ex necessitate malum....., ut sanitati languor et iustitie iniustitia et fortitudini debilitas.....; malo autem aliquando bonum contrarium est, aliquando malum; egestati enim, cum sit malum, superhabundantia[m] contrarium est, cum sit ipsa malum."

21 disputatum] disputandum *V*   27 preponuntur *V*

[1] *supra*, pp. 369²⁵-397¹³.   [2] *Categ.* 11, 13 b 36-14 a 3.

Sunt autem quidam qui etiam compositis consequentiis contrarias propositiones continentibus eamdem regulam aptare conantur, veluti isti:

'⟨si⟩ *quare omne animal vivum omnis homo vivum, et quia nullum animal*
vivum, nullus homo vivum', et econverso; 5
'*convenire*' autem hoc loco pro '*comitari in consecutione*' accipiunt. Sed nec in his vera est regula. Cum enim recipiamus illam consequentiam:

'*si nullum animal vivum, nullus homo vivum*',
illam omnino denegamus:

'*si omne animal vivum, omnis homo vivum*', 10
sicut cum de loco a genere tractaremus[1], ostendimus.

De proportione

Proportio vero similitudo habitudinum dicitur, quando scilicet ipse quoque rerum habitudines ad se invicem similitudinem habent, sicut in navi et civitate et rectore et principe monstrari potest. Sicut 15 enim se habet navis ad rectorem, ita civitas ad principem, quod videlicet utrumque regi debet. Ac rursus ut se habet rector ad navem, ita princeps ad civitatem, quod scilicet uterque regere debet. Hinc ita argumentum venit ut si queratur utrum princeps in civitate sit eligendus sorte, negamus, quia nec navibus gubernator sorte preficitur, sed magis 20 secundum artem accommodandus est. Maxima propositio:

quod in quibusdam proportionalibus evenit,
contingit in aliis.
Hunc autem locum ab eo qui ex similibus ducitur, Themistius separavit, quem in loco a simili Tullius inclusit. Ille igitur in nomine 25
'*similitudinis*' rerum tantum similitudinem, non etiam habitudinum, accepit. Hic vero in '*similitudine*' utrumque comprehendit; qui tamen a '*similitudine*' '*paritatem*' separavit, quam etiam ille in '*similitudine*' continuit. Hanc autem differentiam proportionis et similitudinis quam Themistius consideravit, Boetius in *Secundo Topicorum* manifeste declarat: 30
„hic, inquit[2], locus distat ab eo qui ex similibus ducitur; ibi enim una res cuilibet alii comparatur, in proportione vero non est similitudo rerum, sed quedam habitudinum comparatio." Et similitudo quidem rerum in duobus consistere potest, proportionem vero semper in pluribus necesse est contineri; | quando videlicet plura pluribus 35

f. 179ᵛ

---

4 ⟨si⟩ *V*ᶜ   16 civitas ad principem] princeps ad civitatem *V*   17 uterque *V*   18 civitatem] nativitatem *V* utrumque *V*   24 ab eo *V*ᶜ a loco *V*   27 uterque *V*   31 ex *V* a *b*   32 unicuilibet *b*

[1] *supra*, pp. 340³-343³⁰.   [2] *De top. diff.* II, 1191 B⁴⁻⁷.

secundum consimilem modum se habendi ad alterum comparatur, hec
ad minus quam in tribus rebus consistere non potest. In tribus autem
aliquando consistit, in quatuor autem vel in pluribus frequenter. In
quatuor vero, ut in supraposito exemplo; in pluribus vero, sicut in eo
5 Porphirii[1] de genere specie differentia et ere forma statua. In tribus
quoque contineri potest una rerum duas habitudines participante, sicut
in numeris, binario scilicet et quaternario, ⟨et quaternario⟩ et octonario.
Ut enim binarius dimidium est quaternarii, ita quaternarius octonarii.
Quaternarius autem qui et duplum est binarii et dimidium octonarii,
10 duas suscipit habitudines. Nota autem, quod dicitur proportio similitudo
habitudinum ita sumendum esse, quod ipsa rebus inest per habitudines.
Cum enim navis et civitatis hoc quod reguntur, eadem sit habitudo et
rursus regere principis et rectoris, non sunt habitudines similes, sed
magis res ipse ex habitudinibus, ut navis et civitas ex eo quod utrumque
15 regitur, ac rursus princeps et rector ex eo quod uterque regit. Illud
quoque notandum est quod cum dicitur locus esse a proportio⟨ne⟩,
talis est a proportionalibus secundum hoc quod proportione⟨m⟩
parti⟨ci⟩pant. Non enim proprietas ipsa probat, sed res ipse de quibus
agitur, gubernator scilicet et navis principem et civitatem. Poterunt
20 fortasse in istis habitudines diverse esse et similes, si videlicet 'regere'
et 'regi' equivoca sit predicatio. Sed sive eedem sint sive diverse,
semper a proportionalibus que probant, locum esse intelligendum est.

Ex transsumptione

In trans⟨sumpt⟩ione vero argumentatio proponitur cum prima questione
25 proposita ac nondum probata alia questio assumitur eaque probatur ut
eius probatio ad fidem prioris postea afferatur, veluti, si fiat talis questio:
utrum mortale sit proprium hominis eaque deseratur atque ista prorsus
proponatur: utrum rationale sit proprium hominis, at id non esse probetur
eoquod non soli conveniat, convincitur ex eodem nec mortale proprium
30 esse; de quo prima questio movebatur. Locus quidem a maiori in
transsumptione dicitur, quando scilicet ex uno membro secunde
questionis unum membrum prime questionis infertur. Magis enim
videtur rationale proprium hominis quod in solo Deo ipsum excedit,
quam mortale, quod hominibus convenit ⟨et⟩ irrationalibus.
35   Non est autem 'transsumptio' alicuius habitudinis loci designa-

---

3 consistit V^c consistere V 5 statua forma V 15 uterque] utrum V 18 parti⟨ci⟩pant V^c
25 nundum V 26 probatio] propositio V 28 probatur V

[1] Cf. Boeth., In Isag., 267[3-10].

tivum, sed magis ex hoc nomine innuitur qualiter argumentatio ducatur,
ita scilicet quod prima questione dimissa alia ad ostensionem, cuius
promptior est probatio, transsumitur atque probatur, ut per ipsam que
notior est, prima postea convenientius ostendatur, sicut in premisso
continetur exemplo. Hic igitur locus qui in transsumptione consistit a 5
ceteris qui extrinseci sunt, in re diversus non est, sed in modo tractandi,
in eo scilicet quod in transsumptione argumentatio constituitur. Unde
Boetius in *Secundo Topicorum*: „transsumptionis, inquit[1], locus nunc
quidem in ⟨e⟩qualitate, nunc etiam in maioris minorisve comparatione
consistit; aut enim ad id quod est simile aut ad id quod ⟨est⟩ maius aut 10
minus, fit argumentorum rationumque transsumptio." Quoniam autem
non est diversa loci huius habitudo a superioribus, sed dissimilis modus
tractandi, non multum convenienter ipsum Themistius a superioribus
divisit ac tamquam diversum per se posuit ac tractavit, sed bene ipsum
in superioribus Tullius comprehendit. 15

Queri vero solet utrum huiusmodi transsumptionem in omnibus
ac solis extrinsecis locis Themistius acceperit. In solis autem esse videtur
eoquod huiusmodi locum ipse inter extrinsecos tantum posuerit. At
vero et de inherentibus transsumptio fieri posse videtur. Unde Boetius
in *Eodem*: „qui locus, inquit[2], a t o t o forsitan esse videtur, sed quoniam 20
non inheret his de quibus proponitur terminis sed extra posita res hoc
tantum quia notior videtur, assumitur, ideo ex transsumptione locus hic
convenienti vocabulo nuncupatur." Ex toto autem vel ex quolibet alio
inherentium locorum transsumptio fieri videtur, veluti si queratur
utrum spissum sit magnum, hocest magnitudo, talisque inde questio fiat: 25
utrum spissum sit aliquid, idque non esse probetur, ex eo congrue non esse
magnum a t o t o g e n e r a l i convincitur. Sic quoque in transsumptione
cuiuslibet loci argumentatio proponi potest, sive etiam inherens sit sive
medius.

Sunt tamen quidam qui auctoritatem dicant numquam proprie 30
transsumptionem fieri velle nisi de extrinsecis locis. Unde recte locum
a t o t o a l o c o ex t r a n s s u m p t i o n e omnino separavit per proprietatem inherentium que loco a t o t o accidit. Sunt etiam qui dicant
transsumptionem de omnibus locis eque fieri, nullum tamen secundum
transsumptionis naturam inherentem debere dici, sed magis extrinsecum 35
quia, ut supra diximus[3], in transsumptione nulla attenditur coherentia

---

8 transsumptionis + vero *b*   9 ⟨e⟩qualitate] *coll. b* etiam *V* vero *b*   10 ⟨est⟩ *coll. b*
22 ideo *V* idcirco *b*   23 nuncupatus est *b*   33 que] qui *V*

[1] *De top. diff.* II, 1195 A⁶⁻¹⁰.   [2] *De top. diff.* II, 1192 A¹⁰⁻¹⁴.
[3] *supra*, p. 443³⁵ *e.q.s.*

ex proprietate ipsius, sed hoc tantum quia notior videtur, res alia extra assumitur, non quia scilicet cohereat.

Sed dico quod si tantum maior notitia in transsumptione attenditur nullaque habitudinis proprietas pensatur, non iam vel a m⟨ai⟩ori
5 vel a minori vel a simili locus assignandus erit, sed tantum a notiori assignandus esse videtur nec iam magis debere dici extrinsecus quam coherens, cum hec quidem notitia eque coherentibus ⟨insit⟩. Omne enim ex quo ducitur argumentum, notius esse oportet eo quod probatur per ipsum, nam si ignota notis, inquit[1], probantur, argumentum vero
10 rem dubiam probat, necesse est ut quod ad fidem questionis affertur, ipsa sit notius questione. Cum igitur transsumptio eque et de inherenti⟨bu⟩s et de extrinsecis fiat, videtur potius huiusmodi locus magis medius quam extrinsecus appellari, sicut et de loco a divisione dicitur, ut in sequentibus apparebit. Placet itaque magis Tullii sententia,
15 qui huiusmodi locum a ceteris non dividit nec etiam de transsumptione aliquam fecit mentionem, que nulla est inferentie habitudo, sed argumentandi diversitas. „Fit vero, inquit[2], hec transsumptio etiam in nomine quotiens ab obscuro vocabulo ad notius argumentatio transfertur ut, si, inquit, queratur an philosophus invideat sitque ignotum quid
20 'philosophi' nomen significet dicemus ad vocabulum notius transferentes non invidere, qui⟨a⟩ sapiens sit; notius vero est 'sapientis' vocabulum quam 'philosophi'", hoc enim latine lingue est, illud vero grece locutionis. At vero hec transsumptio inter coherentia consistere videtur. Sive enim idem in nomine 'philosophi' quod in nomine 'sapientis'
25 accipitur, sive 'sapientis' vocabulum, sicut videtur, continentius est ac quasi genus est 'philosophi', coherentia denegari non potest.

Dicunt tamen quidam quod, licet coherentia denegari non ⟨possit, cum sint ea vocabula⟩ | coherentia tamquam genus ad species f. 180ʳ suas, sola tamen extrinsecitas hoc loco attenditur, que in habitudine
30 maioris ad minus consistit. Magis enim videtur quod sapiens invideat quam philosophus, qui ceteris in sapientia precellit.

Nunc vero de mediis superest disputare.

---

7 ⟨insit⟩ Vᶜ   17 hec] coll. b hic V   etiam V et b   18 quoties b transfertur + hoc modo b
19 incognitum b quid] coll. b quod V   20 significet nomen b transferentes notius b
21 non] coll. b in V qui⟨a⟩] coll. b   27-29 dicunt tamen quidam quod licet coherentia denegari non potest dicunt tamen quidam quod licet | coherentia tamque genus ad species suas V

---

[1] Cf. Boeth., De top. diff. II, 1192 A²-B⁵.   [2] Ibid., A¹⁵-B⁵.

De mediis

„Medii, inquit[1], sumuntur vel ex casu vel ex coniugatis vel ex divisione nascentes." Casus autem vocantur adverbium inflexum a nomine sive ipsum primitivum nomen. Ut sit *'casus'* nomen tam eius quod cadit ab alio per dirivationem quam illius a quo cadit. Sive ergo 5 *'iuste'* adverbium a *'iustitia'*, sive a *'iusto'* dirivari dicatur, casus invicem dicuntur primitivum nomen et adverbium ab ipso dirivatum.

Coniugata vero dicuntur nomina que ab alio denominantur, cum eo a quo sumpta sunt, sive etiam inter se — ut *'iustus iusta iustum'*, que a *'iustitia'* sumpta sunt et denominativa —, coniugata dici possunt, 10 sive inter se et cum ipsa iustitia.

A casibus vero ita sumitur argumentum:

'si iustitia bona est, et quod iuste est bene est', vel econverso; vel ita:

'si quod iustum est bonum est, et quod iuste est bene est', et econverso. 15
A coniugatis autem hoc modo:

'si iustitia bona est, et qui iustus est bonus est' et econverso

'si albedo color est, et qui albus est coloratus est', vel econverso, licet hec conversio sepe deficere deprehendatur: sepe nam⟨que⟩ sumpta sibi conveniunt quorum forme diverse sunt nec de se invicem 20 dicuntur. Cum enim omne rationale sit coloratum, nulla tamen rationalitas color est. At vero cum forme de se invicem dicuntur, et formata de se invicem predicari certum est. Eque tamen uterque locus a coniugatis vocabitur. Maxima propositio:

quorum casus vel coniugata sibi coaptantur, ipsa 25
quoque sibi coniunguntur.

Restat locus a divisione, ad cuius cognitionem illud predicendum est nullam loci habitudinem in nomine divisionis accipiendam esse, sic⟨ut⟩ et de transsumptione dictum est[2], sed potius exprimi modum tractandi argumentationem, que per divisionem incipit. Cum igitur 30 de habitudine huius loci requiritur, non a divisione respondendum est, sed a partibus vel ab oppositis in divisione, prout loci se habuerit habitudo. „Omnis autem, inquit[3], divisio vel negatione fit vel partitione"; negatione quidem hoc modo: *'omne animal aut habet pedes aut non habet'* vel ita: *'animal aliud habet pedes, aliud non habet'*; 35

---

2 medii + autem loci *b*   10 que] cum *V*   11 et] sive *V*   19 sepe] superius *V*   33 omnis (autem) *b*

[1] Boeth., *De top. diff.* II, 1192 B⁷⁻⁹.   [2] *supra*, p. 443³⁵ *e.q.s.*
[3] *De top. diff.* II, 1192 C¹²⁻¹³.

partitione vero sic: '*omne animal aut sanum est aut egrum*' vel ita: '*animal aliud sanum est, aliud egrum*'. Earum autem que partitione proponuntur, sex modos in *Libro Divisionum* Boetius docuit[1], cum alias esse generis in species, alias totius in partes, alias vocis in significationes
5 vel modos, alias subiecti in accidentia, alias accidentis ⟨in subiecta, alias accidentis⟩ in accidentia docuit; quas omnes convenientius atque uberius exsequemur[2], cum *Divisionum Libro* operam dederimus.

Nunc vero nostro id solum proposito sufficit earum argumenta-
10 tionum locos tractare qui per divisionem incipiunt. Ac primum de ea agamus que per negationem fit. Hec autem divisio tunc tantum proprie proponi videtur, quando indirecta ratiocinatione argumentatio ducitur, veluti cum ex parte divisionis seu disiunctionis proposite quam adversarius concedit, ipse prius ad inconveniens ducitur, atque ita pars ipsa
15 que assumpta fuit et concessa, falsa esse convincitur, ex qua falsum consequi monstratum est; deinde vero pars altera vera concluditur. Cuius rei tale Boetius posuit exemplum: „tempus, inquit[3], aut habet originem aut non habet." Sumit quidem alter disputantium quod originem habet, quod verum est; unde tali argumentatione sophistica ad
20 inconveniens ducitur: si tempus habet originem, ⟨non⟩ fuit semper tempus; fuit itaque quando non fuit tempus; sed '*fuisse*' temporis significatio est; fuit igitur tempus quando non fuit tempus, quod omnino falsum est.[4] Non est itaque verum quod tempus originem habeat. Restat itaque ut verum sit quod originem non habeat, quod fuit in altero
25 divisionis membro. Si enim vera non sit affirmatio, veram constat esse negationem, et econverso.

In hac autem argumentatione duo principales loci a divisione esse a Boetio conceduntur[5], cum videlicet vel impossibile concluditur ex concessione, vel ex falsificata parte altera vera esse ostenditur, que
30 opposite invicem sunt tamquam affirmatio et negatio. Talis autem inferentia fuit de parte ad totum, cum in ⟨im⟩possibili facta fuit conclusio: ' '*si fuit quando non fuit tempus, fuit tempus quando non fuit tempus*', nam significatio '*fuit*' quasi pars temporis erat. Hic igitur locus coherens fuit. Cum autem ad alteram partem disiunctionis reditur atque inter
35 affirmationem et negationem illatio fit, que opposita sunt, locus est extrinsecus. Quia ergo locus a divisione modo coherens est, modo

---

5-6 ⟨in subiecta alias accidentis⟩ *V^c* 17-18 originem habet *b* 18 non (habet) *b* 20 ⟨non⟩ *V^c*

[1] *De divis.*, 877 B⁸-C¹. [2] *infra*, pp. 536-538. [3] *De top. diff.* II, 1193 A 8 (= 14-15). [4] Cf. *ibid.*, A¹⁴-B³. [5] Cf. *ibid.*, B-C.

extrinsecus, neque coherentem tantum ipsum neque extrinsecum Themistius dixit, sed medium inter utrosque collocavit.[1]

Huius autem supraposite argumentationis sophistice solutionem primus *Fantasiarum* nostrarum liber plene continet. In ea quoque argu- mentatione que per partionem incipit, modo coherens locus est, modo 5 extrinsecus. Coherens autem est, si sic dicatur:

> *'omne animal aut sanum est aut egrum*
> *arbor autem neque sana est neque egra*
> *quare nec animal ipsa est'.*

Extrinsecus autem erit si sic dicatur: 10

> *'aut est sanum aut est egrum*
> *sed non est sanum*
> *est igitur egrum'*

vel ita:

> *'sed est sanum*   15
> *non est igitur egrum'.*

Hic namque inter opposita proponitur illatio. Hic autem locos assignamus secundum eos qui in sillogismis quoque locos esse recipiunt. Quoniam ergo in argumentatione utriusque divisionis modo coherens locus est, modo extrinsecus, ideo locum a divisione medium Themistius vocavit[1], 20 non ita quidem ut singuli loci a divisione medii dicantur, cum potius unusquisque vel coherens tantum sit vel extrinsecus, sed totam ipsorum multitudinem, in qua quidam coherentes, quidam extrinseci ponuntur, inter utrosque collocavit.

Ceteri autem qui vel a casibus vel a coniugatis nascuntur, 25 singuli in se et coherentiam habere et extrinsecitatem dicuntur atque hinc medii sive mixti nominantur. Notant autem coherentiam et extrinsecitatem in istis non solum secundum vocis convenientiam in principio et differentiam in fine, verum etiam ⟨secundum⟩ significatio- nem: '*iuste*' igitur et '*iustitia*' sive '*iustus*' in eo conveniunt quod omnia 30 unam iustitiam significant; in eo vero differunt quod '*iuste*' adverbium eam tantum significa[n]t ut ad actiones que verbis tantum significantur, pertinentem. Inde enim adverbia dicuntur quia verbis tamquam adiectiva eorum apponuntur significationem ipsorum moderantia, hoc modo: '*vivo iuste*', '*iudico recte*'. Coniugata quoque et conveniunt in significati- 35 one et quodammodo differunt, ut '*iustitia*' et '*iustus*'; cum utrumque

---

4 fantasiarum] *V* sophisticarum *coniecit Geyer, in libro* 'Peter Abaelards Philosophische Schriften' *qui dicitur, p. 610 introductionum c; vide autem Introd., supra, p· XIII.* 34 op- ponuntur *V*

[1] Vide Boeth., *De top. diff.* II, 1195 A[10-12]; III, 1203 A[12-14].

iustitiam significet, convenientiam habent; cum autem id diverso modo faciant, illud quidem in essentia, id vero in adiacentia, | differentiam rec- te tenent. Secundum quam differentiam vel in significatione vel in modo significandi possumus deprehendere in ipsis sumptis que etiam inter se 5 coniugata dicuntur, ut sunt 'iustus iusta iustum'; „hec enim, inquit[1], inter se et cum ipsa iustitia coniugata dicuntur." Nulla est forte differentia secundum significationem, sed diversitas positionis secundum genus, cum hoc scilicet nominibus tantum masculini generis adiungatur, illud vero feminini, aliud autem neutri.

10 Sunt autem et qui extrinsecitatem in ipsis attendant secundum sexuum hominum diversitatem atque actuum significationem, 'iustus' quidem referentes ad mares, 'iusta' vero ad feminas, 'iusta' autem ad facta ipsorum, que etiam iusta dicuntur. Si vero convenientiam et differentiam vocis attendamus, eque in omnibus eas inveniemus, quod 15 quidem satis ei congrueret quod ait[2]: „medii vero loci appellantur, quoniam si de iustitia queritur et a c a s u vel a c o n i u g a t i s ⟨argumenta⟩ ducuntur neque ab ipsa proprie atque coniuncte neque ab his que sunt extrinsecus posita videntur trahi, sed ex ipsorum casibus, hocest quadam ab ipsa levi mutatione deductis", iuxta videlicet diversam finis 20 terminationem. Nec mireris diversis modis extrinsecitatem a Themistio considerari qui etiam multis modis coherentiam accepit, non tantum secundum predicationem, qua genus speciebus vel diffinitio convenit diffinito, verum etiam secundum qualemcumque affinitatis adiunctionem. De parte enim totum non dicitur nec causa sepe de effectu predicatur 25 nec equitare de equo, et tamen ex his quoque coherentes locos procreari voluit. Tullius quoque coherentiam multo amplius extendens omnem locum coherentem vocavit preter eum qui ab a u c t o r i t a t e dicitur, quem solum extrinsecum posuit; cuius etiam divisionem de eisdem topicis differentiis Boetius non pretermisit, que in duas tantum 30 locorum species facta fuit; quam nos et breviter percurramus.

De divisione Tullii

Cum igitur Marcus Tullius locos alios ipsis questionum terminis herere proposuit, alios extrinsecus assumi, eas rursus que in ipsis herent de quibus queritur, tali divisione partitus est: „in ipso, inquit[3],

---

16 ⟨argumenta⟩] coll. b.   17 ipsa + substantia b neque V atque b   19 hocest V idest b ab ipsa V ex ipsis b   20 deductis Vᶜ b deductas V iusta V   23 tantum] tamen V

---

[1] Boeth., De top. diff. II, 1192 B¹⁴⁻¹⁵.   [2] Ibid., C⁴⁻¹⁰.
[3] Vide Boeth., In Cic. Top., I, 1054 B¹¹⁻¹³; cf. De top. diff. III, 1195 D¹¹⁻¹³.

tum ex toto, tum ex partibus, tum ex nota, tum ex his rebus que quodammodo affecte sunt ad id de quo queritur." Ipsa quoque affecta hoc modo subdivisit: „alia, inquit[1], sunt coniugata, alia sunt a genere, alia ex forma, alia ex similitudine, alias ex differentia, alia ex contrariis, alia ex adiunctis, alia ex antecedentibus, alia ex consequentibus, alia 5 ex repugnantibus, alia ex efficientibus, alia ex effectis, alia ex comparatione maiorum aut minorum aut parium." Hic itaque et eos quos Themistius medios vocavit et quosdam insuper quos extrinsecus posuit, inherentibus aggregavit solum ab auctoritate locum, quem a rei iudicio vocavit, extrinsecus ponens.   10

Nunc autem de singulis agendum est. Totum igitur diffinitionem cuiuslibet rei vocavit, sive illa substantialis forma sit, sive descriptio, eo videlicet quod totaliter et integre rem ipsam quam diffinit demonstret, cui omni[s] et soli convenit. Partes autem vocat tam constitutivas quam divisibiles quecumque species non sunt, ut sunt paries et tectum [et] 15 domus, vel Socrates et Plato hominis. Locum vero a toto ipsarum non assignat, quia fortasse satis ex loco ipsa per conversionem potuit intelligi, aut potius in causis vel effectis ipsa quoque comprehendit, quippe partes domus materia sunt ipsius et homo Socratis et Platonis. Notam vero nominis interpretationem vocavit. In coniugatis autem tam casus 20 quam coniugata collegit. Formam vero speciem nominavit. Similitudinis vocabulum eque et similitudinem rerum in ⟨e⟩qualitate et proportione[m] comprehendit. Differentiam omne⟨m⟩ illam ⟨formam⟩ vocavit que ita inest alicui quod separari non queat eo remanente, ut rationalitas homini vel tiranno crudelitas. Non enim in proprietate 25 tiranni manet qui crudelis non est. Ab hac ita trahitur argumentum:

'si non est crudelis, non est tirannus'.

Maxima propositio:

a quo differentia abest, et differens.

'Contrariorum' nomine large pro quibuslibet oppositis abusus est; 30 adiu⟨n⟩cta vocavit que Themistus communiter accidentia appellavit. Que vero sint antecedentia et consequentia qualesque eorum regule, ex superioribus manifestum est. Repugnantia vero dixit unum de contrariis cum supposito sui contrarii, veluti cum 'dormire' ac 'vigilare' contraria sint, 'stertere' vero 'dormire' supponatur, 'stertere' ac 35 'vigilare' repugnantia dicuntur. A quibus ita argumentum venit:

---

1 partibus + eius *b*   3 alia + enim *b* alia (sunt) *b*   4 contrario *b*   5 coniunctis *b*   6 efficientibus *V* causis *b*   23 ⟨formam⟩ *V*[c]   29 abest *V*[c] non est *V*   31 appellavit *V*[c] vocavit *V*

[1] De top. diff. III, 1196 B[4-10].

'*si stertit, non vigilat*'.

Maxima propositio:

   cui alterum repugnantium inest, alterum abest.

Efficientem quoquo modo omnem causam dicit preter finalem, quam
5 in effectis includit, ut Boetio placuit. Effecta ipsos causarum effectus
appellat sive etiam finalem causam, sicut ex resolutione divisionis Tullii
ad divisionem Themistii Boetius monstrat. Ait[1] namque: „effecta illi
sunt similia loco que Themistius posuit a fine; nam causarum effectus
finis est." Ex his tale protulit exemplum: '*an dubitas amasse qui rapuit?*'
10 Maxima propositio:

   ubi effectus est, causam non deesse licet.

Sepe transacta causa effectus manent, veluti pallor post infirmitatem,
vel potius verba ⟨que⟩ cuiuslibet temporis designativa sunt. A comparatione maiorum locus vel minorum aut parium a maiori vel
15 minori vel a pari dicitur. Paritatem autem eam dicit quam similitudinem in quantitate Themistius vocavit. '*Maius*' autem vel '*minus*',
sicut iam supra meminimus[2], secundum maiorem vel minorem personam
sive actum accipit, ex quibus imprompta sunt argumenta.

A maiori:

20   '*si is qui patriam bello persecutus est, tandem a civibus veniam meruit,*
cur non is quoque mereatur qui ob seditionem motam actus est in exilium?'

A maiori vero hoc modo:

   '*si Gaium Gracchum mediocriter labefactantem statum rei publice*
Scipio privatus interfecit, cur non Catilinam orbem terre cede atque incendio
25   *vastare cupientem consules persequantur?*'

Maxima propositio:

   quod *valet in maiori, valet in minori*, et econverso.

A rei iudicio locus, quem solum extrinsecus posuit, ab auctoritate
vocavit Themistius.

30   ⟨*De eorum divisionum convenientia*⟩

   Nunc autem duorum auctorum duabus divisionibus expeditis
illam etiam inter ea convenientiam quam Boetius notat[3], inspiciamus,
qualiter videlicet altera alteram vicissim includat atque contineat, re-
ducendo membra earum ad se invicem. Sed hec quidem reductio atque
35 membrorum convenientia non ita ubique accipienda est, ut prorsus

8 consimilia *b*   12 maneat *V*   23 graium gracum *V*

[1] *De top. diff.* III, 1204 B⁴⁻⁶.   [2] *supra*, p. 440²⁸⁻²⁹.   [3] *De top. diff.* III, 1203
A-1206 B.

eadem sint membra que ad se reducuntur, sed vel in partem possint sese
| contingere ac convenire sibi. Ac prius divisionem Tullii ad themistia-
nam reducamus in illis precipue membris que in divisione Themistii
non videntur annumerata esse, que sunt huiusmodi: differentia,
antecedens, consequens, repugnantia, effecta, paria, que quidem ita 5
Boetius reduxit: „a differentia, inquit[1], Marci Tullii a toto in
divisione Themistii vel a parte intelligi potest; a toto quidem si sit
constitutiva", hocest si sumatur respectu eius speciei quam constituit
atque excedit, „a parte vero si sit divisibilis." „Ab antecedentibus,
inquit[2], et consequentibus locus plurifariam spargitur: nam et diffinitio 10
et descriptio et antecedere rem et consequi possunt; item nominis interpretatio; item species antecedit, genus sequitur." Causa etiam antecedit
vel sequitur suum effectum vel communiter accidentia sese mutuo
consequuntur vel antecedunt, si sint, inquit[3], ⟨in⟩separabilia, ut surdum
naturaliter et mutum per accidens. Et hic quidem antecedens et conse- 15
quens simplices quoque terminos nominat. „Itaque, inquit[4], hic locus
pluribus mixtus est non tam in rebus ab aliis quam in tractatione diversus.
Ipsa enim conditio consequentie locum alium facit, cum ipsa conditio
consequentie vel in diffinitione vel descriptione vel forma vel causa vel
in ceteris posita sit", ac si aperte diceret: non est diversa locorum 20
essentia, sed habitudo secundum quam argumentatio tractatur. Alia enim
habitudo est in eo quod diffinitio vel species vel causa nominatur.

Patet autem ex hoc loco eorum opinionem cassam esse qui antecedens ⟨esse⟩ et consequens in argumentationibus nolunt ⟨con⟩cedere,
ne forte eas ipoteticas propositiones esse confiteantur. Hic namque 25
argument[at]orum loci tractantur. „Repugnantia, inquit[1], oppositis
aggregantur."

Sed querendum est in qua quatuor specierum Themistius ea
comprehendit. Et videtur quidem in contrariis ea inclusisse vocans ea
quoque contraria que contrariis adiuncta sunt. „Effecta, inquit[1], illi 30
sunt consimilia loco quem Themistius posuit a fine; nam causarum effectus finis est." A pari locus a simili in quantitate apud Themistium dicitur.

1 ad se Vᶜ a se V 6-7 themistii divisione b 8 constitutiva + differentia de qua sumitur
argumentum 10 multifariam b 11 itemque b 12 consequitur b 17 est + et b (in)
b aliis + omnibus b (in) b 19 vel in descriptione b vel in forma vel in causa b 23 causam V 24 ⟨esse⟩ Vᶜ ⟨con⟩cedere Vᶜ 26 oppositis] coll. b oppositas V

[1] De top. diff. III, 1203 B14–16 et B17-A1.   [2] Ibid., 1204 A5–9.   [3] haec
verba in b deesse videntur.   [4] De top. diff. III, 1204 A13-B2.   [5] Ibid., B2–3.
[6] Ibid., B4–6.

Nunc quoque eos locos de divisione Themistii qui in divisione
Tullii computari non videntur, ad ipsam reducamus. Sunt namque, ut
Boetio placuit[1], hee divisiones sibi alterna reciprocatione coniuncte.
Restant autem[2] ex Themistii locis hi: ab integro toto, ab usibus,
5 a generationibus, a corruptionibus, a proportione, a transsumptione, a casibus, a divisione. Sed hic quidem locus qui ab
integro toto dicitur apud Themistium, ab effectu esse potest apud
Tullium. Omne enim compositum suarum specierum effectus est, partes
vero ipsius materia. Ab usibus, inquit[3] Boetius, si usus aliquid efficit;
10 a causis, si ipse efficitur ab effectis.
　　Sed hic nobis inquirendum est, quando usus vel efficiens vel
effectus dicatur. Sed si supraposita exempla ad memoriam reducamus,
'equum' videlicet et 'equitare', neutrum esse videbitur; 'equus' tamen
videtur quodammodo facere 'equitare' et causa ipsius esse, quippe
15 Tullius omnem causam efficientem quoquo modo vocavit, 'equitare' vero
effectus. Si igitur 'equus' 'equitare' probet, ab efficientibus erit,
idest causis; si vero 'equitare' 'equum', ab effectis. A generationibus quoque vel a causis vel ab effectibus esse poterint. Si enim
generatio in designatione forme, ipsius scilicet compositionis, sumatur,
20 a causa dicetur; si vero in designatione formati, hocest composti, ab
effectu. „A corruptionibus, inquit[4], ab efficientibus", hocest
a causis, dici potest. „Nam cum omnis, inquit[5], generatio efficiat aliquid,
idest substantiam formet, corruptio rursus ipsa quoque efficit quiddam,
idest substantiali forma spoliat ac privat, ut mors facit corporis disso-
25 lutionem." Sed si ipsa forma corruptio substantiam que corrumpitur,
probet, ⟨a⟩ causa recte videbitur; si vero econverso, ab effectu.
A transsumptione vero locus vel a maiori vel a minori vel
a simili vel quo alio nomine vocari poterit. A proportione vero
a simili, a casibus a coniugatis; nam eque et casus et coniugata
30 Tullius coniugata vocavit. A divisione locus modo a partibus, modo
ab oppositis vel ab aliis veniet.
　　Nunc autem duorum auctorum que de locis fiunt divisionibus
diligenter expeditis, superest questio de quibusdam locis, utrum in
ipsis contineantur, ut sunt illi quos a predicato vel a subiecto
35 superius[6] assignavimus, vel a contingentibus vel plures etiam qui a
disparatis dicuntur hoc modo:

20 compositi *V*c composito *V*   24 ut *V* velut *b*   26 ⟨a⟩ *V*c

[1] *De top. diff.* III, 1205 B7-8.   [2] Cf. Boeth., *ibid.*, 1206 A1 *e.q.s.*   [3] Cf. *De top. diff.*
III, 1206 A3 *e.q.s.*   [4] *Ibid.*, A11-12.   [5] *Ibid.*, A12-15.   [6] *supra*, pp. 352^12-364^30.

'si est homo, non est lapis'
et qui inter equipollentia proponuntur hoc modo:
'si nullus homo est lapis, nullus lapis est homo'
'si omnis homo est animal, omne non-animal est non-homo'.

Hos etiam in suprapositis divisionibus comprehendi convenit, que de 5
omnibus locis differentiis fieri confirmantur. Ait namque Boetius in
ipsa *Topicorum suorum Proemio*, cum de locis intentionem suam ostenderet[1] : „nec dialeticos solum locos, sed rethoricos etiam quove hi inter
se atque a dialeticis differant, cura est exsequendi, ut omnibus undique
locis plena consideratione propositis eorumque inter se differentiis et 10
communitatibus pernotatis et argumentorum copia comparetur et clara
locorum possit esse distinctio." Rursus idem in *Secundo Eorumdem*, cum
divisionem Themistii inciperet[2] : „omnes igitur loci, idest maximarum
differentie propositionum, aut ab his ducantur necesse est terminis qui
in questione sunt positi, predicato scilicet atque subiecto" etc. Rursus 15
idem[3] eadem divisione completa: „que cum ita sint, breviter locorum
michi divisio commemoranda est, ut nichil preter eam relictum esse
monstretur, quod non intra eam probetur inclusum." Idem in *Tertio*, cum
Tullii partitionem de eisdem locis supponeret, Marcus Tullius, inquit[4],
divisionem locorum omnium facit hoc modo: „ex[5] his, inquit[6], locis 20
in quibus argumenta inclusa sunt, alii in eo ipso herent de quo agitur,
alii sumuntur extrinsecus." Sed fortasse ita eo facilius absolvemus si in
primis divisionibus locorum, non in subdivisionibus, omnes locos comprehendi dixerimus, sicut eorum verba habere videntur. Cum igitur
prime divisiones omnes locos comprehendant, posteriores tamen minus 25
continentes esse poterunt. Nullus itaque locus erit qui secundum
Themistium non sit vel inherens vel extrinsecus vel medius ac secundum
Tullium vel inherens vel extrinsecus. Plures tamen esse poterunt qui in
subdivisionibus non cadent. Quod itaque dictum est omnes locos com-
prehensos esse, secundum priores, non secundum posteriores, divisiones 30
accipiendum est.

De locis argumentorum

Nunc autem omnium conditionalium vi inferentie demonstrata,

---

8 etiam rhetoricos *b* quove] *coll. b* quidve *V*   9 (a) *b*   10 differentiis inter se *b*   11-12
locorum clara *b*   12 secundo + idem in secundo *V*   16-17 mihi locorum *b*   17-18 monstretur esse relictum *b*   21 eo ipso *V* ipso *b* eo ipso de quo agitur haerent *b* (1054 B⁹)
22 assumuntur *b*   25 divisionis *V*

---

[1] *De top. diff.* I, 1173 D⁵-1174 B⁴.   [2] *Ibid.*, II, 1186 D⁵⁻⁸.   [3] *Ibid.*, 1194 B³⁻⁶.
[4] Cf. *ibid.*, III, 1195 C¹³-D⁴.   [5] *Ibid.*, D⁴⁻⁷.   [6] sc. Cicero, *Topica* I, 8.

secundum quam locos nimium laxe accepimus, eas quoque locorum diffinitiones exsequamur quas superius iuxta auctoritatem protulimus, in quibus non comprehenditur vis cuiuslibet inferentis, sed concessi tantum. Unde a Tullio huiusmodi locus bene descriptus est *argumenti*
5 *sedes*, sive a Themistio sic: *unde trahitur argumentum ad propositam questionem comprobandam*[1]. | Quod enim ille argumentum nominavit, iste autem   f. 181ᵛ
probationem questionis posuit, uterque concessionem innuit. Neque enim argumentum esse potest quod non est concessum, nec probatio fieri nisi ex concessis. Est enim probare fidem facere; ex dubiis autem fides
10 non sumitur. Cui enim per se non creditur, nec ⟨ad⟩ alterius fidem idonee affertur. Unde et in *Topicis* Boetius: „si ignota, inquit[2], notis probantur, argumentum vero rem dubiam probat, necesse est ut quod ad fidem questionis affertur, ipsa sit notius questione." Non est itaque idem probare quod inferre nec argumentum quod antecedens, sed plura
15 probant que non inferunt, et plura inferunt que non probant. Infert enim '*Socrates est margarita*': '*Socrates est lapis*'; sed, cum concessione careat, ad fidem non est idoneum; unde assumptio adiuncta ad fidem est necessaria. Probare enim potest quod non veram tenet inferentiam; ut ex eo quod illam rapuerim, ipsam amare reputor. Sic et in ceteris
20 argumentis contingit que probabilia sunt ac non necessaria. Cum autem loci argumentorum tractantur propter id comprobandum de quo dubia questio proponebatur, iure in singulis argumentationibus, unde etiam proposite questiones sint, assignantur. Quia autem et ille per argumentum locum et iste per questionem describit, utrumque prius est
25 tractandum. Neque enim aliter cognosci potest quod diffinitur, nisi et ea precognita sunt per que diffinitur; ac prius de questione agendum est.

De questione

'*Questionis*' autem nomen et active et passive accipi, pro querente scilicet et quesita, Boetius ostendit. Quod enim questionem
30 propositionem esse dixit[3] que in dubietatem et ambiguitatem adducta est, ad quesitam referendum est, de cuius scilicet veritate dubitamus ac querimus. Nam ea per quam querimus, cum sit interrogatio, non potest esse enuntiatio. Unde nec verum aut falsum continere; secundum que ipse quoque in proximo[4] propositionem diffinierat sic: *propositio*
35 *est oratio verum falsumve significans*. In *Eodem* quoque, postquam propo-

10 ⟨ad⟩ *c*   12 (ut) *b*

1 Vide Boeth., *De top. diff.* I, 1174 C¹⁵-D² et II, 1185 A⁴⁻⁵.   2 *Ibid.* I, 1180 C⁶⁻⁹.
3 *Ibid.* I, 1174 B⁸⁻¹⁰.   4 *Ibid.*, B⁶⁻⁷.

sitionem semper esse dixit, sive scilicet de ipsa queratur sive non, adiecit[1] : „si de ipsa queritur, questio est; si est approbata, conclusio; idem igitur propositio est et questio et conclusio." In quo manifeste propositionem ipsam, de cuius veritate queritur, questionem passive nominavit. Eam quoque per quam querimus, questionem in sequen- 5 tibus appellat, cum illam questionem thesim esse monstravit[2], que de re ceteris circumstantiis nuda querat ac disserat hoc modo: '*unde affirmatio et negatio sint species enuntiationis annon?*'

Nota autem quod vis interrogationis aliquando in nominibus interrogativis, aliquando in adverbiis pendet. Sunt autem nomina in⟨de⟩ 10 finita et interrogativa '*quis*' vel '*quid*' sive etiam '*que*', '*cuias*' ⟨vel⟩ '*cuius*', '*qualis*' aut '*quantus*', '*quotus*' vel '*quot*'. Sed '*quis*' quidem et '*que*' certas requirunt personas hoc modo: '*quis venit? Socrates*'; *que ludit? Picias*; '*quid*' vero ad naturam magis quam ad personam pertinere videtur. Cum enim queritur: '*quid est Socrates?*', '*homo*' vel '*animal*' responderi 15 solet, ac de natura magis quam de persona dubitari videtur; '*qualis*' vero de adiacientia qualitatum interrogat, '*cuias*' vero gentile est, '*cuius*' vero possessivum. Unde si queratur: '*cuias est Pindarus?*', '*Thebanum*' dicimus; '*cuium vero pecus?*', '*melibea*' respondemus; '*quantus*' vero de dimensionibus querit hoc modo: '*quanta est virga?*', '*bicubita*' vel 20 '*tri⟨cu⟩bita*'; '*quotus*' vero de ordine hoc modo: '*quota pars tua est?*', '*tertia*' vel '*quarta*'; '*quot*' vero de numero ita: '*quot sunt isti?*', '*centum*'.

Quesita vero ea est propositio que ipsam querentem questionem constituit tam affirmativam quam negativam. Has quoque dialeticas interrogationes Aristotiles determinavit[3] que ex dividentibus iunguntur 25 affirmatione[m] et negatione[m], de quarum veritate in eis queritur hoc modo: '*utrum celum est rotundum? vel non est rotundum?*' Cum enim multe a dialeticis interrogationes proferuntur vel in quid vel in quale multisque aliis modis, nullam tamen dialeticam vocavit, nisi que a dialeticis ex affirmatione et propria negatione coniungitur, cum de 30 veritate alterius probatio exigitur. Est itaque '*celum rotundum ⟨est⟩* vel '*celum rotundum non est*' questio de qua queritur. Cum enim altera in dubitationem venit, utramque venire necesse est, et cum altera probatur, utriusque fides quodam⟨modo⟩ relinquitur. Cum enim de veritate unius certi vel dubii sumus, et de falsitate alterius. Tota vero que ex utriusque 35

---

2 primum (est) *b* si + ipsa *b*   3 idem + est *b* propositio (est) *b* (et) quaestio (et) *b*
6 tesim *sic plerumque* V   7 differat V   11 ⟨vel⟩ V*c*   21 tri⟨cu⟩bita V*c*   28 in quid] inquit V
29 vocavit V*c* nominavit V

---

[1] *De top. diff.* I, 1174 C⁴⁻⁶.   [2] *Ibid.*, 1177 C⁷ *e.q.s.*   [3] *De interpr.* 11, 20 b 22 *e.q.s*

coniungitur propositionibus, questio est per quam queritur, veluti ista:
'*utrum celum est rotundum vel non?*'.

    Sicut autem propositiones ex quibus querentes questiones
componuntur, modo cathegoricas modo ipoteticas esse contingit, ita
5 et que de ipsis queruntur, questiones modo ex cathegoricis modo ex
ipoteticis descendunt propositionibus. Ex cathegoricis quidem ut supraposite, ex ipoteticis vero ut ista: '*utrum si est homo est animal, vel non
si est homo est animal?*' Cuiuscumque ⟨enim⟩ propositionis probatio
requiritur ipsa in questione, in propria dividente ponitur et cum argu-
10 mentatio probata fuerit, quelibet pars questionis conclusio dicitur.
Unde et ipse ait[1] conclusionem esse propositionem argumento appro-
batam. Sicut enim non quodlibet antecedens argumentum dicitur, sed id
tantum quod concessum probat, sic non quodlibet consequens conclusio, sed id tantum quod probatur cuique fides ex argumento adiungitur.
15 Unde ei soli '*ergo*', quod subcontinuativa est conditio, preponitur, cum
ipsius argumenti concessio precesserit. In hoc enim '*si*' conditionis et
'*ergo*' positio diversa est quod ⟨hoc⟩ tantum concessa copulat — unde et
consequenti iungitur —, illud autem et inconcessa.

    Sicut autem cathegoricarum propositionum sensus in predicatione
20 est, ipoteticarum vero in consecutione, ita et earum questiones modo
de inherentia rerum, modo de consecutione propositionum requirunt.
Cum enim queritur utrum homo sit animal, id exigitur utrum animal
homini inhereat. Cum vero inquiritur utrum si est homo est animal, id
ambigitur utrum esse animal ex esse hominem proveniat.

25   Sed nunc quidem cathegoricarum questionum divisiones iuxta
auctoritatem exsequamur. In quibus et de ipoteticis, quarum partes
ex partibus harum connectuntur, satis liquebit. Harum ergo alie de
inherentia simpliciter querunt, alie de modo inherentie quoque proponunt. De inherentia quidem ut supraposita, in qua de inherentia
30 generis ad speciem suam querebatur; de modo vero inherentie rogatur
cum iam constituta inherentia quomodo inhereat requiritur, sive
scilicet ut genus vel ut differentia vel ut proprium vel ut accidens vel ut
eadem prorsus essentia. Ut genus quidem, ut homo Socrati vel animal
homini. '*Genus*' enim hoc loco accipimus quamlibet rei superiorem
35 essentiam. In quo etiam nomine Boetius constitutivas specierum differentias comprehendit[2], ut est rationale hominis, ut scilicet omne maius,
et substantiale, in ipso includeret. Questionem vero de proprio de

---

8 cuius ⟨enim⟩ cumque *Vc*

[1] Boethius, *De top. diff.* I, 1174 C[1].   [2] Cf. *De top. diff.* I, 1178 A-C.

equali ac non substantiali accepit, ut coloratum est corpori aut, ut quibusdam placet, risibile homini. Questionem vero de eodem de diffinitione vocavit, secundum id scilicet quod idem diffinitione et diffinito vocabulo ponitur. Questionem autem de maiori ac non substantiali questioni de accidenti equavit. At vero multum improprie et 5 formam genus appellat vel diffinitionem, ut rationale hominis vel sensibile animalis et nimis stricte accidens accepit, in ea tantum que maiora sunt.

f. 182ʳ Sunt enim quedam minora | ut gramaticum homine vel album corpore, nullaque sunt accidentia que proprio susceptibili habundare queant.

Si vero hanc divisionem questionum quod alia de genere, alia de 10 differentia, alia de proprio, alia de diffinitione, idest de eodem, fiant, hec quoque que de inherentia fiunt, aptemus, non aliis applicare possumus nisi eis que ex vera affirmativa cathegorica descendunt. Si enim dixero: 'utrum homo est asinus vel non est?', hic nulla earum fuerit. Neque enim predicatum, a privilegio cuius nomina quoque questionibus 15 imponuntur subiecte rei, vel genus vel differentia vel proprium vel accidens vel diffinitio, sed oppositum. Bene autem ac rationabiliter dictum esse videbimus hanc quadrifariam divisionem questionis in his tantum questionibus constitutam esse, si ipsius quoque auctoris verba diligentius inspiciamus. Ait[1] namque Boetius in Primo Topicorum: „in 20 omni dialetica questione predicativa dubitatur an ei quod subiectum est id quod predicatur inhereat; cum aliquid alicui inesse proponitur, id aut maius erit eo de quo predicatur"..... etc. Ecce enim aperte hanc questionum variationem ex eo venire docuit quod predicatum subiecto inheret, quod ad veritatem affirmationis pertinet. Rursus idem in 25 Eodem adiecit[2]: „in predicativis autem questionibus unus quidem subiectus terminus dicitur, alius predicatus nichilque in predicativis questionibus aliud queritur nisis an subiecto predicatus inhereat." Quod si inesse constiterit, queritur itane insit ut genus an ut accidens an ut proprium an ut diffinitio: nam si ostenditur non inesse, nichil de 30 questione relinquitur; nam quod omnino non inest, nec ut accidens nec ut genus nec ut diffinitio nec ut proprium inesse potest. Cum itaque ostendit questiones de modo inherentie ex veris tantum affirmativis descendere, quippe de modo inherentie querendum ⟨non⟩ est, cum ipsa non sit secundum quas illas quoque de inherentia variare volunt, 35 profecto constat et istas ex eisdem propositionibus descendere; sed nec veram tantum, si ad predicationem respiciamus.

22 cum + vero b   28 alius V   32 inesse + inesse V   34 ⟨non⟩ Vᶜ

[1] De top. diff. I, 1177 D⁹⁻¹². [2] Ibid., A¹³⁻¹⁴ et B⁸⁻⁹, quae verba Abaelardus parum accurate laudare videtur.

Videtur in supradicta divisione omnis questio predicativa contineri, ut sunt ille in quibus de accidenti fundamentum vel de accidenti
aliud accidens aut de se invicem contingentia predicantur, veluti cum
dicimus: 'utrum omne coloratum est corpus' vel 'omne gramaticum est homo'
5 vel 'gramaticum musicum' vel 'rationale mortale'. Sed has omnes irregulares predicationes quidam dicunt, cum neque sint secundum substantiam neque secundum accidens. Non itaque alie questiones in
supraposita divisione cadunt nisi que ex affirmativa vera regulari veniunt.
Regulares vero eas dici volunt quarum predicationem iuxta Porphirium[1]
10 regularem appellant, que videlicet vel secundum substantiam fit vel
secundum accidens.

Sunt autem predicative questionis de inherentia due species,
una que dialeticis famulatur — que ab eis thesis vocatur —, altera
vero que rethoricis subiecta est, que ipotesis vocatur. Hec autem
15 harum est differentia quod thesis circumstantias non recipit, quas
ipotesis habet. Circumstantias vero eas determinationes vocamus
que circa predicationem consistunt, veluti cum de qualitate quoque
vel quantitate facti vel de causa vel loco vel tempore vel de adiuvantibus
vel compellentibus inquiruntur. Eius autem quam thesim dicimus,
20 species sunt due: simplex et composita. Simplicem autem dicimus
eam que una tantum affirmatione et eius negatione componitur, ut
supradicta, compositam vero que pluribus, ut ista: utrum sit album
vel nigrum vel medio colore coloratum.

Atque de questionibus dicta sufficiant; nunc ad argumentum
25 procedamus.

De argumento

Hoc autem Tullius rationem rei dubie fidem facientem diffinivit[2].
Neque enim aliter argumentum esse potest, nisi ei de quo dubitatur fidem
faceret, idest credulitatem, ut scilicet ei auditor consentiat, veluti cum
30 ex eo quod rotundum est celum, volubile esse convincimus. Quod ergo
celum rotundum est, argumentum dicitur, quod ad concessionem conclusionis dubium prius auditorem cogit. Est autem argumentum tam
propositionum antecedentium nomen quam significationum earum, veluti in quolibet sillogismo propositio simul et assumptio argumentum
35 dicuntur; secundum quam significationem nominis 'argumenti' Boetius

---

15 circumstantias Vc circumstantiis V   19 thesim Vc thesis V

[1] Cf. Boeth., In Isag., 186¹⁵ e.q.s.
[2] Vide Boeth., In Cic. Top. I, 10487⁻8 et De top. diff. I, 1174 C⁷⁻⁸ et 1180 C⁴⁻⁵.

maximam propositionem in argumento includi sicut eius partem docuit[1]. Cum enim sit vox maxima propositio, rei partem esse impossibile est. Dicuntur in argumentis ea que a propositionibus ipsis significantur, ipsi quidem intellectus, ut quibusdam placet, quorum conceptio sine etiam vocis prolatione ad concessionem alterius ipsum cogit dubitantem. Unde 5 et bene 'rationis' nomen in premissa diffinitione dicunt apponi; 'ratio' enim nomen est intellectus qui in anima est.

Sed, si divisionis verba attendamus, potius argumentum accipiendum erit in designatione eorum que a propositionibus dicuntur, quam eorum intellectuum qui ab ipsis generantur. Est autem talis quam 10 idem supposuit divisio: „argumentorum, inquit[2], alia sunt probabilia et necessaria, alia probabilia ac non necessaria, alia necessaria ac non probabilia, alia nec probabilia nec necessaria." Necessarium autem diffinit *quod videtur ita esse atque aliter esse non potest,* probabile vero, *quod secundum id quod videtur facile conceditur.* Que quidem diffinitiones in 15 designatione intellectuum non commode possunt exponi. Neque enim in propositione quicquam de intellectu dicitur, sed, cum de rebus agitur, per ipsam intellectus generatur, qui neque in sua essentia necessitatem tenet neque inferentiam ad alterum. Sunt enim quedam que in se necessitatem habent, ut Deum esse immortalem, quedam 20 vero que tantum in antecessione ad alterum ac non in se, ut Socratem esse hominem ad Socratem esse animal. Intellectus vero neque antecedit ad alios, quippe cum non de ipsis in consequentia agatur, ut dictum est[3], nec ullam ad se necessitatem eorum tenet comitatio. Unde potius de his que propositiones ipse dicunt, supraposita diffinitio seu divisio est 25 accipienda, ac sicut argumentum non in se, sed quantum ad conclusionem dicitur, ad cuius videlicet concessionem arguit, sic et necessarium vel probabile quantum ad ipsam dicendum est, non quantum ad se ipsum. Alioquin et in ista consequentia:

'si Socrates non est asinus, est non-asinus', 30

necessarium esset argumentum, et in ista non necessarium:

'si Socrates est homo, est animal'.

Non enim necesse est Socratem esse hominem, cum possibile sit non esse. Est itaque necessarium argumentum quod ad eius concessionem ad quod necessario antecedit, auditorem compellit, probabile vero per quod al- 35 teri facile adquiescitur, ut ex rapina amori. Licet enim non necessariam

---

11 argumentorum + vero omnium *b*   12 *primum* ac *V* et *b* alia sunt necessaria sed *b* 19 enim *V*c autem *V*   20 habent *V*c tenent *V*   23 consequentia *V*c essentia *V*

[1] *De top. diff.* II, 1185 B15-16.   [2] *Ibid.* I, 1180 C9-12.   [3] *supra,* p. 15430 *e.q.s.*

videam inferentiam rapine ad amorem, rationabiliter tamen ex rapina
suspicor amorem.

Sunt autem, memini, qui verbis auctoritatis nimis adherentes
omne necessarium argumentum in se ipso necessarium dici velint. Alio-
5 quin diffinitio 'necessarii', quam iuxta Boetium superius assignavimus,
non recte argumento assignaretur, que videlicet ait quod ut dicitur | ita   f. 182ᵛ
est, atque aliter esse non potest. Si enim in hoc entimemate:

 'Socrates est homo: ergo est animal'

illud quod precedit, sive intellectus sit, sive id quod propositio dicit,
10 argumentum dicamus, non poterit ipsi diffinitio aptari, cum ita ut dicitur
semper non sit. Si vero dicatur esse necessarium quantum ad conclusionem ac sane vere etiam intelligatur, toti potius consecutionis inferentie
necessitas attribuitur. Unde necessarium argumentum dici non volunt,
nisi in se fuerit necessarium, veluti hic:

15 'Socrates non est animal: quare nec est homo'.

Similiter et de probabili.

Nota autem in supraposita divisione argumenti duo membra
preterquam necesse est aggregata videri, hec scilicet quibus probabilitas aufertur. Omne enim argumentum probabile esse oportet.
20 Quomodo enim argumentum fecerit qui per ipsum non acquiescit con-
clusioni? Quomodo acquiescet, nisi idoneum hoc ad illud viderit esse?
Unde, si rei veritatem teneamus, eque ab argumentis separanda videntur
tam ea que necessaria sunt ac non probabilia quam ea que nec necessaria
sunt nec probabilia, cum tamen Boetius ultimum tantum membrum
25 excludat, quod sophistis deservire docuit; cuius tale protulit[1] exemplum: Diogenem habere cornua eoquod quisque habeat quod non
perdidit; sed et de eo quod necessarium est ac non probabile obiectionem
posuit, quam et ipse postea dissolvens ipsum inter argumenta reliquit.
Docuit enim non solum probabilia ea dici que statim ut audita sunt,
30 recipiuntur, sed que etiam per alia ad probationem idonea efficiuntur,
ubi adiuncta extrinsecus probatione commode ad fidem afferuntur. Que
tamen solutio non multum rationabilis videtur, sed potius confirmare
nullum argumentum esse quod non sit probabile. Si enim et illud quod
statim recipitur et quod ex probatione monstratur, probabile dicitur,
35 profecto omne probabile videtur. Nullum est quod aliter fidem faciat,
nisi ad id faciendum videatur idoneum. Sed, ne nimis auctoritati⟨s⟩
regulas culpemus, ei quantum possumus assentire conemur, ut, que

---

13 unde..... non volunt *V* at nullum (unum *legens*)..... [non] volunt *c* 20 fecerit *c*
fuerit *V* 36 auctoritati⟨s⟩ *c* 37 regulas *c* rellas *V*

[1] *De top. diff.* I, 1181 A⁴ *e.q.s.*

etiam in ratione non teneamus, ore profiteamur, dummodo morsus detrahentium vitare queamus.

Non est illud pretermittendum quod ipse ostenderit que scientia quibus utatur argumentis: dialeticos quidem et rethores maxime probabilitatem attendere, philosophos vero necessitatem, so- 5 phistas vero neutrum, quantum ad eorum intentionem, non quantum ad audientium existimationem, qui sophismatum laqueos ⟨non⟩ animadvertunt. Cum autem dialeticus probabilitatem maxime requirat, cui aliquando necessitas incumbit, necesse est et ipsum necessaria sepe argumenta assumere, sicut et philosophum quandoque probabilia. Sed 10 quod maxime in intentione est, magis est attendendum. Nec minus tamen dialeticis a quibus argumenta proponuntur, vera ac necessaria requirenda sunt, immo nulla alia recipere debent nisi que vera sunt. Sed sola sufficit probabilitas his qui proponunt. Tam bene enim fidem faciunt per ea que necessaria non sunt, dummodo conceduntur ab eo 15 cum quo disputatur, sicut per ea que necessitatem habent. Sed, ut firme sit propositionis ostensio omnemque sophismatis nodum effugiat, non alia ille cui propositio proponitur, argumenta debet admittere nisi que vera ac necessaria cognoverit.

Nunc autem questione atque argumento gratia diffinitionum loci 20 pertractatis sensum earum aperiamus. Quod ergo Tullius ait[1] locum esse *sedem argumenti*, Themistus[2] autem *illud unde trahitur argumentum ad questionem comprobandam*, eamdem protulerunt sententiam. Cum enim id quod in questione propositum fuit probare volumus, rei alicuius habitudinem ad aliquem terminum questionis consideramus modumque 25 ipsius probationis qui proposito nostro congruat, ac deinde re ipsa cognita que ad alteram comprobari convenit, modoque eius probationis qui maxima propositione monstratur, statim secundum hec argumentum disponimus quo propositam questionem probamus de qua prius querebatur. Unde tam ex re ipsa que habitudinem ad aliam habet — quam 30 differentiam maxime propositionis superius diximus —, quam ex maxima propositione qua modus probationis exprimitur, argumentum trahitur. Unde utrumque sedem argumenti, idest locum, convenit appellari. De quibus uberrime supra disseruimus.

Non est autem idem argumentum quod argumentatio. Id enim 35 solum quod probat, argumentum dicimus. Totam vero complexionem

---

7 ⟨non⟩ *c* 12 a dialecticis (!) quibus *V* 13 requirenda *V*c relinquenda *V* 26 probationis] propositionis *V* 32 probationis] propositionis *V*

[1] Vide Boeth., *De top. diff.* I, 1174 C[15]-D[2].   [2] Cf. *ibid.*

probantis et probati argumentationem dicimus, ut totum sillogismum vel totum entimema, ita scilicet ut in argumentatione argumentum quasi pars in toto contineatur.

De argumentatione

5   Est igitur argumentatio *oratio in qua id quod dubium fuerat, ex alio comprobatur argumento*. Huius autem due sunt species, sillogismus scilicet atque inductio; ex his vero alie due manant, entimema scilicet atque exemplum. Sed quoniam sillogismorum natura ex *Libro Cathegoricorum Sillogismorum* satis est manifesta, quo eorum diffinitionem 10 expedivimus[1], ad reliquas species transeamus.

De inductione

     Inductionem ergo dicimus *eam argumentationem in qua ex particularibus alterum comparticulare vel eorum probatur universale*. Ex particularibus autem comparticulare hoc modo: '*quia in regendis curribus ⟨et⟩* 15 *in regendis navibus non sorte sed secundum peritiam moderandi rectores sunt eligendi, ita et rebus publicis secundum privilegium artis sunt preponendi*'. Hec enim omnia regendarum rerum particularia sunt, currus scilicet, navis, res publice. Si vero ex his omnibus premissis inferam: '*ergo in omni re quam regi volumus, rectores magis secundum artem assumendi sunt quam sorte* 20 *preficiendi*', ex particularibus universale ostenditur.

De entimemate sive exemplo

     Sicut autem entimema ex sillogismo fit per substractionem alicuius prepositarum propositionum, sic exemplum ex inductione. Sed non ita ex qualibet inductione exemplum licet componere, sicut ex 25 quovis sillogismo entimema. Nam in exemplo semper ex uno particularium alterum ostendi auctoritas voluit[1], sicut ex regimine navium regimen curruum vel rerum publicarum. Unde ad exempli constitutionem illa valet inductio que universale concludit. Si quis enim ex uno particularium de universali universaliter infer⟨r⟩et, nec etiam probabili-30 tatem faceret. Unde nec inter argumentationes talem complexionem receperunt. Ex omni vero sillogismo per substractionem | vel propositionis   f. 183ʳ vel assumptionis, entimema nascitur, veluti ex isto sillogismo:

17 regendorum *V*   20 perficiendi *V*   21 sive *V* et c

[1] *supra*, pp. 23²⁴-233²⁰.   [2]*De top. diff*. II, 1184 C⁹⁻¹¹.

> 'omnis homo est animal
> omne animal est animatum
> ergo omnis homo est animatus'

vel istud:

> 'omnis homo est animal: ergo omnis homo est animatus', 5

vel istud:

> 'omne animal est animatum: ergo omnis homo est animatus';

et ex cathegorico quidem sillogismo cathegoricum tantum provenit entimema. Ex ipotetico vero etiam cathegoricum nasci potest, cum scilicet assumptio cathegorica fuerit. Si enim ex isto sillogismo: 10

> 'si est homo, est animal
> sed est homo
> ergo est animal'

priori propositione pretermissa que ipotetica sillogismum fecit
ipoteticum, ita dicam: 15

> 'est homo: ergo est animal',

cathegoricum entimema composui[t]. Si vero consequentiam prepo-
nam, ipoteticum quoque entimema erit propter eam, sicut sillogismus, quamvis necessitatem quam sillogismus habet, non teneat. Sicut
ergo entimema imperfectus est sillogismus, sic exemplum imperfecta 20
inductio dicitur.

Horum autem omnium preter sillogismi inferentia imperfecta
est locique assignatione ad evidentiam egens. In quibus firmam terminorum complexionem aggregata propositioni assumptio non facit. Cum
enim in inductione plures preponantur, sicut in sillogismo, propo- 25
sitiones, nullam tamen eorum assumptionem oportet dici. Omnis enim
assumptio vel medium terminum ad extremorum coniunctionem assumit,
ut in cathegoricis sillogismis aut in ipoteticis in quibus ipotetica
per extremorum coniunctionem concluditur, aut unam totam de partibus
proposite consequentie ponit vel destruit. Ponit quidem ut in isto: 30

> 'si est homo, est ⟨animal⟩
> sed est homo
> ergo est animal',

vel in isto:

> si est homo est animal, si est animal est animatum 35
> sed est homo:
> ergo est animatum'.

Aufert quidem sic:

17 composui[t] c   20 enthymema c sillogismus V   31 ⟨animal⟩ Vᶜ

'*si est homo, est animal*
sed non est animal
ergo non est homo',

vel hoc modo:

'*si est homo est animal, si est animal est animatum*
sed non est animatum
ergo non est homo'.

Que quidem assumptiones quantum ad concessionem solam proposite propositionis vel eius negationis, non quantum ad complexionem que per eam fiat, operantur. Inductiones que cathegorice proferuntur huiusmodi assumptionem habere non possunt, veluti ista:

'*hic lapis non est rationalis: quare non est animal*'.

Si vero sic dicemus:

'*hic lapis non est rationalis et hic lapis non est irrationalis*
sed omne animal ⟨est⟩ vel rationale vel irrationale
quare hic lapis non est animal',

tunc profecto universalis assumptio sillogismum perficeret. Sed nec cathegoricam habent assumptionem que ad extremorum conclusionem contendunt. Neque enim vel locus in ea qui a di vi d e n t i b u s est, assignari posset vel maxima propositio proferri. Sed nec in his inductionibus que ipotetice componuntur, assumptiones ipotetice fiunt, veluti in ista:

'*si est homo, est risibile*
si est equus, est hinnibile
quare si est asinus, est rudibile'.

Neque enim aliquam de precedentibus propositionibus totam ponunt vel auferunt propter conclusionis concessionem vel medium assumunt terminum propter extremorum coniunctionem, ut in apposito liquet exemplo:

'*si est homo, est animal*
si est animal, est animatum
quare si est homo est animatum'.

Videntur autem quedam inductiones entimemata esse. Si enim ex isto sillogismo:

'*omne rationale est animatum et omne irrationale est animatum*
sed omne animal ⟨est⟩ vel rationale vel irrationale
ergo omne animal est animatum'

assumptionem demerimus, imperfectum reli⟨n⟩quimus sillogismum,

15 ⟨est⟩ *Vᶜ*   19 contendit *V*   38 demerint *V*

quem entimema supra diximus. Sed in eodem videmur inductionem componere de particularibus ad universale, nec bene entimema videtur, cum ex pluribus inferat, nisi forte irregulare, ut est illud quod ex irregulari et plures quam tres terminos continente nascitur, ut hoc:

'omnis homo est animal   5

omne animal est animatum

ergo omnis homo est corpus'

quod ex isto provenit sillogismo:

'omnis homo est animal

omne animal est animatum, omne animatum est corpus   10

ergo omnis homo est corpus'

substracta tertia propositione. Sed et sicut sillogismus irregularis est quod plures habet assumptiones, sic entimema quod ex eo nascitur una propositionum adempta. Sic et fortasse et illud irregulare fuit entimema in quo particularia proponuntur, que regularis erat inductio et 15 ex irregulari sillogismo nascebatur, vel nec entimema dici poterat, quamvis imperfectus esset sillogismus, cum inductionis teneret proprietatem.

Cum autem sint quatuor argumentationum species, quas superius distinximus, inter quas sillogismus et natura et firme probationis 20 privilegio principalis supereminet, de sillogismis tantum tractatus a dialeticis constituti sunt, non de reliquis speciebus; quos quidem pro qualitate ipsorum duobus voluminibus diviserunt, de cathegoricis prius ac de ipoteticis tractantes posterius. Nos vero, quia de cathegoricis superius actum est[1], ad ipoteticos operam convertamus. 25

---

25 convertamus + PETRI ABAELARDI · PALATINI · PERYPATETICI · TOPICORUM LIBER EXPLICIT · P · A . PALATINI · PERYPATICI ANALETICORUM POSTERIORUM PRIMUS *V*

[1] *supra*, pp. 232-249.

TRACTATUS QUARTUS
DE YPOTETICIS

LIBER PRIMUS

DE DIVISIONE YPOTETICARUM
EARUMQUE PROPRIETATIBUS

⟨*Prologus*⟩

5   Novam accusationis calumniam adversum me de arte dialetica
scriptitantem emuli mei novissime excogitaverunt, affirmantes quidem
de his que ad Fidem non attinent, christiano tractare non licere. Hanc
autem scientiam non solum nos ad Fidem non instruere dicunt, verum
Fidem ipsam suarum implicamentis argumentationum destruere. At vero
10 mirabile est cur non michi liceat tractare quod eis permissum sit legere
aut quid tractare sit malum quod legere sit concessum. Neque enim Fidei
intuitus quem dicunt, consequeretur, si lectionis usus substraheretur;
ade⟨m⟩pta namque lectione cognitio peribit scientie. Si vero adversus
Fidem militare artem concedant, eam procul dubio non esse scientiam
15 confitentur. Est enim scientia veritatis rerum comprehensio, cuius
species est sapientia, in qua Fides consistit. Hec autem est honestatis sive
utilitatis discretio; veritas autem veritati non est adversa. Non enim
sicut falsum falso vel malum malo contrarium potest reperiri, ita verum
vero vel bonum bono potest adversari, sed omnia sibi bona consona sunt
20 et convenientia. Scientia autem omnis bona est, et ea que de malo est,
que iusto deesse non potest. Ut enim iustus malum caveat, eum pre-
nosse malum necesse est; neque enim vitaret nisi prenosceret. Cuius
itaque mala est actio, bona potest esse cognitio, ut, cum malum sit
peccare, bonum est tamen peccatum cognoscere, quod aliter non
25 possumus vitare. Ea quoque scientia cuius nefarium est exercitium, que
mathematica[1] appellatur, mala putanda non est. Neque enim crimen est
in sciendo quibus obsequiis aut quibus immolationibus demones nostra
vota perficiant, sed in agendo. Si enim et hoc scire malum esset, quomodo ipse quoque Deus malitia absolvi posset? Ipse quoque qui omnium
30 scientias quas creavit, continet ac solus omnium vota cogitationesque
universas inspicit, scit utique et que diabolus desideret et quibus factis
eius assensum consequi possimus. Si ergo scire malum non est, sed
agere, | nec ad scientiam sed ad actum referenda est malitia. Ex his   f. 183ᵛ
itaque scientiam omnem, que a Deo solo est et ex ipsius munere pro-
35 cedit, bonam esse convincimus. Unde et omnis scientie studium bonum

---

1-3 P. A. PALATINI PERYPATICI ANALETICORUM POSTERIORUM PRIMUS *V*   10 non + non *V*
11 fidim *V*   12 intuitus *c* intintus *V*   13 ade⟨m⟩pta *c*

1 mathematica = astrologia (cf. Ioan. Saresber., *Policraticus* II, 24).

oportet concedi, ex quo id quod bonum est, adquiritur; eius autem doctrine studium precipue est insistendum, cuius potior veritas cognoscitur.

Hec autem est dialetica, cui quidem omnis veritatis seu falsitatis discretio ita subiecta est, ut omnis philosophie principatum dux 5 universe doctrine atque regimen possideat. Que fidei quoque catholice ita necessaria monstratur, ut scismaticorum sophisticis rationibus nullus possit, nisi qui ea premuniatur, resistere. Neque enim Ambrosium Mediolanensium antistitem, virum catholicum, Augustinus, gentilis adhuc philosophus et christiani nominis inimicus, ex unitate 10 Deitatis, quam veraciter in Tribus Personis religiosus ille episcopus confitebatur, angustiasset, si et ipsum dialetica premunisset; cum videlicet talem ei regulam per inscientiam absque omni determinatione venerabilis episcopus concessisset: ut cuiuscumque pluralis numeri singulare de pluribus nominibus singillatim predicaretur, et plurale de 15 eisdem insimul enuntiaretur. Que quidem in his nominibus cassa est que unius substantie atque eiusdem essentie designativa sunt, ut cum et Pater sit Deus, et Filius Deus et Spiritus Sanctus Deus rectissime credantur, non tamen plures Dei sunt confitendi; quippe ⟨eiusdem⟩ Divine Substantie illa tria nomina sunt designativa. Sic quoque cum et 20 Tullius homo vere dicatur et rursus Cicero et iterum Marcus homo nominetur, nequaquam tamen Marcus et Tullius et Cicero homines sunt, cum eiusdem substantie vocabula sint designativa, et plura quidem sola voce, non significatione, diversa substantie. Et si ita supraposita determinatio non satisfaceret rationi, eoquod non una tantum persona sit 25 in Deo sicut in Marco, ad impugnationem tamen regule sufficere posset.

At vero perpauci sunt quibus huius scientie secretum, immo sapientie thesaurum, divina revelare gratia dignetur; que quidem quanto subtilior est, tanto difficilior; quanto autem difficilior, tanto rarior; quanto autem rarior, tanto pretiosior; quanto pretiosior, tanto 30 maioris studii digna exercitio. Sed quia labor huius doctrine diuturnus ipsos assiduitate legendi fatigat lectores et multorum studia et etates subtilitas nimia inaniter consumit, multi, nec quidem irrationabiliter, de ea diffidentes ad eius angustissimas fores non audent accedere; plurimi vero eius subtilitate confusi ab ipso aditu pedem referunt et quasi in 35 ipso gustu incogniti saporis evomunt et, dum gustando non possunt saporis qualitatem discernere, subtilitatis laudem in crimina vertunt veramque ingenii sui imbecillitatem ficto crimine scientie defendunt ac, dum ipsos

6 fidim *V*   19 ⟨eiusdem⟩ *V*c   24 ita *V* enim *V*c   36 saporem *V*

in invidiam dolor accendit, his detrahere non erubescunt quos huius artis peritiam vident consecutos. Que quidem sola id in excellentia sua privilegium tenet, ut non eam exercitium, sed potius conferat ingenium. Quantocumque enim tempore in eius doctrina desudaveris, laborem
5 inaniter consumis, nisi mente tua arcani tanti capacitatem celestis gratie munus effecerit. Ceteras vero scientias quibuslibet ingeniis potest exercitii diuturnitas ministrare; hec autem divine gratie tantum ascribenda, est, que nisi mentem prestruat interius, frustra qui docet aerem verberat exterius. Quanto autem huius artis ministrator clarior
10 est, tanto que ministratur pretiosior.

Hec emulorum nostrorum calumnie satis est respondisse; nunc ad propositum accedamus congruoque ordine post cathegoricorum sillogismorum traditionem ipoteticorum quoque tradamus constitutionem. Sed sicut ante ipsorum cathegoricorum complexiones ca-
15 thegoricas propositiones oportuit tractari, ex quibus ipsi materiam pariter et nomen ceperunt, sic et ipoteticorum tractatus prius est in ipoteticis propositionibus eadem causa consumendus; de quarum quidem locis ac veritate inferentie, quia in *Topicis* nostris satis, ut arbitror, disseruimus, non est hic in eisdem immorandum. Sed satis est earum
20 divisiones exequi aut si qua alia doctrine videantur necessaria.

⟨De ipotesi⟩

Ypoteticorum nobis tam propositionum quam sillogismorum proprietates aperientibus   discutiendum prius occurrit quot modis
25 'ipotesis' nomen, unde ipoteticum dictum est, accipiatur. Est autem, ut Eudemo placuit[1], duplex eius significatio. Modo enim ipotesin propositionem aliquam dicimus per consensum, modo per conditionem. Per consensum autem et consessionem ipotesis propositio illa dicitur que non in se vera recipitur, sed gratia argu-
30 mentandi conceditur, ut quid ex ea possit extrahi videatur; per conditionem vero illa ipotesis appellatur de qua in presenti tractandum est, cuius quidem partes, antecedens scilicet et consequens, conditione coniunguntur, cuiusque sensus in conditione consistit, veluti cum dicitur:
35   'si est homo, est animal';
neque enim absolute vel hominem ⟨esse⟩ vel animal dicimus, sed ea

22 ⟨de ipotesi)] ⟨de hypotheticis coniunctis⟩ c   24 proprietatis V   25 unde] unum V
[1] Vide Boeth., De syll. hyp. I, 833 D10.

conditione animal esse: si fuerit homo, enuntiamus. Huius autem, sicut et cathegorice propositionis, tres sunt partes, termini scilicet eius, antecedens et consequens, et que ea innectit coniunctio, ut in premissa ipotetica antecedentem eam dicimus propositionem que precedit, cui scilicet conditio apponitur; que vero sequitur atque ex 5 priore infertur, consequens appellatur. Harum autem duo modi secundum appositas coniunctiones considerantur. Alie enim in coniunctione, alie in disiunctione proponuntur. In coniunctione quidem ut supraposita:

'si est homo, est animal',   10
cui coniunct⟨iv⟩a coniunctio apponitur; in disiunctione vero hoc modo:

'aut nox est, aut dies',
cum videlicet disiunct⟨iv⟩e coniunctiones adhibentur. Sed prius de coniunctis agendum est.   15

Harum autem alias naturales alias temporales auctoritas[1] vocat. Naturales quidem et rectas ipoteticas eas dicunt que propriam secundum inferentiam consecutionem vi conditionis ostendunt, ut illa quoque quam premisimus:

'si homo est, animal est'.   20
Temporales vero illas Boetius vocavit[2] que temporaliter, non conditionaliter, aliquid alicui coniungunt, ut ista:

'cum pluit, tonat'.
Non enim hoc loco proponitur quod si pluit, tonat, sed magis id dicitur quod quando pluit, et tonat, idest: quo tempore unum contingit, et alte- 25 rum, ac si videlicet utrumque simul fieri diceretur. In his nulla natura con-
f. 184[r] secutionis attenditur, sed sola comitatio secundum idem tempus | proponitur, id scilicet tantum quod utrumque simul fiat, sive absque se omnino esse valeant, sive alterum exigat alterum. Eque enim verus est et qui dicit: 30

'cum Socrates est animal, est homo'
et qui proponit:

'cum ipse est homo, est animal'.
Apparet itaque in temporalibus nullam consecutionis naturam secundum vim habitudinis terminorum atque inferentie necessitatem, sed solam, 35 ut dictum est, comitationem esse pensandam. Unde merito a naturalibus dividuntur; de quibus quidem uberius et convenientius in sequentibus disputabitur.

11 coniunct⟨iv⟩a c   14 disiunct⟨iv⟩ae c   24 preponitur V

[1] Cf. Boeth., De syll. hyp. I, 835 B⁸-C³.   [2] Cf. ibid.

De connexis naturalibus

Nunc autem ad naturales connexas revertamur; quarum quidem sensus et veritas quare ex *Topicis* nostris, ut dictum est, manifesta sunt, ubi scilicet quorum locorum inferentia veram in necessitate conse-
5 cutionem custodiret quorumque minime, docuimus, ad divisiones earum transeamus.

Que per positionem terminorum, que non

Harum autem alias per positionem terminorum, alias non per positionem terminorum fieri Boetius dixit[1]. Per positionem vero
10 terminorum eas fieri [in] consequentias voluit que id quod natura prius est, utpote causa, in consecutione quoque preponunt; cum videlicet antecedens causa est consequentis, ut solis, inquit, presentia diei. Cum ergo sic dicitur:

'*si sol presto est, dies est*',

15 hec per positionem terminorum fit consequentia; cum vero convertitur ita:

'*si dies est, sol presto est*'

et antecedit effectus, hec per positionem terminorum non fit consecutio nec ulla alia cuius antecedens non est causa consequentis.

20 *De negationibus ipoteticis*

Videntur autem in huiusmodi propositionibus, sicut in cathegoricis, eiusdem plures esse negationes, una quidem quasi contradictoria ac recte dividens, alia vero tamquam contraria. Veluti eius consequentie que ait:

'*si est homo, est animal*',

25 tum ea videtur negatio que negativo adverbio preposito totam eius sententiam perimit hoc modo:

'*non si est homo, est animal*',

tum ea que ipsum interpositum consequenti tantum adiungitur sic:

'*si est homo, non est animal*'.

30 Ac prior quidem negatio simplex est ac propria, idest contradictionis oppositionem ⟨ad premissam affirmationem tenet; secunda vero implicita videtur, cum etiam priorem continere videatur et contrarietatis oppositionem⟩ ad eamdem affirmationem habet. Quarum quidem con-

---

4 insecutionem *V* 9 terminorum + alias..... terminorum *V* 10 quod] quidem *V*
25 tum] tamen *V* 27 non] ut *V* 30 idest] est in *V* 31-33 ⟨ad..... oppositionem⟩ *Vc*
33 quarum] qua etiam *V*

1 Cf. *De syll. hyp*. I, 835 C-D.

trarietatis oppositionem post contradi⟨c⟩tionis ostensionem in *Primo Ypoteticorum* suorum Boetius monstravit[1]. Cum enim ipoteticis propositionibus recte opponi et contradictorie dixisset illas solas que earum sensum simpliciter perimunt — ut sunt ille que negatione[m] conditioni preposita totam destruunt affirmationem hoc modo :   5

> '*non si est homo, est animal*'

— adiunxit[2] et illas negationes esse, contrarias scilicet, que consequentem tantum partem auferunt, quodcumque fuerit antecedens, ut sunt iste :

> '*si est homo, non est animal*'   10
> '*si non est homo, non est animal*',

cum quibus idem tenent antecedens sed consequens in negatione⟨m⟩ convertunt. Ad consequentem enim partem, ut ipse in eodem Boetius dicit[3], respiciendum est ad huiusmodi negationem faciendam, et bene secundum consequentis partis remotionem in his enuntiationibus nega- 15 tiones disponimus, sicut in cathegoricis secundum remotionem predicati. Nam quem locum in enuntiatione cathegorica predicatum obtinet, eum in ipotetica consequens habet, et quem subiectum in illa, antecedens in ista. Similesque sunt eorum ad invicem regule, ut in sequentibus aperiemus.   20

> Non est autem idem
> '*si est homo, non est animal*'

et

> '*non si est homo, est animal*',

quamvis utraque falsa sit, sicut nec iste, que cathegorice sunt enun- 25 tiationes : '*non omnis homo est animal*' et '*nullus homo est animal*'. Aliam enim vim preposita toti propositioni negatio tenet in simplicem universalis affirmative sensum, aliam cum a singulis predicatum removet. Sic quoque et ipoteticis enuntiationibus contingit, ut scilicet aliam vim habeat negatio toti preposita consequentie, aliam interposita ad 30 solum consequens auferendum, quod quidem ex '*albo*' vel '*animali*' vel '*homine*' monstratur. Cum enim verum sit enuntiare :

> '*non si est album, est homo*'
> '*non si est animal, est homo*',

falsum est tamen proponere vel   35

> '*si est album, non est homo*'

vel

13 convertunt] commutunt *V*   27 prepositioni *V*

[1] *De syll. hyp.* I, 843 B14-C14.   [2] *Ibid.*   [3] *Ibid.*

'*si est animal, non est homo*'.

Ille enim tantum proponunt[ur] alterum non exigere alterum, hee vero alterum non posse etiam pati alterum. Unde magis adversa est ei que dicit:

5   '*si est homo, est animal*',

idest '*hominem*' necessario '*animal*' exigere, ea que proponit:

  '*si est homo, non est animal*',

quam ea que ait:

  '*non si est homo, est animal*',

10 — sicut enim et magis adversa est ad '*omnis homo est animal*', '*nullus homo est animal*' quam '*non omnis homo est animal*', sicut in *Libro Cathegoricorum* monstravimus —; atque ideo ei ut contraria est opponenda. Et bene istas ut contrarias opponi concedimus, si non solum sensus contrarietatem, sed contrarii proprietatem atque affinitatem in eis pensemus. Con-
15 trarias enim simul veras esse non contingit, sed falsas quandoque; sic et istas. False enim sunt et

  '*si est animal, est homo*'

et

  '*si est animal, non est homo*'

20 et rursus

  '*si est album, est homo*'

et

  '*si est album, non est homo*'.

Quia enim animal vel album sine homine potest existere, ipsum ne-
25 cessario non exigit. Qui vero cum eo potest inveniri, ipsum necessario non expellit. Insuper contrarie contradictorias quodammodo continent et eas inferunt, sed non ab ipsis inferuntur. Idem ⟨et⟩ in ipoteticis contingit. Si enim vera est:

  '*si est homo, non est animal*'

30 vera est

  '*non si est homo, est animal*',

sed non convertitur. Affinitas autem tanta est istarum ⟨cum⟩ contrariis ut fere ab omnibus mutuam ad eas inferentiam habere concedantur. Has enim invicem equipollere secundum mutuam inferentiam annuunt.
35 Hinc quidem '*omnis homo est animal*' ac

  '*si est homo, est animal*',

illinc vero '*nullus homo est animal*' ac

---

14 contrarii] contrarium *V*   27 ⟨et⟩ *V^c*   32 ⟨cum⟩ *V^c*

1 *supra*, p. 174^{24} *e.q.s.*

'*si est homo, non est animal*'.

Nos tamen qui, ut in sequentibus apparebit[1], has omnes inferentias non recipimus, equipollentiam vere inferentie in eis non concedimus. Multum tamen eas affines esse contrariis annuimus et probabilem maxime esse earum inferentiam videmus.

Sunt autem nonnulli qui tam auctoritati quam rationi obviantes nullas alias negativas ipoteticas concedunt nisi que negatione preposita totius ipotetice sensum auferunt. Quecumque proponuntur ipotetice sive ex duabus coniunguntur affirmativis, ut hec :

'*si est homo, est animal*',

sive ex duabus negativis, ut ista :

'*si non est animal, non est homo*',

sive ex affirmativa et negativa vel econverso, ut ista :

'*si est nox, non est dies*',

omnes affirmative consecutionis sensum proponere videntur, secundum quidem consecutionem unius propositionis ad alteram. Que enim ex duabus iungitur affirmativis, affirmativam sequi ad affirmativam proponit; que vero ex duabus negativis, negativam ad negativam; que vero ex affirmatione et negatione vel econverso, negationem ex affirmatione vel affirmationem ex negatione procedere monstrat. Quod quidem ex sensu questionum earum clarum est. Cum enim earum sensum in *Primo Topicarum Differentiarum* Boetius aperiret[2], premissa illa earum divisione quod alia ex duabis affirmativis etc., „si igitur, inquit, ex duabus affirmativis conditionalis propositio constat, id queritur an affirmatio affirmationem consequatur; si vero ex duabus negativis..... utrum negatio negationem.....; quodsi ex affirmatione et negatione vel ex negatione et affirmatione..... id ambigitur sive affirmationem negatio sive negationem affirmatio comitetur." Patet itaque et ex sensu | questionum ipoteticarum, que sit enuntiationum sententia utque omnes inferentiam custodiant, consecutionem scilicet unius propositionis, quecumque ⟨sit⟩, ad alteram, quecumque fuerat. Patet insuper et eas affirmativas esse ex singulis negativis earum dividentibus, que negatione toti preposita consequentie consecutionem alterius propositionis, quecumque sit, ad alteram, quecumque fuerat, perimunt hoc modo :

f. 184ᵛ

4 tamen *V* enim *Vᶜ*   13 vel] ut *V*   24 constat propositio *b*   25 affirmatio + affirmatio *V* sequatur *b* si vero *V* quodsi *b*   26 negativis *V* negationibus *b* utrum *V* an *b*   27 vel (ex) *b* 27, 28 sive *V* an *b*   28 affirmatio negationem *b*   30 inferentiam] affirmativam *V* consecutionem scilicet] consequentiam secundum *V*

[1] ubi?   [2] *De top. diff.* I, 1178 D² *e.q.s.*   [3] *Ibid.*, D5₋13.

'*non si est homo, est animal*'
'*non si est animal, non est homo*'
'*non si est nox, non est dies*'
'*non si non est nox, est dies*'

5 ac si intelligatur: non procedit ex ista illa.

Et nos quidem istas proprias ac simplices ipoteticarum negationes concedimus que negatione preposita totam perimunt consecutionem. Illas tamen negativas recipimus que negatione interposita
unius propositionis ad alteram separationem faciunt; et illas quidem
10 destructivas, has autem separativas appellamus, quod etiam in
cathegoricis enuntiationibus in *Libro* earum consideravimus[1]. Cum itaque
⟨proponimus⟩:

'*si est homo, non est lapis*'

et ad positionem '*hominis*' '*lapidis*' predicationem excludimus, separa-
15 tionem affirmative ad affirmationem facimus; vel ⟨si⟩ proponimus:

'*si non est animal, non est homo*',

separationem affirmative ad negationem facimus. Possunt fortasse et
affirmative accipi secundum consecutionem unius propositionis, sive
sit affirmativa sive negativa, ad alteram. Sed sive sint affirmative sive
20 negative secundum partium exclusionem, nichil eis negationem, que
earum totos perimit sensus, auferre potest. Cuilibet enim propositioni
ad totam eius sententiam perimendam negatio preponi poterit; eque
quidem et ad '*Socrates est homo*' et ad '*Socrates non est homo*'. Omnis
itaque propositio negativam destructoriam habere poterit, sed non
25 omnis separativam nisi sola affirmativa: terminorum enim est separatio,
totius vero propositionis destructio.

Nota autem quia in ipoteticis enuntiationibus due videntur
eiusdem contrarie. Huius enim:

'*si omnis homo est albus, omnis homo est coloratus*'

30 iste due videntur contrarie:

'*si omnis homo est albus, non omnis homo est coloratus*'

et

'*si omnis homo est albus, nullus homo est coloratus*'.

Sed illa maxime est adversa que contrariam recipit consequentis, non
35 que dividentem, sicut et ipse contrarie magis sunt adverse; et ideo ea
sola opponenda est ut contraria, illa vero que dividentem habet, in
contraria quasi eius subalterna continetur, non tamen ut contrarie

---

7 preosita *V*   17 facimus *V*c faciemus *V*

[1] *supra*, p. 179⁶ *e.q.s.*

quasi dividens opponatur. Ea enim sola recte opponitur negativa que negatione preposita totum eius perimit sensum.

Que quidem quibusdam nimium gramatice adherentibus negationes cathegorice, non ipotetice, videntur. Aiunt namque adverbium aliter non posse construi, nisi verbo adiungatur; inde enim *adverbium* dicitur, quod verbo adiungitur. Unde negativum adverbium in negatione facienda verbo semper oportet apponi; quare dicunt '*sequitur*' subaudiendum esse, ac si ita dicatur: '*non sequitur esse animal ad esse hominem*'. Sed hec quidem michi firma ratio non videtur. Quamvis enim ex hoc quod adverbium est verbo habeat adiungi, non semper id necesse est fieri, quod ex aliis clarum est adverbiis. Nam '*magis*' adverbium cum sit, modo verbo adiungitur, modo vero nomini, cum dicitur '*magis albus*', idest '*albior*'. Sed fortasse dicitur quod in '*magis albus*' ens intelligitur cui '*magis*' apponatur vice verbi sui fungenti. Sed falso; neque eius substantivum verbum comparari potest quod omnia in substantia designat, quippe non est substantie, sed accidentis comparatio. Unde nec ea nomina que essentie sunt, in his quoque accidentibus que comparativis comparari possunt, sed tantum sumpta que ea ut accidentia circa substantiam determinant. Neque enim '*magis albedo*' quemadmodum '*magis album*' dicimus et bene '*magis albus*', non '*magis ens albus*' dicitur, cum videlicet sit augmentum accidentis, idest albedinis, non essentie. Sicut autem '*magis*', cum adverbium sit, modo verbo construitur, modo non, sic etiam negatio. Cum enim rerum separationem facit, verbo apponitur; cum autem totum propositionis perimit sensum, toti propositioni premittitur.

Que une vel multiplices

Sunt et ipotetice propositiones, sicut et cathegorice, quedam une, quedam mul⟨ti⟩plices. Une quidem sunt que unum tantum consequens ad unum antecedens sequi proponunt; multiplex vero que plura ad unum vel unum ad plura vel plura ad plura consequi dicit, hoc modo:

'*si est homo, est rationale atque mortale*'
'*si est rationale sive irrationale, est animal*'
'*si neque est animal neque lapis, neque ⟨est⟩ homo neque margarita*'.

Que simplices vel composite

Cum autem omnes ipotetice propositiones, si cathegoricis

---

14 opponatur *V*   14-15 substantivum] subiectivum *V*   17-18 comparativis] comparantiv[ib]us *Vc*   22 autem *Vc* enim *V*

comparantur, non simplices invenia⟨n⟩tur, eedem tamen, si ad se invicem referuntur, quedam simplices, quedam composite dice[n]tur.
Simplices autem vocant illas ipoteticas que ex simplicibus tantum
propositionibus, hocest cathegoricis, componuntur et postremo que-
5 cumque nullam continent ipoteticam, veluti ista:
       '*si es homo, es animal*',
vel etiam ista:
       '*si esses homo, esses animal*',
cuius quidem partes licet enu⟨n⟩tiative non sint, in simplices tamen
10 propositiones per assumptionem et conclusionem resolvuntur ⟨sic⟩:
               '*sed eras homo*
           quare eras animal',
vel ita:
           '*sed non eras animal*
15   *quare non eras homo*'.

Simplices etiam ipotetice dici possunt que plures continent cathegoricas, dummodo nullam ipoteticam habeant, ut ista:
    '*si omnis homo est animal et omne animal est animatum, omnis homo est*
                                  animatus'.
20 Que vero simplices sunt ipotetice atque ex duabus cathegoricis
iunguntur, tali divisione partimur quod alie ex duabus affirmativis, alie ex duabus negativis, alie ex affirmativa et negativa, alie ex negativa et affirmativa connectuntur, veluti
iste:
25   '*si est homo, est animal*'
    '*si non est animal, non est homo*'
    '*si est homo, non est lapis*'
    '*si non est homo, est non-homo*'.

Divisio compositarum

30   Compositarum vero talis est partitio quod alie ex utraque
ipotetica, alie ex altera tantum coniunguntur, alie vero medie inter
has et illas collocantur. Ex utraque vero ipotetica hoc modo
componitur consequentia:
    '*si quia est homo est animal, et quia non est animal non est homo*';
35 ex altera vero ipotetica iste consequentie constant que vel ex
cathegorica et ipotetica vel econverso connectuntur, sicuti iste:

7 etiam] in *V*   9 tamen] tantum *V*   10 ⟨sic⟩ *V^c*   11 eras *V^c* es *V*   32 ipotetico *V*

'*si omnis homo est animal, tunc si est homo est animal*',
'*si quia est homo non est lapis, nullus lapis est homo*'.

De mediis ipoteticis

Mediam autem illam dicimus ipoteticam que plures continet consequentias nulla conditione invicem copulatas, sed eumdem terminum 5
medium participantes hoc modo :

'*si est homo est animal, si est animal est animatum*'.

Hee namque due consequentie una dicuntur ipotetica secundum
unius consecutionis sententiam ad quam tendunt, ut videlicet ex
'*homine*' '*animatum*' sequi demonstrent, non quidem simpliciter, sed 10
'*animali*' mediante. Sunt itaque in hac media ipotetica principale
ipsius antecedens et consequens id quod in prima consequentia antecedit
et in posteriore sequitur; medius autem terminus, qui in prima consequens et in secunda antecedens ad coniunctionem extremorum intercedit tamquam | copula inter principale antecedens et consequens totius 15
medie consequentie ponitur. Ipse vero conditiones que in singulis
consequentiis ponuntur, ipsarum terminos connectunt. Media vero
huiusmodi ipotetica non solum ex communitate medii termini dici
potest, verum eam mediam Boetius vocavit[1] inter ipoteticas ex
duabus consequentiis conditione connexis [et] copulatas et eas que ex 20
altera tantum ipotetica connectuntur, hocest affine⟨m⟩ utrisque, in
eo scilicet quod et duas continet consequentias, sicut et illa que ex
ipotetica ipoteticam sequi demonstrat, et tres tantum terminos
diversos medii termini participatio facit qui terminorum numeru⟨s
adequat illius numeru⟩m earumque ipoteticarum que ex cathegorica 25
et ipotetica vel econverso ⟨pro⟩ponuntur. Ipsis quoque simplicibus
ipoteticis in eo affinis dici poterit quod secundum principalem ipsius
intentionem atque sententiam ex cathegorica, ut dictum est, cathegoricam sequi demonstrat. Unde cum ex ea sillogismum componimus eamque
primam propositionem sillogismi constituimus, modo per positionem 30
antecedentis prima assumitur cathegorica et concludimus ultimam, modo
vero per destructionem consequentis ultimam auferimus cathegoricam
a⟨c⟩ deinde destruimus in conclusione priorem hoc modo :

'*si est homo est animal, si est animal est animatum*

                                      sed est homo   35
                              quare est animatum'

f. 185^r

---

4 illum *V*   20 [et] *V^c*   32 ⟨c⟩ *V^c*

[1] Cf. *De syll. hyp.* I, 839 A.

vel ita:

> '*sed non est animatum*
> *quare non est homo*'.

Et hee quidem que medie dicuntur ipotetice, ex medii termini
5 partici⟨pati⟩one figuratos faciunt sillogismos. Sicut enim in cathegoricis
sillogismis medii termini trina positio tres sillogismorum figuras efficit,
eodem modo et in ipoteticis illis contingit qui ex media descendunt
ipotetica, ut postmodum in sequentibus apparebit[1]. Ac sicut unam
consequentiam mediam ex duabus facit medii termini communitas, ita
10 fortasse et una cathegorica dici due poterunt per communitatem medii
termini, veluti iste: '*omnis homo est animal, omne animal est animatum*',
que quidem ad unam predicationem '*animati*' ad '*hominem*' mediante
'*animali*' contendunt.

De temporalibus

15 Nunc autem coniunctarum ipoteticarum naturalium speciebus
diligenter pertractatis ad eas quas temporales Boetius appellat et ex
quibus compositas ipoteticas iungit, transeamus. Tres namque conditionalium propositionum species fecit, coniunctas scilicet tam naturales quam temporales atque disiunctas. De naturalibus vero superius
20 egimus, nunc vero de temporalibus in proximo disputandum est. In his
autem, ut dictum est, nulla natura consecutionis attenditur, sed sola
comitationis societas, ut videlicet simul sit utrumque, sive absque se esse
omnino valeant, sive alterum exigat alterum. Eque enim qui dicit:

> '*cum Socrates est animal, est homo*',

25 verus est et qui proponit:

> '*cum ipse est homo, est animal*';

sed non ita, si condition⟨al⟩em vertimus enuntiationem; non enim ita
recipitur:

> '*si est animal, est homo*'

30 sicut

> '*si est homo, est animal*'.

Unde apparet in illis que propriam consecutionem retinent ac vim
conditionis necessariam monstrant in inferentiam secundum ipsorum
terminorum ⟨naturam, natura⟨m⟩ consecutionis secundum terminorum⟩
35 habitudinem que necessitatem exigat, esse pensandam. In his autem
quarum consecutio nichil aliud est dicenda quam in eodem tempore

---

27 enuntiatione[m] *c*   34 ⟨naturam..... terminorum⟩ *Vc* natura⟨m⟩ *c*

[1] *infra*, p. 516[15] *e.q.s.*

comitatio, nulla est consecutionis natura pensanda; sed dum membra
sint vera, et ipsam esse veram consequentiam concedunt, alioquin
falsam; et indifferenter alterum ad alterum et antecedere potest et
consequi. Unde me in *Introductionibus Parvulorum*[1] confirmasse memini
talium consequentiarum conversiones, sicut et disiunctarum, simplices 5
esse; quod in sequentibus convenientius ostendemus[2].

　　　Nunc autem utrum ipse temporales, ut Boetio placuit[3], inter
ipoteticas recipiende sint, an rationabilius cathegorice dicantur, nobis
est discutiendum. Sed prius quibus regulis ex ipsis naturales consequentie iungantur, expediamus. Que sunt huiusmodi:　　　　　　　10
　　　quicquid comitatur antecedens, et consequens
ac si dicamus:
　　　quicquid simul sit cum antecedenti, et consequenti
vel
　　　cum quocumque simul sit antecedens, et　　　　　　　15
　　　　　　　　　　　　　　　　　　consequens
hoc modo:
　　　'*si cum est homo est medicus, cum est animal est artifex*'.
Amplius:
　　　quorumcumque antecedentia sese comitantur, et 20
　　　　　　　　　　　　　　　　　consequentia
hoc modo:
　　　'*si cum est homo est medicus, cum est animal est artifex*';
et in prioribus quidem duabus consequentiis unius antecedentis natura
vim inferentie tenet, ⟨in⟩ tertia vero gemini proprietas antecedentis 25
firmitatem inferentie confert. Sicut enim '*homo*' ad '*animal*', ita '*medicus*'
ad '*artificem*' necessario antecedit. Ex cathegorica quoque et temporali
consequentia, sive ⟨e⟩converso, naturalem consequentiam veram
facile compones, si prius terminorum proprietatem tenueris. Ut
igitur ex cathegorica temporalis vere inferatur, oportet talem componi 30
temporalem ut utraque pars eius ex precedenti cathegorica per se possit
extrahi, veluti si ita proponatur: '*si est homo, cum est animatum est animal*'.
Nam et ex '*homine*' '*animatum*' et '*animal*' necessario inferuntur. Regula
autem huiusmodi erit:
　　　existente antecedente existunt simul quelibet eius 35
　　　　　　　　　　　　　　　　consequentia.
Ideo autem talem oportet eligi temporalem cuius utraque pars ex pre-

11 quidquic *V*　28 ⟨e⟩ *Vc*

[1] Vide adnotationem quam dedimus *supra*, p. 329 n 1.　　[2] *infra*, p. 495[14-15].
[3] *De syll. hyp*. I, 834 C[2].

missa cathegorica possit inferri quia non aliter vera potest esse temporalis, nisi eius utraque pars vera fuerit; tantumdem enim valet 'cum hoc
est, illud esse' quantum 'in eodem tempore utrumque esse'. Unde in Primo
Ypoteticorum Boetius ait[1]: „'cum ignis calidus est, celum rotundum est',
5 non 'quia ignis calidus est, celum est rotundum'; sed id hec propositio
designat quia quo tempore ignis calidus est, eodem tempore celum
quoque rotundum est." In eodem autem tempore utrumque esse non
potest, si alterum defuerit. Ut autem ex temporali cathegorica consequatur, oportet aliquam partem temporalis per se ad cathegoricam
10 antecedere. Veluti cum hoc modo proponitur:
　　　'si cum est animatum est homo, est animal';
'homo' enim ad 'animal' inferentiam habet. Regula autem huiusmodi detur:
　　existente antecedente cum quolibet, existit
　　　　　quodlibet ipsius consequens.
15 Annotandum vero est quod ita Boetius regulariter fieri docet[2] consequentias in quibus consequuntur temporales, ut gratia precedentis
propositionis vere videantur consequentes temporales. Cum enim precedens propositio vim maximam inferentie tenere videtur, per precedentem vero propositionem vera consequens temporalis tunc vide-
20 bitur, ac non per se, cum ipsa in naturalem conversa consequentiam
veritate privabitur, veluti cum dicitur:
　　　'si est homo cum est animatum, est animal'.
Neque enim vera est naturalis consequentia de 'animato' ad 'animal',
sicut de 'animali' ad 'animatum'. Si autem sic proponatur:
25　　　'si est homo cum est animal, est animatum',
videtur sequens temporalis non esse vera gratia precedentis cathegorice,
immo semper per se vera forsitan existimabitur, eo scilicet quod in
naturalem ⟨con⟩versa necessitatem servet perpetuam; si enim est animal,
necesse est animatum. Nec tamen si rei veritatem magis quam visum
30 velimus attendere, altera temporalium sine altera umquam | vera poterit   f. 185ᵛ
consistere, cum, ut dictum est, omnes huiusmodi temporales simplicem
conversionem custodiant. Hec itaque regularitas quantum ad opinionem, non quantum ad rei veritatem descripta est, non quod videlicet
una magis vera sit quam alia, sed quod magis videatur vera. Rursus:
35 si ipsa antecedat temporalis, id quoque in ea custoditur quod in naturalem conversa necessitatem non teneat, ut ⟨si⟩ ita dicatur:
　　　'si cum est animatum est homo, est animal'.

2 tantumdem Vᶜ tantumdum V　5 non + enim b　14 quodlibet] quilibet V　27 immo Vᶜ
omnino V　34 alia] illa V

1 De syll. hyp. I, 835 B¹⁵-C².　　2 Ibid., C-D.

Idque dictum esse arbitror, quod scilicet temporales sive antecedant sive consequantur, tales fiant quod in naturales converse vere non sint propter earum destructiones, que [in] quibusdam placebant, ut videlicet soli consequenti negatio apponeretur, quod quidem vim inferentie tenet vel secundum id quod probat vel quod probatur. Veluti cum dicitur: 5

'si cum est animatum est homo, est animal',

inter 'hominem' et 'animal' vis inferentie consideratur et 'animatum' quidem ad inferentiam non operatur, sed ad quamdam comitationem ponitur, veluti si talis fieret consequentia:

'si est homo et lapis, est animal',   10

cum inter 'hominem' solum et 'animal' tota vis inferentie penderet. Unde si quantum ad vim inferentie destructionem facere intendam, solum, inquiunt, 'hominem' sufficit destrui 'animali' destructo sive etiam 'lapis' remaneat. Similiter et cum dicitur:

'si cum est homo est animatum, est animal'   15

et ex ista per consequentis destructionem et antecedentis assumimus, ita quantum ad principalem inferentiam Boetii dictum assumere:

'sed non est animal
ergo non est homo',

quocumque etiam modo se habeat 'animatum'. Ideoque in destructione 20 'cum' in 'quamvis' convertunt, ac si ita dicerent: 'quamvis etiam esset animatum'. Alioquin Boetium non possunt absolvere qui tantum ad sequentem partem temporalis negationem apponit, secundum id scilicet quod ad eam vis inferentie respicit, sive scilicet temporalis ad cathegoricam sive cathegorica antecedat ad temporalem. Tunc autem illud 25 'quamvis' bene poni videtur cum prima pars temporalis secundam necessario non infert, idest cum secunda destructa prima potest remanere, veluti cum dicitur: '⟨sed⟩ non est animal, quamvis sit animatum'. Si vero 'animal' 'animato' preponeretur in temporali, male posset illud 'quamvis' aptari. Quid enim esset dicere: 30

'sed non est animatum, quamvis sit animal',

cum scilicet perempto animato animal remanere non possit. Unde illa regularitatis determinatio, quam in temporalibus componendis scilicet determinat, a destructionibus ipsarum quas ipse docuit, maxime operari videtur.   35

Sed ut nos quidem in his destructionibus Boetium possimus defendere, in aliquo eum presumimus emendare, in eo scilicet quod huiusmodi temporales ipoteticas appellat; aut potius aliorum sententiam eum dixisse credamus. Neque enim ipoteticarum, sed cathegoricarum est sensus temporalium. Ypotetice enim conditionales latine 40

dicuntur. In his vero temporalibus nulla est conditio, sed sola temporis comitatio. Cum itaque dicimus: *'cum celum rotundum est, ignis
calidus est'*, hic est sensus: ignis calidus est in eo tempore in quo celum
est rotundum. Et est quidem determinatio secundum tempus, quo
5 scilicet tempore calor inhereat igni, hec magis consequentia⟨m⟩
coniunctio temporalis adverbii facit quam coniunctio adverbiorum loci
vel qualitatis vel quantitatis, veluti cum dicitur: *'quo* vel *unde ego curro,
tu curris'*; *'qualiter* vel *quantum ego curro, tu curris'*. Sicut enim cum
dicimus: *'quando ego curro, tu curris'*, utriusque cursum in eodem tempore
10 fieri monstramus, ita et cum dicimus: *'quo* vel *unde ego curro, tu curris'*,
cursum secundum locum unius, aut secundum similitudinem aut secundum quantitatem cum dicimus: *'quomodo* vel *quantum ego curro, tu
curris'*. Sicut autem et iste cathegorice esse a nullis dubitantur que vel
eodem modo aliqua esse vel fieri dicunt vel eodem loco vel ad eamdem
15 quantitatem, sic nec ille que in eodem tempore aliqua fieri vel esse
denuntiant. Cum itaque dicitur: *'quando celum rotundum est, ignis calidus
est'* — quod ita est accipiendum: ignis est calidus in eo tempore in
quo celum est rotundum —, *'ignis'* quidem subiectum est, *'calidum'*
vero predicatum, *'quando* autem *celum est rotundum'* determinatio pre-
20 dicationis. Unde ad negationem faciendam ad *'calidum'* cum ipsa eius
determinatione excludendum negativum adverbium est apponendum, ac
si ita dicamus: *'ignis non est calidus, quando celum est rotundum'*. Idque est
illud quod Boetius voluit cum ait[1] ad consequentem partem negationem
esse referendam, ut videlicet ipsam cum ipsa determinatione removeret.
25 Consequentem autem partem dicebat illam que post determinationem proferebatur, secundum illos quidem qui inter ipoteticas
temporales quoque recipiunt. Ac sic quidem ex destructionibus temporalium nullum contingit inconveniens, si videlicet ipsa quoque determinatio in qua antecedens accipiebatur, cum ipso predicato removeatur.
30 Unde si in negatione determinatio quoque non excludatur, multa contingent inconvenientia; nec congrua poterit fieri destructio, que in
dividentibus propositionibus non consistet.
    Primumque illam calumniemur defensionem quam pretendunt
de destructione secundum principalem inferentiam, veluti cum dicitur:
35   *'si cum est animatum est homo, est animal'*;
hic enim vim inferentie inter *'hominem'* et *'animal'* considerant; nichil
enim magis *'animatum'* quam quislibet alius terminus operatur. Sed dico

21 opponendum *V*   24 referendam *Vᶜ* respondendam *V*   37 terminus *Vᶜ* tantum *V*

1 *De syll. hyp.* I, 843 C.

quod licet vis inferentie in terminis consistat, tota tamen est propositio
destruenda. Alioquin ex ista consequentia:

     '*si Socrates est homo, est animal*'

ita possemus per destructionem assumere et concludere:

               '*sed hic lapis non est animal*'   5

               ergo hic lapis non est homo',

quantum quidem ad vim inferentie terminorum, secundum id scilicet
quod inter speciem et genus vis inferentie consistit. Et bene quidem
tota sequens et antecedens propositio est destruenda, cum inter totas
propositiones inferentia consistat, licet vis inferentie ex terminis 10
pendeat. Qui enim dicit:

     '⟨*si*⟩ *Socrates est homo, Socrates est animal*',

non tantum proponit '*animal*' sequi ad '*hominem*', sed ad positionem
'*hominis*' in Socrate poni '*animal*' in eodem. Unde bene ipotetica
propositio non ex simplicibus terminis componi, sed ex aliis propo- 15
sitionibus coniungi dicitur, secundum id scilicet quod id quod sequens
propositio monstrat sequi ex eo quod precedens proponit. Non itaque
destructio facienda est secundum terminos tantum, verum secundum
totas propositiones, inter quas proponitur consecutio. Cum itaque
negatio apponitur predicato, ut ipsum excludat, ipsam quoque determi- 20
nationem temporalem simul debet auferre. Alioquin, si ipsam relinqui-
mus, multa contingerent inconvenientia ex destructionibus, in his
maxime ipoteticis in quibus temporales antecedunt, veluti in ista:

     '*si cum lapis est animatus est homo, tunc est animal*'.

Assumamus enim: 25

     '*sed lapis non est animal*',

quod verum est, et concludamus:

     '*ergo cum est animatus, non est homo*',

ut scilicet determinationem relinquamus ac solum '*hominem*' removeamus, ac si ita dicamus: '*homo ab eo removetur in eo tempore in quo ipsi anima-* 30
tum coheret', ⟨quod⟩ falsum est, cum ei in nullo tempore animatum
inhereat. Illud quoque temporale adverbium, quod in '*quamvis*' | con-
iunctionem ideo mutant, in destructione negationem omnino destruit.
Nullam enim affirmationis vocem in negatione propria convenit mutari,
sed solam apponi negativam particulam. Sepe etiam nec poni posset illud 35
'*quamvis*', cum videlicet nec natura sensum ⟨pro⟩positionis cui '*quamvis*'
apponitur, pateretur. Quid enim esset dicere: '*quare lapis non est homo,*
quamvis est animatum'? Amplius: si secundum vim inferentie destruc-

tiones in his oporteat pensare, quare in his ipoteticis que ex duabus temporalibus iunguntur, in quibus duplex vis inferentie consideratur, non sint duplices destructiones? Veluti cum ita proponitur:

'*si cum est homo est medicus, cum est animal est artifex*',

5 '*homo*' enim ad '*animal*' et '*medicus*' ad '*artificem*' tamquam ad sua tota referuntur.

Sed neque Boetius hic duplices posuit destructiones, sed consequenti tantum parti negationem dixit apponendam, intendens scilicet cum eo quod in consequenti predicatur, ipsam quoque temporalem 10 de⟨term⟩i⟨na⟩tionem auferri. Unde rationabiliter huiusmodi temporales cathegoricas esse confitemur. Neque enim adverbii est, sed coniunctionis consecutionem facere. Adverbium autem ad verbum proprie est referendum, ut inherentiam que per ipsam fit, det⟨erm⟩inet, nec tamen semper. Nam et aliquando ad totas reducitur propositiones, veluti cum vel istam 15 propositionem: '*cum Socrates sedet, possibile est eum stare*' veram accipimus, vel istam: '*cum Socrates est homo, necesse est eum vivere*' falsam intelligimus, cum videlicet totius propositionis sensum determinare volumus, ac si dicamus: '*possibile est stare dum sedet*', idest ita est in re ut hec propositio dicit: '*possibile est stare*', dum ita est in re ut hec altera 20 dicit: '*Socrates sedet*'. Et secundum quidem huiusmodi determinationem que ad totas reducitur propositiones, ex quibuslibet propositionibus veris videtur vera texi temporalis, cuiusque scilicet temporis verba ponantur, ut ⟨si⟩ de Socrate sene vere possit dici quod, quando fuit iuvenis, fuit infans, idest quando ita est in re ut hec propositio dicit: '*Socrates* 25 *fuit iuvenis*', ita est ut hec altera dicit: '*fuit infans*', utrumque modo verum est de eo. Si vero ad inherentiam rerum illud '*quando*' referatur, ut in eodem tempore et infantiam et iuventutem ei inhesisse dicamus, falsum est. Licet enim in preterito tempore ei illa duo inheserint, non ideo in eodem tempore fuerunt. Diverse enim sunt partes tam preteriti 30 quam futuri temporis; hoc enim est magis proximum, illud magis longinquum. Presens autem tempus simplex est et indivisibile, atque ideo quecumque in presenti coherent, simul inesse necesse est. Sed sive temporalis determinatio ad totam propositionem referatur, sive ad aliquam eius partem, non minus cathegoricam constituit enuntiationem, 35 quippe ubique actus rerum, non consequentie necessitas exprimitur. Cum enim dicimus: '*cum Socrates est animatus, est homo*', sive adverbium ad predicata sive ad totas propositiones referamus, cathegoricas enuntiationes facimus. Sed hic dicimus simul esse quod due propositiones dicunt, ibi vero simul esse Socrati illa duo predicata, ac si deceremus: 40 '*Socrates est simul animatum et homo*'.

Memini tamen quia dicere solebam tunc ipoteticam esse propositionem cui temporale adverbium apponebatur, cum ipsum ad propositiones totas referebatur, tunc vero cathegoricam, cum ad simplices terminos ponebatur; sicut et de disiunctiva coniunctione. Est enim cathegorica: 'omne animal est aut sanum aut egrum', ipotetica vero: 5
    'aut omne animal est sanum, aut omne est egrum'.
At vero, licet huiusmodi temporales rationabilius cathegorice quam ipotetice videantur, nos tamen Boetio adherentes eis tamquam ipoteticis in modis sillogismorum utamur. Quem tamen fortasse de destructione earum, si attentius inspiciamus, nullo modo in quibusdam 10 defendere possumus, sed emendare. Nam sicut, quando temporalis affirmativum consequens habet, ipsi tamen negationem in destructione apponit, ita et, quando negativum est consequens, ipsi soli negationem demus; ut videlicet eius que ait: 'cum est animatum, non est lapis', hanc dividentem opponat: 'cum est animatum, est lapis'. Nos vero potius in 15 omnibus toti consequentie negationem preponi volumus.

Atque hec de temporalibus enuntiationibus ad discretionem ipoteticarum dicta sunt; hec autem de coniunctis tam naturalibus quam temporalibus dicta ad presens sufficiant. Nunc ad disiunctas procedamus.   20

De disiunctis

Que quidem licet disiunctive coniunctiones longe separare videantur, non ita tamen ab eis dissident ut non inveniantur naturalibus ipoteticis per equipollentiam equales. Ex omni namque disiuncta in parem sibi coniunctam incidimus ⟨antecedenti⟩ per primam dividentem 25 destructo et consequenti eodem remanente, ut in suprapositis apparet. Nam negationem que antecedit in disiuncta, dividens affirmatio que antecedit in coniuncta velut ei opposita recte perimit; consequens autem in utrisque idem relinquitur. Oportet itaque ut is coniuncta ex duabus affirmativis constiterit, disiuncta eius ex negatione et affirmatione 30 iungatur, ut in superioribus exemplis. Si vero coniuncta ex duabus iuncta sit negativis, disiuncta ex affirmatione et negatione constabit, hoc modo:
    'si non est animal, ⟨non⟩ est homo':
    'aut est animal, aut non est homo'.
Quodsi hec ex affirmativa et negativa, vel econverso, consistat, illa ex 35 duabus negativis vel ex duabus affirmativis copulabitur, verbi gratia:
    'si est homo, non est lapis':
    'aut non est homo, aut non est lapis'

22 quas V   25 ⟨antecedenti⟩ Vᶜ   26 eadem V   33 ⟨non⟩ Vᶜ

'*si non est sanum, est egrum*' ;

'*aut est sanum, aut est egrum*'.

Sic autem facile disiunctam in coniunctam resolvere poteris, si forme
minus evidentis disiuncta fuerit quam tu desideres, ut ex antecedenti
5 ipsius disiuncte et dividente eius primam proponas disiunctam et quid
postea intuleris ex apposita dividente, id ad primam dividentem non
dubites in disiunctione consequi. Veluti si de ista dubitaveris disiuncta :

'*aut non est homo, aut est animal*',

sic illam facilius comprobabis : aut non est homo aut est homo ; quod si
10 est homo, est animal ; quare aut non est homo, aut est animal. Quicquid
enim disiunctionem habet ad antecedens, et ad consequens. Unde cum
hec negativa : '*non est homo*' in disiunctione ad suam dividentem affirmationem '*est homo*' antecedat, illa autem animal esse inferat, necesse est ut
prima quoque ad postremam habeat disiunctionem. In quo etiam com-
15 probando talis est argumentatio adhibenda. Unde cum vere sunt ille
due consequentie :

'*aut non est homo, aut est homo*'

et

'*si est homo, est animal*',

20 necesse est et istam esse veram :

'*aut non est homo, aut est animal*',

quia ex eisdem veris vera convincitur ipsius ultime coniuncta, hec
scilicet :

'*si est homo, est animal*',

25 et vere ad illas duas hec sequitur, quia infertur ex coniuncta precedentis et alia que ipsi adiungitur, his videlicet :

'*si est homo, est homo*'

et

'*si est homo, est animal*'.

30 Eadem ratio in aliis quoque disiunctis comprobandis est | adhibenda.   f. 186ᵛ

Nunc autem et earum disiunctarum sensus consideremus que ex
pluribus quam duabus propositionibus iungantur, veluti ista :

'*aut est calidum, aut est frigidum, aut est tepidum*'.

Sed prius disiunct⟨iv⟩e coniunctionis positionem et vim inspiciamus,
35 que quidem quantum ad constructionis coniunctionem c o n i u n c t i v a
dicitur, quantum vero ad sensu disiunctionem d i s i u n c t i v a nominatur.
Coniungit itaque complexionem constructionis, dum in oratione posita
ad perfectionem sensus alterius orationis submissionem cum repetitione

4 evidens *V*   15 unde] vere *V*   35 coniunctiva] coniunctio *V*

sui exigit. Neque enim ita disiunctiva coniunctio sicut coniunctiva
semel accepta sensum complet. Non enim ita dici potest:

     ‘*aut est homo, est animal*’,

sicut

     ‘*si est homo, est animal*’,   5

ut videlicet aliquis sit idoneus structure sensus semel posita disiunctione.
Unde si repetatur disiunctio

     ‘*aut est homo, aut est animal*’,

perfectus fiet intellectus, etsi sit falsus. Oportet itaque unum aut aliud
semper referri circa ea de quibus disiunctionem proponimus, hoc modo: 10

     ‘*aut nox est, aut dies est*’.

Cuius quidem disiunctionis sensum ita q u i d a m accipiunt ac si dicatur
‘*alterum istorum: vel nox vel dies*’. A l i i vero addunt ‘*tantum*’ eo videlicet
quod ⟨in suis⟩ *Ypoteticis* Boetius dicat utramque propositionum inter
quas disiungitur, simul esse non posse. „Cum enim, inquit[1], dicimus: 15

     ‘*aut est a, aut est b*’

aut easdem propositiones quolibet alio modo variamus, id ‘*aut*’ coniunctio, que disiunctiva ponitur, sentit simul eas esse non posse." A l i i enim
ex necessitate alterum esse intelligunt, in eo scilicet quod disiuncta quoque necessitatem, sicut equipollens coniuncta, custodire debeat.   20

     Sed nulla quidem superiorum expositionum idonea videtur. Si
enim id disiuncta proponat quod alterum sit vel quod alterum tantum sit,
iam procul dubio et istam oportet veram esse disiunctam:

     ‘*aut sum animal, aut sum asinus*’.

Est enim verum, id scilicet quod sum animal, et tantum, idest non etiam 25
sum asinus. Sed tamen falsa disiuncta ex pari coniuncta convincitur, hac
scilicet:

     ‘*si non sum animal, sum asinus*’,

quippe hinc sequitur

     ‘*si non sum animal, sum animal*’.   30

Si vero id proponat disiuncta quod ex necessitate sit alterum, contingit
hanc veram esse:

     ‘*aut sum non asinus, aut sum homo*’,

et hanc falsam:

     ‘*aut sum sedens, aut non sum sedens*’;   35

illorum enim alterum necesse est esse, horum vero neutrum. Necesse
est enim me non esse asinum, cum sit impossibile esse; neque autem me

3 alterum est] aut *V*   18 sentit] *coll. b* socrati *V*   19 necessaria⟨ta⟩te *V*c   25 verum]
animal *V*   31 necessariatate *V*

[1] *De syll. hyp.* II, 876 C[6–9].

sedere necesse est neque non sedere. Illa tamen falsa ex coniuncta sua, et
ista vera, convincitur.

    Si quis itaque sensum disiuncte voluerit expedire, non aliter
quam per sensum equipollentium coniunctarum id poterit monstrare,
5 quarum quidem constitutionem supra docuimus[1] Boetium plurimum
secuti, ubi in fine suorum *Ypoteticorum* disiunctarum sensum naturam-
que terminorum earum per equipollentiam coniunctarum resolvit[2].
Cum itaque disiuncte sensum demonstrare volumus, ad coniunctam
ipsius statim recurrimus, cuius quidem sententia magis est manifesta.
10 Idque ex utrisque pariter innuitur altero ex his inter que disiungitur,
perempto alterum consistere necessario, quasi medium non possint
habere, non etiam, ut Boetio placuisse videtur[3], quod simul esse
membra disiuncte non possint. Possunt namque tales proponi disiuncte
quarum utraque membra simul sunt, veluti iste:
15   '*aut non omnis homo est albus, aut quidam homo est albus*'
    '*aut quidam homo aut hic niger homo non est albus*',
que quidem vere ex coniunctis suis convincuntur, his scilicet:
    '*si omnis homo est albus, et quidam*'
    '*si nullus homo est albus, nec hic niger*'.
20 Quia ergo id solum ex disiuncta, ut dictum est, innui videtur quod si
alterum eorum que in membris continentur, tollitur, alterum remanere
necesse sit — quod ad immediationem pertingere videtur —, manifestum est ut quamcumque partem disiuncte tollendo assumas, alteram
ponendo concludas. Convertitur namque omnis disiuncta simpliciter, ut
25 in sequentibus apparebit[4]. Tantumdem enim est proponere:
    '*aut nox est, aut dies*',
quantum enuntiare:
    '*aut dies est, aut nox*'.
Cum itaque omnis disiuncta simpliciter convertatur atque utrique ipsius
30 parti sua disiunctiva coniunctio preponatur, non ex ⟨habitudine⟩ terminorum quid fuerit disiuncte antecedens quidve consequens, dinoscitur,
sed ex ordine pronuntiandi. Quecumque enim prius proferetur propositio, antecedens dicitur, que posterius, consequens appellatur. In
coniunctis autem non ordo proferendi antecedentem et consequentem
35 facit, sed appositio conditionis. Ea enim pars cui '*si*' adiungitur, antecedens est, et que ex ea infertur, consequens, sive prius sive posterius
quelibet proferatur. Sive enim dicamus:

30-31 ex ⟨habitudine⟩ terminorum] extremorum *V*   31 quid] quod *V*

[1] *supra*, p. 488²² *e.q.s.*   [2] *De syll. hyp.* II, 873 C-876 C.   [3] Cf. *ibid.*, 874 C⁴.
e.q.s.   [4] *infra*, p. 495¹⁵.

'*si est homo, est animal*',
seu ita pronuntiemus:
   '*est animal, si est homo*',
eam semper antecedens esse ostendimus cui ad inferendam aliam conditionem preponimus.   5

   Nunc autem, quod proposuimus, earum disiunctarum sensum
inquiramus que ex pluribus terminis connectuntur hoc modo:
   '*aut est calidum, aut frigidum, aut tepidum*'
et que ipsi coniuncta recte possit attribui in⟨s⟩piciamus. Cuius tamen
coniunctam esse huiusmodi: 10
   '*si neque est calidum neque frigidum, est tepidum*'
communis omnium sententia tenet. In cuius tamen coniuncte dispositione non parva potest adhiberi dubitatio, si vim aut positionem
disiunctivarum coniunctionum inspexerimus. Cum enim, ut diximus[1],
unum aut aliud reduci secundum disiunctionem oporteat, quero de 15
priori utrum ad secundum vel ad tertium vel ad utrumque referatur. Ac
similiter de secundo sive tertio inquiri potest quo referatur. Quodsi
primum ad secundum per se vel ad tertium per se habeat disiunctionem,
alterum ad nullum disiunctionem habere videtur, veluti si primum ad
secundum habeat disiunctionem, tertium ad quid habebit?; vel si ad 20
tertium, [vel] ad quid ⟨secundum⟩? Neque unum per se potest sine altero
poni. Amplius: si primum ad secundum per se vel ad tertium per se
vel ad utrumque per se habeat disiunctionem, oportet unam disunctam
intelligi inter primum et secundum que nullam habebit probabilitatem,
cum sepe utrumque ipsius membrum falsum invenietur, vel inter 25
primum et tertium, que similiter falsa statim apparebit, vel duas aperte
falsas, ac si scilicet tales disiuncte accipiantur. Priori autem '*aut*' geminato ita:
   '*aut est calidum aut frigidum, aut est calidum aut tepidum*',
ut videlicet multiplex intelligatur proposita de tribus disiuncta, primo 30
quidem ad duo alia quasi ad singula reducto. Quodsi disiuncta dicatur
antecedere vel disiuncta sequi, ac si sic diceretur:
   '*aut vera est hec disiuncta: est calidum aut frigidum,*
— ut videlicet aliud '*aut*' subaudiamus —,

                                         aut est tepidum'; 35
vel ita:
   '*aut est calidum, aut vera est illa disiuncta: est frigidum aut tepidum*',

9 in⟨s⟩piciamus *V*[c]   11 frigidum] si *V*   20, 21 quid] quod   28 geminato ita] geminatura *V*

[1] *supra*, p. 490[9-10].

nullam teneret probabilitatem disiuncta, cum nec probabilis ulla fieret coniuncta, vel hec scilicet:

      'si non est vera disiuncta, tunc est tepidum'

vel ista:

5   *'si non est calidum, vera est disiuncta'*:

de pluribus enim corporibus ita aperte falsa inveniretur quod vero antecedenti falsum | consequens supponeretur.   f. 187ʳ

      Unde michi non aliter secundum coniuncte sue resolutionem ac probabilitatem videtur accipienda proposita disiuncta nisi cathegorica
10 habens disiunctum predicatum antecedere intelligatur, ac si hoc modo dicatur:

      'aut istud est calidum aut frigidum, aut est tepidum',

idest

      'aut est alterum horum, aut est illud',

15 tamquam dicatur:

      'si neutrum horum est, tunc est illud'.

Ac fortasse et ita poterit eadem disiuncta accipi ut in sequenti cathegorica habens disiunctivum predicatum intelligatur, ac si sic proferatur:

      'aut est calidum, aut est frigidum aut tepidum',

20 idest

      '⟨aut est illud aut⟩ alterum horum duum',

ac si dicatur:

      'si non est calidum, est frigidum vel tepidum'.

      Et his quidem modis supraposita disiuncta intellecta maximam
25 tenet de quolibet corpore probabilitatem, quia videlicet nullum corpus invenitur quod ⟨non⟩ sit aliquo illorum trium occupatum. Et nos sepe quoque per unum *'aut'* cathegoricam in disiunctione, sicut ipoteticam, proferimus, alio quidem subintellecto. Cum enim dicimus: *'nox vel dies est'*, idest: alterum horum existit, vel ita: *'omne animal est sanum vel*
30 *egrum'*, idest alterum horum, ibi subiectis, hic predicatis disiunctione apposita cathegoricam facimus enuntiationem. Ac tantumdem valet unius disiunctionis appositio altera ad quam referenda est, subintellecta, quantum si duas ponamus hoc modo:

      'aut nox aut dies est'

35   *'omne animal aut est sanum, aut est egrum'*.

Similiter et ipoteticam per unam disiunctionem sepe proferimus alia subintellecta hoc modo:

      'nox est aut dies'

      'Socrates est sanus aut ipse est eger'.

10 habens] habemus *V*   27 quoque] quod *V*   32 altera] altam *V*

Notandum vero quod cum disiunctive coniunctiones tam cathegoricarum propositionum quam ipoteticarum terminis applicentur,
alium tamen sensum pro qualitate enuntiationum ⟨in⟩ ipoteticis
enuntiationibus quam in cathegoricis habere videntur. Qui enim dicit:
'*Socrates est vel sanus vel eger*' et ad predicata disiunctiones apponit, id 5
solum proponere videtur quod sit alterum illorum; quippe unumquodque
animal est aliquod eorum. Qui vero ipoteticam componit, ad ipsas
scilicet propositiones antecedentem et consequentem disiunctiones
referens hoc modo:

    '*aut Socrates est sanus, aut Socrates est eger*',   10

non solum innuit esse alterum eorum que propositiones dicunt, verum
etiam altero non existente alterum necessario existere, idest si unum non
sit, alterum esse. Quod quidem falsum est; sequitur enim ex eo tale
inconveniens:

    '*si nulla res est, aliqua res est*';   15

vera tamen est cathegorica que aiebat Socratem esse aut sanum aut
egrum, idest alterum illorum.

    Sunt tamen quidam qui nec discretionem ullam inter cathegori-
cam et ipoteticam in disiunctione compositas habent, sed idem dicunt
proponi cum dicitur: '*Socrates est vel sanus vel eger*' et cum dicitur: 20

    '*aut Socrates est sanus, aut eger*',

ut scilicet omnis enuntiatio que disiunct⟨iv⟩as recipit coniunctiones,
ipotetica credatur. Volunt itaque semper in huiusmodi cathegoricis
que disiunctiones recipiunt, ipotetice sensum intelligi, quasi proponatur disiunctio inter temporales de eodem subiecto ad diversa pre- 25
dicata equaliter relato; veluti cum dicitur: '*Socrates est vel sanus vel
eger*', tale est ac si dicatur:

    '*aut Socrates est sanus, aut Socrates est eger*'.

Quod quidem falsum esse convincitur ex eis cathegoricis que, cum
universales sint, disiunct⟨iv⟩as habent coniunctiones, veluti ista: '*omne* 30
animal est vel sanum vel egrum'. Cum enim hec vera esse non dubitetur,
falsa est manifeste ipotetica que ita proponitur:

    '*aut omne animal est sanum, aut omne animal est egrum*'.

cum videlicet neutrum sit. Quod et ex pari coniuncta monstratur, hac
scilicet: 35

    '*si non omne animal est sanum, omne est egrum*',

quippe cum hec verum habeat antecedens et falsum consequens. Patet
itaque alium esse sensum cathegorice in disiunctione proposite, alium

---

3 tamen] tantum et *V* ⟨in⟩ *c*   30 disiunct⟨iv⟩as *V*ᶜ   34 et ex] ex et *V*

ipotetice. Nec mirum aliam vim habere disiunctiones quando propositionibus applicantur et quando simplicibus terminis, cum videlicet,
quando terminis applicantur, per coniunctionem resolvi non possunt;
quippe inter simplices terminos non potest consecutio consequentie
5 consistere, sed semper ⟨inter⟩ propositionum sensus vel tales qui in eos
resolvuntur. Huius enim consequentie partes, quamvis enuntiative non
sint, in propositiones tamen per assumptionem et conclusionem resolvuntur.

Hec quidem de disiunctis dicta sufficiant.

10   *De conversionibus*

Nunc autem de conversionibus omnium ipoteticarum superest
disputare. Quarum quidem duplex est conversio, quemadmodum et
cathegoricarum propositionum. Alie namque simpliciter, alie per
contrapositionem convertuntur. Temporales quidem ipotetice
15 et disiuncte simplicem tenent conversionem. Sicut enim eque
dici potest:

'*aut nox est, aut dies est*'

vel

'*aut dies est, aut nox est*',

20 ita eque dicitur:

'*cum pluit, tonat*'

et

'*cum tonat, pluit*'.

Neque enim potest esse ut hoc sit cum illo, nisi etiam illud simul fuerit
25 cum isto. Naturalium autem coniunctarum conversiones per
contrapositionem solum fieri ⟨possunt⟩ hoc modo:

'*si est homo, est animal*'

'*si non est animal, non est homo*'.

Conversiones autem ⟨in⟩ ipoteticis propositionibus, sicut in
30 cathegoricis, secundum transpositionem terminorum pensamus, in illis
quidem predicati et subiecti, in istis autem antecedentis et consequentis;
in illis quidem cum de predicato fit subiectum et econverso, in istis
autem cum de consequenti fit antecedens, et econverso. Tunc vero
simplicem conversionem in illis dicebamus esse cum simpliciter
35 termini transponebantur, nichil eis adiuncto vel ablato, sed eidem prorsus termini servabantur, veluti hic, '*nullus homo est lapis*' : '*nullus lapis est
homo*' ; '*quidam homo est lapis*' : '*quidam lapis est homo*' ; tunc vero per

26 ⟨possunt⟩ *c*   29 ⟨in⟩ *Vc*

contrapositionem cum de predicata voce subiectum ac de subiecta predicatum faciebamus secundum contrapositionem, ut videlicet tales per se termini ⟨in⟩ conversione ponerent⟨ur⟩, qui quasi sibi adversantes contra se ponantur, ut sunt finitum et infinitum, que secundum affirmationem et negationem sibi dicuntur opponi, ut in hoc loco: 'omnis 5 homo est animal' : 'omne non-animal est non-homo' ; 'quidam homo non est animal' : 'quidam non-animal non est non-homo' ; sunt autem opposita homo non-homo, animal non-animal. Eosdem quoque conversionis modos in ipoteticis esse animadvertimus, simplicem quidam conversionem ut in suprapositis disiunctis et coniunctis temporalibus, per contra- 10 positionem vero in coniunctis naturalibus, iuxta illam quidem [illam] regulam:

si aliquid antecedit ut aliud consequatur, si id quod consequitur non fuerit, nec illud quidem quod antecedit erit. 15

Contrapositionem vero rectam secundum affirmationem et negationem appositio negationis facit.

Sunt tamen nonnulli qui ad nomen conversionis ipoteticarum obstrepant et vehementer obstupeant eoquod de earum conversionibus Boetium tractare non viderint nec alium quemquam qui consequentia- 20 rum naturas ostenderet. Unde nos quidem non ex falsitate, sed ex novo conversionis nomine redarguunt; nec me quidem contra auctoritatem locutum, sed fortasse ultra auctoritatem ostendere possunt. Nec est quidem eorum calumnia rationabilis. Si enim ex additamento vel novitate me accusent, quomodo et illi absolvi possunt quicumque ad alicuius 25

f. 187ᵛ scientie | perfectionem ex se aliquid post primos tractatores adiecerunt? Sed nec ex novitate ⟨in⟩ conversionibus consequentiarum me accusare poterunt quasi huius conversionis invectorem, si singulorum dicta quos in arte Latini celebrant, memoria confirmaveri⟨n⟩t, Aristotilis videlicet seu Porphirii seu Boetii. Ait[1] enim Aristotiles, cum de ultima signi- 30 ficatione 'prioris' loqueretur: „eorum enim que convertuntur secundum quod est esse consequentiam, quod alteri quolibet modo causa est, digne prius natura dicitur; ..... esse namque hominem convertitur..... ad de se veram enuntiationem; nam si est homo, vera est oratio qua dicitur, quia homo est, et † homo convertitur; quare est." † Rursus idem cum de 35 secundo modo 'simul' loqueretur: „naturaliter, inquit[2], simul sunt quecumque convertuntur secundum quod est esse consequentiam. Sed

3 ⟨in⟩ Vᶜ ponerent⟨ur⟩ c   22 quidem] quidam V   27 ⟨in⟩ Vᶜ   28 singularum V

[1] Categ. 12, 14 b 11-17.   [2] Ibid. 13, 14 b 27-31.

nequaquam causa est alterum alteri ut sit, ut in duplo et dimidio; convertuntur etenim hec: nam ⟨cum⟩ sit duplum, est dimidium, et cum sit
dimidium, est duplum." Hec aperte Aristotiles de conversione consequentie loquitur in *Libro Predicamentorum*, de qua etiam in *Libro Peri-*
5 *ermenias* ipsum egisse reperies; cum videlicet consequentias inferentie
modalium propositionum ostenderet, „consequentie, inquit[1], secundum ordinem fiunt ita ponentibus: illi enim que est possibile esse
illa que est contingit esse, et hec illi convertitur." Idem in eodem[2]:
„ergo impossibile et non impossibile ⟨ad⟩ illud quod est contingens et
10 possibile et non contingens et non possibile sequuntur quidem contradictorie, sed conversim." Ipse etiam Porphirius in his quas ad *Predi-*
camenta scripsit *Isagogis*, conversiones consequentiarum non tacuit;
ait[3] enim, cum differentiam a proprio differre monstraret: „et differentia
quidem illis est consequens quorum est differentia; sed non convertitur",
15 ut videlicet ad speciem antecedat; quod scilicet si esset, converteretur.
Multa quoque Boetii dicta conversionem consecutionis indicant. Ait[4]
enim in *Primo Cathegoricorum*, cum de inferentia subalternarum loqueretur, si universales vere fuerint, veras esse particulares; converti autem
non posse; rursus cum false sint particulares, falsas esse universales, sed
20 minime converti, ut videlicet, sicut ille ad istas veras antecedunt, ita
iste ad illas, vel sicut iste false ad illas falsas, ita ille false ad istas falsas,
quod videlicet, si esset conversio consequentie, fierit. In *Ypoteticis*
quoque suis sepissime illam quam per contrapositionem diximus
conversionem consequentiarum monstravit, veluti in secundo et tertio
25 modo figure tertie, cum eos in modos prime figure resolvit conversis
secundis per contrapositionem consequentiis; et in secundo quidem ait[5]
istam consequentiam:

  si non est c, non est a

ita converti posse:

30 '*si est a, est c*'

in tertio quidem istam:

  '*si est c, non est a*'

hoc modo:

  '*si est a, non est c*'.

35 Commendat itaque consequentiarum quoque utramque conversionem
non solum ratio, verum etiam auctoritas; et est quidem in naturalibus

---

2 ⟨cum⟩ *c coll. b* 8 eodem *c* eadem *V* 9 ⟨ad⟩ *c coll. b* 21 ille] iste *V*

[1] *De interpr.* 13, 22 a 14-16. [2] *Ibid.* 13, 22 a 32-34. [3] Vide Boeth., *In Isag.*,
33 1¹⁴⁻¹⁶. [4] *De syll. categ.* I, 802 A⁶⁻¹⁰. [5] *De syll. hyp.* II, 864 D³ *e.q.s.*
[6] *Ibid.*, 865 A⁶ *e.q.s.*

coniunctis per contrapositionem conversio naturalis, in disiunctis autem sive coniunctis temporalibus simplex conversio. Si itaque vera sit vel falsa naturalis consequentia, similiter et eius per contrapositionem conversa. Similiter et qualis fuerit temporalis coniuncta, talis erit ipsius simplex conversa. 5

Nota autem id quod de simplici conversione temporalis supra diximus, cum adhuc eam quasi ipoteticam teneremus, non posse servari in his que generalia habent adverbia, ut ista: 'quamdiu Socrates ambulat, movetur'. Sed nec per contrapositionem illam quam putant, ut videlicet ita dicant: 'quamdiu non movetur, non ambulat'; hec enim cum 10 illa numquam simul vera esse potest, sicut nec partes huius cum partibus illius.

EXPLICIT PRIMUS YPOTETICORUM

INCIPIT SECUNDUS

⟨Introductio⟩ 15

Omnium autem ipoteticarum propositionum natura diligenter pertractata ad earum sillogismos descendamus; atque illud prius notandum est nullum sillogismum a temporali ipotetica incipere, sed tantum a coniuncta naturali vel a disiuncta. De sillogismis autem coniunctarum in presenti disserendum est; in sillogismis vero disiuncta- 20 rum operis nostri laborem finiemus. Ac prius eos disponamus qui ex simplicibus ipoteticis descendunt.

De simplicibus ipoteticis et earum sillogismis

Hee vero sunt quatuor, prima quidem ex duabus affirmativis, secunda ex affirmativa et negativa, tertia ex negativa et affirmativa, 25 quarta quidem ex duabus negativis; que sunt huiusmodi:

'Si est a, est b'
'si est a, non est b'
'si non est a, est b'
'si non est a, non est b'. 30

Quas etiam non solum in litteris, verum etiam in terminis assignari convenit, cum sillogismorum modos constituerimus. Harum autem quatuor consequentiarum natura constitutionis breviter est distinguenda. Quarum quidem due, prima videlicet et quarta, in eadem terminorum materia consistunt atque inter sibimet adherentia aut que simul 35

9 putant V^c poterat V 19 de] di V 25 primum affirmativa V^c affirmativas V^c 34 eodem V

naturaliter sint, vere tantum inveniuntur, secunda vero inter omnia disparata, idest que sibi convenire non possunt, vera recipitur; tertia vero tantum inter hec que medio carent. Quam tamen Boetius nimis stricte accipiens inter opposita tantum fieri dixit medio carentia, cum
5 videlicet ait[1] in *Ypoteticis* suis hanc consequentiam ⟨que⟩ inter affirmationem et negationem proponitur in contrariis tantum medio carentibus proponi, hocest in disparatis immediatis. Qui vero etiam talem ad hoc confirmandum regulam inducunt:

quicumque terminus remotus alium ponit, ipse
10 positus eumdem removet.

At vero hec regula in pluribus falsa esse convincitur. Qui enim hanc recipit:

'*si non est homo, est non-homo*',

nec hanc denegabit:

15 '*si non est animal, est non-homo*';

'*animal*' tamen et '*non-homo*' cum de se particulariter dicantur, disparata a se nullo modo dicuntur. Rursus: quicumque hanc recipit:

'*si non est sanum, est egrum*',

nec huic contradicet:

20 '*si non est animal, est egrum*';

'*animal*' tamen et '*egrum*', cum omne egrum animal sit, opposita quidem non videntur. Non igitur inter opposita tantum huiusmodi consequentia proponi videtur que inter negationem fit et affirmationem, sicut ea que inter affirmationem et negationem proponebatur, sed inter
25 ea tantum que medium non habent, sive opposita sint sive minime. Nichil autem refert quantum ad modos quos cupimus, sive vere sint sive false propositiones, dummodo ipsa ab auditore recipiatur. Has vero que ⟨vel⟩ inter opposita vel inter immediata proponuntur consequentias, quas nos in *Topicis* nostris[2] calumniati sumus, multi pro veris recipiunt,
30 secundum quos indonee sillogismis erunt. Amplius: sive veris propositionibus sive falsis sillogismus texatur, dummodo formam teneant sillogismi, tota tamen ipsius inferentia firmissima semper erit.

Ex his autem quatuor propositionibus octo nascuntur sillogismi, ex omni namque ipotetica duo sillogismi manant, unus quidem per
35 positionem antecedentis, alius vero per destructionem consequentis. Per positionem antecedentis ille fieri sillogismus dicitur in quo

7 dispara[c]tis *Vc* 13 est non homo *Vc* non est homo *V* 28 ⟨vel⟩ *Vc* 36 in quo] cuius *V*

1 Cf. *De syll. hyp.* I, 847 D-848 D; II 873 D-874 C. 2 *supra*, pp. 397$^{10-14}$, 400$^{28-31}$.

f. 188^r assumptio proposite | consequentie [per dividentem] antecedens ita ut fuit, constituitur ac ponitur, ac deinde consequens ita ut fuit, subiungitur hoc modo:

'si est a, est b
    sed est a   5
    ergo est b'.

Per destructionem vero consequentis illi fieri dicuntur in quibus assumptio proposite consequentie per dividentem ipsius destruit⟨ur⟩, ut in conclusione quoque antecedens auferatur, ut ex eadem consequentia monstratur hoc modo: 10

'si est a, est b
sed non est ⟨b⟩
ergo non est a'.

Destrui autem affirmatio per negationem sive negatio per affirmationem equaliter potest, cum neutra alterius veritatem non perferat ac recte ei 15 opponatur.

    Et hi quidem sillogismi quorum assumptiones et conclusiones per positionem terminorum consequentie fiunt, perfecti, hocest perspicui esse in se atque evidentes, dicuntur, eo videlicet quod ita assumptio et conclusio terminos constitua⟨n⟩t sicut in premissa 20 ipotetica fuerant dispositi; ideo probatione ad evidentiam non indigent. Reliqui vero omnes, qui videlicet per terminorum destructionem fiunt, imperfecti sunt nec per se perspicui, sed semper probatione aliqua ad fidem indigentes; de quibus quidem posterius agendum est. Primo autem loco de perfectis tractandum. Sed quoniam assumptio- 25 num et conclusionum modi talium sillogismorum que ex antecedenti et consequenti proposite consequentie veniunt, secundum naturam inferentie antecedentis et consequentis ad invicem maxime dinoscuntur, inferentiarum ipsarum discretionem in promptu convenit esse; quas quidem in *Primo Topicorum* nostrorum diligenter tractavimus[1]. Quas 30 etiam hoc loco breviter recolligi non est onerosum:

    posito igitur antecedenti necesse est poni consequens
    posito vero consequenti non necesse est poni
                                   antecedens;

fallit enim sepissime. Cum enim '*homo*' positus '*animal*' ponat, '*animal*' 35 tamen positum '*hominem*' non ponit, sed nec etiam positum '*animal*' '*hominem*' aufert. Cum itaque posito antecedenti necessario ponatur

4 a V^c homo V b V^c animal V   5 sed est a] sed non est b V^c sed non est animal V
6 ergo est b] ergo non est a V^c ergo non est homo V   31 honerosum V

[1] *supra*, p. 288²³ *e.q.s.*

consequens, posito consequenti nec removeri necesse est antecedens, quantum, inquam, ad naturam antecedentis et consequentis pertinet. Nam fortasse in quibusdam ⟨gratia⟩ terminorum, non complexionis natura, consequens etiam positum ponit antecedens hoc modo:

5   *'si est duplum, est dimidium'*
          'si est dimidium, est duplum'.

Sed hoc relationis proprietas, non antecedentis et consequentis natura, facit. Si enim ex natura consequentis id contingeret, ut videlicet consequens positum poneret antecedens, omnibus consequentibus inesset;
10 quod enim naturale est, omnibus inest. At vero

          destructo consequenti ipsius quoque antecedens
                              necesse est perimi
          destructo vero antecedenti nec destrui consequens
                              neque poni necesse est,

15 quantum, inquam, ad naturam an⟨te⟩cedentis attinet. Nam gratia terminorum in eisdem destructum antecedens destruit consequens, in quibus positum consequens ponit antecedens. Quippe pares regule inveniuntur que aiunt:

          posito antecedenti ponitur consequens
20   destructo consequenti destruitur antecedens.

Secundum has igitur duas regulas que sole necessitatis firmitatem tenent, sillogismorum quoque firma fit contexio. Et hec quidem regula que dicit:

          posito antecedenti ponitur consequens,

25 ad modos assumptionum et conclusionum perfectorum sillogismorum pertinet. Illa vero ⟨alia⟩ que ait:

          destructo consequenti destruitur antecedens,

ad imperfectos pertinet sillogismos. Hi vero sunt perfecti qui ex simplicibus ipoteticis descendunt.

30   *Per positionem antecedentis*

          Primus quidem hic est quia prima venit ipotetica; ordo namque sillogismorum secundum ordinem pensatur propositionum:

          'si est a, est b
          sed est a
35   *ergo est b',*
veluti si sic dicatur:

1 posito *V^c* posita *V*   3 ⟨gratia⟩ *V^c*   26 ⟨alia⟩ *V^c*   33 a] homo *V* b] animal *V*   34 a] homo *V*
35 b] animal *V*

'si est homo, est animal
sed est homo
ergo est ⟨animal⟩'.

Si vero consequens ponatur in assumptione hoc modo: 'sed est animal',
nichil necessario de antecedenti concluditur.   5

Secundus vero est qui ex secunda propositione nascitur, hoc
modo:

'si non est homo, non est lapis
sed est homo
ergo non est lapis'.   10

Si vero assumptio consequens ponat, sicut fuit, hoc modo: 'sed non est
lapis', nichil ad antecedens.

Ex tertia vero tertius hoc modo:

'si non est homo, est non-homo
sed non est homo   15
ergo est non-homo'.

Si vero consequens assumptio ponat hoc modo: 'sed est non-homo', nichil
ad antecedens secundum complexionis naturam, sed fortasse secundum
terminorum proprietatem, qui oppositi quoque sunt ad invicem. Nec si
etiam possit consequens positum necessario ponere antecedens ex qua- 20
cumque proprietate, nulla tamen erit sillogismi forma, in qua hoc consequens positum ponat antecedens vel antecedens destructum destruat
consequens, quippe sillogismi inferentia ita perfecta debet esse ut nulla
rerum habitudo ad ipsam operetur, sed ex se ipsa adeo firma sit ut ex
dispositione quoque antecedentium propositionum ipsa conclusionis 25
veritas annuatur, sicut in *Primo Topicorum* ostendimus[1], vel in *Tertio
Cathegoricorum*[2] in expositione diffinitionis sillogismorum. In his vero
nullo modo conclusio ex propositione et assumptione manifesta est,
quippe nichil ex proposita consequentia aliud haberi potest, nisi quod
antecedens positum ponat consequens, non etiam quod econverso 30
consequens antecedens exigat. Sed tamen hos quoque Boetius multum
abusive sillogismos nominat in *Secundo* suorum *Ypoteticorum*[3], quos
quidem gratia terminorum fieri, non lege complexionis, dicit; secundum
quod ex tertia propositione quatuor nasci sillogismos dicit, duos quidem
secundum complexionis sillogismi naturam, duos vero gratia termi- 35
norum oppositionis, quos nos tamen omnino sillogismos esse negamus,

13 ex] et *V*   21 hoc] hec *V*   27 diffinitione *V*   36 quos] quod *V*

[1] *supra*, p. 254[26] *e.q.s.*   [2] *supra*, pp. 232-233.   [3] *De syll. hyp.* II, 874 C; I, 848A

ad quorum scilicet inferentiam ipsa rerum habitudo iuvat, non ipsa sillogismi complexio sufficit.

Unde ex singulis ipoteticis nonnisi duos fieri sillogismos concedimus, aut per positionem scilicet antecedentis, aut per destruc-
5 tionem consequentis. Atque hinc recte superius ex quatuor premissis propositionibus octo tantum fieri sillogismos diximus, illos duos omnino reprobantes quos ex tertia propositione proprietas terminorum, non complexionis forma, facere videbatur.

Ex quarta autem propositione quartus hoc modo deducitur:
10   'si non est animal, non est homo
                             sed non est animal
                             quare non est homo'.

Si vero consequens constituat assumptio hoc modo: 'sed non est homo', nichil de 'animali' necessario infertur hoc modo: ⟨'ergo non est animal'⟩.
15   Quatuor sunt sillogismi qui ex simplicibus ipoteticis per positionem antecedentis nascentes perfecti nominantur.

Nunc autem reliquos quatuor supponamus qui per consequentis destructionem ex eisdem propositionibus nascentes imperfecti dicuntur atque probatione aliqua ad evidentiam indigentes. Hec autem probatio
20 per inductionem inconvenientis atque impossibilitatis adhibetur, sicut in singulis modis ostendemus.

Per destructionem consequentis

Primus igitur modus eorum sillogismorum qui ex simplicibus per destructionem consequentis descendunt, hic est qui a prima propo-
25 sitione venit hoc modo:
                        'si est a, est b
                         sed non est b
                         ergo non est a'.

Hic autem sillogismo probatio talis adiungitur: vere b ablato aufertur a;
30 utrum aut b negat⟨um negat⟩ a aut b negatum patitur secum a; ponit adversarius quod b negatum patitur | secum a, hocest quod quedam res   f. 188ᵛ sit que et non sit b et sit a; sed ad hec dico quod cum prima iam concessa sit consequentia:
                        'si est a, est b'.

35 hocest vere a ex necessitate exigat b ac sine eo esse non possit, oportet ut id quod b non est et est a b non sit et b sit. Quod enim simul est cum antecedenti, et cum consequenti esse necesse est; non erit quidem b,

---

13 homo + ergo non est animal V   35 vere a] vera V

sicut iam concessa assumptio dicebat. Erit idem quoque quia suum
antecedens esse conceditur, quod est *a*. At vero impossibile est quod cum
non sit *b*, sit. Impossibile ergo erat illud ex quo ostenditur, ut *b* scilicet
negatum pateretur *a*. Quodsi ipsum non patitur, restat ut ipsum expellat,
ac sic in conclusione superioris modi *b* prius in assumptione ablato *a*   5
quo⟨que⟩ necessario ablatum est. Si vero antecedens auferatur nichil
necessario de consequenti secundum formam sillogismi concluditur.

Secundus vero ex secunda propositione nascitur hoc modo per
destructionem consequentis:

'*si est a, non est b*   10
sed est b
ergo non est a'.

Eque enim, ut supra dictum est, et affirmatio negationem et negatio
affirmationem destruit. Si quis autem de conclusione hic dubitaverit
utrum bene ex premissis proveniat, sicut in superiori modo ex in-   15
ductione inconvenientis ad fidem compellendus ⟨est⟩ hoc modo: vere
posito *b*, *a* necessario removetur; utrum aut *b* positum necessario excludit *a*, aut *b* positum patitur secum *a*. Ponit adversarius ut patiatur *a*,
hocest ut idem quod *b* est, *a* sit; sed ad hec premissam consequentiam
adhibeo, que ait: 20

'*si est a, non est b*'.

Ex his itaque infertur quod id quod est *b*, non est *b*; quicquid enim
simul est cum antecedenti, idem simul erit cum consequenti. Sic quoque
et in ceteris qui imperfecti dicuntur probatio ex impossibili adhibenda
est. Si vero deleas antecedens hoc modo: '*sed non est a*', nichil ad *b* per   25
formam sillogismi.

Tertius vero modus hic est quem tertia propositio creat:

'*si non est a, est b*
sed non est b
ergo est a'.   30

Si enim cum non sit *b*, *a* negabitur, *a* vero si negetur, necesse est *b* esse
— sicut prima propositio dicebat —, cum non sit *b*, *b* erit. Si vero ponatur in assumptione hoc modo: '*sed est a*', nichil ad *b* secundum, inquam,
formam sillogismi, ut superius docuimus.

Quartus vero ex quarta propositione manat hoc modo: 35

'*si non est a, non est b*
sed est b
ergo est a'.

Si enim cum *b* sit, *a* non est, *a* rursus si non est, necesse est non esse *b*,
— sicut prima propositio dicebat —, oportet ut cum *b* sit, *b* non sit;   40

quod est impossibile. Si vero *a* ponat assumptio hoc modo: '*sed est a*',
nichil ad *b* per formam sillogismi.

Omnes itaque sillogismi qui ex simplicibus consequentiis veniunt,
octo sunt, quatuor quidem perfecti per positionem antecedentis, ac
5 rursus quatuor imperfecti per destructionem consequentis. Per consequentis autem positionem vel antecedentis destructionem nulla est
sillogismi necessitas, quippe nec forma aliqua sillogismi.

De compositis ex cathegorica et ipotetica et earum sillogismis

Nunc de sillogismis compositarum ipoteticarum superest
10 disputare. Ac prius de his agamus qui a consequentiis ex cathegorica et
ipotetica constantibus incipiunt. Illam autem ipoteticam que consequentiam constituit, Boetius temporalem ponit, non naturalem.
Si igitur conditio naturalis mutetur in temporalem, totidem erunt
temporales quantum superius posuimus naturales, idest quatuor quibus
15 cum affirmativa cathegorica preponetur, quatuor erunt consequentie
ex affirmativa cathegorica et ipotetica coniuncte; rursus quatuor si
negatio eisdem preponatur:

'*Si est a, cum est b est c*'
'*si est a, cum est b non est c*'
20 '*si est a, cum non est b est c*'
'*si est a cum non est b non est c*'.

In his autem quatuor *a* affirmatum antecedit. Rursus totidem erunt
quando idem negatum eisdem temporalibus preponetur hoc modo:

'*Si non est a, cum est b est c*'
25 '*si non est a, cum est b est c*'
'*si non est a, cum non est b [non] est c*'
'*si non est ⟨a⟩, cum non est b non est c*'.

Sicut autem propositiones geminantur quantum ad priores, ita etiam
sillogismi.
30 Sed nunc quidem de natura ac veritate talium consequentiarum
agendum est. Cum igitur temporalis vera esse non possit, nisi utraque
ipsius pars vera fuerit, sicut supra docuimus[1], oportet ut si ex aliqua
propositione temporalis inferatur, utraque pars ipsius ex eodem consequi
possit, veluti in ista apparet:
35 '*si est homo, cum non est animatum est animal*'.

Ex prima namque cathegorica et '*esse animatum*' et '*esse animal*' consequi-

---

1 aponat *V* ⟨a⟩ aponat *Vᶜ*   4 octo sunt *Vᶜ* occasum *V*   10 dis⟨p⟩utare *Vᶜ*   17 proponatur *V*

[1] *supra*, p. 483[1-2].

tur. Alioquin nec tota temporalis ex ipsa sequeretur. Idem quoque in
ceteris oportet considerari. Talis autem regula erit secundum vim
antecedentis que propositarum consequentiarum veritatem ostendet:

   posito antecedenti erunt simul quelibet eius

                       consequentia. 5

   Illud quoque pretermittendum non est quod Boetius notat[1]
ipsas temporales tales semper eligi que in naturalem ipoteticam converse veritatem non teneant, veluti illa que in premissa sequebatur:
'*cum est animatum est animal*'. Si enim dicatur:

   '*si est animatum, est animal*',   10

falsa est omnino. Hec autem non propter veritatem consequentiarum
determinant, sed quia aliter regulares esse non dicuntur consequentie
que ex temporalibus coniunguntur. Sicut enim vera est que ait:

   ''*si est homo, cum est animatum est animal*',

ita et veram esse necesse que proponit: 15

   '*si est homo, cum est animal est animatum*',

quippe omnis temporalis, ut supra quoque docuimus[2], simplicem conversionem teneat. „At vero, inquit[3] Boetius, si sic diceretur:

   '*si est homo, cum est animal est animatum*',

non videretur vera [con]sequens temporalis propter precedentem 20
cathegoricam; semper enim fortasse vera alicui videretur esse, sicut et
ea, que naturalis est, que ait:

   '*si est animal, est animatum*'."

Unde tales semper voluit temporales consequi que propter cathegoricam
tantum precedentem vere viderentur, ut sunt ille que, ut dictum est, 25
in naturalem consequentiam commutate vere non sunt.

   Prefatam vero talium consequentiarum naturam per singulos
modos in appositis terminis inspicere licet.

   Est igitur primus eorum sillogismorum qui a consequentiis ex
cathegorica et ipotetica constantibus veniunt, hic qui a prima propo- 30
sitione descendit hoc modo:

        '*si est homo, cum est animatum est animal*
                    sed est homo
           ergo cum est animatum est animal',

vel ita per consequentis destructionem: 35

---

12 determinatum *V*   18 tenent *V*   20 [con]sequens *V*c

[1] *De syll. hyp.* I, 849 C.   [2] *supra*, p. 495[14–15].   [3] Cf. *De syll. hyp.* I, 849 C[4]
e.q.s., ubi sensus horum verborum reperiri potest.

'*sed non cum est animatum est animal*
ergo non est homo'.

Nota tamen quod in destructione temporalis consequentie Boetius
consequenti tantum ipsius negationem apponens superius a nobis re-
5 prehensus, cum de temporalibus plenius tractaremus[1] nostram atque
ipsius sententiam coniectantes. Unde in omnium temporalium destructionibus toti temporali negationem esse preponendam confirmavimus.

Secundus vero ex secunda nascitur propositione ita:

'*si est homo, cum est animatum non est equus*
10   *sed est homo*
ergo cum est animatum non est equus',

vel ita:

'*sed non ⟨cum⟩ est animatum non est equus*
ergo non est homo'.

15   E tertia vero tertius hoc modo venit:

'*si est homo, cum non est ⟨in⟩animatum est sensibile*
sed est homo
ergo cum non est inanimatum est sensibile',

⟨vel ita:
20   '*sed non cum non est inanimatum est sensibile*⟩
quare non est homo'.

Quarta vero quartum facit sic:

'*si est homo, cum non est ⟨in⟩animatum non est insensibile*
sed est homo
25   *ergo cum non est inanimatum non est insensibile*'.

vel ita:

'*sed non cum ⟨non⟩ est inanimatum non est insensibile*
non est igitur homo'.

Quintus autem ex quinta procreatur ita:

30   '*si non est animal, cum est non-homo est non-animal*
sed non est animal
ergo cum est non-homo est non-animal',

vel ita:

'*sed non cum est non-homo est non-animal*
35   *quare est animal*'.

Ex sexta vero sextus fiet hoc modo:

1 non cum] cum non *V*   7 proponendam *V*   13 ⟨non⟩ *Vc*   16 ⟨in⟩animatum *Vc*
23 ⟨in⟩animatum *Vc*

[1] *supra*, p. 484[36] *e.q.s.*

'si non est animal, cum est non-homo non est equus
sed non est animal
quare cum est non-homo non est equus',

vel ita:

'sed non cum est non-homo non est equus   5
quare est animal'.

Ex septima vero sic generatur:
'si non est animal, cum non est homo est non-animal
sed non est animal
ergo cum non est homo est ⟨non⟩-animal',   10

vel ita:

'sed non cum non est homo est non-animal
quare est animal'.

Ex octava quoque octavus ita disponitur:
'si non est animal, cum non est homo non est equus   15
sed non est animal

f. 189ʳ   quare cum non est homo | non est equus',

vel ita:

'sed non cum non est homo non est equus
quare est animal'.   20

Hi quidem sunt modi qui a consequentiis descendunt ex cathegorica et ipotetica constantibus numero sexdecim, octo quidem per
positionem, octo vero per destructionem.

De connexis ex ipotetica et cathegorica et earum sillogismis

Totidem vero ex his nascuntur consequentiis que ex ipotetica 25
et cathegorica coniunguntur; de quibus in proximo agendum est.
Quarum etiam propositiones prius ordine digerantur ac deinde earum
naturam inspiciamus. Ac prius *c* affirmatum, deinde vero *c* negatum
quatuor suprapositis consequentiis simplicibus supponamus hoc modo:

'Si cum sit a est b, est c'   30
'si cum sit a non est b, est c'
'si cum non sit a est b, est c'
⟨'si cum non sit a non est b, est c'⟩.

Nunc autem ad easdem consequentias *c* negatum consequatur hoc modo:

---

13 animal + DE CONEXIS EX YPOTETICA ET CATHEGORICA ET EARUM SILLOGISMIS *V, quae
verba transponenda esse post 508²³ notat Vᶜ*   15 si] sed *V*   22 octo *Vᶜ* octeo *V*   31 si..... c
bis *V*   33 ⟨si..... est c⟩ *Vᶜ*

'*Si cum sit a est b, non est c*'
'*si cum sit a non est b, non est c*'
⟨'*si cum non sit a est b, non est c*'⟩
'*si cum non sit a non est b, non est c*'.

5 In his autem omnibus tales temporales consequentias cathegoricis preponi Boetius voluit[1], quarum consequentia per se cathegoricam que
sequitur inferant iuxta hanc regulam:

Ab antecedenti: existente antecedenti cum quolibet
ponitur quodlibet ipsius consequens.

10 sicut ex ista liquet:
'*si cum est animatum est homo, est animal*'.
Nam ex eo quod homo est, quod consequens temporalis fuit, '*animal
esse*', quod consequens cathegorica proponebat, necessario consequitur;
antecedens vero temporalis tale ponendum esse assignat quod nec
15 consequens ⟨suum⟩ necessario nec posteriorem cathegoricam inferat, ut
ex superiori manifestum est. Neque enim '*animatum*' vel '*hominem*' ponit
vel '*animal*'.

Nunc ad singulos propositarum consequentiarum modos exsequemur.
20 Ex prima propositione p r i m u s hic est:
'*si cum est animatum est homo, est animal*
sed cum est animatum est homo
ergo est animal',
vel ita:
25 '*sed non est animal*
ergo non cum est animatum est homo'.
Ex secunda vero s e c u n d u s ita:
'*si cum est animal non est sanum, est egrum*
sed cum est animal non est sanum
30 *ergo est egrum*',
vel ita:
'*sed non est egrum*
ergo non cum est animal non est sanum'.
Ex tertia vero t e r t i u s ita:
35 '*si cum non est equus est homo, est rationale*
sed cum non est equus est homo
ergo est rationale',

3 ⟨si..... c⟩ *Vᶜ*   5 cathegoricis *Vᶜ* cathegoricas *V*   7 iusta *V*   15 ⟨suum⟩ *Vᶜ*   29 cum *Vᶜ*
non *V*

[1] *De syll. hyp.* I, 849 C-D.

vel ita:

> 'sed non est rationale
> igitur non cum non est equus est homo'.

Ex quarta quartus:

> 'si cum non est homo non est equus, est non-equus
> sed cum non est homo non est equus
> ergo est non-equus',

vel ita:

> 'sed non est non-equus
> quare non cum non est homo non est equus'.

Ex quinta quintus:

> 'si cum est animal est homo, non est equus
> sed cum est animal est homo
> ergo non est equus',

vel ita:

> 'sed est equus
> ergo non cum est animal est homo'.

Ex sexta sextus:

> 'si cum est animal non est rationale, non est homo
> sed cum est animal non est rationale
> quare non est homo'.

vel ita:

> 'sed est homo
> quare non ⟨cum⟩ est animal non est rationale'.

Ex septima septimus:

> 'si cum non est immortale est rationale, non est equus
> sed ⟨cum⟩ non est immortale est rationale
> ergo non est equus',

vel sic:

> 'sed est equus
> igitur non cum non est immortale [non] est rationale'.

Ex octava:

> 'si cum non est rationale non est sensibile, non est animal
> sed cum non est rationale non est sensibile
> quare non est animal',

vel ita:

> 'sed est animal
> quare non cum ⟨non⟩ est rationale non est sensibile'.

24 ⟨cum⟩ V^c 27 ⟨cum⟩ V^c 31 [non] V^c 38 ⟨non⟩ V^c

Hi quidem sunt modi sillogismorum a consequentiis ex ipotetica et cathegorica coniunctis venientium sexdecim, octo quidem per postionem antecedentis, octo vero per destructionem consequentis.

De coniunctis ex utraque ipotetica et earum sillogismis

5   Dispositis autem sillogismis his qui a consequentiis descendunt ex altera ipotetica connexis illi tractandi occurrunt qui ab illis veniunt consequentiis in quibus ipotetica ad aliam antecedit ipoteticam. Qui quidem geminantur ad supra positos novissime, sicut illi prius ad simplices, quemadmodum et ⟨pro⟩positiones ipsorum. Sunt igitur pro
10 positiones illorum sexdecim, sillogismi vero triginta duo, de quibus deinceps tractandum est.

Sed nunc quidem prius eorum omnium propositiones disponamus ac deinde proprietates distinguamus.

‘Si cum sit a est b, [et] cum sit c ⟨est⟩ d’
15   ‘si cum sit a est b, cum sit ⟨c⟩ non [c] est d’
‘si cum a sit [non] est b, cum non sit c est d’
‘si cum sit a est b, cum non sit c non est d’.

‘Si cum sit a non est b, cum sit c est d’
‘si cum sit a non est b, cum sit c non est d’
20   ‘si cum sit a ⟨non⟩ est b, cum non sit c est d’
‘si cum [non] sit a non est b, cum non sit c non est d’.

‘Si cum non sit a est b, cum sit c est d’
‘si cum ⟨non⟩ sit a est b, cum sit c ⟨non⟩ est d’
⟨‘si cum non sit a est b, cum non sit c est d’⟩
25   ‘si cum non sit a est b, cum non sit c non est d’.

‘Si cum non sit a non est b, cum sit c est d’
‘si cum non sit a non est b, cum sit c non est d’
‘si cum non sit a est b, cum non sit ⟨c⟩ est d’
‘si cum non sit a non est b, cum non sit c non est d’.

30   Hec autem ordinis suprapositarum propositionum cognitio est: sumantur quatuor simplices temporales ad quas superius cathegorice sequebantur eodem ordine quo ipse antecedant, ac rursus quatuor

---

4 DE V^c EX V 14 [et] V^c ⟨est⟩ V^c 15 ⟨c⟩ V^c [c] V^c 21 [non] V^c 23 ⟨non⟩ bis V^c 24 ⟨si…
….. est d⟩ V^c 28 ⟨c⟩ V^c

simplices temporales eodem ⟨modo⟩ et eodem ordine inter alios terminos
proponantur. Si ergo unaqueque posteriorum quatuor ad unamquamque quatuor eo ordine quo disposite sunt, consequatur, sexdecim erunt propositiones ipotetice; de quarum etiam natura nobis
disserendum est. Voluit[1] quoque hoc loco Boetius utrasque temporales 5
consequentias, et que scilicet precedunt et que consequuntur, tales
elegi que ⟨con⟩verse in naturalem consequentiam non sint vere. Sed
prioris antecedens posterioris antecedens et prioris consequens posterioris consequens necessario exigat iuxta hanc regulam, que ab antecedenti simul et consequenti venit: 10

        quorumcumque antecedentia simul sunt, et

                                        consequentia,

sicut ex apposita monstratur ipotetica:
        'si cum est homo est medicus, cum est animal est artifex'.
Cum enim 'homo' ad 'animal' necessario antecedat ac rursus 'medicus' ad 15
'artificem', necesse est ut si homo et medicus simul sint, animal quoque
et artifex simul existant. Sicut autem prima temporalis in naturalem
conversa non vera est, ita etiam nec secunda.
        Nunc sillogismos disponamus. Ex prima:
        'si cum est homo est medicus, cum est animal est artifex   20
                sed cum est homo est medicus
                ergo cum est animal est artifex',
vel ita:

                        'sed non cum est animal est artifex
                ergo ⟨non⟩ cum est homo [non] est medicus'.   25

        Ex secunda:
        'si cum est homo est medicus, cum est animal non est lapis
                sed cum est homo est medicus
                ergo cum est animal non est lapis',
vel ita: 30

                    'sed non cum est animal non est lapis
                ergo non cum est homo est medicus'.

        Ex tertia:
    'si cum est homo est medicus, cum non est non-homo est artifex
                sed cum est homo est medicus   35
            ergo cum non est ⟨non⟩-homo est artifex',

---

1 ⟨modo⟩ Ve   2 unaqueque] unamquamque V   24 non cum Ve cum non V   25 ⟨non⟩
cum est homo est] cum est homo [non] est V   36 ⟨non⟩ Ve

---

[1] Vide supra, p. 506[6-8].

vel ita:

> '*sed non cum non est non-homo est artifex*
> *ergo non cum est homo est medicus*'.

Ex quarta:

5 '*si cum est homo est albus, ⟨cum non est lapis non est niger*
> *sed cum est homo, est albus⟩*
> *ergo cum non est lapis non est niger*',

vel ita:

> '*sed non cum non est lapis non est niger*
10 > *ergo non cum est homo est albus*'.

Ex quinta:

'*si cum est animal non est homo, cum est animatum est non-homo*
> *⟨sed cum est animal, non est homo⟩*
> *ergo cum est animatum est non-homo*',

15 vel ita:

> '*sed non cum est animatum est non-homo*
> *ergo non cum est animal non est homo*'.

Ex sexta:

'*si cum est animal non est homo, cum est animatum non est Socrates*
20 > *sed cum est animal non est homo*
> *ergo cum est animatum non est Socrates*',

vel ita:

> '*sed non cum est animatum non est Socrates*
> *ergo non cum est animal non est homo*'.

25 Ex septima:

'*si cum est animal non est homo, cum non est non-animal est non-homo*
> *sed cum est animal, non est homo*
> *ergo cum ⟨non⟩ est non-animal est non-homo*',

vel ita:

30 > '*sed non cum non est non-animal est non-homo*
> *ergo non cum est animal ⟨non⟩ est homo*'.

Ex octava:

'*si cum est animal non est homo, cum non est lapis non est Socrates*
> *sed cum est animal non est homo*
35 > *ergo cum non est lapis non est Socrates*',

vel ita:

> '*sed non cum non est lapis non est Socrates*
> *quare non cum est animal non est homo*'.

5-6 ⟨cum..... albus⟩ *V*ᶜ   13 ⟨sed..... est homo⟩ *V*ᶜ   28 ergo non cum est *V* ergo [non]
cum est *V*ᶜ   31 ⟨non⟩ *V*ᶜ

Ex nona:
'si cum non est homo est animal, cum est non-homo est animatum
                    sed ⟨cum⟩ non est homo est animal
                quare cum est ⟨non-⟩homo est animatum',

vel ita: 5

                    'sed non cum est non-homo est animatum
                    igitur non cum non est homo est animal'.

f. 189ᵛ   Ex decima: |
'si cum non est homo est animal, cum est non-homo non est lapis
                        sed cum non est homo est animal   10
                    quare cum est non-homo non est lapis',

vel ita:

                    'sed non cum est non-homo non est lapis
                    ergo non cum non est homo est animal'.

    Ex undecima: 15
'si cum non est homo est animal, cum non est Socrates est animatum
                        sed cum non est homo est animal
                    igitur cum non est Socrates est animatum',

vel ita:

                    'sed non cum non est Socrates est animatum   20
                    quare non cum non est ⟨homo⟩ est animal'.

    Ex duodecima:
'si cum non est homo est animal, cum non est Socrates non est lapis
                        sed cum non est homo est animal
                    ergo cum non est Socrates non est lapis',   25

vel ita:

                    'sed non cum non est Socrates non est lapis
                    igitur non cum [est] non est homo est animal'.

    Ex tertia decima:
'si cum non est homo non est animal, cum est non-homo est ⟨non⟩-animal   30
                        sed cum non est homo non est animal
                    ergo cum est non-homo est non-animal',

vel ita:

                    'sed non cum est non-homo est non-animal
                    quare non cum non est homo non est animal'.   35
    Ex quarta decima:
'si cum non est homo non est animal, cum est non-homo non est lapis
                        sed cum non est homo non est animal
                    igitur cum est non-homo non est lapis',

3 ⟨cum⟩ *Vᶜ*   4 ⟨non⟩ *Vᶜ*   21 ⟨homo⟩ *Vᶜ*   est animal] animal est *V*   30 ⟨non⟩ *Vᶜ*

vel ita:

'sed non cum est non-homo non est lapis
quare non cum ⟨non⟩ est homo non est animal'.

Ex quinta decima:

5 *'si cum non est homo non est animal, cum non est Socrates est non-animal*
sed cum non est homo non est animal
ergo cum non est Socrates est non-animal',

vel ita:

'sed non cum non est Socrates est non-animal
10 *quare non cum non est homo non est animal'.*

Ex sexta decima:

'si cum non est homo non est animal cum non est Socrates non est equus
sed cum non est homo non est animal
igitur cum non est Socrates non est equus',

15 vel ita:

'sed ⟨non⟩ cum non est Socrates non est equus
ergo non cum non est homo non est animal'.

Omnes itaque modi sillogismorum qui a consequentiis ex utraque
ipotetica coniunctis veniunt, duo et triginta sunt numero, sexdecim
20 per positionem ac rursus sexdecim per destructionem, qui omnes
connumerati sunt; in quibus quidem ordinem illum ipoteticorum
sillogismorum quem Boetius tenet, commutavimus. Ipse namque
Boetius inter sillogismos consequentiarum ex altera tantum ipotetica constantium ⟨et⟩ sillogismos consequentiarum ex utraque ipo-
25 tetica connexarum eos medios locavit[1] qui ex mediis propositionibus
nascentes tribus figuris continentur, quos nos nondum posuimus; ne⟨c⟩
id quidem irrationabiliter fecisse videtur, sed bene eos sillogismos
medios inter alios locasse videtur, quorum primas propositiones medias
inter alias ipse predixerat. Inde etiam post sillogismos consequentiarum
30 ex cathegorica et ipotetica, vel econverso, constantium sillogismos
mediarum ipoteticarum sese posuisse commemorat: „quia ut superiores, inquit[2], propositiones, ita hee quoque tribus terminis connectuntur, et a similibus ad similia facilior transitus fiet." Nos tamen his
sillogismis qui figurati non sunt, eos qui figurati sunt et a longe diversis
35 propositionibus nascuntur, interserere noluimus, quorum ad se similitudinem, sicut et eorum propositionum, ipse etiam Boetius notavit. Sicut
enim simplices consequentias et compositas ex duabus ipoteticis

3 ⟨non⟩ *Vc* 16 ⟨non⟩ *Vc* 21 ipoteticarum *Vc* 24 ⟨et⟩ *c* 32 (propositiones) *b* hae[c] *c*
hec *V* 36 earum *V*

[1] *De syll. hyp.* I, 855 C10-14.   [2] *Ibid.* 855 C15-D2.

consimiles invicem esse voluit, in eo scilicet quod, sicut in illis utreque propositiones eiusdem generis sunt, hocest cathegorice, ita in istis utreque propositiones eiusdem generis sunt, idest ipotetice, sic quoque earum sillogismos sibi consimiles esse dixit, qui ex similibus propositionibus veniunt, quarum etiam assumptiones et conclusiones, 5 sicut in illis, eiusdem generis sunt; ita in istis eos quoque rursus sillogismos confirmavit ad invicem, sicut propositiones eorum qui a consequentiis descendunt ex cathegorica et ipotetica, vel econverso, constantibus; utrorumque namque consequentie ex dissimilibus propositionibus iunguntur, cum altera cathegorica sit, altera ipotetica; ac 10 rursus utrorumque assumptiones et conclusiones dissimiles ab invicem.

Nunc igitur ad eos transeamus sillogismos qui ex mediis propositionibus originem ducunt. Quorum quidem propositiones prime in tribus terminis constitute tres, non ultra, figuras perficiunt.

⟨*De figuris ipoteticorum mediorum sillogismorum*⟩   15

P r i m a autem figura in his mediis ipoteticis dinoscitur in quibus id quod prius ad alterum consequebatur, rursus ad alterum antecedit hoc modo:

'*si est a est b, si est b est c*'.

Hic enim ⟨*b*⟩ qui in priori consequentia consequebatur ad *a*, in posteriori 20 antecedit ad *c*.

S e c u n d a vero figura est cum duo ad unum idem consequuntur sic:

'*si est a est b, si non est a est c*'.

Hic namque *a* modo affirmatum, modo negatum antecedit ad *b* et ad *c*. 25

T e r t i a vero in qua duo antecedunt ad idem ita:

'*si est b est a, si est c non est a*'.

Hic enim *a* modo affirmatum, modo negatum ad *b* et ad *c* consequitur. Cum autem idem ad duo antecedere vel consequi dicimus, non eamdem propositionem, sed eumdem terminum propositionis accipimus. Non 30 autem eadem propositio ad duas vel in secunda figura antecedit vel in tertia sequitur, cum altera sit ⟨semper⟩ affirmativa, altera negativa. Alioquin equimode propositiones medie esse⟨n⟩t, de quibus nullus fieri posset sillogismus, ut posterius apparebit[1].

Nota autem in omnibus figuris m e d i u m t e r m i n u m illum dici 35

---

4 eorum *V*   7 eorum *V*c earum *V*   15 DE FIGURUS IPOTETICORUM SILLOGISMORUM *V*c
32 ⟨semper⟩ *V*c

[1] *infra*, p. 523[19].

qui utrique consequentie communis est. Alios vero duos extremitates
appellari, quod quidem in secunda et tertia figura per resolutionem prime
figure monstrabitur. Ostenduntur namque secunda et tertia figura
ex prima per ⟨con⟩versionem alterius earum consequentiarum que
5 in media propositione continentur, sicut posterius liquebit[1]. Unde
prime figure sillogismi perfecti in se quantum ad sillogismos secunde
vel tertie dicuntur, quippe eorum prime propositiones, que medie
sunt, ita rectam tenent dispositionem ut ea que prima est de extremitatibus vel postrema vel quod medium in sensu ipsa connectit extre-
10 ma, in ipsa etiam dispositione terminorum ita sunt ordinata. In secunda
vero figura quod medium est in sensu, a scilicet, ad extrema, b videlicet
et c, antecedit. In tertia vero sequitur ad eadem. Licet autem prime figure
sillogismi perfecti, ut dictum est, dici possint quantum ad sillogismos
secunde ⟨vel tertie⟩ figure, qui per ipsos demonstrantur, omnes tamen
15 trium figurarum sillogismos quos Boetius posuit, imperfectos nominavit[2] ad comparationem quorumdam aliorum qui ex eisdem figuris ipoteticam in conclusione colligentes per coniunctionem extremorum,
veluti iste:

'si est a est b
20 si est b est c
quare si est a est c'.

In illis autem quos Boetius ex mediis propositionibus disponit, et
assumptiones cathegorice sunt et conclusiones, sicut in simplicibus, hoc
modo:

25 'si est a est b, si est b est c
sed est a
quare est c'.

In his itaque tota media que proponitur, prima est propositio, secundum
id scilicet quod ad unam inferentiam tendens una dicitur consequentia;
30 cathegorice vero assumptio et conclusio sunt que ex ea fiunt. In illis vero
que ipoteticam concludunt, media propositio que ponitur, in propositione sillogismi et assumptione dividitur, ita quidem ut prima consequentia que in ipsa media continetur, propositio sit sillogismi, secunda
vero assumptio, que vero per coniunctionem extremorum infertur,
35 conclusio huius sillogismi. ⟨Sillogismi⟩ qui ipoteticam per coniunctionem extremorum colligunt, illis consimiles ⟨sunt⟩ qui cathegorici sunt,
quippe sicut illi tribus cathegoricis propositionibus continentur, ita isti

4 ⟨con⟩versionem V^c 9 ipso V 14 ⟨vel tercie⟩ V^c 20 c V^c a V

1 infra, p. 522[31] e.q.s.   2 De syll. hyp. I, 856 B[14].

tribus ipoteticis, ac sicut illi conclusionem per coniunctionem extremorum ⟨faciunt, ita isti, ac sicut figura in illis continetur in propositione et
assumptione, ita in istis. Quia ergo satis erant illi evidentes ex se et ex
similitudine cathegoricorum, quasi certos superfluum visum est eos
tractari aut fortassis ideo quia per positionem vel destructionem termi-   5
norum nulle essent assumptiones et conclusiones, sed per coniunctionem extremorum⟩ colliguntur, ita isti; atque ideo isti ex similitudine
quoque cathegoricorum perfecti in se atque perspicui videntur. Ideoque
Boetius eos ponere supervacuum duxit quod satis manifesti essent, sed
f. 190r   eos tantum qui imperfecti atque incogniti erant | cura fuit exsequi. Qui   10
quidem sicut et illi quos superius tractavimus, modo per positionem
antecedentis, modo vero per destructionem consequentis fiunt, sicut per
singulas figuras docebimus[1].

Sunt autem singularum figurarum octo propositiones, sicut et
eorum sillogismorum qui a consequentiis descendunt ex altera ipo-   15
tetica constantibus. Bene autem harum et illarum consequentiarum
numerus idem est, sicut et terminorum ipsarum. Tres enim tantum
diversos terminos medii communitas in mediis propositionibus facit.

Prime figure propositiones cum sillogismis

Sunt autem hee prime figure propositiones: 20
  'Si est *a* est *b*, si est *b* est *c*'
  'si est *a* est *b*, si est *b* non est *c*'
  'si ⟨est⟩ *a* non ⟨est⟩ *b*, si non est *b* est *c*'
  'si est *a* non est *b*, si non est *b* non est *c*'.

  'Si non est *a* est *b*, si est *b* est *c*'   25
  'si non est *a* est *b*, si est *b* non est *c*'
  ⟨'si non est *a* non est *b*, si non est *b* est *c*⟩'
  'si non est *a* non est *b*, si non est *b* non est *c*'.

In quatuor ergo primis propositionibus *a* affirmatum, in quatuor vero
postremis idem negatum proponitur. Ordinem quidem harum propo-   30
sitionum mediarum ex posterioribus earum ipoteticis perpendere
ordinem simplicium ipoteticarum quem supra posuimus[2], con-
servantibus, medium vero tantum sicut in posteriori ipotetica antecedit, ita in priori necesse est consequi.

2-7 faciunt..... extremorum *Vc*   9 duxit *Vc* dixit *V*   23 *primum* ⟨est⟩ *Vc*   27 ⟨si.....
est c) *Vc*

[1] *infra*, p. 519[3] *e.q.s.*   [2] *supra*, p. 498 *e.q.s.*

Nunc autem eos prius constituamus sillogismos qui per positionem antecedentis fiunt.

Per positionem

Ex prima propositione:

5 'si est homo est animal, si est animal est animatum'

posset equidem perfecte concludi:

'quare si est homo est animatum';

sed constituitur in assumptione prima cathegorica hoc modo:

'sed est homo'

10 et concluditur ultima

'quare est animatum'.

Unde bene ad evidentiam huiusmodi sillogismus, cuius conclusio cathegorica est, sicut assumptio, ex eo cuius ipotetica est tam conclusio quam assumptio, fidem capit, quippe ita assumptio et conclusio horum sillo-

15 gismorum cathegorice terminos constituunt, sicut propositiones ipoteticarum que in illis concluduntur. Omnes itaque isti sillogismi qui ex aliis evidentiam sui contrahunt, imperfecti dicuntur. Unde Boetius in Secundo[1] Ypoteticorum, cum de tribus figuris loqueretur: „harum, inquit[2], fiunt multiplices sillogismi, quorum nullus poterit esse

20 perfectus, cum nec per se perspicui sint ⟨et⟩ ut his fide⟨s⟩ debeat accommodari adiumento extrinsecus posite probationis indigeant; est autem probatio talium sillogismorum alio constitutus ordine sillogismus"; qui videlicet ipoteticam concludit, ut supra docuimus[3].

Ex secunda:

25 'si est homo est animal, si est animal non est lapis'

posset equidem concludi:

'si est homo, non est lapis',

sed dividitur hec consequentia in assumptione et conclusione sic:

'sed est homo

30 quare non est lapis.

Ex tertia:

'si est homo non est lapis, si non est lapis est non-lapis'

esset quidem perfecta conclusio hec:

'quare si est homo est non-lapis',

35 sed assumitur huius antecedens sic:

'sed est homo'

---

19 fiunt V vero sunt b   20 ⟨et⟩] coll. b fide⟨s⟩] coll. b

[1] errat Abaelardus.   [2] De syll. hyp. I, 855 D2⁻8.   [3] supra, p. 519⁶⁻⁷.

ac deinde concluditur consequens ita:
>   '*quare est non-lapis*'.
>   Ex quarta:
>   '*si est homo non est lapis, si non est lapis non est margarita*'
posset colligi: 5
>   '*quare si est homo non est margarita*',
sed assumitur prior cathegorica sic:
>   '*sed est homo*'
et concluditur posterior ita:
>   '*ergo non est margarita*'. 10
>   Ex quinta:
>   '*si non est homo est non-homo, si est non-homo est non-Socrates*'
posset concludi:
>   '*si non est homo est non-Socrates*',
sed et hic prima cathegorica assumitur sic: 15
>   '*sed non est homo*'
et concluditur ultima hoc modo:
>   '*quare est non-Socrates*'.
>   Ex sexta:
>   '*si non est homo est non-homo, si est non-homo ⟨non⟩ est Socrates*' 20
posset inferri:
>   '*quare si non est homo non est Socrates*',
sed constituit assumptio primam cathegoricam ita:
>   '*sed non est homo*'
et conclusio ponit ultimam hoc modo: 25
>   '*quare non est Socrates*'.
>   Ex septima:
>   '*si non est homo non est Socrates, si non est Socrates est non-Socrates*'
posset consequi:
>   '*si non est homo est non-Socrates*', 30
sed assumitur prior cathegorica sic:
>   '*sed non est homo*'
et concluditur ultima hoc modo:
>   '*quare est non-Socrates*'.
>   Ex octava: 35
>   '*si non est homo non est risibile, si non est risibile non ridet*'
esset perfecta conclusio:
>   '*quare si non est homo non ridet*',

---

8 sed *V*^c si *V*   20 ⟨non⟩ *V*^c

sed assumitur prior cathegorica et concluditur posterior sic:

        'sed non est homo

        igitur non ridet'.

    Hi igitur sunt octo modi sillogismorum qui ex octo proposi-
5 tionibus prime figure nascuntur primam propositionem assumentes et
ultimam concludentes sicut fuerant.

    Nunc vero octo reliqui restant ex eisdem propositionibus na-
scentes qui in assumptione ultimam propositionem et in conclusione
primam tollunt hoc modo:

10   *'si est a est b, si est b est c*

                      sed non est c

                 non est igitur a'.

    Hi quoque ex illis sillogismis ostendi possunt que ipoteticam con-
cludunt per destructionem extremorum veluti iste:

15   *'si est a est b, si est b est c*

           quare si non est c non est a',

quia enim concludi poterat:

    'si est a est c',

necessario et eius conversa ex eodem consequitur:

20   *'si non est c non est a'*.

Que quidem consequentia cum in assumptione et conclusione dividitur,
suprapositum reddet sillogismum, illum scilicet:

               'si est a est b, si est b est c

                     sec non est c

25   *quare non est a'*.

Per destructionem

Et hic quidem est p r i m u s modus eorum, qui per destructionem fit ex
prima veniens propositione.

    Ex secunda:

30   *'si est a est b, si est b ⟨non⟩ est c'*

posset quidem consequentia consequentis et antecedentis concludi sic:

    'quare si est c non est a',

que quidem si dividatur in assumptione et conclusione, fiet talis sillogismus:

35   *'si est a est b, si est b non est c*

                     sed est c

               quare non est a'.

11 c *V*ᵉ b *V*   30 ex + ·X· (= decem?) *V* ⟨non⟩ *V*ᶜ

Idem in ceteris oportet considerari, ut que posset fieri consequentia per destructionem extremorum, in assumptione et conclusione dividatur.

Ex tertia:

'*si est a ⟨non⟩ est b, si non est b est c*
sed non est c   5
quare non est a'.

Ex quarta:

'*si est a non est b, si non est b non est c*
sed est c
quare non est a'.   10

Ex quinta:

'*si non est a est b, si est b est c*
sed non est c
igitur est a'.

Ex sexta: 15

'*si non est a est b, si est b non est c*
sed est c
quare est a'.

Ex septima:

'*si non est a non est b, si non est b est c*   20
sed non est c
ergo est a'.

Ex octava:

'*si non est a non est b, si non est b non est c*
sed est c   25
quare est a'.

Sunt itaque omnes prime figure sillogismi numero sexdecim, octo per positionem antecedentis, octo vero per destructionem ⟨consequentis⟩. Totidem quoque in tertia et in secunda figura erunt.

Quomodo secunda et tertia ex prima nascantur   30

Sicut autem cathegoricorum sillogismorum secunda et tertia figura ⟨ex prima⟩ procreantur per conversionem alterius propositionis, ita ipoteticorum quoque secunda et tertia figura ex prima manant conversa altera consequentiarum. Et sunt quidem sensus omnium equales, complexionum vero figure dissimiles et diversa locutionis genera. 35 Secunda vero figura per conversionem prime consequentie ex prima

4 ⟨non⟩ *V*ᶜ   32 ⟨ex prima⟩ *V*ᶜ

descendit. T e r t i a vero per conversionem secunde, quod hoc modo monstrabitur. Prime figure dispositio hec est:

'*si est homo est animal, si est animal est animatum*'.

Conversa itaque prima consequentia per contrapositionem et manente
5 secunda, secundam figuram facies sic:

'*si non est animal non est homo, si est animal est animatum*'.

Si vero manente prima consequentia converteris secundam, in tertiam figuram incides hoc modo:

'*si est homo est animal, si non est animatum non est animal*',

10 quippe secundam figuram esse supra diximus[1] in qua duo ad idem affirmatum et negatum consequuntur, tertiam vero in qua duo ad idem affirmatum et negatum antecedunt. Si enim idem eodem modo sumptum ad diversa vel consequeretur vel antecederet, equimode esse⟨n⟩t propositiones, que ad sillogismum minime valent, sed sole inequimode.
15 E q u i m o d e vero ille sunt in quibus eodem modo medius terminus enuntiatus vel antecedit vel consequitur hoc modo:

'*si est a est b, si est a est c*'
'*si est b est a, si est c est a*'.

Ex his itaque nichil secundum formam sillogismi concluditur. Potest
20 etiam cathegoricarum | propositionum equimoda esse dispositio, cum f. 190ᵛ videlicet idem vel predicatur eodem modo de diversis vel eodem modo subicitur diversis; p r e d i c a t u r quidem hoc modo:

'*omnis nix est candida*'
'*omnis margarita est candida*'
25 '*nullus corvus est candidus*'
'*nullus Ethiops est candidus*'

s u b i c i t u r vero sic:

'*omnis margarita est candida*'
'*omnis margarita est dura*'
30 '*nulla margarita est nigra*'
'*nulla margarita est mollis*'.

At vero equimode cathegorice propositiones aliquando ad coniunctionem extremorum valent propter earum simplicem conversionem. Ex his namque duabus:

35 '*omnis margarita est candida*'
'*omnis margarita est dura*'

necessario concluditur per primum modum tertie figure:

ad 12 e.q.s. que equimode que inequimode *Vᵐ* 37 modum] modium *Vᶜ* medium *V*

[1] *supra*, p. 516²².

'quoddam durum candidum est',
quippe universalis affirmativa que precedit, particularem per accidens
conversionem habet. In ipoteticis vero naturalibus, que simplici conversione carent, nulle equimode ad extremorum conclusionem idonee,
sed sole inequimode.   5

    In equimode vero ille sunt ipotetice in quibus medius
terminus diverso modo enuntiatus vel antecedit vel consequitur hoc
modo :
        'si est a est b, si non est a est c'
        'si est b est a, si est c non est a'.   10
Medius autem terminus ille est in his quoque figuris qui utrique consequentie communis est, idest *a*; extremitates vero reliqui, qui videlicet
utrique communes non sunt, *b* scilicet et *c*; et *b* quidem prior extremitas
in sensu precedit, *c* vero ultima consequitur. Sed hec facilius apparebunt
ex resolutione harum posteriorum figurarum in primam, que scilicet 15
rectam dispositionem terminorum tenet, ut supra docuimus[1].

    Quoniam vero dictum est equimodas propositiones nullum
reddere sillogismum, sed solas inequimodas, non solum oportet eas
cognoscere propositiones que sumende sunt, sic⟨ut⟩ etiam equimode,
sed illas quoque a quibus nobis cavendum est, ut sunt equimode que 20
totidem sunt quot inequimode. Sed prius ex inequimodis complexiones ostendamus easque ordine disponamus :
        'Si est a est b, si non est a est c'
        'si est a est b, si non est a non est c'
        'si est a non est b, si non est a est c'   25
        'si est a non est b, si non est a non est c'.
In his vero quatuor suprapositis propositionibus *a* quidem affirmatum
b precedebat, negatum vero ipsum antecedebat *c*. Nunc vero econverso
fiat, ut videlicet *a* negatum preponatur ad *b*, affirmatum vero antecedat
ad *c*. Et rursus quatuor erunt propositiones, hee scilicet :   30
        'Si non est a est b, si est a est c'
        'si non est a est b, si est a ⟨non⟩ est c'
        'si non est ⟨a⟩ non est ⟨b, si est a est⟩ c'
        '⟨si non est a non est b, si est a non est c⟩'.
His itaque dispositis ex singulis harum propositionum duos ostendamus 35
sillogismorum modos, sicut in prima figura, unum quidem per assumptionem *b*, qui in sensu est antecedens, alium vero per conclusionem *c*,

11 utrisque *V* 14 c] cum *V* 29 proponatur *V* 32 ⟨non⟩ *Vc* 33 ⟨a⟩ *Vc* 34 ⟨si...... est c) *Vc*

[1] *supra*, p. 517[5-10].

qui in sensu est ultimum consequens, sicut ex resolutione in primam figuram, ut dictum est, dinoscetur.

De assumptionibus et conclusionibus secunde et tertie figure

In hac autem figura que secunda est, sive *b* sive *c* assumas,
5 eum contrario modo quam fuit, enuntiabis, alterum sicut fuit concludens. In tertia vero figura quemcumque assumas, sicut fuit ipsum pones, alterum vero econtrario quam fuit concludens, hocest si affirmatus fuerit, negabis, vel si negatus fuerit, affirmabis. Si⟨c⟩ enim conversiones consequentiarum et resolutiones in primam figuram exigunt.

10 ### Modi secunde

E prima propositione s e c u n d e figure :
'si est a est b, si non est a est c'
potest concludi hec :
'quare si non est b, est c'
15 Conversa namque prima consequentia hoc modo :
'si non est b non est a'
et secunda manente :
'si non est a est c'
prime figure septimus modus necessario provenit :
20 *'si non est b est c'.*
Sed hec quidem consequentia divisa in assumptionem et conclusionem cathegoricas primum secunde figure modum ex premissa media propositione efficit sic :

'si est a est b, si non est a est c
25 *sed non est b*
ergo est c'.

A *c* vero assumptio et a *b* conclusio sic fiet :

'sed non est c
ergo est b'.

30 Qui enim hanc recipit consequentiam :
'si non est b est c',
nec eius conversam denegabit :
'si non est c est b',
que etiam ex eadem media propositione monstratur secunda conse-
35 quentia conversa et manente prima, commutato ordine. In qua quidem

---

5 eum] q *V* 8 *primum fuerit* + [concludens hocest si affirmatum fuerit] *V*ᶜ affirmatum *V* negatum *V* si⟨c⟩ *V*ᶜ 19 septimum modum *V* 20 b] a *V* 21 hec] hac *V* divisa] dimissa *V*

ostensione redit quintus modus prime figure. Idem in ceteris huius figure modis considerandum est, quos iam breviter procurare possumus natura resolutionis ipsorum liquide assignata.

Ex secunda:

> 'si est a est b, si non est a non est c   5
> sed non est b
> ergo non est ⟨c⟩',

vel ita:

> 'sed est c
> ergo est b'.   10

Ex tertia:

> 'si est a non est b, si non est a est c
> sed est b
> igitur est c',

vel ita: 15

> 'sed non est c
> ergo non est b'.

Ex quarta:

> 'si est a non est b, si non est ⟨a⟩ non est c
> sed est ⟨b⟩   20
> ergo non est ⟨c⟩',

vel ita:

> 'sed est ⟨c⟩
> quare non est b'.

Ex quinta: 25

> 'si non est a est b, si est a est c
> sed non est b
> ergo est c',

vel ita:

> 'sed non est c   30
> igitur est b'.

Ex sexta:

> 'si non est a est b, si est a non est c
> sed non est b
> quare non est c',   35

vel ita:

> 'sed est c
> ergo est b'.

---

2 procurare] procurrere V

Ex septima:

'si non est a non est b, si est a est c

sed est b

ergo est c',

5 vel ita:

'sed non est c

ergo non est b'.

Ex octava:

'si non est a non est b, si est a non est c

10   sed est b

igitur non est c',

vel ita:

'sed est c

quare non est b'.

15   Nunc autem omnium ⟨in⟩equimodarum propositionum secunde
figure sillogismis dispositis ipsas quoque equimodas non sit onerosum
cognoscere.

'Si est a est b, si est a est c'

'si est a est b, si est a non est c'

20   'si est a non est b, si est a est c'

'si est a non est b, si est a non est c'.

'Si non est a est b, si non est a est c'

'si non est a est b, si non est a non est c'

⟨'si non est a non est b, si non est a est c'⟩

25   'si non est a non est b, si non est a non est c'.

Quarum imbecillem conclusionem atque omni carentem necessitate ex
assumptionibus quoquo modo factis inveniemus.

Sunt autem tertie figure inequimode propositiones iste:

'Si est b est a, si est c non est a'

30   'si est b est a, si non est c non est a'

'si non est b est a, si est ⟨c⟩ non est a'

'si non est b est a, si non est c non est a'.

In his autem quatuor suprapositis propositionibus a medius terminus
affirmatus ad b, ad c vero negatus sequebatur. Si vero econverso feceris,
35 quatuor alias compones hoc modo:

'Si est b non est a, si est c est a'

'si est b non est a, si non est c est a'

'*si non est b non est a, si est c est a*'
'*si non est b non est a, si non est c est a*'.

Ex his autem omnibus ita assumi convenit et concludi, ut si altera extremitatum assumatur eo modo quo fuerat, altera concludatur contrario
modo quam fuit, hoc modo: 5

'*si est b est a, si est c non est a*
  sed est b
  quare non est c',

vel ita:

'*sed est c*   10
  quare non est b'.

Cum autem assumptio a *b* fit, qui prima est extremitas, ut ad *c* ultima
conclusio veniat, si in primam figuram per resolutionem incidere
volumus, secunda consequentia convertenda est manente prima. Si vero
de *c* assumptio fiat, ut ad *b* conclusio perveniat, prima tamen consequentia   15
conversa ac manente secunda, ordo earum transponatur; quod in singulis
modis inspicere licet.

Modi tertie

Ex prima propositione tertie figure:
'*si est b est a, si est c non est a*'   20
posset quidem inferri consequentia:
'*si est b non est c*';
prima namque propositione manente et conversa secunda hoc modo:
'*si est b est a, si est a non est c*'
per primum modum prime figure consequentia hec concluditur: 25
'*si est b non est c*'.
Que quidem consequentia in assumptione et conclusione cathegoricas
divisa primum modum tertie figure per assumptionem *b* ex premissa
propositione media faciet hoc modo:

'*si est b est a, si est ⟨c⟩ non est a*   30
  sed est b
  quare non est c'.

Cum vero *c* assumpto *b* concluseris atque in primam figuram per resolu-
tionem incidere curaveris, si priorem | consequentiam convertas manente
secunda, ordine commutato, in quartum prime figure modum incideris   35
hoc modo:

'*si est c non est a, si non est a non est b*
  quare si est c non est b'.

16 secunda] prima *V*   25 prime] secunde *V*   30 ⟨c⟩ *V*ᶜ   37 c] a *V*

f. 191ʳ

Idem quoque in ceteris invenies, quorum quidem assumptionum et conclusionum seu etiam resolutionum natura liquide assignata singulos qui
restant breviter ordiamur.

Ex secunda:

'si est b est a, si non est c non est a
                    sed est b
                quare est c'

vel ita:

'sed non est c
                quare non est b'.

Ex tertia:

'si non est b est a, si est c non est a
                    sed non est b
                quare non est c'

vel ita:

'sed non est c
                igitur est b'.

Ex quarta:

'si non est b est a, si non est c non est a
                    sed non est b
                    ergo est c'

vel ita:

'sed non est ⟨c⟩
                igitur est b'.

Ex quinta:

'si est b non est a, si est c est a
                    sed est b
                ergo non est c'

vel ita:

'sed est c
                igitur non est b'.

Ex sexta:

'si est b non est a, si non est c est a
                    sed est b
                    ergo est c'

vel ita:

'sed non est c
                non est igitur b'.

Ex septima:

'*si non est b non est a, si est c est a*
sed non est b
ergo non est c'

vel ita:

'*sed est c* 5
⟨*est*⟩ *igitur b*'.

Ex octava:

'*si non est b non est a, si non est c est a*
sed non est b
ergo est c' 10

vel ita:

'*sed non est c*
est igitur b'.

Omnes itaque sillogismi qui ex inequimodis propositionibus tertie figure veniunt, sexdecim numero sunt, sicut et secunde vel prime 15 figure.

Hee vero sunt equimode propositiones huius figure que nullam sillogismi complexionem efficiunt:

'*si est b est a, si est c est a*'
'*si est b est a, si non est c est a*' 20
'*si non est b est a, si est c est a*'
'*si non est b est a, si non est c est a*'

'*si est b non est a, si est c non est a*'
'*si est b non est a, si non est c non est a*'
'*si non est b non est a, si est c non est a*' 25
'*si non est b non est a, si non est c non est a*'.

De sillogismis disiunctarum

Nunc vero soli ipoteticarum disiunctarum supersunt sillogismi, de quibus breviter disserendum est. Horum enim propositionum natura superius diligenter investigata est atque tractata nec in his diutius im- 30 morandum est, sed ad simplices quatuor propositiones recurrentes, quas antea primo loco cum earum sillogismis posuimus[1], in disiunctis earum sillogismos omnium disiunctarum breviter assignemus. Est autem talis regula equipollentie coniunctarum et disiunctarum adinvicem superius data ut 35

1 c *Vᶜ* a *V*   6 ⟨est⟩ *Vᶜ*   30 tractatis *V*

[1] *supra*, p. 488 *e.q.s.*

si quis ex coniuncta in disiunctam vel ex disiuncta
in coniunctam velit incidere, destructo antecedenti
et consequenti manente eodem id faciet.
Si igitur coniuncta ex duabus affirmativis fuerit, disiuncta ex negativa et
5 affirmativa constiterit, hoc modo:

'si est a, est b' ↔ 'aut non est a, aut est b';

a[u]t si coniuncta ex affirmativa et negativa erit, disiuncta ex duabus
negativis fiet sic:

'si est a, non est b' ↔ 'aut non est a, aut non est b';

10 quodsi ex negativa et affirmativa coniuncta fuerit, disiuncta ex duabus
affirmativis componetur ita:

'si non est a, est b' ↔ 'aut est a, aut est b';

si vero ex duabus negativis coniuncta copulabitur, disiuncta ex affirmativa
et negativa iungetur hoc modo:

15   'si non est a, non est b' ↔ 'aut est a, aut non est b'.

In eadem itaque terminorum materia coniunctam atque ipsius disiunctam
certum est consistere, quas in eisdem terminis necesse est esse. Ea igitur
disiuncta que ex negativa et affirmativa sive econverso constituitur
inter sibi adherentia, sicut ipsius coniuncta proponitur veluti iste:

20   'aut non est homo, aut est animal'
        '⟨aut est animal⟩, aut non est homo',

que quidem etiam sibi, sicut ipsarum coniuncte, equipollent, quippe
quemadmodum coniunctas earum per contrapositionem, ita ipsas simpliciter converti superius diximus[1]. Que vero inter duas affirmativas
25 disiuncta proponitur, sicut et ipsius coniuncta, inter ea tantum fit que
medio carent, veluti ista:

'aut est homo, aut non est homo'

at que inter duas negativas fit, inter opposita consistit, veluti ista:

'aut non est homo, aut non est asinus'.

30 Cum autem, ut supra dictum est[2], omnis disiuncta in se simplicem
teneat conversionem, quamcumque partem ipsius in assumptione auferes,
alteram sicut fuit pones, sicut ex singulis earum modis apparebit.

        Ex prima:

                'aut est a, aut est b
35   sed non est a
                igitur est b'

vel ita:

                'sed non est b
                igitur est a'.

[1] supra, p. 495[14-15].   [2] supra, p. 495 [15].

Ex secunda:

> '*aut est a, aut non est b*
> *sed non est a*
> *ergo non est b*'

vel ita:

> '*sed est b*
> *quare est a*'.

Ex tertia:

> '*aut non est a, aut est b*
> *sed est a*
> *quare est b*'

vel ita:

> '*sed non est b*
> *quare non est a*'.

Ex quarta:

> '*aut non est a, aut non est b*
> *sed est a*
> *quare non est b*'

vel ita:

> '*sed est b*
> *quare non est a*'.

Sunt igitur ex disiunctis quos posuimus sillogimi octo numero ad modum simplicium ipoteticarum, quatuor quidem per assumptionem antecedentis, quatuor per assumptionem consequentis. Iuncti⟨s⟩ vero illi⟨s⟩ qui ex simplicibus coniunctis descendunt, his qui ex disiunctis earum veniunt, omnes sexdecim numero erunt. Sexdecim quoque ex his tractati sunt sillogismi qui ex cathegorica et ipotetica connectuntur. Ac rursus sexdecim ex illis que ex ipotetica et cathegorica iungebantur, quorum quatuor modo geminato ex his consequentiis in quibus ipotetica ad ipoteticam sequitur, triginta duo sillogismi manant. Unaquaque ⟨vero⟩ trium figurarum sexdecim sillogismos continet. Omnes itaque ipotetici sillogismi, de quibus satis est disputasse, centum viginti octo inveniuntur.

---

31 una quoque *V* ⟨vero⟩ *V*ᶜ   33 inveniuntur + PE· A· PALA· PERYPA· ANALETICO-
RUM POSTERIORUM POSTERIUS EXPLICIT· P· A· PERYPATETICI PALATINI DIVISIONUM· *V*

TRACTATUS QUINTUS
DE DIVISIONIBUS ET DIFFINITIONIBUS

LIBER PRIMUS
DE DIVISIONIBUS

LIBER SECUNDUS
DE DIFFINITIONIBUS

DE DIVISIONIBUS

⟨Introductio⟩

Dividendi seu diffiniendi peritiam non solum ipsa doctrine ne-
5 cessitas commendat, verum diligenter multorum auctoritas tractat.
Quorum nos quidem emulatores non ingrati eorum quoque vestigia
studiose amplectentes ad tuam, frater, immo ad communem omnium
utilitatem in eisdem desudare compellimur. Non enim tanta fuit anti-
quorum scriptorum perfectio ut non et nostro doctrina indigeat studio
10 nec tantum in nobis mortalibus scientia potest crescere ut non ultra
possit augmentum recipere. Quoniam vero divisiones diffinitionibus
naturaliter priores sunt, quippe ex ipsis constitutionis sue originem
ducunt, ut posterius apparebit[1], in ipso quoque tractatu divisiones merito
priorem locum obtinebunt, diffinitiones vero posteriorem. Que etiam
15 qualiter divisionibus ipsis necessarie sint, non pretermittemus, quibus
ita quoque adiuncte sunt ut eosdem terminos participent atque in
eadem materia consistant; unde et recte earum tractatus coniunximus,
de quibus deinceps disserendum est.

Quot modis 'divisionis' nomen sumatur

20 Est autem multiplex significatio nominis huius quod est 'divisio'.
Primo quidem et proprie divisio dicta est *oratio in qua aliquid per aliqua
dividi monstratur*, cum videlicet vel partium eiusdem diversitatem vel
significationum multitudinem aperimus, partium quidem sive divisibiles
sint, tamquam species, sive constitutive, que proprie partes nominantur.
25 Vocis autem multiplicis divisio secundum significationes fit, ut in sequentibus apparebit[2]. Est etiam 'divisio' nomen tam divisi quam dividentium. Est autem in hac divisione: '*substantia alia corpus, alia spiritus*',
substantia divisum, corpus autem et spiritus dividentia. Nomen autem
dividentium in eo invenitur quod in *Tertio Topicorum* Boetius locum | ab
30 enumeratione partium a di vi si o ne esse dixit[3]. Utriusque etiam, sive
divisi sive dividentium, ponitur, ⟨cum⟩ in *Libro Divisionum* idem ait[4]
quod divisionibus iunctis una componitur diffinitio, sicut in sequentibus
monstrabimus[5]. Divisio quoque dicitur ipsa partium actualis vel in-

f. 191ᵛ

21 proprie *Vᶜ* propositione? *V*   23 significationum *c* significatione *V*   31 ⟨cum⟩ *Vᶜ*

[1] *infra*, pp. 591-592.   [2] *infra*, pp. 562-572.   [3] *De top. diff.* III, 1200 A¹¹-B⁷.
[4] *De divis.*, 880 C¹³⁻¹⁴.   [5] *infra*, pp. 591-592.

tellectualis distributio. Unde idem in *Divisionibus*: „oportet, inquit[1],
non omnia speculari quasi actu dividantur, sed quasi animo et ratione, ut
vinum ⟨aqua mixtum in vina⟩ aque mixta actu ipso dividimus: in vinum
vero et aquam, ex quibus mixtum est, sola ratione: hec enim iam mixta
separari actu non possunt. "   5

Cum autem tot modis, aut fortasse pluribus, '*divisionis*' nomen
sumatur, de propria tantum ac prima significatione ipsius in presenti
nobis tractandum est, hocest de orationibus ipsis per quas aliquid per
aliqua dividi monstramus. De his namque tantum in *Libro Divisionum*
Boetius intendit quarum terminos eosdem cum terminis esse diffinitio-   10
num, quas etiam orationes esse certum est, docuit. Inde etiam certum
est divisiones de quibus intendit, sicut et diffinitiones, orationes esse,
quod ait[2]: „fieret autem omnis divisio omnisque diffinitio duobus terminis tantum, nisi..... indigentia que sepe existit in nomine prohi-
beret." Hee vero orationes quas divisiones appellamus, multiplices   15
sunt propositiones; cum enim dicimus: '*animal aliud rationale, aliud
irrationale*', duas hic comprehendimus propositiones, ac si videlicet
diceremus quoddam animal rationale esse et quoddam aliud irrationale
esse. Nunc autem eas divisiones quas Boetii auctoritas distinxit, nos
quoque tractandas suscepimus. Si qua vero ex nobis ad doctrinam   20
ponantur, non pigeat. Hic igitur omnium divisionum alias se c u n d u m
se, alias s e c u n d u m   a c c i d e n s esse dixit[3].

Divisionum divisio

Que vero secundum se dicuntur, hoc modo subdividit, alias
dicens esse g e n e r i s   i n   s p e c i e s, alias v o c i s   i n   s i g n i f i c a t i o n e s,   25
alias t o t i u s   i n   p a r t e s. Quarum differentias ab invicem diligenter
perquirit; earum quoque quas secundum accidens esse voluit, tres
species ponit, cum videlicet vel subiectum in accidentia sua, vel accidens
in subiecta, vel accidens per coaccidens distribuitur, que per singula
colligentur. Sunt itaque sex divisiones de quibus tantum Boetium egisse   30
videmus, tres quidem quas secundum se esse dixit, tres vero secundum
accidens. S e c u n d u m   s e autem istas dici arbitror ad distinctionem
illarum que accidentia recipiunt, sive in diviso, sive in dividentibus,

---

1 oportet + autem *b*   3 ⟨aqua..... vina⟩] *coll. b* mixtum + dividimus *b* mixta *Vc*
mixtum *V* haec (hoc?) actu (dividimus) *b* in vinum vero *V* dividimus etiam in vinum *b*
4 sola *V* haec *b*   5 actu separari *b*   6 totot *V*   13 definitio omnisque divisio *b*   13-14
terminis + (tantum) *b*

[1] *De divis.*, 888 B5-10.   [2] *Ibid.*, C7-10.   [3] *De divis.*, 877 B4 *e.q.s.*; 878 D5-7.

sive in utroque. Quod itaque dixit 'secundum se', tale est ac si accidens excluderet sic: hocest non secundum accidens. Sic quoque Porphirius, cum differentias alias per accidens esse, alias per se diceret[1],
nichil aliud in eo quod 'secundum se' dixit intellexisse dicitur, nisi quod
5 eas per accidens inherere speciebus denegavit, quibus scilicet substantialiter insunt. Hee itaque divisiones per se, hocest non secundum accidens,
fiunt in quibus neque accidens cum subiecto neque cum coaccidente
ponitur, ut sunt ille tres quas prius posuimus, de quibus primo loco
nobis tractandum est.
10   Fit igitur divisio generis in species, quotiens genus per
species suas dividitur hoc modo: '*substantia alia corpus, alia spiritus*';
rursus '*corpus aliud corpus animatum, aliud inanimatum*'; hic enim genera
per species suas dividuntur; substantia quidem per corpus et spiritum,
corpus vero rursus per animatum et inanimatum.
15   Vocis autem ea divisio dicitur, quando vocis multiplicis diverse
significationes aperiuntur, vel vox unum significans diversis modis
quibusdam attribuit⟨ur⟩; vocis autem multiplicis diverse significationes
ostenduntur, vel quando nominis equivocatio demonstratur, vel quando
multiplicis orationis intellectus distinguuntur. Vox autem equivoca per
20 res significatas hoc modo dividitur: ''*canis*' et latrabilis animalis nomen est
et marine belue et celestis sideris*'; vel ita: ''*amplector*' et actionem significat
et passionem*'. Multiplex quoque oratio in eos intellectus quos designat,
hoc modo dividitur: hec oratio: '*mancipium defert pomum*', et hunc
intellectum designare potest quod puer deferat pomum, et hunc: quod
25 pomum deferat puerum; etsi enim hic falsus sit, eque tamen ex ipsa
verbi constructione haberi potest. Vocis autem secundum modos divisio
ita perficitur: '*infinitum aliud dicitur secundum tempus, aliud secundum
numerum, aliud secundum mensuram*'. Secundum tempus quidem dicimus
⟨Deum⟩ infinitum, cuius superne vite terminus secundum tempus
30 inveniri non potest. Sic et mundum infinitum dicere possumus. Idem
quoque secundum mensuram sue magnitudinis, que a nobis comprehendi non potest, infinitus vocari potest; harena vero maris infinita
secundum multitudinem sui dicitur. Cum autem diversis modis ista
infinita dicantur, una tamen diffinitione de omnibus istis '*infiniti*' nomen
35 predicatur, que est huiusmodi: *cuius terminus inveniri non potest sive
secundum magnitudinem sive secundum multitudinem sive secundum tempus*;
unde hanc vocem Boetius non multa significare, sed multis modis, voluit[2].

---

17 attribuit⟨ur⟩ c   18 nominis *V*c nos *V*   29 ⟨deum⟩ *V*c

1 Vide Boeth., *In Isag.*, 248[17]-249[1].   2 *De divis.*, 899 A[11-14].

Totius vero divisionem fieri Boetius voluit[1] quotiens totum in proprias partes dividimus, sive ille partes constitutive sunt, sive divisive. Partes proprie ille quoque que divisive sunt, appellantur que tantum partes divisi sunt, non etiam species, ut Socrates et Plato hominis. Quod enim specialissimum est, speciem non continet. Sive 5 ergo ita dixerimus: 'domus alia pars paries, alia tectum, alia fundamentum, sive hoc modo: 'homo alius Socrates, alius Plato', et sic de singulis, utramque divisionem a toto Boetius dicit; sed prima quidem ab integro fuit, secunda vero ab universali.

Nunc autem positis exemplis de his tribus divisionibus que 10 secundum se dicuntur, ad alias tres transeamus, quas secundum accidens idem vocavit. Hee vero sunt huiusmodi, cum vel subiectum in accidentia vel accidens in subiecta sua vel accidens in coaccidentia dividitur; subiectum quidem in accidentia sua sic: 'corpus aliud album, aliud nigrum, aliud medio colore coloratum', et rursus: 'albedo alia clara, alia obscura'. 15 Non enim in nomine subiecti solam substantiam que sust⟨ent⟩amentum est omnium accidentium, accipimus, verum quamlibet essentiam quamcumque formam ita suscipientem ut preter eam subsistere queat. Accidentis vero in subiecta hoc modo fit divisio: 'album aliud animatum corpus, aliud inanimatum'. Accidens autem in coaccidentia dividitur hoc 20 modo: 'album aliud durum, aliud molle'. Nam et divisum et dividentia in eodem subiecto simul reperiuntur, in hoc quidem albedo simul et duritia, in illo vero albedo et mollities. Non enim aliter fit huiusmodi divisio, nisi eidem divisum et dividentia coaccidant. Omnium autem divisionum exemplis appositis singulas diligenter tractemus ac deinde earum 25 communitates ac differentias annotemus.

Divisio generis

Ac prior generis divisio occurrat, quam priorem inter divisiones secundum se computavimus[2]. Genus igitur illud esse Porphirius terminavit[3] quod de pluribus specie differentibus, in eo quod quid sit, pre- 30 dicatur; speciem[4] vero id quod sub genere statim ponitur, aut de quo | genus statim in quid predicatur, hocest in proximo loco. Nam etsi individua quoque generi supponantur ac de ipsis quoque etiam genera in quid predicantur, quare species interiacent, primo loco de speciebus genera dicuntur ac proprie ac principaliter in species tantum proximas genus 35 dividitur. Unde Boetio teste[1] divisio generis ita describitur: distributio generis in proximas species. Cum autem generis in species distributio fit,

2 illae c illas V   30 quod] que V   36 generis] genus V

[1] De divis., 877 C¹²-D⁶.   [2] supra, p. 536²⁴⁻²⁵.   [3] Vide Boeth., In Isag., 180¹⁻².
[4] Vide ibid., 203⁹⁻¹¹.   [5] De divis., 884 C⁶⁻⁷.

non solum ipsa specierum nomina ponuntur, verum etiam diffinitiones
ipsarum quandoque pro nominibus assumuntur; nunc etiam, ut Boetio
placet[1], differentiarum vocabula aut negationem pro specie usurpamus.
Diffinitiones quidem hoc modo: *substantia alia substantia corporea, alia*
5 *substantia incorporea*. Nam *substantia corporea* diffinitio est corporis,
substantia vero incorporea spiritus. Differentiis quoque solis quandoque
abutimur hoc modo: *substantia alia corporea, alia incorporea*; modo etiam
negatione sic: *substantia alia est corpus, alia non est corpus vel est non-*
corpus. Negationis enim vocabulum hoc loco ad infinitum quo⟨que⟩
10 vocabulum extendit. At vero numquam vel diffinitiones vel differentias
vel negationes in distributione generis induci voluit nisi penuria nominum
specialium compellente, quando videlicet ipse species propriis nominibus non sunt designate, sicut *animata corpora et inanimata*, *rationalia*
animalia et irrationalia. Sin semper nominibus specierum habundaremus,
15 non esset locutio vel per diffinitiones multiplicanda aut per differentias
aut negationes usurpanda. Cum enim vel vocabulum differentie vel
negationem pro specie ponimus, que in ipsis proprie intelligi non potest,
magna est in utroque vocis abusio. Nam *rationale* quod a *rationalitate*
sumptum ipsam proprie significat, licet speciem tantum animalis nomi-
20 net, que est animal rationale, tamen specialis nominis sententiam plene
non continet, cum materiam in sententia[m] non retineat, sed solam
formam determinate significat⟨am⟩. Alioquin tantu[m]dem diceret *ratio-*
nale quantum *animal rationale*. Negatio vero, que non solum in his que
sunt, verum etiam in his que non sunt, consistit, quippe nullam ponit
25 essentiam, immo scilicet specialem substantiam removet atque perimit,
multo minus proprie pro specie sumitur. At vero diffinitionem non ita
ex demonstratione significationis calumniari licet, sed magis ex prolixitate sermonis, quando scilicet pro simplici dictione tota fungimur
oratione. Si enim ad significationem intendamus, melius explicatius res
30 ipsa per diffinitionem quam per nomen demonstratur. Recte igitur
secundum modum significandi diffinitio speciei pro ipsa specie ponitur,
in qua et speciei materia et forma continetur, ac sicut in constitutione
rei materia formaque conveniunt, ita in diffinitione ad rem ipsam de-
notandam bene coniunguntur nomen materie et vocabulum forme hoc
35 modo: *substantia corporea*, *corpus animatum*, *animal rationale*. Sunt
autem materie nomina que generalia sunt *substantia*, *corpus*, *animal*;
sumpta vero a differentiis *corporeum*, *animatum*, *rationale*, que formas
determinant.

6 differentias *V*   10 differentie *V*   11 negationi *V*   13 et] vel *V*

[1] *De divis.*, 881 B-C *e.q.s.*

Notandum vero est quod licet diffinitiones id quod de specie significant, manifestius faciant et explicatius quam vocabulum speciei, plura tamen fortasse in nomine speciei continentur quam in diffinitione, ut 'hominis' nomen, — cuius hec est diffinitio: 'animal rationale mortale' — non solum rationalitatem et mortalitatem determinat, verum etiam 5 ceteras 'hominis' differentias, ut sunt bipes et gressibile; atque ideo quantum ad maiorem notationem specierum nomina necessaria, diffinitiones vero ad expressiorem determinationem quandoque sumuntur. In eo autem quod differentiarum vocabula atque ipsarum negationem in divisione generis Boetius venire voluit, tres oppositionis species huius- 10 modi divisioni aptavit[1], oppositionem scilicet contrariorum vel privationis et habitus seu etiam affirmationis et negationis; quartum vero oppositionem, que relativorum est, omnino ab ea separavit[2]. Cum enim premisisset[3] omnem generis divisionem per opposita fieri hoc modo: 'animal aliud rationale, aliud irrationale', non ita: 'aliud rationale, aliud 15 bipes', quoniam 'rationale' et 'bipes' nulla oppositione distinguuntur ex qua contra se in eadem divisione ponantur, investigare cepit[4] que de oppositionibus quatuor huic divisioni congruerent. Ac prius eam aptavit que in affirmatione et negatione consistit, quod tamen faciendum non esse dixit[5] nisi maxima necessitate cogente, quando scilicet nec 20 nominibus specierum nec differentiis habundamus. Magis enim differentie nomen speciei affine est quam negatio, secundum id ⟨scilicet⟩ quod qualitatem significat, que adveniens generi substantiam speciei constituit. Ille vero divisiones que per differentiarum vocabula fiunt, et per contraria et per privationem et habitum fieri dicuntur. Fere enim 25 omnes differentie contrarie sunt, que etiam nomine habitus et privatorio sepe designantur, ut sunt 'animatum' et 'inanimatum', 'sensibile' 'insensibile', 'mortale' 'immortale'. Nam 'privationis' et 'habitus' nomen non solum ad formas illas Boetius detorquet quas Aristotiles tamquam diversam omnino oppositione⟨m⟩ a contrariis ponit[6], verum etiam ad 30 vocabula extendit[7] que privatoriam particulam habent, et ad eorum opposita, que etiam contraria dicuntur adinvicem, ut sunt 'animatum' 'inanimatum' etc. Relativorum vero oppositionem a divisione generis ideo separasse creditur quod nulle differentie sunt relationes, immo omnes dicuntur qualitates nec bene 'accidens' pro specie ponitur, 35 quod nichil in substantia speciei facit, cum non sit ei substantiale. Ipsa etiam que relativa sunt, non ita sibi oppugnant ut non sibi quodam-

---

3 notationem V^c notitiam V 8 quandoque] qnque V 9 ipsam V 22 ⟨scilicet⟩ V^c

[1] De divis., 881 D⁵ e.q.s.   [2] Ibid., 884 B⁶⁻⁸.   [3] Ibid., 881 C¹² e.q.s.
[4] cepit = coepit [5] De divis., 882 B¹²⁻¹⁵. [6] Categ. 10, 12 a 26 e.q.s. [7] De divis., 883 B⁷⁻⁸.

modo adhereant ac de se ipsis quodammodo predicentur. Nam et qui
pater est, filius esse potest et qui magister est, discipulus. Unde recte
contra se in divisione eiusdem generis poni possunt neque pro speciebus
omnino disiunctis a se collocari. Sicut enim prohibemus dicere in
5 differentiis: 'animal ⟨aliud⟩ rationale, aliud bipes' propter coherentiam
quam habent ad invicem 'rationale' et 'bipes', ita nec convenit dici
'animal aliud pater, aliud filius', cum eque idem et pater sit et filius
secundum diversos. Aut etiam si contingat genus per relativa dividi
ita ut quibusdam adiectionibus maxima dividentium oppositio denotetur
10 hoc modo: 'animal aliud pater tantum, aliud filius tantum, aliud utrumque,
aliud neutrum', hec subiecti in accidentia divisio erit, non generis in
species aut in talia que bene pro speciebus ponantur. Non autem † genus
illud est quod relatio vel cetera in predicamento Ad aliquid in species
suas dividi prohibemus hoc modo: 'relatio alia paternitas, alia filiatio'
15 vel alia, sed id tantum innuere voluit eas non ita pro speciebus in quibus
insunt, poni quemadmodum differentie que eis substantialiter adherent
atque eas ab invicem separant et omnino disiungunt.

    Nota autem quod, licet Boetius dixerit[1] et oppositiones
quatuor esse et genus per opposita separari, sepe tamen extra illas
20 quatuor oppositiones generis divisio proponitur, cum videlicet species
ipse que dividunt, nec contrarie sunt nec privatio et habitus nec
relationes, ut sunt omnes substantie species aut | quantitatis atque alie   f. 192ᵛ
multe.

    Iuvat autem nunc diligenter perquirere, ⟨cum⟩ dicitur divisio
25 generis fieri per differentias atque in loco specierum differentie poni
dicuntur, utrum per differentiarum nomina ipsas ⟨formas⟩ specierum
accipiamus an potius ipsa vocabula differentiarum intelligamus, que a
quibusdam sumi dicuntur in officio specialium nominum ac pro speciebus
designandis usurpari, ut tantumdem 'rationale' valeat quantum 'rationale
30 animal' ac tantumdem 'animatum' quantum 'animatum corpus', ut non
solum forme significatio, verum etiam materie teneatur in nominibus
differentiarum. Que quidem sententia W.[2] magistro nostro prevalere
visa est. Volebat enim, memini, tantam abusionem in vocibus fieri
ut, cum nomen differentie in divisione generis pro specie poneretur,
35 non sumptum esset a differentia, sed substantivum speciei nomen
pone⟨re⟩tur. Alioquin subiecti in accidentia divisio dici posset secundum
ipsius sententiam, qui differentias generi per accidens inesse volebat.

---

5 ⟨aliud⟩ Vᶜ 9 abiectionibus V 24 ⟨cum⟩ Vᶜ 26 ⟨formas⟩ Vᶜ 33 visum V 36 pone⟨re⟩tur c

¹ De divis., 881 D e.q.s.   ³ Willelmo Campellensi (?); vide Introd., p. XXI.

Per nomen itaque differentie speciem ipsam volebat accipere; unde Porphirius, cum de differentiis ageret: „per eas, inquit[1], genera in species dividimus." Ipsum etiam infinitum speciei in designatione opposite speciei maiori abusione usurpabat, veluti, si dicatur: 'substantia alia corpus, alia non-corpus', 'non-corpus' in designatione tantum spiritus 5 accipitur nec est infinitum in significatione, sed substantivum nomen et speciale. Unde Boetius[2]: „necesse est autem ⟨sepe⟩ speciem negatione componere cum ea quam simplici nomine species." Volebat enim omnem divisionem secundum se iuxta auctoritatis propositam[3] divisionem vel generis in species esse vel totius in partes vel vocis in 10 significationes.

At vero nichil obest si in ea annumeratione divisionum secundum se non sint comprehense huiusmodi divisiones que vel in differentias ⟨vel⟩ in negationem facte adduntur necessitate postea incumbente, cum videlicet speciebus vocabula desunt. Sic enim et divisionem vocis in 15 modos postea adiunxit[4], quam prius non connumeraverat aliis. Amplius si differentiarum vocabula vel infinita nomina in significatione nova usurparemus pro ipsis specierum nominibus, nullum pondus littera haberet, cum ipse Boetius in Libro Divisionum propter divisionem generis in differentias differentiarum naturam ita diligenter tractaverit, et ea 20 diffiniat et quomodo cognosci queant, studiose requirat. Qui etiam cum in negatione specierum sententiam contineri negaret his verbis[5]: „negatio per se nullam speciem facit; nam cum dico 'homo'" etc., adiunxit, cum de ordine eius divisionis loqueretur, prius affirmationem aut simplex nomen proferendum esse quam totam negationem aut in- 25 finitum nomen; „nam si prius, inquit[6], negatio dicta sit", etc.

At vero si ipsum etiam infinitum nomen specialem teneat significationem, quare propter facilitatem intellectus illud prius proferendum est quam istud, cum nichil significatio istius ad significationem illius attineat, quia omnino diversam speciem ponit? Amplius: sepe 30 etiam ipsa oratio in divisione generis venit, sicut infinitum nomen. Sicut enim dicimus: 'animal aliud homo, aliud non-homo', ita etiam proponimus: 'animal aliud est homo, aliud est non-homo'. Nullo tamen modo oratione negativa speciem volemus intelligere. Dicimus itaque infinitum nomen sive totam negationem non ita pro speciebus poni ut in ipsis significa- 35

2 eas + enim b inquit] inquid V   3 speciei V nomen c   5 spiritus V speciei ex species male legens c   7 ⟨sepe⟩] coll. b   20 tractatum V   22 negatione V[c] significatione V   30 qui V qui⟨a⟩ c   34 volumus c

[1] Vide Boeth., In Isag., 2 547[7-8].   [2] De divis., 882 B[6-7].   [3] Ibid., 877 B[8]-878 A[12].   [4] Ibid., 888 D[7]-889A[4].   [5] Ibid., 882 A[12-13].   [6] Ibid., 882 C[3].

tionem specialium nominum intelligamus, sed ita ut ibi posita intelligantur ubi specialia nomina, si haberentur, ponerentur. Idem et de
nominibus differentiarum sciendum est, ut non quidem substantiva, sed
sumpta a differentiis sumantur, posita tamen loco specierum. Oportet
5 enim in eadem significatione vocabula differentiarum sumi in divisione
generis in qua significatione ipsa in diffinitione speciei ponuntur, cum
scilicet nomini generali adiacent. Sic enim ex divisionibus generis in
differentias Boetius diffinitiones specierum desce⟨n⟩dere docuit[1], ut
diviso generali nomini dividens differentie vocabulum copuletur. Unde
10 ipse in *Primo Divisionum* cum eamdem divisionum et diffinitionum materiam esse ostenderet: „in eodem, inquit[2], divisionis et diffinitionis
ratio versatur, nam divisionibus iunctis una componitur diffinitio", idest
coniuncto uno de vocabulis differentiarum dividentibus diviso nomini
generis una fiet diffinitio speciei. „Quecum⟨que⟩ enim, inquit[3], ad ge-
15 neris divisionem sumenda non sunt; neque ad diffinitionem speciei sunt
commoda: omne enim quod ad divisionem generis natum est, idem ad
diffinitionem speciei rectissime congregamus." Sed hoc quidem de his
divisionibus dixit que in differentias fiunt, non de his que sunt per
species; species namque in diffinitione speciei non venit, nisi genus
20 quoque fuerit. At vero differentie quecumque genus dividunt, eedem
quoque speciem diffiniunt. Unde etiam Porphirius, cum de huiusmodi
differentiis loqueretur: „quoniam ergo, inquit[4], eedem differentie
aliquo modo quidem accepte sunt constitutive, aliquo autem modo
divisive, specifice omnes vocantur; et his maxime opus est ad divisiones
25 generum et diffinitiones specierum, sed non his que sunt secundum
accidens."

Si quis autem opponat, cum genus per differentias dividimus,
ipsam divisionem subiecti in accidentia omn⟨ino posse dici⟩, potest dici
eam tantum divisionem a Boetio subiecti in accidentia vocari que in
30 pura fit accidentia, nulli videlicet speciei divisi⟨m⟩ substantialia; aut
potius, sicut in nostra fixum est sententia, nullo modo inter accidentia
differentias admittamus. Quod autem Porphirius per differentias genus
in species dividi dixit[5], secundum eam dictum est sententiam qua
naturam generalem in species redigi atque distribui per susceptionem

1-2 intelligantur *V*c intelliguntur *V*   2 ubi *c* nisi *V*   9 divisa *V*   11 definitionisque *b*
14 quecum enim *V* sed haec *b*   16 aptum *V* natum *b*   22 inquit] in quid *V* eaedem (differentiae) *b*   23 sunt *V* fiunt *b* modo autem *b*   25 (specierum) *b*   25-26 quae secundum
accidens inseparabiles sunt *b*   28 omn⟨ino posse dici⟩] fieri *c*   34 redigi *V*c dividi *V*

[1] *De divis.*, 880 A[10] *e.q.s.*   [2] *Ibid.*, 880 C[12-14].   [3] *Ibid.*, 881 A[1-4].
[4] Vide Boeth., *In Isag.*, 260[6-10].   [5] *Ibid.*, 254[7-8].

differentiarum realiter voluit; aut potius per differentias genus in species dividi voluit, cum earum vocabula adiuncta nomini generis speciem designant atque diffinitionem speciei componunt, hoc modo : 'animal aliud rationale animal, aliud irrationale animal'. Cum autem genus aut in species aut in differentias solvitur, non in posteriores sed in superiores dividen- 5 dum est; ut enim supra meminimus[1], divisionem generis determinant distributionem in proximas species. Porphirius tamen animatum quoque et inanimatum, sensibile et insensibile divisivas substantie differentias vocavit[2]. Quecumque enim divisive sunt inferioris, et superioris. Sed quecumque constitutive sunt superioris, constitutive sunt inferioris; 10 sic quoque et quecumque species inferioris sunt, et superioris, et quecumque genera superioris sunt, et inferioris speciei genera erunt.

Proprie tamen genus in proximas tantum vel species vel diffe- rentias dividitur. Quecumque enim magis sunt proxime, magis sunt naturaliter affines et ad demonstrationem generis magis utiles. Si autem 15 genus semper vel in proximas species vel in proximas differentias divideretur, omnis divisio generis, sicut Boetio placuit[3], bimembris esset. Voluit enim ut unumquodque genus duas in natura proximas species ⟨haberet⟩ quibus sufficienter hereret, quarum nomina si haberemus, omnis divisio generis semper in duas species compleri posset; sed hoc 20 interdum fieri nequit, cum nominibus specierum non habundamus.

f. 193ʳ   Hoc autem | ad eam philosophicam sententiam respicit que res ipsas, non tantum voces, genera et species esse confite[n]tur; sed ad hec, memini, obiectionem de relatione habebam. Si enim in omnibus id contingit generibus, ut duabus proximis speciebus contineantur, 25 utique et ad aliquid duabus proximis speciebus comprehenditur quibus sufficienter dividitur. Licet enim earum nomina non habeamus, in natura tamen rerum non minus consistunt, sed ad supremum genus non possunt ⟨referri⟩. Quippe id quod omnibus relativis prius est, genus omnium est ; simul cum ipsis non est; unde nec relativum est ad ea; omnia enim ad 30 aliquid simul esse natura Aristotiles in Predicamentis docuit[4]. Ex eo quoque ad ipsum referri non possunt due ille species, quia eiusdem diversa non possunt esse relativa, sicut nec contraria, nec privatio eius⟨dem⟩ vel habitus, nec affirmationes proprie vel negationes multe erunt eiusdem, sed, ut in Libro Periermenias dictum est[5]: „una tantum 35 unius." Sed nec ad subiectas species referri possunt. Si enim aliqua

4 rationale] [ir]rationale Vᶜ   6 divisio[nem] c determinat[um] male legens c   19 ⟨habe- ret⟩ c   28 tamen c tantum V   29 ⟨referri⟩ c   34 eius⟨dem⟩ c

1 supra, p. 538³⁴⁻³⁵.   2 Vide Boeth., In Isag., 258¹⁶⁻¹⁸.
3 De divis., 883 C⁷⁻⁸.   4 Categ. 7, 7 b 15.   5 De interpr. 8, 18 a 12-13.

illarum specierum ad inferiores specierum ⟨ad⟩ *aliquid* referatur, itaque
vel ad sibi suppositam vel ad suppositam alteri. Sed ad suppositam sibi
non potest, cum prior in natura sit ut genus. Quodsi hec ad speciem illi
suppositam et illa ad speciem isti suppositam referatur, necesse est
5 alteram altera priorem et posteriorem esse in natura. Quo⟨d⟩ enim prius
est vel posterius aliquo eorum que natura simul sunt, altero quo⟨que⟩
prius esse vel posterius necesse est. Hec autem specierum, secundum
id[em] quod genus est relativi speciei coequeve, prius est ipso, et
tamen prior est quoque coequeva, specie, et eodem modo illa ⟨e⟩con-
10 verso prior ista, ut scilicet quelibet altera prior sit ac posterior in
natura ac se ipsa etiam; quod quidem facilius apparebit, si predicamenti
collectionem litteris designemus ordinemque ipsius tali figura distinguamus. Si itaque hinc *C* et *D*, illinc vero *B* et *L* relativa ad se invicem
fuerint, cum *B* prior *D* fuerit tamquam specie sua, *D* vero simul *C*
15 suo relativo erit, utique et *B C* precederet; quare et *B* speciem ipsius et
suum relativum; unde et se ipsum. Amplius manifestum est secundum
hanc relationem una inferiorum specierum destructa totum perire predicamentum, ut si *D* destruatur, tam *B* quam *C* necesse est interire, que
totum generalissimum comprehendunt; *B* quidem genus suum necessario
20 perimit, *C* scilicet relativum ipsius, idest ⟨si⟩ *L* destruat, proprio relativo,
C scilicet, destructo, quod *L* genus erat, *L* necesse est per ipsum
perimi, cum suum sit relativum. Itaque *D* perempto tam proxima genera
quam sumptum perimitur. ⟨Cum enim *D* relativum sit ad *C*, destructum
destruit ipsum. Sed rursus *C*, cum sit genus *L*, perimit *L*, quod erat
25 relativum ad *B*, et ita *B* quoque interimit. Itaque *D* destructo tam *B*
quam *C* destruitur, et ita relatio⟩. Sed ante *B* et *C* ad se invicem referri
dicamus, quod verius videtur, et singula alia coequeva ad se; ⟨cetereque
omnes coequeve species sub generibus suis ad se invicem referantur⟩
ut *D* et *F* inter se et rursus *G* et *L*, similiterque alia, si qua sunt coe-
30 queva, ⟨sub inferioribus generibus⟩ invicem referantur. Iam una
existente specierum ad **aliquid**, omnes oportet simul existere, ut
cum *D* existat et *B* suum genus necessario existit; *B* vero existente necesse
ipsius relativum *C* consistere; *C* autem non consistet nisi per aliquam
suarum specierum que, quia alii relativa est, per se subsistere non potest,
35 sed et aliam necesse est existere. Una itaque existente specierum *ad
aliquid* omnes alias existere continget; quod apertissime falsum est;

Relatio

B   C

D F G L

1 ⟨ad⟩ *c*   5 quo⟨d⟩ *c*   12 ordinem quoque *V*   16-17 secundum hanc relationem *V* in
ha[n]c relatione[m] *male legens c*   19-23 [*B* quidem..... perimitur] *V^c*   23-26 ⟨cum
enim..... relatio⟩ *V^c*   27 [et singula..... ad se] *V^c*   27-29 ⟨cetereque..... referantur⟩ *V^c*
30 ⟨sub..... generibus⟩ *V^c*

neque enim alicuius alterius speciei existentiam exigit preter eius cum qua simul est et ad quam refertur; neque enim pater servum vel discipulum esse exigit, sed tantum filium. ⟨Si vero cum a proximis speciebus *ad aliquid* ad individua sua descendimus per genera subalterna vel species, non coequeve species eiusdem generis inter se referantur, sed species 5 unius dividentium generum ad species alterius sub eodem genere positorum, sicut animati et inanimati species inter se, oportet duabus speciebus existentibus omnes alias existere. Si vero species proxime speciei ad species alterius referantur, sicut species corporis ad species spiritus, non est hoc necesse.⟩ Nota itaque huius predicamenti ge- 10 neralissimum duabus contineri speciebus; aut nos itaque in his ultra quam oporteat subtiles sumus, aut, si auctoritatem salvam conservemus, non ad omnium predicamentorum genera respexit. Sicut et in eo quod de speciebus in multis operibus suis confirmat — omnem scilicet ex materia generis per formam differentie constituit, quod propter in- 15 finitatem specierum in omnibus teneri non potest; sed ad *Substantie* predicamentum illud referendum est — sic et istud fortasse.

Atque hec quidem ad tractandas proprietates divisionis generis sufficiant.

Totius 20

Sequitur autem ut divisionem totius in partes tractemus, que secundum obtinebat locum inter divisiones secundum se; 'totum' autem aliud secundum substantiam, aliud secundum formam, aliud secundum utrumque dicitur. Totum autem secundum substantiam aliud secundum comprehensionem quantitatis, quod dicitur 25 integrum, aliud secundum diffusionem communis essentie, quod universale est; ut cum species suis distribuitur individuis hoc modo: 'homo alius hic, alius ille'. Quorum quidem totum secundum substantiam ipsa recte dicitur, cum tota ipsorum ipsa sit substantia; sed non ita genus specierum; quippe preter genus etiam differentia speciei 30 inest in substantia, sed post speciem nichil est quod in substantia individui veniat. Unde ipsa totum recte individuorum dicitur, quorum tota est substantia; unde et Porphirius ait[1] ipsa individua speciei partes dici, non species; hoc autem totum universale esse apparet quod de singulis predicatur partibus, integrum autem minime, sed de omnibus 35 simul collectis, ut hec domus de his parietibus et hoc tecto et hoc

3-10 ⟨si vero..... hoc necesse⟩ *V^c*   5 coaequaevae *c* coequevas *V^c*   16 substantiae *c* subiectum *V*   36 tecto] toto *V*

[1] Vide Boeth., *In Isag.*, 212^15-16 et 215^18-216^2.

fundamento simul acceptis. Hoc autem quod integrum est, universale
non potest esse, quippe partes in quantitate universalitas non habet, sed
in sue communitatis diffusione permulta de quibus singulis predicatur.
Integrum autem singularem ad se predicationem habet, ut Socrates qui
5 ex his est compositus membris. Quod autem Plato, sicut in *Isagogis* suis
Porphirius meminit¹, in specialissim⟨a a generalissim⟩is descendentem
quiescere iubeat, ne usque ad individua divisionem porrigat, non
quantum ad naturam dictum est, sed quantum ad individuorum multiplicitatem ac permutationem, quorum quidem subsistentia generationi
10 ac corruptioni subiecta est, nec eam habet permanentiam quam universalia tenent, que quidem existere necesse est quolibet ex his individuis quibus diffusa sunt, existente. Infinitas autem ista quam non facit
natura rerum, sed nostra inscientia atque existentie mobilitas in his
quidem diu persistere non possunt individuis, ut in primis animalium
15 subiectis aut immobilium accidentium individuis divisionis impedit actum, non naturam. Posset enim natura pati ut et ea que permittantur
individua nostram exspectarent divisionem et nostram haberent cognitionem. Quod autem divisionem per specialissima reliquit cum ipsa infinita
videantur, cuncta simul consideremus, ideo factum secundum plurali-
20 tatem suam arbitror quare, ut et Boetius voluit², secundum unamquamque divisionem due sufficiunt species ad genus proximum dividen-
dum, sed non duo individua; sed quantumcumque sunt, apponenda sunt,
quippe equaliter a sua distant specie quorum ipsa, ut dictum est, tota
est substantia. Hanc igitur etiam divisionem quantum ad naturam nobis
25 Boetius tradidit, cum omnium divisionum doctrinam exsequeretur
quam Plato relinquendam esse ex actu ipso individuorum | dixerat.   f. 193ᵛ

     Horum autem totorum que integra sive constitutiva
dicuntur, alia sunt continua, ut hec linea que continuas habet
partes, alia non, ut *hic populus*, cuius partes disgregate sunt; horum
30 autem totorum divisio non ita eodem casu, idest nominativo, profertur
quo divisio universalis. Quod quidem illud impedit quod ad singulas
partes predicationem, que nominativo fit, non habet id quod est
integrum, sed ita eam proferri genitivo convenit: '*huius linee alia pars
est hec lineola, alia illa*' vel '*huius populi alia pars hic homo, alia ille*'. In
35 quibus quidem secundum constructionem divisionis universalium non
ipsam lineam, sed partem linee per hanc et per illam dividi dicunt,
quasi sit divisio universalis totius, secundum id scilicet quod pars linee de

---

6 ⟨a a generalissim⟩is] *coll. b* descendentem] *coll. b* dividentem *V*   23 a *Vᶜ* ad *V*

¹ Vide Boeth., *In Isag.*, 225¹³⁻¹⁷.   ² Cf. *De divis.*, 883 C⁷⁻⁸.

singulis illis partibus habet predicari ac talis fit forma constructionis: 'pars huius linee alia est hec, alia illa'. De hac enim per se ac de illa pars linee enuntiatur. Sed in omnibus sensus atque intentio magis est insistendus quam verba. Non enim attendimus partis predicationem ostendere, sed totius compositionem, quam quidem monstramus cum 5 hanc rem illius partem esse et illam ostendimus, etiam si formam divisionis per aliud et aliud non componamus, sed ita proferamus: 'hec et illa lineola sunt partes huius linee'. Unde et Boetius in Libro Divisionum totius fieri divisionem dicit[1], cum hominis partes esse Catonem, Virgilium et alios dicimus, ad sensum potius quam ad verba respiciens. 10

In his quidem totis unitas nature consistere non potest, in quibus partium disgregatio contingit. Neque enim res una est in natura hic populus, sed naturaliter plures, tot videlicet quot sunt ibi homines. Hanc enim totalitatem sola facit rerum pluralitas, non aliqua rerum secundum eamdem substantiam compositio. Neque enim eadem substantia ex 15 diversis animalium substantiis constitui potest in natura, ut hec membra in Socrate, aut coniungi hominum quoque operatione, ut hec ligna vel lapides in fabrica huius domus. Horum autem totorum partes que sola facit pluralitas, non necesse est eidem generali substantie supponi. Hec namque albedo et hic digitus in uno toto conveniunt; alterum tamen 20 substantie et alterum qualitati supponitur. Illas autem partes que in una compositi sui natura uniuntur, eidem generi supponi necesse est; quippe una potest esse substantia quam materialiter nature omnino discrete constituant nec eidem supponi generalissimo unum necessarium est in natura, cum nulli possi⟨n⟩t ap⟨t⟩ari predicamento, que in rerum 25 natura omnino sunt discreta. Ac fortasse in his quoque totis que nostra componit operatio aut ipsa natura disponit, sed non unit in substantia, ut de pu⟨n⟩c⟨t⟩is tenemus que lineam faciunt, partes omnes eiusdem generis esse contingit. Sicut autem divisio generis non per quaslibet species suas recte fiet, sed per proximas, sic nec divisio totius per 30 quaslibet partes suas propria erit, sed per principales. Si quis enim orationem per sillabas aut litteras diviserit, que primo loco partes partium sunt, idest dictionum, non recte fecisse videbitur, sed naturalis ordo est ut unumquodque per illa dividatur quorum conventu statim efficitur; oratio quidem per dictiones, hee vero per sillabas, sillabe 35 autem per litteras. Neque enim sillabe vel littere orationem primo loco constituunt, quod etiam ex significatione eius, quam ex se, cum

25 est c esse V possi⟨n⟩t c ap⟨t⟩ari Vᶜ   29 quelibet V

[1] De divis., 877 C12-D4.

significative non sint, non uniant, liquidum est. Que quidem significatio ex partibus ipsis in oratione contingit, idest dictionibus, que
sunt nomina aut verba.

    Est autem questio quas principales, quas secundarias
5 partes vocari conveniat; alii enim secundum constitutionem, alii
secundum destructionem has considerant. Hi namque eas principales vocant que partium partes non sunt, sed tantum totius, ut in hoc
homine animam et corpus, quibus coniungitur, vel in hac domo hunc
parietem et hoc tectum et hoc fundamentum. Qui vero principalitatem
10 secundum destructionem considerant, dicunt eas tantum principales esse
que substantiam totius destruunt, ut capud, quod abscisum hominem
perimit. Substantie vero destructionem ideo considerant: ad quantitatis
totius diminutionem cuiuslibet partis destructio sufficit, ut si hic etiam
unguis pereat, quantitas Socratis corporis eadem remanere non potest,
15 cum tanta iam non sit quanta prius erat. Sicut enim per adiunctionem
cuiuslibet totum crescit, sic per eius substrationem diminuitur. Cum
autem ungue adempto quantitas corporis eadem non remaneat, Socratice
tamen essentia substantie non videtur mutata; adhuc enim et homo et
Socrates dicitur. Sed non omnia illa que prius erant, secundum quanti-
20 tatem esse contingit, idest unguem cum ceteris omnibus partibus.

    Sed nunc quidem utramque sententiam perquiramus. Hi quidem
⟨qui⟩ principales partes eas solum vocant que partium partes etiam sint,
miror quare parietem aut tectum aut fundamentum principales partes
appellent. Nam si 'domus' bifariam divisionem consideremus, ut illinc
25 fundamentum per se partem unam constituamus, hinc autem alteram
partem ponamus parietem simul et tectum et fundamentum, inveniemus
aut parietem aut tectum partes partis. Sic quoque etiam quolibet composito quamlibet principalem partem secundum aliquam divisionem
possumus habere secundariam, ut in hoc etiam homine, si hunc pedem
30 per se unam partem dicamus et residuum corpus cum anima alteram
accipiamus, aut quamlibet secundariam principalem, ut hunc pedem qui
nullius partis secundum hanc divisionem pars invenitur. Contingit itaque
secundum diversos constitutionis respectus eiusdem compositi partes et
secundarias esse et principales et quaslibet utrumque habere.

35   Illi autem qui secundum totius destructionem in substantia principalitatem accipiunt, sepe partes quoque partium inter principales
recipiunt, ut capud, quod pars est corporis hominem ex anima et corpore
coniunctum constituentis. Sed utrum omnes partes destructe suum
etiam ⟨in⟩ substantia destruant totum, prius est inspiciendum. Quod

6 eas *c* ad eis *V*   14 eodem *V*   39 ⟨in⟩ *Vc*

utique videtur, ut quislibet lapillus huius parietis destructus hanc domum in substantia quoque destruit. Si enim hic lapillus non est, hec domus que ex ipso constat, in sua substantia non remanet, quippe nec existit; si autem ideo non existit, nec suam retinet existentiam. Quod autem hoc lapillo destructo hec domus non sit que ex ipso constat, clarum est, 5 si prius quid per 'hec domus' accipiatur, discernamus. 'Hec itaque domus' nichil aliud accipitur quam omnes partes eius insimul accepte. Cum autem et in partibus eius hic lapillus [non] contineatur, oportet hanc domum esse hunc lapillum et omnes simul alias partes. | Qui ergo existentiam huic domui attribuit, profecto eamdem huic lapidi et omni- 10 bus aliis simul partibus concedit; quippe nichil aliud est hec domus quam hic lapis et cetere simul partes omnes. Cum itaque hec domus existat, oportet hunc lapillum et ceteras omnes simul partes. Quod si hec omnium collectio simul est, profecto et hunc lapillum necesse est esse. Si enim hic lapillus non est, non est omnium collectio, idest huius lapilli 15 simul et ceterorum. Si itaque hec domus est, et hic lapillus. Unde si hic lapillus non est, hec domus non est.

f. 194ʳ (margin, line 9)

Nunc autem dicimus quod si hic lapillus auferretur, in residuis partibus domus non remane⟨re⟩t, sed non hec que scilicet ex illo lapillo et ceteris partibus constaret; que quidem singularis domus constituta 20 fuerat ex partibus, et secundum omnium partium compositionem hec fuerat dicta. Ubi autem huius domus substantia, que in tota ipsius materia est, non remanet, et ipsam domum in substantia necesse est perimi. Neque enim amplius dici poterit 'hec domus est' de ea que prius erat, idest de collectione huius lapilli et ceterarum simul partium, sed de 25 collectione tantum reliquarum partium; que quidem collectio ab alia prorsus que prius erat, diversa est, veluti pars a toto in cuius quantitate clauditur. Illud enim quod modo hec domus dicitur, pars fuerat prioris domus. Sic itaque ostensum esse arbitror ut si hic lapillus non est, hec domus non est, idest hic lapillus et simul cetere partes que in eius 30 constitutione ponuntur non existunt; et bene hanc domum non esse apparet destructo hoc lapillo, cum nulla res hec domus esse monstrari possit, idest hic lapillus et cetere partes. Sed fortasse dicitur remoto hoc lapillo et per se existente extra coniunctionem domus — neque enim substantia corporis omnino adnichilari potest —, hec domus, que prius 35 erat, esse, idest hic lapillus et que cum eo fuerant partes existere; quod quidem nec nos negamus. Sed non ideo hanc domum esse contingit. Neque enim hec domus dici poterunt quibus compositio domus de- fuerit, nec ut hec domus sit, materie sufficit existentia; iam enim ante

8 [non] c

fabricationem ipsam domus possent vocari ligna ipsa et lapides; sed
forme quoque necessaria est compositio. Non itaque consequitur ut si
hec ligna et lapides existant, hec domus existat, nisi scilicet secundum
compositionem que in dispositione partium est, maneant. Quam quidem
5 compositionem, cum sit omnium simul partium, necesse est mutari
qualibet partium ablata. Videtur quoque et ex natura principalis partis
demonstrari ut hoc lapillo destructo domus quoque ipsa omnino
destruatur, hoc modo: si enim hic lapillus non fuerit, non erit illud cuius
ipse est pars principalis, quo toto scilicet perempto necesse est et illud
10 perimi cuius et ipsum erat pars principalis. Quo iterum destructo illud
quoque destrui necesse est cuius hec etiam pars principalis fuerat
totiensque ex singulis partibus destructis tota ipsa que principaliter
componunt, continget destrui, donec ad destructionem parietis per-
veniatur; quo quidem interempto domum necesse ⟨est⟩ perimi. Sic
15 itaque qualibet parte cuiuslibet compositi ablata totum necesse est
intercipi. Unde omnes secundum destructionem principales esse convenit.

Sunt tamen qui huic novissime argumentationi resistere conantur
tali ratione: cum dicimus, inquiunt,:

20   *si hic lapillus non est, hoc totum ipsius non est,*

cuius scilicet est pars principalis, veluti hi duo lapides, ex natura partis,
et etiam principalis, consequentie firmitas constat et hi duo lapides
secundum totius naturam comprobantur. Cum autem ex eis ad aliud
totum ipsorum procedo, non ex ipsis quasi toto, sed quasi partibus,
25 totum infero, cui quidem inferentie constantia videtur supplenda, hec
scilicet: '*cum sint partes et principales*'; secundum hoc enim quod prius
sequebantur, ut totum tantum accipiebantur; secundum autem hoc quod
antecedunt ad aliud, ut pars considerantur. Cum autem non omne totum
partem contingat esse, quippe in infinitum substantia cresceret, id quod
30 ut totum prius accipiebamus in consecutione, ut ad aliud antecederet
simul, hac scilicet constantia: *quod sit pars.* Ubi autem constantia ⟨non⟩
interseritur, extremorum coniunctio non procedit.

Sed hi nimirum miror quare in his consequentiis:

              '*si est homo, est animal*'
35   '*si est animal, est substantia*'

concedant amplius extremorum coniunctionem. In priori namque
consequentia '*animal*' ut genus sequebatur, in posteriore vero ut species
antecedit, cui quidem secunde consequentie constantia secundum

22 hii *V*   26 enim *V*ᶜ totum *V*   31 ⟨non⟩ *c*

eorum rationem oportet suppleri, cum videlicet non omne genus sit species, hanc scilicet constantiam: 'cum sit animal species substantie'; quam tamen nec ipsi nec alii apponendam censent. Sic nec in suprapositis rationabiliter apponi constantia videtur, cum medius terminus ex duabus inferentie habitudinibus suis eque et consequi ad illud et antecedere 5 possit ad istud. Constat itaque et ex argumentatione novissima qualibet partium destructa totum quoque ipsum necessario destrui, ut scilicet omnes partes principales esse confiteamur, si vim quoque destructionis in substantia pensemus. Sicut enim ungue Socratis ablato quantitas quedam in residuo corpore manet, sed non ea tota que prius in toto fuerat, 10 sic quoque substantia remanet, sed non ea tota que prius extiterat, cuius videlicet pars unguis ademptus extiterat. Non itaque magis quantitatem ex ungue destrui contingit quam substantiam, cuius quidem substantie unguis ipse pars fuerat.

Sed quid dicemus, si ex cuiuslibet partis destructione totius 15 substantie sequitur interitus, cum ungue perdito aut tota etiam manu vel pede Socratem remanere viderimus et in ipso adhuc hominis integram substantiam permanere? Non itaque hic homo in omnibus suis partibus simul consistere videtur, sed in his tantum preter quas reperiri non potest; alioquin equivoca eius predicatio per diversa tempora videbitur 20 secundum augmenta corporis sui vel detrimenta. Si enim omnium simul que in homine modo sunt, 'Socrates' aut 'hic homo' nomina fiunt, cum dicitur hoc corpus hic homo esse, omnia que in eo sunt predicabuntur. Si vero ungue adempto vel pede absciso hic homo de residuo corpore enuntietur, non eadem predicatio fuerit substantia iam diminuta nec 25 huius hominis substantia que prius erat ea que modo est poterit dici, idest hec manus cum reliquo corpore reliquum corpus esse. Sed cuius auctoritas manum quoque ipsam animalis partem esse non annuat, cuius sensum maxime per ipsam exercemus, aut linguam hominis, cuius officio nostram profitemur humanitatem et discretionem ostendimus, aut | 30 manum ⟨etiam⟩ ipsam, que etiam in nobis ⟨a⟩ ceteris animalibus differentiam facit. Oportet itaque ut manu quoque ablata hic homo qui prius existebat, non maneat; unde quicumque manum abstulit aut quamlibet hominis partem, homicidium perpetrasse videtur. Sed fortasse non quelibet hominis destructio homicidium dicitur, sed illa tantum que 35 animam sede sua expellit; est enim homicidium hominis interfectio, interfectio autem fieri non potest nisi expulsione anime.

Nunc autem utraque de principalitate partium sententia cassata quid nostro preluceat arbitrio supponamus. Principales itaque partes,

f. 194ᵛ

31 ⟨etiam⟩ Vᶜ ⟨a⟩ c

ut supra notavimus[1], nobis appellari videntur quarum ad se coniunctionem totius perfectio statim subsequitur, ut tecto ⟨et⟩ fundamento aut pariete coniunctis, domus statim perficitur, sed non ita eorum partibus compositis; etsi enim in tecto omnes partes eius iam sint disposite ac
5 similiter in pariete aut fundamento, deest tamen ad perfectionem domus compositorum et parietis, tecti et fundamenti ad se invicem coniunctio, quorum quidem conventus domus perfectionem statim reddit.

Libet quorumdam totorum et partium naturam inspicere que superioribus adversa videtur, cum quibus tamen eiusdem proprietatis in eo
10 conceduntur quod integra dicuntur, ut sunt tota temporalia, velut hec dies que ex his duodecim horis componi dicitur et ad eas totum constitutivum esse. In hoc autem toto econtra dicitur esse quantum ad alia integra, in eo scilicet quod quelibet pars eius ipsum ponit et ipsum destructum quamlibet partium suarum destruit. Si enim prima est, et
15 dies esse dicitur, unde et si dies non fuerit, prima esse negabitur; horum enim totorum existentiam que partes permanentes non habent, ut in orationibus et temporibus contingit, non possumus secundum omnes partes simul accipere; quippe cum ipse simul numquam sint sed sibi succedant, unde tantum secundum partium ipsarum existentiam totorum
20 dimetimur essentiam. Et orationem quidem in ultime littere prolatione, qua etiam tantum significationem suam habet, existere dicimus, diem esse autem qualibet suarum partium existente, sive scilicet prima sive tertia sive sexta seu nona aut quolibet ipsarum momento permanente. Sed si significationem diei vel orationis recte teneamus, nullo tempore
25 diem esse proprie et vere dicimus vel orationem, quippe nullo tempore duodecim hore sunt, que dies dicuntur, vel plures simul dictiones, que oratio dicuntur. Non enim si diversi simul homines plures proferant dictiones, oratio poterunt dici, nisi sibi in prolatione succedant ad intellectum orationis perficiendum; neque enim videntur a diversis pro-
30 late littere vel dictiones ad unius orationis intellectum coniungi, sed casu proferri ab his quorum intellectus diversi fortasse fuerant; nec quando simul proferuntur, bene singularum significatio discernitur; sic et in die parte⟨s⟩ sibi in eodem subiecto succedentes accipi oportet, non hanc primam et illam que in eo deest vel in illo simul, sed hanc que
35 preteriit consequentibus aliis horis circa idem subiectum; alioquin diem totum compleri in singulis horis diceremus, secundum id scilicet quod multe prime insimul acciperentur in una die vel multe tertie, circa

2 ⟨et⟩ *Vc* 20 dimetimur *Vc* dimetiemur *V* 32 proferuntur *Vc* proferantur *V*

[1] *supra*, p. 549⁶ *e.q.s.*

quidem diversa subiecta. Ac iam quidem Aristotiles salvari non posset, qui in partibus temporis continuationem recipit sine permanentia[1], in oratione autem neutrum. Contingeret namque econtrario prorsus in partibus temporis, ut videlicet permanentiam haberent sine continuatione. Quia enim subiecta disgregata essent, et accidentia disgregari necesse 5 esset. In partibus quoque orationis permanentia reperiretur, si videlicet a diversis simul prolate littere, quod tantum consonantes componerent que orationem efficerent. Oportet itaque orationem et diem accipere in sibi succedentibus circa idem subiectum, secundum id scilicet quod ipsum spatio illo temporis mensuramus quo cursum suum ab Oriente 10 in Occidentem sol perficit, secundum quem quidem cursum solis eumdem omnium creaturarum mensuras que simul sunt, unam diem dicimus.

  Sed si rei veritatem confiteamur, numquam proprie ista partibus constare conti[n]gerit. Nullum enim compositum una contentum est 15 parte; neque enim pars esset quam totius quantitas non excederet; sed si una tantum esset, idem profecto cum toto fieret. Plures autem simul partes in tempore numquam sunt, quia plures simul numquam existunt. Unde nec tempus ex pluribus partibus umquam consistit, nec prima scilicet manente nec media nec ultima, cum semper una tantum extite- 20 rit. Nec umquam dies esse proprie dici potest, sed figurative, ac si per partem ipsum existere dicamus, idest partem ipsius existere, nec etiam proprie partem, quippe non componit, cum sola sit. Si enim 'dies' tantum diversarum horarum nomen sit, quomodo ipsum existere proprie dicemus, nisi plures hore permanea⟨n⟩t? Omne enim compositum idem 25 est cum omnibus suis partibus simul collectis; quare et quicquid toti attribuitur, et omnibus simul partibus, et econverso, cuicumque totum, et partes omnes simul convenient, et econverso.

  Si itaque rei veritatem insistamus, oportet ista tota non esse confiteri, sed tamen quasi de totis philosophos de eis egisse, secundum hoc 30 scilicet quod ea que preterita erant vel futura, cum eo quod presentialiter est consideratione sua quasi unum colligebant, ut eorum naturam ostenderent, ac si ex eo quod est et quod non est aliquid esset. Que itaque in re tota non sunt, secundum tamen eorum considerationem quasi tota accipiuntur; ac si simul chimeram et hominem, aut esse 35 centaurum et ircocervum que non existunt, simul considerarent.

  Fuit autem, memini, magistri nostri Roscellini[2] tam insana

---

3 oratione] orem _V_   37 ros. _Vc_ res (?) _V_

[1] _Categ._ 6, 5 a 27.   [2] Vide _Introd._, p. XIX.

sententia ut nullam rem partibus constare vellet, sed sicut solis vocibus
species, ita et partes adscribebat. Si quis autem rem illam que domus
est, rebus aliis, pariete scilicet et fundamento, constare diceret, tali
ipsum argumentatione impugnabat: si res illa que est paries, rei illius
5 que domus est, pars sit, cum ipsa domus nichil aliud sit quam ipse paries
et tectum et fundamentum, profecto paries sui ipsius et ceterorum pars
erit. At vero idem quomodo sui ipsius pars fuerit? A m p l i u s : omnis
⟨pars⟩ naturaliter prior est suo toto. Quomodo autem paries prior se et
aliis dicetur, cum se nullo modo prior sit?

10   At vero hec argumentatio in eo debilitatur quod cum dicitur
paries sui et ceterarum partium pars esse, conceditur, sed simul ac-
ceptorum et coniunctorum, veluti et cum domum dicit illa tria esse | non   f. 195ʳ
singula concedit eam esse, sed simul accepta et coniuncta; unde neque
parietam esse verum est, neque aliquid aliorum, sed illa tria simul. Sic
15 quoque paries pars sui et ceterorum simul coniunctorum est, hocest
totius domus, non su⟨i⟩ per se, et prior quidem se et aliis simul coniunctis
dicitur, non ideo se per se; prius enim paries fuit quam illa coniuncta
essent, et unamquamque priorem naturaliter esse oportet quam collectionem efficiat in qua comprehendatur.

20   Fit etiam totius divisio s e c u n d u m f o r m a m , ut cum animam
tribus potentiis suis partimur, potentia scilicet vegetandi, sentiendi,
discernendi; quarum quidem in plantis unam tantum exercet, que est
vegetabilitas, secundum quam crescunt; in animalibus autem duas,
eamdem scilicet et sensibilitatem, in homine vero tres simul continet,
25 idest consilium cum superioribus, scilicet rationalitatem. Fit autem
huiusmodi divisio hoc modo: 'anime alia potentia est vegetandi, alia
sentiendi, alia discernendi'. Sed utrum de anima generali sive de Anima
mundi, quam singularem Plato cogitavit quamque alii speciem contentam
uno individuo asserunt, sicut est Phenix, divisio huiusmodi rectius fiat
30 considerandum est. Videtur autem Boetius eam fecisse de anima generali
in eo quod in *Libro Divisionum* dicit[1]: „quod autem anima iungitur
partibus huiusmodi, non quidem omnis omnibus, sed alia aliis, hoc ad
naturam totius referri necesse est." Cum enim 'omnis' aut 'alia' dixit,
universalem animam accepisse monstratur. Sed qualiter iste potentie
35 ad animam se habeant, inspiciendum est. Videtur autem ei prima
substantialiter ⟨inesse⟩, que est scilicet vegetandi, alie autem non,

8 ⟨pars⟩ c   16 su⟨i⟩ c   17 se c sui V   25 consilium] cons. (*an* omnes?) V   31-32 autem…
aliis V autem non omnis anima omnibus partibus iungitur sed aliis alia b   33 totius
naturam b   36 substantialis V

1 *De divis.*, 888 C¹⁵-D².

— cum eas videlicet que cum hac sunt, non habeat —, sed speciebus
eius fortasse, ut sensibilitas quidem animali anime, rationalitas vero
humane. Sed nunc etiam verba quibus huiusmodi divisionem Boetius
protulit, inspiciamus: „anime, inquit[1], alia pars in virgultis, alia in
animalibus; et eius que est in animalibus, alia rationalis, alia sensibilis, 5
et rursus hec aliis divisionibus dissipantur." Cum dixerit anime partem
aliam esse in virgultis, aliam in animalibus, partes non in speciebus anime,
sed in potentiis sunt accipiende; — alioquin generis esset in species
divisio —, ac si ita diceremus: anime alia pars, idest potentia eius, in
virgultis, alia in animalibus. Non autem hic sensus est ut alia sit vege- 10
tabilitas, alia sensibilitas; neque enim subdivisio de sensibilitate posset
fieri, ut scilicet sensibilitatis potentiam aliam diceremus ipsam sensibilitatem, aliam rationalitatem. Cum itaque dixit aliam ⟨esse in virgultis,
aliam⟩ in animalibus, duas simul comprehendit in una parte potentias,
quarum subdivisio fuit velut integri totius in membra illa quibus iungitur 15
— prima autem in potentiis — que imperfecta esset, si in secundo
membro sensibilitatem, ut quidam volunt, tantum intelligeremus. Unde
omnes simul oportet accipi, sicut in constitutione anime ex ipsis supra
monstraverat hoc modo[2]: „dicitur quoque totum quod ex quibusdam
virtutibus", (idest potentiis) „constat, ut anime alia est potentia 20
sapiendi", (idest discernendi), „alia sentiendi, alia vegetandi." Sola
enim anima vegetat corpus et sola ipsa corpori crescendi motum prestat;
sola etiam discernit, idest boni et mali notitiam tenet. Sola autem sentire
non videtur, immo nec sentire posse creditur, cum nec sensus eius esse
dicantur, sed corporis unius. Aristotiles in predicamento Ad aliquid: 25
„sensus, inquit[3], circa corpus et in corpore sunt", quia videlicet ipsa
instrumenta quibus sensus suos anima exercet, et in corpore animalis
fixa sunt et de corporibus que per ipsa concipiuntur, notitiam faciunt;
unde alia potentia sentiendi in anima, alia in corpore recte videri potest,
cum utrumque dicatur sensibile; et vera quidem et prima potentia 30
sentiendi in anima est, licet sensus corporis esse dicantur, secundum id
scilicet quod eorum instrumenta, quibus anima potentiam suam exercet,
in corporibus sint posita, ut auris qua audimus, oculus quo videmus,
nasus quo odoramus, et interiora oris quibus gustamus, et manus et
cetera quelibet membra quibus est tactus communis, qui etiam sensus 35
in omni solus animali contingere videtur. Sunt enim quedam animalium

1 eas..... habeat] eam vero que cum hoc est non habeat V ei non inhaereant c   2 vero
rationalitas V   4 pars + est b   5 et + rursus b primum alia + est b sensibilis + est b
6 subdivisionibus b   21 idest Vc alia V   25 unius c unum V

1 De divis., 888 C3-6.   2 Ibid., 888 A1-3.   3 Categ. 7, 7 b 38-39.

que ceteris omnibus instrumentis carent, ut ostrea vel conchilie que
nec capita habent in quibus alii sensus fixi sunt, ut Boetius in *Primo
Predicamentorum Commentario* meminit[1]. Illa autem sensibilitas que
corpori animalis attribuit⟨ur⟩, quasi eius differentia ex ipsa que in
5 anima est, descendere et nasci videtur; nec quidquam aliud animal videtur sensibile esse quam animam habere inclusam, que in ipso potentiam
sentiendi exercere valeat. Ab habitu itaque anime sensibile quoque
corpus dicitur, anima autem a propria potentia sensibilis recte nominatur.
10 Si autem opponatur sensibile, cum sit differentia substantialis
animalis, qualitatem esse, — eo videlicet quod omnis differentia qualitas
annuatur —, habere autem animam sensibilem non sit qualitas, immo
in *Habere* predicamento ponitur, oportet aut qualitatem pro forma
intelligere, nisi omnis differentia qualitas dicitur, aut quamdam po-
15 tentiam in corpore quoque animalis per '*sensibile*' designari ⟨quam⟩ per
qualitatem esse necesse sit, secundum id scilicet quod omnes potentias
sive impotentias qualitatis generalissimo auctoritas nomini supponit,
ac si videlicet ipsum animal dicamus iam aptum natum exercitio potentiarum anime secundum sensuum qualitatem, quibus veluti quibus-
20 dam instrumentis anima iam inclusa propria potentie vi fungatur.
Oportet autem diversas esse sensibilitates anime ac corporis, seu
rationalitates, cum, sicut *Predicamentorum Institutio* tradit[2], non eedem
sint differentie seu species generum non subalternatim positorum, ut
sunt corporis et anime, quorum alterum alterius nullam recipit predi-
25 cationem. Non autem solum in nominibus differentiarum animarum et
corporum contingit equivocatio, verum etiam in vocabulis accidentium,
ut eorum ex quibus in anima existentibus quedam in ipsis corporibus
proprietates innascuntur, ut cum scientiarum aut virtutum proprium sit
anima fundamentum, dicitur tamen et homo qui corpus est, sciens et
30 studiosus, non ab qualitate scientie seu virtutis, quippe in ipso non sunt,
sed ab habitu anime habentis illas. Sic et dialeticus et gramaticus
homo dicitur, et letus aut tristis, securus vel pavidus, iracundus vel
demens, et insuper ab omnibus anime qualitatibus quarum exercitium
absque presentia corporis vel ostendi vel fieri non potest. Corpora ipsa
35 et nomina ⟨con⟩trahunt et proprietates ipsis quedam innascuntur, de
quibus quidem in tractatu *Ad aliquid* Aristotiles meminit[3], cum animali
perempto scientiam dixit perimi. Neque enim scientiam illam que in

4 attribuit⟨ur⟩ *c*   6 ipso *Vc* ipsa *V*   15 ⟨quam⟩ *Vc*   17 nomini *c* omnium *V*   18 natum *c*
notum *V*   21 anime *Vc* eterne *V*   25 corpus *V*   35 ⟨con⟩trahunt *Vc*

[1] *In Categ.*, 224 B[2-4].   [2] *Categ.* 3, 1 b 16-17.   [3] *Ibid.*, 7, 7 b 33-34.

anima est, animali perempto necesse est perimi, cum ipsa tenebroso
carcere corporis absoluta ampliores habeat scientias, sed de exercitatione
f. 195ᵛ | ipsius scientie que per presentiam corporis exhibetur, accipiendum
est, quam perimi necesse est suo fundamento interempto, quod est
animal.   5

Habet autem huiusmodi divisio, ut ait[1] Boetius, aliquid cum
divisione generis vel integri commune. Quod enim ad potentias suas
anime predicatio sequitur, hoc ad generis divisionem refertur, quod ad
species sui divisibiles sequitur: si enim est vegetabile, est anima. Quod
autem potentiis ipsis anima iungitur, ad integri naturam pertinet, quod 10
partibus suis constat; et est quidem similitudo in compositione simpliciter, non in modo compositionis; aliter enim ex partibus integrum,
aliter ex potentiis anima coniungitur. Illa enim compositio fit materialis,
secundum quantitatem essentie; hec vero secundum susceptionem et
informationem differentie. Neque enim in quantitatem substantie 15
qualitas venit nec, quod idem est, natura potest materialiter iungi ex
rebus diversorum predicamentorum.

Sunt autem et qui hanc divisionem virtualis totius non de anima
generali sed singulari, quam *Animam mundi* Plato vocavit, accipiunt;
quam ipse ex Noῦ, idest Mente Divina, nature asseruit et eamdem in 20
omnibus simul esse corporibus fi⟨n⟩xit. Non tamen omnia animatione
replevit, sed illa sola quorum mollior [est] natura ad animandum fuit
idonea; cum enim eadem et in lapide tota simul et in animali credatur,
in illo tamen pre duriti⟨a⟩ corporis suas exercere potentias non potuit,
sed omnis anime virtus in eo cessavit.   25

Sunt autem nonnulli catholicorum qui allegorie nimis adherentes
Sancte Trinitatis fidem in hac consideratione Platoni conantur ascribere,
cum videlicet ex Summo Deo, quem T᾽ ᾽Αγαθόν appellant, Noῦ
naturam intellexerunt quasi Filium ex Patre genitum; ex Noῦ vero
Animam mundi esse, quasi ex Filio Spiritum Sanctum procedere. Qui 30
quidem Spiritus, cum totus ubique diffusus omnia contineat, quorumdam
tamen fidelium cordibus per inhabitantem gratiam sua largitur charis-
mata, que vivificare dicitur suscitando in eas virtutes; in quibusdam vero
dona ipsius vacare videntur, que sua digna habitatione non invenit, cum
tamen et [in] ipsis presentia eius non desit, sed virtutum exercitium.   35

Sed hec quidem fides Platonica ex eo erronea esse convincitur

20 voῦ] noy *V* naturae *c* natura *V*   22 mollior *Vᶜ* melior *V* [est] *c*   24 duriti⟨a⟩ *Vᶜ*
28 tagaton *V*   29 voῦ naturam] noinată *V* intellexit *V* voῦ] noi *V*   31 totus + [cum
totus] *Vᶜ*   32 carismata *V*   35 [in] *Vᶜ*

[1] *De divis.*, 888 C¹⁻³.

quod illam quam mundi Animam vocat, non coeternam Deo, sed a Deo
more creaturarum originem habere concedit. Spiritus enim Sanctus ita
in perfectione Divine Trinitatis consistit, ut tam Patri quam Filio
consubstantialis et coequalis et coeternus esse a nullo fidelium dubitetur.
5 Unde nullo modo tenori catholice fidei ascribendum est quod de Anima
mundi Platoni visum est constare, sed ab omni veritate figmentum
huiusmodi alienissimum recte videtur, secundum quod duas in singulis
hominibus animas esse contingit. Nam et ipse Plato singulorum animas
ab initio creatas in comparibus stellis finxit et voluit, que in humana
10 corpora mittuntur ut singuli homines creentur, et hee quidem sole
secundum ipsius quoque sententiam animare corpora videntur, quarum
presentiam animatio mox sequitur ubique et comitatur, non illa scilicet
quam vel ante corporis animationem vel post corporis solutionem in ipso
cadavere eque consistere opinio philosophica tenet.
15   De hac itaque Anima, quam nec fides recipit nec ulla rei similitu-
tudo sequitur, agere supervacaneum omnino duximus; ac de generali
anima liberius suprapositam divisionem expediemus. De qua tamen etiam
in questione relinquitur cur magis huius totius potentias quam aliorum
accepit, aut cur a divisionibus aliis generum per differentias huiusmodi
20 divisionem, que per potentias fit, separavit. Sed hi nimirum qui de
Anima mundi quam Platonici fingunt, eam accipiunt, claram habent ab
omnibus aliis divisionibus differentiam, cum eidem ac singulari anime
⟨omnes⟩ huiusmodi differentie substantialiter inesse possint videri, cum
eque eas anime substantia[s] ubique contineat, etsi non ubique exerceat.
25 Qui vero de generali anima, quod rationabilius est, eam intelligunt, non
magis hanc anime divisionem quam aliorum totorum per potentias sive
impotentias, ut sunt rationalitas et immortalitas, seu quaslibet alias
substantie formas divisionibus per formas connumera⟨n⟩t; sed istam
fortasse magis in exemplum adducunt, eoquod magis sint huiusmodi
30 differentie precognite. Et habet quoque hec divisio totius differentiam a divisionibus quas ⟨per⟩ differentias fieri Boetius dicit, quod ibi
pro speciebus designandis vocabulis differentiarum utimur nec nisi
oppositas differentias ac divisibiles recipimus, hic autem potentias eiusdem totius enumeramus nec specierum substantias diversas attendimus
35 nec differentiarum oppositionem curamus`nec tantum divisibiles accipi-
mus. Atque hec de divisione illa quam totius in potentiarum formas
Boetius posuit, dicta sint.
       Nunc autem ea restat divisio quam in materiam simul et

5 fidei] fidim *V*   23 ⟨omnes⟩ *Vc*   24 substantia[s] *c*   28 connumerant] conenuerat *V*
connumerat *Vc*   33 hic autem] hic cum *V* nec *c*

formam hoc modo componimus: hominis enim alia pars substantia animalis, alia forma rationalitatis vel mortalitatis. Componit autem animal hominem materialiter, rationalitas vero et mortalitas formaliter. Neque enim rationalitas et mortalitas, cum qualitates sint, in essentiam hominis, qui substantia est, possunt converti; sed sola animalis sub- 5 stantia homo efficitur, per informationem tamen substantialium eius differentiarum. Unde recte Porphirius eas substantiales differentias esse diffinit[1], secundum quas ipsa genera que ab ipsis divisa sunt, specifi- cantur. Rationalitas enim et mortalitas advenientes substantie animalis eam in speciem creant, que est homo. Nec cum ipse generis substantiam 10 in speciem reddunt, ipse quoque in essentiam speciei simul transeunt, sed sola genera vel substantia sp⟨ecific⟩antur, non quidem separata a differentiis, sed, nisi ei differentie adveniunt, ipsa sola non etiam differentie species efficitur, non quidem cum differentiis, sed per differentias, sicut in *Libro Partium*, in tractatu speciei, disseruimus[2]. Si 15 enim differentie in speciem transfer⟨r⟩entur cum genere, ut videlicet, sicut quorumdam sententia tenet, animal et rationalitatem et mortali- tatem hominem esse confiteremur, non animal tantum informatum illis duobus, sed animal et illa duo, — illud enim unum est de illis tribus, illa vero tria sunt, sicut et aliud est homo parieti coniunctus, aliud homo 20 ipse et paries —, profecto cogeremur fateri etiam differentias ipsas cum genere eque in essentia speciei convenire; unde et ipsas de substantia

f. 196ʳ rei | esse et in partem materie venire contingeret. Nichil enim com- posite substantie predicationem recipit nisi materia, quia nichil aliud intelligendum est materialiter quam ipsa materia iam actualiter forme 25 coniuncta, ut nichil aliud statua quam es figuratum intelligatur, non es ipsum et figura[m], quippe cum non sit ipsa compositio forme de essen- tia statue. Unde etiam ipse Boetius cum de huiusmodi toto loqueretur, „aliter, inquit[3], constat statua ex partibus suis", (idest singulis partibus eris que essentie quantitatem coniungunt ut materiam), „aliter ex 30 ⟨materia et forma, idest ex⟩ ere et specie", idest compositione forme; neque enim compositio ad materiam venit ut de essentia rei fiat, sed ut per eius coniunctionem substantia eris in statuam transeat, que iam nichil aliud est a statua accipienda. Nichil enim, ut dictum est, aliud materia iam formis actualiter coniuncta quam ipsum materiatum, ut 35 nichil aliud est hic anulus aureus quam aurum in rotunditatem ductum,

---

2 rationalitatis *Vᶜ* rationalitas *V*   6 efficitur *Vᶜ* perficitur *V*   16 ut] non *V*   27 figura[m]
28 toto] totius *V*   29 aliter + enim *b*   31 ⟨materia..... ex⟩] *coll. b*   32 ad *c ă V*

1 Vide Boeth., *In Isag.*, 254¹² et 253¹⁵.   2 sc. in primo volumine huius libri, quod deest; vide *Introd.* p. XXVIII.   3 *De divis.*, 888 B¹¹⁻¹³.

aut hec domus quam hec ligna et hi lapides quibus hec compositio est superaddita.

Non solum autem in huiusmodi divisione substantialem formam recipere videmur, sed etiam accidentalem. Statue namque compositio, 5 quam Boetius ponit, substantialis non videtur, cum substantiam speciei non creet. Statua namque species non videtur, cum nec natura sit unum, sed operatione hominum, nec substantie nomen, sed accidentis, cum statua videtur, et a quadam compositione sumptum. Cuiuscumque enim fuerit substantie simulacrum, sive scilicet ereum sive 10 ferreum sive ligneum, dummodo animalis similitudinem teneat, statua dicetur. Unde magis 'statue' vocabulum adiacentie videtur quam essentie. Sed etsi substantiam speciei statue compositio non reddat, quasi tamen substantialis statue sua inheret compositio, sicut et iustitia iusto. Neque enim iustus preter iustitiam esse potest nec statua preter 15 suam compositionem, non quidem in substantie sue natura, sed in proprietate forme, ex qua iustus aut statua dicitur. Sic in *Topicis* suis Boetius quasi-substantiales differentias regis ac tiranni vocavit[1] sumere imperium legibus ac premere populum violenta dominatione, cum tamen nec 'rex' nec '*tirannus*' specierum designativa sint, sed accidentium. 20 Cum enim '*homo*' sit specialissimum, nulla potest esse post ipsum species; sed quoniam in proprietate regis ac tiranni nichil potest esse nisi qui hec fecerit. Ac de divisione quidem cuiuslibet que doctrine necessaria vidimus, breviter collegimus.

Venit autem fortasse in questionem si inter supraposita tota et 25 illa contineantur que in *Topicis* suis Boetius hoc modo adiecit: „licet autem, inquit[2], non solum in substantiis, verum etiam in modo, temporibus, quantitatibus, ⟨loco⟩, tota partesque respicere." Totum autem in modo est '*currere*' ad '*celeriter currere*', et '*celeriter currere*' pars est eius in modo. Sed id quidem universali toti est aggregandum; si quis 30 celerem cursum cursui comparaverit, partem eius divisibilem recte invenerit, cum de ipsa per se cursum vere predicaverit. In hoc autem ab aliis totis dissidet quod alio modo in enuntiationem tractatur quam alia, in eo scilicet quod per nomen '*totius*' modo sibi adiuncto determinatum designatur. Tota vero in tempore vel loco aut quantitate sub 35 integro continentur. Totum autem in tempore '*semper*' posuit, in loco vero '*ubique*', in quantitate vero '*omnia*'; '*semper*' simul tempora colligit quorum collectio ad singula quasi ex ipsis coniunctum totum accipitur;

23 colligemus *V*   27 in temporibus in quantitatibus in loco totum *b* ⟨loco⟩] *coll. b* respicere *V*c recipere *V*

[1] *De top. diff.* III, 1197 D⁴⁻⁷; *In Top. Cic.* III, 1099 C¹⁴-D⁴.   [2] *De top. diff.* II, 1189A¹³⁻¹⁵.

sic et 'ubique' ad singula loca et collectio quarumlibet rerum plurium ad
singulas ex ipsa collectione. Que quidem aliis totis in eo separavit quod
in determinatione eis utimur; nam adverbiis quasi adiectivis verborum
utimur. Signa quoque quantitatis eorum quibus apponuntur acceptionem
determinant, ut cum dico: 'omnis homo' vel 'quidam homo', ibi 'hominem' 5
circa omnia inferiora sua, hic circa unum accipio.

Vocis

Nunc autem de divisione vocis superest tractare. Tertio loco
posita fuit inter divisiones secundum se; huius autem, ut Boetius
docuit[1], duo sunt modi, cum videlicet vox vel per significationes vel 10
secundum modos significandi dividitur. Sed prius de ea que in significationes fit, agendum est.

In significationes

Cum igitur divisio nonnisi inter plura fieri possit, non alia vox
in significationes dividi potest nisi que multiplicem habet significationem, 15
ut 'canis' quod latrabilis animalis vel celestis sideris vel marine belue
nomen est. Sed utrum omnia illa que pluribus imposita sunt, multiplicem habeant significationem, discutiendum est. Si enim omnia que
pluribus imposita sunt vocabula multiplicem habent significationem,
oportet et univoca habere. Ipsa enim quoque communia sunt. Sed est 20
attendendum quare 'significare' diversis modis accipitur. Modo enim
circa ea tantum de quibus intellectum generat, modo vero circa omnia
quibus est impositum, solet accipi et secundum quidem primam et
propriam significationem ita Aristotiles in Libro Periermenias 'significare'
descripsit cum ait[2]: „constituit enim qui dicit intellectum", idest qui 25
dictionem profert, idest vocem aliquam significativam, constituit intellectum in auditore, de propria scilicet et principali ipsius significatione, veluti 'homo', cum et speciali nature, idest animali rationali
mortali, primo loco sumptum ⟨imponitur⟩, et tantum et ipsa individuis
ipsius, ut Socrate et ceteris, significationem [in se] ubique speciei in se 30
tenet, non Socratis et ceterorum que speciem participant. Ex 'hominis'
enim vocabulo tantum 'animal rationale mortale' concipimus, non etiam
Socratem intelligimus.

Sed fortasse ex adiunctione signi quod est 'omnis', cum scilicet

16 celestis sideris] c.s.V   6 marine belue] m.b.V   29 ⟨imponitur⟩] ⟨impositum⟩ Vᶜ
tantum] tamen V

[1] De divis., 888 D³ e.q.s.   [2] De interpr. 3, 16 b 20.

dicitur '*omnis homo*', Socratem quoque in '*homine*' intelligimus secundum
vocabuli nominationem, non secundum vocis intelligentiam. Neque
enim '*homo*' in se proprietatem Socratis tenet, sed simplicem animalis
rationalis mortalis naturam ex ipso concipimus; non itaque '*homo*'
5 proprie Socratem demonstrat, sed nominat. Etenim de ipso quoque
enuntiatur et ipsi qui sensui occurrit, primo loco fuit impositum ipsi
quidem ut Socrati et discreto ab aliis. Alioquin non recte diceretur:
'*Socrates est homo*', si non ex adiunctione ad alios, immo ex commu-
nione universalis humanitatis, que una est, eius significatio proprie
10 dicitur.

Accipitur quoque '*significatio*' large secundum scilicet quamlibet
impositionem iuxta quod quidem in *Predicamentis* dictum est[1] vocabulo
speciei manifestius rem ipsam designari quam nomine generis, et
rursus '*habere*' significare calciatum esse, armatum esse. Neque enim
15 nomen generis intellectum facit, sed eam quoque ut nominatam comprehendit, sicut species individuum. Secundum autem huiusmodi
significationem divisio vocis in significationes non accipitur, sed secun-
dum superiorem | quam propriam diximus, quando scilicet vox ita   f. 196ᵛ
multa significat ut multorum secundum convenientiam suam intelli-
20 gentiam faciat, ut '*canis*', quod equivoce acceptum secundum tres suas
impositiones tres discrete tenet significationes et una voce trium nominum significationem explet. Unde recte de huiusmodi vocabulis Priscianus ait[2] plura nomina in unam vocem incidere; plura enim sunt
significatione, unum autem vocis prolatione. Hec autem equivoca
25 Aristotiles appellat, quorum proprietatem ipse monstravit cum a
diffinitione subiectarum rerum librum *Predicamentorum* incohat dicens:[3]

De equivocis, univocis, diversivocis, multivocis

„Equivoca dicuntur quorum nomen commune est solum, ratio
vero substantie diversa." Deinde quoque univocorum diffinitionem
30 adiecit[4] dicens univoca esse: „quorum nomen commune est, ratio vero
substantie eadem." Quarum quidem diffinitionum sententia ex nomine
pendet, idest diffinitione, ut videlicet ille res dicantur equivoce que
nomine ipso iunguntur, et non eadem substantie diffinitione, ut verus
et pictus homo sub hoc nomine quod est '*homo*'. Sicut econverso

---

1 intelligimus + sed fortasse ex in homine cogimus *V*   34 quod] qᵈ *V*

---

[1] *Categ.* 5, 2 b 8-10; 9, 11 b 13-14.   [2] *Inst. gramm.* XVII, 145²³⁻²⁴: ..... cum in unam
concidant vocem nominum positiones tam in propriis quam in appellativis.
[3] *Categ.* 1, 1 a 1-2.   [4] *Ibid.*, 1, 1 a 6-7.

multivoce res ille nominantur que secundum diversa nomina eamdem tenent diffinitionem, ut est ea que *'gladius'* et *'ensis'* et *'mucro'* nuncupatur. Univocis autem diversivoca contraria videntur. Illa enim et nomine iunguntur et diffinitione, ut homo et equus, et nomen animalis et ipsius diffinitionem recipiunt. Hec autem et nominibus et diffinitionibus 5 dissident, ut homo et albedo. Quatuor itaque vocum seu rerum proprietate ex nominis et diffinitionis demonstratione nascuntur, ex quibus equivoca tantum et univoca diffinitionibus Aristotiles terminavit atque ex his satis que etiam cetera esse⟨n⟩t per contrarium innuit. Quarum quidem diffinitionum sententiam nunc subtilius insistamus.   10

Equivoce, inquit, res ille dicuntur quarum nomen commune est solum, non scilicet etiam diffinitio, quod statim manifeste determinavit cum submisit: „ratio vero substantie secundum nomen ipsum diversa est."

Sed prius annotandum est quia *'equivocationem'* modo large, 15 modo stricte accipimus et similiter *'univocationem'*, ac dum equivocationis proprietas extenditur univocationem necesse est remitti et econverso. *'Equivoca'* autem stricte accipimus et *'univoca'* large si diffinitionem quamlibet recipiamus, tam videlicet illam que data est secundum rei substantiam quam eam que data est secundum aliquam 20 accidentalem proprietatem tam eam que secundum communem causa⟨m⟩ est attributa, ut omnibus quidem corporibus secundum corporis substantialem naturam una data est diffinitio, que est *'substantia corporea'* et alia secundum accidentalem coloris qualitatem que est huiusmodi: *'formatum colore'*, vel omnibus quo⟨que⟩ non-corporibus 25 attribuitur diffinitio huiusmodi: *'res que non est corpus'* ex communi causa, quare videlicet res alie sunt a corporibus, idest in quibus corpus non convenit. Neque enim non-corpus, quod, sicut in *Periermenias Libro* dictum est[1], equaliter est et in his que sunt et in his que non sunt, vel cum communi substantia vel cum communi proprietate et in his 30 que sunt et in his que non sunt aptari potest, quippe ea que non sunt nec substantiam nec qualitatem communem participant; tamen *'non-homo'* ad omnia illa univocum est et una convenit diffinitione. Unde in eisdem dictum est *Periermeniis*[2]: „unum enim significat infinitum quodammodo", quia scilicet omnia ex eadem causa significat, quare 35 scilicet sunt res que non sunt homo, ut ex eadem proprietate vel substantia.

---

13 cum] que *V*

[1] Aristoteles ubi?   [2] *De interpr.* 10, 19 b 9.

Si ergo diffinitionem quamlibet accipiamus, sive scilicet ex una substantia sive ex una proprietate sive ex communi causa, profecto et ea quoque nomina que non-existentibus imposita sunt, ut 'non-corpus', univoca confitemur ex communi diffinitione, atque in existentium rerum
5 nominibus non solum substantialium rerum vocabula, sed etiam accidentium sumpta, que tamen Aristotiles in *Libro Predicamentorum* equivoce de subiectis dixit predicari, large quidem 'equivocationem' et 'univocationem' stricte, sicut et 'diffinitionem', accipiens. Neque enim 'diffinitionem' accepit nisi substantie, idest rei constituentis aliam
10 substantialiter, veluti materie aut forme substantialis; unde et in utraque diffinitione apposuit 'ratio substantie'. Accidentia autem fundamentum substantie non constituunt — quippe ipsis destructis substantiam necesse esse⟨t⟩ interire; unde nec prior substantia[m] in natura esset accidenti, sicut omne oportet esse fundamentum prius naturaliter
15 fundato (aliter enim accidens consistere non potest, nisi a substantia sustentetur); substantia autem absque accidenti in sua posset integre natura consistere — quia ergo accidentia substantiam subiectam non constituunt nec esse faciunt, immo ipsa sustentando accidentia facit ea esse, non possunt accidentium nomina de fundamentis suis cum ratione
20 substantie eorum enuntiari, quippe non sunt in substantia. Similiter et 'non-corpus' et cetera infinita ad ea que nominantur, quibus ex communi substantia non sunt imposita, dicuntur equivoca. Sic et 'ens' et 'res' et cetera diversorum predicamentorum nomina, quorum nulla potest esse secundum idem substantiale esse — communia scilicet summa sunt et
25 suprema principia —, equivocis Aristotiles aggregavit. Nam et fortasse 'ens' et 'res' secundum id quod unam habuerunt ad omnia et semel factam impositionem, — quod quidem ex hoc clarum est quare singulis nascentibus rebus non oportet ea apponi, sicut propria que singularem impositionis habent causam secundum designationem prime substantie
30 univocis, si ad primam et largam acceptionem respiciamus, possumus aggregare —, et unam impositionis causam habere. 'Ens' enim [in] omnibus existentibus inde est impositum quod aliqua sit rerum existentium. Unde et idem tantum dicit de omnibus, ut cum videlicet et Socrates dicitur esse et albedo esse, utrumque equaliter existentium
35 rerum monstratur esse nec aliud hic, aliud ibi per 'esse' dicitur, sed idem prorsus, ut dictum est. Insuper, si diffinitionis proprietatem inspiciamus, 'ens' et 'res' omnino diffinitionem recusant. Si enim 'ens' ita determines: 'res existens', 'existens', quod idem est in sensu cum 'ens', bene ipsum non diffinit; idem enim per se ipsum minime diffiniri potest. Si vero dicamus

11-12 fundamenti substantia *V* 17-18 non constituunt] omni constitutum *V* 24 communio *V*

quod non est non-existens, '*non-existens*' cognosci non potest nisi per '*existens*'. Si vero sic dicas: '*res que est vel substantia vel quantitas*' etc., non est secundum nomen, cum ens, ut dictum est, unam impositionis causam habeat.

Sed nunc quidem singulas diffinitionis ab Aristotile proposite 5 ⟨sententias⟩ persequamur. Equivocas itaque dici res illas terminavit quibus nomen commune est solum; et bene '*equivoca*' pluraliter descripsit, cum in pluralitate omnis equivocatio consistat. Neque enim communitas esset nominis, nisi esset pluralitas significationis nomen ipsum participantis. Sed nec incommodius est appositum '*dicuntur*', et 10 non '*sunt*': neque enim res ex essentia sua equivoce dicuntur, ut et ipse Boetius docet[1], sed ex impositione multiplicis nominis. Tum namque prius equivoce fieri incipiunt cum nomen eis quod diffinitionem
| substantie non habet eamdem, imponitur. Hoc itaque nomen quod est equivocum sive univocum ex vocabulis tantum in rebus contingit, 15 sicut econverso in significationibus suis vocabula sepe nomina⟨n⟩tur, ut cum ea quoque vel genera vel species vel universalia vel singularia vel substantias vel accidentia nominamus. Nomen autem, ut et ipse ait Boetius[2], hoc loco accipiendum est quelibet vox significativa simplex qua rebus imposita vocabula predicamus, non solum proprium vel 20 appellativum, quod ad illud tantum pertinet nomen quod casibus inflecti potest. Alioquin verborum equivocationem hic non comprehenderemus, ut '*amplector*', '*osculor*', '*criminor*' et ceterorum communium, que actionis et passionis designativa sunt. Quod autem '*commune*' supposuit, voces unius tantum singularis substantie designativas separavit, ut 25 '*Abaelardus*', quod michi uni adhuc convenire arbitror.

Sed fortasse quedam possunt esse equivoca, non communia, cum videlicet ⟨per⟩ eamdem rem possit equivocatio fieri cuiusdam nominis secundum diversas diffinitiones, ut '*non-homo*', quod infinitum veri ac picti quidem, sicut suum finitum, equivocum oportet esse, de 30 hoc uno lapide equivoce predicatur, modo scilicet cum hac diffinitione *quod non est animal rationale mortale*, modo etiam cum hac *quod est assimilatio animalis rationalis mortalis*. Rursus subiectum de uno Socrate equivoce dicitur, secundum id scilicet quod vel est inferius vel fundamentum vel significatum vel cuius predicato in enuntiatione supponitur. 35 Iterum hoc forte quod a viribus sumptum est vel ab habitu anime virtutibus illustris de uno Socrate equivoce dicitur, quod ex diversis

---

6 ⟨sententias⟩] coll. *Boeth.* 164 *A* 14-15.   8 consistat *Vᶜ* consistit *V*   12 tum] tamen *V*   20 preposita *V*   28 ⟨per⟩ *c*   29 quod] quidem *V* 35 significant *V*   36 a viribus *Vᶜ* auribus *V*

[1] Cf. *In Categ.*, 164 B *e.q.s.*   [2] *In Categ.*, 164 B14-C4.

proprietatibus quas in eo ponit, clarum est, nec tamen ad eumdem communia possunt esse; communitas enim nonnisi plurimorum est.

Sed forte in his equivoca est ad eumdem predicatio, sed non equivoca impositio; cum diversis namque diffinitionibus sicut equivoca 5 predicantur, sed non de diversis rebus enuntiantur, et ideo predicationem quidem equivocorum habent, non impositionem. Nec equivoca ex sola debent predicatione iudicari; sed nec univoca propter eamdem communionis causam; nec mirum, cum propria sint, et in una tantum substantia singulari accepta. Oportet enim, sicut in *Libro* 10 *Divisionum* Boetius docet[1], ut in his que secundum significantiam dividuntur, non solum dividende sint significationes, sed etiam diverse res esse que significantur diffinitione monstrentur; unde diversis rebus equivoca manifestum est semper imposita esse.

Sunt autem nonnulli qui in hac multiplicitate non ad ea quibus 15 est impositum vocabulum equivocum et de quibus enuntiatur, respiciunt, immo ad ea ex quibus est impositum, ut '*amplector*', cum ad eamdem personam, amplectentem simul et amplexam, equivocum dicatur, secundum diversarum proprietatum diffinitiones, actionis scilicet et passionis, non ad personam commune dicitur, sed ad proprietates quas 20 eque designat, secundum quas et ipse vocis divisionem in *Libro Topi-corum* sic protulit[2]: „'*amplector*' aut actionem significat aut passionem."

Sed fortasse aliquando nomen erit equivocum ex diversis eidem causis impositum, non ex diversis rebus quas ponat; in quo non poteri-mus fugere ad rerum quas ponat multiplicitates. Unde michi potior 25 videtur prior sententia.

Sunt autem et qui commune dicant ad unum Socratem '*hoc forte*' equivocum[3], secundum id scilicet quod '*Socrates*' quasi diverse res secundum diversas impositiones eius accipiatur.

Nunc autem cetera que diffinitioni equivocorum aggregata 30 sunt, ad determinationem '*solum*' exponamus, diversam scilicet esse secundum nomen rationem substantie, ad cuius namque remotionem '*solum*' positum fuerat, ostendit cum diversam esse secundum nomen rationem substantie monstravit, idest non esse eamdem. Nam quod ait diversam esse substantie rationem, si positionem diversarium diffiniti-35 onum substantie, non remotionem eiusdem diffinitionis, intelligamus, non videbitur omnibus equivocis aptari terminis, ut albedini et albe rei que ab hoc nomine '*albo*' modo ⟨ut substantivo, modo⟩ ut adiectivo

---

4 impositio *V*ᶜ in compositio *V*   15 est *c* sunt *V*   36 terminis] t. *V*   37 ⟨ut..... modo⟩ *V*ᶜ

[1] *De divis.*, 889 Cᴵᴵ-D².   [2] *De top. diff.* II, 1193 Cᴵ⁴⁻ᴵ⁵.

[3] Cf. *Log. Ingred.*, 120¹² *e.q.s.*

nominantur equivoce. Neque enim adiectivum acceptum diffinitionem substantie tenet in subiectis substantiis, sicut ostensum est. Amplius: non *'amplector'* ab actione et passione sumptum equivocum in expositione eius diffinitionis aliter posset appellare, nisi eamdem removeat substantie diffinitionem, non diversas, ponat. Neque enim *'amplector'* 5 diffinitionem substantie ullam habet, cum accidentis adiacentiam circa substantias determinet. Est itaque *'ratio substantie diversa'* remotive, non positive, accipiendum, sicut et illud quod in sequentibus[1] ab Aristotile positum est: „diversorum generum et non subalternatim positorum diverse sunt secundum species differentie", idest non sunt 10 eedem. Alioquin in omnibus non posset aptari generibus appositis, quippe cum species aliorum novem predicamentorum per differentias effici non annuamus infinitatem vitantes. Nec aliter quidem sequentis littere probatio rata esset, que est huiusmodi[2]: „animalis enim differentie sunt gressibile, volatile" etc. Neque enim cum differentias 15 animalis a scientia removet, alias in ea ponit, sed tantum easdem cum animali communes habere negat. Quod autem diffinitionem secundum nomen eamdem negavit, non vacat. Si enim omnino communem substantie rationem removisset, profecto in rebus eiusdem predicamenti equivocationem non relinqueret, que semper diffinitionem substantie 20 eamdem a suo tenet generalissimo. Cum igitur *'secundum nomen'* apposuit, non omnino eamdem diffinitionem substantie separavit, sed tantum secundum illud nomen eamdem esse negavit. Secundum nomen autem omnes ille diffinitiones date sunt quecumque proprietatem vocis secundum impositionem eius exprimunt, sive sint substantie, ut ille 25 que generum sunt aut specierum seu differentiarum, sive non sint substantie, ut ille que sunt accidentium vel infinitorum vocabulorum et quecumque ex communi causa sunt invente. Idem enim *'formatum albedine'* dicit quod *'album'*, idem *'res non que est homo'* quod *'non-homo'*, idem *'vis inferentie'* quod *'locus'*. Neque enim locus, cum et ea que sunt 30 et ea que non sunt nominet — potest enim *'chimera'* locus esse, ut in conversione istius consequentie:

  'si est homo, non est chimera',

que est huiusmodi:

  'si est chimera, non est homo' —,   35

ex communi substantia vel proprietate omnibus est impositus.

---

10 secundum speciem sunt *b* 29 non-homo] non est homo *V* 36 impositum *V*

[1] *Categ.* 3, 1 b 16-17. [2] *Ibid.* 3, 1 b 18.

Et hee quidem diffinitiones que secundum nomen date sunt, ad
ipsum tam antecedere possunt quam consequi, quippe eumdem tenent
sensum cum ipso. Sed non ita ille que secundum actum rei determinant,
non secundum nominis impositionem ipsius significationem aperiunt, ut
5 cum rem quamlibet secundum accidentium suorum informationem
depingimus, veluti cum Socratem hominem album crispum musicum
filium Sophronici esse determinamus. Hec enim descriptio, etsi soli
conveniat Socrati, tamen non est secundum nomen composita, cum in
significatione nominis id quod diffinitione exprimitur, non contineatur;
10 quod utique apparet, cum tota substantia Socratis sub eodem nomine
maneat circa ipsam accidentibus permutatis, quippe '*Socrates*' individualis
et discrete substantie nomen est nec in impositione sui significationem
tenet accidentium, cum videlicet antequam musicus esset, Socrates dictus
est, vel postquam | filius Sophronici non erit, Socrates dicetur. Alio-   f. 197ᵛ
15 quin de Socrate nomen proprium per diversa tempora secundum variationem accidentium equivoce diceretur et significationem mutaret nec
eumdem quidem sensum retine⟨re⟩t, cum diversas secundum se diffinitiones haberet.

Has autem diffinitiones que secundum nomen date non sunt,
20 nec ad diffinitum antecedere nec consequi necesse est et hee quidem in
ipsis equivocis quibuslibet non videntur esse. Possumus namque ita
triplicem significationem '*canis*' terminare: canis est quod non est
⟨non⟩-canis aut quod est vel latrabile animal vel marina belua vel quod
conspicis sidus. Sed prior quidem nullo modo diffinitioni videtur
25 aggreganda, eoquod nullo modo diffinitum vocabulum possit aperire,
cum illud quod in ea ponitur infinitum, sicut cetera ⟨in⟩finita, nonnisi
per finiti sui significationem certificari possit. Inde enim in *Divisionibus*
Boetius docet[1], cum ex finito et infinito divisio generis componitur,
prius finitum proferendum esse, quia prior est naturaliter ipsius cognitio,
30 nec infinitum, quod ipsius significationem perimit, nisi ex ipsa eius
significatione declarari potest. Illa autem equivoci nominis diffinitio
que vel propria rerum significatarum nomina vel diffinitiones colligit,
— ut si dicam hominem esse vel animal rationale mortale vel assimu-
lationem animalis rationalis mortalis —, secundum id quod notior est et
35 ex vocibus coniuncta certioribus, equivocum nomen recte videtur
aperire et secundum nomen ipsum esse composita, cuius universam et
solam significationem ostendit. Sed cum non sit eiusdem substantie

27 finiti] finita *V*   37 cum non sit *Vᶜ* non cum sit *V*

[1] *De divis.*, 882 B-D.

communis diffinitio; — tres enim diversas colligit substantias — ab univocis Aristotiles per eamdem rationem communis substantie separavit et equivocis aggregavit.

Ac fortasse secundum id quod univocationis proprietatem laxamus et equivocationis nomen contrahimus, inter univoca poterit et *5 'canis'* in tribus quoque significationibus annumerari. Univoca enim tunc dicimus quecumque secundum idem nomen eamdem habent diffinitionem, sive sit illa eiusdem ⟨substantie⟩, ut *'animalis'*, seu eiusdem proprietatis, ut *'albi'*, sive communis cause, ut *'non-hominis'*; equivoca autem que secundum idem nomen non eamdem habent diffinitionem; 10 et secundum quidem hanc equivocorum sive univocorum acceptionem visus est michi Boetius in *Libro Divisionum* de his egisse. Aliter enim divisio accidentis vel in subiecta vel in accidentia vocis esset equivoce, si videlicet equivocationem ad modum Aristotilis ⟨ex⟩tenderemus. Omnia namque secundum ipsum accidentia equivoce predicantur, ac 15 fortasse alie omnes preter divisionem generis ac totius.

Sed si *'canis'* nomen secundum hanc univocorum acceptionem contingat univocum esse, eo videlicet quod secundum se diffinitionem unam non recuset, quod amplius equivocum nomen poterit inveni⟨ri⟩ aut quomodo exemplum quod in *Divisionibus* Boetius ponit[1] de divisione 20 vocis equivoce in significationes, hoc modo: *'canis'* vel est nomen latrabilis animalis vel celestis sideris vel marine belue poterit salvari? Dicimus itaque suprapositam *'canis'* terminationem non esse unam diffinitionem secundum nominis impositionem. Si enim ad nominis impositionem aspiciamus, que singulis facta est ad singulas eorum naturas desig- 25 nandas, tres tantum secundum nomen inveniemus diffinitiones. Sic enim *'canis'* trium rerum nomen singulis fuit impositum ut unicuique per se quasi proprium daretur ac per se cuiuslibet illorum substantiam demonstraret, ac si nulli alii impositum esset. Unde quare in impositione uniuscuiusque significationis ita fixum est quasi alterius nulla fuerit vel imagi- 30 natio vel demonstratio nonnisi trium nominum officium implet, ac si *a b c* pro ipso ponamus. Nec bene sub disiunctione proferimus diffinitionem illam ita quod est vel animal ⟨latrabile⟩ vel marina belua vel celeste sidus, idest quod est aliquid de collectione illarum trium rerum, si nominis impositionem sequamur, quia videlicet non fuit tribus illis insimul 35 nomen impositum ex communi causa, quod essent de numero illorum trium, sed unicuique per se sine respectu alterius quasi proprium

11 equivocarum *V*   14 ⟨ex⟩ *Vc*   19 recusset *V*

[1] *De divis.*, 877 D⁹⁻¹³.

collatum. Alioquin univocum esset et secundum nomen diffinitio data. Tres itaque, ut tria nomina, diffinitiones singillatim tenet, quare tres singillatim impositiones habet. Nec si vocis sequimur inventionem, cum dicimus: '*latrabile animal est canis*' et '*canis*' tripliciter accipimus in
5 ipso, ut quidam volunt, illa tria quod sign⟨ific⟩at sub disiunctione proprie predicamus, idest aliquid eorum indeterminate attribuimus, cum trium, ut dictum est, nominum significationes singulas comprehendat. Neque enim, ut ostensum est, secundum inventionem suam '*canis*' idem dicit quod hec oratio: '*aliqua res ex illis tribus*', quippe iam esset univocum,
10 sed idem quod hec tria nomina *a b c*. Sicut itaque non est verum dicere latrabile animal esse *a b c*, sic nec bene videtur dici: '*latrabile animal est canis*', si '*canis*' equivoce sumatur, ut enuntiationis veritas consistat. Sicut enim ab univocis dissidet in impositione, sic debet in predicatione. Sicut enim ⟨cum⟩ singulis determinate est impositum, unum etiam
15 singula proprie designat, sic[ut] et singula ⟨predicari⟩ proprie designat. Unde nec illi qui ita divisionem huiusmodi vocis proferunt: '*canis*' ⟨alia⟩ latrabilis animalis, alia marine belue, alia celestis sideris, — ac si dicerent aliam illarum trium rerum esse latrabile animal aliam marinam beluam, aliam celeste sidus —, michi recte divisionem vocis equivoce
20 fecisse videntur nec '*canis*' equivocum proprie eccepisse. Ac si ita, ut Boetius docet[1], vocem dividamus: '*canis*' et latrabilis animalis nomen est et marine belue et celestis sideris, recte eius equivocationem per significationes monstravimus. In hac enim de voce ipsa, secundo loco de materia vocis imposite agimus, in illa autem non de voce, sed de
25 rebus solis, cum ex collectione illarum trium rerum aliam hanc, aliam illam esse monstramus; unde potius totius divisio quam vocis esse videtur, quam quidem rerum multitudinem in partes suas dividimus.

Sed fortasse opponitur hanc divisionem: ''*canis*' et latrabilis animalis nomen est' etc. non esse vocis equivoce, cum ex voce equivoca
30 non constituatur: '*canis*' enim quod ibi ponitur, equivocum non est, sed proprium nomen equivoci nominis. Sed frustra. Neque enim divisio ex vocabulis quibus iungitur, nomen accipit, sed ex his de quibus per voces agitur in ea et que in ea divisa[m] esse per aliqua monstra⟨n⟩tur. Neque enim '*domus*' vocabulum, quod in divisione totius ponitur, aliorum voca-
35 bulorum que partes eius significant, totum est, quippe quod simplex est dictio ex significativis vocibus non constituitur, neque rerum signifi-catarum, cum ex rebus vocem constitui non contingat. Sed res quidem

6 indeterminate *V*c in determinatione *V* 11 videtur *V*c dicitur *V* 15 propria *V* 16 ⟨alia⟩] ⟨al'⟩ *V*c 18 latrabile] vel *V* 23-24 loco de] sibi eadem *V* 24 imposita *V*

[1] *De divis.*, 877 D⁹⁻¹³.

divisa aliarum rerum totum est et compositum, cuius quidem divisionem per partes, cum aliqua oratione demonstramus, ex rei ipsius demonstratione totius divisionem appellamus.

Non autem solum divisio vocis in significationes contingit secundum equivocationem nominis, verum etiam secundum multi- 5 plicitatem orationis, ut, cum dicimus: 'verum est Troianos superasse Graios', hec | oratio per intellectus diversarum rerum quo generare potest, aut per existentias rerum a diversis propositionibus dicendas ita dividitur: *hec oratio et hunc intellectum generat quod Greci vicerunt Troianos et hunc quod Troiani Grecos*, vel ita: *hec oratio et hoc dicit quod Greci supera-* 10 *verunt Troianos et id loquitur quod Troiani superaverunt Grecos*.

f. 198r

In modos

At quoniam vocis in significationes omnem divisionem monstravimus, illam quoque vocis divisionem que in modos fit, pertractemus, cuius tale Boetius exemplum protulit: „infinitum, inquit[1], aliud secun- 15 dum mensuram, aliud secundum multitudinem, aliud secundum tempus", cuius quidem divisionis ad divisionem equivocationis hec est differentia, quod illius divisum ad dividentia equivocum est, hoc autem minime; una enim secundum hoc nomen 'infinitum' diffinitio: *res cuius terminus inveniri non possit aut secundum mensuram aut in quantitate terre aut* 20 *secundum similitudinem partium sive totius sive generis, aut secundum temporis diuturnitatem*, ut Deus cuius, inquit[2] terminus superne vite tempore nullo concluditur. Sed cum infinitum omnibus istis ex eadem causa unaque eius diffinitione exprimitur impositum, sic et idem de omnibus dicat; alioquin non esset univocum. Quomodo diversis modis vocem 25 illam de singulis Boetius predicari dicit? Non enim diversus predicationis est modus, ubi vocis eadem prorsus acceptio et idem sensus. Unde nec vocis divisio proprie videtur, cum in ea de voce non agatur, immo de rebus tantum. Non enim dicitur infinitum et hoc et illud significare; quippe in significationes fieret divisio, non in modos, nec, ut 30 diximus, significationem Boetius hoc loco quamlibet accepit, sed propriam tantum, illam scilicet de qua intellectum proprie vox queat generare, sed ita proposuit: infinitam rem quamlibet esse dicimus aut secundum mensuram aut secundum multitudinem etc.; vocis tamen eam appellavit non tam ad significationem quam ad modum tractandi 35 aspiciens, eo videlicet quod ita divisio huiusmodi componatur ut quod

9 graci *sic semper* V

[1] *De divis.*, 888 D11-889A9; quae verba Abaelardus parum accurate laudat.
[2] *De divis.*, 889 A9-11.

dividitur vocabulum, idem in dividentibus repetitum quibusdam adiectionibus modos impositionis nominis designantibus determinatur et modificatur; dicimus enim sic: '*infinitum aliud dictum est infinitum hoc modo, aliud illo*'. Neque enim '*infinitum*' unius est proprietatis designati-
5 vum, que communis sit mundo et harene et Deo, que infinita diversis modis dicuntur; quippe Divina Substantia inde mera et simplex dicitur, quia nullis est accidentibus informata; sed ex una causa omnibus impositum fuit, que una eius diffinitione designatur. Unde et vocis divisio proprie videtur, in qua non res una per alias distribui monstratur, sed
10 commune esse vocabulum annuitur, cum plura diversis modis infinita esse dicimus, de rebus quidem agentes ac singulos impositionis modos ex ipsis innuentes.

Si autem rerum attendimus divisionem et communem quamdam proprietatem infinito significari fingamus, que sit et in Deo et in ceteris
15 quibus dividatur, profecto eam divisionem accidentis in subiecta confitemur. Quodsi infinitum non unum ponere teneamus, sed omnibus esse eadem causa impositum, et multitudinis rerum subiectarum divisionem attendamus, ac si sic diceremus: ea que de numero infinitorum sunt, alia sunt hec infinita, alia illa, profecto totius divisionem componimus.
20 Quecumque igitur vocis sit significatio, non est attendenda rerum divisio, sed vocabuli secundum modos distributio. Sed assensum Boetii prebeamus et cum predicari diversis modis vocabulum dicimus, nichil aliud intelligimus quam hanc rerum alio modo esse infinitam quam illam; ac cum de rerum quidem coherentia loquimur, diversis quoque modis
25 vocabulis factam impositionem ex eadem tamen causa, sicut dictum est, quodammodo innuimus.

Hec autem divisio dividentium oppositionem non exigit, quippe eadem res diversis modis infinita esse potest, ut Deus ipse et secundum tempus infinitus dicitur et secundum substantie quantitatem, que nullo
30 modo potest concludi loco. At fortasse cum infinitum Deum et creaturam aliquam dicimus, si veracius rerum proprietatem intueamur, equivocari vocabulum inveniemus et non eumdem diffinitionis sensum inveniemus, que est: *cuius terminus inveniri non potest*. Sic enim Deus infinitus est ut nullo modo eius terminum inveniri natura patiatur, quem nullo fine
35 concludi patitur. Creature autem non quantum ad naturam suam, sed quantum ad nostram cognitionem, infinite dici possunt. Omnes enim suos noverunt terminos, etsi nostra eos non attingat agnitio; et hanc quidem infinitatem secundum naturam in creaturis confiteri, summum fuit apud illos quoque Gentiles inconveniens, apud autem Catholicos non

5 munda (in unda?) *V*   16 unum *c* unam *V*   38 summum + summum *V*   39 autem *V*ᶜ deum *V*

solum est pro inconvenienti reputandum, sed heresi maxime **ascri-**
bendum, ut videlicet Creatori suo terminos omnes excedendo creatura
comparetur nec eius terminos Creator ipse cognoscat, qui iam non
fuerit. Cum autem 'infinitum' recte videri possit de Deo et creaturis
equivoce predicari, placuit tamen Boetio univocum illud confiteri et 5
una eius diffinitione ipsum terminari.

Atque hec de divisione vocis dicta sufficiant, in cuius quidem
consummatione tractatus omnium secundum se divisionum proprietates
terminavimus; ex quibus quidem proprietatibus assignatis clara est
ipsarum ad se differentia, quas etiam breviter colligamus.   10

De differentiis divisionum secundum se

Nunc autem divisionibus secundum se omnibus expeditis ad
maiorem earum cognitionem singularum differentias, prout Boetius eas
distinguit, inspiciamus, que modo secundum divisorum, modo secundum dividentium, sive utrorumque proprietatem considerantur. „Differt, 15
inquit[1], generis distributio ⟨a totius divisione, quod totius divisio
secundum quantitatem fit, generis vero distributio⟩ minime, sed magis
secundum qualitatem." In distributione enim rei universalis non quantitatis eius vel integritatis comprehensio, sed sola participationis
diffusio per inferiora monstratur. Qui enim dicit hoc animal ratio- 20
nale animal esse, illud vero irrationale, profecto animalis naturam
modo a rationalitate, ⟨modo ab irrationalitate⟩ occupari demonstrat,
que ipsis inseparabiliter adherent speciebus quas creant, et in substantia insunt nec ab eis vel ratione separari queunt. Unde recte
generis divisio secundum qualitatem fieri contingit, in his quidem 25
speciebus quarum substantia differentiis completur. Divisio vero totius,
integri scilicet, non ad qualitatum susceptionem pertinet, sed ad quantitatis compositi comprehensionem; etsi enim partes omni qualitate sint
absolute, non minus substantie totius divisionem facerent, cuius
essentiam conficerent, dum in eius comprehensione remanerent, nec, 30
sive qualitatibus partes informentur sive non, qualitatum proprietates
attenduntur, sed sola materialium partium comprehensio consideratur,
cum in partes totum dividitur; quod quidem inspicere licet tam in his
partibus que | sola ratione a se separari possunt, quam in his que etiam
actu. Vinum enim et aquam mixta in unum [et aquam] sola ratione 35

f. 198ᵛ

---

3 comparaetur *Vᶜ* comparatur *V*   7 dicta *Vᶜ* data *V*   16-17 ⟨a totius..... distributio⟩ *Vᶜ*
21 illud + illud *V*   22 ⟨modo ab irrationalitate⟩ *Vᶜ*   32 attenditur *V*   35 in unum *V* ut
vinum *c*.

[1] De divis., 879 B³⁻⁷; quae verba male laudantur.

separare possumus, dum huius et illius per se natura⟨m⟩ in illa coniunctione speculamur; eadem quoque actu separare valemus per vinum et
aquam hinc et illinc coniuncta, ⟨sed⟩ non per vinum hinc constitutum
per se et aquam inde positam.

5 　　　Amplius. genus omne naturaliter prius est suis speciebus, totum
vero posterius partibus, sive ille natura tantum, sive tempore, compositionem totius precedant. Quod enim in materia rei collocatur
natura, necesse est precedere id quod ex eo efficitur; partes autem
totius materia sunt, genus vero specierum. Unde fit ut genus in posteriora
10 distribuatur, totum vero in priora dividatur. Hinc quoque illud contingit
ut quemadmodum destructo genere speciem perimi necesse est, peremp-
ta vero specie genus remanere contingit, ita destructa parte totum interire necesse sit, sed toto ablato partem possibile est consistere, non
quidem in proprietate partis, sed in natura proprie substantie, ut hic
15 paries id quod erat in coniunctione, per se etiam remanebit. Unde
hominis substantia animali destructo aut quolibet superiorum generum
nullo modo poterit permanere.

　　　Quod tamen quidam in his determinant in quorum constitutione
materia suum esse non mutat, sed quod habebat per se, etiam in con-
20 iunctione retinet, ut hic paries, qui et in constitutione domus paries
manet, sicut ante fuerat. Farina autem panis materia dicitur, sed versa
in panem suum mutat esse, cum scilicet farinam esse deserit et in micas
convertitur. Unde nequicquam conceditur ut si farina non sit, panis
desit. Sed hi nimirum quomodo farinam materiam panis vere appellant,
25 quam in eius constitutione non considerant? Neque enim materia esse
potest nisi ex quo aliquid materialiter est constitutum. Ex eo autem quod
non esse in pane dicunt, quomodo panem consistere concedunt? Non
igitur ex farina panem recte dicunt constare, quippe iam farina non est,
sed ex eo quod farina fuit. Sic nec lignee domus arbores materiam
30 dicimus esse, propter ligna que iam post abscisionem e⟨x⟩sic⟨ca⟩ta
arbores non sunt, sed ea que arbores quandoque fuerunt; nec ⟨c⟩adaveris
materiam hominem esse, sed illa membra que animata homo fuerunt.
Sicut autem in constitutione speciei genus, quod quasi materia ponitur,
accepta differentia, que quasi forma superadditur, in speciem transit,
35 ita partes compositionem totius assumentes ipsum reddunt compositum
ipsumque efficiunt.

　　　Sed fortasse non omnibus necessaria est compositio, ut in his
que nullo modo tota una sunt, vel scilicet natura, vel aliqua operatione,
sed sola multiplicitatis comprehensione tota dicuntur, ut hic populus,

1 natura⟨m⟩　3 ⟨sed⟩ *Vc*　6 posterius] propriis *V*　30 e⟨x⟩sic⟨c⟩ata *c*

vel hic lapidum acervus. Sed et hic etiam quedam congregationis proprietas necessaria videtur. Neque enim vel populus vel acervus in dispersis substantiis et longe a se positis dicitur esse; sed licet vel populus vel acervus non dicantur ea que maximo spatio a se remota sunt, tota tamen secundum solam partium multiplicitatem esse convenit, ut 5 hec unitas huius hominis ⟨hic⟩ manentis et illa Rome habitantis hunc binarium conficiunt; unde illi *duo* dicuntur qui eas habent.

Amplius. generis predicationem singule species recipiunt, toti autem non singule partes, sed omnes simul accepte subiciuntur. Non enim sicut homo animal dicitur, sic paries domus appellatur, quod 10 quidem inde contingit quia totam hominis materiam animal complet, paries vero ad materiam domus non sufficit. Videntur tamen quedam partes idem esse cum toto, que quidem ⟨videlicet⟩ eiusdem sunt cum ipso substantie, ut si virgam eream accipias que in hanc et in illam virgulam que eiusdem eris sunt, dividi potest, et sibi partes consimiles 15 habet et de singulis predicari videtur, cum dicitur: '*hec virgula erea est virga erea*'. Sed falso ideo recipitur totum de parte predicari. Illa enim virga que coniuncta est ex duabus virgis, de nulla earum per se vere dicetur. Sed virge quidem eree communis substantia de hac et illa poterit predicari, sive communius eree virge proprietas, si forte 20 erea virga, quia factitium est totum, inter universales substantias non recipitur.

Atque hec dicta sunt ad differentiam divisionis generis ⟨et totius, quod scilicet integrum et proprie totum auctoritas vocavit. Ceterorum autem totorum satis est manifesta discretio. 25

Nunc autem divisionis generis⟩ et vocis differentias promamus. Est autem earum huiusmodi differentia quod vox quidem in proprias significationes separatur, genus vero non in significationes, sed in quasdam a se creationes disiungitur. Genus enim materialiter speciem creat, cum videlicet ipsa generalis essentia in substantiam speciei transfertur; 30 vocis autem substantia in constitutione rei significate non ponitur. Et genus quidem universalius est in natura subiecta specie, equivocatio vero significatione sua dicitur continentior sola voce, non etiam totum est in natura; neque enim vox aliqua naturaliter rei significate inest, sed secundum hominum impositionem, Vocum enim impositionem Summus 35 Artifex nobis commisit, rerum autem naturam proprie Sue dispositioni reservavit. Unde et vocem secundum impositionis sue originem re

---

3 substantiis] subiectiis *V*   13 ⟨videlicet⟩ *Vc*   23-26 ⟨et..... generis⟩ *Vc*

1 *De top. diff.* II, 1188 C11-12.

significata posteriorem liquet esse. Genus specie[m] prius oportet esse,
ut et ex hoc quedam fit differentia divisionum. Illud quoque ad differentiam pertinet, quod ea que in natura generis uniuntur et nomen eius et
diffinitionem eamdem recipiunt. Omnia enim que de subiecto dicuntur,
5 Aristotiles nomine et ratione predicari de ipso confirmat[1]. Significationes autem non solum equivocationis nomen participant. Amplius:
divisio generis, que rei naturam ⟨exprimit⟩, que quidem apud omnes
eadem est, ad naturam recte pertinere videtur et eadem apud omnes esse,
vocis autem divisio ad consuetudinem, sicut et ipsa vocis impositio,
10 pertinet; unde et ipsa pro impositionis variatione apud diversos per-
mutatur. Neque enim fortasse contingit apud Grecos equivocatio
eiusdem nominis in tribus significationibus 'canis', que contingit apud
nos; sed sunt illic propriis vocabulis singula designata. Unde non ad
naturam, sed ad consuetudinem et positionem hominum divisio vocis
15 pertinere recte videtur, generis vero ad naturam.

Et hee quidem sunt differentie divisionis generis et vocis. Restat
autem vocis et totius distributionis differentias dare. Que quidem ex eo
manifeste sunt, quod totum constat ex suis partibus, vox ex suis non
constituitur significationibus. Et fit quidem divisio totius in partes,
20 ⟨vocis⟩ vero in significationes. Nam etsi hoc in quibusdam vocibus
contingat, ut scilicet ex suis iungantur significationibus, ut hoc vocabulum
quod est 'ens' ex litteris suis quas etiam significat, non tamen id ad
naturam vocis, sed totius referendum est; in eo enim quod ex eis
constat, totum est earum, non eas significans.

25 Est autem et alia quorumdam solutio, ut scilicet concedant
nullam vocem coniungi ex significationibus diversis, ad quas videlicet
diversas impositiones secundum equivocationem habeat. Neque enim
'ens' ad quelibet plura dictum dicunt equivocum, sed tantum ad diversorum substantias predicamentorum. Unde de litteris que in eodem
30 clauduntur predicamento, equivoce non dicitur. Quia vero totum
partibus coniungitur, sublata qualibet partium necesse est | ipsum   f. 199ʳ
perire; vox que diversa significat sublata qualibet subiectarum rerum
poterit sive in substantia sua sive in officio quoque significationis
⟨permanere⟩.

35 Atque hec de differentiis divisionum secundum se dicta sunt,
in quibus earum tractatum terminemus. Consequens autem est ut eas
que secundum accidens proponuntur, exsequamur.

7 ⟨exprimit⟩ c   8 eadem est c eedem sunt V   20 ⟨vocis⟩ Vᶜ   34 ⟨permanere⟩ c

[1] Categ. 5, 2 a 19-21.

De divisionibus secundum accidens

Quarum aliam subiecti in accidentia esse, alia accidentis in subiecta, alia accidentis in accidentia supra diximus[1], quarum etiam exempla que posuimus in promptu convenit haberi. Omnium autem secundum accidens divisionum commune preceptum Boetius dedit[2] 5 ut nulla in eis dividentia ponantur nisi que sese circa idem expellant, sicut et de divisione generis predictum est[3]. In divisione autem vocis vel in significationes vel in modos sepe membra sibi adherentia sunt. Actio namque et passio que *'amplector'* commune verbum significat, eidem subiecto simul coherent. Unde Boetius in *Tertio Topicorum*: 10 aliquotiens, inquit[4], que dividuntur simul esse possunt; ut si vocem in significationes dividamus, omnes simul esse possunt, veluti cum dicimus *'amplector'*, aut actionem significat aut passionem, utrumque simul significare potest. Membra quoque divisionis in modos in eodem sepe inveniuntur. Mundum enim ⟨et⟩ secundum mensuram sue magnitudinis et 15 secundum tempus infinitum esse Boetius dixit[5].

Nunc autem et harum divisionum differentias que secundum accidens fiunt, breviter annotemus.

De differentiis earum

Est autem duarum ad tertiam, sicut et aliarum que secundum se 20 dicuntur, hec differentia quod illa sola reciprocari sub proprietate eiusdem divisionis potest; hec autem illa est que accidens in coaccidentia distribuit hoc modo: *'album aliud durum, aliud molle'*. Convertitur autem sic: *'durum aliud album, aliud non, sed vel nigrum vel alterius coloris'*. Et est quidem in eo quedam conversio divisionis quod, cum 25 *'album'* prius per *'durum'* et *'molle'* divideretur, rursus per divisum et eius oppositum distribuitur, ita quidem ut eius⟨dem⟩ proprietatis cum prima sit et secunda divisio, idest accidentis in accidentia. Que quidem conversionis proprietas in aliis nullis continget. Nam si aliquando converti vere possit aut subiecti in accidentia aut accidentis in subiecta 30 divisio, cum videlicet proprium susceptibile antecedentis non accipimus, veluti cum dicimus *'homo alius albus, alius alterius coloris'*. Neque enim homo proprium et sufficiens est fundamentum albedinis, sed corpus, nec ex propria, sed ex corporis natura homo colorem ullum participat, non tamen ad eiusdem proprietatem divisionis fit conversio, 35

2,3 accidentis] accidens *V*   15 ⟨et⟩ *Vc*

[1] *supra*, p. 538[9] *e.q.s.*   [2] *De divis.*, 881 C[12]-D[1].   [3] *supra*, p. 540[13] sqq.
[4] cf. *De top. diff.* III, 1198 C[15].   [5] *De divis.*, 888 D[11]-889 A[2].

sed cum prima accidentis in subiecta fuerit, secunda subiecti in accidentia dicetur, vel econverso.

   Sunt tamen quidam qui hanc differentiam ad divisiones tantum
secundum se referunt, in quibus reciprocatio nullo modo fieri videtur.
5 Et ipse quidem Boetius de illis tantum que secundum se sunt, in
exemplis mentionem facit, etsi universaliter prius dixerit divisionem
antecedentis in accidentia per reciprocationem ab omni separari divisione. Sed utrum omnis huiusmodi divisio reciprocari vere possit inquiritur, quod quidem hic cassari videtur: ʻ*coloratum aliud durum, aliud*
10 *molle*'. Neque enim vere dicitur durum vel molle aliud coloratum, aliud
non; et in omnibus insuper divisionibus hec reciprocatio deficit
quorum divisum ubique dividentia sua susceptibilia comitantur.

   Differt autem divisio subiecti in accidentia ab ea que est accidentis in subiecta, quod subiectum in posteriora dividitur, quemad-
15 modum genus in species, accidens vero in priora, sicut totum in partes.
Omne enim subiectum prius est naturaliter accidentibus suis, accidentia
vero posteriora. Est autem accidens, ut Porphirio placuit[1], *quod adest et*
abest preter subiecti corruptionem, hocest forma illa subiecti que sic quoque abesse ei potest ut propter recessum eius nulla sit subiecti cor-
20 ruptio, hocest nichil in natura substantie eius pereat, quippe ipsum
accidens in substantia non inest, sed extrinsecus adheret; corruptio
vero egressus est a substantia.

   Nunc autem sex suprapositis divisionibus diligenter expeditis
illud de omnibus communiter astruendum est quod quotiens aliquid vel
25 in affirmationem vel in negationem vel in privationem et habitum
dividitur hoc modo: ʻ*homo alius iustus, alius non iustus, alius iniustus*', prius
affirmatio et habitus quam negatio vel privatio dicenda sunt. Non enim
negatio sensum habet nisi ex remotione predicate vocis. Privatorium
quoque vocabulum licet formam ponat, ex vi tamen privatorie propo-
30 sitionis quamdam habitus sui remotionem quodammodo innuit. Si vero
vel negationem vel privationem preponas, tardior intellectus fiet.
Divisio vero, sicut et diffinitio, quamdam rei demonstrationem facere
debet.

   In omnibus quoque divisionibus id providendum est ut neque
35 superflue esse neque diminute deprehendantur. Superflue autem
aliquid apponitur quod iam in aliquo premissorum continetur, veluti
cum dicitur: ʻ*animal aliud rationale, aliud irrationale, aliud homo*'.

5 se sunt] sensum *V*   15 priora] posteriora *V*   19 subiecti *Vc* subiecta *V*   34 previden-
dum *V*

[1] Vide Boeth., *In Isag.*, 280¹⁴⁻¹⁵.

Diminuta vero divisio esset si quid sub diviso contineretur quod sub dividentibus non clauderetur, veluti si sic dicatur: 'animal aliud homo, aliud equus'. Oportet itaque omnem divisionem, sicut et diffinitionem, neque diminutam esse neque superfluam.

Post omnes etiam divisiones ad maiorem proposite rei cogni- 5 tionem supponende sunt dividentium diffinitiones, aut si his non habundamus, satis est exempla subicere. Fiunt autem de eodem plures divisiones, sicut et diffinitiones, secundum diversas eiusdem rei aut species aut formas. Omnis quidem divisio rerum diversitatem ostendit, diffinitio vero omnium quibus convenit convenientiam ponit. Sicut enim 10 divisio eiusdem per plura id quod unum est in pluralitatem distribuendo diversificat, ita eiusdem de pl⟨ur⟩ibus facta predicatio que plura sunt, colligit atque unit. Quod in descensu atque ascensu predicamenti Porphirius manifeste monstravit: „descendentibus, inquit[1], ad specialissima necesse per multitudinem dividentem ire, ascendentibus vero ad 15 generalissima colligere multitudinem" secundum predicationem eiusdem.

De aliis divisionibus a suprapositis

Movet autem fortasse quosdam quod sint quedam divisiones que in sex suprapositis non connumerantur, ut que in dissimilia membra 20 proponuntur, veluti ista: 'substantia alia corpus, alia incorporeum'. Horum namque dividentium alterum species est substantie, alterum vero differentia. Dissimilia itaque membra que dividunt dicuntur, quando ex diversis habitudinibus divisum respiciunt. Sed nec omnes ille que in similia membra componuntur, superioribus sex divisionibus adiungi 25 possunt, veluti ista: 'homo alius homo albus, alius homo niger, alius homo medio colore coloratus'. Non enim homo genus esse potest, cum sit specialissimum; sed fortasse totius in partes dici poterit, in qua species per individua sua distribuitur, sicut ea quam Boetius ponit[2]: | 'hominum alii in Euıopa, alii in Asia, alii in Affrica'. Hec etiam divisio: 'rationale 30 aliud mortale, aliud immortale', in qua differentia per coadiacentes differentias dividitur, nulla superiorum esse videtur. Sed nec etiam iste que sequuntur, superioribus possunt admisceri: 'non-homo aliud equus, aliud non-equus', 'album aliud equus, aliud non-equus', 'equus alius albus, alius non-albus', 'album aliud durum, aliud non-durum'. Et fortasse plures 35

f. 199ᵛ

---

1 diviso] divisio V   13 descendentibus + igitur b   15 necesse + est b dividentem per multitudinem b   16 generalissima + necesse est b   26 iste V   27 genus] ergo V   35 alius] vel V

1 Vide Boeth., In Isag., 228³⁻⁶.   2 De divis., 888 B¹⁵-C¹.

reperies divisiones quas superioribus non poteris connumerare; sed quas
auctoritas tractat quarumque usus promptior est, cura nobis exsequi fuit.

    Hactenus quidem de divisionibus tractatum habuimus, de quibus
satis est disputasse. Nunc vero consequens est ut ad diffinitiones nos
5 convertamus, que, sicut dictum est, ex divisionibus nascuntur.

  1 quas *c* que *V*   2 auctoritas *c* alteritas *V*

LIBER SECUNDUS

DE DIFFINITIONIBUS

⟨*Que sint 'diffinitionis' significationes*⟩

'*Diffinitionis*' quoque vocabulum plures acceptiones habet. Proprie namque diffinitiones eas dicimus que genere ac differentiis 5 tantum constituuntur, velut hominis diffinitio: '*animal rationale mortale*', vel animalis: '*substantia animata sensibilis*', vel corporis: '*substantia corporea*'; secundum quam quidem significationem Tullius talem diffinitioni⟨s⟩ diffinitionem dedisse creditur: „est, inquit[1], diffinitio oratio que id ⟨quod⟩ diffinitur, explicat quid sit." Largius 10 autem '*diffinitionis*' vocabulum Themistius sumpsit, cum in ipso omnem quoque interpretationem ac quamlibet descriptionem inclusit[2]; unde omnem quoque locum et ab interpretatione vel a descriptione a diffinitione assignavit. Hic itaque diffinitionem omnem illam orationem vocavit que univoci predicatione adequata eius significationem quoquo 15 modo declarat. Una autem vox dicitur que unam sententiam secundum unam impositionis causam tenet, velut '*homo albus*' aut '*Socrates*'; licet enim '*homo*' et '*album*' diversis imposita sint, idem tamen de singulis enuntiata notant et secundum eamdem naturam aut proprietatem omnibus imposita sunt. Que vero dictio diversos generat sensus, 20 multiplex dicitur nec una diffinitione terminatur, sed pluribus. In predicatione autem voci quam diffinit oratio ipsa adequatur, quando nec nomen orationem nec oratio nomen in re aliqua subiecta reperitur excedere, ut sunt '*homo*' et '*animal rationale mortale*': quicquid enim homo est, animal rationale mortale est, et econverso. 25

De interpretatione

Diffinitionem autem aliam nominis esse dixit[3], aliam rei. Eam autem que nominis est, interpretationem vocavit; interpretatio vero *ea* dicitur *diffinitio per quam ignotum alterius lingue vocabulum exponitur*, veluti cum 'φιλόσοφος', quod grecum est, latina expositio 30 nobis sic resolvit: *idest* '*amator sapientie*'; nam 'φίλος' am⟨at⟩oris designativum dicunt, 'σοφία' vero sapientie. Et tunc quidem recte interpretationem fieri puto cum secundum partes compositum nomen

---

3 ⟨que..... significationes⟩ *Vm*   10 ⟨quod⟩   20 album *V*   28 eam *Vc* est *V*   30 philosophus *V*

[1] Vide Boeth., *In Top. Cic.* III, 1090 D[11-12].   [2] Cf. Boeth., *De top. diff.* III, 1200 D[12]-1201 A[1].   [3] quis ubi?

exponitur, ut in premisso exemplo. Nam si quis huic nomini greco
quod est 'ἄνθρωπος', idest 'homo, latinam dederit diffinitionem, que
est 'animal rationale mortale', non videtur michi interpretari, sed diffinire.
Non itaque omnis diffinitio nominis alterius lingue interpretatio proprie
5 dicitur, sed que ipsum secundum partes interpretatur.

      Sunt etiam qui interpretationem eiusdem lingue cum nomine
ipso fieri concedunt, cum videlicet ipsum secundum partium compositionem exponitur; ut cum 'sacerdos', quod ex 'sacro' et 'dante'
compositum dicitur, 'dans, idest ministrans, sacrum' interpretatur. Sed has
10 quidem non inveni interpretationes appellari, sed forte ethimologie vocis
ipsius sonum maxime consequuntur, sive sint orationes, ut supraposita,
sive dictiones, ut Britones quasi-brutones dicti sunt, eoquod bruti et
irrationabiles ex insipientia videantur.

      Attende autem quod cum interpretatio sive ethimologia maxime
15 nomen aperiant, rei quoque subiecte faciunt notitiam; alioquin vocabulum non aperirent; sed maxime rei demonstrationem diffinitio facit,
que non solum ipsam substantiam tradit, verum etiam ipsam quibusdam
suis proprietatibus depingit. Aliter enim diffinitio quam diffinitum
vocabulum rem ipsam manifestat; illud enim involute, hec autem
20 explicite ipsam designat, cum ipsius materiam seu formam per partes
suas designet, ut hec hominis diffinitio: 'animal rationale mortale', per
'animal' materiam, per 'rationale' vero ac 'mortale' formas significat.
Que tamen omnia et hoc nomen 'homo' habet significare, sed confuse;
generalis enim substantie vel specialis nomen, sicut in Predicamentis
25 dictum est[1], qualitatem circa substantiam determinat, cum ipsam substantiam ut qualitatibus informatam designat, ut 'homo' animal secundum
id quod rationalitate ac mortalitate est occupatum. Sed cum 'homo' et
ipsam substantiam nominet et circa eam substantiales ipsius formas
determinet, non plene ista sicut diffinitio demonstrat, quia singulas partes
30 suas non distinguit, sed simul omnia comprehendit; que vero simul
colliguntur, minus singula discernuntur quam ea que singillatim ponuntur. Unde multi cum significatione⟨m⟩ substantie huius nominis
quod est 'homo' agnoscant nec qualitates ipsius satis ex ipso percipiant,
tantum propter qualitatem demonstrationem diffinitionem requirunt.
35 Unde diffinitiones maxime propter ostensiones proprietatum inducuntur;
interpretationes vero ita nomen aperiunt, ut sola substantie demonstratio sufficere queat. Tunc enim interpretatio proprie requiritur, cum

2 antropos V   2 idest est V

1 in ea parte scilicet secundi voluminis Libri Partium quae in V deest. (Cf. Categ. 5,
3 b 19-20).

de nominat[iv]a quoque substantia dubitatur nec cui etiam substantie impositum sit tenetur; tunc autem diffinitio superadditur, cum forme proprietas ignoratur. Cum autem vel interpretatio de qualitate quoque vel diffinitio de substantia etiam proponat, principaliter tamen illa propter substantiam monstrandam, hec vero propter qualitates ad 5 aliarum rerum differentiam et plenam rei demonstrationem componitur. Unde hanc semper cum diffinitio convertibilem oportet fieri. Illa autem interpretatum sepissime excedit; neque enim omnes qui sapientiam amant, philosophos dicimus, sed qui iam artis doctrinam perceperunt; 'philosophum' tunc 'amatorem sapientie' interpretamur, iuxta hoc quidem 10 quod vocis compositio sonusque ipse innuere videtur. Unde merito hec nominis, illa autem rei diffinitio dicitur.

De diffinitionibus rerum substantialibus

Rei autem diffinitio alia secundum substantiam fit, que proprie diffinitio dicitur, alia secundum accidens, que descriptio 15 nominatur. Est autem diffinitio, substantialis scilicet, que materiam ac formam substantialem tantum, que rei substantiam conficiunt, in partibus comprehendit, ut ea que genus ac substantiales differentias colligit, ut sunt iste: 'substantia corporea' corp⟨oris, 'corp⟩us animatum sensibile' animalis vel quoque hominis; cetera vero que ⟨ponuntur⟩, 20 supponuntur eodem, ut differentie constitutive. Sole igitur species diffiniri substantialiter possunt, que sole genus et substantiales differentias habent, ut in *Libro Divisionum* Boetius ostendit[1]. Neque enim

f. 200ʳ generalissima genera diffinitionem possunt recipere; quippe nec | genera habent nec constitutivas differentias, cum neque aliunde aliquam con- 25 stitutionem habent que suprema sunt et prima rerum principia, neque individua, cum ipsa quoque specificis differentiis in se careant; neque enim ex se differentias quas participant habent, sed ex speciei partici- patione. Unde nec differentiis a se invicem segregantur quecumque sub eadem specie sunt individua, forme vero accidentia que tantum sub- 30 stantiam alterant nichilque essentie creant; alioquin non accidentia, sed substantialia dicerentur, si quid substantie eorum adventus efficeret vel recessus perimeret, sicut substantiales specierum forme, secundum quas generatio substantie corruptioque consistit. Sola itaque illa sub diffinitione cadere possunt que inter generalissimum atque individua, 35 que extremitates sunt predicamentorum, media interiacent; extrema

[1] nominat[iv]a c   20 vel] al' V   21 ut] ud' V   videlicet c

[1] *De divis.*, 886 A⁵ *e.q.s.*

vero descriptionem non recusant, ut cum substantia dicitur *quod omnibus accidentibus possit esse subiectum*, vel Socrates *homo albus crispus musicus Sophronici filius*. Sunt enim de descriptiones quecumque, ut dictum est, rerum diffinitiones ex genere ac differentiis tantum non consistunt, sive
5 scilicet solas admittant differentias, ut cum homo per '*rationale*' et '*mortale*' describitur, sive genus preter differentias ponatur, ut si corpus substantia colorata dicatur. Est enim coloratum corpori accidens, sive species cum accidentibus ponatur, ut in ista Socratis descriptione: '*homo albus crispus musicus Sophronici filius*', sive accidentia sola sic: '*albus*
10 crispus musicus Sophronici filius*'. Has autem omnes secundum accidens fierie dicimus, cum non secundum substantiam fiant, cuius constitutio materiam tantum ac formam ⟨significat⟩.

De descriptionibus

Harum autem multi modi sunt: alie namque per determinationem,
15 sicut diffinitiones, proferuntur, alie per divisionem, alie per negationem, alie per quamdam cause expressionem, alie secundum effectum designantur. Per determinationem quidem ut illa: '*homo albus crispus*' etc.; in his enim id quod precedit ab eo quod subiungitur determinatur, ut '*homo*' ab '*albo*'. Per divisionem vero ut sunt ille
20 que propositioni dantur hoc modo: '*oratio alicuius de aliquo vel alicuius ab aliquo*' et rursus '*oratio verum vel falsum significans*'. Sic et quidlibet superius per ea que continet a quibus sufficienter dividitur, potest describi. Dividitur autem enuntiatio, idest propositio, sufficienter tam per affirmationem et negationem quam per verum et falsum. Per ne-
25 gationem quoque descriptiones componuntur, ut si substantiam dicamus: '*quod in subiecto non est*' vel potius '*quod neque est quantitas neque ad aliquid neque qualitas neque aliquid aliorum predicamentorum*'. Per expressionem vero cause nec secundum rei essentiam proferuntur descriptiones, ut ea que Victorinus diei aptavit[1] hoc modo: '*dies est
30 sol lucens super terram*'. Neque enim substantia solis essentia diei est, sed causa secundum quam Deus diem efficit. Et sunt quidem huiusmodi descriptiones figurative accipiende, ut videlicet alias in sensu orationis intelligamus quam proprietas constructionis dictionum exigat. Si enim substantivi verbi proprietatem, quod secundum essentiam coniungit
35 [attendamus] et que per ipsum copulantur nomina, intransitive coniungit, ⟨attendamus⟩, profecto cogimur confiteri quantitatem diei substantiam

---

12 ⟨significat⟩ *Vᶜ*   16 quedam *V*   27 aliquid *Vᶜ* ad aliquid *V*   34 substantivi] subiectivi *V*

[1] *De defin.*, 907 Cᴵ⁻².

solis esse, sed, ut veritatem servemus, in proprietatem constructionis incurramus, ut videlicet diem existere gratia solis lucentis super terram dicamus.

Sunt autem quidam qui ut structure proprietatem custodiant, dictionum significationem mutant et 'sol' et 'lucens super terram' non ad 5 solis, sed ad diei significationem referunt; sed hi profecto quomodo eam secundum Victorinum per causam fieri dicunt? Iam enim 'sol lucens super terram' et 'dies' idem sunt. Unde neutrum alterius causa est, immo alterum alterius in essentia, ac potius secundum essentiam, diffinitio data est. Ut igitur et auctoritatem et rei custodiamus veritatem et 10 singularum dictionum teneamus proprietatem, figurativam et quodammodo impropriam oportet intelligi constructionem, ut videlicet secundum sensum 'rem existentem per solem lucentem' confiteamur de die predicari.

Sed dicitur quia si rem existentem per solem lucentem, idest diem 15 ipsum, predicari facimus, oportet et vocem positam esse que illud designet et verum est quidem totam diffinitionem accipi figurative, ita scilicet quod significationibus singularum dictionum non mutatur, si per se considerentur, idest 'solis' et 'lucentis'. Ideoque figurative atque improprie tota simul diffinitio ⟨accipitur⟩, cum non constituitur sensus eius 20 secundum partium singularum significationem. Oportet enim secundum structure proprietatem omnem vocum competentem compositionem ex componentibus suam sortiri significationem. Sepe etiam per effectum diffinitiones proferuntur ut illa qualitatis: 'secundum quam quales dicimus'.

De determinationibus 25

De his quoque descriptionibus quas secundum determinationem fieri diximus, pauca sunt consideranda ac prius quot modis determinationes fiant annotandum est. Sunt autem alie orationum, alie dictionum. Orationum autem ut earum que dubie sunt, sive scilicet ambigue fuerint, sive non. Neque enim omne dubium est ambiguum, sed omne 30 ambiguum dubium, sicut in *Libro Divisionum* Boetius docuit[1]. Ea namque dubia tantum ambigua sunt quorum constructio plene continet diversos intellectus ut nichil extrinsecus supplendum sit ad sensus perfectionem, sed quodammodo constructio mutanda propter ambiguitatem removendam, ut in responso Delphici oraculi continetur, cum Calchanti 35

---

15 lucentem] lucere *V*   17 quidem *V*c quod *V*   35 calcanti *V*

[1] *De divis.*, 889 B13-15.

de victoria Frigum[1] et Grecorum scitanti in his Apollo respondit:
„ne dubites, inquit, Troianos vincere Graios." Ex his enim eque et
Troianorum et Grecorum victoria promit⟨tit⟩ur, et rationabiliter
quidem secundum constructionis compositionem utraque ex dictis
5 sententia colligitur.

Sunt autem et alie dubie in quibus ipsum proferentem ad
sententie sue perfectionem aliquid extrinsecus oportet supplere, ut si
dicam: 'da michi', 'curre cito', quid tribui postulem aut quo currere
iubeam determinandum aliquo supplemento relinquitur, ut videlicet et
10 illud apponam de quo fieri donum volebam dicens 'librum', vel quodlibet
aliud, aut locum determinem ad quem fieri cursum iubeam, dicens
'domum' aut quemlibet alium locum designans. Et in his quidem imperfectio constructionis, in illis vero duplicitas expositionis dubietatem
facit. Deest enim ad sensus mei perfectio⟨nem⟩ qui librum querere
15 intendebam, vocabulum quo librum designarem, nec dubietatem quidem
ex se facit, quippe nec diversos generat sensus, sed tantum fieri michi
donationem querit nec de quo fiat demonstrat, | sed de quo fiat in-   f. 200ᵛ
determinatum relinquitur.

Nec quidem ex verbis ipsius orationis ad diversarum rerum dona
20 intelligenda mittimur, quippe nec rei dande nomen ponitur, sed ex
nostra quidem discretione, quatenus [in] donatione⟨m⟩ non posse fieri
sine aliquo quod donetur, ea que prolata non sunt suspicamur et ex ipso
quidem verbo quod transeuntem designat actionem, hec dubietas infertur, dum id ad quod actio eius transeat, non determinatur. Si enim
25 verbum apponerem quod actionem non transeuntem significaret, hec
profecto dubietas omnino cessaret, ut si dicam 'assurge', vel 'asta michi'.
In his igitur dubiis orationibus ex verbis quarum prolatis rationabiliter
unum tantum, ut dictum est, intellectum possumus habere, simplex est
dubietas, non ambiguitas.

30 Nec est quidem multiplicitati huiusmodi dubietas imputanda nec
per diversos intellectus dividenda, sicut illa que est ambiguitas, cuius
constructio rationabiliter ad diversos intellectus flecti potest, quantum
quidem ad ipsam pertinet, etsi sententia aliquando impossibilis videatur.
Proponitur enim ita sepe ambiguitas ut utrumque quod dicitur fieri
35 possit, ut in premisso exemplo, vel ita ut alterum tantum possibile sit,
ut si dicam: 'video hominem comedere panem' vel ita ut neutrum, hoc modo:
'video lapidem comedere lignum'. Licet autem quantum ad rerum naturam
in his quedam possit esse certitudo, quantum tamen ad structure
significationem consistit dubietas.

10 opponam V   13 duplicitam V   35 tantum] tamen V   36 ut] in V

1 Frigum = Phrygum.

In his autem, cum quislibet eas ad unum tantum dicendum protulerit, determinationem facere poterit modo per adiectionem, modo per diminutionem, nunc etiam per divisionem aut per aliquam dictionum transmutationem, ut in ista potest monstrari: ‘*audio Troianos vicisse Grecos*’. Si quis enim sensum suum quem de victoria Grecorum habet, 5 ita exposuerit: ‘*audio Troianos vi⟨n⟩ci, Grecos vicisse*’ per adiuncti- onem ‘*vinci*’ certitudinem fecit; — in quo etiam divisionem possu- mus intelligere, cum et istis seorsum ‘*vinci*’ et illis ‘*vincere*’ attribuimus —. Si vero ita: ‘*audio vinci Troianos*’ vel ita: ‘*audio vicisse Grecos*’, per diminutionem; nam in utraque alter accusativorum subtrahitur. Per 10 transmutationem vero vel casuum vel verbalium dictionum deter- minatio hoc modo proponitur: ‘*audio quod Greci vicerunt Troianos*’; nam et verbum secundum personam aut numerum et nomen secundum casum mutatum est.

Et hos modos determinandarum orationum in *Libro Divisionum* 15 Boetius ponit[1].

Idem quoque in eodem plures dictionum determinationes apponit[2]. Sed cum dictionum alie uni tantum rei imposite sint, ut Socrati, et que singularem habent significationem, alie pluribus, hee tantum determinatione indigent que plura colligunt. Sed harum 20 alie ex una impositione et eadem causa pluribus date sunt, ut que univoce dicuntur, alie diversas habent impositionis causas, ut que equivoce ac proprie multiplices appellantur. Univoca quidem est, ut ‘*homo*’, cuius unam impositionis causam in omnibus veris hominibus una eius diffinitio quam secundum illam habet, firma est probatio, que est 25 ‘*animal rationale mortale*’. Equivoca vero ut ‘*canis*’, quod et latrabili animali seu marine belue sive celesti sideri impositum est, singulis quidem secundum diversas proprietates, que per diversas earum diffinitiones demonstrantur.

In his autem dictionibus quarum multiplex est significatio, multi- 30 farie fit determinatio. Ait[3] enim ipse aliam fieri secundum diffiniti- onem, ut si ‘*canis*’ in designatione tantum latrabilis animalis proferam et per diffinitionem aperiam dicens ‘*animal latrabile*’; vel per adiecti- onem generis vel numeri vel casus, ut si dicam can⟨n⟩a, quod arundinum commune nomen est et proprium fluvii, quamlibet ipsius 35 significationem quolibet istarum modo distinguere possunt, cum in oratione ponitur, ut si dicam: ‘*Canna Romanorum sanguine sorduit*’, de

---

25 firma *Vc* forma *V*

[1] *De divis.*, 889 D.   [2] *Ibid.*, 890 B.   [3] *Ibid.*, 889 C-890 C.

fluvio intendens; vel secundum genus ita determinatio: '*hic canna sorduit*' vel '*plenus sanguine fuit*'; sive articulum sive nomen quod eiusdem generis ⟨est⟩ apponam, omnis absoluta est dubietas secundum genus, ut in ⟨i⟩sta significatione masculini generis, in illa vero feminini. Sicut
5 autem determinatio fit secundum genus in his dictionibus que diversis significationibus diversorum generum, sic etiam secundum numerum in his que diversos numeros significant, et pluralem scilicet et singularem, ut si dicam '*docti rustici*' pluraliter et apponam '*omnes*', quod tantum est pluralis numeri. Per casum vero determinatio fit cum eadem ⟨vox in
10 eodem⟩ numero diversos obtinet casus, ut '*Muse*', quod et ⟨pro⟩ genitivo et pro dativo accipitur. Sed si dicam '*Muse cantantis*', per casum determinationem feci, cuius videlicet casus officio '*Muse*' fungatur ostendens. Sicut enim ad idem genus et ad eumdem numerum substantivum et adiectivum nomen oportet iungi, et ad eumdem casum
15 convenit ipsum copulari. Fiunt quoque secundum accidens aut secundum ortographiam determinationes. Nam '*pone*' utrum pro verbo an pro adverbio accipiatur, accentus pronuntiatione discernitur, ut scilicet si prima⟨m⟩ sillabam pronunties acutam et secundam grave⟨m⟩, hoc modo: '*pône*', verbum accipias. Si vero econverso feceris, adver-
20 bium intelligas.[1] Secundum etiam ortographiam, idest rectam inscriptionem, determinatio fit, ut si '*queror*' equivocum, quod et [in] inquisitionem passionem et querelam actionem significare potest, in designatione inquisitionis accipi velim ostendere, '*ae*' diptongo scribendum est; cum autem in designatione querele ponitur, diptongo
25 non scribitur; tunc enim prima eius substantia corrumpitur, quod diptongi natura non patitur.

Et in his quidem supradictis determinationibus multiplicum vocum continentur expositiones.

Sunt etiam unarum vocum quedam determinationes, quarum
30 alie transitive his que determinant, alie intransitive iunguntur; transitive quidem ut '*video lupum*', '*domus Socratis*'; ad aliud enim designandum determinatio que subiungitur transit quam determinatum significet. Alia namque persona per '*video*', alia per '*lupum*' demonstratur atque alia res per '*domus*', alia per '*Socratis*' significatur.

35 Intransitive autem determinatio coniungitur, quando circa eiusdem rei significationem ei quod determinatur coniungitur; tunc enim

---

1 vel] id *V*   3 ut] cum *V*   6 sic etiam secundum] secundum etiam numerum *V*   9-10 ⟨vox in eodem⟩ *Vᶜ*   10 ⟨pro⟩ *Vᶜ*   13 *primum* ad] id *V*   26 ditongi *V*

---

[1] Cf. Priscianum, *De accentibus*, 520²⁷⁻³¹.

non dicitur transire cum in eadem remanet significatione, ut in diffinitionibus seu descriptionibus que per determinationem dantur apparet. Cum enim dicimus 'animal rationale mortale', idem 'rationale' ac 'mortale' cum 'animali' nominat, idest hominem. Rursus cum dicitur 'homo albus crispus musicus Sophronici filius', hec omnia Socratem qui describitur, 5 nominant. Atque hec quidem determinatio non in expositione, sed in quadam restrictione consistit; neque enim 'album' quod sequitur, 'hominem' exponit, sed restringit. Est enim expositio plena vocis demonstratio, ut videlicet exponens nec plus nec minus quam expositum, sed idem prorsus, contineat, veluti cum 'canis' in designationem tantum 10 latrabilis animalis profero ac per hanc diffinitionem: 'latrabile animal' ipsum expono, idem diffinitio dicit quod per vocabulum demonstrare intendi. 'Album' autem quod 'homini', vel 'rationale' quod 'animali' coniungitur, ipsa non exponunt, — quippe non idem cum eis dicunt, quare iam | superflue post ipsa in diffinitionibus sequerentur —, sed 15 quodammodo restringendo determinare dicimus. Cum enim 'homo' equaliter et albos et nigros et cuiuslibet coloris homines, et 'animal' rationalia et irrationalia contineant, 'album 'homini' suppositum et 'rationale' 'animali' illa que in precedentibus, et non in ipsis, continentur, ab eo quod diffinitur seu describitur seiungunt. Neque enim 20 'rationale', ab omni quod rationale non est, differentiam hoc loco facit, vel 'album' ab omnibus que in ipso non continentur, sed ab hic tantum que per precedentia non excluduntur. Non enim 'rationale' 'animali' subiunctum differentiam a lapide facit, qui iam per 'animal' exclusus fuerat, nec 'album' ab ebeno, quod iam 'homo' exceperat, sed ab his 25 tantum oppositis suis que in precedentibus continentur, ut 'rationale' ab animalibus que rationalia non sunt, et 'album' ab hominibus qui albi non sunt. Dum autem 'rationale' quedam animalium vel 'album' quosdam hominum excludit, quodammodo eorum significationem que precedunt, determinant, ita tamen ut subiuncta vox vocis precedentis 30 significationem ostendat, ut videlicet quid in ipsa intelligendum fuerat innuant. Idem enim precedens vox semper dicit, sive per se sive cum aliis iungatur. Alioquin submissio alterius superflueret nec propria vocis acceptio, si videlicet vel 'animal' cui supponitur 'rationale', circa rationalia tantum, vel 'homo' cui subiungitur 'album', circa albos tantum 35 acciperetur. Sed ita quidem subsequens vox precedentem determinare dicimus ut ei adiuncta significationem ipsius restringat, dum quedam que ab ipsa significantur, a substantia diffinita separat.

f. 201ʳ

5 musicus sophronici filius] m.s.f. *V* 19 rationalis *V*

Quomodo diffinitiones ex divisionibus aut que a quibus veniant

Nunc autem diffinitionis significatione multiplici declarata quibusque modis descriptiones fiant demonstrato illud quoque convenit inspicere qualiter ex divisionibus diffinitiones nascantur aut que a quibus
5 originem ducant. Oportet enim, ut ait[1] Boetius, non solum que ad divisionem sumenda sunt, addiscere, sed ipsius quoque diffinitionis artem diligentissima ratione comprehendere. Sit igitur positum quod '*hominem*' velimus diffinire atque ipsius diffinitionem per divisionem investigare. Sumo igitur eius supremum genus ac divido sic: '*substantia alia corporea,*
10 *alia incorporea*'; deinde eam de differentiis quam homini convenire video, '*substantie*' divise copulo ad differentiam alterius dicens: '*substantia corporea*'; ac rursus inspicio utrum hec diffinitio omni ac soli homini conveniat; in qua quidem cum ⟨in⟩animata quoque videam comprehendi, non soli homini deprehendo eam convenire; adiunctam itaque diffe-
15 rentiam que est '*corporeum*', rursus per inferiores differentias divido, dicens: '*corporeum aliud animatum, aliud inanimatum*', et que etiam harum differentiarum homini insit considero eamque '*corporeo*', quod divisum est, coniungo sic: '*substantia corporea animata*'; sed rursus hec diffinitio homini non adequatur, que etiam plante convenit; ultimam igitur
20 differentiam que est '*animatum*', per inferiores subdivido hoc modo: '*animatum aliud sensibile, aliud insensibile*'; ac rursus '*sensibile*', quod homini convenit, '*animato*' suppono ita: '*substantia corporea animata sensibilis*'; rursus cum non videam impleri hominis diffinitionem, sed eque omnibus inesse animalibus considerem, ultimam rursus diffe-
25 rentiam que est '*sensibile*', per inferiores divido, '*rationale*' scilicet et '*irrationale*'; ac rursus '*rationale*', quod homini convenit, per '*mortale*' et '*immortale*' considero totiensque differentias in posteriores differentias resolvimus, donec omnes coniuncte generi speciei adequentur hoc modo: '*substantia corporea animata sensibilis rationalis mortalis*'. Hec enim
30 ita homini propria est ut ei omni ac soli ac semper conveniat.

Omnesque diffinitiones substantiales eodem modo proprie ⟨dari⟩ debent, descriptiones vero tales sepe assignantur que non semper conveniunt. Cum enim Socrates non semper, quamdiu est, filius sit Sophronici, ipse tamen '*homo albus crispus Sophronici filius*' solet desc-
35 ribi, que quidem descriptio ei post mortem patris existenti aptari non potest. Nascuntur autem huiusmodi diffinitiones que substantiales sunt, ex divisionibus generum in differentias, sicut supra monstratum

10 eam de] eamdem *V* video] inde *V*   19 ultimam *V^c* ut unam *V*   33 [enim] *V^c*

[1] *De divis.*, 885 D⁴⁻⁷.

est[1], que, sicut superius docuimus[2], solis speciebus aptantur que et
genera habent et differentias, descriptiones autem que accidentia continent, ab his veniunt divisionibus que secundum accidens sunt. Que
vero per negationem fiunt, ab his veniunt que in negatione proponuntur.
Sicut autem divisiones diffinitionibus sunt necessarie, ita et diffinitiones 5
divisionibus. Nam sicut supra diximus, post divisiones statim diffinitiones ad cognitionem dividentium supponende sunt. Amplius:
equivocationis divisio per diffinitionem cognoscitur. Si enim id quod
dividitur nomen eamdem in omnibus habuerit diffinitionem, univocum
erit; si vero diversas, equivocum.   10

        Sed nunc quidem scrutari libet que diffinitionum diversitas
equivocum facit. Eidem namque homini diversas diffinitiones diversi
assignant, que non solum voce, verum etiam sensu discrepare videntur.
Aristotiles namque hominem tali diffinitione terminavit[3]: 'animal
gressibile bipes', Boetius vero in eodem[4] usus est ista: 'animal rationale 15
mortale'. Diversa est autem harum sententia, licet subiecta res sit eadem,
quippe de diversis eiusdem differentiis utrisque agitur. Nec tamen hec
diffinitionum diversitas equivocum hominis vocabulum facit. Si quis
autem equivo⟨ca⟩tionem secundum istas diffinitiones ideo esse deneget
quod non ita diverse sint ut opposite sibi invenia⟨n⟩tur, hic profecto 20
nec 'amplector' commune equivocum dicturus ⟨est⟩ ad agentem et
patientem nec 'subiectum' ad fundamentum et ad significatum[5], cum
videlicet eorum diffinitiones opposite non sint quarum diffinita de eodem
dicuntur.

Secundum quas diffinitiones univocatio vel equivocatio consistat   25

        Que ergo diffinitionum diversitas equivocationem faciat, que-
rendum est, aut que unitas diffinitionis univocationem. Videmur enim
singulis equivocis qualescumque diffinitiones assignari posse. Secundum
enim eos qui in equivocis nominibus suas significationes sub disiunctione
predicari volunt, ipsa per divisionem significationum videmur affirmare 30
posse. Veluti 'canis' nomen equivocum sub disiunctione significationum
ita describere possumus: 'canis est vel latrabile animal vel marina belua vel
celeste sidus'. Sed dico quod in nomine 'canis' equivoco significationes
eius sub disiunctione accipiende non sunt neque sub divisione pre-
dicande, ut videlicet hec sit sententia huius nominis quod est 'canis', 35

7 supponenda *V*   19 equivo⟨ca⟩tionem *Vc*   29 nominibus *Vc* vocibus *V*   20 significa-
tionum] sigm *V*

[1] *supra*, p. 591[7] *e.q.s.*   [2] *supra*, p. 584[21-23].   [3] *De interp.* 5, 17 a 13.
[4] *In Periherm.* II, 53[10].   [5] Cf. *Log. Ingred.*, 287[14-15].

ac si ita dicatur: '*vel latrabile animal vel marina belua vel celeste sidus*', hocest aliquid horum. ⟨Si enim '*aliquid horum*'⟩ indeterminate in nomine '*canis*' acciperetur, una esset ipsius sententia, sicut univocorum. Qui enim dicit Socratem esse hominem, tale est ac si diceret aliquem esse de
5 hominibus. Cum igitur '*canis*' plura nomina sit in significatione — unde Priscianus in huiusmodi equivocis plura nomina in unam vocem incidere dicit[1] —, oportet in ipso omnes simul significationes suas et singulas sicut in tribus nominibus accipere et predicari; ut numquam vera sit ipsius predicatio; de nullo enim dici potest quod sit unumquodque
10 illorum trium neque de illis singillatim sumptis nec de ipsis simul acceptis. Unde nec una potest dari | diffinitio huic nomini quod est '*canis*',   f. 201ᵛ sed plures secundum singulas impositiones. Non enim diffinitio dici potest que de nullo vere predicatur, cum presertim omne diffinitum diffinitionis sue predicationem accipiat, diffinitio etiam esse una non
15 potest nisi que unam vocis impositionem demonstrat vel sententiam nominis aperiendo, vel rem cui facta est impositio demonstrando.

    At vero hee diffinitiones que sententiam quoque nominis participant, recte ad equivocationem nominis vel univocationem pertinere videntur. Ipsa namque vocis multiplicitas vel unitas magis
20 secundum sententiam quam secundum rem subiectam pensanda est. Eisdem namque rebus unum nomen univoce convenit secundum unam ipsius sententiam, aliud vero equivoce secundum plures sententias. De tribus namque significationibus '*canis*' et '*corpus*' et '*substantia*' et multa alia univoce dicuntur et '*canis*' equivoce ⟨de⟩ eisdem enuntiatur. Sepe
25 etiam de una et eadem re diversa nomina equivoce predicantur secundum sensuum diversitatem. Ille ergo diffinitiones maxime equivocationem vel univocationem ostendunt, que ita secundum nomen sunt ⟨ut⟩ non solum rem subiectam contineant, verum etiam sententiam nominis aperiant. Sed cum his quandoque non habundemus, sufficit qua-
30 liscumque rei demonstratio propter rem subiectam declarandam potius quam propter sententiam nominis aperiendam. Veluti si '*coloratum esse*' determinamus '*substantiam corpoream*', hec quidem assignatio secundum sententiam nominis non est; non enim in '*colorato*' vel substantie vel corporis significatio tenetur. At vero si sic diceretur: '*coloratum est quod*
35 *colore formatum est*', hec diffinitio secundum nominis sententiam consisteret. Nichil enim aliud '*coloratum*' notare videtur quam illa oratio.

    Sunt itaque diffinitiones alie que rem tantum subiectam

---

2 hocest] hec est *V* ⟨si..... horum⟩ *Vᶜ* 18 equivocationem] eqvŏc̆e *V*

1 *Inst. gramm.* XVII, 145²³⁻²⁴: ..... cum in unam concidant vocem nominum positiones tam in propriis quam in appellativis.

continent, non etiam sensum communicant, alie que ipsam quoque
sententiam participant. Rem quidem continet et non substantiam ea
quam prius 'colorato' assignavimus. Et has quidem diffinitiones que non
secundum sententiam dantur nec antecedere ad diffinitum nec consequi
necesse est. Cum autem diffinitio sententiam nominis participat, modo 5
totam nominis sententiam continet, modo vero quasi ex parte ipsum
nomen tangere vide[n]tur. Totam quidem nominis sententiam tenere
videtur ea colorati diffinitio quam secundam posuimus, hec scilicet:
'formatum colore', vel ista que est substantie: 'res per se existens', vel
hec corporis: 'substantia corporea', si per hanc tantum differentiam 10
corpus subsistat. Si enim plures alie sint ipsius differentie constitutive,
que omnes in nomine 'corporis' intelligi dicantur, non totam corporis
sententiam hec diffinitio tenet, sicut enim nec hominis diffinitio 'animal
rationale mortale' vel 'animal gressibile bipes'. Sicut enim 'hominis' nomen
omnium differentiarum suarum determinativum sit, omnes in ipso 15
oportet intelligi; non tamen omnes in diffinitione ipsius poni convenit
propter vitium superflue locutionis. Cum enim 'animal rationale
mortale' ita hominem determinet, ut ei omni et soli conveniat, superflue
iudicaretur si quid supra adderetur, cum ea que sunt posita, ab aliis
rebus 'hominem' separent. Cum autem et 'bipes' et 'gressibilis' et 'per- 20
ceptibilis discipline' ac multe quoque forme fortasse alie hominis sint
differentie, que omnes in nomine 'hominis' determinari dicuntur —
iuxta illud Aristotilis[1]: „genus autem et species qualitatem circa substantiam determinant" —, apparet hominis sententiam in diffinitione
ipsius totam non claudi sed secundum quamdam partem constitutionis 25
sue ipsum diffiniri. Sufficiunt itaque ad diffiniendum que non sufficiunt
ad constituendum. Sicut enim homo preter rationalitatem vel mortalitatem non potest subsistere, ita nec preter ceteras differentias, quibus
eque substantia ipsius perficitur, ullo modo potest permanere.

Erunt autem fortasse qui velint in diffinitione hominis omnes 30
ipsius differentias intelligi, sicut in nomine. Sed falso. Cum enim ipsa
diffinitio ex partibus suis significationem contrahat, oportet etiam ipsa
vocabula poni omnium hominis differentiarum designativa. At vero
'rationale' et 'mortale' ceterarumque differentiarum nomina nonnisi
proprias differentias continet. Cum igitur alique hominis differentie a 35
diffinitione relinquantur, non totam 'hominis' sententiam diffinitio ipsius
tenet. Unde ipsam ad nomen 'hominis' non necesse est antecedere, sed

---

12 que omnes] cum dicimus V   32 etiam] in V

[1] Categ. 5, 3 b 19-20.

consequi, tunc enim recta est ac necessaria consecutio, cum in antecedenti consequens continetur; '*homo*' vero totam diffinitionis sue sententiam
continet, sed cum eam excedat, ipsius sententia in diffinitione non
comprehenditur. Que vero diffinitiones totam diffiniti sententiam com-
5 plent, et antecedere et consequi possunt mutuo. Atque hee maxime ac
perfecte diffinitum aperiunt que, sicut rem continent, ita etiam substantiam complent. Atque hee proprie respondentur, cum queritur quid
vocabulum sonet, hocest quantum de re subiecta notet, idest quis
sit intellectus per ipsum de re ipsa habendus, ac propter quid denotandum
10 rei sit impositum.

Diffinitiones tamen et alie dicuntur, quecumque scilicet rem
demonstrant, ad quam una facta est nominis impositio secundum unam
sententiam. Erit autem fortassis questio utrum in nomine speciei omnes
ipsius differentie intelligantur, sicut dictum est. Si enim imponentis
15 intellectum respiciamus, non videtur verum, cum ipse fortasse omnes
ipsius differentias ⟨non⟩ nominaverit, sicut nec accidentia. A m p l i u s :
si omnes differentie speciei in nomine ipsius intelligantur, quomodo
ipsius significatio a superfluitate potest absolvi, sicut et diffinitio eius si
omnes differentie ipsius apponerentur?

20 Sed ad hec dico non ita in nominibus posse superfluitatem
notari, sicut in orationibus. Cum enim precedentia verba ad demonstrandum aliquid sufficiunt, superflue id ⟨quod⟩ subiungitur apponitur.
At vero in nomine, quod partibus significativis non iungitur, nulla precedunt que demonstrationem ullam faciant. Ideo in eo nulla superfluitas
25 notari potest, sicut in oratione, cuius partes designative sunt. Licet
autem impositor non distincte omnes intellexerit hominis differentias,
secundum omnes tamen quecumque esse⟨n⟩t, tamquam ipsas confuse
conciperet, vocabulum accipi voluit. Aut si secundum quasdam tantum
differentias '*hominis*' nomen imposuit, secundum eas tantum nominis
30 sententia consistere debet ac secundum eas tantum diffinitio sententie
assignari potest.

Sicut autem nomina quedam s u b s t a n t i v a dicuntur, que rebus
ipsis secundum hoc quod sunt data sunt, quedam vero s u m p t a, que
scilicet secundum forme alicuius susceptionem imposita sunt, sic et
35 diffinitiones quedam ⟨secundum⟩ rei substantiam, quedam vero secundum forme adherentiam assignantur. S e c u n d u m s u b s t a n t i a m
quidem diffinitiones specierum ac generum dantur, s e c u n d u m a d i a -
c e n t i a m vero diffinitiones sumptorum nominum veluti '*homo*', '*rationale*', '*album*'.

5 hec *V*   8 hocest] hec est *V*   14 intelligantur *V^c* intelliguntur *V*   35 ⟨secundum⟩ *V^c*

Quid in diffinitione sumpti diffiniatur

At vero in his diffinitionibus que sumptorum sunt vocabulorum
f. 202ʳ magna, memini, questio solet esse ab his qui in rebus universalia | primo
loco ponunt, quarum significatarum rerum ipse esse debeant dici;
duplex enim horum nominum que sumpta sunt, significatio dicitur, 5
altera vero principalis, que est de forma, altera vero secundaria, que est
de formato. Sic enim '*album*' et albedinem quam circa corpus subiectum
determinat, primo loco significare dicitur et secundo ipsius subiectum
quod nominat. Cum itaque '*album*' hoc modo diffinimus: *formatum
albedine*, queri solet utrum hec diffinitio sit tantum huius vocis que 10
est '*album*', an alicuius sue significationis. At vero cum vocem non
secundum essentiam suam, sed ⟨secundum⟩ significationem diffiniamus,
videtur hec diffinitio recte ac primo loco illius esse. Restat ergo querere
sive illius significationis sit que prima est, idest albedinis, sive eius que
secunda est, que est subiectum albedinis. At vero si hec diffinitio 15
albedinis sit, predicatur de ipsa, et de quocumque albedo dicitur, et ipsa
diffinitio predicatur. At vero quis vel albedinem vel hanc albedinem
formari albedine[m] concedat? Omne enim quod albedine formatum est,
corpus est. Si vero diffinitio supraposita eius rei quam album nominant,
esse dicatur, idest que albedinis subiectum est, queritur utrum unius- 20
cuiusque [sit] per se quod albedinem suscipiat sit, sive omnium simul
acceptorum. Quodsi uniuscuiusque sit illa diffinitio, utique et margarite.
Unde de quocumque illa diffinitio dicitur, et margarita predicatur, quod
omnino falsum est. Si vero omnium simul acceptorum esse concedatur,
oportebit ut de quocumque diffinitio illa enuntiatur, omnia simul 25
predice⟨n⟩tur, quod iterum falsum est.

Sed ad hec, memini, tales erant solutiones que ab omnibus
suprapositis obiectionibus liberare viderentur. Dicatur itaque illa diffinitio albedinis esse non secundum essentiam suam, sed secundum adiacentiam accepte. Unde et eam predicari convenit et de ipsa albedine 30
secundum adiacentiam, hoc modo: '*omne album est formatum albedine*', et
de omnibus de quibus ipsa in adiacentia predicatur.

Dici quoque potest esse uniuscuiusque subiecti albedinis, nec
tamen ideo ipsum necesse est de omni illo dici de quo diffinitio predicatur. Illam namque regulam: 35

d e q u o c u m q u e d i f f i n i t i o p r e d i c a t u r, et diffinitum
ad eas tantum diffinitiones pertinere dicunt que secundum substantiam
fiunt. Hec vero substantie subiectie albedini non secundum id quod

18 albedine[m] *c*   21 suscipiat *c* suscipiunt *V*   34 ideo *Vᶜ* omnino *V*

ipsa est, verum secundum quamdam formam sui attribuitur. Eadem quoque solutio eos liberare videtur qui omnia albedinis subiecta simul accepta diffiniri dicunt. Vel etiam concedantur omnia predicari, sub disiunctione scilicet, de omni illo de quo diffinitio predicatur, ut
5 videlicet si qui albedine sit formatum, id vel margarita vel cignus esse vel aliquid aliorum concedatur.

Potest etiam dici diffinitio eadem esse huius nominis quod est 'album', non quidem secundum essentiam suam, sed secundum significationem, nec in essentia sua de ipso predicabitur, ut videlicet dicamus
10 hanc vocem 'album' esse formatam albedine, sed secundum significationem, se scilicet consignificando, ac si ⟨si⟩c diceremus: 'res que alba nominatur est formata albedine'. Est autem vocem diffinire: eius significationem secundum diffinitionem aperire, rem vero diffinire: ipsam demonstrare.
15 Itaque sive diffinitio vocis esse sive, cuiuscumque significationis est, eius diceretur, solvi poterat.

Sed profecto nichil est diffinitum nisi declaratum secundum significationem vocabulum dicimus; nec rem ullam de pluribus dici, sed nomen tantum concedimus. Cum autem omnis diffinitio illud cuius esse
20 dicitur vocabulum declarare debeat, oportet ex talibus semper nominibus iungi quarum cognita sit accepta significatio. Non enim ignotum per ignota possumus declarare; diffinitio vero est que maximam rei demonstrationem facit quam nomen diffinitum continet. Hoc enim inter diffinitum nomen et diffinitionem distare Boetius innuit[1] quod cum
25 utrumque eamdem ⟨rem⟩ subiectam habeat, in modo tamen significandi differunt. Ipsa namque diffinitio, que singulis partibus singulas rei proprietates distinguit, ipsam expressius atque explicatius ostendit; diffinitum vero vocabulum non per partes singula distinguit, sed confuse omnia ponit. Ac licet diffinita vocabula plures sepe rei proprietates
30 quam diffinitum nomen contineant, in his tamen que utrumque continet, maior est diffinitionis demonstratio quam nominis. Aut etiam quantum ad res ad significationem magis diffinitio quam nomen operatur, quando ipsa pro re subiecta, que ignoratur, inducitur quam distincte per partes suas determinat.
35 Sicut autem diffinitio unius vocis est, ita et simplicis. Non enim oratio diffiniri dicitur, sed dictio tantum; etsi enim diffinitiones quando-

---

8-9 sed secundum ⟨per⟩ significationem *V*c sed [secundum] ⟨per⟩ significationem *c*
11 se] sua *V* ei *V*c idest *c*   16 est *V* esse *c*   17 sed] scilicet *V*   25 ⟨rem⟩ *c coll. b*

[1] ubi?

que ad declarationem aliarum diffinitionum inducantur, non tamen earum diffinitiones dicuntur, sed diffiniti nominis. Cum itaque Aristotiles 'esse in subiecto', quod est diffinitio accidentis, ita determinaverit[1] dicens esse in subiecto, „quod cum sit in aliquo non sicut quedam pars" etc., hec quidem determinatio magis accidentis diffinitio dicenda est quam alterius 5 diffinitionis. Non enim diffinitio recte diffiniri dicitur, sed nomen. Ubi enim pro diffinitione recipitur, clara ei constat qui eam pro diffinitione tenet. Cum autem omnis diffinitio quamcumque cognitionem faciat, videtur incongruum quod relativa per se mutuo diffinimus. . . . . . .

.   .   .   .   10

EXPLICIT FELICITER

[1] *Categ.* 2, 1 a 24-25.

INDICES

Abhorrere: + *acc.*: 75¹⁵; 133³⁸; 328²⁷; + *a.c.i.*: 375¹³

ablativus: ablativus casus: 84¹⁸sqq.; *vide etiam s.v.* casus

absolutus: absolute et proprie: 95¹⁸

abstractio: abstractio accidentium: 181²⁹

abundare: *vide s.v.* habundare

accentus: sillabe mensurantur secundum brevitatem et longitudinem accentus: 66¹²⁻¹³

accidens: per accidens: 96³⁷; *def.* est accidens, ut Porphirio placuit, *quod abest preter subiecti corruptionem*: 579¹⁷⁻¹⁸; *def.* 'esse in subiecto' est diffinitio accidentis: 598²⁻³; secundum accidens enim musicum album dicimus aliquem: 117²⁰; sunt autem qui adstruant diversa accidentia unam enuntiationem facere, cum talia sumuntur que ad diversa referuntur, veluti si dicatur: '*homo citharedus bonus*': 225³¹⁻³³; nullaque sunt accidentia que proprio susceptibili habundare queant: 458⁹; accidentia fundamentum substantie non constituunt: 565¹¹⁻¹²; sicut enim accidentia modo secundum hoc quod subiectas informant substantias consideramus, modo autem eorum substantiam per se speculamur atque ipsorum essentiam in se ipsa secundum hoc quod est, intelligimus, ita quoque ipsa diversis vocabulis designamus, modo quidem adiectivis, cum scilicet ipsa ut substantiis adiacentia designamus, modo vero substantivis, cum eadem secundum propriam essentiam demonstramus. unde et duplicem habent predicationem, unam quidem secundum accidens, aliam secundum substantiam: 425⁴⁻¹²; communia accidentia: 426²⁸; nec bene '*accidens*' pro specie ponitur: 540³⁵; aiunt autem comparationem accidentis in eo esse quod hic subiecto cum augmento, illi cum detrimento conveniat: 426²⁶⁻²⁷; de locis a communiter accidentibus: 437-438; communiter vero accidentia ea dixit que idem subiectum communicant ac circa ipsum sese ita comitantur ut fere numquam contingat alterum ab aliquo subiecto suscipi, nisi alterum ab eodem suscipiatur, sive in eodem temporis sive in diversis: 437²⁴sqq.; determinationes secundum accidens aut secundum ortographiam: 589¹⁵⁻¹⁶

accidentalis: accidentalis predicatio: 167²; *vide etiam s.v.v.* predicatio, predicare

accubitus: 81¹⁷sqq.

accusativus: accusativus casus *vide s.v.* casus;

accusativus pro nominativo: dicentem: 116²¹

acquiescere: 461²⁰; 461²¹

actio: 106¹⁴sqq.; verba que ponunt actiones vel passiones vel aliam formam: XLI; sepe actiones passionibus carent, sicut *ridere*, *ludere*: 108¹⁶

actualis: (= realis): 535³³

actus: 85¹⁵; (*opp.* potentia): 182³²; 193³²

ad aliquid (predicamentum = πρός τι): '*ad aliquid*' nomen multis modis accipimus: 83²; *def.* quecumque hoc ipsum quod sunt aliorum dicuntur vel quomodolibet aliter ad aliud: 83¹⁰⁻¹¹; *def.* sed sunt *ad aliquid* quibus est hoc ipsum esse ad aliud quodammodo se habere: 83²⁶⁻²⁸; 86¹²⁻¹³; de sententia diffinitionis platonice '*ad aliquid*': 92¹⁷; ad correptionem platonice diffinitionis '*ad aliquid*': 83²⁶; 83³²; sunt qui, quemadmodum platonicam diffinitionem nimis laxam vituperant, ita et aristotilicam nimis strictam appellant: 87¹²⁻¹³; si attentius platonice diffinitionis verba pensentur, eam ab aristotilica non discrepare sententia: 91³⁴⁻³⁵; impositio nominis '*ad aliquid*': 91²⁹⁻³⁰; *vide etiam s.v.* relativus

additamentum: 119³⁸

adiacentia: copulatio adiacentie (*opp.* copulatio essentie): 131²⁷; attributio adiacentie: 132⁵; *vide etiam s.v.* essentia

adiacere: adiacens: *esse* tertium adiacens: XLIV; 136³⁸; 161²⁷ sqq. *vide etiam s.v.* esse; hec (*sc.* nomina) essentie sunt, que substantiva dicimus, alia vero adiacentia, que sumpta nominamus: 124³³⁻³⁴

adiectivus: adiectivum: 116¹⁹; 117¹⁴; 125³¹; 133⁷; 148²⁴; 170²⁸; duo adiectiva unum nomen non componunt: 171¹⁶sqq.; *vide etiam s.v.v.* nomen, substantivum

adiunctus: de adiunctis: 438¹⁰sqq.; 450³¹sqq.; unde Tullius ex adiunctis adiuncta perpendi dixit: 438¹⁶

adnichilare: neque enim corporis alicuius substantiam actus ullus hominis adnichilare potest: 418³⁶⁻³⁷; cfr 550³⁵

adverbium: adverbium ad verbum proprie est referendum: 487¹²; adverbiis quasi adiectivis verborum utimur: 562³⁻⁴; aiunt (*sc.* qui nimium gramatice adherent) adverbium aliter non posse construi, nisi verbo adiungatur: 478⁴⁻⁵; de adverbio negativo: 478⁶ sqq.; de adverbiis comparativis: 430¹⁴sqq.

aer: *def.* aer scilicet tenuissimus ictus sensibilis

ut nulla sit inter ea distantia: 431^{14-15}

connective: *the connective 'cum'*: LI; *the propositional connective 'aut'*: LII

connexus: connexa (*sc.* propositio) naturalis = coniuncta naturalis; de connexis naturalibus: 473-481; de divisione propositionum connexarum naturalium: 473^5sqq.; harum autem alias per positionem terminorum, alias non per positionem terminorum fieri Boetius dixit: 473^8sqq.

consecutio: consecutionis veritas in necessitate tenetur: 271^{27}; videntur autem due consecutionis necessitates: una quidem largior, cum videlicet id quod dicit antecedens non potest esse absque eo quod dicit consequens; altera vero strictior, cum scilicet non solum antecedens absque consequenti non potest esse verum, sed etiam ex se ipsum exigit: 283^{27}-284^2; ut veritatem consecutionis teneamus, de rebus tantum eam agere concedamus: 288^{20-21}; in consecutionibus dictionum atque enuntiationum proprietas maxime est attendenda, ut, si unaqueque dictio in coniunctione enuntiationis propriam retineat significationem, in unoquoque id quod est et quod per vocem designatur, intelligamus: 303^{36}-304^1; est aliud in consecutione coniungi propositiones, aliud vim consecutionis in eis pendere: 304^{16-18}; vis consecutionis et inferentie necessitas sepe in rebus extremorum maxime pendet atque attenditur: 304^{19-21}; quanto ad plura vel predicatio vel consecutio se habuit, tanto plura in ipsis perimi possunt: 177^{36-37}; consecutionis sensus: 310^{22}; habitus consecutionis: XCVI; *vide etiam s.v.v.*: consequentia, inferentia, propositio ipotetica

consequence: *kinds of consequence*: XXXVIII; *vide etiam s.v.* consequentia

consequens: *vide s.v.v.* antecedens, propositio ipotetica

consequentia: 505^{10}; 505^{11}; *the term 'consequentia'*: XXXVII; propositio ipotetica et a consequenti consequentia et a conditione conditionalis nominata est: 165^{16-17}; patet insuper adeo per propositiones de rebus ipsis, non de intellectibus nos agere, quod aliter nulla fere consequentia necessitatem teneret, nisi scilicet que ex eisdem iungitur propositionibus hoc modo: 154^{30-32}; *cfr* 460^{22}sqq.; in consequentiis per propositiones de earum intellectibus agendum

non esse, sed magis de essentia rerum: 155^{25-26}; si quis autem in consequentiis ad ipsas propositiones confugiat ex quibus ipse coniunguntur, ea utique nomina oportet poni per que de propositionibus agatur: 156^{1-4}; quecumque vere sunt consequentie, vere sunt ab eterno ac necessarie: 160^{20}; 264^{38}; patet itaque omnes consequentias veras ab eterno veras esse, idest ita ut in eis semel vere proponantur semper esse, sive scilicet res de quibus in eis agitur, existant sive non: 282^{25-27}; omnibus enim rebus destructis incommutabilem consecutionem tenet huiusmodi consequentia: '*si est homo, est animal*': 160^{17-20}; consequentia ex natura rerum (*opp.* ex complexione): XXXV sqq.; iste consequentie recte ex natura rerum vere dicuntur quarum veritas una cum rerum natura variatur; ille vero veritatem ex complexione, non ex rerum natura, tenent quarum complexio necessitatis in quibuslibet rebus, cuiuscumque sint habitudinis, eque custodit: 256^{20-23}; aliud enim est partium sensum speculari, aliud consecutionem totam attendere, que neque hoc esse vel non esse, neque illud proponit, sed '*si hoc est, non est illud*' esse vel non esse, sive hoc vel illud sit vel non sit. cetere quoque vere consequentie, quarum inferentia ex rerum natura pendet, non in quorumlibet terminorum rebus vere consistunt, sed in his tantum que naturam eius consecutionis servant: 256^{4-10}; sunt plereque consequentie que, si naturam rerum inspiciamus, eas falsas iudicamus; si vero totarum eununtiationum sensus recte tenuerimus, veras easdem confitebimur: 293^{26-29}; ecce quod aperte auctoritas sensum ac veritatem consequentie in necessitate consistere: 273^{27-28}; non est eterna veritas consequentie: 348^{13}; nulla consequentia ex natura simpliciter paritatis vera potest ostendi, sed fortasse ex proprietate paritatis naturalis: 350^{6-7}; *cfr* 350^{15-16}; nullam vim inferentie consequentia quelibet recipit ex concessione vel veritate sui antecedentis, sed ex proprio sensu: 354^{26-28}; probabiles omnes eas concedunt in quibuscumque aliqua loci habitudo potest assignari que saltem probabilitatem teneat: ille que vel a simili vel a maiori vel a minori vel a communiter accidentibus vel ab auctoritate procedunt: 274^{24-28}; fallitur quicumque

propositarum questionum queritur, cuius investigatio dialeticorum est propria: 153$^{22-25}$; neque dialeticus curat sive vera sit sive falsa inferentia proposite consequentie, dummodo pro vera eam recipiat ille cum quo sermo conseritur. sed ubi pro vera audiens eam receperit, tam bene ex ea dialeticus procedet ac si sit vera: 278$^{4-8}$; bene a dialeticis vere inferentie proprietas attenditur, quibus precipue veritatis inquisitio relinquitur quorumque exercitium in investigatione veri ac falsi consumitur, atque hec certis comprehendere regulis tota studii assiduitate laborat: 278$^{16-20}$; hec de locis dicta sunt quorum inferentias vel in necessitate firmatas vel maxima probabilitate suffultas dialeticorum disputatio in usum deduxit: 413$^{27-29}$; cum dialeticus probabilitatem maxime requirat, cui aliquando necessitas incumbit, necesse est et ipsum necessaria sepe argumenta assumere, sicut et philosophum quandoque probabilia: 462$^{8-10}$; de sillogismis tantum tractatus a dialeticis constituti sunt, non de reliquis speciebus argumentationum: 466$^{21-22}$; in usum dialetici: 413^{2}

dialeticus (adj.): questio dialetica: 153^{19}sqq.; 458^{21}; interrogationes dialetice: 456$^{24-25}$; ars dialetica: 270^{28}; 469^{5}; dialetici loci (opp. rethorici): 454^{8}

dicere: dictum: a propositio has the sense of a dictum or dictus: XCVI; dictum propositionis: XCVI; - dico quia: 72^{23}, et passim; non dico quin (= quod non): 84^{1}; dicor + a.c.i.: 62^{32}

dictamen: de dictamine: 168^{35}sqq.

dictio: significativarum vocum ad placitum alias dictiones, alias dicimus orationes: 114$^{32-33}$; def. est autem dictio simplicis vocabuli nuncupatio: 115^{1}; dictio a 'dicendo', hocest a 'significando' dicta est: 118^{7}; dictionum alie per se certam significationem habere dicuntur, alie incertam: 117$^{26-28}$; de dictionibus indefinitis: 118-120; confusa per se et incerta indefinitarum dictionum significatio videtur: 118^{13}; cfr 118^{26}sqq.; 120^{14} sqq.; de intellectu indefinitarum: 118^{29} sqq.; sunt autem quibus videantur indefinite dictiones solos intellectus generare nullamque rem subiectam habere, sicut et de propositionibus concedunt: 119$^{3-5}$; indefinite dictiones sunt quedam supplementa ac colligamenta partium orationis: 119^{26}; sunt nonnulli qui omnino a signifi-

cativis indefinitas dictiones removisse dialeticos astruant: 119$^{30-31}$; vide etiam s.v.v. indefinitus, coniunctio, prepositio; de dictionibus definitis; 121-142; definitarum dictionum alie nomina sunt, alie verba; 121$^{25-26}$; vide etiam s.v. definitus; non iam singularum dictionum significatio attendenda est, sed tota magis orationis sententia intelligenda: 136$^{24-25}$; non orationem pluralitas dictionum facit, si coniunctio sensui competens defuerit: 148$^{14-16}$; dictiones alie une in sensu sicut univoce, alie multiplices sicut equivoce: 222$^{28-31}$; que vero multiplex est dictio secundum impositionem multas continet sententias atque res singulas in sententia tenet: 225$^{6-8}$; omnis illa una est dictio que plurium significativa est, secundum id quod ex eis unus intellectus procedit: 225$^{11-13}$; non oratio diffiniri dicitur, sed dictio tantum: 597$^{35-36}$; cum dictionum alie uni tantum rei imposite sint, ut Socrati, et que singularem habent significationem, alie pluribus, hec tantum determinatione indigent que plura colligunt: 588$^{18-20}$; vide etiam s.v. oratio

dictus: dictus propositionis: 372^{10}; vide etiam s.v. dicere

dies: exempli causa: dies = duodecim scilicet hore simul accepte: 63^{9}; dies est sol lucens super terram: 585^{29}sqq.; 'dies est': 63^{13}; diem esse diem annuamus: 63^{17}

differentia: 512^{20}sqq.; 90^{5}; differentiam omnem illam formam vocavit que ita inest alicui quod separari non queat eo remanente: 450$^{23-24}$; differentia tam accidentalis quam substantialis: 432$^{15-16}$; differentia substantialis: 557^{10}sqq.; 584^{18}sqq.; unde etiam substantiales sunt appellate huiusmodi differentie, que in substantiam venientes et discretionem substantie faciunt et unionem communis nature: 421^{4}; differentia quasisubstantialis: 561^{17}; differentia alia divisibilis, alia constitutiva: 373^{9}; constitutive specierum differentie: 457^{35}; cfr 584^{21}sqq.; magis differentie nomen speciei affine est quam negatio: 540^{21}sqq.; de nominibus differentiarum: 543^{3}sqq.; sicut in nostra fixum est sententia, nullo modo inter accidentia differentias admittamus: 543$^{31-32}$; divisio de topicis differentiis: 449$^{28-29}$

difficilis: difficile pro difficulter: 93^{26}; 94^{8}, et passim

diffinire: scientia dividendi ac diffiniendi:

et proprie tunc predicatur, cum simpliciter de aliquo hoc modo: 'Socrates est'; tunc non solum habet copulare, sed etiam rem predicatam ponere; quando autem tertium adiacens est, secundum accidens et non proprie predicatur, sed gratia predicati copulandi ponitur: 163[34-39]; maxime liquet nullam rem per 'esse' predicari; sed tantum, cum tertium ponitur, predicatum in ipso copulari: 164[2-4]; neque 'est' inventum fuit in officio solius copulationis, verum etiam in significatione existentium: 138[7-8]; at vero 'est' tantum existentia continet: XLVI; esse appositum subiecto: XLIV; 'Petrus est', hocest 'Petrus est aliqua de existentibus rebus': 135[8]; re enim hominis prorsus non existente neque ea vera est que ait: 'omnis homo est homo' nec ea que proponit: 'quidam homo non est homo': 176[21-23]; oportet per 'est' alicui verum dari, idest ut aliquid dicamus esse in re, idest ipsam essentiam quam simplex loquitur propositio: 205[24-25]; dico non per 'est' verbum inherentiam Socratis determinate poni; iam enim superflueret 'Socrates' quod post 'esse' adiungitur. sed si fortasse aliqua inherentie proprietas in verbo sit intelligenda, simpliciter inherentia in ipso est accipienda, ne predicati submissio superfluat: 157[33-37]; si per 'esse' inherentiam necesse sit attribui: 158[34]; quodsi per 'est' verbum inherentia secundum adiacentiam attribuatur inherentie: 159[2]; per 'esse' oportet inherentia dari: 159[5]; si etiam omnibus aliis rebus destructis, tam scilicet substantiis quam accidentibus, solus existeret Socrates, non minus de ipso dici posset quia est aut quia est Socrates: 159[29-31]; non itaque per verbum interpositum inherentia copulatur: 159[31-32]; cum Socrates dicitur esse et albedo esse, utrumque equaliter existentium rerum monstratur esse nec aliud hic aliud ibi per 'esse' dicitur, sed idem prorsus: 565[34-36]; 'esse' inherentiam et in his (sc. modalibus) facit sicut in simplicibus: 192[19-20]; neque secundum regulas constructionum 'est' copula obliquis poterat coniungi casibus: 191[31]; 'est' non solum intransitive, verum etiam transitive coniungitur: 164[1]; 'esse' locum obtinet in constructione recti casus: 191[32] vide etiam s.v.v. verbum substantivum, copula; - ens: de 'ens': 163[5]sqq.; 'ens' et 'res' —

communia summa sunt et suprema principia — equivocis Aristotiles aggregavit: 565[22-25]; neque enim 'ens' ad quelibet plura dictum dicunt equivocum: 577[27-28]; de impositione 'ens': 565[25]sqq.; 'ens' in omnibus existentibus inde est impositum quod aliqua sit rerum existentium: 565[31-33]; si diffinitionis proprietatem inspiciamus, 'ens' et 'res' omnino diffinitionem recusant: 565[36-37]; si enim 'ens' ita determines: 'res existens', 'existens', quod idem est in sensu cum 'ens', bene ipsum non diffinit: 565[37]sqq.; si vero sic dicas: 'res que est vel substantia vel quantitas' etc., non est secundum nomen, cum ens unam impositionis causam habeat: 566[2-4]; hoc vocabulum quod est 'ens' ex litteris suis quas etiam significat, iungitur: 577[22]: (cfr 565[22]sqq.)

essentia: (opp. existentia): 394[12]; (opp. habitudo): que enim in ea ponuntur vocabula, essentie tantum, non habitudinis, sunt designativa, ut 'homo' et 'animal' et 'lapis': 267[21-22]; substantia = essentia: 84[1-2]; (opp. substantia): 425[20]; (opp. vocabulum): 92[2-3]; (opp. vox): 285[17-18]; esse autem rem aliquam vel non esse nulla est omnino rerum essentia: 160[28-29]; rerum essentia (opp. vocum denotatio): 410[2]; quod autem antecendens et consequens in disiunctis quoque Boetius accipit, non ad rerum essentias, sed ad enuntiationum constitutionem respexit: 330[35-37]; si vero magis essentiam rei quam vocum proprietatem insistamus magisque identitatem essentie quam vim verborum attendamus, profecto consequentiam non recipimus: 335[12-15]; non essentia rei ut a propositione designata, prior est veritate propositionis, immo simul cum ea, cum sine ea nullatenus possit consistere: 372[8-9]; in in essentia opposite sunt quelibet diverse rerum essentie: 370[13-14]; non itaque rerum essentia simplicem impedit conversionem: 409[29]; illa predicatio essentie que in eo est quod hoc illud esse dicitur, proprie ex verbis propositionis exprimitur; illa que est adiacentie attributio, quodammodo innuitur: 132[3-6]; in essentiarum demonstratione: 330[27]; neque enim eadem res est diverse substantie neque diverse substantie eadem essentia: 408[33-34]; essentia particularis: 186[7]; essentia generalis vel specialis: 420[34]; quamdiu essentia materialis nature in se diversa atque aliud ab alia fuerit, diversa

filius: Filius ex Patre genitus: 558[29]

finalis: vide s.v. causa

finis: vide s.v. causa

finitus: omne finitum cum suo infinito immediatum est: 397[28]

firmamentum: ambitus firmamenti: 75[28,33]

flatus: (universale =) flatus vocis: XCV n. 7

forma: 93[16]; de forma et figura; 99-101; def. formas eorum compositiones nominamus que pro se ipsis composita sunt: 100[6-8]; nec formis etiam nomina sumpta dici convenit: 131[3-4]; forma in essentia non componit, sed superveniens substantie perfectionem effectus reddit, et hec est formalis causa: 415[35-36]; non omnem formam in causam recipimus, nisi eas tantum que ad creationem substantie necessarie sunt ac preter quas effectus ipse consistere non potest: 416[7-9]; fit etiam totius divisio secundum formam: 555[20]sqq.; divisio in materiam simul et formam; 559[38]sqq.; non solum in huiusmodi divisione substantialem formam recipere videmur, sed etiam accidentalem: 561[3-4]; forma substantialis: 90[3]; 332[9]; (opp. accidentalis): 561[3-4]; formam speciem vocavit: 450[21]; forme posteriores; 341[6]; forma = essentia: 155[3] sqq.; forma sillogismi: vide s.v. sillogismus; vide etiam s.v. causa formalis

formalis: vide s.v. causa

fortis: 376[14,21]

fortitudo: 376[17]

frigidus: vide s.v. corpus

frustrare: 63[8]

futurus: futurum: 58[29]; 61[15]; 62[14]; 63[23,28,32]; futuri due dicuntur species, naturale scilicet et contingens futurum: 211[18-19]; futura necessaria sive etiam naturalia ex proprietate nature determinata sunt: 211[10-11]; necessarium futurum dicunt quod dicitur: 'Deus erit immortalis', naturale vero quod: 'homo morietur': 211[11-12]; enuntiationes de futuro contingenti: 210[30]sqq.; contingens autem futurum appellant quod ad utrumlibet se habet, idest quod non magis ad esse se habet quam ad non esse, sed equaliter ad utrumque: 211[19-21]; propositiones de futuro id quod nondum est enuntiant: 213[22-23]; propositiones de futuro: vide etiam s.v. propositio; — futurum exactum: 88[11]; futurum simplex pro coni. dubitativo: 88[14]

Generalis: (= γενικός): accidentia generalia: 130[21]; generalissimus: 80[1,12]; 83[25]; 85[36]; 87[14,21]; 88[15]; 93[9]; 102[30]; 106[15]; 109[25]; 189[21]sqq.; 341[11]; 420[36]; 548[24]sqq.; de descriptione generalissimi: 584[24]sqq.; vide etiam s.v. genus

generare: si proprietatem efficentium integre pensemus neuter generantium efficientibus est aggregandus, sed solus Creator: 417[4-6]

generatio: significatio per generationem: 112[4]; de generatione et corruptione: 418[5]sqq.; sunt motus substantie due species, generatio scilicet, que est ingressus in substantiam, et corruptio, que est egressus a substantia: 418[11-13]; nulla generatio nostris actibus est permissa: 420[7]; de locis a generatione vel corruptione: 436-437

genitivus: genitivus casus: 83[12]sqq.; 87[38]; 88[8]; 89[33]; 91[12]; vide etiam s.v. casus; genit. qualitatis: sunt definite significationis: 121[14]

gentilis: Gentiles (opp. Catholici): 573[39]

genus: def. genus illud esse Porphirius terminavit quod de pluribus specie differentibus, in eo quod quid sit, predicatur: 538[29-31]; generum diversorum et non subalternatim positorum non eedem esse possunt vel species vel differentie: 85[34-36]; est impossibile genus alteri predicamento quam species supponi: 84[24]; genus et species qualitatem circa substantiam determinant: 112[1-2]; nec a nomine generis speciem volunt significari: 112[32-33]; individuum a specie vel genere, sive speciem a genere significari comprobant: 113[29-30]; illud esse solum genus quod super se aliud genus non habeat: 102[27-28]; generalissima genera suprema sunt et prima principia: 85[36]sqq.; omne 'genus' hic accipimus quod maius et substantiale, sicut et Boetius in Topicis suis in divisione predicativarum questionum 'genus' accipit: 340[1-2]; sunt genera et species quasi substantiva singularum specierum et generum nomina: 321[26-28]; 'genus illius' vel 'species illius' tamquam unam dictionem accipimus: 322[9-10]; sunt quidam qui contraria genera in eodem esse non abhorrent: 375[12-13]; nota autem id quod diximus, contraria maxime esse adversa, eorum obesse sententie qui eamdem in essentia materiam generis in omnibus proponunt speciebus ipsis: 383[17-19]; diversitas substantie diversitatem generum ac specierum facit, non forme mutatio: 421[1-2]; omnis species individuis suis, sicut et genus speciebus, in substantia

enim nomen nonnisi ex presentia animalis rationalitate et mortalitate informati impositum fuit: 176[24-26]; cum de 'homine' et 'animali', antequam omnino consisterent, necessario consequeretur: 'si est homo est animal' eo videlicet quod homo sine animali nullatenus consistere potest, immo 'animal' necessario exigat: 265[2-6]; 'si est homo est animal'. neque necesse est ut qui intellectum precedenti propositione generatum habet, habeat quoque intellectum ex consequenti conceptum. nulli diversi intellectus ita sunt affines ut alterum cum altero necesse sit haberi: 288[4-7]; preter differentias homo non potest existere: 332[13-15]; erunt fortasse qui velint in diffinitione hominis omnes ipsius differentias intelligi, sicut in nomine. sed falso: 594[30]sqq.; dicunt tamen quidam non esse veras huiusmodi consequentias inter 'animal' et 'non-homo', nisi 'non-homo' extra 'animal' tantum accipiatur: 398[33-35]; cum enim hoc corpus hominis de animato ad inanimatum movebitur, substantie quantitas non mutabitur: 424[13-14]; hominis enim alia pars substantia animalis, alia forma rationalitatis vel mortalitatis: 560[1-2]; cum enim 'homo' sit specialissimum, nulla potest esse post ipsum species: 561[20]; neque enim 'homo' in se proprietatem Socratis tenet, sed simplicem animalis mortalis naturam ex ipso concipimus: 563[2-4]; de sexuum hominum diversitate: 449[10]sqq.; 'homo est nomen': 166[23]; homo mortuus exempli causa: 63[20]; 116[20-21]sqq.; 167[4]; 'homo' 'morienti' non est adversus, sed 'mortuo': 197[8-9]; homo albus exempli causa: passim; inquirendum est quare magis 'homo albus' una sit dicenda oratio quam 'homo albus ambulans': 223[30]sqq.; queritur, cum 'homo albus' hominem et albedinem significet, ex quibus rebus una non fit substantia, quomodo una sit ipsius sententia: 224[32-34]

homullulus: 431[7]

homuncio: 431[7]

homunculus: 431[7]

hypothesis, hypotheticus: vide s.v. ipothesis, propositio ipotetica, sillogismus ipoteticus

Iacere: de iacere: 81[9]sqq.; 130[29]sqq.; 133[2]sqq.

iam: 'iam' in apodosi: 683[1], et passim; iam profecto: 683[1,34]; 71[29-30], et passim

idem: 'idem' non secundum essentiam, sed magis secundum similitudinem accipiunt aut quantitatem: 59[16-17]; 'idem' relativum: 126[17]sqq.; 320[16]; ut semper 'idem' in consequenti positum secundum cognitionem secundum relationem faciat: 337[32-33]; per 'idem' autem relativum pronomen quelibet res, cum in predicato ponitur, designari potest: 337[36-37]; idem cum: 54[10]; 59[26]; 627; 80[20]; 81[32]; 125[22], et passim; idem quod: 64[33], et passim

identity: identity theory: XLI sqq.; both identity and inherence theory in Abailard: XLII; quamvis tamen et hic quidam concedunt 'animal' quod subicitur non esse maius 'homine'; dicunt enim quia animal quod homo est, ibi subicitur, quod non est maius homine: 165[31-33]

ignis: (= elementum): 419[10-11]

ignorantia: nostra ignorantia (opp. rei constantia): 216[1]

ignotus: non ignotum per ignota possumus declarare: 597[21-22]

illatio: 448[17]; vide etiam s.v. inferentia

imaginatio: quotiens enim imaginationes animo concurrunt et voluntatem provocant, eas ratio perpendit, ac diiudicat quod melius sibi videtur: 215[21-22]

imbecillis: 527[26]

immediatio: 175[6]sqq.; sicut autem oppositionem rerum modo secundum predicationem vel adiacentie vel essentie consideramus, modo vero secundum existentiam, sic etiam immediationem: 399[35-37]; vide etiam s.v. immediatus

immediatus: immediata: 175[14]sqq.; contingit idem plura immediata habere ad diversa: 398[4]; sunt complexa immediata, ut sunt affirmatio et negatio dividentes et quecumque propositiones verum falsumque dividunt: 400[8-10]; disparata immediata: 499[7]sqq.; de loco ab immediatis: 397; de loco ab immediatis incomplexis: 397-400; de loco ab immediatis complexis; 400-401

immo: (= 'sondern' teutonice): passim; (= sed): passim

impedire: nichil impedit si + coni.: 66[26]; 105[28]; nec id ratio impedit ut scilicet: 132[33]

imperatio: 152[14,19]

imperativus: 151[7]sqq.; 152[14]sqq.

imperfectus: vide s.v. entimema, exemplum, inferentia

impetus: impetus venti: 70[13]

implication: Philonian implication: XLVIII; Dio-

Natura: quomodo natura in floribus colorandis operetur: 429^{13}sqq.; nature facilitas: 214^{28} sqq.; natura (*opp.* persona): 102^{10}; 125^9; nature speciales = quantitates simplices: 57^3; natura specialis seu generalis: 64^{22}; natura corporea: 70^{28}

naturalis: *vide s.v.* par

navis: sicut se habet navis ad rectorem, ita civitas ad principem: 442^{16}

nec: *consecutive:* 54^{19}, *et passim*

necessarius: '*necessario*': 191^4sqq.; '*necessario*' proprie modus videri potest: 195^5; '*necessario*' in maximis propositionibus: 330^{19} sqq.; idemque de '*necessario*' ac '*vero*' intelligendum est quod de '*possibili*': 362^2; patet necessarium omnino comprehendi in vero: 272^{15-16}; *def.* '*necessarium*' diffinit Boetius *quod videtur ita esse atque aliter esse non potest:* 460^{13-14}; *cfr* 194^7; 201^{5-7}; 461^5; '*necessarium*' idem accipiatur quod '*inevitabile*': 194^8

necesse: '*necesse*': 191^5sqq.; necesse hic quod inevitabile dicitur accipimus: 194^8; 272^{11-12}

necessitas: aliud habere necessitatem in partibus, aliud in sensu totius consecutionis: 273^{14-15}; idem est veritas argumenti quantum ad inferendum conclusionem quod ipsius necessitas: 273^{33}; necessitas autem determinata et incommutabilis veritas eius consistit: 278^{20-21}; ex illa necessitate nimis laxa, quam in sententia quoque consecutionis alii recipiunt, multa videntur inconvenientia contingere: 284^{18-19}; necessitas (*opp.* probabilitas): 244^{35-36}

negatio: de affirmatione et negatione: 173-184; 389-390; XLIX sqq.; propria negatio ac recte dividens: 176^{13}; proprie ille sunt negationes que affirmationes sententiam simpliciter auferunt, ut scilicet non plus aut minus in eis denegetur quam affirmatio proponebat: 179^{34-36}; recta ac propria tam voce quam sensu negatio, que negatio preposita proposite enuntiationi sententiam eius extinguit: 183^{13-15}; *cfr* 477^{21-22}; negationes remotive (*opp.* destructive) 178^{36-37}; *cfr* XLIX; negationes separative (*opp.* destructive): 179^{15-17}; *cfr* XLIX: manifestum est subtilius Aristotilem considerasse negationem universalis affirmationis quam Boetium: 183^{18-19}; sicut enim impossibile est affirmationem et negationem eiusdem ad idem antecedere, ita et consequi: 346^{1-3}; de differentia affirmationis et

negationis ad alia contraria: 392^{15}sqq.; de loco ab oppositis secundum affirmationem et negationem: 395-397; de negationibus ipoteticis: 473^{20}sqq.; *vide etiam s.v.* affirmatio

negotium: 221^{31}sqq.; 222^2sqq.

nepa: 384^{27}(?)

nepos: 146^{25}

neuter: de '*neuter*': 186^{24}sqq.

nichil: nichilum, nichilo: 59^3; 69^{11}; 312^{14} *et passim;* nichil ad (*sc.* pertinet): 178^{14-15}; 300^{36}; 303^{22}; *vide etiam s.v.* signum quantitatis

nomen: Priscianus omne nomen significare substantiam cum qualitate voluit: 93^{5-6}; *cfr* 113^{20-21}; de nomine: 121-129; *def.* est nomen *vox significativa ad placitum sine tempore cuius partium nichil extra designat*: 121^{28-29} *def.* nominis integra diffinitio: *vox significativa ad placitum sine tempore, cuius nulla pars significativa est separata, recta finita*: 129^{4-5}; nomina et verba simul et res demonstrant ac de ipsis quoque intellectus generant: 119^{11-12}; *cfr* 120^{18-20}; prima nominum causa fuit significationis impositio: 125^{35-36}; nec ea solet Aristotiles vocare nomina que vel infinita sunt vel obliqua, sed ea tantum que proprie et prime sunt impositionis: 121^{35}-122^2; nomina equivoca: 114^{11}sqq.; equivocum nomen multa nomina secundum significationem multiplicem dicitur: 132^{29-30} si id quod dividitur nomen eamdem in omnibus habuerit diffinitionem, univocum erit; si vero diversas, equivocum: 59^{28-10}; nomen infinitum; 126^{31}sqq.; 564^{25}sqq.; Aristotiles huius nominis (*sc.* infinitus) in hac significatione inventor: 127^{36}; *def.* infinitum vocabulum ex negatione ac finito compositum: 128^{8-9};res quoque finiti nominis ab infinito vocabulo quodammodo significari dicitur: 112^{7-8}; infinitum vocabulum solummodo ex remotione finiti omnibus que in finito non clauduntur, imponitur: 398^{12-13}; Boetius '*non-homo*' infinita significare monstravit: 114^{1-2}; '*infiniti*' nomen attribuit Aristotiles, quod infinita in ipsis vidit contineri, tam scilicet ea que sunt quam ea que non sunt: 127^{23-25}; Aristotiles ab infinitis infinita monstravit contineri: 127^{36-37}; nomina infinita posteriora sunt finitis tam secundum inventionem quam secundum constructionis proprietatem: 122^{9-10}; dicimus infinitum nomen sive totam negationem non ita pro speciebus poni ut in ipsis significationem specialium nominum intelligamus, sed ita ut ibi posita intelligantur ubi specialia nomina, si haberentur, ponerentur: 542^{34}; sicut autem casus a nomine dialetici dividunt, ita etiam infinita nomina: 127^{8-9}; nomen adiectivum: 91^5; cfr 425^2: nomen adiectivum – nomen substantivum; 224^{13}: nomen speciale: 89^{36}; penuria nominum specialium: 539^{11-12}; nomen generale: 106^{31}; nomina alia propria, idest singularia, alia appellativa aut universalia; alia in comparationem ducuntur, alia non: 124^{30-32}; nomen appellativum multis singillatim aptari possunt: 185^{6-7}; nomina alia primitiva, alia derivata, alia simplicia, alia composita vocantur: 125^{16-17}; de vitiosa compositione nominum: 125^{19}sqq.; quod vero alia nomina recti casus, alia obliqui, alia masculini generis, alia alterius dicuntur, ad positionem constructionis refertur: 124^{36}-125^1; alia nomina singularis numeri sunt, alia pluralis: 124^{32-33}; sola ea nomina dicebat que singularis numeri sunt: 126^{14-15}; nomina substantiva (opp. nomina accidentalia): 425^{16-17}; hec nomina essentie sunt, que substantiva dicimus, alia vero adiacentia, que sumpta nominamus: 124^{33-34}; de nominibus differentiarum sciendum est, ut non quidem substantiva, sed sumpta a differentiis sumantur, posita tamen loco specierum. oportet enim in eadem significatione vocabula differentiarum sumi in divisione generis in qua significatione ipsa in diffinitione speciei ponuntur, cum scilicet nomini generali adiacent: 543^2sqq.; nomina quedam substantiva dicuntur, que rebus ipsis secundum hoc quod sunt data sunt, quedam vero sumpta, que scilicet secundum forme alicuius susceptionem imposita sunt: 595^{32-34}; nomina substantiva — nomina sumpta: 57^8; 62^8; $64^{24,32}$; 65^{14}; 81^{33}sqq.; 82^{33}; 85^9; 90^{14}sqq.; 92^{22}; que nomina sumpta sunt et in '-bile' vel in '-ti-vum' terminationem habent, potentiarum designativa solent esse: 97^{30-32}; sumpta accidentia nomina sola comparari possunt, non scilicet substantiva: 424^{30}; multa quoque sunt relatorum sumpta que non comparantur: 425^{25-26}; quid in diffinitione sumpti diffiniatur: 596-598; cfr XCI; duplex horum nominum que sumpta sunt, significatio dicitur, altera vero principalis,

que est de forma, altera vero secundaria, que est de formato: 596^{5-7}; nomen substantiale: 264^{34}; utrum in nomine speciei omnes ipsius differentie intelligantur: 595^{13-14}; qui prius nomen ipsum rei aptavit, non obliquo sex recto casus usus est: 122^{3-4}; si qua autem reperiantur nomina que etiam temporis quodammodo sint designativa, ut 'annus' vel 'annuus', non tamen sicut verba tempus consignificant, ut scilicet quemadmodum dictum est, primam significationam subiectis personis secundum tempus distribuere dicantur: 122^{17-21}; sicut enim substantivi verbi significatio, cui quoque tempus adiunctum est, verbis adiungitur, sic et nominibus videtur. sicut enim 'currit' quantum 'est currens' dicit, ita 'homo' tantumdem quantum 'animal rationale mortale': 122^{27-31}; male per 'sine tempore' nomina que etiam temporis designativa monstrantur, Aristotiles verbis disiunxisse videtur: 123^{2-4}; non tam igitur in significatione temporis nomen a verbo recedere videtur quam in modo significandi: 123^{15-16}; de significationibus posterioribus ac accidentalibus nominis: 124^{14}sqq.; decem predicamenta principales ac quasi substantiales nominum significationis dicuntur: 124^{13}; nomen autem inherendi significationem non tenet nec aliquid quemadmodum verbum inherere proponit, etsi rem aliquando ut inherentem determinet: 123^{19-20}; sunt autem quedam nominum proprietates iuxta significationem pensande, quedam vero secundum positionem constructionis attendende, quedam etiam secundum vocis impositionem accipiende: 124^{27-29}; sunt multe compositionis vel inventionis nominum cause: 128^1; in 'nomine' tam nomina quam pronomina cum adverbis et quibusdam interiectionibus incluserunt: 121^{8-9}; si in 'nomine' pluralis quoque numeri nominativos includamus, oportet quoque pluralis numeri verba intelligi: 126^{12}; transpositio nominis: 128^{23}; neque nomina neque verba sunt suis non existentibus significationibus: 281^{23-24}; ubi autem nominis causa periit, nomen quoque in ipsis remanere non potest: 281^{26-27}; nominum et verborum duplex ad rem et ad intellectum significatio: 154^{20-21}; si ad significationem intendamus, melius explicatius res ipsa per diffinitionem quam per

materia materiato, aut cum alterum alteri secundum adiacentiam adheret, ut forma materie: 329¹⁹sqq.; *cfr* XLIV; aliud de alio universaliter predicari = aliud omni alii inesse: 239²¹⁻²²; *cfr* 329³³sqq.; aliud de alio particulariter predicari = alicui inesse: 239²⁴; ex eo quod '*risibilitas*' de Socrate quoquomodo predicaretur, non posset ostendi quod in adiacentia predicaretur, nec in maximis propositionibus per '*predicari*' nisi de predicatione essentie, sicut in partibus proposite consequentie agitur: 351⁴⁻⁸; casualiter predicari: 361¹⁴⁻¹⁵; naturaliter predicari: 361¹⁹; non omnia que predicantur disiunctim, de eodem necessario coniunctim et vere predicari: 171⁴⁻⁵; *cfr* 166³³sqq.; sunt quidem ac quodammodo improprie locutiones vel '*animal predicari de Socrate*' vel '*animal removeri ab ipso*': 160⁸⁻⁹; *vide etiam s.v.v.* predicatio, predicatum, verbum propositionis

predicatio: magis predicationem secundum verba propositionis quam secundum rei existentiam nostrum est attendere qui logice deservimus: 166⁸⁻¹⁰; quanto ad plura vel predicatio vel consecutio se habuit, tanto plura in ipsis perimitur: 177³⁶⁻³⁷; de predicatione essentie: 131⁵sqq.; illa predicatio essentie que in eo est quod hoc illud esse dicitur, proprie ex verbis propositionis exprimitur; illa que est adiacentie attributio, quodammodo innuitur: 132³⁻⁶; predicatio propria: 134²⁹; predicatio per accidens: 134²⁹; 135¹⁻²; michi omnis illa verbi predicatio per accidens atque impropria videtur, quando ipsum tertium adiacens interponitur, cum non rem predicatam contineat, sed solius copule officium habeat (*cfr* 167⁹⁻¹²). nec quidem quantum ad eius interpretationem pertinet, ex eo quod dicitur: '*Petrus est homo*', inferri potest '*Petrus est*', sed fortasse quantum ad predicationem '*hominis*', quod existentis rei tantum nomen est: 136³⁷⁻137⁶; quomodo locutio propria dicetur, ubi predicatio verbi impropria fuerit nec eam in qua inventum sit significationem tenuerit: 138⁵⁻⁶; de accidentali predicatione: 138⁴¹sqq.; 167²; accidentalis vero predicationis coniunctio in appositione tantum consistit secundum eos qui '*est*' tertium adiacens predicato non componunt, sed dictionem per se sumunt: 167⁶⁻⁸; magister noster V. accidentalem

predicationem secundum figurativam atque impropriam locutionem totius enuntiationis accipiebat: 168¹¹⁻¹³; de superfluitate predicationis: 162²⁵sqq.; quorum eadem est essentia eamdem necesse est esse predicationem, et quorum diversa predicatio, et essentia: 386²⁰⁻²¹; predicatio modificata: 190³⁴⁻³⁵; de predicatione una et multiplici: 226¹¹sqq.; vere predicatio inherentie nullam vim inferentie confert illi totius consequentie complexioni: 354¹⁰⁻¹¹; irregulares predicationes: 459⁵⁻⁶; predicatio regularis iuxta Porphirium: 459⁹⁻¹⁰; predicatio casualis — accidentalis — naturalis: 361¹³⁻¹⁴; licet autem predicatio aut subiectio nullam consecutionis necessitatem teneant, maximam tamen probabilitatem habent, cum ex eis argumenta ad aliquid probandum adducuntur: 363²²⁻²⁴; predicatio secundum accidens — predicatio secundum substantiam: 425¹²sqq.; predicatio (*opp.* impositio): in his equivoca est ad eumdem predicatio, sed non equivoca impositio: 567³⁻⁴; de loco a pari in predicatione: 349²⁶sqq.; *vide etiam s.v.v.* predicare, *predicatio*, verbum propositionis

predication: the theory of predication: XLI sqq.

predicativus: (= *affirmative*): LV n. 3; propositio predicativa: *vide s.v.* propositio cathegorica; questio predicativa: *vide s.v.* questio

predicatum: de predicato: 165-171; de natura predicati: 165¹³sqq.; quod itaque predicatum subiecto maius vel equale dicitur, ad vocum enuntiationem, non ad essentiam rei reducitur: 166¹⁴⁻¹⁵; oportet predicatum subiecto intransitive copulari: 166¹⁶; de coniunctim predicatis et de simpliciter predicatis: 166³³sqq.; licet autem omnia predicata coniunctim predicentur disiunctim in quibus non est oppositio in adiecto vel accidentalis predicatio, sepe contingit ut in accidentali predicatione singula per se predicari valeant: 170³⁻⁵; de locis a predicato vel subiecto: 352-364; *cfr* 453³⁴; regule a predicato (= regule a toto universali): 357¹⁷⁻¹⁸; non solum assignationem loci differentie a predicato vel subiecto in compositis ipoteticis non recipimus, sed ipsarum quoque veritatem calumniamur: 358³⁴⁻³⁶; nec nos quidem denegamus vim inferentie vel predicatum vel subiectum habere, sed non ex eo simpliciter quod sunt vel predi-

de terminis cathegorice propositionis: 161^{16} sqq.; *cfr* 164^6; termini sunt partes simplicis propositionis in quibus dividitur propositio: 164^{20-22}; de verbo propositionis: 161^{24}sqq.; de principalibus partibus (*sc.* propositionis): 164^6sqq.; patet Boetium in supradicta divisione principales tantum partes accepisse, non etiam signa aut verbum interpositum inclusisse: 164^{25-27}; de propositione predicativa: 165^{14}sqq.; principalis terminus propositionis predicatus dicitur, a quo etiam propositio predicativa nominatur: 235^{35-36}; ex cuius (*sc.* predicati) quidem privilegio predicativa nominata est huiusmodi propositio, sive etiam ab ipso verbo, quod ipsum predicat atque copulat: 165^{14-15}; predicativa propositio et a verbo quod predicat et ab eo quod per verbum predicatur nomen suscipere potest: 165^{17-19}; propositionum alias de consignificantibus vocibus, alias vero de significante et significato fieri dicunt: 166^{20-22}; de specierum differentiis cathegoricarum: 173-231; *cfr* LIX; quas quidem considerare possumus secundum enuntiationem predicati vel acceptionem subiecti, aut secundum ipsorum multiplicitatem vel totius enuntiationis, sive secundum temporum diversitatem: 173^{6-9}; divisio cathegoricarum: ad predicati vero enuntiationem pertinet quod propositiones ipsum affirmando vel negando enuntiantes affirmative dicuntur vel negative: 173^{9-10}; alias simplices, alias modales appellamus: 173^{12}; ad subiectum vero illud refertur quod alie universales, alie particulares, alie indefinite, alie singulares nomi nantur: 173^{14-15}; ad multiplicitatem vero terminorum illud attinet quod alie une sunt, alie multiplices: 173^{15-16}; ad diversitatem vero temporum, quod alie de presenti, alie de preterito, alie de futuro proponuntur: 173^{16-17}; de propositionibus verum falsumque dividentibus: 173^{29}sqq.; de argumentatione adversus proprietatem dividentium: 213-217; de solutione eius argumentationis: 219-222; oppositio propositionum: *cfr* LXII; propositiones contradictorie: 173^{28}sqq; 174^{25}sqq.; 190^5; 235^{10}; multa enim sunt ex quibus neutra duarum contradictoriarum sequitur: 245^{1-2}; multe videntur propositiones que duarum contradictoriarum hanc quidem non inferunt nec illam patiuntur: 245^{13-14}; propo-

sitiones contrarie: 173^{26}sqq.; 174^{25}sqq.; 189^{37-38}; 235^{10}; propositiones subalterne: 173^{33}sqq.; 190^2; 235^{10}; propositiones subcontrarie: 173^{34} sqq.; 190^2; 235^{10}; unde magis opposite sint contrarie quam contradictorie: 174-184; in propositione affirmativa predicatum est particulare, in propositione negativa universale: *cfr* 178^{16-19}; propositio universalis, particularis, indefinita: 184^9sqq.; indefinite ad particulares equipollent: 199^{30}; *cfr* 410^9; XL n.3; opponitur quod similiter quelibet universalis propositio multiplex debeat iudicari, veluti ista, que una est: '*omnis substantia est substantia*': 227^{28-30}; ille (*sc.* propositiones) que in parte multiplicitatem habent, dividentem propositionem habere possunt: 229^{32-33}; quando multiplex in sensu est tota enuntiatio, multis propositionibus multe dividentes debentur: 229^{35-36}; si multis propositionibus unam velimus dividentem reddere que omnium simul sensum perimat, tunc quoque non necesse erit alteram partem esse veram et alteram falsam: 230^{13-15}; cadunt autem sub divisione unarum et multiplicium propositionum non solum cathegorice enuntiationes, verum etiam ipotetice: 230^{26-27}; de qualitate et quantitate propositionum: 234^{29}sqq.; de conversione propositionum: 240^{27}sqq.; 243^{19} sqq.; propositiones que de puro inesse proponuntur et sine modo aliquid enuntiant (*opp.* propositiones quas modales appellant): 190^{30}sqq.; ille sole que intrasumptas habent, equipollere dicuntur illis de puro inesse, non ille que extrasumptas: 207^{4-5}; propositiones modales ex modificata predicatione modales nominantur: 190^{34-35}; de propositionibus modalibus: 191-210; *cfr* LXIII; modalium propositionum alie adverbiales continent modos, alie casuales; 191^{2-3}; modificatio ista ad predicationem refertur: 191^{34-35}; simplices ipsis modalibus, quasi compositis, priores sunt: ex ipsis modales descendunt et ipsarum modificant enuntiationem: 191^{23-25}; qualiter modales propositiones ex simplicibus descendant: 195^{11-12}; de equipollentia et oppositione propositionum modalium: 191^{37}sqq.; modalium regulas equipollentie tradamus: 202^{27}; sunt autem quidam qui et nostram tenent sententiam, qui in consequentiis modalium inferentie simplicium locos vel regulas non admittunt: 203$^{7-9}$; de affirmatione et negatione in modalibus: 192^{7}sqq.; utrum aliqua proprietas per modalia nomina, ut quidam volunt, predicetur: 204$^{1-2}$; de sensu modalium de possibili: 160^{16}sqq.; de signis quantitatis in modalibus: 193^{3}sqq.; qualiter predicationes modificent aut qualiter ex simplicibus descendant propositionibus: 193$^{18-19}$; de proprietatibus singulorum modorum: 193^{31}sqq.; de conversione modalium: 195^{16}sqq.; de permixtionibus modorum: 245-248; videtur in huiusmodi propositionibus secundum copulationem verbi modus predicari et de existentia rei et ita ubique agi de rei existentia, quod superius falsum ostendimus: 205$^{30-32}$; quantum ergo ad principalem modum, idest ad existentie rei predicationem, accepta est propositio, modalis non dicitur, sed quantum ad inherentiam simplicis refertur: 206$^{4-6}$; contingit autem modales istas aliquando simpliciter et sine determinatione proponi, aliquando cum determinatione: 206$^{7-9}$; harum alie cum determinationibus intrasumptis, alie cum extrasumptis enuntiantur: 206$^{16-17}$; cfr LXVII; de propositionibus modalibus cum determinationibus: 206^{7}sqq.; cfr LXV sqq.; notandum est quod huiusmodi determinate modales non solum in sensu cathegoricarum modalium accipiuntur, verum etiam in sensu ipoteticarum temporalium possunt exponi: 206$^{24-26}$; in his autem omnibus determinatis modalibus, ut veritas consistat, oportet ita esse ut apposita dicit determinatio: 207$^{1-2}$; sed nec ille quidem cum determinationibus intrasumptis illis de puro inesse videntur michi equipollere, quamvis Boetium id voluisse imponant: 207$^{19-21}$; sunt autem qui in his modalibus cum determinationibus regulas equipollentie supradictas, quas simplicibus modalibus aptavimus, non concedunt: 208$^{21-23}$; tales namque etiam sillogismos, qui videlicet ex solis modalibus componantur, Aristotiles disposuisse invenitur: 246$^{8-10}$; at vero michi hi non esse sillogismi videntur qui ex solis modalibus compositi sunt, quorum prime propositiones medio termino non connectuntur: 246$^{23-25}$; licet autem sillogismi recte dici non possunt hi quos ex solis modalibus constitutos adiecimus, quia tamen maximam probabilitatem tenent, non incommode quandoque

a disputantibus inducuntur; 247$^{26-28}$; de propositionibus de preterito et de futuro: 210-213; 139^{30}sqq.; de propositionibus de contingenti futuro: 210^{30}sqq.; 212^{36} sqq.; erant quoque quidam qui adversus proprietatem dividentium propositionum quam Aristotiles dederat, ex huiusmodi propositionibus de contingenti futuro argumentationem componebant: 213$^{30-32}$; propositiones de necessario futuro vel naturali: 210^{36}; de unis et multiplicibus seu compositis et simplicibus propositionibus: 222-231; sunt, quemadmodum dictiones, alie une in sensu, ut que unam habent impositionem, alie vero multiplices, que scilicet diversas habent impositionis causas: 222$^{28-30}$; multiplicium propositionum alie in parte multiplicitatem habent, alie in toto. que vero in toto multiplicitatem habent atque diversarum propositionum sensus continent, modo ambigue sunt, modo non: 223$^{5-7}$; ambigue (*sc.* propositiones multiplices) sunt que in eadem vocis materia diversos exprimunt intellectus, sive in eodem constructionis ordine sive in diverso illud faciant: 223$^{9-11}$; multiplicitas partis alia est in dictione, alia in oratione: 223^{23}; de cathegorica disiunctiva: 488$^{4-5}$; propositio cathegorica temporalis: 208^8; cfr 482^8; 488^{1}sqq.; de veritate cathegoricarum: 279^{18}sqq.; cfr 371^{29}sqq.; cfr patet differentia cathegorice et ipotetice enuntiationis cum hec actum inherentie rerum, illa necessitatem consecutionis ostenderet, que quidem ipsis quoque rebus destructis incommutabilis consistit: 282$^{30-33}$; quelibet propositio innumerabilia consequentia habet: 288$^{12-13}$; maxima propositio: *vide s.v.* maxima propositio; propositiones alie invicem participantes, que scilicet aliquem communem terminum habent, alie vero non participantes, que scilicet nullum eumdem terminum communicant: 235$^{3-5}$; participantium duo sunt modi. alie namque utroque termino participant, alie vero altero tantum. que utroque participant, alie ad eumdem ordinem, alie ad ordinis commutationem: 235$^{6-9}$; PROPOSITIO YPOTETICA: propositio ipotetica et a consequenti consequentia et a conditione conditionalis nominata est: 165$^{16-17}$; ipotetice enim conditionalis latine dicuntur: 484^{40}; de differentia cathegorice et ipotetice enuntiationis: 283^{30}sqq.; patet differentia cathegorice et ipotetice enuntiationis cum hec actum inherentie rerum, illa necessitatem consecutionis ostenderet, que quidem ipsis quoque rebus destructis incommutabilis consistit: 283$^{30-33}$; de propositione ipotetica: XLVII sqq.; *definition*: XLVII; de sensu ipoteticarum propositionum: 160^{16}sqq.; Aristotiles de sensu ipoteticarum propositionum: 274$^{1-10}$; sicut autem cathegoricarum propositionum sensus in predicatione est, ipoteticarum vero in consecutione, ita et earum questiones modo de inherentia rerum, modo de consecutione propositionum requirunt: 457$^{19-21}$; de sententia ipoteticarum: 287$^{6-9}$; ipoteticarum propositionum veritas seu falsitas maxime ex *Topicorum* tractatu dinoscitur: 253$^{14-15}$; aliud enim est partium sensum speculari, aliud consecutionem totam attendere, que neque hoc esse vel non esse, neque illud proponit, sed '*si hoc est, non est illud*' esse vel non esse, sive hoc vel illud sit vel non sit. cetere quoque vere consequentie, quarum inferentia ex rerum natura pendet, non in quorumlibet terminorum rebus vere consistunt, sed in his tantum que naturam eius consecutionis servant: 256$^{4-10}$; in quo ipotetice propositionis veritas consistat: 271^{24}; dicunt veritatem ipotetice propositionis modo in necessitate, modo in sola probabilitate consistere: 271$^{36-38}$; quod autem veritas ipotetice propositionis in necessitate consistat, tam ex auctoritate quam ex ratione tenemus: 272$^{26-27}$; si alias ipoteticas veras quam necessarias acciperemus, multa contingerent inconvenientia secundum coniunctionem extremitatum mediarum ipoteticarum: 274$^{14-16}$; ipotetice enuntiationes quarum sensus sub consecutionis conditione proponitur, inferentie sue sedem ac veritatis evidentiam ex locis quam maxime tenent: 253$^{11-13}$; non itaque hoc quod animal homini in rei veritate cohereat, illam totam ipoteticam veram facit que ex cathegorica et ipotetica iungitur, sed illam que in ea sequitur ipoteticam, ad quam ipsa predicatio '*animalis*' ad '*hominem*' antecedit: 354$^{6-9}$; non solum autem assignationem loci differentie a predicato vel subiecto in compositis ipoteticis non recipimus, sed ipsarum quoque veritatem calumniamur:

358$^{34-36}$; de divisione ipoteticarum earumque proprietatibus: 469-498; *cfr* XLVIII; huius tres sunt partes, termini scilicet eius: antecedens et consequens et que ea innectit coniunctio: 472$^{1-3}$; *cfr* 164^{28}; 287$^{6-9}$; in premissa ipotetica antecedentem eam dicimus propositionem que precedit, cui conditio apponitur; que vero sequitur atque ex priore infertur, consequens appellatur: 472^{4}sqq.; accipiuntur antecedens et consequens modo in designatione integrarum enuntiationum, modo vero in designatione simplicum dictionum sive eorum que ab ipsis significantur: 287$^{13-19}$; harum duo modi secundum appositas coniunctiones considerantur. alie enim in coniunctione, alie in disiunctione proponuntur: 472$^{6-8}$; de superfluitate propositionum in ipotetica: 163^{4}sqq.; de propositionibus ipoteticis que formam sillogismi tenent: 232^{18}sqq.; 254^{31}sqq.; ipotetice alie une, alie multiplices: 230^{26}; 231^{9}sqq.; de ipoteticis unis et multiplicibus: 478; de ipoteticis simplicibus et compositis: 478-479; simplices ipotetice dici possunt que plures continent cathegoricas, dummodo nullam ipoteticam habeant: 479$^{16-17}$; de divisione simplicium: 479^{20}sqq.; de divisione compositarum: 479^{29}sqq.; compositarum alie ex utraque ipotetica, alie ex altera tantum coniunguntur, alie vero medie inter has at illas collocantur: 479$^{30-32}$; de mediis ipoteticis: 480-481; *cfr* XXXIX; *def.*: medie sunt ipotetice in partibus quarum media intendit propositio, qua coniunguntur extrema: 274$^{16-18}$; *def.*: mediam illam dicimus ipoteticam que plures continet consequentias nulla conditione invicem copulatas, sed eundem terminum medium participantes: 480$^{4-6}$; hec namque due consequentie una dicuntur ipotetica secundum unius consecutionis sententiam ad quam tendunt: 480$^{8-9}$; eam mediam Boetius vocavit inter ipoteticas ex duabus consequentiis conditione connexis copulatas et eas que ex altera tantum ipotetica connectuntur: 480$^{19-21}$; de dissimilitudine medii termini in ipoteticis mediis controversia: 294^{18}sqq.; de sillogismis mediarum ipoteticarum: 299^{34}sqq.; de constantiis in mediis ipoteticis: 406^{8}sqq.; patet in argumentatione media ut extrema conveniant, vim consecutionis extremorum ad totas enuntiationes referendam esse: 304$^{14-16}$;

attendant secundum sexuum hominum diversitatem atque actuum significationem: 449$^{10-11}$

si: ea pars cui '*si*' adiungitur, antecedens est, et que ex ea infertur, consequens: 491$^{35-36}$; '*si*' (*opp.* '*ergo*'): 457^{16}sqq.; *vide etiam s.v.v.* impedire, obesse, sin, siquis, sive

sicut: *sicut nec:* 54^{33}; 91^9, *et passim*

signare: signare *pro* designare: 130^{23}; 189^4

significare: diffinitio '*significandi*': intellectum generare: 112$^{30-31}$; '*significare*' diversis modis accipitur. modo enim circa ea tantum de quibus intellectum generat, modo vero circa omnia quibus est impositum, solet accipi: 562^{21}sqq.; est autem significare non solum vocum, sed etiam rerum: 111^{13}; ad principalem significationem '*significandi*' vocabulum: 113$^{24-25}$; de modis significandi: 111-112; hee quidem rerum proprie significare dicuntur que ad hoc institute sunt, ut significandi officium teneant: 111$^{19-20}$; alii fortasse significandi modi apparebunt: 112^{21}; non tam igitur in significatione temporis nomen a verbo recedere videtur quam in modo significandi: 123$^{15-16}$; cetere vero significationes que secundum modos significandi accipiuntur, tam posteriores atque accidentales dicuntur: 124$^{14-15}$; nichil itaque aliud rationabiliter ex verbis Aristotilis concipi potest nisi differentia vocabulorum, substantivorum scilicet et sumptorum, que videlicet cum et in significatione et soni similitudine conveniunt, secundum predicationem tamen modumque significandi discrepant: 388$^{3-7}$; diffinitum nomen et diffinitionem in modo significandi differunt: 597^{23}sqq.; alii omnia quibus vox imposita est, ab ipsa voce significari volunt, alii vero ea sola que in voce denotantur atque in sententia ipsius tenentur: 112$^{24-26}$; significare (*opp.* nominare): 111$^{30-31}$; vocabula non omnia illa significare que nominant, sed ea tantum que diffinite designant: 113$^{5-6}$; nam '*rationale*' quod a '*rationalitate*' sumptum ipsam proprie significat, licet speciem totam animalis nominet, que est animal rationale, tamen specialis nominis sententiam plene non continet, cum materiam in sententia non retineat, sed solam formam determinate significatam: 539$^{18-22}$; quod subiectam nominat (*sc.* '*album*') substantiam et qualitatem determinat circa

eam, utrumque dicitur significare: 113$^{21-23}$; queritur, cum '*homo albus*' hominem et albedinem significet, ex quibus rebus una non fit substantia, quomodo una sit ipsius sententia: 224$^{32-34}$; *absolute* (= significationem habere): 114^2; 121^{34}, *et passim;* significare naturaliter (*opp.* per inventionem): 147$^{7-8}$; significans per se = *semantical* (*opp.* consignificativum): LV n.2; significatum: XCVI; *vide etiam s.v.v.* significatio, significativus, propositio

significatio: de significatione: 111-117; *cfr* XXXIX sqq.; significatio naturalis — ad placitum: 114$^{17-18}$; *cfr* 147^6 sqq.; *the distinction between* significatio *and* nominatio: XL; de significatione orationis precipua questio est: 68^{25}; non iam singularum dictionum significatio attendenda est, sed tota magis orationis sententia intelligenda; 136$^{24-25}$; significatio nominum: 111^7; vocum significatio pluribus modis accipitur: alia fit per impositionem, alia per determinationem, alia per generationem, alia per remotionem: 111$^{27-28}$; '*homo albus*' unum in significatione: 116^7; *cfr* 116^8; dictiones alie per se certam significationem habent, alie incertam: 117$^{26-28}$; imperfecta significatio dicitur quod cum omnis intellectus ex alio quod intelligitur, procedat (cfr *the later term* '*terminus syncategoreumaticus*'): 119$^{8-10}$; ceteras orationis partes, quas imperfecte significationis diximus, colligamenta ac supplementa dicebant: 121$^{21-22}$; vocum significatio (*opp.* constructionis sententia): 125$^{22-24}$; non autem significationis identitas eamdem exigit constructionem vel in nominibus vel in verbis: 125$^{32-33}$; significatio (*opp.* imponentis intentio): 127$^{20-22}$; sicut enim in dictionibus transpositio litterarum vel sillabarum significationem aufert, ita et in omnibus orationibus significationis veritatem destruit inordinata dictionum coniunctio: 147^{36}sqq.; sicut enim nominum et verborum duplex ad rem et ad intellectum significatio, ita etiam propositiones que ex ipsis componuntur, duplicem ex ipsis significationem contrahunt, unam quidem de intellectibus, aliam vero de rebus: 154$^{20-23}$; de significatione reali propositionum, non tantum de intellectuali: 156$^{25-26}$; cum autem rerum natura percontata fuerit, vocum significatio secundum rerum proprietates distinguenda est, prius

species, quas superius distinximus, inter quas syllogismus et natura et firme probationis privilegio principalis supereminet, de syllogismis tantum tractatus a dialeticis constituti sunt, non de reliquis speciebus: 466$^{19-22}$; omnis syllogismus ipotetica propositio dicitur: 262^3; de ridiculosis syllogismis: 232^{26}sqq.; entimema est imperfectus syllogismus: 464^{20}; vide etiam s.v. entimema; de syllogismis irregularibus: 466^{3}sqq.; de perfectione inferentie quam tenet syllogismus: 233^{6}sqq.; syllogismorum alii cathegorice forme sunt, alii ipotetice: 233$^{21-22}$; cfr XXXVI; de syllogismis cathegoricis: 232-249; cfr XXXVI; LXVII; de speciebus cathegoricorum: 233-249; horum autem Aristotiles alios perfectos, hocest evidentes per se, esse dixit alios imperfectos, idest non per se perspicuos: 233$^{35-36}$; cfr 257$^{24-26}$; LXVII; hec imperfectio non ad inferentiam, sed ad evidentiam refertur: 257$^{26-27}$; in quolibet syllogismo propositio simul et assumptio argumentum dicuntur: 459$^{34-35}$; de forma, figura et modo syllogismi: 234 sqq.; cfr LXVII; significant (sc. forma, figura et modus) autem diversas ipsius compositiones: 234$^{11-12}$; Peripateticorum Princeps Aristotiles cathegoricorum syllogismorum formas et modos breviter quidem et obscure perstrinxerit: 145$^{23-24}$; de forma syllogismi: 234$^{12-16}$; cfr 406^4; de figuris syllogismi: 234$^{17-28}$; de modis syllogismi: 234$^{29-38}$; de terminis syllogismi: 235^{26}sqq.; cfr 234^{17} sqq.; *all regulae of several syllogisms Abailard sums up, have the form of an implication*: XXXVI; de prima figura: 235$^{15-23}$; 237-239; prima figura quatuor modos habet: 236^{17}; hi (sc. modi) quatuor perfecti dicuntur, eo scilicet quod per se evidentiam habent nec ullius propositionis indigent ut necessario provenire conclusio ex premissis enuntiationibus videatur: 236$^{26-28}$; de modis qui κατ' ἀνάκλασιν vocantur (= de modis 'Galeni' qui dicuntur): 238^{2}sqq.; hi superadditi modi, qui in quatuor primos resolvuntur, imperfecti dicuntur, sicut omnes alii tam secunde quam tertie: 239$^{14-15}$; de secunda figura eiusque regulis: 239-241; secundam figuram ex prima procreari Boetius ostendit: 235$^{23-24}$; de modorum eius resolutione in prime: 240-241; de tertia figura eiusque regulis: 241-245;

de modorum eius resolutione in prime: 243-245; de permixtionibus modorum: 245-248; de permixtione temporum: 248-249; ex solis autem propositionibus ceterorum temporum nulla secundum aliquam figuram syllogismi necessitas videtur contingere, sicut nec ex solis particularibus aut negativis: 248^{35}sqq.; nullus syllogismus est verus qui ex solis negativis texatur: 237$^{16-17}$; de syllogismis modalibus: 245-248; cfr LXXI; michi hi non esse syllogismi videntur qui ex solis modalibus compositi sunt, quorum prime propositiones medio termino non connectuntur: 246$^{23-25}$; non incommode quandoque a disputantibus syllogismi ex solis modalibus constituti inducuntur: 247$^{26-28}$; utrum syllogismi ex loco firmitatem habeant: 256-263; voluit Boetius locum quoque in syllogismis esse. sed et ipse Porphirius Isagogas suas et ad syllogismos necessarias vocavit: 258^{9}sqq.; de loci assignatione in syllogismis cathegoricis: 259^1; nulle idonee propositiones in constitutione syllogismi sumuntur nisi quibus auditor consentit: 253$^{7-9}$; in his firma est complexio syllogismi ubi scilicet eidem quod inest aliud esse proponitur, quod etiam subiecto priori necesse est convenire: 320$^{21-23}$; et hee quidem que medie dicuntur ipotetice, ex medii termini participatione figuratos faciunt syllogismos: 481$^{4-5}$; sed prius ex eo nos expediamus quod ex syllogismis cathegoricis, quos necessarios certum est, originem huiusmodi consequentie ducant hoc modo: 358^{36}sqq.; de syllogismis ipoteticis: 498-532; cfr LXII sqq.; Boetius ipoteticorum complexiones eloquentie latine tradiderit: 145$^{25-26}$; ipoteticorum syllogismorum complexiones regulis possumus coartare: 261$^{19-20}$; que quidem regule non sunt maxime propositiones existimande, quippe locum differentiam ipsarum non habent: 261$^{34-35}$; omnes isti syllogismi ipotetici qui ex aliis evidentiam sui contrahunt, imperfecti dicuntur: 519$^{16-17}$; de divisione ipoteticorum: XXXVI sqq.; syllogismus ipoteticus simplex: 500$^{4-6}$; cfr XXXVII; syllogismus ipoteticus compositus: 505^{8}sqq.; cfr XXXVII; syllogismus ipoteticus purus: 516^{15}sqq.; 519$^{5-7}$; cfr XXXVII; — syllogismus ipoteticus medius: 516^{15}sqq.; 519$^{5-11}$; cfr XXXVII; syllogismus disiunctus:

simul accepte ad genus mutuo antecedunt et consequuntur; 347[10-11]; certum est autem et ex Porphirio nec specierum propria ad comparationem venire sicut nec differentie: 426[19]sqq.; sunt autem et qui species contrarias in eodem posse consistere non denegant: 375[28-29]; 'genus illius' vel 'species illius' tamquam unam dictionem accipimus: 322[9-10]; sin semper nominibus specierum habundaremus, non esset locutio vel per diffinitiones multiplicanda aut per differentias aut negationes usurpanda: 539[14-16]; species subalterna: 87[15]; species specialissima: 87[15]; 102[30,32]; de loco a specie: 347-348; LXXXV; *vide etiam s.v.* genus

spiritus: spiritus tenor quidam aeris prolati: 66[33]; Spiritus Sanctus: 558[30]

spissitudo: 428[19]sqq.; *vide etiam s.v.* spissus

spissus: 57[19]; 424[24]; de raro et spisso atque aspero vel leni magna erat dissensio: 100[9-10]

stare: 81[10]sqq.; 'stare' a 'statione' dirivatum est: 81[29-30]

statio: 81[17]sqq.; *vide etiam s.v.v.* sessio, statio

statua: 560[26]; 561[4]; 561[11]; statua namque species non videtur, cum nec natura sit unum, sed operatione hominum, nec substantie nomen, sed accidentis, cum statua videtur, et a quadam compositione sumptum: 561[6-8]

status: 53[24]; 378[5,11]; *cfr* XCVII; esse hominem *or* status hominis: XCVII

stopha: 431[19]

strepitus: simul ambulatio et strepitus pedum solent esse: 437[30]; *cfr* 438[1]

strictim: 166[37]

subalternus: *vide s.v.* propositio

subcontrarius: *vide s.v.* propositio

subiectio: 54[36]; licet autem predicatio aut subiectio nullam consecutionis necessitatem teneant, maximam tamen probabilitatem habent, cum ex eis argumenta ad aliquid probandum adducuntur: 363[22-24]

subiectum: (= ὑποκείμενον): 83[29]; 90[19]; 93[27,35]; 94[31]sqq.; esse in subiecto, dici de subiecto: 130[8]sqq.; subiectum (*opp.* predicatum): de subiecto et predicato: 161[10]sqq.; de relatione subiecti et predicati: 165[19]sqq.; quod predicatum subiecto maius vel equale dicitur, ad vocum enuntiationem, non ad essentiam rei reducitur: 166[14-15]; de subiecto: 171-172; non potius predicatum inherere subiecto quam subiectum predicato proponimus: 158[20-22]; omne subiectum

prius est naturaliter accidentibus suis, accidentia vero posteriora: 579[16-17]; nec 'subiectum' commune equivocum est ad fundamentum et ad significatum: 592[22]; de locis a predicato vel subiecto: 352-364; 453[34]; regule a subiecto = regule a parte divisibili: 357[16-17]; *vide etiam s.v.v.* predicatum, supponere

subintelligere: 82[32]; 88[1] 152[1]

subsistentia: 90[18]; 91[13-14]; 92[16]; 332[11]; 394[15]

substantia: *def.* substantiam dicimus esse rem per se existentem: 331[16]; 334[25]; 594[9]; substantia dicitur *quod omnibus accidentibus possit esse subiectum:* 585[1-2]; substantiam dicimus: quod neque est quantitas neque ad aliquid neque qualitas neque aliquid aliorum predicamentorum: 585[25-27]; de divisione substantiarum: 51; de communitatibus substantie: 51-55; commune est omni substantie in subiecto non esse: 51[18]; *cfr* 585[26]; inest substantiis nichil esse contrarium: 52[3]; 75[26]; nec etiam comparari possunt substantie: 52[15]; maxime proprium substantie videtur esse quod cum sit unum et idem numero, contrariorum susceptibile est: 52[27]sqq.; substantie quedam ad aliquid esse videntur: 85[28]; Aristotiles negavit omnes primas substantias ad aliquid videri: 88[2-3]; quedam secunde substantie videntur ad aliquid secundum constructionis assignationem: 88[3-4]; a prima substantia nulla est predicatio: 129[30-31]; substantiarum vero predicatio simplex est: 425[18]; generalis substantia tota simul et eadem in omnibus suis speciebus existit: 339[33-34]; tradat gramatica omne nomen substantiam cum qualitate significare: 113[20-21]; substantia (= essentia): 84[1-2]; 87[27]; 91[8]; 194[4]; 425[12]sqq., *et passim;* neque enim eadem res est diverse substantie neque diverse substantie eadem essentia: 408[33-34]; substantia (= *concrete individual thing*): XLIII n.1; de locis a substantia: 270[35]sqq.; 331-339; LXXXIII sqq.; de locis a consequenti substantiam: 339-369; 436-438; LXXXIV sqq.; de motu substantie: 418-421; motus fit secundum substantiam, quotiens res aliqua in substantia sua generatur vel corrumpitur: 418[6-7]; sunt itaque motus substantie due species, generatio scilicet, que est ingressus in substantiam, et corruptio, que est egressus a substantia: 418[11-13]; Divina Substantia:

cativa ad placitum, cuius nulla pars significativa est separata finita presentis temporis significativa: 129[11-13]; def. secundum Priscianum: pars orationis cum temporibus et modis sine casu agendi vel patiendi significativa: 132[38]-133[1]; 'verbi' nomen in his tantum dictionibus volunt uti que adiacentem actionem vel passionem subiectis personis secundum tempora distribuunt: 132[36-38]; ipse Aristotiles non alia vocare verba consuevit nisi que presentis sunt temporis et prime inventionis ac finita: 123[5-7]; omne verbum cum officio copulandi ... temporis quoque significationem continet: 129[18-21]; omne verbum est temporis significativum: 63[28]; 108[18-19]; 113[25-26]; verbum significat personam: 113[26]; dialetici in 'verbi' vocabulo non solum verba gramaticorum, verum etiam participia comprehendunt, que etiam temporis designativa sunt: 121[18-20]; nominum et verborum duplex ad rem et ad intellectum significatio: 154[20-21]; verba principalem suam significationem, sive actio sit sive passio, subiectis rebus eas secundum tempora dimetiendo distribuunt: 122[14]sqq.; verbum semper secundum inventionem suam copulativum est: 129[25-26]; de significatione principali verborum: 129[21]sqq.; verbum propriam significationem inherere dicit: 123[30]; alii autem in eo quod ait verbum notam esse eorum que de altero predicantur, aliud volunt intelligi, id scilicet quod principalem eorum significationem in eo esse docuerit, quod accidentia significant, non quidem in essentia sua, sed magis secundum id quod alteri adherent, idest adherentia suo fundamento: 130[1-5]; de significatione verbi: 132[13-16]; neque omnia verba actionis aut passionis designativa videntur aut etiam accidentium adiacentium: 130[28-29]; non itaque omne verbum accidentis adiacentie designativum videtur: 132[20-21]; nec mireris idem verbum secundum diversos affectus animi diversas orationes reddere, modo scilicet imperativam, modo etiam deprecativam, nunc quoque desiderativum: 152[17-20]; the division of the verba propositionis: verbum substantivum, verbum nuncupativum, verba que ponunt actiones vel passiones vel aliam formam: XLI; de verbo substantivo: 122[28]; 131[4]; 162[4]sqq.; 585[34]sqq.; XLI; XLIV; sicut substantivi verbi significatio verbis adiungitur, sic et nomini-

bus videtur: 122[28]; substantivum verbum nullam recipit determinationem: 326[25-26]; proprietas substantivi verbi, quod secundum essentiam coniungit et que per ipsum copulantur nomina, intransitive coniungit: 585[34]sqq.; essentia verbo substantivo exprimitur: 329[25]; substantivum verbum quod eque omnia secundum essentiam suam significat, quaslibet potest essentias copulare: 131[23-25]; cfr 159[24-26]; de copulatione verbi substantivi: 131[26]sqq.; verbum substantivum a nulla proprietate sumptum est: 132[18]; verbum nuncupativum — verbum substantivum: 92[5]; 159[24-26]; quaslibet rerum essentias eque secundum inherentiam copulare potest (sc. 'est'), quod etiam de nuncupativo concedunt: 131[7-8]; cfr 159[24-26]; de differentia inter verbum substantivum et nuncupativum: videntur autem in eo maxime differe, quod illud substantivum, ut dictum est, istud sumptum videtur, a nuncupatione scilicet, ex qua etiam nuncupatum dicitur: 133[30-32]; solet itaque, memini, gramaticorum sententia nullam secundum significationem differentiam in nuncupativo et substantivo verbo accipere, sed eamdem in utroque sententiam proferri volunt, ut nichil aliud 'ego nuncupor Petrus' quam 'ego sum Petrus' intelligatur: 134[3-6]; secundum singulas rerum essentias verba substantiva esse possunt: 132[32-33]; nuncupativum enim verbum sensu substantivi fungitur: 272[36] de ceteris verbis que etiam substantivi verbi copulationem tenent: 132[6]sqq.; non huiusmodi verba que ceteras ponunt actiones vel passiones, simpliciter eas copulant, verum simul predicatum: 162[7-8]; verba quecumque ex adiacentibus actionibus aut passionibus sumpta sunt ..., non alia copulare dicuntur preter proprias actiones aut passiones: 131[21-23]; nullum enim preter substantivum et nuncupativum verbum aliquam significationem preter propriam actionem vel passionem copulare potest: 159[19]sqq.; de verbo copulativo: vide etiam s.v.v. esse, copula; alia verba que rerum personas in essentia sua non significant, immo ex adiacentie actione vel passione, solas proprietates quas determinant, copulant: 131[9-12]; hec clara est conditionis et verbi copulationis discretio quod illud quidem in predicatione solum actum rerum inherentie, hec vero necessitatem consecutionis proponit: 279^{8-10}; non per verbum interpositum inherentia copulatur: 159^{31-32}; cfr 184^{16-17}; possumus non incongrue verbum interpositum partem propositionis, non terminum appellare: 164^{32-33}; de verbo propositionis: *vide s.v.* propositio; sunt nonnulli qui in predicato ipsum quoque verbum includi velint: 161^{25}; equivocum verbum multa verba secundum multas significationes dicendum est: 132^{30-31}; verbum personale: 127^4; 150^{28}; verbum impersonale: 156^{35}sqq.; verbo indicativo sepe pro imperativo utimur: 152^{23}; verbum gramaticum: 133^{14}; Aristotiles a verbo infinita verba et que presentis temporis designativa non sunt, separavit: 129^{7-9}; de verbis infinitis: 141^4sqq.; infinita verba, sicut in remotione finiti significatio est, ita etiam tempus ipsius significant: 141^{4-5}; verba obliqua sunt que presentis temporis designativa non sunt: 129^{8-9}; casus verborum: 123^8; verba propria: 130^{11}; verba sumpta: 106^{26}; verba pluralis numeri: 126^{13}; verba in enuntiatione posita modo proprie, modo per accidens predicari dicuntur: 134^{28-30}; que proprie predicantur, non solum copulandi officium tenent, sed etiam rei predicate significationem habent: 134^{31-32}; preter verbum namque nulla est sensus perfectio. unde et omnes fere species perfectarum orationum ex verbis suis nominantur: 148^{29-31}; cfr 152^{11-12}; perfectio sensus maxime pendere dinoscitur in verbis quibus solis alicuius ad aliquid inherentia secundum varios affectus animi demonstratur: 149^{20-22}; in hoc enim verbum a participio habundat quod non solum personam per impositionem demonstrat aut ei coherentem actionem vel passionem significat, verum etiam coherere dicit: 149^{14-16}; sensus affirmationis numquam sine verbo generatur: 158^{1-3}; de differentia inter verbum et nomen: 123^{15}sqq.; — verba (*opp.* verborum sententia): 360^{36-37}; vis verborum: 335^{14}; potius sensus quam verba pensandus est: 92^{23}; ad sensum potius quam ad verba recurrere: 319^{30}; Verbum Patris ($= \Lambda \acute{o} \gamma o \varsigma$): XCIV

veritas: veritatis aut falsitatis demonstratio: 121^5; 126^{10-11}; *truth and falsity:* LV sqq.; de veritate consequentie: 154^{30} sqq.; nam concessio antecedentis ad veritatem conse-

quentie in qua antecedit, non operatur, sed ad concessionem veritatis consequentis: 354^{20-22}; de veritate propositionis: 371^{27} sqq.; cum ex veritate propositionis rei eventus numquam videatur inferri, quicumque de veritate propositionis certus est, de eventu quoque dubitare non potest: 212^{10-13}; neque vel veritas propositionum veritatem exigit consequentie vel falsitas falsitatem: 255^{37-38}; veritas sola ad rei existentiam referenda est: 272^6; si rei veritatem teneamus, eque ab argumentis separanda videntur tam ea que necessaria sunt ac non probalia quam ea que nec necessaria sunt nec probabilia: 461^{22-24}; veritas argumenti: 273^{32}; dialeticis precipue veritatis inquisitio relinquitur: 278^{17-18}; cfr 152^{28}; veritas veritati non est adversa: 469^{17}; *vide etiam s.v.v. truth, verus*

verse: mnemonic verses: LXVIII

verus: 'verum' vel 'falsum' triplicem habet significationem: 154^4; tres significationes 'veri' distinguimus: 'verum' nomen est propositionis et tunc sumptum dicitur a significatione veri intellectus vel rei existentie, ut cum dicimus: 'propositio est vera'. inde enim vera dicitur quia illum generat de re aliqua intellectum vel qua dicit illud quod in re est. rursus accipitur nomen intellectus et tunc sumptum est a qualitate veritatis, que, cum intellectum informet, in ipsa fundatur anima. accipitur quoque nomen existentie rei et nichil dicit aliud nisi quia ita est in re: 204^{29}sqq.; cfr 154^6sqq.; veri vel falsi inquisitio dialetice relinquitur: 152^{28}; 'vere' vel 'falso' quantum ad enuntiationem, non quantum ad sensum, modi vocantur: 194^{32-33}; neque enim cum dicimus: '*Plato vere est philosophus*', 'vere' inherentiam determinat: 194^{34-35}; de his modis 'vero' et 'falso' pauca sunt annotanda: 204^{18}; idemque de '*necessario*' ac de '*vero*' intelligendum est quod de '*possibili*': 362^2; cum per '*predicari*' '*esse*' accipiamus, superflue vel '*vere*' vel '*affirmative*' apponitur: 330^1; '*vere*' in maximis propositionibus: 329^1; verum est cum ita ut dicitur in re esse contingit, sive videatur, sive non: 272^{6-7}; neque enim verum vero potest esse impedimento: 207^{22-23}; verum modale: 150^1 sqq.; '*verus*' $\doteq$ '*verum dicens*': 389^{36}; verus sillogismus $=$ rectus sillogismus: 237^{17}; *vide etiam s.v.v.* enuntiatio, falsus, propositio, *true*, veritas

videre: *exempli causa:* 589[31]; videri: multa enim videntur que non sunt et multa sunt que non videntur: 272[4-5]; *videtur quod + a.c.i.:* 186[6]

vigere: 54[26]

vincere: ne dubites Troianos vincere Graios *exempli causa:* 587[2]; *cfr* 588[4]sqq.

virga: hec virgula erea est virga erea *exempli causa:* 576[16-17]

virgula: *vide s.v.* virga

virtus: virtus est medium vitiorum: 376[16]sqq.

vis: *vis (genitivus):* 268[18]; vis inferentie: *vide s.v.* inferentia

visio: dicimus visionem in dormiente quoque esse: 392[7-8]

visus: 67[14]; 70[2]

vita: de morte et vita queri: 388[27]; *vide etiam s.v.v.* vivere, vivus, mors

vitrum: 420[1]

vivere: 130[31]sqq.; 133[3]sqq.; 388[34]sqq.; viventes *exempli causa:* 122[31]sqq.

vivus: 108[3]sqq.; *exempli causa:* 122[31]

vocabulum: vocabulum speciale — generale: 65[15-16]; *cfr* 88[20-21]; (*vide etiam s.v.v.* genus, species); vocabulum singulare: 88[21]; vocabulum finitum et infinitum: *vide s.v.* nomen; vocabulum (*opp.* essentia): 92[2-3]; vocabulum (*opp.* res): 92[3]; non vocabulum rei esse dici potest, sed rei essentie demonstratio: 92[3-4]; nichil itaque aliud rationabiliter ex verbis Aristotilis concipi potest nisi differentia vocabulorum, substantivorum scilicet et sumptorum: 388[3-7]; alia est significatio privatorii quam infiniti vocabuli: 398[8-9]; *vide etiam s.v.v.* nomen, vox

vocare: = significare: 128[4]

vocatio: addunt quidam sextam speciem, vocativam scilicet orationem. sed michi quidem vocatio non videtur diversam speciem a suprapositis procreare: 151[16-18]

vocativus: vocativa oratio: 151[16]; vocativus casus: 152[4]; *vide etiam s.v.* casus

voluntas: quotiens enim imaginationes animo concurrunt et voluntatem provocant, eas ratio perpendit, ac diiudicat quod melius sibi videtur: 215[21-22]

vox: '*vocis*' nomen ad aerem et ad mensuram tenoris eius equivocat: 53[32]; *def.* secundum Priscianum: *aer tenuissimus ictus sensibilis auditu:* 65[33]sqq.; questio de voce que a diversis longe astantibus auditur: 69[32]sqq.; quomodo eadem vox simul a diversis audiri conceditur atque diversorum aures attin-gere: 70[32-33]; '*vox*' a '*vocando*', idest significando dici perhibetur: 128[4]; voces alie incomplexe, alie complexe: 114[32-33]; quecumque ergo voces plura ita significant quod ex ipsis non unus intellectus consistat, multiplices dicuntur; que vero ita quod unus ex eis intellectus proveniat, une erunt, etsi unius rei substantiam non perficiant res significate: 225[16-19]; unarum autem vocum alie une sunt naturaliter, alie coniunctione; et rursus multiplicium alie naturaliter sunt multiplices alie per coniunctionem: 230[35-37]; vocum impositio naturalis non est, sed consuetudinis: 99[21]; de impositione vocum: 112-115; de vocibus significativis: 111-142; significatio vocum pluribus modis accipitur: 111[27]sqq.; significativarum vocum alie naturaliter, alie ad placitum significant: 114[17-18]; voces coherentes: 116[10-11]; vox individua: 56[27]; voces composite: 67[19]; vox equivoca: *vide s.v.* equivocus; proprietas vocum (*opp.* rerum essentia): 285[17-18]; si vero magis essentiam rei quam vocum proprietatem insistamus magisque identitatem essentie quam vim verborum attendamus, profecto consequentiam non recipimus: 335[12-15]; vox (*opp.* significatio): 321[35]; maximeque illa attendenda est vocum significatio que prima est, idest que in voce ipsa denotatur et secundum quam ipsa vox imponitur, non ea cui imponitur: 335[30-32]; de divisione vocis in significationes: 537[15]sqq.; 562-572; non alia vox in significationes dividi potest nisi que multiplicem habet significationem: 562[14-15]; quatuor vocum seu rerum proprietates ex nominis et diffinitionis demonstratione nascuntur: 564[6-7]; de divisione vocis in modos: 537[26]sqq.; 572-574; de divisione vocis in significationes secundum multiplicitatem orationis: 574[4]sqq.; vox in proprias significationes separatur: 576[27-28]; vocis autem substantia in constitutione rei significate non ponitur: 576[31]; neque enim vox aliqua naturaliter rei significate inest, sed secundum hominum impositionem: 576[34-35]; vocum impositionem Summus Artifex nobis commisit, rerum autem naturam proprie Sue dispositioni reservavit: 576[35-37]; vocem secundum impositionis sue originem re significata posteriorem liquet esse: 576[37]-577[1]; vox (*opp.* genus): non ad naturam, sed ad consuetudinem et positionem hominum divisio vocis pertinere recte videtur, generis vero ad naturam: 577^{13-15}; vox ex suis non constituitur significationibus: 577^{18-19}; vocis multiplicitas vel unitas magis secundum sententiam quam secundum rem subiectam pensanda est: 593^{19-20}; vocem non secundum essentiam suam, sed secundum significationem diffinimus: 596^{11-12}; est vocem diffinere: eius significationem secundum diffinitionem aperire: 597^{12-13}; si omnia eius opera studiose inspiciamus, magis eum in vocibus immorari quam in rebus inveniemus liberiusque verba eius de vocibus quam de rebus exponerentur, quippe qui (*sc.* Aristotiles) logice deserviebat: 388^{11-14}; *sermo theory* (Abailard) *opp. vox theory* (Roscelin): XCV n.7; *cfr* 554^{37}sqq.; *Abailard called the universals* 'voces seu nomina': XCV n.7; *the universals are merely flatus vocis* (*Roscelin*): XCV n.7; vox (*opp.* sermo): XCVII n.3.

CORRIGENDUM p. 496^{35} to be read: homo est, et homo convertitur, quia est." Rursus idem cum de